SEITE 50

REISEZIELE IN KENIA

ALLE ZIELE AUF EINEN BLICK
Fundierte Einblicke, detaillierte Adressen, Insidertipps und mehr

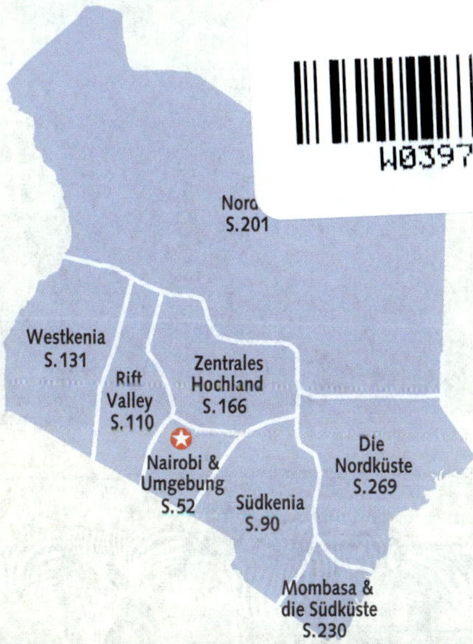

SEITE 377

PRAKTISCHE INFORMATIONEN

SCHNELL NACHGESCHLAGEN
Tipps für Unterkünfte, sicheres Reisen, Smalltalk und mehr

Anthony Ham, Stuart Butler, Dean Starnes

Willkommen in Kenia

Magische Landschaften

Wer an Afrika denkt, hat mit ziemlich großer Wahrscheinlichkeit Kenia vor Augen: eine einsame Akazie vor dem scheinbar endlosen Horizont, ein Berg beim Äquator mit einer schneebedeckten Spitze in der Nähe karger Wüsten, eine üppig grüne, von Palmen gesäumte Küste am Indischen Ozean, das Great Rift Valley, das einstmals fast den Kontinent teilte, und dichte Wälder. Die facettenreiche Landschaft ist viel mehr als nur eine Kulisse für die hiesigen Völker und Tiere – sie verkörpert Kenias Seele, die sich in epischen Landformationen manifestiert und eine tiefe Sehnsucht nach diesem so besonderen Kontinent hervorruft.

Stolze Völker

Die hier lebenden Stämme verleihen Kenia eine eindrucksvolle Stimme und zählen zu den bekanntesten Volksgruppen Afrikas. Der Alltag und die Erfahrungen der Massai, der Samburu, der Turkana, der Swahili und der Kikuyu erzählen von der Geschichte des Landes und des Kontinents, vom Kampf um Traditionen in einem zunehmend modernen Umfeld, vom Ringen ums Überleben in einer der unwirtlichsten Regionen der Welt sowie von dem uralten Konflikt zwischen Bauern und Nomaden. Sich diesen Kulturen anzunähern und sie

DAN HERRICK/LONELY PLANET IMAGES ©

Kenia ist das Afrika, das man sich in seinen Träumen vorstellt. Das Land gilt als Wiege der Menschheit und wartet mit weiten Savannen, riesigen Tierherden sowie stolzen, traditionsbewussten Völkern auf.

(links) Zebras und der Kilimanjaro, Amboseli National Park (S. 93)
(unten) Massai-Männer, Masai Mara Reserve (S. 133)

IGNACIO PALACIOS/LONELY PLANET IMAGES ©

durch einen Besuch besser zu verstehen kann zum absoluten Höhepunkt einer jeden Kenia-Reise werden. Dabei geht's nicht nur um Tradition, denn die Heimat der vielen Stämme präsentiert sich zugleich auch als selbstbewusste und moderne Gesellschaft, deren Mitglieder zunehmend stolz auf ihre Herkunft sind.

Reiche Tierwelt

Auch Kenias Fauna weiß zu beeindrucken. Dies ist das Land der Masai Mara und unzähliger umherziehender Gnus und Zebras, die von den großen Raubtieren Afrikas – Löwen, Leoparden, Geparden, Hyänen – gejagt werden, sowie der roten Elefanten und schwarzen Nashörner von Tsavo und einer inzwischen wieder erblühenden Wildnis, die von Wilderern fast in die Knie gezwungen wurde. Die vielen Eindrücke, die man während einer Reise sammelt, sind auch noch lange danach lebendig. Dazu gehören beispielsweise Elefantenfamilien, die sich im Schatten des Kilimanjaros im Schlamm wälzen, Millionen rosafarbener Flamingos, die anmutig in seichten Seen baden, und das urplötzliche Auftauchen eines Raubtiers, mit dem sich eine angespannte Stille über die Szenerie legt. Der Kontinent ist der letzte große Naturraum, wo all diese Arten wild leben, und es gibt keinen besseren Ort als Kenia, um Afrikas Ruf der Wildnis zu folgen

› Kenia

Top-Erlebnisse ›

Nairobi
Hauptstadt des Landes mit einem Nationalpark direkt vor den Toren (S.52)
Masai Mara National Reserve
Das spektakulärste Tierschutzgebiet der Welt (S.133)
Hell's Gate National Park
Wanderungen durch Wildschutzgebiete (S.118)
Mt. Longonot
Vulkan mit Blick auf das Rift Valley (S.111)
Amboseli National Park
Elefanten im Schatten des Kilimanjaros (S.93)
Tsavo National Parks
Unberührte Gegend und die „Big Five" (S.98 & S.104)
Mit einer Dau nach Takwa, Manda Island
Gemächliche Bootstour ins Paradies (S.296)
Lamu
Entspanntes Swahili-Küstenleben (S.284)
Kisite Marine National Park
Kenias schönster Flecken am Meer (S.259)
LEGENDE
NP National Park
NR National Reserve
WS Wildlife Sanctuary
LAKE VICTORIA
INDISCHER OZEAN
NAIROBI
Mombasa
Tanga
Arusha
Kisimayo; Mogadischu
Mwanza
Mwanza Bukoba

17 TOP-ERLEBNISSE

Tierwanderung, Masai Mara

1 Die mit ausladenden Akazien gespickten hügeligen Savannen des Masai Mara National Reserve (S. 133) gehören zu den tierreichsten Gebieten der Welt und dienen als Kulisse der legendären Gnuwanderungen. Ab August füllen sich die Ebenen mit Millionen der plump wirkenden Tiere sowie mit Zebra-, Elefanten- und Giraffenherden. Den wandernden Leckerbissen dicht auf den Fersen sind Rudel von Löwen und lachenden Hyänen sowie Geparden, und so heißt es im August: Die Jagdsaison ist eröffnet! Gnus und Zebras bei der Überquerung des Mara River

Elefanten im Amboseli National Park

2 An wohl keinem Ort der Welt lassen sich Elefanten besser beobachten als im Amboseli National Park (S. 93) im Süden des Landes. Den Reiz der Schutzzone macht auch die Landschaft aus: Afrikas höchster Berg, der Kilimanjaro mit seiner schneebedeckten Spitze, dient fast jedem Fotomotiv als Kulisse. Darüber hinaus blieb der Park von den schlimmsten Auswüchsen der Wilderei verschont, und die Elefanten, deren Stoßzähne zu den größten Kenias gehören, reagieren bemerkenswert gelassen auf Menschen in direkter Nähe. Elefanten vor dem Kilimanjaro, Amboseli National Park

1

MARTIN HARVEY/GETTY ©

2

SEAN CAFFREY/LONELY PLANET IMAGES ©

3

Spaziergang durch Lamus Gassen

3 Lamu (S. 284) ist zweifellos die reizvollste Stadt an der kenianischen Küste. Hier gibt's keine Autos und so lässt sich der hübsche Ort am besten bei einem Spaziergang durch ihre Gassen erkunden, bei dem man altehrwürdige Swahili-Türen bewundern, in versteckte farbenprächtige Hinterhöfe lugen, bei einem Fruchtsaft relaxen und sich auf den ein oder anderen Plausch einlassen kann. Eine solche Tour hat das Potenzial zu einem unvergesslichen Urlaubserlebnis.

Wanderung auf den Mt. Kenya

4 Der Mt. Kenya (S. 177), höchster Gipfel des Landes und zweithöchster des Kontinents, erhebt sich im Herzen Kenias mitten im Stammesgebiet der Kikuyu und ist kein Berg, den man einfach nur aus der Nähe betrachten sollte. Wer vier Tage, etwas Durchhaltevermögen und warme Kleidung investiert, findet sich auf dem vereisten Gipfel des Point Lenana wieder, nur Minuten vom Äquator, jedoch Welten vom übrigen Afrika entfernt. Chogoria-Route, Mt. Kenya

Kakamega Forest

5 Die Wege, die sich im Kakagema Forest (S. 154) erstrecken, bieten die seltene Gelegenheit, den Safarijeep gegen Wanderschuhe einzutauschen. Hier leben 330 Vogel-, 400 Schmetterlings- und sieben Primatenarten. Wie bei allen Regenwäldern sind die Bäume selbst die Hauptattraktion: Im dämmerigen Dunkel stolpert man über zarte Orchideen und parasitäre Feigen, die sich um ihre Wirte schlingen und dem Licht entgegenstrecken – eine Art botanische Inkarnation von die Schöne und das Biest. Cyrestis-Camillus-Schmetterling, Kakamega Forest

4

GRANT DIXON/LONELY PLANET IMAGES ©

5

NIGEL PAVITT/JAI/CORBIS ©

6

7

Dau-Fahrt nach Takwa

6 Wie wär's mit einer Fahrt in einer knarrenden Dau, angetrieben vom salzigen Monsunwind, zu den Swahili-Ruinen von Takwa (S. 296)? Der Weg führt an den „Sieben Inseln von Eryaya" vorbei und durch ein dichtes Labyrinth aus Mangroven. Unterwegs kann man mit schillernden Fischen schnorcheln, schwimmen und Kokosreis genießen, während sich unter einem Geisterkrabben tummeln. Bei einer Dau-Tour rund um den Lamu-Archipel zeigt sich die kenianische Küste zweifellos von ihrer romantischsten Seite.

Nairobi

7 Nairobis (S. 52) Ruf eilt der Stadt voraus – nicht nur im positiven Sinne. Dennoch ist dies ein unerlässlicher (und meist sehr unterhaltsamer) Stopp einer jeden Kenia-Reise. Keine andere Metropole der Welt wartet mit einem Nationalpark samt der „Big Five" in Blickweite zu Wolkenkratzern sowie der Möglichkeit auf, an einem Tag Elefantenwaisen zu füttern, in die Landschaft, die für *Jenseits von Afrika* Pate stand, einzutauchen und ein exzellentes Nationalmuseum zu besuchen.

Uhuru Park, Nairobi

ARIADNE VAN ZANDBERGEN/LONELY PLANET IMAGES ©

DAVE LEWIS/LONELY PLANET IMAGES ©

Im hohen Norden

8 Nordkenia (S. 201) verspricht Abenteuer pur. Die riesige halbtrockene Wildnis gehört zu den letzten großen Unbekannten Ostafrikas. In ihrem Buschland treiben sich jede Menge Elefanten und Antilopen herum, in ihren Wäldern leben unerforschte Lebewesen und ihre Wüsten bergen die Geheimnisse der ersten Menschen. Die Region lässt sich mit dem Geländewagen, auf der Ladefläche eines Trucks oder – am allerbesten – auf dem Rücken eines Kamels erkunden. Uaso Nyiro River, Samburu National Reserve

Kisite Marine National Park

9 Wie ein geheimer Schatz versteckt sich die idyllische Insel Wasini (S. 257) nahe der Grenze zu Tansania. Hierher gelangt man gleich einem omanischen Sultan ab dem Diani Beach (S. 251) in einer prachtvollen Dau. Während der Fahrt kann man neben kleinen und großen Fischen im Kisite Marine National Park (S. 259) rund um das Eiland tauchen. Alternativ wandert man entlang der Wege zu dem fast vergessenen Dorf Mkwiro (S. 259), das Einblicke in die Kultur der Swahili bietet.

10

ARIADNE VAN ZANDBERGEN/LONELY PLANET IMAGES ©

11

Löwen im Tsavo National Park

10 Die beiden Gebiete des Tsavo-Nationalparks (S. 104 & S. 98) trumpfen mit ursprünglicher Natur par excellence in Form von weiten dramatischen Landschaften auf, in deren Dickicht Tiere leben. Hier ist die gesamte Megafauna Afrikas vertreten, wobei vor allem die Raubkatzen – Leoparden, Löwen und Geparden – faszinieren. Vor der Kulisse von roter Erde, Vulkanfelsen und eindrucksvollen Savannen faulenzen die sagenumwobenen Löwen (einst versetzten die „Menschenfresser" von Tsavo Einheimische in Angst und Schrecken) und warten auf die nächste Beute.

Hell's Gate National Park

11 Es ist ein großer Unterschied, ob man Afrikas Megafauna vom sicheren Safarijeep aus betrachtet oder zu Fuß bzw. mit dem Fahrrad erkundet. Der Hell's Gate National Park (S. 118), eine dramatische, vulkanische Landschaft mit roten Klippen, unwirklichen Felsvorsprüngen und tiefen Schluchten im Herzen des Rift Valley beherbergt zwar keine Raubtiere, lockt dafür aber mit der prickelnden Erfahrung, Kenias Fauna aus nächster Nähe zu erleben. Durch den direkten Kontakt zur Natur schärft das Schutzgebiet alle Sinne und macht die afrikanische Wildnis so lebendig wie sonst nirgendwo im Land.

Lake Nakuru National Park

12 Dieser erstklassige Nationalpark (S. 124) wartet mit einem der schönsten Seen des Rift Valley auf, der an einer Seite von einem Steilhang gesäumt wird. Gelegentlich verleihen Flamingos und Pelikane dem Ufer Leben und Farbe. Außerdem ist die Schutzzone ein Paradies für Landsäuger, darunter Löwen, Leoparden, die akut bedrohten Rothschild-Giraffen, Zebras, Büffel, verschiedene Primaten und die am einfachsten zu sichtenden Nashörner Kenias. Zu Recht schafft es das Gebiet regelmäßig in die Top Five der besten Parks des Landes. Flamingos, Lake Nakuru National Park

TOM COCKREM/LONELY PLANET IMAGES ©

Mt. Longonot

13 Der Mt. Longonot (S. 111) ist nicht nur ein echter Bilderbuchvulkan, sondern überzeugt auch mit der unkompliziertesten Bergwanderung im Rift Valley. Im Gegensatz zum Aufstieg auf den bekannteren Mt. Kenya ist die Tour zum Kraterrand keine echte Expedition, sondern vielmehr eine anstrengende, 90-minütige Kraxelei; Aufstieg, Umrundung und Abstieg schafft man in vier Stunden. Der Lohn sind Traumblicke auf das Rift Valley, u. a. auf die Hell's-Gate-Schlucht, und auf die verlorenen Wälder am Kraterboden. Thomson-Gazellen vor dem Mt. Longonot

ARIADNE VAN ZANDBERGEN/LONELY PLANET IMAGES ©

Laikipia-Plateau

14 Im Schatten des Mt. Kenya erzählt dieses Netz aus Schutzgebieten und Tierreservaten (S. 191) eine der erfolgreichsten Geschichten des Naturschutzes in Afrika. Das Plateau nimmt eine Vorbildfunktion bei der Erhaltung bedrohter Arten wie Löwen, Afrikanischen Wildhunden, Grevyzebras und Spitzmaulnashörnern ein und trumpft mit einer tollen Mischung aus Luxuslodges, eindrucksvollen Weiten sowie faszinierender Fauna auf. Zudem verheißt ein Abstecher eine persönlichere Erfahrung als in vielen anderen Parks. Massai-Guide und junger Tourist, Laikipia-Plateau

Meru National Park

15 Der Meru National Park (S. 195) zählt zu den meistunterschätzten Schutzgebieten des Landes und bezaubert mit einer faszinierender Mischung aus afrikanischen Landschaften (fruchtbare Hügel, Flusswälder, Affenbrotbäume und Doumpalmen) und Tierarten (u. a. Spitz- und Breitmaulnashörner, Elefanten, Löwen und Zebras). Hier lebte George Adamsons legendäre Löwin aus *Frei geboren. Eine Löwin in zwei Welten*, außerdem gibt's vor Ort Safaris alter Schule mit ruhigen Wegen und aufregenden, unerwarteten Begegnungen mit Tieren. Zebra, Meru National Park

TOM COCKREM/LONELY PLANET IMAGES ©

MARK DAFFEY/LONELY PLANET IMAGES ©

EGMONT STRIGL/IMAGEBROKER ©

Kenianische Strände

16 Kenias Küste am Indischen Ozean (S. 230) gehört zu den schönsten Afrikas. Lange weiße Strandabschnitte, kristallklares Wasser und von Palmen geschützte Buchten sind für sich genommen schon Highlights. Dazu kommt ein faszinierender Mix aus afrikanischen und arabischen Kulturen, Ergebnis jahrhundertelangen Handels. Er verleiht der Küste ihren besonderen Charakter vom entspannten *hakuna-matata-Flair* über Ruinen bis zur eindrucksvollen Swahili-Kultur. Tiwi Beach, südlich von Mombasa

Campingsafari

17 Nichts schärft die Sinne besser und gibt authentischere Einblicke in die afrikanische Natur. Unter den Sternen zu übernachten ist eine magische Erfahrung und ein Kontrastprogramm zur modernen Welt – das unendliche Himmelszelt, ein knisterndes Lagerfeuer, die schier endlose afrikanische Nacht. Der um die Zeltleinen streichende Wind, ein brüllender Löwe in der Nähe und die Gewissheit, dass einen lediglich dünner Stoff von einem wütenden Nashorn trennt, sind allerdings nichts für schwache Nerven.

Gut zu wissen

Währung

» Kenianischer Schilling (KSh)

Sprache

» Englisch und Swahili sowie andere Stammessprachen

Reisezeit

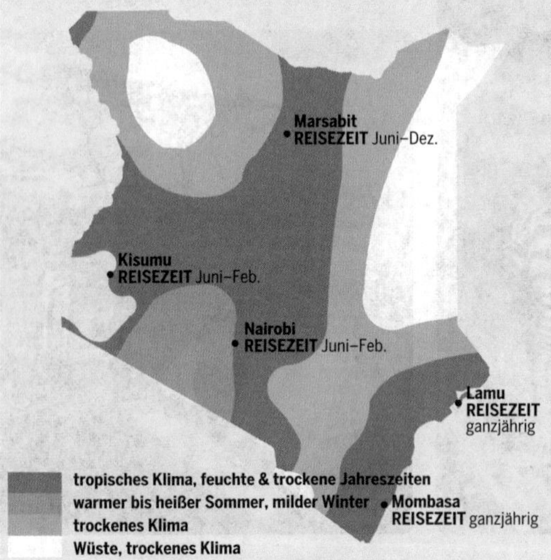

Hochsaison

(Juni–Okt., Jan & Feb.)

» Von Juni bis Oktober ziehen Gnus durch die Masai Mara.

» Im Januar und Februar herrscht heißes, trockenes Wetter – gut für die Tierbeobachtung.

» Lodges sind jetzt extrem teuer, daher muss man Unterkünfte an der Küste im Voraus buchen.

Zwischensaison

(Nov. & Dez.)

» Im Oktober und November gibt's häufig kurze Regenfälle.

» Die Preise vieler Unterkünfte und Nationalparks sinken ab dem 1. November, trotzdem sollte man im Voraus buchen.

Nachsaison

(März–Mai)

» Aufgrund der langen Regenfälle sind die Unterkünfte ruhiger und billiger, allerdings kann man nicht so gut Tiere beobachten und es schwirren zahlreiche Moskitos umher.

Tagesbudget

Günstig – unter

50 US$

» Billige Hotels (5–10 US$) und Campingplätze (ab 15 US$)

» Lokale Restaurants besuchen (Gerichte 1–4 US$)

» In Supermärkten einkaufen; eigene Campingausrüstung mitbringen

» Mit dem Matatu reisen

» Gelegentlich mehr Geld ausgeben und Safaris mit anderen Travellern unternehmen

Mittelteuer

50–200 US$

» DZ im Mittelklassehotel: 50–200 US$

» Unabhängige Safaris mit dem Mietwagen: 75–100 US$ pro Tag

» Vollpension in den Lodges

Teuer – mehr als

200 US$

» DZ im Luxushotel: mind. 200 US$

» Teure Safaris in Tented Camps

Geld

» Geldautomaten gibt's nur in Großstädten. Alle Banken wechseln Dollars und Euros. Viele gehobene Hotels, Restaurants und Geschäfte akzeptieren Kreditkarten.

Visa

» Bei der Ankunft am Flughafen in Nairobi erhält man ein dreimonatiges Visum, das man auch schon vor der Abreise in einer kenianischen Botschaft beantragen kann.

Handys

» Lokale SIM-Karten sind vielerorts erhältlich. Das Mobilnetz ist weitreichend, in abgelegenen Regionen und Nationalparks jedoch lückenhaft.

Straßenverkehr

» Linksverkehr; das Steuer ist rechts. Zwischen den Großstädten verkehren Busse und Matatus, außerdem gibt's einige Inlandsflüge.

Websites

» **Kenya Wildlife Service** (www.kws.org) Neuigkeiten aus dem Naturschutz, Infos über Nationalparks und Reservate.

» **Kenya Association of Tour Operators** (www.katokenya.org) Liste aller Mitgliedsunternehmen der KATO.

» **Lonely Planet** (www.lonelyplanet.de) Allgemeine Infos, Reiseforen und mehr.

» **Magical Kenya** (www.magicalkenya.com) Offizielle Website der kenianischen Tourismusbehörde.

» **Nation Newspaper** (www.nation.co.ke) Die größte Zeitung des Landes.

Wechselkurse

Eurozone	1 €	103 KSh
Schweiz	1 SFr	86 KSh
USA	1 US$	84 KSh

Aktuelle Wechselkurse siehe unter www.xe.com.

Wichtige Telefonnummern

Die einzelnen kenianischen Regionen haben Vorwahlen, die bei einem Anruf innerhalb des Landes vor der Telefonnummer gewählt werden müssen. Aus dem Ausland wählt man zusätzlich eine „0“.

Internationale Landesvorwahl	☎000
Landesvorwahl von Kenia	☎254
Auskunft	☎991
Polizei, Krankenwagen & Feuerwehr	☎999
Touristenhotline (24 Std.)	☎020-604767

Ankunft in Kenia

» **Internationaler Flughafen Jomo Kenyatta, Nairobi**
Stadtbus: Bus 34 (einfache Fahrt 30 KSh); bietet den besten Schutz vor Diebstählen.
Taxis: 1200–1500 KSh; 30 bis 60 Minuten ins Stadtzentrum (je nach Verkehrsaufkommen); am Infoschalter in der Ankunftshalle buchbar; die einzige Option, wenn man nachts ankommt.

» **Internationaler Flughafen Moi, Mombasa**
Keine öffentlichen Verkehrsmittel
Taxis: 1200 KSh; 20 bis 30 Minuten

Die Qual der Wahl: Safaris

Für die meisten Besucher Kenias besteht die einzige wichtige Entscheidung bei der Reiseplanung in der Wahl der Safari. Das klingt zwar sehr einfach, doch vor der Kontaktaufnahme mit den verschiedenen Veranstaltern sollte man sich genau überlegen, was für eine Art Ausflug man machen will. Legt man Wert auf eine spezialisierte Tour (z. B. mit Schwerpunkt auf der Vogelbeobachtung) oder möchte man lieber einen allgemeinen Überblick über die Hauptparks bekommen? Welche Tiere will man sehen? Wie hoch ist das Budget? Möchte man unabhängig oder mit einer Gruppe reisen? Wer zumindest ungefähre Antworten auf diese Fragen hat und unser Kapitel zum Thema Safaris (S. 28) liest, ist für einen Entschluss gut gewappnet.

Wie wär's mit ...

Große Katzen

Vielen Travellern lässt der Anblick herumstreifender Raubtiere einen Schauer über den Rücken laufen. Löwen, Leoparden und Geparden sind Kenias Hauptattraktion, deshalb gehört es zu den schönsten Erfahrungen einer Reise, diese beeindruckenden Tiere zu beobachten.

Masai Mara National Reserve Der beste Ort, um die drei Tierarten zu sehen, die man zwischen Juni und Oktober oft beim Erlegen von Beute entdeckt (S. 133)

Tsavo East National Park Auch hier bekommt man alle drei Großkatzen ohne viel Aufwand zu sehen (S. 104)

Tsavo West National Park In diesem Schutzgebiet machen sich die Tiere etwas rar (S. 98)

Amboseli National Park Während der Trockenzeit tummeln sich vor Ort zahlreiche Löwen (S. 93)

Meru National Park Heimat von Löwen und Geparden (S. 195)

Lake Nakuru National Park Leoparden und Löwen (S. 124)

Nairobi National Park Blick auf die Hauptstadt und alle drei Raubkatzenarten (S. 58)

Elefanten & Nashörner

Der Afrikanische Elefant und das Nashorn sind beständige Wahrzeichen des Kontinents. Durch die Savanne ziehende Dickhäuterfamilien oder Elefanten und Nashörner, die im ockerfarbenen Schlamm des Tsavo ein Bad nehmen, sind ein faszinierender Anblick.

Amboseli National Park Dichter als in diesem Nationalpark mit Blick auf den Kilimanjaro kommt man an die Dickhäuter nicht heran (S. 93)

Tsavo East National Park Kenias größter Elefantenbestand mit über 11 000 Tieren (S. 104)

Lake Nakuru National Park Die beste Stelle, um das stark bedrohte Spitzmaulnashorn zu beobachten (S. 124)

Aberdare National Park In den bewaldeten Hängen des Zentralen Hochlands leben Elefanten und Spitzmaulnashörner (S. 173)

Tsavo West National Park Wichtiges Schutzgebiet für Spitzmaulnashörner und „rote" Elefanten (S. 98)

Marsabit National Park Kenias am nördlichsten beheimatete Dickhäuter (S. 215)

Vogelbeobachtung

Mit 1200 erfassten Vogelarten ist Kenia eines der führenden Reiseziele Afrikas für (Hobby-)Ornithologen. Sogar Amateurbeobachter haben hier ihre Freude. Ab November machen es sich Zugvögel aus dem Norden im Land gemütlich, die dem Winter in Europa entfliehen.

Lake Nakuru National Park Abertausende Flamingos und 400 andere Vogelarten (S. 124)

Amboseli National Park Über 370 Vogelarten, darunter Raubvögel und der Südafrika-Kronenkranich (S. 93)

Lake Bogoria National Reserve Zahlreiche Flamingos in einem weltbekannten Sumpfgebiet (S. 127)

Kakamega Forest In dem Regenwald leben über 330 erfasste Arten (S. 154)

Saiwa Swamp National Park Mindestens 370 Vogelarten auf etwas mehr als 15 km^2 (S. 165)

Lake Baringo Über ein Drittel aller kenianischen Arten wurden hier erfasst (S. 128)

Wie wär's mit ...
Klettertouren auf erloschene Vulkane?
Der Mt. Longonot bietet einen traumhaften Blick auf das Rift Valley (S. 111)

Strände

Trotz der Überbebauung in einigen Gegenden ist Kenias Küste traumhaft schön. Natürlich kann man die großen Urlaubsorte einfach meiden, allerdings warten manche mit besonders idyllischen Stränden auf. Andernorts wiederum locken beeindruckende einsame Sandstreifen, die man als eigenes Stück vom Paradies im Gedächtnis behalten wird.

Takaungu Fischerdorf mit leerem Sandstrand: ein perfektes Fleckchen am Indischen Ozean (S. 267)

Shela Beach Der 12 km lange weiße Strand ist einer der schönsten von Lamu (S. 294)

Watamu 7 km langer unberührter Sandstreifen in der Nähe eines malerischen Fischerortes (S. 271)

Manda Island Auf der Insel mit Sanddünen, Mangroven und ruhigen Stränden scheint die Zeit stehen geblieben zu sein (S. 296)

Tiwi Beach Ebenso beeindruckend wie der Diani Beach (S. 249)

Diani Beach Überfüllter, aber wunderbarer Strand (S. 251)

Dau-Fahrten

Mit einer Dau (altes arabisches Segelschiff) einen Ausflug entlang des ostafrikanischen Festlands zu unternehmen ist so alt wie die Gewürzküste selbst und eine der schönsten Arten, diese verführerische Gegend kennenzulernen. Die Boote sind nicht nur Verkehrsmittel, sondern stehen auch für eine Lebensart, die an vergangene Zivilisationen und Passatwinde erinnert. Während der beschaulichen Fahrt verfällt man automatisch in die langsame Gangart der Küstenvölker.

Mkwiro Auf anderem Weg kommt man nicht in dieses mehr als ruhige Dorf (S. 259)

Matandoni Beim Bau einer Dau zuschauen und um den Lamu-Archipel schippern (S. 295)

Funzi Island Für einen Tag eine Dau mieten und auf der mangrovenreichen Insel Krokodile beobachten (S. 258)

Lamu Einen guten Kapitän suchen und eine Tagstour zwischen den Inseln Lamu und Manda unternehmen (s. Kasten S. 293)

Takwa Der schönste Ausflug im Lamu-Archipel (S. 296)

Tauchen & Schnorcheln

Vor Kenias Küste erstrecken sich viele Riffe. Sie können zwar nicht mit den Hotspots im Roten Meer mithalten, sind aber die besten Schnorchel- und Tauchgründe Ostafrikas und bezaubern mit zahlreichen Meeresbewohnern sowie außergewöhnlichen Korallenformationen. In den großen Ferienorten befinden sich hochkarätige Tauchschulen. Zum Schnorcheln springt man meist von Bord einer Dau ins Wasser.

Malindi Marine National Park Zwischen Juli und Februar hervorragend zum Tauchen geeignet (S. 275)

Manda Toto Island Eine äußerst beliebte Schnorchelstelle bei Fans des Lamu-Archipels (S. 296)

Kisite Mpunguti Marine National Park Schnorcheln mit Delfinen und Tauchmöglichkeiten (S. 259)

Watamu Marine National Park Fantastische Riffe, Fische und Meeresschildkröten (S. 271)

Diani Beach Professionelle Tauchschulen und ein extra für Touristen versenktes Schiffswrack (S. 252)

» Rothschild-Giraffen vor dem Giraffe Manor, Nairobi (S. 73)

Luxuslodges

Kenia ist führend im Luxussektor: Nichts geht über eine erstklassige Unterkunft mit Wellnessbereich, Massagepaketen und hervorragendem persönlichem Service, in der man sich nach einer Tagessafari verwöhnen lassen kann.

Giraffe Manor, Nairobi Durch die Fenster dieser ausgezeichneten Bleibe schauen gern mal Rothschild-Giraffen rein (S. 73)

Finch Hatton's Safari Camp, Tsavo West National Park Mitten in der Wildnis von feinem Porzellan speisen (S. 103)

Tortilis Camp, Amboseli National Park Ökolodge mit außergewöhnlichen Familienzimmern und Blick auf den Kilimanjaro (S. 95)

Basecamp Masai Mara, Masai Mara National Reserve Eine weitere Ökolodge mit Luxuszelten nahe dem größten Wildtierspektakel der Welt (S. 138)

Lewa Wildlife Conservancy Von den Sozial- und Umweltschutzprogrammen bis zum exquisiten Service stimmt hier einfach alles (S. 206)

Flucht vor den Massen

Die Wanderung der Gnus ist nicht die einzige Massenmigration in Kenia zwischen Juni und Oktober, denn zu dieser Zeit fallen in das Land auch Besucherscharen ein. Es gibt Gründe, sich ihnen anzuschließen, doch wer nicht in einem von 20 Tourbussen rund um ein Rudel schlafender Löwen sitzen oder in einem überlaufenen Ferienort unterkommen will, hat durchaus Alternativen.

Meru National Park Genauso schön wie die berühmteren Parks im Süden Kenias, aber weniger voll (S. 195)

Ruma National Park Das wilde Afrika ohne Besuchermassen (S. 147)

Loyangalani Der Inbegriff des entlegenen Nordkenias mit faszinierenden Kulturen und dem Lake Turkana (S. 223)

Paté Island Auf der verwunschenen Insel im Lamu-Archipel die moderne Welt vergessen (S. 297)

Mt. Susua Fantastischer Blick auf das Rift Valley und ein Vulkan, den man nur mit den Massai teilt (S. 116)

Mfangano Island Herrliche ruhige Insel im Lake Victoria mit Felsmalereien (S. 149)

Kultur & Wildtiere

In Kenia gibt's immer mehr Gemeindeprojekte. Diese dienen Umweltverträglichkeit und -schutz und dem Zweck, Einnahmen aus dem Tourismus in die jeweiligen Orte fließen zu lassen. Die besten verbinden beides und bieten einmalige Erlebnisse. Wer sich unwohl fühlt, wenn in einem Massai-Dorf Urlauber mit ihren Kameras Schlange stehen, kann folgende Einrichtungen unterstützen:

Lewa Wildlife Conservancy Finanziert den lokalen Gesundheitsdienst sowie Bildungs- und weitere Gemeindeprojekte (S. 206)

Lion Guardians Ziele: Schutz von Löwen und Massai-Traditionen (S. 96)

Kimana Community Wildlife Sanctuary Von Massai betriebener Park, der stark in der örtlichen Gemeinde verwurzelt ist (S. 97)

Besichtigung eines Massai-Dorfes Einblicke in das Leben der Massai (S. 136)

David Sheldrick Wildlife Trust Verwaiste Elefanten auf dem Weg in die Freiheit (S. 64)

Monat für Monat

Top-Events

1 **Jährliche Gnuwanderung**, Juni–Oktober

2 **Zugvogelarten**, Oktober–März

3 **Maulid-Fest**, Februar oder März

4 **Kenya Music Festival**, August

5 **International Camel Derby**, August

Januar

Einer der beliebtesten Monate, um Kenia zu besuchen. Die Tiere versammeln sich an Wasserlöchern und die Wanderung der Zugvögel ist in vollem Gang. Fast alle Tage sind warm und trocken.

Treffen in der Trockenzeit

Bis auf einige Quellen, die ganzjährig Wasser führen, sind alle anderen versiegt, sodass Raubtiere und Beutetiere sich an den wenigen verbleibenden Wasserlöchern einfinden. Sie jetzt zu beobachten kann überaus spannend sein.

Vögel in Hülle und Fülle

Zu den 1100 einheimischen Vogelarten gesellen sich Millionen Zugvögel. Dementsprechend sind die Seen im Rift Valley und in anderen Feuchtgebieten ein Paradies für (Hobby-)Ornithologen.

Februar

Hauptsaison. Die Tage sind heiß und trocken, die Unterkünfte oft voll. An den Wasserlöchern lassen sich hervorragend Wildtiere beobachten, außerdem gibt's viele Vogelarten zu entdecken.

Maulid-Fest

Das jährliche Fest zum Geburtstag des Propheten Mohammed reißt Lamu (S. 284) aus seinem Schlaf. Muslime von der ganzen Küste treffen sich in der Stadt. Besucher sind willkommen.

März

Die Regenzeit beginnt. Sie überflutet weite Teile des Landes und erschwert die Tierbeobachtung. Wenn der Niederschlag spät einsetzt, lohnt sich ein Besuch aber eventuell, denn jetzt sind die Preise im Keller.

Safaris bei Spätregen

Die günstigste Zeit für eine Reise, denn die Straßen können unbenutzbar sein, es wimmelt von Moskitos und die Tiere suchen Schutz. Doch wenn der Regen verspätet eintrifft, sind die Bedingungen optimal: Wildtiere suchen verzweifelt nach Wasser, zudem sind noch viele Vögel da.

April

Überschwemmungen plagen das Land und der Verkehr ist stark beeinträchtigt. Bis der Regen aufhört, sollte man auf einen Besuch verzichten.

Mai

Der Regen könnte Ende Mai vorbei sein. Er hinterlässt eine wunderbar grüne Landschaft.

Juni

Kenia ist nun zwar durchweicht, aber die verlorene Zeit wird schnell wettgemacht. Mitte Juni beginnt die Wanderung von Millionen Gnus und Zebras.

Wildtierspektakel

Nach den Regenfällen kommen die Gnus nach und nach im Masai Mara National Reserve an, gefolgt von Raubtieren. Dies ist die größte Wildtiershow der Welt.

Rhino Charge
Bei der Benefiz-Offroad-Rallye zur Unterstützung von Rhino Ark (www.rhinoark.org) und anderen Naturschutzprojekten versuchen verrückte Motorsportler auf dem kürzesten Weg ins Ziel zu kommen, egal wie wahnwitzig die Hindernisse auch sein mögen. Die Route ändert sich jedes Jahr.

Kenya Fashion Week
Dieses messeähnliche Event gewährt Einblicke in die regionalen Stile und die Arbeit von Designern aus dem ganzen Land. Es findet im Sarit Centre in Westlands, Nairobi, statt.

Juli

Die Wanderung der Gnus und Zebras ist in vollem Gange, genau wie die der zweibeinigen Besucher, die sich in der Masai Mara versammeln. Es herrscht schönes, warmes Wetter, allerdings wird es an der Küste schwül.

Rückkehr in den Amboseli National Park
Wenn es im März zu regnen beginnt, suchen die Pflanzenfresser des Amboseli National Park (S. 93) – darunter Elefanten, Antilopen und Zebras – Weideland außerhalb des Schutzgebietes auf. Ihnen folgen die Raubtiere. Im Juli kehren sie alle wieder zurück.

August

Die Hochsaison Mitte des Jahres hält an. Im Zentrum steht die Masai Mara, doch auch andere Parks sind lohnenswert. Europäische Urlauber kommen scharenweise nach Kenia, deshalb steigen die Preise, während die Zahl der freien Zimmer sinkt.

Kenya Music Festival
Das älteste Musikfest des Landes (s. S. 67) findet in Nairobi statt und dauert zehn Tage. Neben afrikanischen Stars treten auch einige tolle internationale Acts auf.

Kamelrennen
Das International Camel Derby (s. S. 222) in Maralal ist gleichzeitig ein ernsthaftes Kamelrennen und eine riesige Feier.

September

Weil das Wetter schön bleibt und die Masai Mara vor Tieren aus allen Nähten platzt, sind die Preise und Besucherzahlen weiter hoch.

Oktober

Eine tolle Reisezeit: Bis Mitte des Monats sieht man hier Gnus, außerdem treffen die ersten Zugvögel ein. Tauch- und Schnorchelfans kommen jetzt voll auf ihre Kosten und die Zahl der Besucher nimmt ab.

Es regnet wieder
Im Gegensatz zur großen Regenzeit von März bis Mai hat die kleine Regenzeit, die meistens im Oktober beginnt und bis in den November anhält, nur geringe Auswirkungen auf Safaris. Meist handelt es sich um örtlich begrenzten, schweren Niederschlag, doch es schüttet nur ein oder zwei Stunden täglich.

Tusker Safari Sevens
Nairobis renommiertes internationales Rugbyturnier (www.safarisevens.com) dauert bis in den November.

November

Im November gibt's fast täglich kurze Regenschauer, die aber kaum Beeinträchtigungen verursachen. Einige Tiere streifen außerhalb der Parks umher. Vögel kommen in großer Zahl herbei und die Preise fallen.

Zugvögel
Die beste Zeit für (Hobby-)Ornithologen, da nun Millionen Vögel bzw. Hunderte Arten ihr Winterquartier ansteuern, während Europa bibbert.

East African Safari Rally
Das klassische Autorennen (www.eastafricansafarirally.com) Ende November ist über 50 Jahre alt und von kolonialer Atmosphäre geprägt. Es führt durch Kenia, Tansania und Uganda.

Dezember

Akzeptable Bedingungen: Es werden niedrigere Preise verlangt, das Wetter ist gut, viele Zugvögel verweilen in Kenia und ein Großteil des Landes zeigt sich in einem satten Grün.

Reise-routen

Die folgenden Routen dienen als Orientierungshilfen für eine unvergessliche Reise, egal ob man sechs oder 60 Tage zur Verfügung hat. Mehr Inspirationen gefällig? Auf www.lonelyplanet.de/forum kann man sich mit anderen Travellern austauschen.

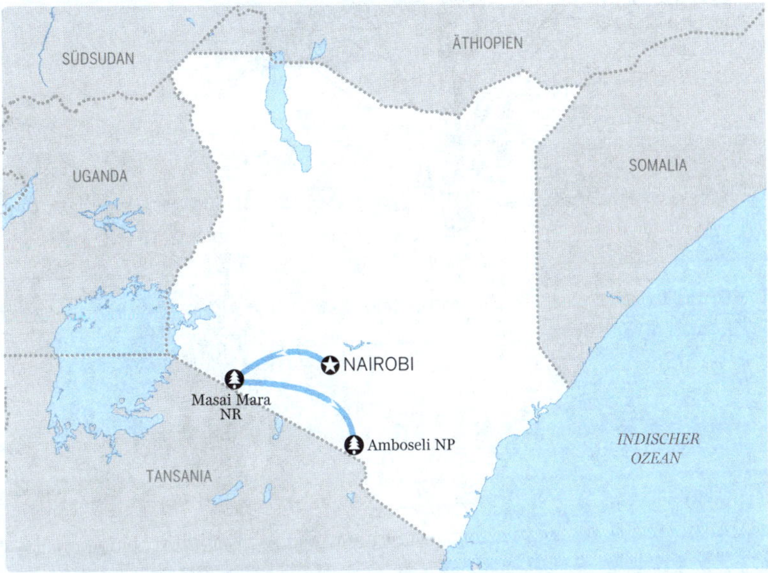

Eine Woche
Safari Njema

Für Traveller, die nur wenig Zeit haben, ist diese klassische Safariroute ideal, denn sie führt zu den charismatischsten Kreaturen des Kontinents. *Safari njema* – glückliche Reise!

Die Tour startet in **Nairobi**, Kenias berühmt-berüchtigter, charmanter Hauptstadt, vor deren Toren ein herrlicher Nationalpark liegt. Vor der Kulisse der fernen Wolkenkratzer kann man Löwen, Leoparden und Geparden beobachten und sich schon mal auf das weltberühmte **Masai Mara National Reserve** einstimmen. Zwischen Juli und Oktober ist das fantastische Schutzgebiet Schauplatz der größten Wildtierwanderungen der Welt und ein begehrtes Pilgerziel für Traveller. Doch die Masai Mara lohnt auch jederzeit sonst einen Besuch, falls dieses großartige Ereignis zeitlich nicht in die Reiseplanung passt.

Anschließend steht die Erkundung des **Amboseli National Park** auf dem Programm, wo man näher an wild lebende Elefanten herankommt als irgendwo sonst in Afrika. Der Blick zum Kilimanjaro, Afrikas höchstem Berg, ist konkurrenzlos.

CHRISTER FREDRIKSSON/LONELY PLANET IMAGES ©

» (oben) Breitmaulnashörner, Lake Nakuru (S. 124)
» (links) Leopard, Masai Mara National Reserve (S. 133)

Drei Wochen

Auf den Spuren der „Big Five"

Die „Big Five" zu sehen ist für viele Traveller ein absolutes Muss. Nur wenige wissen, dass weiße Jäger den Begriff für die fünf Tierarten – Elefanten, Löwen, Leoparden, Nashörner und Büffel – erfanden, die am gefährlichsten zu erlegen waren. Alle fünf zu Gesicht zu bekommen, mit viel Glück sogar an einem einzigen Tag, ist ohne viel Aufwand möglich.

Die Spurensuche beginnt im **Lake Nakuru National Park** an einem imposanten salzhaltigen See im Rift Valley. Das Bild Tausender von Flamingos und Pelikanen rund um bzw. auf dem See ist für die atemberaubende Schönheit des Landes emblematisch. Darüber hinaus bietet der bedeutende Nationalpark Kenias größter Population des vom Aussterben bedrohten Spitzmaulnashorns sowie riesigen Büffelherden eine Heimat. Erstere haben sich auch woanders niedergelassen, aber hier besteht die beste Chance, sie zu entdecken.

Nach dem Besuch des Lake Nakuru folgt eine obligatorische Safari im **Masai Mara National Reserve**, dem Revier der Löwen. Wer die majestätischen Raubkatzen bei der Jagd beobachten möchte, sollte dies während der jährlichen großen Wanderung der Wildtiere von Juli bis Oktober tun. Mit etwas Glück erspäht man auch in den Bäumen faulenzende Leoparden und die Savanne durchstreifende Geparden. Anschließend geht's nach Südosten über Nairobi zum **Amboseli National Park**, der sich im Schatten des Kilimanjaro erstreckt. Hier erblickt man an fast jeder Ecke Elefanten (auf nur 392 km² leben ca. 1200 Dickhäuter) und meistens auch Löwen. Außerdem verstecken sich in den Sümpfen einige Büffel.

Danach fährt man geradewegs zum **Tsavo West National Park** und zum **Tsavo East National Park**, Kenias größten Tierschutzgebieten, die ein authentisches Bild von der afrikanischen Landschaft vermitteln. Die Wahrscheinlichkeit, Wildtiere zu sehen, ist im Tsavo East höher, weil die Vegetation dort weniger dicht ist, dafür leben im Tsavo West aber alle Big Five. Wer sie dort innerhalb eines einzigen Tages entdeckt, hat ohne Zweifel das große Los gezogen. Von hier aus erreicht man über die Schnellstraße die alte Swahili-Hafenstadt **Mombasa** und fliegt entweder direkt nach Hause zurück oder bricht zu einer neuen Reise an Kenias Küste auf.

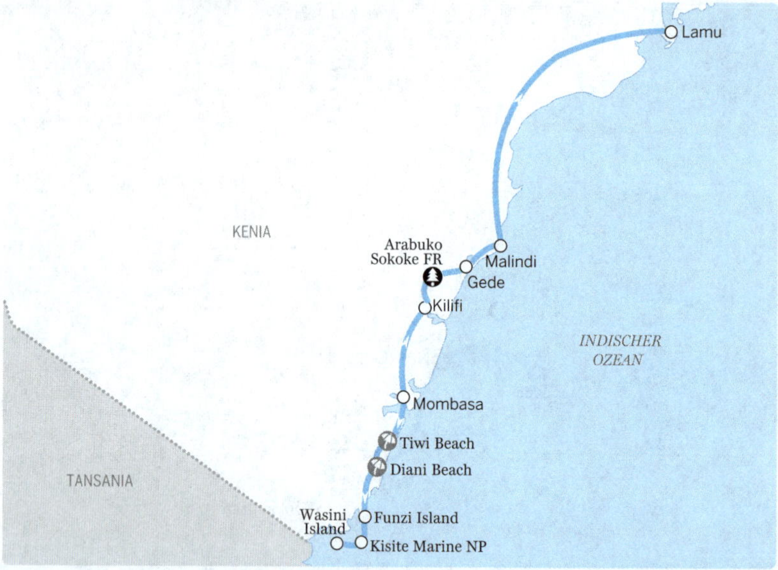

Zwei bis drei Wochen

Sonne, Surfen & Swahili

Egal ob man Überreste der Swahili-Kultur entdecken oder stattdessen lieber einige faule Tage am Strand verbringen möchte – Kenias sonnige Küste sollte sich kein Traveller entgehen lassen.

Vorher bietet sich aber noch ein Besuch in **Mombasa** an, einer großartigen Hafenstadt und Inbegriff Ostafrikas. Da es hier kochend heiß werden kann, macht man auf dem Weg Richtung Süden am besten Halt am **Tiwi Beach**, einem bei Individualreisenden beliebten ruhigen Paradies aus weißem Sand. Ein Stück weiter erstreckt sich der **Diani Beach**, der zahlreiche Pauschaltouristen anzieht.

In der Nähe der Grenze zu Tansania bieten die Inseln **Funzi** und **Wasini** (mit dem herrlich idyllischen Fischerort **Mkwiro**) ursprüngliches Küstenleben. Sie sind eine gute Ausgangsbasis zum malerischen **Kisite Marine National Park**, der idealen Ergänzung zu Kenias Naturschutzgebieten auf dem Festland. Am Ufer mangrovengesäumter Flüsse tummeln sich Krokodile und in der Meeresbrandung schwimmen oft Delfine. Außerdem sieht man von August bis Oktober Buckelwale vor der Küste und kann hier einen tollen Ausflug in einer traditionellen Dau unternehmen.

Auf dem Weg zurück nach Norden über die Küstenroute lohnt sich ein Halt in der charmanten Kleinstadt **Kilifi**, bevor das **Arabuko Sokoke Forest Reserve** auf dem Programm steht. Das Naturschutzgebiet beherbergt einen der größten erhaltenen heimischen Küstenwälder Ostafrikas, Heimat zahlreicher Vogelarten und Waldelefanten sowie letzte Zuflucht des Goldenen Rüsselhündchens.

Weiter nördlich liegen die **Ruinen von Gede**, einer alten Swahili-Stadt aus dem 13. Jh. Ein weiteres historisches Ziel an der Swahili-Küste ist **Malindi**. Heute zählt der Handelsposten aus dem 14. Jh. zu den beliebtesten Küstenferienorten italienischer Kenia-Touristen. Hier kann es sehr voll werden, aber wenn man sich etwas vom Strand entfernt, entfaltet der Ort großen Charme.

Die Tour endet an ihrem Höhepunkt, dem herrlichen **Lamu-Archipel**, einem echten tropischen Paradies und Juwel der Swahili-Kultur. Bevor man dorthin reist, empfiehlt sich allerdings eine Überprüfung der Sicherheitslage (s. Kasten S. 291).

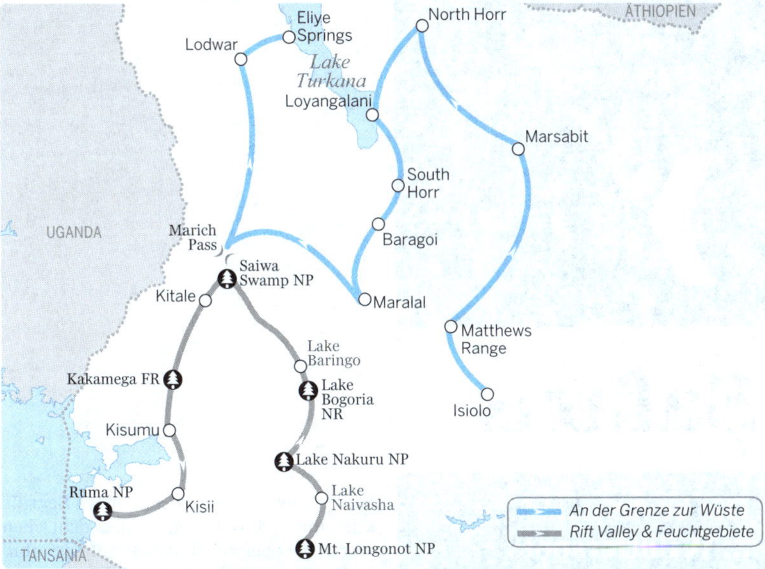

Zwei bis drei Wochen

Rift Valley & Feuchtgebiete

Das Rift Valley zählt zu Afrikas geologischen Wundern. Im Westen und Nordwesten Nairobis erstrecken sich einige der fruchtbarsten und schönsten Landschaften Kenias, die sich durch herrlich ruhige Gewässer auszeichnen.

Idealer Ausgangspunkt der Reise ist der beliebte Süßwassersee **Lake Naivasha**. Ganz in der Nähe beginnt der Aufstieg auf den **Mt. Longonot**, ein toller Aussichtspunkt im Rift Valley. Von hier aus erreicht man außerdem die Seen **Nakuru**, **Bogoria** und **Baringo**, alle drei Heimat zahlreicher Vogelarten.

Ein Abstecher führt durch die Cherangani Hills in die bäuerliche Kleinstadt **Kitale** und ins malerische Feuchtgebiet des **Saiwa Swamp National Park**.

Richtung Süden liegt das **Kakamega Forest Reserve**, das als hervorragendes Ziel für Wanderer und Vogelliebhaber gilt. Von dort reist man weiter bis nach **Kisumu**, größte Stadt der Region am Ufer des Lake Victoria. Am Winam Gulf entlang geht's ins lebhafte **Kisii**, eine gute Ausgangsbasis zu den kleinen Inseln des Lake Victoria und dem winzigen, nur von wenigen Travellern besuchten **Ruma National Park**.

Zwei bis drei Wochen

An der Grenze zur Wüste

Diese abenteuerliche Route führt durch die karge, aber faszinierende Landschaft rund um den Lake Turkana. Östliches Tor zu dieser Region ist das kleine **Isiolo** nördlich des Mt. Kenya. Für Wanderer bietet sich hier ein Abstecher in die **Matthews Range** an.

Alternativ beginnt man die Tour direkt auf der holprigen Straße nach **Marsabit**, ein staubiges, abgelegenes Stammeszentrum mit einem schönen Nationalpark.

Da bei Moyale wohl kaum jemand nach Äthiopien hinüberfahren möchte, geht's stattdessen westlich um den Turkana-See. Über **North Horr** erreicht man die Ufersiedlung **Loyangalani**, ein guter Ausgangspunkt für Ausflüge in entlegene Regionen.

Nach Zwischenstopps in den Orten **South Horr** und **Baragoi** kann man sich ein paar Tage in **Maralal** aufhalten, um seine Vorräte aufzufüllen und eine Trekkingtour mit Kamelen zu unternehmen.

Nun beendet man die Reise entweder oder erkundet noch die andere Seite des Lake Turkana. Durch das grüne westliche Gebiet um den **Marich Pass** geht's in das glühend heiße **Lodwar** und an das hübsche Seeufer bei **Eliye Springs**.

Safaris

Die beste/n …

… Wildtierspots

Jährliche Gnuwanderung
Wo? Masai Mara National Reserve
Wann? Juli–Okt.

… Vogelspots

Flamingos
Wo? Lake Nakuru & Lake Bogoria, Rift Valley
Wann? Ganzjährig

… Zeit, um wegzubleiben

Regenzeit Ende März–Mai

… Quellen für die Safariplanung

Ecotourism Society of Kenya (S. 34)
Kenyan Association of Tour Operators (KATO; S. 34)
ResponsibleTravel.com (S. 35)

… Safarirouten

Mara Circuit (S. 32)
Southern Circuit (S. 32)

… Spezialsafaris

Vogelbeobachtung Origins Safaris (S. 35)
Kamele Desert Rose (S. 35)
Kultur IntoAfrica (S. 35)
Maßgeschneidert Adventure Upgrade Safaris (S. 36)
Radfahren Bike Treks (S. 35)

Safari muss einer der magischsten Begriffe sein, die je ihren Weg in den deutschen Wortschatz gefunden haben. Auf Kiswahili bedeutet er so viel wie „Reise", für die vielen Besucher der kenianischen Nationalparks steckt aber noch viel mehr dahinter: Sie träumen von Gnus, die reißende Ströme durchwaten, von Löwen, die auf Beute lauern, und von Flamingos, die bei Sonnenuntergang an salzverkrusteten Ufern entlangstolzieren. Keine Frage: Bei einer Safari in der Wildnis zeigt sich das unbezähmbare Afrika von seiner schönsten Seite.

Eine Safari planen

Buchung

Viele Traveller buchen bereits zu Hause bei einem Reiseveranstalter oder auf Safaris spezialisierten Anbieter und sichern sich Schlafplätze in den beliebtesten Lodges, die besonders in der Hauptsaison schon Monate im Voraus ausgebucht sind. Die meisten Safariveranstalter akzeptieren Onlinebuchungen, man sollte sich aber an namhafte mittelteure oder Luxusanbieter halten, damit es kein böses Erwachen gibt. Wer die Billigvariante vorzieht, sieht sich am besten vor Ort nach einem geeigneten Unternehmen um.

Will man die Tour erst in Kenia buchen, empfiehlt es sich, mindestens einen Tag mit der Suche nach einer guten Agentur zu verbringen, statt sich übereilt auf „Sonderangebote" einzulassen. Von Schleppern und Betreibern dubioser Reisebüros darf man sich dabei nicht bedrängen lassen. Am besten überlegt man genau, was man möchte, und spricht das Ganze dann mit den Veranstaltern durch, um nicht am Ende für etwas bezahlen zu müssen, was nicht der ursprünglichen Vorstellung entspricht. Budgetreisende können sich z. B. in den Backpackerunterkünften rund um Nairobi schlau machen, die oft auch Safaris im Angebot haben.

Preise

Kenia ist nicht unbedingt das günstigste Land auf dem afrikanischen Kontinent für eine Safari. Allerdings ist in den Preisen meist fast alles inklusive, von Eintrittsgeldern für Nationalparks über Unterkünfte bzw. Leihgebühren für Zelte bis zum Transport zum Park sowie den Kosten fürs Benzin und den Fahrer bzw. den Guide. Natürlich gibt's Unterschiede, deshalb muss man vor dem Bezahlen unbedingt die Details klären. Getränke sind gewöhnlich nicht Teil des Pakets, und bei den Veranstaltern von Budget-Campingsafaris ist der Leihschlafsack oft nicht inbegriffen. Die Tarife gelten normalerweise für zwei Personen. Wer allein reist, zahlt nicht die Hälfte, sondern zusätzlich zwischen 20 und 50 % des Anteils für eine zweite Person.

Wenn man direkt bei Lodges oder Zeltanlagen bucht, werden einem vielleicht All-inclusive-Preise genannt. Neben der Übernachtung mit Vollpension beinhalten sie gelegentlich auch Parkeintritte und zwei Ausflüge pro Tag, darunter z. B. Tierbeobachtungstouren, eine Jeepfahrt und eine zwei- bis dreistündige Wanderung. Der Transport zum Park ist gewöhnlich nicht inbegriffen. Wenn die Tarife nur die Übernachtung abdecken und man keinen eigenen Wagen hat, muss man also für Exkursionen extra zahlen – und das kann ins Geld gehen.

Budgetsafaris

Im unteren Preissegment übernachtet man oft in Zelten. Um die Kosten gering zu halten, werden Budgetpensionen und Campingplätze außerhalb der Parks bevorzugt. Häufig sind auch die Gruppen größer, um die Transportgebühren pro Person zu minimieren. Die Verpflegung ist einfach und die Mitarbeiteranzahl klein. Bei den meisten Budget- und auch vielen mittelteuren Safaris dürfen die Jeeps nur eine bestimmte Anzahl von Kilometern pro Tag zurücklegen.

Für eine günstige Tour mit einem registrierten Unternehmen muss man mindestens 75 bis 100 US$ pro Person und Tag einplanen. Damit sollten der Transport, drei Mahlzeiten pro Tag, Parkeintritte, Campinggebühren, Zelte und Kochutensilien abgedeckt sein. Der Leihschlafsack schlägt mit weiteren 10 bis 15 US$ zu Buche.

SAFARIS: ABZOCKE

Jahr für Jahr erhalten wir viele Zuschriften von Lesern, die schlechte Erfahrungen bei einer Safari gemacht haben. Von nicht bezahlten Parkgebühren, Abzocke und unbeachteten Wünschen der Teilnehmer bis zu regelrecht kriminellen Praktiken ist alles dabei. Meist werden die Billigveranstalter in Nairobi als Übeltäter genannt. Sie tun so ziemlich alles, um Geld zu sparen.

Straßenschlepper sind Teil des Safarigeschäfts in Kenia. Sobald sie einen Tourist vor einem der Hotels in Nairobi oder Mombasa erspähen, stürzen sie sich auf ihn. Nicht alle wollen einen abzocken, und ihr Tourenangebot kann absolut in Ordnung sein, doch da sie eine Provision kassieren, wird man mit Sicherheit draufzahlen.

Das Wichtigste ist, bei der Buchung nichts zu überstürzen. Am besten tauscht man sich mit anderen Travellern aus, holt so viele Infos wie möglich ein, besteht darauf, jedes noch so kleine Detail vorab genau festzulegen, lässt sich nicht zu irgendetwas drängen und zahlt keine größeren Geldsummen an. Wer ein ungutes Gefühl hat, wählt lieber einen renommierten Veranstalter, auch wenn er mehr kostet. Obwohl wir in diesem Kapitel ein paar Anbieter empfehlen, gibt's keine Garantie dafür, dass die Safari zufriedenstellend verläuft.

Natürlich bekommen wir auch jede Menge positives Feedback; von potenziellen Schwierigkeiten sollte man sich also nicht abschrecken lassen. Safaris können ein unvergessliches Erlebnis sein und machen so die zahlreichen Stunden der Planung wieder wett.

DOUGLAS STEAKLEY/LONELY PLANET IMAGES ©

» (oben) Safarijeeps im Tsavo National Park (S. 98 & 104)
» (links) Junger Gepard, Masai Mara National Park (S. 133)

Mittelteure Safaris

Bei den meisten mittelteuren Safaris übernachtet man in komfortablen Lodges und speist in Restaurants. Normalerweise haben die Touren einen guten Standard und das Preis-Leistungs-Verhältnis ist in Ordnung, allerdings fühlt man sich häufig wie ein Pauschalurlauber (Stichwort: Massenabfertigung). Um dem entgegenzuwirken, sollte man Anbieter und Unterkunft mit Bedacht aussuchen, die populärsten Lodges in der Hauptsaison meiden und bei der Auswahl Kriterien wie die Teilnehmerzahl berücksichtigen.

In der Hauptsaison zahlt man 150 bis 200 US$ pro Person und Nacht (gewöhnlich mit Vollpension) in Lodges oder Safaricamps, ansonsten etwas weniger.

Teure Safaris

Private Lodges, Luxuszelte und sogar der Transport in privaten Fliegern zum Camp kennzeichnen die Edelsafaris, die Travellern ein möglichst „authentisches" Erlebnis in der Wildnis bescheren möchten, ohne dass diese auf Komfort verzichten müssen. Für mindestens 220 bis 600 US$ pro Person und Tag gibt's alle erdenklichen Annehmlichkeiten und erstklassige Guides. Selbst in abgeschiedenen Gegenden ohne fließendes Wasser kann man sich über warme Buschduschen, gemütliche Betten, leckeres Essen, eine intime Atmosphäre und aufmerksamen Service freuen. In dieser Preiskategorie haben die Unterkünfte häufig weniger als 20 Betten.

Trinkgeld

Wenn der Service auf der Safari gut war, sollte man unbedingt Trinkgeld geben, vor allem dem Fahrer, den Guides und den Köchen. Sie brauchen den Extralohn, um ihren Lebensunterhalt zu bestreiten. Viele Veranstalter machen einen Vorschlag, welche Summe angebracht ist. Als Richtlinie: Jeder Mitarbeiter sollte von jedem Tourteilnehmer 3 bis 5 US$ pro Tag erhalten. Bei Luxusreisen, in großen Gruppen oder als Dank für besonders gute Betreuung sollte man allerdings weit mehr geben.

Großzügigkeit zahlt sich in jedem Fall aus, man denke bloß an zukünftige Safaris: Missmutige Fahrer und Guides, denen es völlig egal ist, ob die Touristen wilde Tiere zu Gesicht bekommen oder nicht, sind wohl das Letzte, was man bei einem solchen Trip brauchen kann!

Reisezeit

Obwohl man Wildtiere das ganze Jahr über beobachten kann, sind die Herdenwanderungen der großen Pflanzenfresser (die wiederum große Raubtiere im Schlepptau haben) vielfach ein entscheidender Faktor, wenn man den Zeitpunkt für eine Safari festlegt. Zwischen Juli und Oktober ziehen große Gnu- und Zebraherden von der Serengeti in Tansania in die Masai Mara. Der Boden ist ausgedörrt und die Vegetation minimal, deshalb müssen die Tiere schrumpfende Wasserlöcher aufsuchen. Dies ist die wahrscheinlich beste Zeit für eine Safari, dementsprechend heben die meisten Veranstalter nun ihre Preise. Vögel kann man besonders gut von Oktober bis März beobachten.

Die Regenzeit von März bis Mai verwandelt die Nationalparks in üppig grüne Landschaften, die zwar toll aussehen, den Tieren allerdings auch viel Deckung bieten. Außerdem werden die Wege z. T. zu unpassierbaren Schlammpisten. In den Schutzgebieten im Tiefland sind Safaris in dieser Zeit manchmal nicht durchführbar. Das kann auch während der kürzeren Regenzeit von Oktober bis November der Fall sein, normalerweise ist es aber kein Problem, von A nach B zu gelangen.

Reiserouten

Fast alle Safaris folgen einem von drei grob umrissenen *circuits* (Rundwegen), die bei längeren Touren kombiniert werden können. Wanderungen auf den Mt. Kenya (S. 177), die man separat oder zusätzlich buchen kann, sind eine weitere Option.

Infos darüber, was in einer bestimmten Zeitspanne machbar ist, siehe S. 23.

IMMER MIT DER RUHE

Eine Safari sollte möglichst nicht zu viele Programmpunkte umfassen, denn die zu überwindenden Distanzen sind riesig. Von einem Park zum nächsten zu hasten ist sehr anstrengend und lässt einen vielleicht mit dem Eindruck zurück, das Land gar nicht richtig gesehen zu haben. Am besten verbringt man stattdessen mehr Zeit in ein oder zwei Schutzgebieten und sieht sich diese dafür ganz genau an.

Der Mara Circuit

Diese Standardroute führt durch die **Masai Mara** (S. 133). Kürzere Touren umfassen zwei Übernachtungen im Nationalpark und zwei halbe Reisetage. Zusätzlich werden Ausflüge in den **Lake Nakuru National Park** (S. 124), das **Samburu National Reserve** (S. 208) sowie zum **Lake Baringo** (S. 128) und **Lake Bogoria** (S. 127) angeboten.

Der Southern Circuit

Die Hauptalternative zur Mara-Route verläuft durch den **Amboseli National Park** (S. 93) mit dem Kilimanjaro als Kulisse. Wenn man mehr als drei Tage zur Verfügung hat, sollten ein paar Nächte im Nationalpark **Tsavo West** (S. 98) möglich sein. Um auch noch den **Tsavo East** (S. 104) zu sehen, muss man einige weitere Tage einplanen . Die meisten Veranstalter bieten an, Traveller zum Ende der Tour in Mombasa abzusetzen statt sie wieder mit nach Nairobi zu nehmen.

Der Northern Circuit

Im Mittelpunkt der Safaris im Norden steht der **Lake Turkana** (S. 219). Um die extrem weiten Strecken zu bewältigen, braucht man mindestens eine Woche. Je nachdem, wie lange und auf welcher Seite des Sees man unterwegs ist, kann man sich die **Rift-Valley-Seen** (S. 110), den **Marsabit National Park** (S. 215) oder das **Samburu National Reserve** (S. 208) ansehen. Bei einer zweiwöchigen Safari ist genug Zeit für alle drei Attraktionen.

Spezialsafaris

Eine Auflistung empfehlenswerter Anbieter, die eine oder mehrere der folgenden Touren organisieren, siehe S. 35.

Campingsafaris

Es gibt wohl kaum etwas Aufregenderes, als morgens aufzuwachen und zu wissen, dass einen einzig die Zeltplane und die erkaltende Glut des abendlichen Lagerfeuers von den wilden Tieren des afrikanischen Buschs trennt.

Campingsafaris sind das Richtige für Budgetreisende, junge Leute (oder Junggebliebene) und diejenigen, die einen Mangel an Komfort gern in Kauf nehmen, um das „echte Buschfeeling" zu erleben. Auf Toiletten mit Spülung, fließendes Wasser und kalte Getränke muss man in der billigsten Preiskategorie verzichten. Außerdem wird erwartet, dass man beim Aufbauen der Zelte und beim Kochen hilft. Nicht alle Campingplätze warten mit Duschen auf, gewöhnlich gibt's aber zumindest einen Hahn mit kaltem Wasser, um den gröbsten Dreck abzuwaschen. Im Preis sind drei einfache, aber großzügig bemessene Mahlzeiten pro Tag inbegriffen.

Für komfortablere Zeltsafaris mit zusätzlichem Personal, das alle anfallenden Aufgaben übernimmt, muss man entsprechend höhere Kosten einplanen. Einige Unternehmen betreiben Dauercamps, in denen man sich nach einem langen Tag im Jeep einfach ins Bett fallen lassen kann.

Flugsafaris

Die Teilnehmer von Flugsafaris sind gewöhnlich wohlhabend, landen auf entlegenen Landebahnen in verschiedenen Nationalparks und schlafen in Luxuszeltanlagen. Wenn Geld keine Rolle spielt, kann man sich mit Charter- und Linienfliegern fortbewegen und in ein paar der edelsten Camps von ganz Kenia übernachten. Flugreisen zum Lake Turkana und in den Sibiloi National Park sind eine interessante Alternative, zudem können die meisten Anbieter Reiserouten durch ganz Kenia entwerfen.

Kamelsafaris

Mit Kamelen dringt man in untouristische Gegenden vor, die für Jeeps nicht zugänglich sind. Die meisten Safaris dieser Art führen in das Gebiet der Samburu und Turkana zwischen Isiolo und dem Lake Turkana. Dort lernt man das Nomadenleben kennen und trifft Stammesangehörige. Auch die Fauna beeindruckt, doch das eigentliche Highlight ist die Reise selbst.

Wer nicht auf den Kamelen reiten will, geht einfach neben ihnen her. Oft leiten erfahrene Samburu-*moran* (Krieger) die Karawanen. Sie sprechen Englisch und wissen nahezu alles über Buschlegenden, die Pflanzen- und Vogelwelt sowie das lokale Brauchtum. Die Ausflüge starten immer so früh wie möglich (bevor es zu heiß ist) und das Zeltlager wird um die Mittagszeit aufgebaut. Nachmittags stehen gemächliche Wanderungen an und abends isst man am Lagerfeuer.

Die Veranstalter stellen die komplette Campingausrüstung (in der Regel mit 2-Pers.-Zelten) sowie Sanitäranlagen. Gewöhnlich liegt das Tagespensum bei 15 bis

» (oben) Samburu-Stammesangehöriger (S. 208) bei einer Kamelsafari

» (links) Luxuszelt im Masai Mara National Park (S. 133)

18 km, man muss für eine solche Safari also nicht in Topform sein.

Folgende Anbieter organisieren unterschiedlich lange Touren:

Bobong Camp (S. 219)

Desert Rose (S. 35)

Yare Camel Club & Camp (S. 220)

Kultursafaris

Überall in Kenia entstehen neue Ökolodges, und auch Bevölkerungsgruppen in abgeschiedenen Regionen kommen zunehmend mit Touristen in Berührung. Zudem bieten immer mehr Tourveranstalter Kulturreisen an, bei denen man einen viel persönlicheren Kontakt zu den Einheimischen herstellen kann als bei den kurzen „Souvenirstopps" der Standardtrips in den Massai-Orten. Die besten Safaris verbinden Freiwilligenarbeit mit konventionelleren Aktivitäten und umfassen Übernachtungen in Zelten, Ökolodges sowie Wohnhäusern in den Dörfern.

Immer wieder lobend erwähnt werden die Angebote von **IntoAfrica** (S. 35).

Lodge- & Zeltsafaris

Bei den meisten Safaris schläft man in Lodges, deren Standard vom Fünf-Sterne-Komfort bis zur einfachen Ausführung reichen kann. Typisch dafür sind Zimmer mit Bad bzw. klimatisierte Cottages, internationale Küche, eine Terrassenbar unter einem riesigen *makuti* (Palmendach) mit tollem Ausblick, ein Swimmingpool, Unterhaltung in Form von Wildtierdokus u. Ä. sowie aufmerksames Personal. Zu fast allen Unterkünften gehört eine Wasserstelle. Manchmal führt ein versteckter Tunnel dorthin, damit man die Tiere unbemerkt beobachten kann.

Für Luxusfans gibt's zahllose Edelbleiben, die ebenfalls über Schwimmbecken und Bars mit Aussicht auf Wasserlöcher sowie abgeschiedene Zeltanlagen verfügen. Manche sind wunderschön aufgemacht und warten mit einer traumhaften Lage hoch über riesigen Savannenabschnitten oder tierreichen Wasserlöchern auf. Sie befinden sich zumeist im Herzen der Nationalparks, sodass man auf dem Weg dorthin jede Menge Zeit für Begegnungen mit der lokalen Fauna hat.

In den luxuriösen Tented Camps erwarten einen möblierte Zelte mit eingepasstem Bad und Warmwasser, Betten mit Moskitonetzen, Ventilatoren und Gourmetmahlzeiten, die im Freien serviert werden. Die exklusivsten Unterkünfte bieten einen noch höheren Standard als die Lodges und sind *richtig* teuer: Viele Gäste lassen sich mit Chartermaschinen einfliegen – das sagt wohl alles!

Motorradsafaris

Fredlink Tours (S. 257) mit Sitz am Diani Beach organisiert Motorradsafaris in die Taita Hills, ins Rift Valley, nach Tsavo West und in die Ausläufer des Kilimanjaro.

Vogelbeobachtung

Die meisten Safaris der in diesem Kapitel genannten Veranstalter bieten in irgendeiner Form die Gelegenheit, Vögel zu beobachten, echten Vogelfans reicht das aber vielleicht nicht. Sie sollten sich aus diesem Grund vor der Buchung sorgfältig informieren. **Origins Safaris** (S. 35) ist eine verlässliche Adresse.

Wander- & Radsafaris

Wer gern wandert oder Rad fährt bzw. nicht die ganze Zeit im Minibus hocken möchte, hat mehrere Möglichkeiten. Infos zu Trekkingtouren im Mt. Kenya National Park siehe S. 177.

Eine Safari buchen

Selbst bei den besten Anbietern gibt's keine Garantie für einen erstklassigen Service, denn es spielen zahlreiche Faktoren zusammen: Wie ist der Fahrer? Welche Reiseroute wurde gewählt? Lassen sich genug Tiere blicken? Hat der Wagen eine Panne? Wie ist die Stimmung in der Gruppe? Im Folgenden sind als Ergänzung zur eigenen Recherche ein paar der renommierteren Unternehmen aufgeführt.

Nützliche Internetquellen

Ecotourism Society of Kenya (ESOK; ☎020-2724755; www.ecotourismkenya.org) Liste von Veranstaltern und Lodges, die umweltbewusste, nachhaltige Safaris organisieren.

Kenyan Association of Tour Operators (KATO; ☎020-2713348; www.katokenya.org) Vielleicht nicht die einflussreichste Vereinigung der Welt, aber die meisten namhaften Safarianbieter gehören ihr an. Wer mit einem KATO-Mitglied unterwegs ist, erhält bei Schwierigkeiten zumindest ein bisschen Unterstützung.

Kenya Professional Safari Guides Association (KPSGA; ☎020-2342426; www.safariguides.org) Guides, die bei dieser Behörde akkreditiert sind, haben Erfahrung und bieten gute Qualität.

ResponsibleTravel.com (www.responsibletravel.com) Empfehlenswerter Ausgangspunkt, wenn man eine kultur- und umweltverträgliche Safari plant.

Uniglobe Let's Go Travel (S. 84) Datenbank mit Lodges und anderen Unterkünften und eine praktische Seite für die Safarisuche.

Veranstalter

Die folgende Liste erhebt keinen Anspruch auf Vollständigkeit. Wir kennen die im Folgenden genannten Unternehmen entweder aus eigener Erfahrung oder sie sind schon sehr lange dabei oder wurden immer wieder lobend von Travellern erwähnt. Fast alle gehören der Kenyan Association of Tour Operators an.

Abercrombie & Kent (Karte S. 64 f.; ☎020-6950000; www.abercrombiekent.com; Abercrombie & Kent House, Mombasa Rd, Nairobi) Luxusreisebüro für hochwertige Safaris.

Basecamp Explorer (außerhalb der Karte S. 56 f.; ☎0733333709; www.basecampexplorer.com; abseits der Ngong Rd, Nairobi) Bei den oft gehobenen Campingtouren des Ökotourismusunternehmens wird Wert auf Nachhaltigkeit gelegt.

Bike Treks (außerhalb der Karte S. 77; ☎020-2141757; www.biketreks.co.ke; Kabete Gardens, Westlands, Nairobi) Stellt so ziemlich jede Kombi aus Wandern und Radfahren auf die Beine, von dreitägigen Kurztrips bis hin zu „richtigen" Expeditionen.

Bushbuck Adventures (außerhalb der Karte S. 56 f.; ☎020-7123090; www.bushbuckadventures.com; Peponi Rd, Westlands, Nairobi) Kleine Agentur, die sich auf maßgeschneiderte Safaris mit Wanderungen spezialisiert hat. Unterhält ein eigenes Camp in der Masai Mara.

Desert Rose (www.desertrosekenya.com) Die Kamelwanderungen von superschlicht bis superedel starten an der abgeschieden gelegenen Lodge Desert Rose nördlich von Baragoi in Nordkenia.

Eastern & Southern Safaris (Karte S. 60 f.; ☎020-2242828; www.essafari.co.ke; 6. OG, Finance House, Loita St, Nairobi) Stilvoller, verlässlicher Anbieter der mittleren und oberen Preisklasse, der alle typischen Touren im Programm hat.

AKKREDITIERTE GUIDES

Die Kenya Professional Safari Guides Association hat ein gutes Akkreditierungssystem entworfen, das Aufschluss über die Erfahrung und das Können der Guides gibt. Es ist nicht perfekt, aber relativ effektiv, denn die Führer müssen eine Prüfung ablegen, um die nächste Stufe zu erreichen. Die Website (www.safariguides.org) umfasst eine Liste der zugelassenen Guides (nicht immer auf dem aktuellsten Stand).

» **Bronze:** Grundkenntnisse.

» **Silber:** Fortgeschrittene Kenntnisse über die lokale Fauna und mindestens drei Jahre Erfahrung als Guide.

» **Gold:** Dieser Elite gehörten bei der letzten Zählung gerade mal 13 Personen im ganzen Land an.

Gametrackers (Karte S. 60 f.; ☎020-2222703; www.gametrackersafaris.com; 5. OG, Nginyo Towers, Ecke Koinange St & Moktar Daddah St, Nairobi) Alteingesessener, verlässlicher Veranstalter mit einem umfassenden Angebot landesweiter Camping- und Lodgesafaris. Eine der Top-Adressen für Touren zum Lake Turkana und durch den Norden.

IntoAfrica (☎UK 0114-2555610; www.intoafrica.co.uk; 40 Huntingdon Cres, Sheffield, UK) Einer der renommiertesten Safarianbieter in Ostafrika ist auf Fair-Trade-Safaris spezialisiert, die einen Einblick in den afrikanischen Alltag gewähren und die lokalen Gemeinden unmittelbar unterstützen. Bietet eine Kombination aus Kultur *und* Fauna.

Natural Tours & Safaris (www.naturaltoursandsafaris.com) Mombasa (☎041-2226715; Jeneby House, Moi Ave); Nairobi (Karte S. 60 f.; ☎020-2216830; 1. OG, Gilfillan House, Nairobi) Gut durchorganisierte Safaris in sämtlichen großen Parks.

Origins Safaris (Karte S. 60 f.; ☎020-3312137; www.originsafaris.info; EcoBank Towers, Standard St, Nairobi) Hier stehen Naturkunde und Kultur im Mittelpunkt. Geboten wird alles von Vogelbeobachtungen für Anspruchsvolle bis zu Beschneidungsritualen der Samburu und konventionelleren Safaris.

Pollman's Tours & Safaris (Karte S. 64 f.; ☎020-3337234; www.pollmans.com;

Pollman's House, Mombasa Rd, Nairobi) Kenianischer Veranstalter, der Safaris in die großen Nationalparks, aber auch Ausflüge an die Küste und nach Tansania arrangiert.

Private Safaris (www.privatesafaris.co.ke) Mombasa (☎041-476000; Safari House, Kaunda St); Nairobi (☎020-3607000; 2. OG, Mobil Plaza, Muthaiga) Nimmt Buchungen für die gesamte Subsahararegion vor. Bei der Tourplanung wird sehr auf die Wünsche der Traveller eingegangen.

Safe Ride Tours & Safaris (Karte S. 60 f.; ☎020-2229484; www.saferidesafaris.com; 2. OG, Ave House, Kenyatta Ave, Nairobi) Leser loben die Campingsafaris dieses relativ neuen, günstigen Unternehmens.

Savage Wilderness Safaris (Karte S. 77; ☎020-7121590; www.whitewaterkenya.com; Sarit Centre, Westlands, Nairobi) Kenias Top-Anbieter für Raftingtrips hat auch geführte und maßgeschneiderte Wander-, Kletter- sowie Bergsteigertouren im Programm.

Somak Travel (www.somak-nairobi.com) Mombasa (☎041-5486326; Somak House, Nyerere Ave); Nairobi (Karte S. 64 f.; ☎020-535508; Somak House, Mombasa Rd) Der beliebte kenianische Reiseveranstalter ist seit mehr als 30 Jahren im Safarigeschäft.

Southern Cross Safaris (www.southerncrosssafaris.com) Mombasa (☎041-2434600; Kanstan Centre, Nyali Bridge, Malindi Rd); Nairobi (Karte S. 64 f.; ☎020-3884712; Symbion House, Karen Rd) Professionelles kenianisches Unternehmen. Eine gute Anlaufstelle für individuelle Safaris.

Tropical Winds (Karte S. 60 f.; ☎020-3341939; www.tropical-winds.com; Untergeschoss, Barclays Plaza, Loita St) Die STA-Travel-Vertretung in Nairobi bietet die komplette Safaripalette.

Deutschsprachige Veranstalter

Karawane Reisen (☎07141-284838; www.karawane.de; Schorndorfer Str. 149, 71638 Ludwigsburg)

Karibou Kenia Safaris (☎08152-3956390; www.karibu-kenia-safaris.de; Seestraße 40, 82229 Seefeld)

Let's Go Africa (☎0043/1-9666553; www.lets-go-africa.com; Vivenotgasse 30/1/3.1, 1120 Wien)

Safari Aktuell Touristik (☎06102/73520; www.safari.de; Wernher-von-Braun-Str. 5, 63263 Neu-Isenburg)

SAFARIS ZUM KLEINEN PREIS

Neben den größeren Anbietern organisieren auch viele günstige Unterkünfte in Nairobi Campingsafaris für Budgetreisende, darunter:

Milimani Backpackers & Safari Centre (S. 72)

Upper Hill Campsite & Backpackers (S. 72)

Whistling Thorns (S. 88)

Wildebeest Camp (S. 71)

Private Safaris

Eine Safari in Kenia selbst zu organisieren ist absolut machbar und hat einige Vorteile gegenüber den Standardangeboten, vor allem was die Flexibilität, die Unabhängigkeit und die Auswahl der Reisegefährten betrifft. Die Kosten sind allerdings mindestens genauso hoch bzw. eher höher. Außerdem müssen die Unterkünfte in Lodges oder Camps weit im Voraus gebucht werden, falls man nicht seine eigene Zeltausrüstung mitbringt. Tipps zum Thema Leihfahrzeuge siehe S. 396.

Gute lokale Autovermietungen:

Adventure Upgrade Safaris (Karte S. 60 f.; ☎0722529228; www.adventureupgradesafaris.co.ke)

Central Rent-a-Car (Karte S. 60 f.; ☎020-2222888; www.carhirekenya.com)

Tough Trucks Kenya (Karte S. 60 f.; ☎020-2228725; www.toughtruckskenya.com)

Uniglobe Let's Go Travel (Karte S. 64 f.; ☎020-4447151; www.uniglobeletsgotravel.com)

Campingausrüstung

Unternehmen, die Campingausrüstung verleihen, siehe S. 81.

Eine der besseren Adressen ist **Atul's** (Karte S. 60 f.; ☎020-2228064; Biashara St) in Nairobi. Für einen Schlafsack muss man 180 bis 250 KSh pro Tag hinblättern, für ein Zwei-Personen-Kuppelzelt 450 KSh und für einen Gaskocher (Gaskartuschen werden extra berechnet) 100 KSh pro Tag. Außerdem wird für die meisten Gegenstände ein Pfand verlangt (1500–3000 KSh).

Wagen und Zeltausrüstung können bei Anbietern wie **Adventure Upgrade Safaris** (☎0722529228; www.adventureupgradesafaris.co.ke) als Teil eines Pakets gemietet werden.

Outdoor-Aktivitäten

Die besten …

… Ballonfahrten
Masai Mara National Reserve
Wo? Westkenia
Wann? Juli–Okt.

… Bergwanderpfade
Mt. Elgon oder Mt. Longonot
Wo? Westkenia oder Rift Valley
Wann? Juni–Feb.

… Kletterrouten
Mt. Kenya National Park
Wo? Zentrales Hochland
Wann? Juni–Okt.

… Tauchspots
Manda Toto Island
Wo? Lamu-Archipel
Wann? Okt.–März

… Waldwanderpfade
Kakamega Forest
Wo? Westkenia
Wann? Juni–Feb.

… Wassersportspots
Diani Beach
Wo? Südlich von Mombasa
Wann? Ganzjährig

… Windsurfspots
Lamu Island & Manda Island
Wo? Lamu-Archipel
Wann? Dez.–März

Reiseplanung

Reisezeit

In Kenia gibt's das ganze Jahr über ein fantastisches Angebot an Aktivitäten, allerdings empfiehlt es sich, die regenreiche Zeit von März (oder später) bis Mai zu meiden. Wege und Zugangsstraßen können dann oft nicht mehr befahren werden und die Sichtweite unter Wasser verschlechtert sich. Im Gegensatz dazu sind die Regenfälle im Oktober und November eher lokal und starke Niederschläge dauern meist nicht länger als ein bis zwei Stunden. Diese sogenannte kurze Regenzeit stört kaum bei der Planung von Unternehmungen.

Reisegepäck

Für die meisten Aktivitäten benötigt man kaum eigene Ausrüstung. Veranstalter von Raftingtouren und ähnlichen Angeboten stellen alles Nötige. Räder und Mountainbikes können vor Ort geliehen werden, wobei ambitionierte Fahrer eventuell das eigene Rad bevorzugen. Viele Wanderer ziehen auf eigene Faust los, doch auch wer sich einer Gruppe anschließen möchte, muss in der Regel sein eigenes Equipment mitbringen.

Zu Lande

Wenn man nicht in einem Safaribus auf Tiersuche gehen möchte oder seinen Keniaurlaub noch etwas abwechslungsreicher gestalten möchte, findet ein riesiges Freizeitangebot vor, das einen von morgens bis abends auf Trab hält. Trekking gehört zu den beliebtesten Aktivitäten, da keine teure Ausrüstung vonnöten ist und man Touren problemlos vor Ort planen kann. Für den Extrakick sorgen Abenteuer über den Wolken, die von Ballonfahrten bis zu Segelflügen reichen. Weitere Tipps zu organisierten Touren und Unternehmungen siehe S. 28.

Ballonfahren

Ballonfahrten in den Naturparks bieten eine großartige Aussicht auf die Savanne und die Tiere. Lautlos über den Ebenen dahinzugleiten und dabei eine Rundumsicht auf die Landschaft zu genießen ist ein magisches, unvergessliches Erlebnis und definitiv die Investition wert.

Meistens starten die rund neunzigminütigen Touren bei Sonnenaufgang. Im Anschluss gibt's ein Champagnerfrühstück, danach geht's im Begleitfahrzeug auf eine kleine Safari und später zurück in die Lodge. Preise beginnen bei etwa 500 US$. Empfehlenswerte Anbieter:

» **Governors' Balloon Safaris** (www.governorscamp.com) Der Veranstalter ist im Little Governors' Camp, Masai Mara, zu finden.

» **Transworld Balloon Safaris** (www.transworldsafaris.com/ballooning.php) In der Sarova Mara Lodge in der Masai Mara.

» **Kilimanjaro Ballooning** (www.kilimanjaroballooning.co.ke) Amboseli National Park.

» **Go Ballooning Kenya** (www.goballooningkenya.com) Lake Elmenteita.

Ballonfahrgebiete

» **Masai Mara National Reserve** (S. 133)

» **Lake Elmenteita** (S. 121)

» **Amboseli National Park** (S. 93)

Klettern & Bergsteigen

Kenia ist nicht gerade als Klettermekka bekannt, doch das liegt eher an fehlender Infrastruktur als an mangelnden Möglichkeiten. Der professionelle Anbieter **Savage Wilderness Safaris** (☎020-521590; www.whitewaterkenya.com; Sarit Centre, Westlands, Nairobi) organisiert Touren zum Mt. Kenya sowie andere Aktivitäten im ganzen Land.

Nützliche Infos bietet der **Mountain Club of Kenya** (MCK; www.mck.or.ke; Wilson Airport) in Nairobi. Die Mitglieder verfügen über großes Fachwissen im Bereich des Kletterspots.

Klettergebiete

» **Mt. Kenya** (S. 177)

» **Tsavo West National Park** (S. 98)

» **Ndoto Mountains** (S. 213)

» **Hell's Gate National Park** (S. 118)

Radfahren & Mountainbiken

Immer mehr Veranstalter in Kenia haben Radtouren im Programm, darunter **Bike Treks** (☎020-2141757; www.biketreks.co.ke), der professionelle Ausflüge für rund 120 US$ pro Tag anbietet. Wie wär's beispielsweise mit einem Trip durch die Masai Mara?

Wer lediglich auf ein bisschen Bewegung aus ist, kann sich bei vielen lokalen Reiseagenturen und Unterkünften (insbesondere Zeltplätzen) einen Drahtesel leihen. Die Preise liegen bei rund 500 bis 700 KSh pro Tag, allerdings sollte man den Zustand des Rads überprüfen, da die Standards stark variieren.

Weitere Informationen liefert die Website des **Mountain Club of Kenya** (MCK; www.mck.or.ke), außerdem gibt's auf S. 399 einige Tipps.

Radfahrgebiete

» **Masai Mara National Reserve** (S. 133)

» **Hell's Gate National Park** (S. 118)

» **Zentrales Hochland** (S. 166)

» **Arabuko Sokoke Forest Reserve** (S. 273)

Segelfliegen & Fliegen

Der **Gliding Club of Kenya** (außerhalb der Karte S. 168; ☎0733760331; gliding@africaonline.co.ke; Nyeri) in der Nähe von Nyeri im Zentralen Hochland bietet Segelflüge über der Aberdare Range an.

Flugstunden können problemlos in Nairobi organisiert werden und sind sehr viel günstiger als in Europa. Einfach beim **Aero Club of East Africa** (☎020-6000479; www.aeroclubea.com) oder **Ninety-Nines Flying Club** (☎020-6006935; www.99flying.com) am Wilson Airport nachfragen.

Trekking

Kenias Trekkingwege gehören zu den besten Ostafrikas und reichen von anspruchsvollen Bergbesteigungen über hügeliges Terrain bis zu Waldpfaden. Vor jeder Tour sollte man sich über die Sicherheitslage in der fragli-

VERANTWORTUNGSVOLLES TREKKING & KLETTERN

Um die Natur und Schönheit Kenias zu bewahren, sollte man folgende Hinweise beachten:

Müll

» Sämtlichen Müll wieder mitnehmen.

» Niemals Abfälle vergraben, da dies der Erdoberfläche schadet und Erosion begünstigt. Außerdem wird der Müll oft von Tieren ausgegraben, die sich verletzen oder vergiften können.

» Den Müll auf ein Minimum reduzieren, indem man nur wirklich notwendiges Verpackungsmaterial und Essen mit sich führt. Wiederverwendbare Behältnisse oder Campingbeutel benutzen.

» Binden, Tampons, Kondome und Toilettenpapier wieder mitnehmen, auch wenn das unangenehm ist. Sie verbrennen schlecht und bauen sich nur langsam ab.

Entsorgung von Fäkalien

» Ist eine Toilette vorhanden, sollte man sie nutzen. Gibt's keine, gräbt man ein kleines, etwa 15 cm tiefes Loch, das mindestens 100 m vom nächsten Wasserlauf entfernt liegt, und bedeckt die Fäkalien mit Erde und einem Stein.

Hygiene

» Waschmittel und Zahnpasta nicht bei oder nahe von Wasserläufen benutzen, auch wenn sie biologisch abbaubar sind.

» Sich mit abbaubarer Seife und einem Behälter mindestens 50 m vom Wasserlauf entfernt waschen. Abwasser weit verteilen, damit der Boden es aufnehmen kann.

» Kochutensilien 50 m entfernt von Wasserläufen mit einem Metallschwamm, Sand oder Schnee anstelle von Spülmittel reinigen.

Erosion

» Sich an vorhandene Wege halten und Abkürzungen meiden.

» Führt ein viel genutzter Weg durch einen schlammigen Abschnitt, sollte man durch den Schlamm laufen, um den Pfad nicht zu vergrößern.

Lagerfeuer & Campingkocher

» Alternativen zu Lagerfeuern bereithalten. Essen auf einem leichtgewichtigen Kerosin-, Alkohol- oder Naphthakocher zubereiten und Geräte mit Einweg-Butangaskanistern meiden.

» Lagerfeuer nach Nutzung immer komplett löschen.

Tierschutz

» Keine Speisereste hinterlassen, denn sie locken Tiere an. Gepäck sicher verwahren und Rucksäcke an Dachbalken oder Bäumen befestigen.

» Tiere nicht füttern, da dies zu deren Abhängigkeit sowie zu unausgewogenen Populationen und Krankheiten führen kann.

chen Region und über Tiere informieren, denen man begegnen könnte. Bei manchen Routen ist es ratsam, einen lokalen Guide zu engagieren. Diesen vermittelt der Kenyan Wildlife Service (KWS), wenn es vor Ort eine Vertretung gibt; alternativ fragt man im jeweiligen Dorf nach einem Führer.

Trekkinggebiete

Folgende Gebiete bieten Waldrouten verschiedener Schwierigkeitsgrade:

» **Mt. Kenya** (5199 m; S. 177)

» **Mt. Elgon National Park** (4187 m; S. 162)

» **Mt. Longonot** (2776 m; S. 111)

TREKKING-AUSRÜSTUNG

☐ Robuste Wanderschuhe

☐ Hochwertiger Schlafsack; in Höhenlagen wie auf dem Mt. Kenya sind die Nächte manchmal bitterkalt und das Wetter kann sich schlagartig verschlechtern.

☐ Warme Kleidung, u. a. eine Jacke, einen Pullover oder einen winddichten Anorak; „Zwiebelprinzip" anwenden

☐ Ein Bettlaken und einen warmen, aber leichten Schlafsack

☐ Ein robustes, leichtes Zelt

☐ Insektenschutzmittel

☐ Leichter Kocher

☐ Wanderhosen, am besten aus atmungsaktivem, winddichtem Material wie Gore-Tex

☐ Aufblasbare Isomatte

☐ Schweizer Taschenmesser

☐ Taschen- oder Stirnlampe sowie Reservebatterien

» **Cherangani Hills** (S. 164)

» **Lesiolo Loop** (S. 222)

» **Mt. Kulal** (S. 224)

» **Aberdares** (S. 167)

» **Ndoto Mountains** (S. 213)

Besonders gute Waldstrecken findet man in folgenden Gebieten:

» **Kakamega Forest** (S. 154)

» **Matthews Range** (S. 212)

» **Arabuko Sokoke Forest Reserve** (S. 273)

Infos im Internet

Weitere Informationen gibt's in den entsprechenden Kapiteln in diesem Reiseführer oder im Lonely Planet Band *Trekking in East Africa*, dem ultimativen Wanderguide für die Region, der bei Redaktionsschluss allerdings nur noch in gebrauchter Form erhältlich war.

Zudem kann man mit dem **Mountain Club of Kenya** (MCK; www.mck.or.ke) in Nairobi Kontakt aufnehmen. Jeden Dienstag um 20 Uhr findet im Clubhaus beim Wilson Airport ein Treffen der Mitglieder statt, die regelmäßig Kletter- und Trekkingwochenenden im ganzen Land organisieren.

Savage Wilderness Safaris (☎020-521590; www.whitewaterkenya.com; Sarit Centre, Westlands, Nairobi) veranstaltet Touren in ganz Kenia.

Zu Wasser

Die Möglichkeiten an Aktivitäten im und auf dem Wasser sind immens. Schnorcheln ist sehr beliebt, kostet nicht viel und kann problemlos vor Ort organisiert werden. In ein paar größeren Resorts gibt's Wassersportzentren, in denen Besuchern die ganze Bandbreite von Jetskis und Bananenbooten bis zum Surfen geboten wird. Wer sich dafür interessiert, steuert am besten **Diani Beach** (S. 252) südlich von Mombasa an. Auch **Malindi** (S. 275) ist eine recht gute Anlaufstelle.

Angeln

Das **Kenya Fisheries Department** (☎020-3742320; www.fisheries.go.ke; Museum Hill Rd, Nairobi) betreibt mehrere Angelcamps und stellt (obligatorische) Lizenzen aus.

Leider hat der Freizeitsport auch seine Schattenseiten (s. S. 259).

Angelreviere

Der **Lake Victoria** (S. 140) und der **Lake Turkana** (S. 223) locken Süßwasserangler mit menschengroßen Viktoriabarschen. Rund um den **Mt. Kenya** (S. 177) und die **Aberdare Range** (S. 168) kann man teilweise hervorragend Forellen angeln.

Tiefseeangler finden an der Küste einige der besten Fischgründe der Welt vor. Verschiedene Anbieter und Resorts in den nachfolgend aufgelisteten Gebieten organisieren Touren. Boote kosten zwischen 250 und 500 US$ und bieten gewöhnlich für vier bis fünf Angler Platz. Die Saison dauert von August bis April.

» **Diani Beach** (S. 252)

» **Watamu** (S. 272)

» **Malindi** (S. 275)

» **Shimoni** (S. 257)

» **Mtwapa** (S. 265)

Rafting

Wer raften möchte, ist bei Mark Savages wunderbarem Unternehmen **Savage Wilderness Safaris** (☎020-521590; www.whitewaterkenya.com; Sarit Centre, Westlands, Nairobi) an der richtigen Adresse. Je nach Wasserpe-

» (oben) Segeln auf dem Indischen Ozean vor Diani Beach (S. 251)
» (links) Heißluftballonsafari mit Blick auf Zebras, Masai Mara National Reserve (S. 133)

gel dauern die Trips mindestens vier bis fünf Stunden, wobei auch längere Ausflüge (450 km, 3 Wochen) zum Angebot gehören. Die meisten dauern ein bis vier Tage und folgen einer Strecke von bis zu 80 km.

Von Ende Oktober bis Mitte Januar sowie von Anfang April bis Ende Juli sind die Bedingungen aufgrund des hohen Wasserstands am besten.

Raftinggebiete

Der **Athi/Galana River** verfügt über beachtliche Stromschnellen und Wasserfälle. Auch der **Tana River** und der **Ewaso Ngiro River** unweit von Isiolo sind gute Raftinggebiete.

Segeln

Segelclubs gibt's in **Kilifi** (S. 266), **Mtwapa** (S. 265) und **Mombasa** (S. 231), kleinere Verbände am **Lake Naivasha** (S. 113) und **Lake Victoria** (S. 140), wo man wunderbar windsurfen und segeln kann. Erfahrene Segler finden eventuell in den Jachtclubs Crewmitglieder, allerdings muss man dafür vorübergehend Clubmitglied werden. Wer nicht selbst Hand anlegen möchte, wird sicherlich von der unvergesslichen Tour mit einer traditionellen Dau ab **Lamu** (S. 293) begeistert sein.

Tauchen & Schnorcheln

Neben dem Roten Meer bietet die kenianische Küste einige der besten Tauch- und Schnorchelspots Afrikas. Es gibt ein paar professionelle Tauchzentren, doch die meisten Besucher kommen mit der Unterwasserwelt des Indischen Ozeans zunächst bei einem Tauchgang im Rahmen einer gemächlichen Dau-Fahrt (arabisches Segelschiff) in Berührung. Dabei kann man unzählige Fischarten, farbenprächtige Korallen und faszinierende Meeressäuger wie Delfine, Meeresschildkröten, Walhaie und Buckelwale (Aug.–Okt.) bewundern.

Wer kein Tauchzertifikat besitzt, hat in fast jedem Hotel und Resort an der Küste die Möglichkeit, einen Kurs im offenen Wasser zu buchen. Diese sind – wenn überhaupt – kaum günstiger als in anderen Ländern: Ein fünftägiger PADI-Zertifikat-Kurs kostet zwischen 400 und 500 US$. Touren für zertifizierte Taucher mit zwei Tauchgängen schlagen mit rund 100 US$ zu Buche.

Saison

In Kenia variieren die Bedingungen je nach Monat. Am besten sind sie von Oktober bis März, während das Tauchen von Juni bis August wegen des schlammigen Flusswassers, das die Sichtweite stark einschränkt, oft unmöglich ist. Manche Taucher berichten von respektabler Sicht zwischen 7 und 10 m im Juli, 4 m sind aber eher die Regel. Insbesondere Anfänger sollten sich also nicht davon abhalten lassen, auch in diesen Monaten ihr Glück zu versuchen, meist werden sie nicht enttäuscht.

Tauch- & Schnorchelspots

Entlang der Küste zwischen Shimoni und Malindi erstrecken sich verschiedene Meeresparks. Dort herrschen die besten Tauch- und Schnorchelbedingungen, wobei die am weitesten von Mombasa entfernten Schutzgebiete am schönsten sind.

- **Kiwayu Island** (S. 299)
- **Malindi Marine National Park** (S. 275)
- **Manda Toto Island** (S. 296)
- **Kisite Marine National Park** (S. 259)
- **Diani Beach** (S. 252)
- **Wasini Island** (S.258)
- **Malindi Marine National Park** (S. 275)
- **Watamu Marine National Park** (S. 271)

Wassersport

Windsurfen

Die kenianische Küste bietet ideale Bedingungen: Küstennahe Riffe schützen das Wasser und der Wind weht meist stark und konstant. Viele Resorthotels südlich und nördlich von Mombasa verleihen Segelboote.

Windsurfspots

- **Lamu Island und Manda Island** (S. 294) Der geschützte Kanal zwischen diesen beiden Inseln ist einer der besten Surfspots an der Küste.
- **Watamu** (S. 271)
- **Malindi** (S. 281) Auch toll zum Kitesurfen.

Mit Kindern reisen

Die besten Regionen für Kinder

Westkenia

Eines der faszinierendsten Naturerlebnisse für Kinder ist eine Safari, vor allem während der Gnuwanderung. Dieses außergewöhnliche Schauspiel werden die Kleinen nie vergessen. Wer mit seinen Kids in ein Wildschutzgebiet fahren möchte, sollte sich unbedingt die Masai Mara zum Ziel nehmen.

Südkenia

Auch der Amboseli National Park liegt im Herzen des Landes der Massai. Nirgendwo kann man besser mit Elefanten auf Tuchfühlung gehen als hier. Für die anderen Schutzgebiete der Region braucht man mehr Geduld. Dafür sind sie urwüchsiger und vor allem für ältere Kinder interessant.

Die Nordküste

Überall entlang der Küste Kenias finden Familien ihr eigenes kleines Paradies. Besonders reizvoll ist die langsame Gangart des Lebens in und um Lamu.

Kenia ist ein wunderbares Reiseziel für Familien. Man benötigt zwar die eine oder andere Impfung und manch einer fühlt sich vielleicht nicht wohl beim Gedanken, mit dem Nachwuchs nach Afrika zu fahren, doch so ziemlich jede Art von Urlaub ist machbar. Stressfreier wird es, wenn man ein kleines Extrabudget einplant und dem reinen Abenteuer größtenteils einen gewissen Standard vorzieht. Einmal unterwegs, vergessen viele Familien ihre Sorgen und erleben eine traumhafte Zeit.

Kenia für Kinder

Familien mit Kindern sind ein fester Bestandteil des hiesigen Tourismus und die meisten Einheimischen tun alles, damit sich die Kids wohlfühlen.

Kultur

Die Kleinen überwinden sprachliche und kulturelle Hürden sehr viel schneller als Erwachsene. Sein Kind dabei zu beobachten, wie es mit einem Massai-Mädchen oder -Jungen im Staub spielt, ist für Eltern genauso unvergesslich wie für die Kids selbst. Ein paar Brocken der Landessprache zu lernen und zu erfahren, wie der Nachwuchs aus anderen Kulturen seinen Tag verbringt, fasziniert wohl die meisten Kinder. Und noch besser: Erwachsenen ermöglichen diese Kontakte mit etwas Glück einen Anknüpfungspunkt mit den Einheimischen.

Safaris

Safaris faszinieren wohl jedes Kind. Elefanten aus nächster Nähe zu beobachten und Löwenjunge über die Ebene tollen oder Geparden durch die Landschaft flitzen zu sehen sind unvergessliche Erlebnisse. Kids können hier unglaublich viel über Naturschutz, Naturkunde und Geografie lernen – und das auf herrlich spaßige Art. Für den Zoo sind die Kleinen danach allerdings verdorben.

Strandurlaub

Strandurlaub macht wohl alle Kids glücklich, deshalb sollte man ein paar Tage am Wasser einplanen. Für ältere Kinder gibt's an manchen Sandstreifen Wassersportangebote wie Schnorcheln. Ein Highlight für die ganze Familie ist die Fahrt mit einer Dau (traditionelles arabisches Segelboot) aufs Meer hinaus – Picknickkorb nicht vergessen!

Highlights für Kinder

Nationalparks & Naturschutzgebiete

» **Masai Mara National Reserve** Hier tummelt sich Afrikas charismatische Tierwelt.

» **Amboseli National Park** Elefanten aus nächster Nähe.

» **Lake Nakuru National Park** Löwen, Leoparden und verspielte Affen.

» **Nairobi National Park** Für Kinder hat dieser Park genau die richtige Größe. Langeweile wird garantiert nicht aufkommen.

WAS MAN MITNEHMEN SOLLTE

Nachfolgend aufgelistete Lebensmittel bekommt man zwar in den meisten großen Supermärkten, jedoch teilweise zu hohen Preisen. Deshalb sollte man so viel wie möglich von zu Hause mitbringen:

- ☐ Babygläschen
- ☐ Einwegwindeln
- ☐ für Kinder geeignetes Insektenschutzmittel (in Kenia nicht erhältlich)
- ☐ Kindersitz für Mietwagen oder Safaritour
- ☐ Milchpulver

» **Tsavo East National Park & Tsavo West National Park** In beiden Schutzgebieten leben Elefanten, Nashörner, Büffel, Löwen, Leoparden und rote Elefanten.

» **Mwaluganje Elephant Sanctuary** Ein recht wilder und daher aufregender Park.

Strände

» **Diani Beach** Viele kinderfreundliche Einrichtungen

» **Malindi** Dito.

» **Shela** Weißer Sandstrand und jede Menge Platz in der Nähe von Lamu.

» **Watamu** Ruhiger, prächtiger Strand unweit eines Fischerdorfes.

» **Manda Island** Hier kann man den Kleinen zeigen, wie die Strände in Ostafrika früher aussahen.

» **Kipungani** An diesem beliebten Sandstreifen in Lamu bleiben einem Scherereien größtenteils erspart.

Aktivitäten

» **Ballonfahren** Die Masai Mara aus der Vogelperspektive anschauen.

» **Delfine beobachten** Im Kisite Mpunguti Marine National Park mit Delfinen schwimmen.

» **Schnorcheln** Beim Schnorcheln rund um die Manda Toto Island eine ganz neue Unterwasserwelt erkunden.

» **Segeln** Eine Dau-Fahrt ab Lamu mit Picknick am Strand unternehmen.

» **Elefanten füttern** Im David Sheldrick Wildlife Trust in Nairobi Elefanten füttern.

Reiseplanung

Wie auch in der westlichen Welt ist die Haltung Kindern gegenüber von Mensch zu Mensch unterschiedlich. Generell sind die Kleinen außer in rein männlichen Revieren überall willkommen, das gilt vor allem für Frauen, die selbst eine Familie haben.

Essen

Kenianer sind familienfreundlich, deshalb kann man problemlos mit dem Nachwuchs essen gehen. Manche Hotelrestaurants haben Hochstühle. Es gibt zwar keine speziellen Kinderteller, doch man findet mühelos geeignete Gerichte für die Kleinen. Currys und andere scharfe Speisen sollte man meiden, ebenso ungekochte Früchte, Obst mit Schale, rohes und ungeschältes Gemüse, Fleisch von Straßenimbissen (das manch-

» (oben) Mädchen in Schuluniform unweit von Kisii (S. 150)
» (links) Afrikanische Elefanten im Mwaluganje Elephant Sanctuary (S. 250)

mal nicht gar ist) sowie ungereinigtes Wasser. In vielen Supermärkten erhält man frische Säfte und frische Früchte wie Mandarinen und Bananen.

Gesundheit

Vor der Reise sollte man rechtzeitig mit dem Arzt sprechen, da manche Impfungen und Medikamente (z.B. zur Vorbeugung von Malaria) nicht für Kinder unter zwölf Jahren geeignet sind. Detaillierte Gesundheitshinweise für Erwachsene und Kinder siehe S. 403.

Öffentliche Verkehrsmittel

Safarifahrzeuge sind in der Regel kinderfreundlich. Dagegen ist es nicht immer einfach, mit öffentlichen Verkehrsmitteln zwischen Kenias Städten zu reisen. Zu den Problemen gehört u.a. Übelkeit beim Fahren, außerdem werden kleine Kinder häufig als eine Art zappelndes Gepäck angesehen und müssen auf dem Schoß ihrer Eltern sitzen. Funktionierende Gurte sind sogar in Taxis selten und Unfälle leider keine Seltenheit. Wer ein Auto mietet oder an einer Safari teilnimmt, sollte selbst einen Kindersitz mitbringen.

Reisezeit

Kenia ist fast das ganze Jahr über ein geeignetes Ziel für Reisen mit Kindern. Die einzige Ausnahme bildet die Regenzeit von März bis Mai, wenn die Straßen teilweise unpassierbar werden, die Wildtierherden auseinanderlaufen und das Risiko deutlich höher liegt, von Moskitos übertragene Krankheiten zu bekommen. In der jährlichen Wanderungszeit von Mitte Juni bis Mitte Oktober hat man viel bessere Möglichkeiten, ohne großen Aufwand Wildtiere im Masai Mara National Reserve zu sehen.

Unterkunft

In Safarilodges werden die meisten Anliegen mühelos erfüllt, ob man nun um ein Extra- bzw. Kinderbett bittet oder die Kleinen ein bestimmtes Gericht bevorzugen. Manche Unterkünfte haben Spielplätze und beinahe alle verfügen über Pools. Wählt man eine andere Art von Bleibe, steigen die Chancen, dass auf Wünsche (wie ein Kinderbett) eingegangen wird, je mehr man zahlt.

Budgethotels sollte man aus Hygienegründen besser meiden. Fast alle Unterkünfte der Mittelklasse sind in Ordnung, wobei sich in der Regel nur die Luxushotels speziell auf Familien einstellen. Camping macht den meisten Kindern Spaß, allerdings muss man ein besonderes Auge darauf haben, dass sie nicht unbeaufsichtigt in den Busch verschwinden.

In den meisten Bleiben kommen unter Zweijährige kostenlos unter. Für Kinder zwischen zwei und zwölf Jahren, die im Zimmer ihrer Eltern schlafen, wird oft 50 % des Preises für einen Erwachsenen berechnet. Dafür wird ein Extrabett bereitgestellt. Teilweise gibt's große Familienzimmer, zudem bieten manche Hotels angrenzende Räume mit Verbindungstüren an. Achtung: In einigen exklusiven Lodges gilt ein Mindestalter für Kinder.

Was man beachten sollte

In Südkenia kann es sehr heiß (vor allem rund um die beiden Tsavo-Parks) und an der Küste extrem feucht werden. Im Gegensatz dazu muss man im Rift Valley und im Zentralen Hochland mit empfindlich kühlen Temperaturen rechnen und friert nachts manchmal sogar – entsprechende Kleidung mitbringen. Teile der Reisestrecke legt man vielleicht besser mit dem Flugzeug zurück, um lange Autofahrten zu vermeiden.

Kenia im Überblick

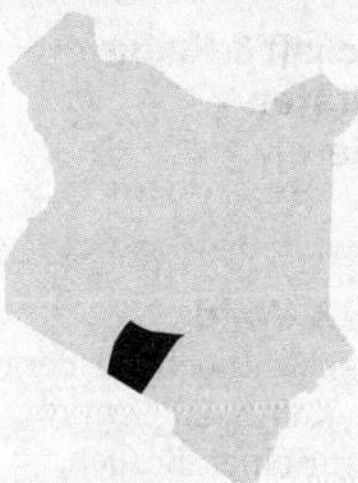

Nairobi

Wildtiere ✓✓
Museen & Galerien ✓✓
Essen ✓✓

Wildtiere am Stadtrand
Direkt vor den Toren der Hauptstadt kann man vor der ungewöhnlichen und modernen Kulisse nahe gelegener Wolkenkratzer frei umherziehende Wildtiere erleben. Der Nairobi National Park wartet mit einem großen Reichtum an Tierarten auf, darunter große Raubkatzen, Giraffen, Nashörner und zahlreiche Vögel. Außerdem gibt's eine Giraffenzuchtstation und verwaiste Elefanten. Hier Wildtiere zu beobachten gehört zu den eindrucksvollsten Erlebnissen in Kenia.

Kenias reiche Vergangenheit
Das National Museum lädt zu einer Reise durch die Geschichte von Mensch und Natur ein. Dabei bietet es alles von lebensgroßen Elefantenmodellen bis zu geologischen Proben und gewährt Einblicke in das Leben kenianischer Stämme. Fans von *Jenseits von Africa* entführt das Karen Blixen Museum in die berühmten Ngong Hills des frühen 20. Jhs. Dem reichen künstlerischen und architektonischen Erbe des Landes widmen sich zudem noch viele weitere Museen und Galerien.

Zu Tisch in Kenia
Nairobis kulinarische Vielfalt übertrifft alles, was man sonst im Land findet. In der Metropole locken beliebte schnelle und lebhafte Lokale, panafrikanische und asiatische Küche, noblere Adressen, die an die Kolonialzeit erinnern, und nicht zu vergessen das Carnivore, eines der berühmtesten Restaurants in Afrika.

S. 52

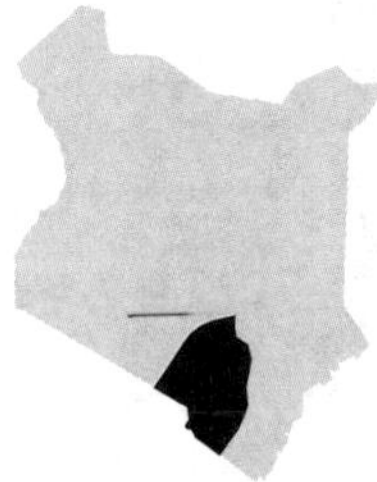

Südkenia

Wildtiere ✓✓✓
Landschaft & Kultur ✓✓✓
Aktivitäten ✓✓

Die besten Parks
Kenias Nationalparks sind legendär, man denke nur an das elefantenreiche Amboseli-Schutzgebiet mit Kilimajaro-Blick oder an die herrlich wilden Tsavo-Parks mit ihren Geschichten über menschenfressende Löwen und gerettete Nashörner. Sie bieten einige der tollsten Wildtiererlebnisse des Landes.

Kernland der Massai
Südkenia ist das Gebiet der Massai, die Heimat eines Volkes, das der dünn besiedelten Landschaft Persönlichkeit verliehen hat. Die Gegend besteht aus imposanten Savannen, Vulkankegeln, natürlichen Quellen und zerklüfteten Gipfeln.

Höhlen & Klettern
Abgesehen von den faszinierenden Safaris in der Region können sich Speläologen im Chyulu Hills National Park auf die längste Lavaröhre der Welt freuen. Kletterer kommen im Tsavo West auf ihre Kosten.

S. 90

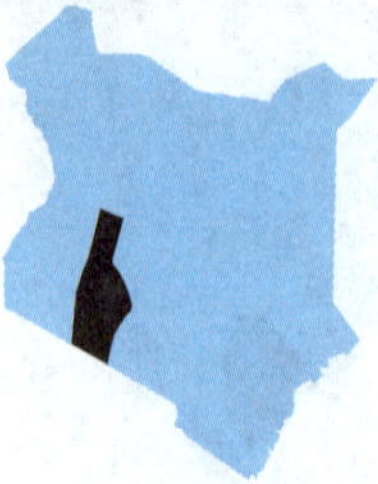

Rift Valley

Landschaft ✓✓✓
Wildtiere ✓✓
Aktivitäten ✓✓✓

Grabenbruch
Die dramatische Landschaft des Rift Valley ist eines der großen naturgeschaffenen Epen Afrikas. Imposante Felsformationen und große Seen bilden einen Kontrast zu der weiten Savanne der Masai Mara.

Flamingos & Nashörner
Rund um die faszinierenden Seen im Rift Valley finden seltsame Schlafgenossen wie zierliche Flamingos und prähistorische Nashörner zusammen. Ornithologen werden begeistert sein, denn in dieser Gegend sind über ein Drittel der Vogelarten Kenias vertreten.

Wandern im Rift
Während der Mt. Kenya und der Kilimanjaro alle Aufmerksamkeit bekommen, wandern Kenner auf kaum ausgetretenen Pfaden zu den Gipfeln des Mt. Longonot und des Mt. Susua. Eine Wandertour durch den Hell's Gate National Park ist eine einzigartige Erfahrung.

S. 110

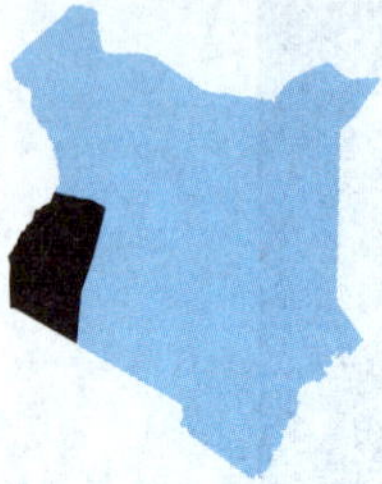

Westkenia

Wildtiere ✓✓✓
Landschaft ✓✓✓
Essen & Trinken ✓

Die große Tierwanderung
Die im Westen gelegene Masai Mara und Tansanias Serengeti bieten das weltweit größte Wildtierspektakel. Löwen, Leoparden und Geparden teilen sich die Ebene mit großen Zebra- und Gnuherden; Elefanten und Giraffen schauen ihnen zu.

Afrika als Mikrokosmos
Neben den beeindruckenden weiten Ebenen der Masai Mara wartet Westkenia auch noch mit dem Lake Victoria auf, einem der am meisten unterschätzten Naturwunder des Landes. Darüber hinaus lockt die Gegend mit hohen Bergen und Wäldern, die an das endlose Grün Zentralafrikas erinnern.

Essen & Trinken
Kericho, Kenias Hauptstadt des Teeanbaus, lädt zu einer Reise jenseits des modernen Afrikas ein. Käsefans sollten unbedingt Eldoret ansteuern.

S. 131

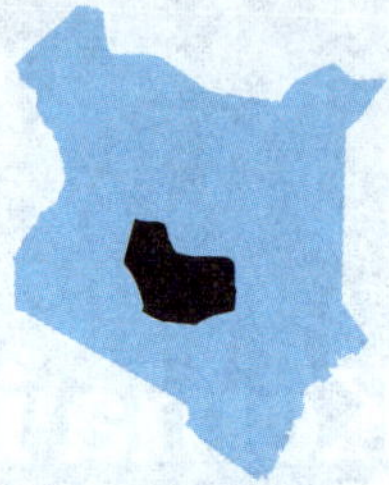

Zentrales Hochland

Landschaft & Kultur ✓✓✓
Aktivitäten ✓✓✓
Wildtiere ✓✓✓

Berge & Wald
Afrikas zweithöchster Berg, der Mt. Kenya, ist Grund genug für einen Besuch, aber es gibt in der Heimat der Kikuyu, Afrikas größtem Stamm, auch noch Regenwald, Dschungel und Savanne zu bewundern.

Stairway to Heaven
Entweder wandert man zum Point Lenana, dem dritthöchsten Punkt des Mt. Kenya, oder wagt den Aufstieg zum Gipfel (5199 m). Der Kontinent hat nur wenig zu bieten, was mit dem Schnee in Äquatornähe und der herrlichen Aussicht vergleichbar wäre.

Die Aberdares
Dieses bewaldete Gebiet ist ganz anders, als man sich den Kontinent gemeinhin vorstellt, und beherbergt Afrikas am höchsten lebende Elefantenherde. Hier sieht man auch Spitzmaulnashörner und Hyänen, jede Menge Paviane, die sehr seltenen Bongos (Antilopen) sowie schwarze Leoparden.

S. 166

Nordkenia

Abenteuer ✓✓✓
Wildtiere ✓✓
Stämme ✓✓✓

Wenig bereiste Strecke

Allmählich kommen erste ausländische Touristen in das entlegene Grenzgebiet zwischen Kenia, Äthiopien, Südsudan und Somalia. Entdeckern bietet es eine großartige Gelegenheit, abseits ausgetretener Pfade zu reisen.

Wildes Afrika

In Kenia gibt's nur wenige andere Gegenden, in denen die Möglichkeit besteht, außerhalb der Naturschutzgebiete große Säugetiere zu sehen, doch hier ist die Wahrscheinlichkeit relativ groß.

Heimat vieler Stämme

Von schmetterlingsbunten Samburu-Kriegern bis zu gepiercten Turkana-Frauen und eleganten Gabbra-Stämmen, die mit ihren Kamelen durch die glühende Wüste ziehen – Nordkenia ist das Land der Stämme. Hier kann man sicher sein, dass niemand sich für Touristen kostümiert.

S. 201

Mombasa & die Südküste

Strände ✓✓✓
Wildtiere ✓✓
Kultur ✓✓

Sonne, Sand & Meer

Trotz des gelegentlichen Infrastrukturbooms für den Pauschaultourismus wartet Kenias Südküste mit einigen der schönsten Stränden des Landes auf. Neben kristallartig funkelndem Sand bietet die Gegend viele Inseln und hervorragende Tauchspots.

Strand & Safari

In den Naturschutzgebieten tummeln sich Elefanten, Büffel und Giraffen, während das Meer Dutzende von Walhaien und Delfinen beherbergt. Besonders bemerkenswert sind jedoch die zahlreichen zwitschernden Vögel.

Kultur an der Küste

Von den großstädtischen Attraktionen Mombasas mit seiner alten Festung, den gewundenen Straßen und dem übersprudelnden modernen Leben bis zum beschaulichen Alltag in den Fischerorten der Küste: Nichts ist leichter als in die Swahili-Kultur an der Küste einzutauchen.

S. 230

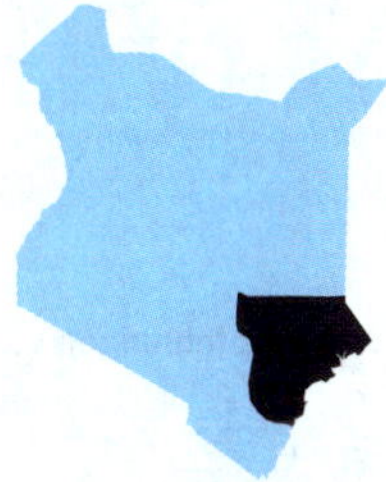

Die Nordküste

Strände ✓✓
Wildtiere ✓✓
Kultur ✓✓✓

Strandsafari

An der Nordküste haben Besucher die Qual der Wahl zwischen dem lebhaften Strand in Malindi, dem recht ruhigen Watamu und – vielleicht die beste Option – einem Ausflug mit der Dau zum herrlichen Lamu-Archipel.

Schmetterlinge & Rüsselhündchen

Fast alle Wildtierbeobachter kommen wegen der Vögel in diese Region. Hier wird man auf Schritt und Tritt vom Gesang Hunderter verschiedener Arten begleitet. Wer aufmerksam ist, entdeckt auch Rüsselhündchen, Tausende Schmetterlinge und Fische, die in zahlreichen Farben schillern.

Leben wie ein Swahili

Einfach ausgedrückt, ist Lamu der Inbegriff der Swahili-Kultur. Die hübsche Stadt mit ihren Gassen und in *bui-bui* gekleideten Frauen gilt als Kenias älteste und die vollständigste noch existierende Swahili-Siedlung.

S. 269

Empfehlungen von Lonely Planet:

LP TIPP Das empfiehlt unser Autor

Nachhaltig und umweltverträglich

GRATIS Hier bezahlt man nichts

Im Register findet man eine Übersicht aller Reiseziele in diesem Buch.

Reiseziele

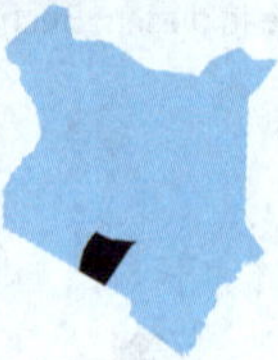

Nairobi

3,5 MIO. EW.

Inhalt »

Naturhighlights

» Nairobi National Park (S. 58)

» David Sheldrick Wildlife Trust (S. 64)

» Giraffe Centre (S. 63)

» Ngong Hills (S. 88)

Kulturhighlights

» Bomas of Kenya (S. 67)

» National Museum (S. 55)

» African Heritage House (S. 67)

» Karen Blixen Museum (S. 66)

» Carnivore (S. 75)

Auf nach Nairobi

Nairobi wird oft mit Kriminalität in Verbindung gebracht, doch hinter den Horrorgeschichten verbirgt sich eine lebendige Metropole voller Attraktionen. Ihr größtes Highlight ist der weltweit einzige Nationalpark am Rande einer Hauptstadt mit frei umherstreifenden Tieren, die man eher in abgelegenen Ebenen Afrikas vermuten würde. Außerdem gibt's ein Waisenhaus für Elefanten und ein großartiges Schutzgebiet, das entscheidenden Anteil an der Rettung der vom Aussterben bedrohten Rothschild-Giraffe hat – beide Einrichtungen sind echte Höhepunkte für Traveller. Nicht weit entfernt tragen das ehemalige Zuhause von Karen Blixen, bekannt durch *Jenseits von Afrika*, ein exzellentes Museum sowie fantastische Restaurants und Hotels zur Attraktivität der Metropole bei. Und die Horrorgeschichten? Viele davon entsprechen zwar der Wahrheit, aber die meisten Besucher bleiben unbehelligt. Wer sich umsichtig verhält, wird Nairobi als dynamische Hauptstadt und nicht als persönliches Desaster in Erinnerung behalten.

Reisezeit

Nairobi

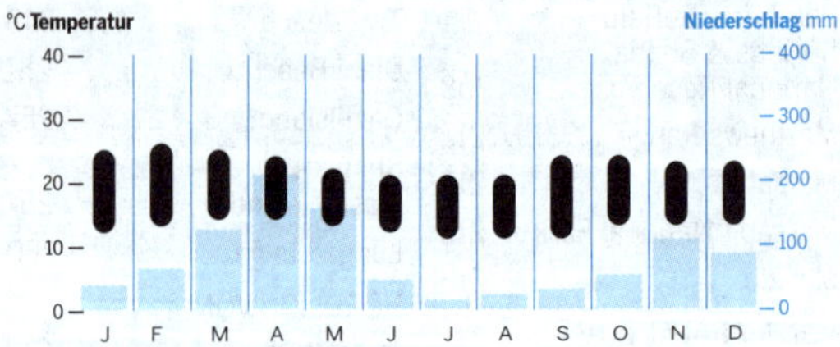

Jan. & Feb., Juni–Sept. Jetzt zeigt sich der Nairobi National Park von seiner schönsten Seite

Okt. & Nov. Regen sorgt für Abkühlung, hat aber neben den üblichen Staus kaum Auswirkungen

März–Mai Regen, Regen, nichts als Regen – kein guter Zeitpunkt für einen Besuch

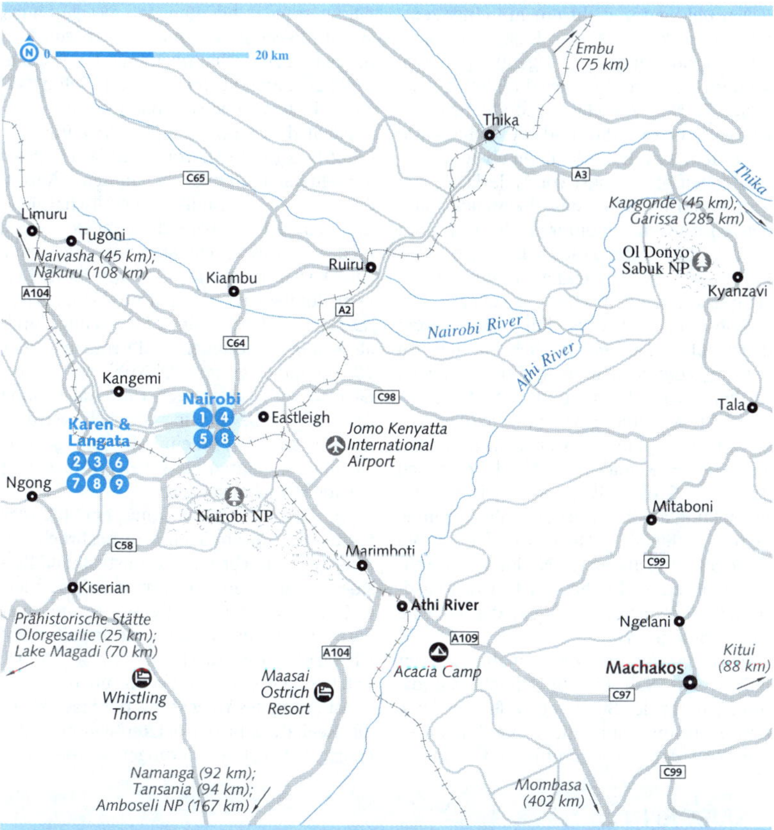

Highlights

1 Im ungewöhnlich gelegenen **Nairobi National Park** (S. 58) direkt vor den Toren der Hauptstadt die Tierwelt entdecken.

2 Dabei zusehen, wie im **David Sheldrick Wildlife Trust** (S. 64) Babyelefanten gefüttert werden.

3 Im **Giraffe Centre** (S. 63) mit den vom Aussterben bedrohten Rothschild-Giraffen auf Tuchfühlung gehen.

4 Der kenianischen Kultur im **National Museum** (S. 55) näherkommen.

5 Die Stadt im **Kenyatta Conference Centre** (S. 55) aus der Vogelperspektive betrachten.

6 Den kulinarischen Hochgenüssen im **Carnivore** (S. 75) erliegen.

7 Einen Ausflug in die malerischen **Ngong Hills** (S. 88) unternehmen.

8 Im **Karen Blixen Museum** (S. 66 f.) und in der **Lord Delamere Terrace & Bar** (S. 74) Facetten der kolonialen Vergangenheit kennenlernen.

9 Bei einer Tour durch **Kibera** (S. 69) den Alltag in Nairobi erleben.

Geschichte

Nairobi ist eine junge Stadt, die größtenteils in den letzten 100 Jahren entstand. Bis in die 1890er bestand das gesamte Gebiet aus abgeschiedenem Sumpfland. Dann wurde zwischen Mombasa und Kampala die ostafrikanische Eisenbahnstrecke gebaut und am Ufer eines schmalen Flusses, den die Massai *uaso nairobi* (kaltes Wasser) nennen, ein Depot errichtet. Das britische Protektorat Ostafrika hatte ehrgeizige Pläne: Im Landesinneren sollten Siedlungen für weiße Kolonisten entstehen, deshalb vertrieb man die Massai schnell und gewaltsam.

Nairobi konnte nicht nur mit einer zentralen Lage zwischen der Küste und britischen Protektoraten in Uganda punkten, sondern auch mit seiner direkten Umgebung. Ein Netz von Flüssen sorgte für reichhaltige Wasservorräte und die Höhe sowie kühle Temperaturen erlaubten ein angenehmes Leben ohne Angst vor Malaria. In den Anfangsjahren hatte das boomende Handelszentrum mit mehreren Bränden und dem Ausbruch der Pest zu kämpfen, doch 1907 löste es schließlich Mombasa als Hauptstadt von Britisch-Ostafrika ab.

Selbst nach Fertigstellung der ersten dauerhaften Siedlungen blieb Nairobi ein Ort der Wildnis, denn es streiften weiterhin Nashörner und Löwen durch die Außenbezirke. Die Kolonialregierung errichtete daraufhin einige prächtige Hotels für die ersten Touristen in Kenia. Meist handelte es sich dabei um Großwildjäger, die sich von der Vorstellung anlocken ließen, nahezu zahme Tiere zu schießen. 1946 wurde der Nairobi National Park als erster Nationalpark Ostafrikas ernannt. Bis heute ist er das einzige Wildtierreservat der Welt, das an eine Hauptstadt grenzt.

Nach Erlangung der Unabhängigkeit 1963 wuchs Nairobi sehr schnell, was die Infrastruktur der Stadt vor große Probleme stellte. Stromausfälle und Wasserknappheit waren an der Tagesordnung und rund um die Ortsränder bildeten sich riesige Slums aus Wellblechhütten. Im Rahmen von Modernisierungsmaßnahmen mussten fast alle Kolonialbauten Bürohäusern aus Beton weichen, die heute das Stadtbild prägen.

Nichtsdestotrotz konnte sich Nairobi als Ostafrikas größte Metropole und wichtigster Verkehrsknotenpunkt behaupten. Außerdem ist die Hauptstadt das gesellschaftliche und politische Zentrum des Landes, was ihr in der Vergangenheit allerdings nicht nur zum Vorteil gereichte: 1998 wurden bei einem Bombenanschlag auf die US-amerikanische Botschaft in der Moi Avenue durch al-Quaida nahestehende Terroristen über 200 Kenianer getötet. Obwohl vier Tatverdächtige zu lebenslangen Haftstrafen ohne Aussicht auf Bewährung verurteilt wurden, kritisierten viele Einheimische das Urteil als zu mild; sie hatten als Wiedergutmachung die Todesstrafe gefordert.

Im Dezember 2007 ging ein Teil der Slums von Nairobi nach dem Ausbruch von Aufständen in Folge einer umstrittenen Präsidentschaftswahl in Flammen auf. Hunderte Häuser wurden von Demonstranten niedergebrannt und es kam zu gewaltsamen Übergriffen. Die Wunden sitzen noch immer tief, besonders bei den Vertriebenen.

Aufgrund des Wachstums der Stadt geriet die Regierung in den letzten Jahren unter enormen Druck. Forderungen wurden laut,

NAIROBI IN ...

... zwei Tagen

Los geht's mit intensiven Einblicken in die Tierwelt im **Giraffe Centre** und im **David Sheldrick Wildlife Trust**. Für Fans von *Jenseits von Afrika* bietet sich ein Besuch des **Karen Blixen Museum** an, danach steht eine Shoppingtour im **Kazuri Beads & Pottery Centre** und im **Utamaduni** auf dem Programm. Abends gönnt man sich im **Carnivore** ein leckeres Essen und schwingt später im **Simba Saloon** das Tanzbein.

Am zweiten Tag geht's ins zentral gelegene **National Museum**, anschließend genießt man im **Kenyatta Conference Centre** den Ausblick auf die Stadt, beschäftigt sich im **Railway Museum** mit der Kolonialgeschichte und genehmigt sich einen Drink im legendären **Thorn Tree** oder in der **Lord Delamere Terrace & Bar**. Am Abend sorgt das exklusive **Tamarind Restaurant** für Stärkung, bevor man im **Simmers** die Nacht zum Tag macht.

... vier Tagen

Der dritte Tag ist größtenteils für den **Nairobi National Park** reserviert, wobei man noch genug Zeit für einen Besuch des Slums **Kibera** einplanen sollte. Abendessen gibt's im **Rusty Nail** oder im **Karen Blixen Coffee Garden.**

Am vierten Tag stehen ein Ausflug in die **Ngong-Berge** und zum **Grab von Denys Finch Hatton**, ein bisschen Shopping auf den **Kuriositätenmärkten**, eine Stärkung im **Haandi**, Kenias bestem indischen Restaurant, und ein feuchtfröhlicher Abend in der **Gypsy's Bar** auf dem Programm.

Schutzgebiete wie den Nairobi National Park zu bebauen. Bisher konnte die Staatsmacht diesem Ansinnen aber widerstehen, immerhin verlaufen dort traditionelle Wanderrouten von Herdentieren.

Sehenswertes

STADTZENTRUM

LP TIPP National Museum MUSEUM

(Karte S. 56 f.; www.museums.or.ke; Museum Hill Rd; Erw./Kind 800/400 KSh, Kombiticket mit Snake Park 1200/600 KSh; 8.30–17.30 Uhr) Kenias großartiges Nationalmuseum ist in einem eindrucksvollen Gebäude inmitten eines üppig grünen Geländes direkt vor dem Zentrum untergebracht und präsentiert eine gute Auswahl an kulturellen und naturgeschichtlichen Exponaten. Außerdem kann man hier ein lebensgroßes Fieberglasmodell des berühmten Elefanten Ahmed bewundern. Der riesige Dickhäuter wurde zu einer Symbolfigur der kenianischen Wildereikrise der 1980er Jahre. Damals ordnete Jomo Kenyatta an, ihn rund um die Uhr zu bewachen. Die Statue befindet sich im Innenhof neben dem Shop.

Zur Dauerausstellung gelangt man über die **Hall of Kenya** mit ein paar ethnologischen Exponaten, die jedoch nur einen kleinen Vorgeschmack bieten. Ein weiterer Saal beherbergt die Ausstellung **Birds of East Africa**, eine gigantische Galerie mit rund 900 ausgestopften Vögeln. Daran grenzt die **Great Hall of Mammals** mit Dutzenden ausgestopften Säugetieren sowie einer Nachbildung des Skeletts von Ahmed, dem Elefanten. Von dort aus gelangt man zur Ausstellung **Cradle of Humankind**, deren Highlight der **Hominid Skull Room** darstellt, eine außergewöhnliche Sammlung von Schädeln, die sich selbst – und das nicht ohne Grund – als „weltweit bedeutendste Einzelausstellung früher menschlicher Fossilien" bezeichnet. Die Infotafeln lohnen einen Blick.

Im Obergeschoss lockt die Ausstellung **Historia Ya Kenya** mit einer faszinierenden Reise durch die Geschichte Kenias und Ostafrikas. Professionell gestaltete und dokumentierte Exponate sorgen für eine willkommene Abwechslung zu den kolonialen Historiografien. Ebenfalls im ersten Stockwerk beherbergt der Raum **Cycles of Life** zahlreiche ethnologische Artefakte verschiedener Stämmen und Volksgruppen. Bei Redaktionsschluss gab es Pläne, dort nochmals die **Joy Adamsons Exhibition** zu zeigen, darunter die Stammesporträtserie „Peoples of Kenya" der Autorin von *Frei geboren – Königin der Wildnis.*

> **GUIDES IM NATIONAL MUSEUM & IM SNAKE PARK**
>
> Wer auf interessante Hintergrundinfos aus ist, kann einen der freiwilligen Guides ansprechen, die man am Eingang des National Museum und des Snake Park trifft. Führungen gibt's auf Englisch, Französisch und manchmal auch in anderen Sprachen. In der Regel sind sie kostenlos, allerdings ist eine Spende fürs Museum oder ein Trinkgeld für den Guide angemessen.

Snake Park ZOO

(Karte S. 56 f.; www.museums.or.ke; Museum Hill Rd; Erw./Kind 800/400 KSh, Kombiticket mit National Museum 1200/600 KSh; 8.30–17.30 Uhr) Auf dem Gelände des Nationalmuseums kann man im zooähnlichen Snake Park einige eindrucksvolle Schlangenarten bewundern, darunter die Puffotter, Schwarze Mamba, Felsenpython und Gabunviper, die ihre 4 cm langen Giftzähne – die längsten der Welt – dankenswerterweise nur selten zeigt. Außerdem sind ein paar lokale Fischarten, Eidechsen, Schildkröten und ein paar traurig dreinschauende Krokodile zu sehen.

Kenyatta Conference Centre AUSSICHTSPUNKT

(Karte S. 60 f.) Nairobis Wahrzeichen thront über dem City Square am City Hall Way und vereint moderne sowie traditionelle afrikanische Stilrichtungen miteinander, auch wenn der charakteristische Turm neben einigen der schicken Glasgebäuden der Stadt etwas altmodisch wirkt.

Angestellte begleiten Besucher zur **Aussichtsplattform** (Erw./Kind 500/250 KSh; 9.30–18 Uhr) und zum Hubschrauberlandeplatz auf dem Dach, von wo man einen großartigen Blick über Nairobi genießt. Dieser reicht bis zu den Vororten, zudem sieht man an klaren Tagen Flugzeuge über dem Nairobi National Park landen. Auf der Plattform ist das Fotografieren erlaubt, im restlichen Gebäude nicht. Während Veranstaltungen und Konferenzen ist der Zutritt manchmal eingeschränkt.

Railway Museum MUSEUM

(Karte S. 56 f.; Station Rd; Erw./Kind 400/100 KSh; 8–17 Uhr) Die Hauptsammlung des interessanten kleinen Museums ist in einem alten

Nairobi

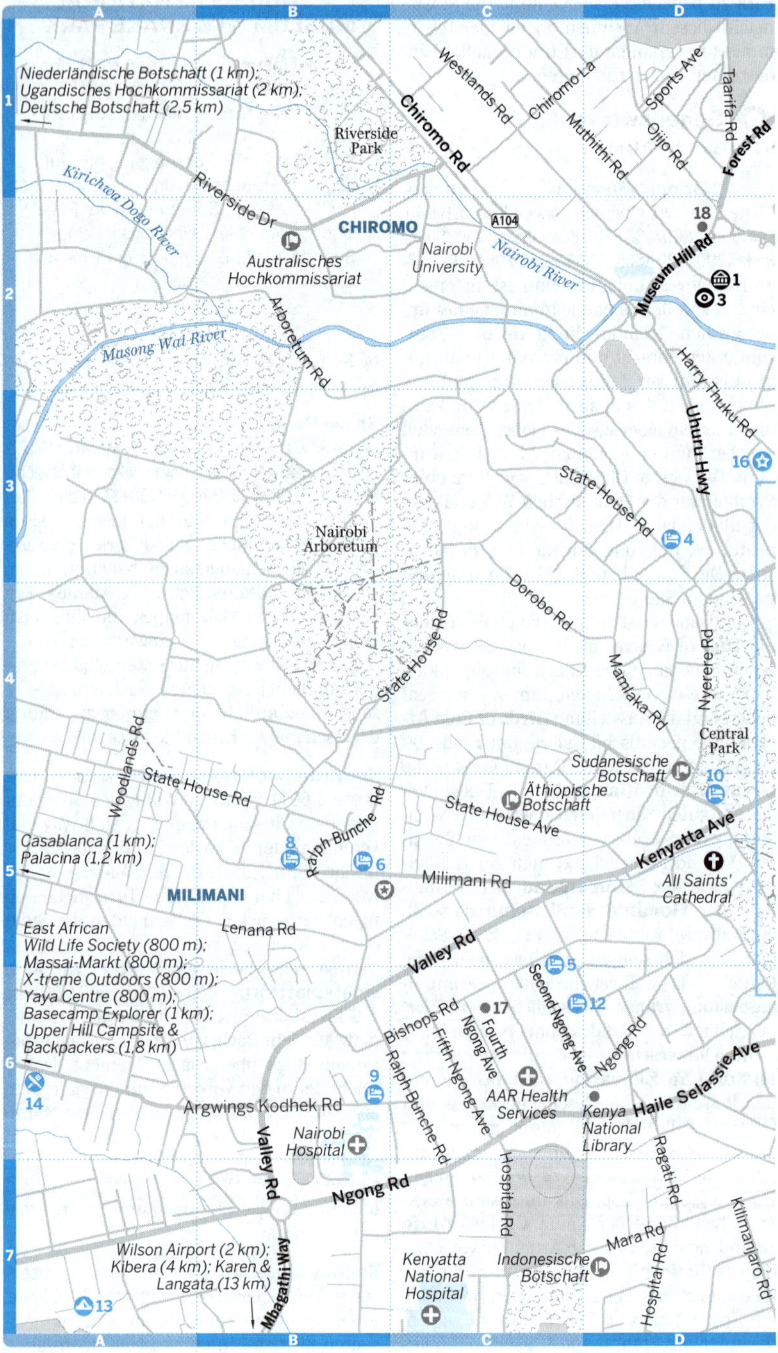
A
B
C
D
1
2
3
4
5
6
7
Niederländische Botschaft (1 km);
Ugandisches Hochkommissariat (2 km);
Deutsche Botschaft (2,5 km)
Riverside Park
Kirichwa Dogo River
Riverside Dr
CHIROMO
Australisches Hochkommissariat
Nairobi University
Nairobi River
Westlands Rd
Chiromo Rd
Chiromo La
Muthithi Rd
Sports Ave
Ojijo Rd
Taarifa Rd
Forest Rd
A104
18
Museum Hill Rd
1
3
Musong Wai River
Arboretum Rd
Harry Thuku Rd
Uhuru Hwy
16
State House Rd
4
Nairobi Arboretum
Dorobo Rd
State House Rd
Mamlaka Rd
Nyerere Rd
Central Park
Sudanesische Botschaft
10
Woodlands Rd
State House Rd
Ralph Bunche Rd
Äthiopische Botschaft
State House Ave
Kenyatta Ave
Casablanca (1 km);
Palacina (1,2 km)
8
6
Milimani Rd
All Saints' Cathedral
MILIMANI
Lenana Rd
East African Wild Life Society (800 m);
Massai-Markt (800 m);
X-treme Outdoors (800 m);
Yaya Centre (800 m);
Basecamp Explorer (1 km);
Upper Hill Campsite & Backpackers (1,8 km)
Valley Rd
5
Second Ngong Ave
12
17
Bishops Rd
Fourth Ngong Ave
Fifth Ngong Ave
Ngong Rd
Haile Selassie Ave
14
9
Ralph Bunche Rd
Argwings Kodhek Rd
AAR Health Services
Kenya National Library
Nairobi Hospital
Valley Rd
Ngong Rd
Hospital Rd
Ragati Rd
Kilimanjaro Rd
Mara Rd
Wilson Airport (2 km);
Kibera (4 km); Karen & Langata (13 km)
Mbagathi Way
Kenyatta National Hospital
Indonesische Botschaft
Hospital Rd
13

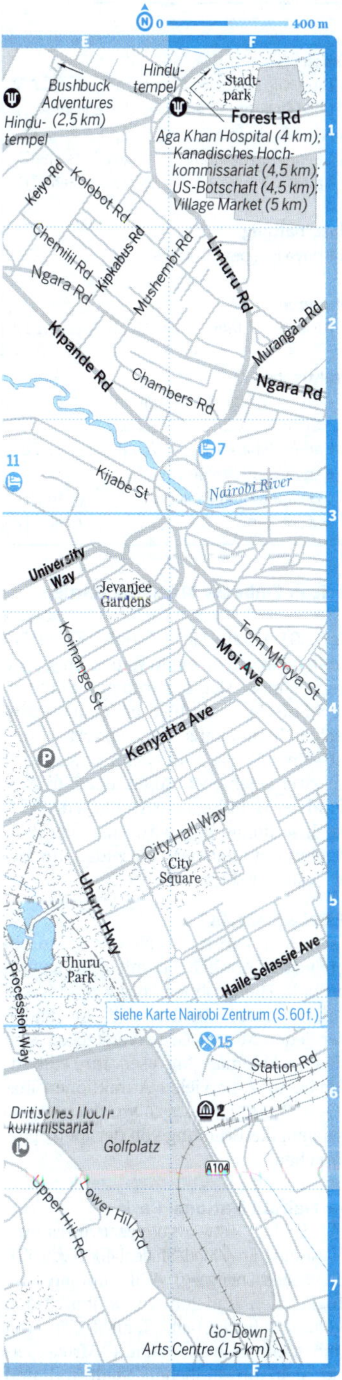

Eisenbahngebäude untergebracht und umfasst Relikte der Ostafrikanischen Bahngesellschaft. Zu den Exponaten gehören Zug- und Schiffsmodelle, Fotos, Geschirr und Kuriositäten aus der Geschichte der Eisenbahn, darunter der Sitz beim Maschinenraum, der es berühmten Passagieren wie Theodore Roosevelt ermöglichte, vom vorderen Zugteil auf arglose Wildtiere zu schießen.

Auf dem Gelände befinden sich Dutzende ausrangierte, unterschiedlich gut erhaltene Lokomotiven aus den Zeiten der Dampflock bis hin zur Unabhängigkeit. Die neueren Züge entsprechen teilweise den Modellen, die noch immer auf der Strecke zwischen Nairobi und Mombasa eingesetzt werden. Besucher können die Waggons auf eigene Faust erkunden. Im hinteren Teil der Anlage wird der Dampfzug präsentiert, der im Film *Jenseits von Afrika* zum Einsatz kam. Hier erhält man faszinierende Einblicke in einen wichtigen Teil der Kolonialgeschichte.

Das Museum liegt am Ende einer langen Straße neben dem Bahnhof.

National Archives BIBLIOTHEK

(Karte S. 60 f.; Moi Ave; Eintritt frei; ⌚Mo–Fr 8.30–17, Sa 9–13 Uhr) Mitten im betriebsamen Zentrum Nairobis befindet sich das bemerkenswerte Nationalarchiv. Das „Gedächtnis der Nation" umfasst eine riesige Sammlung von Dokumenten und Materialien und ist im ehemaligen Gebäude der Bank of India untergebracht. In erster Linie wird das Archiv von Studenten und Wissenschaftlern genutzt, doch die Vorhalle und die Galerie im Erdgeschoss beherbergen eine vielseitige Sammlung zeitgenössischer Kunst sowie historischer Fotos der kenianischen Hauptstadt, kulturelle Artefakte, Möbel und indigene Exponate, die gelegentlichen Besuchern Eindrücke von der ostafrikanischen Kultur vermitteln.

Uhuru Park PARK

(Karte S. 60 f.; Eintritt frei; ⌚Sonnenaufgang–Sonnenuntergang) Der gepflegte grüne Stadtpark am Rand des Hauptgeschäftsviertels gilt als beliebter Zufluchtsort für gestresste Städter. Seine Existenz ist der kenianischen Friedensnobelpreisträgerin Wangari Maathai zu verdanken, denn sie rettete die Grünanlage Ende der 1980er-Jahre vor den Bulldozern der damaligen Regierung. Präsident Moi äußerste damals die berüchtigten Worte, Maathai solle doch bitte als anständige Frau gemäß der „afrikanischen Tradition" leben. Sie starb Ende 2011. Ihr Begräbnis wurde im

Nairobi

Sehenswertes
1 National Museum ... D2
2 Railway Museum ... F6
3 Snake Park ... D2

Schlafen
4 Central YMCA ... D3
5 Fairview Hotel ... C5
6 Heron Hotel ... B5
7 Kahama Hotel ... F3
8 Milimani Backpackers & Safari Centre ... B5
9 Nairobi International Youth Hostel ... B6
10 Nairobi Serena Hotel ... D5
11 Norfolk Hotel ... E3
12 Upper Hill Country Lodge ... C6
13 Wildebeest Camp ... A7

Essen
14 Blue Nile Ethiopian Restaurant ... A6
Lord Delamere Terrace & Bar ... (siehe 11)
15 Nyama-choma-Stände ... F6
Savanna: The Coffee Lounge ... (siehe 1)
Tapu ... (siehe 11)

Unterhaltung
16 Kenya National Theatre ... D3

Shoppen
African Heritage Design Centre .. (siehe 1)

Praktisches
17 ACK Language & Orientation School ... C6
18 Kenya Fisheries Department ... D2
Kenya Youth Voluntary Development Projects ... (siehe 9)
Nature Kenya ... (siehe 1)

Park abgehalten und von Tausenden Trauernden besucht. Bis heute erfreut sich die Anlage bei picknickenden Familien, gestressten Geschäftsleuten und allen, die auf Erholung im Grünen aus sind, großer Beliebtheit. Nach Einbruch der Dunkelheit sollte man sie allerdings meiden.

Parliament House GEBÄUDE

(Karte S. 60 f.; ☎2221291; Parliament Rd) Wer sich dafür interessiert, wie Demokratie in Kenia funktioniert (oder auch nicht), sollte eine kostenlose Genehmigung für einen Sitz in der öffentlichen Galerie des Parlamentsgebäudes beantragen, die vorher telefonisch bestätigt werden muss. Applaus ist strengstens untersagt, und wenn die Volksvertreter gerade nicht tagen, kann man das Bauwerk nach Absprache mit dem Zeremonienmeister besichtigen.

Jamia Mosque MOSCHEE

(Karte S. 60 f.; Banda St) Nairobis bedeutendste Moschee liegt im betriebsamen Zentrum. Den hübschen Bau im typisch arabisch-muslimischen Stil schmücken all die Kuppeln, Marmorelemente und Koran-Inschriften, die man von einer wichtigen islamischen Stätte erwartet. Außerdem gibt's vor Ort mehrere Läden, deren Mieteinnahmen für die Instandhaltung sorgen. Nichtmuslimen wird nur selten Zutritt gewährt, aber immerhin kann man die hübsche Fassade von der Straße aus bewundern.

American Embassy Memorial Garden GARTEN

(Karte S. 60 f.; Moi Ave; Eintritt 20 KSh; ⏲8–18 Uhr) Dieser gepflegte, von einer Mauer umgebene Garten befindet sich am früheren Standort der US-Botschaft, die 1998 bei einem terroristischen Bombenanschlag zerstört wurde. Er ist sehr hübsch, auch wenn er sich zwischen zwei belebten Straßen, der Moi Avenue und der Haile Selassie Avenue, erstreckt. Seine Instandhaltung wird mit den Eintrittsgebühren finanziert, die zudem für weniger Besucher sorgen.

KAREN & LANGATA

Die schicken Vororte südlich von Nairobi haben wenig Ähnlichkeit mit der eigentlichen Stadt. Hier wohnen vorwiegend Nachkommen weißer Siedler und Ausländer. Hinter jeder Menge Grün verstecken sich weitläufige koloniale Anwesen. Ihre edle Atmosphäre und die vielen Attraktionen machen Karen und Langata zu attraktiven Ausflugszielen, die Erholung von der Metropole versprechen.

LP TIPP Nairobi National Park PARK

(Karte S. 64 f.; www.kws.org/parks/parks_reserves/NANP.html; Erw./Kind/Student 40/20/15 US$; ⏲6 Uhr–Sonnenuntergang) Willkommen im zugänglichsten und am ungewöhnlichsten gelegenen Schutzgebiet Kenias! Der mit 117 km² kleinste Nationalpark Afrikas erstreckt sich am südlichen Stadtrand und wartet mit einer reichen Fauna auf, die teils vor der Kulisse von Nairobis Wolkenkratzern und den am nahe gelegenen Flughafen landenden Flugzeugen zu bewundern ist. Bemerkenswerterweise scheint der Trubel die Tiere nicht zu stören.

Jedes Jahr im Juli und August finden Gnu- und Zebrawanderungen statt, auch wenn die Anzahl der Tiere geringer ist als in der Masai Mara. Außerdem streifen große Antilopen- und Büffelherden durch die Gegend.

Wegen seines Erfolgs als Schutzzone für Nashörner *(kifaru* auf Kiswahili) wurde der Nairobi National Park mit dem Spitznamen „Kifaru Ark" versehen. Hier lebt die dichteste Nashornpopulation der Welt mit über 50 Exemplaren.

Darüber hinaus entdeckt man häufig Löwen und Hyänen. Ranger am Eingang informieren über die derzeitigen Aufenthaltsorte der Raubtiere. Wer Geparden und Leoparden beobachten möchte, benötigt ein wenig mehr Geduld und jede Menge Glück. Zu den Tieren, die Besucher oft zu Gesicht bekommen, gehören Warzenschweine, Zebras, Giraffen, Strauße und Büffel.

Im Sumpfland des Parks wurden zudem beeindruckende 400 Vogelarten gezählt.

Etwas weiter im Geländeinneren nahe dem Haupttor markiert das Ivory Burning Monument den Ort, wo der kenianische Präsident Daniel arap Moi 1989 zwölf Tonnen Elfenbein verbrannte. Die drastische Aktion verbesserte Kenias Image bei Umweltschützern zu einer Zeit, als die Tierwelt Ostafrikas durch erbarmungslose Wilderei dezimiert wurde.

Der Haupteingang befindet sich an der Langata Road. Weitere Tore gibt's an der Magadi Road und am Athi River Gate; Letzteres bietet sich dann an, wenn man nach

NAIROBI NATIONAL PARK

Highlights Die große Attraktivität des Parks machen seine Lage am Rand einer Stadt, Savannen und Sumpfland, 400 Vogelarten, akut bedrohte Spitzmaulnashörner, Löwen, Geparden, Zebras und Giraffen aus.

Reisezeit Ganzjährig. Im Juli und August lassen sich Gnu- und Zebrawanderungen beobachten und im Januar, Februar sowie von Juni bis Oktober ist die Wildtierdichte am größten.

Praktisches Der Park liegt nur 7 km vom Geschäftsviertel entfernt. Vom Bahnhof fahren die Matatu-Linien 125 und 126 (50 KSh, 30–45 Min.) zum Eingang, alternativ gelangt man mit einem eigenen Fahrzeug hierher. Tourveranstalter in Nairobi bieten halbtägige Safaris (ab 75 US$ pro Pers.) an.

DER NAIROBI NATIONAL PARK: EIN NOTWENDIGER PARK

Es gibt einen guten Grund dafür, dass Nairobi seinen eigenen Nationalpark hat. Als die kenianische Hauptstadt im frühen 20. Jh. boomte, gehörten Zusammenstöße zwischen Mensch und Tier bald zum Alltag. Einwohner mussten nachts zum Schutz vor Löwen Gewehre mit sich führen, während Herdentiere regelmäßig Farmen heimsuchten. Daraufhin verbannte die Kolonialregierung von Britisch-Ostafrika Großtiere in die Athi-Ebenen westlich und südlich der Stadt. 1946 wurde der Nairobi National Park als erster Nationalpark Britisch-Ostafrikas ernannt. Dieser Schritt war nicht unumstritten, schließlich vertrieb man dafür Viehhüter der Massai gewaltsam aus der Schutzzone.

Bis heute dauert der Konflikt zwischen den Menschen und den Tieren an. Um Letztere fernzuhalten, ist der Park teilweise umzäunt. Dennoch ist er kein geschlossenes, sondern ein offenes System, das es den Tieren erlaubt, in einem schmalen Korridor nach Südkenia oder in die Masai Mara zu wandern. Weil das Schutzgebiet mittlerweile jedoch quasi vollständig von Siedlungen umringt wird, sind diese Korridore fast vollkommen geschlossen. Somit gehören die Wanderungen wohl bald der Vergangenheit an. Was das für die Ökosysteme des Parks und die Tiere bedeutet, deren Überlebensstrategie darin besteht, dem Regen zu folgen, bereitet Umweltschützern große Sorgen.

Friends of Nairobi National Park (FoNNaP; Karte S. 64 f.; ☎500622; http://fonnap.wordpress.com; Kenya Wildlife Service Headquarters, Langata Rd) Dieser Verband setzt sich für den Schutz der Wanderkorridore, die den Park mit anderen Regionen Kenias verbinden, und für eine Stärkung des Bewusstseins für das Schutzgebiet ein.

Nairobi Zentrum

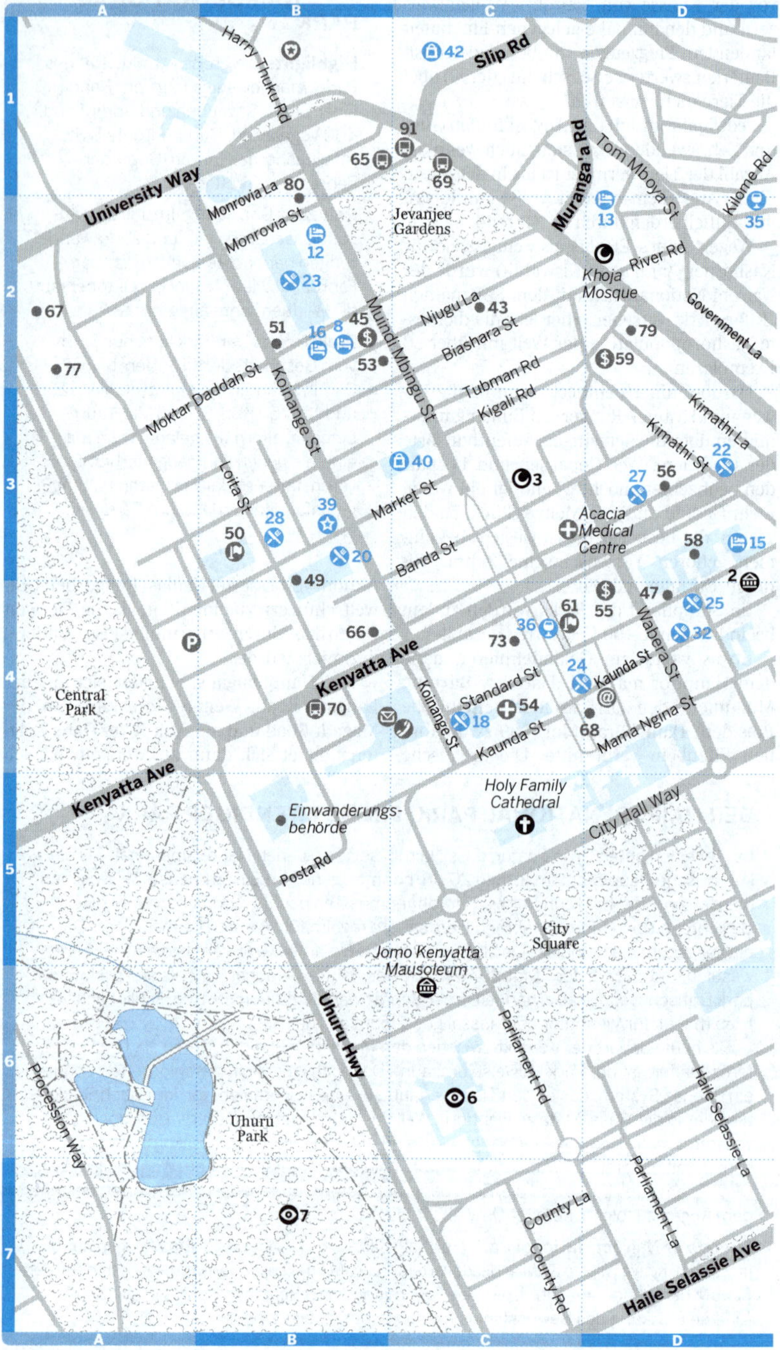

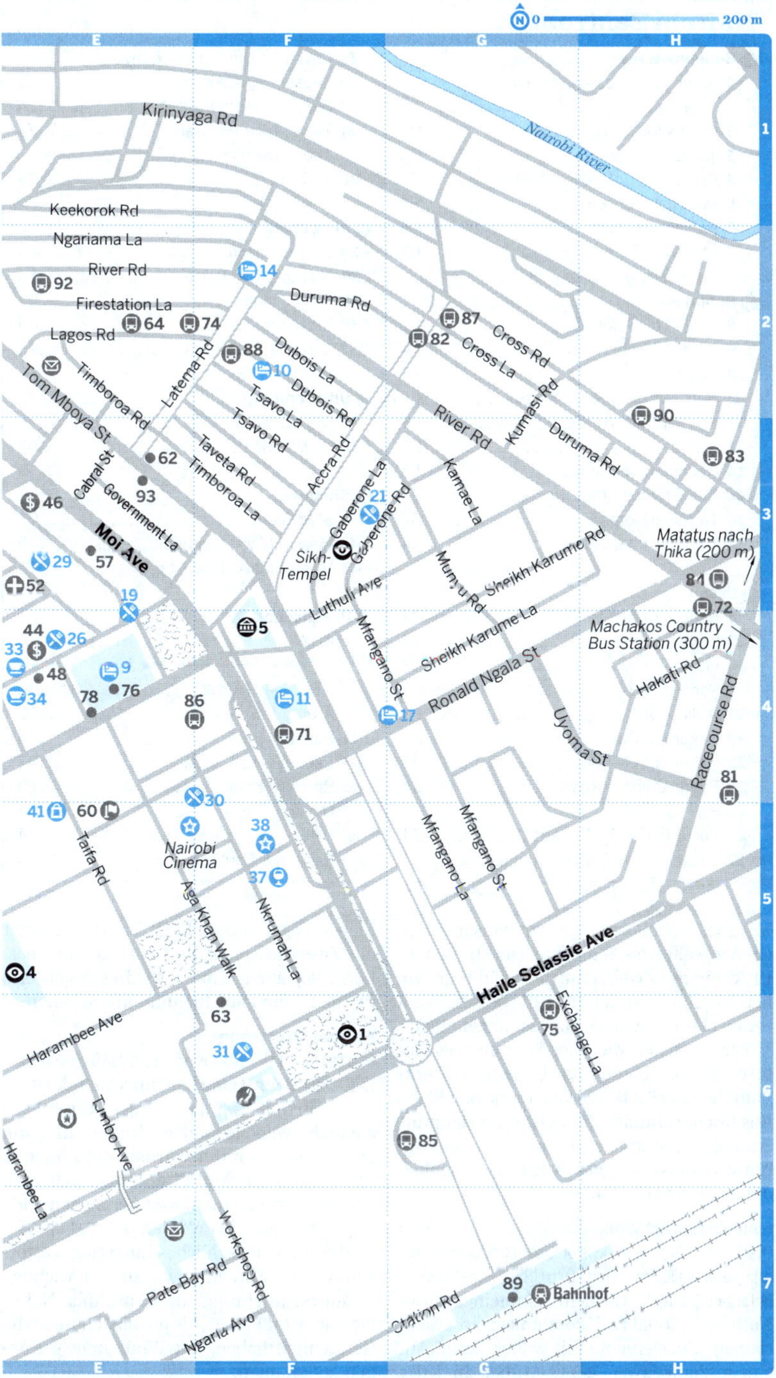
0
200 m
Kirinyaga Rd
Nairobi River
Keekorok Rd
Ngariama La
River Rd
Firestation La
Lagos Rd
Duruma Rd
Cross Rd
Cross La
Dubois La
Dubois Rd
Tsavo La
Tsavo Rd
Latema Rd
Timboroa Rd
Tom Mboya St
Taveta Rd
Timboroa La
Accra Rd
Kumasi Rd
River Rd
Duruma Rd
Kamae La
Gaberone La
Gaberone Rd
Cabral St
Government La
Moi Ave
Sikh-Tempel
Luthuli Ave
Sheikh Karume Rd
Matatus nach Thika (200 m)
Machakos Country Bus Station (300 m)
Sheikh Karume La
Mfangano St
Ronald Ngala St
Hakati Rd
Uyoma St
Racecourse Rd
Taifa Rd
Nairobi Cinema
Aga Khan Walk
Nkrumah La
Mfangano La
Mfangano St
Haile Selassie Ave
Exchange La
Harambee Ave
Tumbo Ave
Harambee La
Workshop Rd
Pate Bay Rd
Ngara Ave
Station Rd
Bahnhof
92
64
74
14
87
82
88
10
90
83
62
93
46
21
29
57
52
19
5
81
72
44
26
33
9
48
76
34
78
86
11
71
17
81
41
60
30
38
37
4
63
1
31
75
85
89
E
F
G
H
1
2
3
4
5
6
7

Nairobi Zentrum

Sehenswertes
1 American Embassy Memorial Garden ... F6
2 Gallery Watatu ... D4
3 Jamia Mosque ... C3
4 Kenyatta Conference Centre ... E5
5 National Archives ... F4
6 Parliament House ... C6
7 Uhuru Park ... B7

Schlafen
8 Down Town Hotel ... B2
9 Hilton Nairobi Hotel ... E4
10 Hotel Africana ... F2
11 Hotel Ambassadeur Nairobi ... F4
12 Kenya Comfort Hotel ... B2
13 Meridian Court Hotel ... D2
14 New Kenya Lodge ... F2
15 New Stanley Hotel ... D3
16 Terminal Hotel ... B2
17 Terrace Hotel ... G4

Essen
18 Beneve Coffee House ... C4
19 Etouch Food Court ... E4
20 Fiesta Restaurant & Bar ... B3
Kahawa ... (siehe 24)
21 Malindi Dishes ... F3
22 Nakumatt Downtown ... D3
23 Nakumatt Lifestyle ... B2
24 Panda Chinese Restaurant ... C4
25 Pasara Café ... D4
26 Porterhouse Restaurant ... E4
27 Savanna: The Coffee Lounge ... D3
28 Savanna: The Coffee Lounge ... B3
29 Seasons Restaurant ... E3
30 Seasons Restaurant ... E4
31 Tamarind Restaurant ... F6
Thorn Tree Café ... (siehe 15)
32 Trattoria ... D4

Ausgehen
33 Dormans Café ... E4
34 Nairobi Java House ... E4
35 Roast House ... D2
36 Simmers ... C4
37 Zanze Bar ... F5

Unterhaltung
38 Florida 2000 ... F5
39 New Florida ... B3

Shoppen
40 Stadtmarkt ... C3
41 Massai-Markt (Samstag) ... E5
42 Massai-Markt (Dienstag) ... C1

Praktisches
AGX ... (siehe 50)
Association for the Physically Disabled (APDK) ... (siehe 64)
43 Atul's ... C2
44 Barclays Bank ... E4
45 Barclays Bank ... B2
46 Barclays Bank ... E3
47 Bunson Travel ... D4
48 DHL ... E4
49 Eastern & Southern Safaris ... B3

Mombasa, Amboseli oder zur tansanischen Grenze weiterreisen möchte. Die Straßen im Park sind mit Zweiradantrieb befahrbar, wobei ein Allradwagen immer die bessere Wahl ist, insbesondere nach starken Regenfällen.

Parkbesucher, die über kein eigenes Auto verfügen, nehmen am besten das **Parkshuttle** (Erw./Kind 20/5 US$). Der große KWS-Bus bricht sonntags um 14 Uhr am Haupttor zu einer 2½-stündigen Tour auf. Wer mitfahren will, muss dort bis 13.30 Uhr persönlich die Buchung vornehmen.

Nairobi Safari Walk ZOO
(Karte S. 64 f.; www.kws.org/parks/education/nairobi_safariwalk; Erw./Kind 20/5 US$; 6 Uhr–Sonnenuntergang) Direkt vor dem Haupteingang des Nairobi National Park kombiniert diese Safarianlage Zooelemente mit wilder Natur. Auf einem Plankenweg geht's vorbei an jeder Menge Vögel und anderen Tieren, darunter ein Zwergflusspferd und ein Breitmaulnashorn. Vor allem Kinder wird es begeistern, mit den Tieren auf Tuchfühlung zu gehen.

Animal Orphanage ZOO
(Karte S. 64 f.; Erw./Kind 15/5 US$; 8.30–17.30 Uhr) Beim Haupttor innerhalb des Nairobi National Park gibt dieses Waisenhaus ehemals wild lebenden Tieren, die von Parkrangern gerettet wurden, ein Zuhause. Auch wenn die Anlage an einen gehypten Zoo erinnert und die Bewohner nicht gerade artgerecht gehalten werden, schützt sie Tiere, die ohne menschliches Eingreifen gestorben wären. Zudem dient sie als wichtige Bildungseinrichtung für Einwohner Nairobis und Schulkinder, die ansonsten nicht die Gelegenheit haben, mit Wildtieren in Kontakt zu kommen.

50 Französische Botschaft B3
51 Gametrackers B2
Goldfield Forex .... (siehe 24)
52 KAM Pharmacy E3
53 Kenya Canvas Ltd B2
Link Forex .... (siehe 61)
54 Ärztlicher Notfalldienst (Chirurgie) C4
Origins Safaris .... (siehe 24)
55 Postbank D4
56 Safe Ride Tours & Safaris D3
57 Sana Highlands Trekking Expeditions E3
58 Savuka Tours & Safaris D3
Spanische Botschaft .... (siehe 48)
59 Standard Chartered Bank D2
60 Tansanisches Hochkommissariat E5
Tropical Winds .... (siehe 50)
61 Ugandisches Hochkommissariat (Konsularische Abteilung) C4

Transport

62 Adventure Upgrade Safaris E3
63 Air India F6
Abfahrtsort Flughafenbus .... (siehe 86)
64 Akamba E2
65 Akamba-Ticketschalter & internationale Abfahrten B1
66 Avenue Car Hire B4
67 Avis A2
68 Budget D4
69 Bus- & Matatu-Haltestelle C1
70 Bus- & Matatu-Haltestelle (nach Hurlingham & Milimani) B4
71 Bushaltestelle (nach Langata, Karen & zum Flughafen) F4
Bushaltestelle (nach Westlands) .. (siehe 69)
72 Busse nach Kisii & Migori H3
73 Central Rent-a-Car C4
74 Coastline Safaris E2
75 Easy-Coach-Büro G6
76 Egypt Air E4
77 Emirates A2
Ethiopian Airlines .... (siehe 54)
Gametrackers .... (siehe 51)
78 Glory Car Hire E4
79 Glory Car Hire D2
80 KBS-Ticketschalter B2
81 KBS-Busbahnhof H4
Kenya Airways .... (siehe 50)
82 Hauptabfahrtsort für Busse & Matatus ... G2
Matatus nach Eldoret .... (siehe 75)
83 Matatus nach Kericho & Kisumu H3
Matatus nach Kibera .... (siehe 71)
84 Matatus nach Naivasha, Nakuru, Nyahururu & Namanga H3
85 Matatus zum Wilson Airport, Nairobi National Park & nach Langata & Karen G6
86 Metro-Shuttlebus-Haltestelle E4
87 Modern Coast (Oxygen) G2
88 Mololine Prestige Shuttle F2
89 Buchungsbüro am Bahnhof von Nairobi G7
90 Narok Line H2
91 Riverside Shuttle C1
92 Scandinavia Express E2
93 Tough Trucks Kenya E3

LP TIPP **Giraffe Centre** TIERSCHUTZGEBIET

(Karte S. 64 f.; www.giraffecenter.org; Koitobos Rd; Erw./Kind 700/250 KSh; ⌚9–17.30 Uhr) Dieses Tierschutzzentrum zeugt von einer echten kenianischen Erfolgsgeschichte. 1979 zogen Jock Leslie-Melville, der kenianische Enkel eines schottischen Grafen, und seine Frau Betty in ihrem Haus in Langata eine Babygiraffe auf. Als sie den African Fund for Endangered Wildlife (AFEW) gründeten, lebten nur noch 120 Rothschild-Giraffen in freier Wildbahn. Sie unterscheiden sich von anderen Giraffenarten dadurch, dass sie unterhalb des Knies keine gefleckte Färbung aufweisen. Im Gegensatz zur weiter verbreiteten Netz- und Massaigiraffe wäre die Rothschild-Giraffe aufgrund des Verlusts ihres Lebensraums in Westkenia fast ausgestorben. Heute gibt's jedoch über 300 Exemplare und das Zentrum siedelte die eleganten Tiere erfolgreich im Lake Nakuru National Park (wo 45 Giraffen leben), Mwea National Reserve, Ruma National Park und Nasalot National Reserve an.

Zudem verbinden die Betreiber ernsthaften Tierschutz mit unterhaltsamen Aktivitäten. Besucher können die Giraffen von hohen Holzgerüsten aus beobachten, füttern oder sogar küssen – besonders für Kinder und Junggebliebene eine einmalige Erfahrung. Manchmal sind im Schlamm auch umherschnüffelnde Warzenschweine zu sehen. Durch das angrenzende Gogo-River-Vogelschutzgebiet erstreckt sich außerdem ein Waldwanderweg zum Selbsterkunden.

Echte Giraffenfans möchten vielleicht im phänomenalen (und exklusiven) Giraffe Manor (S. 73) auf dem Gelände übernachten.

Nairobi National Park

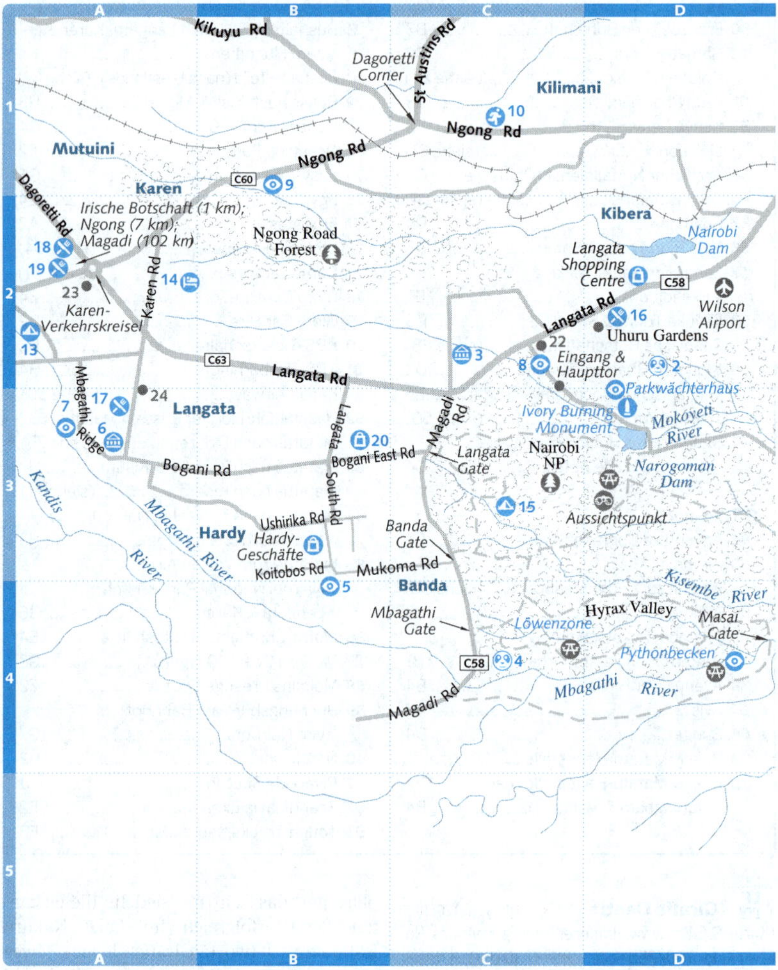

Um vom Stadtzentrum in Nairobi mit öffentlichen Verkehrsmitteln herzugelangen, nimmt man das Matatu 24 über die Kenyatta Avenue zu den Hardy-Geschäften und läuft von dort aus. Alternativ geht's mit dem Matatu 26 zur Magadi Road und ab der Mukoma Road zu Fuß weiter. Ein Taxi vom Stadtzentrum zum Giraffe Centre kostet rund 1000 KSh.

LP TIPP David Sheldrick Wildlife Trust

TIERSCHUTZGEBIET

(Karte S 64 f.; ☎2301396; www.sheldrickwildlifetrust.org; Eintritt 500 KSh; ⏱11–12 Uhr) 1977 wurde der gemeinnützige Trust innerhalb des Nairobi National Park kurz nach dem Tod von David Sheldrick gegründet, der sich als Leiter des Tsavo National Park gegen Wilderei engagierte. Gemeinsam mit seiner Frau Daphne entwickelte David Methoden für die Aufzucht und Auswilderung verwaister Spitzmaulnashörner und Elefanten. Bis heute arbeitet der Trust eng mit dem Nationalpark im Rahmen dieser und anderer Projekten zusammen.

Besucher werden um 11 Uhr eingelassen und zu einem Aussichtspunkt an einem schlammigen Wasserloch geführt. Dann

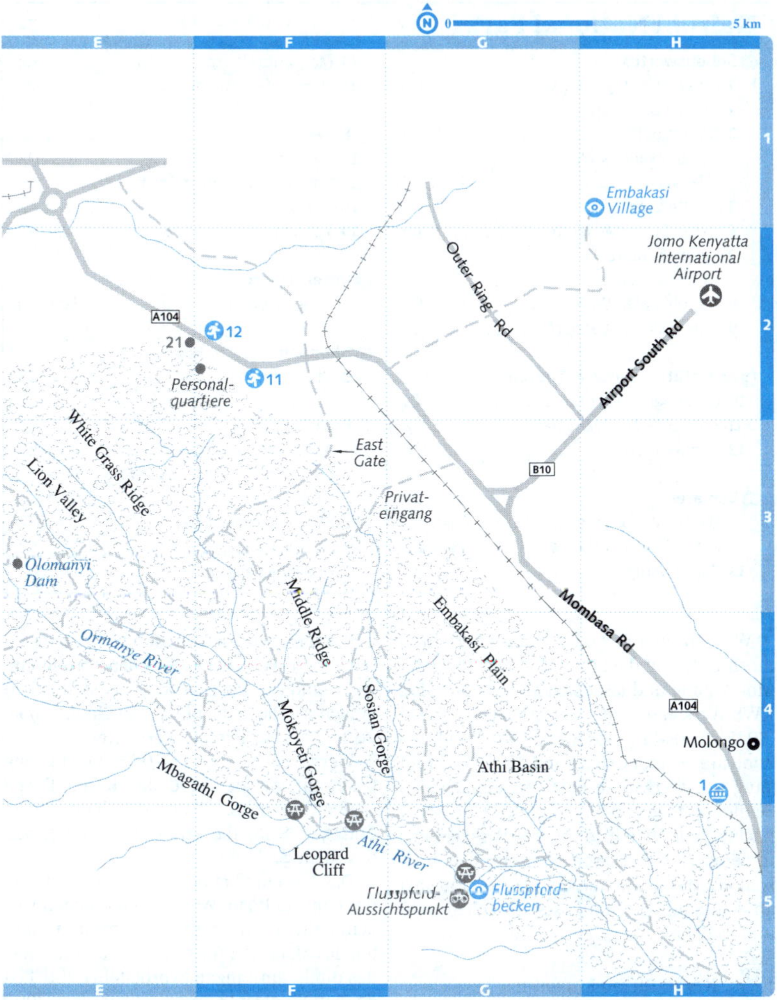

marschieren Tierpfleger mit rund einem Dutzend Babyelefanten im Schlepptau ein und füttern die Tiere mit der Flasche – ein wirklich rührender Anblick.

Sind die „Kleinen“ satt, tollen sie wild herum. Ihre Aufpasser haben dabei wahrlich keinen leichten Job, schließlich wiegt jedes Tier einige hundert Kilo. Den Elefanten scheint es eine Menge Spaß zu machen, aus der Reihe zu tanzen, so kann es leicht passieren, dass ein paar ausbüxen und sich an den Beinen der Besucher reiben. Während sie sich vergnügen, erzählen die Pfleger ihre Geschichte.

Außerdem nutzen die Babyelefanten den Ausflug für ihr tägliches Schlammbad, das wunderbare Fotomotive bietet. Touristen sollten allerdings auf der Hut sein, denn der eine oder andere hat schon einen Rüssel voll Schlamm abbekommen!

Ist die Vorstellung zu Ende, darf man einen Blick auf die Nashörnerwaisen werfen, die etwas temperamentvoller und um einiges gefährlicher sind. Der Anblick der majestätischen Tiere in Käfigen kann etwas deprimierend sein, doch man sollte bedenken, dass sie hier aufgepäppelt und dann in die Freiheit entlassen werden.

Nairobi National Park

Sehenswertes
1 African Heritage House ... H4
2 Animal Orphanage ... D2
3 Bomas of Kenya ... C2
4 David Sheldrick Wildlife Trust ... C4
5 Giraffe Centre ... B4
6 Karen Blixen Museum ... A3
7 Kazuri Beads & Pottery Centre ... A3
8 Nairobi Safari Walk ... C2
9 Ngong Hills Racecourse ... B1

Aktivitäten, Kurse & Touren
10 Language Center Ltd ... C1
11 Pollman's Tours & Safaris ... F2
12 Somak Travel ... F2

Schlafen
Giraffe Manor ... (siehe 5)
Karen Blixen Cottages ... (siehe 17)
13 Karen Camp ... A2
14 Margarita House ... A2
15 Nairobi Tented Camp ... C3

Essen
16 Carnivore ... D2
17 Karen Blixen Coffee Garden ... A3
18 Rusty Nail ... A2
19 Talisman ... A2

Unterhaltung
Simba Saloon ... (siehe 16)

Shoppen
20 Utamaduni ... B3

Praktisches
21 Abercrombie & Kent ... E2
Friends of Nairobi National Park ... (siehe 22)
22 KWS-Hauptbüro ... C2
23 Southern Cross Safaris ... A3
24 Uniglobe Let's Go Travel ... A2

Wer mit dem Bus oder Matatu herfahren möchte, nimmt die Linie 125 oder 126 ab der Moi Avenue und lässt sich an der zentralen KWS-Werkstatt an der Magadi Road (50 KSh, 50 Min.) absetzen. Das Sheldrick-Zentrum befindet sich rund 1 km vom Eingang der Werkstätte entfernt; einfach den Schildern folgen oder beim KWS-Personal nachfragen. Hier beginnt das Parkgelände, in dem sich u. a. Löwen herumtreiben, man sollte die Wege also nicht verlassen. Ein Taxi ab dem Stadtzentrum kostet zwischen 1000 und 1500 KSh.

LP TIPP Karen Blixen Museum

HISTORISCHES GEBÄUDE

(Karte S. 64 f.; ☎8002139; www.museums.or.ke; Karen Rd; Erw./Kind 800/400 KSh; ⌚9.30–18 Uhr) Von 1914 bis 1931 lebte in diesem ehemaligen Farmgebäude Karen Blixen, Autorin des Buches *Jenseits von Afrika*. Nach einer Reihe persönlicher Rückschläge verließ sie das hübsche koloniale Anwesen, das daraufhin in ein Museum verwandelt wurde. Gemeinsam mit der angrenzenden Landwirtschaftsschule überließ Dänemark es nach der Unabhängigkeit der kenianischen Regierung. Das Museum liegt inmitten eines weitläufigen Gartens, der vor allem Fans des Hollywoodklassikers zu interessanten Streifzügen einlädt. Tatsächlich wurde der Film jedoch auf einem Anwesen in der Nähe gedreht, man sollte sich also nicht über Abweichungen wundern. Im Eintrittspreis sind (nicht obligatorische, aber nützliche) Guides inbegriffen, die ein Trinkgeld erwarten.

Wer von *Jenseits von Afrika* nicht genug bekommt, für den sind das Karen Blixen Coffee Garden (S. 78) und die Karen Blixen Cottages (S. 73) die Straße hinunter genau das Richtige.

Das Museum befindet sich rund 2 km von der Langata Road. Wer mit öffentlichen Verkehrsmitteln unterwegs ist, nimmt am besten das Matatu 24 über die Kenyatta Avenue, das direkt am Eingang vorbeifährt. Ein Taxi ab dem Stadtzentrum kostet zwischen 1000 und 1500 KSh.

Kazuri Beads & Pottery Centre

KUNSTHANDWERKSZENTRUM

(Karte S. 64 f.; ☎3883500; www.kazuri.com; Mbagathi Ridge; ⌚Laden Mo–Sa 8.30–18, So 9–17 Uhr, Werkstatt Mo–Fr 8–16.30, Sa 8–13 Uhr) Das 1975 von einem englischen Einwanderer gegründete Kunsthandwerkszentrum für Perlen- und Töpferarbeiten in Karen war für alleinerziehende Mütter konzipiert, die eine profitable Tätigkeit lernen sollten, um sich selbst zu versorgen. Aus ursprünglich zwei Angestellten sind über 100 geworden, darunter mehrere behinderte Frauen, die von zu Hause arbeiten. Ein sachkundiger Vorarbeiter führt Besucher kostenlos durch die verschiedenen Fertigungsgebäude. Dabei ist der gesamte Entstehungsprozess vom Formen des rohen Tons bis hin zum Lasieren der fertigen Produkte zu sehen. Zum Gelände gehört ein geschmackvoller Geschenkladen, der günstigere Preise bietet als die einschlägige Konkurrenz.

Bomas of Kenya KULTURZENTRUM

(Karte S. 64 f.; ☎891801; www.bomasofkenya.co.ke; Langata Rd; Erw./Kind 600/300 KSh; ⏲Vorstellungen Mo–Fr 14.30–16, Sa & So 15.30–17.15 Uhr) Talentierte ortsansässige Künstler dieses Kulturzentrums zeigen traditionelle Tänze und Lieder der verschiedenen Stammesgruppen des Landes. Dazu zählen beispielsweise die arabisch geprägte Swahili-*taarab*-Musik, Kriegertänze der Kalenjin, Embu-Trommelmusik und Kikuyu-Beschneidungszeremonien. Wie nicht anders zu erwarten, ist das Programm touristisch, verspricht jedoch einen unterhaltsamen Nachmittag.

Das Zentrum befindet sich in Langata in der Nähe des Haupttors zum Nairobi National Park. Vom Hauptbahnhof verkehren Busse sowie die Matatus 125 und 126 hierher (40 KSh, 30 Min.). Besucher müssen in der Magadi Road aussteigen und dem 1 km langen, gut ausgeschilderten Weg auf der rechten Straßenseite folgen. Eine Taxifahrt kostet zwischen 1000 und 1200 KSh.

African Heritage House KULTURELLES GEBÄUDE

(Karte S. 64 f.; ☎0721518389; www.africanheritagebook.com; abseits der Mombasa Rd; Eintritt frei) Dieses beeindruckende Ausstellungsgebäude wurde von Alan Donovan entworfen, einem Galeriebesitzer und Experten für afrikanische Kultur. Es bietet herrliche Ausblicke auf den Nairobi National Park und kann nur nach vorheriger Anmeldung besucht werden. Seine Lehmarchitektur kombiniert mehrere unterschiedliche traditionelle Stilrichtungen aus ganz Afrika miteinander und die edlen Innenräume schmücken Stammesartefakte und Kunst. Wer über eine prall gefüllte Reisekasse verfügt, für den gibt's auf Anfrage Übernachtungen exklusive Mahlzeiten und Luxustransfers per Dampfzug oder Helikopter.

Aktivitäten

Fast alle internationalen Touristenhotels verfügen über Pools, die von Nichtgästen gegen eine Tagesgebühr zwischen 200 und 500 KSh genutzt werden können.

Nature Kenya VOGELBEOBACHTUNG

(☎3749957; www.naturekenya.org; 200 KSh pro Pers.) Organisiert verschiedene Ausflüge, darunter halbtägige Vogelbeobachtungstouren, die am National Museum starten. Für weitere Infos einfach mit dem Veranstalter in Verbindung setzen.

Mountain Club of Kenya KLETTERN

(MCK; www.mck.or.ke; Wilson Airport) Jeden Dienstag um 20 Uhr treffen sich die Mitglieder im Clubhaus beim Wilson Airport. Sie bieten regelmäßig Kletter- und Trekkingwochenenden im ganzen Land an und verfügen über jede Menge Fachwissen.

Geführte Touren

Manche Reisebüros (S. 84) und Safariveranstalter (S. 35) haben ganz- oder halbtägige Stadtführungen im Programm, die einen Teil der Hauptattraktionen umfassen. Die Preise variieren je nach Anbieter und richten sich außerdem nach Teilnehmerzahl und Länge.

Wachsender Beliebtheit erfreuen sich Rundgänge durch Kibera (s. S. 69).

People to People Tourism FÜHRUNGEN

(☎0722750073; www.peopletopeopletourism.com) Stadtrundgänge und andere Ausflüge mit dem Schwerpunkt auf Kultur. Bei Redaktionsschluss konnte man die *jua kali* kennenlernen, Kenias Industrie von Kleinunternehmern, die auf der Straße arbeiten. Manchmal sind auch Kombitouren im Angebot, die neben den üblichen Touristenattraktionen zu *jua-kali*-Werkstätten führen, in denen Kunsthandwerk und andere Produkte hergestellt werden.

Feste & Events

Kenya Fashion Week MODE

(Sarit Centre, Westlands) Bei dieser Modemesse im Juni treffen sich Designer und Hersteller aus dem ganzen Land.

Kenya Music Festival MUSIK

(Kenyatta Conference Centre) Kenias ältestes Musikfestival dauert zehn Tage und findet im August statt. Es wurde vor rund 80 Jahren unter dem Kolonialregime ins Leben gerufen. Der Schwerpunkt liegt auf afrikanischen Künstlern, es nehmen jedoch auch internationale Musiker teil.

Tusker Safari Sevens SPORT

(http://safarisevens.com; Nyayo National Stadium) Dieses renommierte internationale Rugbyturnier im Oktober und November ist stets

KUNSTMUSEEN

Das **Go-Down Arts Centre** (außerhalb der Karte S. 56 f.; ☎0726992200; www.thegodownartscentre.com; Dunga Rd; Eintritt frei; ⏲Mo–Fr 9–17 Uhr) umfasst zehn separate Ateliers und entwickelt sich immer mehr zu einem Treffpunkt von Nairobis aufstrebender Kunstszene. Es vereint bildende mit darstellender Kunst in Form von regelmäßigen Ausstellungen, Vorführungen, Workshops und Kulturabenden und befindet sich in einem umgebauten Lagerhaus in der Industriezone südlich des Hauptgeschäftsviertels.

Die im Zentrum gelegene **Gallery Watatu** (Karte S. 60 f.; ☎2024857; Lonhro House, Standard St) gehört zu den etabliertesten Kunstmuseen der Stadt. Hier werden regelmäßig Gemälde, Fotografien und Skulpturen ausgestellt, die häufig zum Verkauf stehen. Preise starten bei 20 000 KSh. Auch die Dauerausstellung ist sehenswert.

heiß umkämpft. Das kenianische Team kann auf eine erfolgreiche Bilanz zurückblicken und erreichte 2011 das Halbfinale.

Schlafen

Unterkunftstechnisch hat Nairobi für jeden etwas zu bieten, von billigen Absteigen in zwielichtigen Gegenden über feudale, geschichtsträchtige Kolonialanwesen bis zu Hotels in den grünen Vororten mit tollem Preis-Leistungs-Verhältnis.

In der Hauptstadt sind die Preise etwas höher als im restlichen Kenia. Sicherheit ist ein großes Thema, deshalb lohnt es sich, ein wenig mehr für eine gute Umgebung zu investieren, besonders wenn man teure Ausrüstung dabeihat. Bei der Mehrheit der Mittel- und Spitzenklasseunterkünfte umfasst der Übernachtungspreis ein zünftiges Frühstücksbüfett, das fast den ganzen Tag satt macht.

In folgenden Abschnitt sind die Hotels nach Viertel und Präferenz der Autoren geordnet. Da Inflation und politische Instabilität oft drastische Auswirkungen haben und sich die Preise schnell ändern, sind sie als Richtwerte zu verstehen. In den Luxusbleiben variieren sie zudem erheblich, also sollte man im Voraus buchen, um wenigstens kleine Rabatte zu ergattern.

STADTZENTRUM

LP TIPP **Kahama Hotel** HOTEL $

(Karte S. 56 f.; ☎3742210; www.kahamahotels.co.ke; Murang'a Rd; EZ/DZ ab 3100/3700 KSh) Dieses großartige Hotel ist in etwa gleich weit vom Zentrum und vom National Museum entfernt. Sein Werbespruch „Economy with Style“ passt recht gut zu den hübschen Zimmern, gemütlichen Betten und dem kostenlosen WLAN-Zugang (Yahoo! funktioniert aus irgendeinem Grund nicht). Einziger Nachteil ist die neue Schnellstraße direkt vor der Tür – am besten fragt man also nach einem Zimmer im hinteren Bereich.

LP TIPP **Norfolk Hotel** HOTEL $$$

(Karte S. 56 f.; ☎2265000; www.fairmont.com/norfolkhotel; Harry Thuku Rd; EZ/DZ ab 275/300 US$; P❄📶≋) Nairobis ältestes Hotel stammt aus dem Jahr 1904 und war zu Kolonialzeiten die angesagteste Adresse der Stadt. Bis heute dient es als traditioneller Ausgangspunkt für Luxussafaris und zieht mit seiner Lord Delamere Terrace nach wie vor zahlreiche Besucher an. Die grüne Anlage verleiht dem Haus ein fast ländliches Flair und bietet ein attraktives Kontrastprogramm zu den modernen, zentrumsnahen Optionen sowie das größte Maß an historischer Authentizität. Wissenswertes zu den unterhaltsamen Eskapaden von Lord Delamere, einem der legendären Gäste des Norfolk, siehe S. 309.

Nairobi Serena Hotel HOTEL $$$

(Karte S. 56 f.; ☎2842000; www.serenahotels.com; Central Park, Procession Way; EZ/DZ ab 290/320 US$; P❄📶≋) Mit dieser Bleibe bestätigt Serena den Ruf als beste Luxushotelkette Ostafrikas. Hier trifft individuelle Raffinesse auf erstklassige Anlagen mit Safaritouch. Besonders bemerkenswert ist das hauseigene Maisha-Gesundheitsspa mit einer großen Auswahl an wohltuenden Behandlungen, die müden Gliedern und ausgepowerten Abenteuerlustigen Erholung versprechen. Traumhafte Gartensuiten warten mit jeweils eigenem Patio samt kleiner Pergola für Abendessen unter freiem Himmel auf. Das Hotel liegt gegenüber dem Uhuru Park, abends sollte man also nicht zu Fuß irgendwohin gehen.

New Stanley Hotel HOTEL $$$

(Karte S. 60 f.; ☎2757000; www.sarovahotels.com/stanley; Ecke Kimathi St & Kenyatta Ave; EZ/DZ ab

KIBERA

Kibera, dessen Name sich vom nubischen Wort *kibra* (Wald) ableitet, ist ein riesiges Elendsviertel aus Wellblechhütten. Mit einer geschätzten Einwohnerzahl von einer Million Menschen gilt es nach Soweto im südafrikanischen Johannesburg als zweitgrößter Slum der Welt. Obwohl es nur etwa 2,5 km^2 groß ist, lebt hier zwischen einem Viertel und einem Drittel der Einwohner Nairobis, was einer geschätzten Bevölkerungsdichte von 300 000 Einwohnern pro Quadratkilometer entspricht. In der westlichen Welt erlangte das Viertel durch Fernando Meirelles' oscarprämierten Film *Der ewige Gärtner* Bekanntheit, der auf dem gleichnamigen Roman von John le Carré basiert. Die Gegend ist durch offene Abwasserkanäle stark verschmutzt und verfügt nicht einmal über die einfachste Infrastruktur, deshalb leiden die Bewohner unter Mangelernährung, Gewaltverbrechen und Krankheiten.

Es ist quasi unmöglich, verlässliche Daten über Slums zu sammeln, da sich die Demografie fast täglich ändert. Die geschätzten Zahlen zu Kibera sind jedoch auch so schon erschütternd genug. Laut vor Ort tätiger Entwicklungshelfer kommt in Kibera auf 100 Einwohner eine Latrinentoilette, zudem liegt die HIV-Infektionsrate bei über 20 % und vier von fünf Menschen sind arbeitslos. Alles wird noch dadurch verschlimmert, dass die dringend nötigen Sozialmaßnahmen auf der poltischen Agenda ganz unten stehen.

Geschichte

1918 wurde Kibera von den Briten für nubische Soldaten als Dank für ihren Einsatz im Zweiten Weltkrieg gegründet. Nach der Unabhängigkeit Kenias im Jahre 1963 erklärte die Regierung das Wohnen in dem Viertel zwar für gesetzeswidrig, doch eine Lücke in der neuen Gesetzgebung erlaubte es den Nubiern trotzdem, ihre Grundstücke legal an mehrere Personen zu vermieten. Trotz der komplizierten Gesetzeslage bot Kibera auf diese Weise ärmeren Mietern erschwinglichen Wohnraum. Seit Mitte der 1970er-Jahre liegt die Verwaltung des Slums in den Händen der Kikuyu, die einen Großteil der Bevölkerung stellen.

Orientierung

Kibera (Karte S. 64 f.) befindet sich südwestlich des Hauptgeschäftsviertels.

Die Zuglinie nach Kisumu führt durch den Slum. Direkt vor Ort gibt's zwar keine Haltestelle, aber die Route dient als Hauptverkehrsader Kiberas. Neben den Gleisen verkaufen mehrere Geschäfte einfache Lebensmittel.

Besuch des Slums

Ein Besuch Kiberas bietet einen Blick hinter die Kulissen und gewährt einige kurze Eindrücke von den täglichen Kämpfen und Freuden der Stadtbewohner. Eine Runde Fußball mit Straßenkindern zu spielen, die Pelé nacheifern, ist zweifellos ein unvergessliches Erlebnis. Man kann das Viertel zwar auf eigene Faust erkunden, allerdings besteht ein Sicherheitsrisiko und die Bewohner sind über Gäste nicht immer erfreut. Die bessere Variante ist eine Führung mit einem vertrauenswürdigen Ortsansässigen. Vorsicht: Zahlreiche Veranstalter in Nairobi haben „kulturelle Rundgänge" im Programm, die auf viele Touristen wie eine Art organisierter Voyeurismus ohne Interaktion mit den Bewohnern wirkt. Wer einen Besuch plant, sollte sich über die jeweiligen Angebote informieren und die positiven bzw. negativen Auswirkungen auf die Einheimischen abwägen. Zu den empfehlenswerten Anbietern gehört **Kibera Tours** (☎0723669218; www.kiberatours.com; 2500 KSh pro Pers.).

An- & Weiterreise

Nach Kibera fahren die Buslinie 32 und das Matatu 32c ab dem Kencom-Gebäude an der Moi Avenue. Die Route ist bei Taschendieben beliebt, deshalb sollte man wachsam sein und seine Umgebung im Auge behalten.

ÜBERNACHTEN IN NAIROBI: GEWUSST WO

Die Qualität einer Übernachtung in Nairobi hängt sehr stark davon ab, wo man sein Haupt bettet, denn die verschiedenen Viertel unterscheiden sich beträchtlich voneinander.

Herz und Seele der Metropole ist das Stadtzentrum. Wer da aufwachen möchte, wo was los ist, trifft mit dieser Gegend die richtige Wahl. Fast alle Budgetunterkünfte befinden sich zwischen der Tom Mboya Street und der River Road. Dort gibt's Dutzende kleiner Hotels und Pensionen, allerdings sind die billigsten Adressen oft Bordelle oder Absteigen für Betrunkene. Viele Budgetreisende übernachten traditionell in dieser Gegend, wobei man bedenken sollte, dass die Straßen zu den unsichersten in Nairobi gehören. Das Gebiet westlich der Moi Avenue ist recht ruhig und bietet verschiedene Optionen.

Außerhalb des Zentrums verfügen die östlichen Viertel Nairobi Hill und Milimani über eine gute Auswahl: Vom Trubel der Stadt entfernt locken einige verlässliche Geschäftshotels, luxuriöse Lodges und die drei besten Backpackerunterkünfte der Stadt. Wer noch weiter außerhalb nächtigen möchte, sollte die besucherfreundlichen Viertel Westlands und Parklands ansteuern.

Ein anderes Gesicht Nairobis offenbart sich in den Vororten Karen und Langata. Bei einem Großteil der Adressen handelt es sich um Luxusbleiben mit einem geradezu umwerfenden ländlichen Charme, der jeden einzelnen Schilling lohnt. Übersteigen die Preise die Reisekasse, kann man sich aber auch auf einem der empfehlenswerten Zeltplätzen niederlassen.

Wem Karen und Langata noch nicht weit genug vom Zentrum entfernt sind, übernachtet einfach in den berühmten Ngong Hills. Gefühlte Lichtjahre vom hektischen Trubel der Stadt entfernt befindet sich eine beliebte Ranch. Toll ist auch das **Acacia Camp** (s. Kasten S. 89) in der Nähe des Athi River, ebenfalls südlich der Stadt. Vogelliebhaber werden sich hier besonders wohlfühlen.

421/468 US$; P❄📶🏊) Ein echter Klassiker. 1902 wurde das ursprüngliche Stanley Hotel eröffnet, doch der heutige sehr elegante und moderne Bau wird von der gehobenen Sarova-Kette betrieben. Er beherbergt große luxuriöse Zimmer und koloniales Dekor mit jeder Menge grünem Leder, opulenten Kronleuchtern und altmodischen Ventilatoren. Sein eigentliches Highlight (zumindest für uns!) ist jedoch das Thorn Tree Café (s. S. 75), das der Online-Community von Lonely Planet als Inspiration diente. Auf der Website sind die Preise oft um einiges günstiger als hier angegeben.

Meridian Court Hotel HOTEL **$$**
(Karte S. 60 f.; ☎2220006; www.meridianhotelkenya.com; Muranga'a Rd; EZ/DZ ab 7850/8950 KSh; P📶🏊) Die schicke Lobby ist zwar um einiges ansprechender als die grauen Betonkästen darüber, aber dafür bekommt man für den Preis eines Standardzimmers eine echte Suite. Viel Luxus gibt's nicht und die Möbel haben schon bessere Tage gesehen, doch gemessen am Swimmingpool, an der Bar und an den Restaurants ist das Preis-Leistungs-Verhältnis in dieser Klasse unschlagbar. Die Superior-Zimmer lohnen den Aufpreis nicht wirklich.

New Kenya Lodge HOTEL **$**
(Karte S. 60 f.; ☎2222202; www.nksafari.com; River Rd; B/EZ/DZ mit Gemeinschaftsbad 600/700/1200 KSh) Zwar hat das alteingesessene Budgethotel seine beste Zeit bereits hinter sich (einige Betten hängen bedenklich durch), wer allerdings auf altmodischen Charme steht und es mit der Sauberkeit nicht ganz so genau nimmt, ist hier trotzdem richtig. Die Mitarbeiter sind freundlich und abends gibt's Warmwasser – wenigstens theoretisch.

Terminal Hotel HOTEL **$**
(Karte S. 60 f.; ☎2228817; Moktar Daddah St; EZ/DZ/3BZ 1700/2000/2300 KSh) Auch wenn es in Sachen Qualität nicht mit anderen Mittelklassehotels mithalten kann, ist das Terminal Hotel den Billigabsteigen im Zentrum vorzuziehen. Es überzeugt mit gut umgesetzter Schlichtheit und verzichtet auf touristischen Schnickschnack. Außerdem sprechen die sauberen, anständigen Zimmer für sich.

Hotel Ambassadeur Nairobi HOTEL **$$**
(Karte S. 60 f.; ☎2246615; Tom Mboya St; EZ/DZ ab 80/100 US$; P📶) Einst gehörte das große Hotel gegenüber dem Nationalarchiv zur Edelkette Sarova. Architektonisch hat sich seit dem Verkauf wenig verändert, der Stan-

dard war damals jedoch sicherlich höher. Die großen Zimmer kommen recht einfach daher und die Teppiche wirken ziemlich abgenutzt. Pluspunkte gibt's für die zentrale Lage und die fairen Preise.

Hilton Nairobi Hotel HOTEL $$$
(Karte S. 60 f.; ☎2250000; www.hilton.com; Mama Ngina St; EZ/DZ ab 200/250 US$; P❄️📶🏊) Das Hilton, eines der Wahrzeichen Nairobis, dominiert mit seinem etwas altmodischen runden Turm und einem fast kompletten Häuserblock voller Zimmer, Restaurants, Geschäfte sowie zahlreichen Einrichtungen für Geschäftsleute das Zentrum. Mit seinem sehr modernen Stil ist es in Sachen Atmosphäre keine Konkurrenz zu den originelleren Luxushotels der Metropole, bietet anspruchsvollen Gästen jedoch ein hervorragendes Preis-Leistungs-Verhältnis.

Kenya Comfort Hotel HOTEL $$
(Karte S. 60 f.; ☎2317605; www.kenyacomfort.com; Ecke Muindi Mbingu St & Monrovia St; EZ/DZ ab 45/60 US$; 📶) Ein in fröhlichen Farben gestrichenes, recht gut in Schuss gehaltenes Hotel mit gefliesten, etwas verwohnten Zimmern zu fairen Preisen. Zu den Annehmlichkeiten gehören ein Aufzug, das beliebte, rund um die Uhr geöffnete Bar-Restaurant Sokoni und eine Lounge auf dem Dach mit hübschem Ausblick auf die Stadt.

Hotel Africana HOTEL $
(Karte S. 60 f.; ☎0726243840; Dubois Rd; EZ/DZ 1050/1400 KSh) Nur 15 Gehminuten vom Zentrum entfernt bietet das Africana saubere, helle Zimmer, einen Fernsehraum sowie einen Dachgarten mit toller Aussicht auf die geschäftigen Straßen. Darüber hinaus ist es gepflegter als ein Großteil der einschlägigen Konkurrenz. Leider zählt die Gegend nicht gerade zu Nairobis besten Vierteln.

Central YMCA HOSTEL $
(Karte S. 56 f.; ☎2724116; State House Rd; B/EZ/DZ ab 1000/1400/2100 KSh; P) Das zentral gelegene Hostel mag Village People nicht zu ihrem Song inspiriert haben, verfügt jedoch über eine anständige Auswahl passabler Räumlichkeiten. Man muss weder Mann noch Christ sein, um hier zu übernachten, obwohl beide zweifellos die Mehrheit der Gäste stellen. Frühstück kostet 400 KSh, andere Mahlzeiten 600 KSh.

Terrace Hotel HOTEL $
(Karte S. 60 f.; ☎221636; Ronald Ngala St; EZ/DZ mit Gemeinschaftsbad 700/1000 KSh) Eine der besseren Bleiben in der Budgetkategorie. Seinen abgenutzten Stil scheint das Hotel als Qualitätsmerkmal zu definieren. Im Vergleich mit den beengten Absteigen der Gegend schneidet es gut ab, ist aber durch und durch spartanisch.

Down Town Hotel HOTEL $
(Karte S. 60 f.; ☎2240501; downtownhotel2000@yahoo.com; Moktar Daddah St; EZ/DZ 1900/2200 KSh) Wenige Häuser neben dem Terminal Hotel bietet das Down Town ähnliche Standards und Preise, wenn auch etwas weniger Persönlichkeit. Sind in Ersterem alle Zimmer belegt, wird man meist hierher geschickt. Und wenn der lautstarke Abriss des Nachbargebäudes mittlerweile abgeschlossen ist, trifft man mit der Unterkunft durchaus eine gute Wahl.

MILIMANI & UPPER HILL

LP TIPP **Upper Hill Country Lodge** HOTEL $$
(Karte S. 56 f.; ☎2881600; www.countrylodge.co.ke; Second Ngong Ave, Milimani; EZ/DZ ab 11 400/15 600 KSh; P📶) Diese fantastische Lodge wurde von den Besitzern des angrenzenden Fairview Hotel errichtet. Ihr Fokus liegt nicht auf überbordender Opulenz, sondern auf bezahlbarem Luxus für Geschäftsreisende. Trotz einer Preiserhöhung bleibt sie dank ihrer minimalistischen, aber stilvollen Wohneinheiten eine der besten Mittelklasseoptionen Nairobis. Gäste kommen außerdem in den Genuss eines kleinen Fitnessraums, eines erholsamen Felsgartens sowie der Bars und Restaurants im Fairview nebenan.

LP TIPP **Palacina** BOUTIQUE-HOTEL $$$
(außerhalb der Karte S. 56 f.; ☎2715517; www.palacina.com; Kitale Lane, Milimani; 1-/2-Pers.-Suite 270/409 US$, Penthouse 690 US$; P📶🏊) Mit einer großartigen Auswahl an stilvollen Suiten richtet sich das wahrscheinlich erste echte Boutique-Hotel in Kenia an eine gut betuchte, anspruchsvolle Klientel, die auf persönlichen Touch Wert legt. Die gemütlichen, in ruhigen Farben gehaltenen Zimmer verfügen über hochwertiges Teakholz, edle Möbel und Whirlpools.

Wildebeest Camp BACKPACKER $
(Karte S. 56 f.; ☎2720740; www.wildebeestcamp.com; Milimani Rd, Milimani; Camping 1000 KSh, B/EZ/DZ 1250/2500/3500 KSh, Gartenzelt EZ/DZ ab 3500/4500 KSh; P@) Eine weitere herausragende Budgetoption ist diese hervorragende Unterkunft neben dem Royal Nairobi Golf Course westlich von Upper Hill. Hier

herrscht eine entspannte, aber lebendige Atmosphäre, außerdem sind die Unterkünfte makellos und bieten ein gutes Preis-Leistungs-Verhältnis. Eine gute Wahl!

Heron Hotel HOTEL **$$**

(Karte S. 56 f.; ☎2720740; www.heronhotel.com; Milimani Rd, Milimani; EZ/DZ ab 9995/11 995 KSh; P 📶 🏊) Warum sollte man ein Vermögen für Luxusbleiben aus dem Fenster werfen, wenn es doch das Heron gibt? Die Zimmer sind modern, herrlich komfortabel und sehr gepflegt, die Angestellten aufmerksam und professionell. Darüber hinaus ist die Lage ruhig und nichts erinnert mehr an das berüchtigte Bordell Buffalo Bill's, das einst in dem Gebäude ansässig war. Unbedingt empfehlenswert!

Upper Hill Campsite & Backpackers BACKPACKER **$**

(außerhalb der Karte S. 56 f.; ☎2500218; www.upperhillcampsite.com; Othaya Rd, Kileleshwa; Camping 450 KSh, B/DZ 700/3000 KSh, DZ ohne Bad 2000 KSh; P @) Die attraktive, sichere Anlage bietet oasengleiche Erholung vom Trubel der Stadt und verfügt über verschiedene Unterkünfte, die eine treue Stammkundschaft von LKW-Fahrern sowie einen internationalen Mix aus Backpackern und Budgetreisenden anziehen. Zentrum der weitläufigen Anlage ist ein elegantes restauriertes Kolonialhaus im Botschaftsviertel Kileleshwa. Das Upper Hill gilt als heißer Anwärter auf den Titel der besten Backpackerbleibe Nairobis und hat alle möglichen Safaris und Ausflüge im Programm. Wer eine Tour in Eigenregie unternehmen möchte, bekommt zudem gute Tipps. Um herzugelangen, fährt man mit dem Matatu oder Bus 46 an der Othaya Road entlang, bis linker Hand die ägyptische Botschaft auftaucht. Der Eingang zur Anlage befindet sich kurz dahinter auf der rechten Seite.

Milimani Backpackers & Safari Centre BACKPACKER **$**

(Karte S. 56 f.; ☎2724827; www.milimanibackpackers.com; Milimani Rd, Milimani; Camping 600 KSh, B 750 KSh, Hütte EZ/DZ 2200/2500 KSh, mit Gemeinschaftsbad 1500/2000 KSh; P @) Eine der herzlichsten Unterkünfte der Stadt. Ob man im hinteren Bereich zeltet, es sich in einem Schlafsaal bequem macht oder sich eine eigene Hütte leistet, letztendlich landet man immer mit den anderen Gästen am gemütlichen abendlichen Lagerfeuer, tauscht Reisegeschichten aus und lässt sich hausgemachte Gerichte (450 KSh) schmecken. Das freundliche Personal hilft bei der Buchung von Safaris, bei der Organisation der Weiterreise oder einfach bei der Orientierung. Vom Stadtzentrum fährt das Matatu 46 (30 KSh) hierher.

Nairobi International Youth Hostel HOSTEL **$**

(Karte S. 56 f.; ☎2738046; www.yhak.org; Ralph Bunche Rd, Milimani; B 700–900 KSh, DZ 3000 KSh; P @) Zwar verströmt die gepflegte Budgetoption weniger Flair als der Upper Hill Campsite und das Milimani Backpackers, dient aber als gemütlicher und entspannter Treffpunkt für Traveller. Sie bietet hostelübliche Einrichtungen, darunter einen Freizeitbereich, einen Buchungsschalter, ein Internetcafé, ein Restaurant mit Bar und einen Gemeinschaftsraum. Einen Ausweis des Internationalen Jugendherbergsverbands zu besitzen ist von Vorteil, jedoch nicht obligatorisch. Alle Matatu- und Buslinien, die über die Valley Road oder Ngong Road verkehren, fahren hierher. Abends sollte man unbedingt ein Taxi nehmen.

Fairview Hotel HOTEL **$$**

(Karte S. 56 f.; ☎2711321; www.fairviewkenya.com; Bishops Rd, Milimani; EZ/DZ/Suite ab 14 800/17 300/24 000 KSh; ❄ 📶 🏊) Dieses exzellente Hotel spielt viele renommiertere und teurere Unterkünfte der Hauptstadt mühelos an die Wand. Abseits des Trubels im Zentrum punktet das Fairview nämlich mit gewundenen Wegen inmitten einer üppig grünen Anlage und einem wunderbar charmanten Gartenrestaurant.

PARKLANDS

Southern Sun Mayfair HOTEL **$$$**

(Karte S. 77; ☎3740920; http://southernsun.co.ke; Parklands Rd, Parklands; EZ/DZ ab 299/324 US$; P ❄ 📶 🏊) Wer nach diskretem Luxus abseits des Zentrums sucht, ist im Mayfair aus den 1930er-Jahren im historischen Stil mit seinen eleganten, um einen grünen Garten angeordneten Zimmern an der richtigen Adresse. Die Einrichtung versprüht subtilen kolonialen Charme.

KAREN & LANGATA

Wenn man in Karen oder Langata sein Quartier aufschlägt, hat man es ziemlich weit bis zur Innenstadt, was allerdings auch von Vorteil sein kann. Die grünen Vororte bieten eine willkommene Erholung vom hektischen Hauptgeschäftsviertel und einige von Nairobis Hauptattraktionen sind nur einen Katzensprung entfernt.

KAREN BLIXEN

Der Vorort Karen verdankt seinen Namen Karen Blixen alias Isak Dinesen, einer dänischen Kaffeefarmerin und Aristokratin, die zu einer der bekanntesten europäischen Verfasserinnen von Literatur über Afrika wurde. Sie führte ein luxuriöses Leben am Rande der Ngong Hills, hatte privat jedoch wenig Glück. Nachdem ihre erste Ehe gescheitert war, begann sie eine Affäre mit dem britischen Playboy Denys Finch Hatton, der später bei einem Flugzeugabsturz im Tsavo National Park ums Leben kam.

Als die Farm kurz vorm Bankrott stand, kehrte Blixen nach Dänemark zurück, wo sie an ihren berühmten Memoiren *Jenseits von Afrika* arbeitete. Das Buch ist ein Klassiker über das Leben europäischer Siedler in Afrika. Blixen musste sich bei der Verleihung des Literaturnobelpreises 1954 allerdings Ernest Hemingway geschlagen geben. Sie starb 1962 auf ihrem Familiensitz in Dänemark an Mangelernährung.

1985 wurde *Jenseits von Afrika* mit Meryl Streep und Robert Redford verfilmt. Bei den Dreharbeiten kam auch ein ausrangierter Zug aus Nairobis Railway Museum zum Einsatz. Nach Hollywood-Maßstäben ist der Streifen ein Meisterwerk, Historiker und kenianische Nationalisten ärgern sich jedoch über die Ungenauigkeiten bezüglich der Kolonialgeschichte.

LP TIPP Karen Blixen Cottages BOUTIQUE-HOTEL $$$
(Karte S. 64 f.; ☎882130; www.karenblixencoffeegarden.com; 336 Karen Rd, Karen; EZ/DZ 300/465 US$; P) Die wunderbare Anlage mit geräumigen Ferienhäusern in der Nähe des Karen Blixen Museum ist um einen französischen Garten angeordnet und direkter Nachbar einer kleinen Kaffeeplantage sowie eines ländlichen Restaurants. Wer edlen Komfort mag und zudem Fan von *Jenseits von Afrika* ist, trifft mit dieser Bleibe eine gute Wahl.

Nairobi Tented Camp TENTED CAMP $$$
(Karte S. 64 f.; ☎2603337; www.nairobitentedcamp.com; Nairobi National Park; EZ/DZ mit VP 405/770 US$; P) Direkt vor den Stadttoren Nairobis versprüht dieses Luxuscamp jede Menge Safariflair, denn es handelt sich um die einzige Unterkunft innerhalb des Nairobi National Park. Weil es nur acht Zelte gibt – sie ähneln denen in Kenias bekannteren Schutzgebieten –, ist idyllische Einsamkeit garantiert. Die Preise beinhalten den Flughafentransfer, eine Pirschfahrt und die Eintrittsgebühren für den Park.

Margarita House PENSION $$
(Karte S. 64 f.; ☎2018421; www.themargaritahouse.com; Lower Plains Rd, Karen; EZ/DZ ab 85/125 US$; P) An einer beschaulichen Straße im Norden von Karen befindet sich eine der wenigen Mittelklasseoptionen der Gegend. Die ruhige Pension überzeugt mit großen, gemütlichen Zimmern, zeitgenössischer Kunst an den Wänden sowie den freundlichen Gastgebern Elizabeth und Joel. In den Straßen der Gegend fällt die Orientierung oft schwer, deshalb sollte man die Anfahrtsbeschreibung der Website ausdrucken.

Giraffe Manor HISTORISCHES HOTEL $$$
(Karte S. 64 f.; ☎8891078; www.giraffemanor.com; Mukoma Rd, Karen; EZ/DZ mit VP 660/960 US$; P) Dieses 1932 im typisch englischen Stil errichtete elegante Herrenhaus liegt auf einem 56 ha großen Grundstück, das größtenteils vom angrenzenden Giraffe Centre genutzt wird. So kann es passieren, dass einen kurz nach dem Aufwachen eine Rothschild-Giraffe durch das Schlafzimmerfenster ansieht – eine wahrhaft surreale Erfahrung. Noch besser ist jedoch, dass jeder Gast wie ein persönlicher Freund der Besitzer behandelt wird, also die Dienste von deren Chauffeur nutzen, ihre Weine probieren und edle Speisen schlemmen kann. Literaturinteressierte sind im Karen-Blixen-Zimmer richtig. Die berühmte Autorin hinterließ den Hotelbetreibern ihre Möbel, als sie Afrika endgültig den Rücken kehrte.

Karen Camp CAMPING $
(Karte S. 64 f.; ☎8833475; www.karencamp.com; Marula Lane, Karen; Camping 6 US$, EZ/DZ begehbares Zelt 20/30 US$, Zi. ab 40 US$; P) Im eleganten Karen würde man keine backpackerfreundliche Unterkunft vermuten, und genau das macht die nette Anlage so attraktiv. Ihre ruhige Lage und die ansprechenden Einrichtungen sind Grund genug, die Anfahrt zu den schattigen Stellplätzen, makellosen Schlafsälen und Zelten im Safaristil auf sich zu nehmen.

LESER REDEN MIT

Wer ein tolles Restaurant entdeckt hat, mit unseren Empfehlungen nicht einverstanden ist oder einfach nur von seiner letzten Reise erzählen möchte, kann das auf www.lonelyplanet.de und www.lonelyplanet.com tun. Hier hat man die Möglichkeit, im Forum Fragen zu stellen oder zu beantworten, Blog-Kommentare zu schreiben, Fotos und Tipps zu veröffentlichen oder einfach nur mit gleichgesinnten Travellern zu chatten. Also, los geht's!

Essen

Nairobis Gastronomie ist gut gerüstet, insbesondere im Zentrum, wo die Auswahl von billigen Arbeiterkantinen rund um die River Road bis zu chinesischen Festessen und edelster Küche bei der Kenyatta Avenue reicht. Abends lohnt ein Ausflug in die Vororte, denn dort wird Kulinarisches aus der ganzen Welt serviert. Karen und Langata haben die beste Auswahl, doch auch in Westlands, Parklands, Milimani und Upper Hill locken ein paar gute Optionen.

Wie im übrigen Land ist das Mittagessen die Hauptmahlzeit. Dann strömen Arbeiter zu den zahlreichen Kantinen, die kenianische und Swahili-Klassiker sowie westliche Standardgerichte servieren.

In Nairobi gibt's jede Menge Luxusrestaurants, die international inspirierte Küche auf den Tisch bringen. Zudem ist die Hauptstadt bekannt für indische Spezialitäten, die in irgendeiner Form auf fast jeder Speisekarte in Erscheinung treten.

In diesem Kapitel sind die gastronomischen Vorschläge nach Vierteln und Vorlieben der Autoren geordnet. Restaurants kommen und gehen in schnellem Tempo, aber die hier aufgeführten Adressen haben sich als recht beständig erwiesen.

STADTZENTRUM

Nairobis Herz schlägt im Hauptgeschäftsviertel, wo es auch die meisten Restaurants gibt. Viele Geschäftsleute stillen ihren Hunger in billigen Kantinen und Imbissen, während gehobene Adressen den perfekten Rahmen für wichtige Termine bieten. Wer im Stadtzentrum zu Abend essen möchte, sollte auf jeden Fall mit dem Taxi in seine Unterkunft zurückkehren, denn nach Sonnenuntergang sind die Straßen wie ausgestorben.

LP TIPP Savanna: The Coffee Lounge CAFÉ $

(Snacks ab 180 KSh, Hauptgerichte 440–590 KSh; ⌚Mo–Sa 7–20, So 9–18 Uhr) National Museum (Karte S. 56 f.; Museum Hill Rd); Innenstadt (Karte S. 60 f.; Loita St); Innenstadt (Karte S. 60 f.; Kenyatta Ave) Die schicke kleine Kette hat Vertretungen in ganz Nairobi, darunter zwei im Stadtzentrum. Besonders empfehlenswert ist die ruhigere Filiale auf dem Gelände des National Museum. Gäste erwartet dort eine Dekoration im schlichten Safarischick, ein freundlicher, unaufdringlicher Service und Gerichte wie Pasteten, Wraps, Samosas, Sandwiches, Burger, Pasta, Suppen und Salate.

LP TIPP Lord Delamere Terrace & Bar INTERNATIONAL $$$

(Karte S. 56 f.; ☎2265000; www.fairmont.com/norfolkhotel; Norfolk Hotel, Harry Thuku Rd; Hauptgerichte 1450–2575 KSh; ⌚mittags & abends) In dem beliebten Treffpunkt im Norfolk Hotel starten und enden bereits seit 1904 Safaris. Die Bar wurde von einem Großteil der ersten europäischen Siedler besucht und nach der schillernden Persönlichkeit Lord Delamere (s. S. 309) benannt. Manch einem ist die Atmosphäre etwas zu kolonial, die Räume atmen aber zweifellos jede Menge Geschichte. Das Restaurant im Norfolk Hotel, **Tapu** (Hauptgerichte 1450–2750 KSh; ⌚mittags & abends), serviert ähnliche Speisen, darunter wunderbare Steak- und Meeresfrüchtegerichte wie Lami-Krabbenpuffer, Hummer aus dem Indischen Ozean, Krokodilkebabs und Straußenfilets.

Tamarind Restaurant FISCH & MEERESFRÜCHTE $$$

(Karte S. 60 f.; ☎2251811; www.tamarind.co.ke; abseits der Harambee Ave; Hauptgerichte 1000–2500 KSh; ⌚Mo–Sa mittags & abends) Zu Kenias renommiertester Restaurantkette gehört auch Nairobis bestes Fischlokal. Es befindet sich im monumentalen Gebäude der Nationalbank und kredenzt in seinem edlen, im eleganten arabisch-maurischen Stil gehaltenen Speisesaal großartige Gerichte mit exotischen Aromen. Die Vorspeisenauswahl reicht von Kilifi-Austern bis zu Red Snapper in scharfer Harissa, wobei man unbedingt für die traumhaften Meeresfrüchtekreationen wie mit Cognac flambiertem Hummer, Sunset-Pwani-Krabben und Tikka-Masala-Garnelen Platz lassen sollte. Schicke Kleidung wird erwartet, zudem muss man mindestens 2500 KSh für ein ganzes Menü einplanen, mit Wein, Cocktails und Hummer sogar noch um einiges mehr. Nach Meinung von Meeresfrüchteliebhabern ist das Geld zumindest gut angelegt.

Thorn Tree Café INTERNATIONAL $$

(Karte S. 60 f.; ☎2757000; New Stanley Hotel, Kimathi St; Hauptgerichte 950–1950 KSh; ⊙mittags & abends) Nach wie vor dient das legendäre Café des Stanley als beliebter Treffpunkt Reisender aller Couleur und bietet mit seiner facettenreichen Speisekarte für jeden Geschmack etwas. Die Original-Anschlagtafel beim Kameldorn (engl. *thorn tree)* im Garten war Inspiration für den im Englischen gebräuchlichen Begriff *thorn tree noticeboard* (Pinnwand für Traveller); darauf geht auch das englischsprachige Thorn-Tree-Forum von Lonely Planet zurück. Mittlerweile ist das Café zwar in die Jahre gekommen und der Kult um die Anschlagtafel hat sich mittlerweile gelegt, doch ein bisschen Nostalgie muss erlaubt sein. Außerdem kann man hier wunderbar eine Pause einlegen und einen Original-Meilenstein der Cape-to-Cairo-Landroute bewundern. Die Speiseauswahl reicht von gegrillten Riesengarnelen bis zu Hühncheneintopf nach kenianischer Art. Montag bis Freitag wird ein Mittagsmenü mit vier Gängen serviert (2100 KSh).

Beneve Coffee House KENIANISCH $

(Karte S. 60 f.; Ecke Standard St & Koinange St; Hauptgerichte 180–250 KSh; ⊙Mo–Fr mittags & abends) Vor dem kleinen Selbstbedienungscafé stehen die Einheimischen bereits morgens Schlange. Zu den hier angebotenen Gerichten gehören afrikanisch und indisch inspirierte Eintöpfe, Fish 'n' Chips, Samosas, Pasteten und vieles mehr. Die Preise sind sehr günstig.

Pasara Café INTERNATIONAL $

(Karte S. 60 f.; EG, Lonrho Bldg, Standard St; Gerichte 275–395 KSh; ⊙Mo–Sa 7–24 Uhr) Die stylishe, moderne Brasserie-Bar gilt als Vorreiter von Nairobis aufstrebender Café-Kultur und serviert eine raffinierte Auswahl an Snacks, Sandwiches, Gegrilltem und Frühstück, die sich von der üblichen Cafékost abzusetzen weiß. Empfehlenswert sind z. B. der Tikka-Burger und der Milchshake. Die erholsame Atmosphäre erinnert an Kaffeehäuser in Europa, außerdem gibt's Zeitungen.

Nyama Choma Stalls KENIANISCH $

(Karte S. 56 f.; Haile Selassie Ave; Mittagessen ca. 400 KSh) Sehr viel einfacher, jedoch herrlich

AUS LIEBE ZUM FLEISCH

Ob man das inoffizielle Nationalgericht nun liebt oder hasst, das **Carnivore** (Karte S. 64 f.; www.carnivore.co.ke; abseits der Langata Rd; Fleischbüfett mittags/abends 2530/2835 KSh, vegetarisches Büfett 2150/2410 KSh, Kinder 5–12 J. halber Preis; ⊙mittags & abends; Ⓟ) serviert ohne Zweifel das berühmteste *nyama choma* (Grillfleisch) in Kenia und ist seit 25 Jahren für Touristen, ortsansässige Ausländer sowie wohlhabendere Einheimische Kult. Es gehört zur Tamarind-Kette und wurde vom britischen Magazin *Restaurant* 2002 und 2003 in die Liste der 50 besten Lokale der Welt gewählt. Die Ehre wurde ihm vor allem wegen der exotischen Wildfleischgerichte zuteil. In den letzten Jahren haben strengere Gesetze jedoch dafür gesorgt, dass Zebra, Kuhantilope, Kudu und Ähnliches von der Speisekarte gestrichen wurden, deshalb müssen sich Gäste mit Kamel, Strauß, Krokodil und verschiedenen Standardgerichten begnügen. Dazu werden Suppen, Salate und Soßen gereicht.

Am Eingang brutzeln jede Menge Grillspieße mit Rind-, Schweine-, Lamm- und Wildfleisch sowie Hühnchen. Solange das Papierfähnchen am Tisch aufgestellt ist, versorgen einen Kellner regelmäßig mit Fleisch, das direkt am Tisch geschnitten wird. Wer eine kleine Pause braucht, legt das Fähnchen einfach hin. Im Preis sind Nachtisch und Kaffee (jedoch keine sonstigen Getränke) enthalten.

Die Fleischorgie hat auch Kritiker, denn die Preise sind hoch und die Kellner und das ganze Drumherum erinnern fast an eine Zirkusvorstellung. Wen das aber nicht stört, der wird sicherlich zufrieden sein.

Zur Mittagszeit gelangt man vom Stadtzentrum mit dem Matatu 126 zum Carnivore; einfach am Wilson Airport aussteigen und dem 1 km langen, ausgeschilderten Weg folgen. Abends nimmt man am besten ein Taxi, das je nach Verhandlungsgeschick rund 800 KSh kostet. Vorher kann man noch das angrenzende Simba Saloon (S. 80) besuchen, das zu einer durchtanzten Nacht einlädt.

stimmungsvoll kommen die Essenstände in den Seitenstraßen nahe dem Railway Museum hinter der Shell-Tankstelle daher. Ausländer verirren sich selten hierher, werden aber herzlich empfangen und dazu animiert, kenianische Gerichte wie *matoke* (gedämpfte, zerdrückte Kochbananen) zu probieren.

Malindi Dishes KENIANISCH **$**
(Karte S. 60 f.; Gaberone Rd; Hauptgerichte 80–250 KSh; ⏲mittags & abends) In der kleinen Swahili-Kantine gibt's Leckereien von der Küste, darunter Pilau (Curry-Reisgericht mit Fleisch), Biryani (würziges Reisgericht), Fisch mit Kokosnuss und Beilagen wie Ugali (Mais- oder Maniokbrei), Naan und Reis. Darüber hinaus werden Halal-Speisen zubereitet. Wegen der muslimischen Betreiber ist der Laden freitagmittags zur Gebetszeit geschlossen.

Trattoria ITALIENISCH **$$**
(Karte S. 60 f.; ☎340855; Ecke Wabera & Kaunda Sts; Hauptgerichte 850–1300 KSh; ⏲7–24 Uhr) Das beliebte stilvolle italienische Restaurant im Zentrum wird von einem Zaun und Pflanzen eingerahmt und bietet exzellente Pizza, hausgemachte Pasta, Risotto, verschiedene Hauptgerichte sowie eine große Dessertauswahl. Sein tolles Flair und die hervorragende Küche locken allabendlich jede Menge Gäste an, die sich am liebsten oben im Balkonbereich niederlassen.

Kahawa INTERNATIONAL **$**
(Karte S. 60 f.; EcoBank Towers, Kaunda St; Hauptgerichte 320–620 KSh; ⏲tgl. mittags & abends) Kahawas wenig originelles Motto ist die Küste, so haben die Besitzer beispielsweise die Theke einer traditionellen Dau (arabisches Segelschiff) samt Mast nachempfunden. Mit mehr Originalität wartet dagegen die Speisekarte auf, die neben einer dauernd wechselnden Auswahl an kreativen Spezialmenüs auch Grillgerichte und Steaks enthält. Die Portionen sind großzügig.

Seasons Restaurant KENIANISCH **$**
(Hauptgerichte 390–500 KSh, Büfett 500 KSh; ⏲24 Std.) Nairobi Cinema (Karte S. 60 f.; Uchumi House, Aga Khan Walk); Kimathi St (Karte S. 60 f.; Mutual Bldg) In der beliebten lokalen Kette locken jede Menge günstige kenianische und westliche Klassiker. Das Büfett ist klein, aber im Gegensatz zu denen in Safarilodges komplett afrikanisch. Angeblich schließt das Seasons niemals seine Pforten, allerdings haben wir nicht um 4 Uhr morgens vorbeigeschaut, um das zu überprüfen. Zu der Filiale im Nairobi Cinema gehören auch eine beliebte Bar und ein Biergarten, in dem man gegen eine kleine Korkgebühr eigene alkoholische Getränke trinken darf.

Fiesta Restaurant & Bar INTERNATIONAL **$$**
(Karte S. 60 f.; Koinange St; Hauptgerichte 620–980 KSh; ⏲7–24 Uhr) Trotz des Namens und des fröhlichen Dekors im Lehmziegel-Stil wird im Fiesta keineswegs Tex-Mex-Küche serviert. Stattdessen kommen Gäste in den Genuss verschiedener Grillgerichte und anderer internationaler Speisen, u. a. eine Edelversion des kenianischen *nyama choma* (Grillfleisch). Nachmittags geht's ziemlich ruhig zu, abends steigt die Stimmung aber meistens.

Panda Chinese Restaurant CHINESISCH **$$**
(Karte S. 60 f.; EcoBank Towers, Kaunda St; Hauptgerichte 420–1300 KSh; ⏲mittags & abends) Wer ein plötzliches Verlangen nach Rindfleisch und Brokkoli verspürt, sollte das geräumige, elegante Restaurant an der Kaunda Street ansteuern. Hier locken einige der besten chinesischen Gerichte der Gegend. Das Personal ist aufmerksam und schon fast übertrieben freundlich, wenn wenig Andrang herrscht.

Porterhouse Restaurant STEAKHAUS **$$**
(Karte S. 60 f.; ☎221829; Mama Ngina St; Hauptgerichte 480–690 KSh; ⏲Mo–Sa 9.30–22.30 Uhr) Fleischfans werden sich in dem Lokal im ersten Stock pudelwohl fühlen: Abgesehen von ein paar Gerichten wie Kiewer Kotelett ist die gesamte Speisekarte der hohen Kunst der Steakzubereitung gewidmet. Einheimische beklagen einen Qualitätsabfall, doch in der Innenstadt gibt's kaum Konkurrenz.

Etouch Food Court FAST FOOD **$**
(Karte S. 60 f.; Union Towers, Ecke Moi Ave & Mama Ngina St; Gerichte 350–550 KSh; ⏲mittags & abends) Ab und zu gelüstet es einen einfach nach ein bisschen fettig-sündiger Küche und die Einwohner Nairobis sind da keine Ausnahme. Wem der Sinn nach Fast-Food steht, der ist im zentral gelegenen Etouch Food Court, der verschiedene Ketten wie Nando's, Chicken Inn, Creamy Inn und Pizza Inn vereint, gut aufgehoben.

MILIMANI

LP TIPP **Blue Nile Ethiopian Restaurant**
ÄTHIOPISCH **$$**
(Karte S. 56 f.; ☎2271851; bluenile@yahoo.com; Argwings Kodhek Rd, Hurlingham; Hauptgerichte

400–700 KSh; ⏲mittags & abends) Das Blue Nile gehört zu den wenigen Adressen mit einem ganz eigenen Stil. Es verfügt z. B. über eine originelle, mit Geschichten aus der äthiopischen Mythologie bemalte einzigartige Lounge. Ein bodenständiges, echt afrikanisches kulinarisches Erlebnis bietet *doro wat* (würziger, traditioneller Hühncheneintopf, 4500 KSh) für fünf bis sieben Personen. Etwas bekömmlicher ist *yebeg key wot* (würziges, in Butter und Berbere mariniertes Ziegenfleisch mit Soße).

WESTLANDS

LP TIPP **Haandi Restaurant** INDISCH **$$**
(Karte S. 77; ☎4448294; The Mall Shopping Centre, Ring Rd, Westlands; Hauptgerichte 750–1500 KSh; ⏲mittags & abends; ❄) Das mit internationalen Preisen ausgezeichnete Restaurant serviert die beste indische Küche in Kenia. Eine Adresse dieses Kalibers vermutet man nicht in einem Einkaufszentrum, doch die Zweifel verschwinden spätestens dann, wenn der Kellner die lexikongleiche Speisekarte an den Tisch bringt. Tatsächlich liest sie sich wie eine Mischung aus Rezeptbuch und Einführung in die indische Küche und umfasst wunderbare Mughlai-Speisen (aus Nordindien), Tandoori-Gerichte sowie jede Menge vegetarische Currys. Angesichts der nicht gerade leichten Küche sollte man immer mit leerem Magen kommen, besonders wenn man die mit Naan und Basmatireis servierten Varianten wählt. Der Besitzer betreibt weitere Restaurants in Kampala und Lon-

Westlands

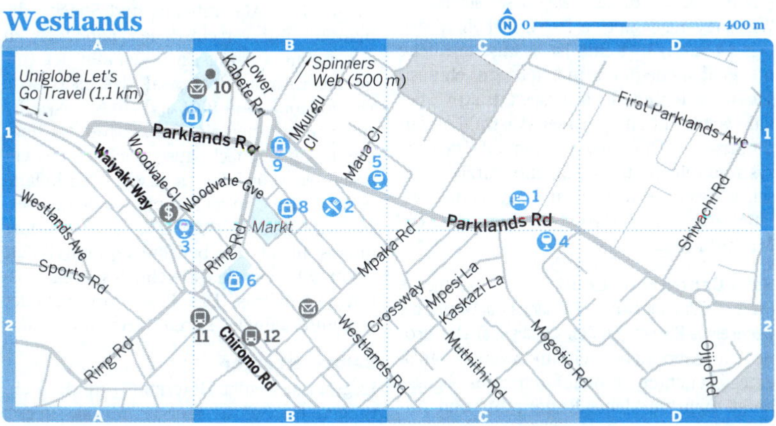

Westlands

Schlafen
1 Southern Sun Mayfair C1

Essen
Haandi Restaurant .... (siehe 6)
Sarit Centre Food Court .... (siehe 7)
2 Siam Thai B1
Uohumi .... (siehe 7)

Ausgehen
3 Gypsy's Bar A1
4 Klub House C2
5 Soho's B1

Shoppen
Banana Box .... (siehe 7)
6 Mall Shopping Centre B2
7 Sarit Centre A1
8 Undugu Craft Shop B1
9 Westlands Curio Market B1

Praktisches
AAR Health Services Clinic .... (siehe 7)
Automobile Association of Kenya .... (siehe 7)
Barclays Bank .... (siehe 7)
DHL .... (siehe 7)
EasySurf .... (siehe 7)
10 Savage Wilderness Safaris B1
Text Book Centre .... (siehe 7)
Travellers Forex Bureau .... (siehe 6)

Transport
11 Bus- & Matatu-Haltestelle B2
12 Bus- & Matatu-Haltestelle B2

KREDITKARTEN?

In Lokalen der unteren und mittleren Preisklasse sollte man bar zahlen, besonders wenn die Rechnung niedrig ausfällt. Alle in diesem Kapitel genannten Spitzenklasserestaurants akzeptieren Kreditkarten, allerdings schlagen die meisten eine Mehrwertsteuer von 17 % auf. Man sollte die Rechnung stets sorgfältig prüfen, bevor man sie unterschreibt.

don, zudem werden vor Ort eigene Souvenir-T-Shirts verkauft.

Siam Thai THAILÄNDISCH **$$**
(Karte S. 77; ☎3751728; Unga House, Muthithi Rd, Westlands; Hauptgerichte 760–2500 KSh; ⊙mittags & abends) In Kenia ist asiatische Küche oft gleichbedeutend mit fettigen chinesischen Gerichten, doch dieses attraktive Lokal wartet mit einer großen Auswahl an authentischen Thai-Spezialitäten auf. Die Currys sind reichhaltig, sämig und würzig – also schlichtweg perfekt. Zum Unga House gelangt man über die Woodvale Grove oder die Muthithi Road.

Sarit Centre Food Court FAST FOOD **$**
(Karte S. 77; Sarit Centre, Parklands Rd, Westlands; wechselnde Preise; ⊙mittags & abends) Der große Gastronomiebereich im zweiten Stock eines beliebten Einkaufszentrums beherbergt mehrere kleine Restaurants und Imbisse für den anspruchsvolleren Gaumen. Neben klassischer kenianischer Küche gibt's auch internationale Gerichte, u. a. indische, italienische und chinesische.

KAREN & LANGATA

LP TIPP **Talisman** INTERNATIONAL **$$**
(Karte S. 64 f.; ☎3883213; 320 Ngong Rd, Karen; Hauptgerichte 950–1800 KSh; ⊙Di–So morgens, mittags & abends) Bei Karens Schickeria ist dieses elegante Restaurant mit Bar und Café unheimlich angesagt. In Sachen kreativer internationaler Küche kann es den Konkurrenzkampf mit jedem Edelrestaurant in Kenia aufnehmen. Die gemütlichen, loungeähnlichen Räumlichkeiten vereinen afrikanische und europäische Stilrichtungen, der Innenhof bietet wohltuende Erfrischung und Spezialitäten wie Chili-Kokos-Mangrovenkrabben-Curry umschmeicheln wohl so ziemlich jeden Gaumen.

Rusty Nail INTERNATIONAL **$$**
(Karte S. 64 f.; ☎3882461; Dagoretti Rd, Karen; Hauptgerichte 950–1300 KSh; ⊙mittags & abends) In dem Pavillonrestaurant wird entspannte Atmosphäre mit einer großen Speiseauswahl kombiniert. Die Mittags- und Abendmenüs wechseln wöchentlich, Steaks und Fischgerichte gibt's aber immer. Außerdem kommen leichtere Mahlzeiten wie Burger und Salate sowie traditioneller Sonntagsbraten im englischen Stil auf den Tisch.

Karen Blixen Coffee Garden INTERNATIONAL **$$$**
(Karte S. 64 f.; ☎0719346349; www.tamarind.co.ke; Karen Rd, Karen; Hauptgerichte 790–1690 KSh; ⊙7–22 Uhr) Dieses gehobene Lokal wird von der allgegenwärtigen Tamarind-Gruppe betrieben und kredenzt eine facettenreiche Auswahl an Abendmenüs und Snacks, die man in fünf verschiedenen Bereichen zu sich nehmen kann. Dazu gehören der vornehme L'Amour-Speisesaal, das historische Swedo House von 1901 und ein schickes Restaurant inmitten eines attraktiven Gartens. Das Essen schmeckt ausgezeichnet, das gilt besonders für die gemischte Grillplatte „Chapa Kazi Choma Sampler", eine Edelversion des kenianischen Klassikers. Darüber hinaus bietet das beliebte Sonntagsbüfett (1490 KSh) ein ausgezeichnetes Preis-Leistungs-Verhältnis. Das Restaurant befindet sich unterhalb des Karen Blixen Museum.

Selbstversorger

Es gibt nur wenige Unterkünfte mit Einrichtungen für Selbstversorger. Mittagssnacks, Proviant für Safaris und Kochzutaten erhält man in den vielen Supermärkten der Innenstadt und in den Vororten.

Nakumatt SUPERMARKT **$**
Innenstadt (Karte S. 60 f.; Kenyatta Ave); Lifestyle (Karte S. 60 f.; Moktar Daddah St); Village Market (Village Market, Limuru Rd, Gigiri) Kenias größte Supermarktkette hat eine riesige Auswahl an kenianischen und westlichen Lebensmitteln und anderen Produkte auf Lager. Die neue stylishe Filiale erstreckt sich über mehrere Stockwerke und bietet u. a. nützliche Haushalts- und Outdoorartikel.

Uchumi SUPERMARKT **$**
(Karte S. 77; Sarit Centre, Parklands Rd, Westlands) Nairobis einst wichtigste Supermarktkette musste sich Nakumatt geschlagen geben und einige Filialen im Zentrum schließen. Dennoch wartet sie mit einem guten Sortiment auf.

Ausgehen

Mittlerweile hat die westliche Cafékultur in Nairobi Einzug gehalten und wurde von ortsansässigen Ausländern sowie Liebhabern kenianischen Kaffees enthusiastisch willkommen geheißen. Die Hauptstadt bietet den besten *echten* Kaffee im ganzen Land. In allen aufgeführten Cafés wird auch Essen serviert (z. B. Kuchen oder auch komplette Menüs), Alkohol hingegen nicht.

Rund um die Latema Road und die River Road gibt's viele billige, sehr derbe Bars, die weibliche Traveller meiden sollten und auch von Männern nur mit Vorsicht zu genießen sind. Rund um die Tom Mboya Street und die Moi Avenue befinden sich sicherere und freundlichere Optionen, außerdem eignen sich viele in den Abschnitten „Schlafen" und „Essen" aufgeführte Restaurants und Hotels für einen Drink. Die Barszene in Westlands und Karen ist stärker von Ausländern geprägt, doch auch in den Vororten sorgt eine ausländische Frau ohne männliche Begleitung für Aufregung.

STADTZENTRUM

LP TIPP Simmers BAR

(Karte S. 60 f.; Ecke Kenyatta Ave & Muindi Mbingu St; ⌚8–1 Uhr) Wer genug davon hat, in dunklen Diskos zu eintönigen R&B-Klängen herumzuzappeln, dem bietet das Simmers echte afrikanische Rhythmen. Die Atmosphäre in der Freiluftbar mit Restaurant ist einfach großartig: Eine gutgelaunte Partymeute tanzt die ganze Nacht über zu Liveklängen, die von kongolesischer Rumba bis zu kenianischer *benga* (zeitgenössischer Tanz) reichen. Bei den Frauen handelt es sich meist um Einheimische, die sich amüsieren wollen, und nicht um leichte Mädchen, die potenzielle Kunden umschwärmen. Tusker in rauen Mengen, eine separate Shots-Bar und jede Menge *nyama choma* sorgen stets für gute Stimmung.

Dormans Café CAFÉ

(Karte S. 60 f.; Mama Ngina St; Kaffee 110–340 KSh; ⌚Mo–Sa 6.30–20.30, So 9–19.30 Uhr) Erst kürzlich hat das renommierte, in den 1960er-Jahren gegründete Unternehmen den Schritt ins Cafégeschäft gewagt. Mit der Eröffnung einer Filiale im Starbucks-Stil direkt gegenüber dem größten Rivalen Nairobi Java konnte es definitiv einen guten Start hinlegen. Der Kaffee – die Bandbreite reicht von Cappuccino über Eiskaffee bis hin zu Haselnussmokka – ist gut, die Teeauswahl eindrucksvoll und das Essen (Hauptgerichte und leichte Mahlzeiten) lecker.

Nairobi Java House CAFÉ

(Karte S. 60 f.; www.nairobijava.com; Mama Ngina St; Kaffee 120–280 KSh; ⌚Mo–Fr 6.30–22, Sa 7–21, So 8–20 Uhr) In rasantem Tempo entwickelt sich das fantastische Kaffeehaus zu einer bedeutenden Kette – T-Shirts mit dem Logo haben es sogar schon bis nach London geschafft. Für Koffeinfans zählt der hier servierte Kaffee zum besten Kenias. Darüber hinaus gibt's jede Menge Kuchen und andere süße Köstlichkeiten wie Käsekuchen nach New Yorker Art.

Roast House BAR

(Karte S. 60 f.; Kilome Rd; ⌚mittags–open end) Das Bar-Restaurant mit den verschiedenen Ebenen gehört zu den besseren Adressen rund um die River Road und veranstaltet regelmäßige DJ-Nächte. Abends ist Vorsicht angesagt: Wer sich in den Trubel stürzen möchte, sollte einen einheimischen Freund mitbringen.

Zanze Bar BAR

(Karte S. 60 f.; Kenya Cinema Plaza, Moi Ave; ⌚18 Uhr–open end) Eine belebte, freundliche Dachgeschossbar mit Billardtischen, Tanzfläche, billigem Bier und akzeptablem Essen. Unter der Woche ist es hier recht ruhig, von Freitag bis Sonntag herrscht jedoch bis in die Morgenstunden Partystimmung, wobei es sehr viel entspannter zugeht als in den großen Clubs.

WESTLANDS & PARKLANDS

LP TIPP Gypsy's Bar BAR

(Karte S. 77; Woodvale Grove; ⌚11–4 Uhr) Die wohl beliebteste Bar in Westlands zieht eine Mischung aus Kenianern, ortsansässigen Ausländern und Prostituierten an. Es gibt Snacks sowie ordentliche westliche und afrikanische Musik. Im Sommer schwappt die gute Stimmung bis auf die Straße.

Klub House BAR

(Karte S. 77; Parklands Rd; ⌚24 Std.) Am westlichen Ende von Westlands lockt das beliebte Klub House mit viel Platz und Billardtischen partyfreudige Nachtschwärmer an. Hier hört man lateinamerikanische, karibische und einheimische Swahili-Musik und jeder Abend steht unter einem anderen Motto, von Chillout (Montag) und Livejazz (Di 20–23 Uhr) über Disko (Fr) bis zu Livebands (Sa).

Soho's BAR
(Karte S. 77; Parklands Rd; ⏲18 Uhr–open end) In der lebendigen Bar tummelt sich eine intellektuelle Klientel aus Einheimischen und Ausländern. Neben eisgekühltem Bier wird eine gute Auswahl an Wein und Cocktails serviert.

MILIMANI

LP TIPP **Casablanca** BAR
(außerhalb der Karte S. 56 f.; ☎2723173; Lenana Rd, Hurlingham; ⏲Öffnungszeiten wechseln) Bei Nairobis pingeliger Ausländergemeinde erfreut sich die Loungebar im marokkanischen Stil seit Langem großer Beliebtheit – wer hier vorbeischaut, weiß warum. Shishas, Wein und Cocktails laden zu einer langen Nacht ein.

☆ Unterhaltung

In der Innenstadt findet man eine gute Auswahl an Clubs. Kleidervorschriften gibt's nicht, allerdings gilt die ungeschriebene Regel, dass Männer zumindest ein Hemd und lange Hosen tragen sollten. Das Bier ist mit rund 150 KSh überall erschwinglich, importierte Spirituosen kosten jedoch sehr viel mehr. Männliche Gäste müssen sich oft Avancen der vielen Prostituierten erwehren, wobei auch Frauen in männlicher Begleitung nicht vor Annäherungsversuchen beider Geschlechter gefeit sind.

Infos zum Unterhaltungsprogramm in Nairobi und über große Musikevents im restlichen Land liefert das Blatt *Saturday Nation,* das alles Mögliche von Filmpremieren bis zu Livekonzerten auflistet. Jede Menge Tipps bietet zudem das Magazin *Going Out*. Clubs sind in der Regel von 21 bis 6 Uhr geöffnet, schließen an ruhigen Abenden allerdings häufig früher.

Clubs

Florida 2000 CLUB
(Karte S. 60 f.; http://floridaclubskenya.com; Moi Ave; Männer/Frauen 250/150 KSh) Dieser große Tanzschuppen in der Nähe des City Hall Way wird F2 genannt. Sein Erfolgsrezept: Alkohol, Musik und eine dicht gedrängte Partymeute. Wie in Nairobi üblich steht jeden Abend ein anderes Programm an, z. B. donnerstags Techno Trance und freitags Rumba.

New Florida CLUB
(Karte S. 60 f.; floridaclubskenya.com; Koinange St; Männer/Frauen 250/150 KSh) Der als „Madhouse" bekannte große, lärmige Club ist in einem bizarren runden Bau über einer Tankstelle untergebracht. Die Musik reicht von Jazz bis zu einem massentauglichen Mix westlichen Pops am Wochenende. Fast jeden Abend tummelt sich hier eine Mischung aus derben Jungs, leichten Mädchen, Strichern und neugierigen Touristen. Wer in der richtigen Stimmung ist (oder genug gebechert hat), kann hier jede Menge Spaß haben.

Simba Saloon CLUB
(Karte S. 64 f.; abseits der Langata Rd; Eintritt 200–300 KSh) Neben dem Carnivore an der Straße nach Karen liegt dieser große Nachtclub mit Freiluftbereich, der besonders mittwochs, freitags und samstags viele Besucher anlockt. Zum Programm gehören Videos, mehrere Bars, ein Lagerfeuer und ein Abenteuerspielplatz im Garten, eine Tanzfläche mit westlicher Musik sowie gelegentliche Livekonzerte afrikanischer Superstars. Meist füllt sich der Schuppen mit gut betuchten Kenianern, jungen ortsansässigen Ausländern, Touristen, Angestellten von Nichtregierungsorganisationen und ein paar Prostituierten. Zu jeder Zeit wird günstiges Essen serviert, zudem hilft ein Dormans-Kaffeestand gegen müde Lider.

Theater

Kenya National Theatre THEATER
(Karte S. 56 f.; ☎2225174; Harry Thuku Rd; Karten ab 250 KSh) Nairobis größtes Theater befindet sich gegenüber dem Norfolk Hotel. Zum Programm gehören zeitgenössische und klassische Stücke und Veranstaltungen wie Schönheitswettbewerbe, die zwar weniger kultiviert, jedoch nicht minder interessant sind. Aktuelle Infos dazu liefert die *Daily Nation*.

Shoppen

Vor der Heimreise kann man in Nairobi wunderbar auf Souvenirjagd gehen. In der Innenstadt und der Gegend nordwestlich der Kenyatta Avenue gibt's jede Menge Geschenkeläden, man hat also die Qual der Wahl. Die Preise sind allerdings meist höher als im restlichen Land.

Viele Geschäfte verkaufen die gleichen Waren, daneben locken ein paar wenige spezialisierte Shops mit überdurchschnittlichem Kunsthandwerk. Die Gegend „Little India" rund um die Biashara Street ist die richtige Adresse für Stoffe, Textilien und die so beliebten Tusker-T-Shirts. Wer sich für lokale Musik interessiert, wird an den lauten CD-Ständen rund um die River Road und die Latema Road fündig.

LP TIPP **Utamaduni** KUNSTHANDWERK

(Karte S. 64 f.; www.utamaduni.com; Bogani East Rd, Karen; 9–18 Uhr) Dieses große Geschäft in der Nähe des Giraffe Centre umfasst über ein Dutzend separater Räume, in denen verschiedene exzellente afrikanische Kunstwerke und Souvenirs zum Verkauf stehen. Die Preise sind ziemlich hoch, aber dafür werden Kunden von den im Zentrum üblichen aggressiven Verkaufstaktiken verschont. Außerdem geht ein Teil des Umsatzes an die Kenya Wildlife Foundation. Vor Ort gibt's ein Restaurant und einen Spielplatz.

African Heritage Design Company KUNSTHANDWERK

(Karte S. 56 f.; Museum Hill Rd; tgl. 9–18 Uhr) In dem Geschäft gegenüber dem Eingang zum National Museum bekommt man hübsche Statuen, Keramikarbeiten und Textilien. Es gehört zur African Heritage Design Company, die mit mehreren Filialen in der Stadt vertreten ist. Nicht alle Produkte stammen aus Kenia, doch die Qualität stimmt.

Banana Box KUNSTHANDWERK

(Karte S. 77; www.bananaboxcrafts.com; Sarit Centre, Westlands; Mo–Sa 9.30–18, So 10–14 Uhr) Mitten im kommerziellen Ambiente des Sarit Centre arbeitet dieser Laden mit verschiedenen Hilfsprojekten sowie Flüchtlingsgruppen zusammen und gibt traditionellen Objekten moderne Funktionen. Es ist eines der besseren Kunsthandwerksgeschäfte der Stadt und wartet mit einem angenehmen Ambiente und erschwinglichen Preisen auf.

Spinners Web KUNSTHANDWERK

(außerhalb der Karte S. 77; www.spinnerswebkenya.com; Getathuru Gardens, abseits der Peponi Rd, Spring Valley; Mo–Fr 9.30–18.30, Sa & So 9.30–17.30 Uhr) Das Geschäft kooperiert mit Werkstätten und Selbsthilfegruppen im ganzen Land und wirkt wie die Kunsthandwerksversion von Ikea. Sämtliche Produkte, darunter z. B. Teppiche, Wandteppiche, Keramik, Holzschüsseln, Körbe und Kleidung, werden kataloggerecht im westlichen Stil präsentiert.

Undugu Craft Shop KUNSTHANDWERK

(Karte S. 77; www.undugukenya.org; Woodvale Grove, Westlands; Mo–Fr 8.30–17.30, Sa 9–14 Uhr) Die gemeinnützige Organisation unterstützt Hilfsprojekte in Nairobi und hat erstklassiges Kunsthandwerk wie Holz- und Seifensteinschnitzereien, Korbwaren und fair gehandelte Lebensmittel auf Lager.

Massai-Markt MARKT

Innenstadt (Karte S. 60 f.; abseits der Slip Rd; Di); Gigiri (Village Market, Limuru Rd; Fr); Innenstadt (Karte S. 60 f.; gegenüber der Reinsurance Plaza, Taita Rd; Sa); Yaya Centre (außerhalb der Karte S. 56 f.; Argwings Kodhek; So) Dienstags finden die betriebsamen Kuriositätenmärkte auf dem Brachland in der Nähe der Slip Road statt, freitags auf dem Dachparkplatz des Einkaufskomplexes Village Market, samstags im Stadtzentrum und sonntags im Yaya Centre. Sie sind vom frühen Morgen bis zum späten Nachmittag geöffnet. Zum Verkauf steht Kunsthandwerk der Massai sowie anderer ethnischer Gruppen. Standorte und Termine ändern sich oft, deshalb erkundigt man sich am besten in der jeweiligen Unterkunft danach.

Stadtmarkt MARKT

(Karte S. 60 f.; Muindi Mbingu St; Mo–Fr 9–17, Sa 9–12 Uhr) Nairobis Souvenirhandel konzentriert sich auf diesen überdachten Markt, wo Dutzende Stände Holzschnitzereien, Trommeln, Speere, Schilde, Seifenstein, Massai-Schmuck und Kleidung anbieten. Hier ist großes Verhandlungsgeschick gefragt, dafür sind die Waren hochwertig. Ein Bummel über den hektischen Umschlagplatz ist definitiv interessant, der Stress lohnt sich jedoch nur, wenn man auch etwas kaufen möchte.

Westlands Curio Market MARKT

(Karte S. 77; Parklands Rd, Westlands) Die Stände des an einer Straßenkreuzung gelegenen Marktes nahe dem Sarit Centre in Westlands haben den typischen Touristenkitsch und echte Stammeswaren wie Turkana-Messer und Kopfstützen aus Holz auf Lager. Ebenso wie auf dem City Market ist Verhandlungsgeschick vonnöten, auch wenn die Verkäufer weniger offensiv agieren.

Village Market EINKAUFSZENTRUM

(www.villagemarket-kenya.com; Limuru Rd, Gigiri) Mit seinem Unterhaltungsangebot hilft das wunderschön gestaltete Einkaufszentrum gegen lange Nachmittage. Dazu gehören ein Kino, eine Bowlingbahn, ein Billardraum, Wasserrutschen, Minigolf sowie ein Kinderspielplatz mit Miniautos und einer kleinen Eisenbahn. Wer dorthin will, kann das Matatu 106 (40 KSh) nehmen, das ab einer Haltestelle in Bahnhofsnähe abfährt.

Praktische Informationen

Campingausrüstung

Atul's (Karte S. 60 f.; 2225935; Biashara St; Mo–Fr 9–13 & 14–17, Sa 9–16 Uhr) Verleiht alles Mögliche von Schlafsäcken bis zu faltbaren Toilettensitzen (s. S. 36).

Kenya Canvas Ltd. (Karte S. 60 f.; ☎2223045; www.kenyacanvas.com; Muindi Mbingu St)

X-treme Outdoors (außerhalb der Karte S. 56 f.; ☎2722224; www.xtremeoutdoors.co.ke; Yaya Centre, Hurlingham)

Gefahren & Ärgernisse

Wer zum ersten Mal Nairobi besucht, ist verständlicherweise vom schlechtem Ruf der Stadt eingeschüchtert. „Nairobbery", so der Spitzname, den ihr resignierte Bewohner und Ausländer verliehen haben, wird oft als gefährlichster Ort Afrikas bezeichnet und lässt starke Konkurrenz wie Johannesburg und Lagos hinter sich. Beim Lesen der lokalen Zeitungen stellt man fest, dass Carjacking, Raubüberfälle und Gewalt zum Alltag gehören. Die gesellschaftlichen Probleme, die dahinter stehen, werden sicherlich nicht in naher Zukunft gelöst. Abgeschreckte Besucher sollten jedoch bedenken, dass die Mehrheit der Verbrechen weit entfernt von den Haupttouristengegenden in den Slums geschieht.

Das größte Problem für Touristen ist Diebstahl, vor allem in Budgethotels und auf Campingplätzen. Grundsätzlich sollte man den Hotelsafe nutzen und niemals Wertgegenstände offen liegen lassen. Bei einem Streifzug durch die Stadt nimmt man am besten nur das Nötigste mit und hat als zusätzliche Sicherheitsvorkehrung nur Bargeld dabei. Seine Kredit- und Bankkarten sollte man woanders verstecken.

Die Innenstadt zwischen Kenyatta Avenue, Moi Avenue, Haile Selassie Avenue und Uhuru Highway ist vergleichsweise sicher und ruhig, vorausgesetzt man benutzt seinen gesunden Menschenverstand. In der Regel stellt es kein Problem dar, die Gegend tagsüber zu Fuß zu erkunden. Zudem gibt's viele *askaris* (Wachleute), an die man sich wenden kann. Im Vergleich zu Johannesburg und Lagos, wo bewaffnete Sicherheitskräfte, mit Stacheldraht umzäunte Anlagen und Streifenwagen die Norm sind, präsentiert sich Nairobis Hauptgeschäftsviertel (Central Business District; CBD) als recht entspannt und ungefährlich. Wer wachsam ist, selbstbewusst auftritt, seinen Geldbeutel im Auge behält und sich nicht zu protzig kleidet, wird sich höchstwahrscheinlich nur ein paar aufdringlichen Safarivermittlern und den üblichen Trickbetrügern erwehren müssen.

Schließen die Geschäfte im CBD, leeren sich die Straßen schnell und die gesamte Innenstadt wirkt verlassen und unheimlich. Nach Sonnenuntergang kann es überall auf der Straße zu Raubüberfällen kommen, deswegen sollte man immer ein Taxi nehmen, selbst für wenige Häuserblocks. So ist man außerdem vor der Aufmerksamkeit von Nairobis Straßenprostituierten geschützt, die nach potenziellen Kunden Ausschau halten.

In ein paar Gegenden muss man besonders vorsichtig sein. Zu den Gefahrenzonen gehört das Gebiet um die Latema Road und die River Road (östlich der Moi Avenue), wo sich viele Taschendiebe herumtreiben. Dort befinden sich auch die Busbahnhöfe der Stadt, also sollte man immer ein Auge auf dem Gepäck und anderen Habseligkeiten haben. Der Uhuru Park ist tagsüber sehr angenehm, lockt abends jedoch alle möglichen zwielichtigen Gestalten an.

Nairobis schlechter Ruf begründet sich in erster Linie auf den furchtbaren Slums am Rande der Stadt. In den weitläufigen Gebieten gibt's größtenteils keinen Strom, keine sanitären Anlagen und kein Wasser. Unter diesen prekären Umständen kann Opportunismus urplötzlich in Gewalt umschlagen. Wer die Elendsviertel besuchen möchte und sich einen Eindruck vom Leben der weniger begünstigten Einwohner Nairobis verschaffen möchte, macht dies am besten mit einem verlässlichen einheimischen Freund oder im Rahmen einer Führung (s. S. 69).

Wenn man überfallen wird, sollte man sich niemals zur Wehr setzen, sondern einfach die Wertsachen aushändigen. Meist tritt der Angreifer dann umgehend den Rückzug an. Zwischen einem Taschendieb und einem gewaltbereiten Angreifer besteht ein sehr großer Unterschied, deswegen sollte man Letzterem niemals Gründe für kopflose Handlungen liefern.

Die Mehrheit der ausländischen Besucher und Ortsansässigen in Nairobi bleibt unbehelligt, also muss man vor Angst nicht paranoid werden. Es ist wichtig, mögliche Gefahren und Bedrohungen zu kennen, dennoch sollte man sich nicht im Hotelzimmer verschanzen. Wer selbstbewusst auftritt und seinen gesunden Menschenverstand einsetzt, wird in Nairobi höchstwahrscheinlich eine sehr schöne Zeit erleben.

ABZOCKE Die Handvoll von Trickbetrügern in der Stadt scheint sich seit Jahren auf dieselben alten Geschichten zu verlassen. Hat man einmal davon gehört, fällt es leicht, die Betrüger zu durchschauen.

Fast jeder Traveller wird während seines Aufenthalts irgendwann auf der Straße von einem Safarivermittler angesprochen. Meist wollen einen diese hartnäckigen Typen einfach nur in das Büro eines Veranstalters locken, um eine kleine Kommission abzukassieren. Eine kleine Minderheit versucht ihr Opfer jedoch mit Hochglanzbroschüren abzulenken und startet einen Angriff auf dessen Brieftasche.

Natürlich bedeutet das nicht, dass alle Safarivermittler schlechte Menschen sind – viele möchten tatsächlich nur bei der Buchung helfen. Dennoch wendet man sich besser direkt an einen verlässlichen Veranstalter. Weitere Infos siehe im Kapitel „Safaris" (S. 28).

Darüber hinaus muss man sich vor dem sogenannten „Nairobi Bump" in Acht nehmen. Dabei

TOURISTENFALLEN

Eine typische Touristenfalle in Nairobi ist die „Flüchtlingsgeschichte", oft kombiniert mit dem ähnlich beliebten „Universitätsschwindel". Dabei erzählt der Betrüger seinem Opfer zunächst, dass er zufällig in dessen Herkunftsland ein Stipendium erhalten hat (der Rechercheaufwand der Abzocker ist übrigens erstaunlich!) und sich mit ihm gern ein bisschen über das dortige Leben unterhalten würde.

Irgendwann beginnt dann die Phase, in der er vertrauensvoll die Stimme senkt und mit den Worten „Weißt du, ich bin nicht von hier..." eine epische und sehr leidvolle Geschichte einleitet, laut der er den ganzen Weg von Juba oder Derfur barfuß geflohen ist. Einst bezogen sich diese Storys auf den Sudan, mittlerweile beinhalten sie auch Simbabwe, Somalia oder ein anderes krisengeschütteltes afrikanisches Land.

Hat das Opfer seine Anteilnahme zum Ausdruck gebracht, kommt der Fallensteller zur Sache: Er müsse nach Mombasa, Dar es Salaam oder sonst wohin reisen, um das Stipendium zu bestätigen und dann in das jeweilige Land fliegen. Dafür wären nur einige Tausend Schilling nötig – natürlich wolle man den neuen Freund nicht gern um Geld bitten, allerdings wäre man für jede Hilfe unermesslich dankbar ...

Diese Falle wird beliebig variiert. Ein Tourist erzählte uns, dass sich, nachdem er sich geweigert hatte, Geld zu geben, zwei angebliche Polizisten genähert hätten, die den Betrüger festnahmen. Dann erklärten sie dem Touristen, dass er wegen Konspiration mit einem illegalen Einwanderer nun in Schwierigkeiten stecke. Wem das passiert, der sollte nach den Ausweisen der Polizisten fragen und versuchen, Personen in der Nähe um Hilfe zu bitten.

läuft der Betrüger auf der Straße in sein pozentielles Opfer (engl. *to bump)* und beginnt eine kurze Unterhaltung. Wenn das passiert, sollte man einfach weiterlaufen, denn das ist die beste Methode, um den eventuell drohenden Diebstahl des Geldbeutels oder Rucksacks zu verhindern.

Zudem muss man sich vor Personen in Acht nehmen, die angeblich im Hostel, Hotel oder Campingplatz arbeiten, wo man selbst übernachtet, auch wenn sie tatsächlich Namen dortiger Angestellten kennen. Uns wurden unzählige Briefe von Travellern geschickt, die einem Betrüger aus nachvollziehbaren Gründen – beispielsweise dem Kauf von Lebensmitteln fürs Abendessen – Geld ausgehändigt haben. Wenn sich also jemand als Mitarbeiter der jeweiligen Unterkunft ausgibt und um Geld bittet, geht man einfach nicht darauf ein und läuft weiter.

Aufgrund der andauernden Konflikte in nahe gelegenen Ländern ist die „Flüchtlingsfalle" (s. Kasten S. 83) eine weitere beliebte Betrugsstrategie.

Kurz gesagt ist immer Vorsicht geboten, wenn man auf den Straßen Nairobis mit jemandem spricht. Natürlich gibt's auch viele herzensgute Menschen, ausländische Touristen sind jedoch für Betrüger leichte Opfer.

Geld

Im Bereich der Gepäckausgabe des Jomo Kenyatta International Airport gibt's mehrere Wechselstuben, außerdem befindet sich in der Ankunftshalle eine **Barclays Bank** (⏲24 Std.) mit Geldautomat.

An der Mama Ngina Street, der Muindi Mbingu Street sowie an der Ecke Kenyatta Avenue und Moi Avenue stößt man auf weitere Barclays-Filialen mit bewachten Geldautomaten. Auch im Sarit Centre und bei Woodvale Grove in Westlands sowie im Yaya Centre in Hurlingham ist die Bank vertreten.

Das zweite große Geldinstitut, die Standard Chartered Bank, hat in der Innenstadt mehrere Filialen.

Wechselstuben bieten etwas bessere Kurse als Banken. Im Zentrum entdeckt man Dutzende davon, es lohnt sich also, die jeweiligen Kurse zu vergleichen.

Goldfield Forex (Karte S. 60 f.; EcoBank Towers, Kaunda St; ⏲Mo–Do 9–17, Fr 9–12.30 & 14–17, Sa 9–13 Uhr)

Link Forex (Karte S. 60 f.; ☎226212; EG, Uganda House, Standard St; ⏲Mo–Fr 9–17, Sa 9–13 Uhr)

Postbank (Karte S. 60 f.; 13 Kenyatta Ave) Geldtransfers mit Western Union.

Travellers Forex Bureau (Karte S. 77; The Mall Shopping Centre, Westlands; ⏲Mo–Fr 8.30–17, Sa 9–13 Uhr)

Internetzugang

In der Innenstadt gibt's Hunderte Internetcafés, die sich oft in anonymen Bürogebäuden verstecken. Die Geschwindigkeit ist in Ordnung, auch wenn man nicht gerade YouTube-Videos ansehen sollte, allerdings variiert die Qualität der Computer stark. Preise reichen von 1 bis 4 KSh pro

Minute. Sonntags ist es nicht ganz einfach, im Zentrum ein geöffnetes Internetcafé zu finden.

AGX (Karte S. 60 f.; Barclays Plaza, Loita St; 1 KSh pro Min.; ⌚Mo–Fr 8–18, Sa bis 15 Uhr) Bietet die besten Verbindungen der Stadt sowie verschiedene Browser.

EasySurf (Karte S. 77; Sarit Centre, Westlands; 180 KSh pro Std.; ⌚Mo–Fr 8.30–20, Sa 10–19.30, So 10.30–15.30 Uhr)

Perm Enterprises (Karte S. 60 f.; Ecke Muindi Mbingu St & Kaunda St; 60 KSh pro Std.; ⌚Mo–Fr 8–18, Sa bis 15 Uhr)

Lucille Cyber Café (Karte S. 60 f.; EG, Uganda House, Standard St; 30 KSh pro Std.; ⌚Mo–Fr 7–20, Sa 9–18, So 10–16 Uhr)

Medizinische Versorgung

In Nairobi gibt's viele medizinische Einrichtungen für Traveller und Ausländer. Das ist ein großer Vorteil, weil man das Kenyatta National Hospital meiden sollte. Hier muss man zwar nichts bezahlen, manche behaupten jedoch, dass man dort eher kränker als gesünder wird.

AAR Health Services (Karte S. 56 f.; ☎2715319; Williamson House, Fourth Ngong Ave) Der wohl beste unter einer Reihe privater Rettungsdienste, die Notfall-Evakuierungen per Hubschrauber anbieten. Betreibt außerdem eine Privatklinik in Westlands.

Acacia Medical Centre (Karte S. 60 f.; ☎2212200; ICEA Bldg, Kenyatta Ave; ⌚Mo–Fr 7–19, Sa 7–17, So 8–17 Uhr)

KAM Pharmacy (Karte S. 60 f.; ☎2251700; IPS Bldg, Kimathi St; ⌚Mo–Fr 8.30–18, Sa 8.30–14 Uhr) Apotheke, Arztpraxis und Labor.

Nairobi Hospital (Karte S. 56 f.; ☎2846000; www.nairobihospital.org; abseits der Argwings Kodhek Rd; ⌚24 Std.)

Notfall

Aga Khan Hospital (außerhalb der Karte S. 56 f.; ☎3662020; Third Parklands Ave) Verlässliches Krankenhaus mit einer rund um die Uhr besetzten Notaufnahme.

Notfalldienste (☎999) Nationale Notfallnummer für Feuerwehr, Polizei und Krankenwagen. Auf deren schnelles Eintreffen sollte man sich allerdings nicht verlassen.

Polizei (Karte S. 56 f., Karte S. 60 f.; ☎2240000) Für weniger dringliche Fälle.

St. John's Ambulance (☎2210000)

Touristennotruf (☎604767; ⌚24 Std.)

Post

Die riesige, gut organisierte **Hauptpost** (Karte S. 60 f.; ☎2243434; Kenyatta Ave; ⌚Mo–Fr 8–18, Sa 9–12 Uhr) ist in einem Gebäude nahe dem Uhuru Park untergebracht. Direkt dahinter befindet sich das **EMS-Büro** (⌚Mo–Fr 8–20, Sa 9–12.30 Uhr), zuständig für Kurierdienste, und im oberen Stockwerk gibt's ein Telkom-Kenya-Büro.

Wer einfach nur Briefmarken kaufen möchte, kann dies in den Postfilialen an der Haile Selassie Avenue oder der Tom Mboya Street sowie im Sarit Centre und an der Mpaka Road in Westlands tun.

DHL (www.dhl.co.ke); Innenstadt (Karte S. 60 f.; ☎6925135; International House, Mama Ngina St); Westlands (Karte S. 77; ☎0711017131; Sarit Centre) Zuverlässiger privater Kurierdienst.

Reisebüros

Infos zu Reisebüros, die sich auf Safaris spezialisiert haben, siehe S. 28.

Bunson Travel (Karte S. 60 f.; ☎2248371; www.bunsontravel.com; Pan Africa Insurance Bldg, Standard St) Gutes, gehobenes Büro, das Flugtickets und Luxussafaris vermittelt.

Uniglobe Let's Go Travel (www.uniglobelets travel. com) Westlands (außerhalb der Karte S. 77; 4447151; ABC Place, Waiyaki Way); Karen (Karte S. 64 f.; ☎3882505; Karen Shopping Centre, Langata Rd) Die richtige Adresse für Flüge, Safaris und andere nützliche Dinge. Das Unternehmen verfügt über eine exzellente Preisliste der Hotels, Lodges, Camps und *bandas* (strohgedeckte Hütten) in Kenia.

Telefon

Telkom Kenya (Karte S. 60 f.; ☎2232000; Haile Selassie Ave; ⌚Mo–Fr 8–18, Sa 9–12 Uhr) hat Dutzende Kartentelefone sowie Telefonkarten im Angebot. Letztere werden ebenso wie Prepaidkarten für Handys an vielen Ständen in der Innenstadt verkauft. Darüber hinaus gibt's im Zentrum mehrere private Läden, in denen man internationale Telefondienste nutzen kann.

Toiletten

Erfahrene Afrikaurlauber mögen von dieser Tatsache regelrecht geschockt sein, doch in

DIE DINGE ÄNDERN SICH

Informationen zum Transportwesen können sich schnell ändern. Bei Redaktionsschluss zogen die Benzinpreise in Kenia gerade an und mit großer Wahrscheinlichkeit werden es ihnen die Ticketpreise für Busse gleichtun.

Bevor man mit seinem hart verdienten Geld loszieht, sollte man bei Einheimischen um Rat fragen, z. B. im Hotel. Wegen der Unzuverlässigkeit des Transportwesens bucht man Fahrkarten für Privatbusse am besten immer mindestens einen Tag im Voraus.

Nairobis Innenstadt gibt's mittlerweile tatsächlich ein paar öffentliche Toiletten mit Personal, Spülklosetts und einem Mindestmaß an Hygiene. Schilder weisen darauf hin, wenn eine Gebühr (ca. 5 KSh) zu entrichten ist. In einigen Einkaufszentren wie dem Kenya Cinema Plaza findet man kostenlose Toiletten.

Touristeninformation

Trotz der vielen Safarianbieter, die sich mit dem Schild „Tourist Information" schmücken, hat Nairobi noch immer keine offizielle Touristenbüros. Veranstaltungstipps entnimmt man am besten lokalen Zeitungen sowie einer Handvoll Magazine.

Die großen Anschlagtafeln im Sarit Centre und Yaya Centre sind gute Infoquellen. Hier wird alles Mögliche wie Sprachkurse, Autos und Mietshäuser beworben.

An- & Weiterreise

Bus

Fast alle Fernbusunternehmen haben Büros im Gebiet um die River Road, vor allem nahe der Accra Road und in den umliegenden Straßen. Manche Veranstalter verkaufen ihre Tickets für Überlandfahrten außerdem in der Monrovia Street. Die Preise variieren von Anbieter zu Anbieter, zudem gibt's eine große Auswahl. Es ist sinnvoll, die Reservierung mindestens 24 Stunden im Voraus vorzunehmen und lieber zweimal nach dem Abfahrtsort des jeweiligen Busses zu fragen.

Von der hektischen, unorganisierten **Machakos Country Bus Station** (Karte S. 60 f.; Landhies Rd) gelangt man zu Zielen im ganzen Land. Sie wird von Unternehmen genutzt, die keine eigene Haltestelle haben. Wer kann, sollte sie meiden, da hier viel gestohlen wird.

In der Tabelle unten findet man bessere Anbieter und Richtpreise. Infos zu internationalen Busverbindungen ab Nairobi siehe S. 393.

ABFAHRTSZEITEN

Die meisten Fernbusse (z. B. nach Mombasa oder Kisumu) fahren am frühen Morgen oder am späten Abend ab. Wer die Wahl hat, nimmt besser die morgendlichen Verbindungen, da sich nachts das Unfallrisiko erhöht.

Empfehlenswerte Unternehmen:

Akamba (Karte S. 60 f.; ☎2365790; Lagos Rd) Der größte private Anbieter verfügt über ein umfangreiches Netzwerk und ist im Allgemeinen sicherer sowie verlässlicher als die Konkurrenz. Er betreibt ein **Buchungsbüro** (Karte S. 60 f.; Monrovia St) gegenüber den Jevanjee Gardens im Norden der Innenstadt, wo Fernbusse nach Uganda und Tansania abfahren.

Easy Coach (Karte S. 60 f.; ☎2210711; Haile Selassie Ave) Ein weiteres zuverlässiges Unternehmen, das Ziele in Westkenia sowie in Uganda und Tansania ansteuert.

Modern Coast (Oxygen; Karte S. 60 f.; Ecke Cross Lane & Accra Rd) Sicherere, verlässlichere und etwas teurere Busverbindungen nach Mombasa, Malindi und Kisumu. Telefonische Buchungen sind nicht möglich.

Riverside Shuttle (Karte S. 60 f.; ☎0722 220176; Monrovia St) Hat größtenteils internationale Verbindungen nach Arusha und Moshi (Tansania) im Angebot.

Flugzeug

Nairobi ist der Hauptverkehrsknotenpunkt für internationale Flüge, wobei manche Flieger auch in Mombasa landen. Infos über internationale Verbindungen ab bzw. nach Nairobi sowie über nationale und internationale Airlines siehe S. 392.

BUSSE AB NAIROBI

ZIEL	PREIS	FAHRTDAUER	UNTERNEHMEN
Eldoret	1050–1100 KSh	6–8 Std.	Akamba Easy Coach
Kakamega	1150–1300 KSh	7–9 Std.	Easy Coach
Kisumu	900–1250 KSh	5½–7 Std.	Akamba Easy Coach Modern Coast (Oxygen)
Malaba	1250 KSh	6–7 Std.	Easy Coach
Malindi	1500 KSh	10–13 Std.	Modern Coast (Oxygen)
Mombasa	100–1200 KSh	8–10 Std.	Akamba Easy Coach Modern Coast (Oxygen)

BESTIMMUNGEN BEI INLANDSFLÜGEN

Bei Inlandsflügen muss man etwa ein bis zwei Stunden vor dem Abflug einchecken. Jeder Passagier darf nur 15 kg Gepäck mitnehmen, denn in den kleinen Turboprop-Flugzeugen ist nicht gerade viel Platz.

In der kenianischen Hauptstadt gibt's zwei Flughäfen:

Jomo Kenyatta International Airport (NBO; Karte S. 64 f.; ☎6611000; www.kenyaairports.co.ke) Fast alle internationalen Flüge ab bzw. nach Nairobi starten und landen auf diesem Flughafen rund 15 km südöstlich der Stadt.

Wilson Airport (WIL; Karte S. 64 f.; ☎3603260; www.kenyaairports.co.ke) 6 km südlich des Zentrums an der Langata Road; vornehmlich Inlandsflüge.

Matatu

Viele Matatus fahren an den chaotischen Straßen Latema Road, Accra Road, River Road und Cross Road ab. Ihre Tarife sind mit denen der Busse zu vergleichen. Die Anbieter unterscheiden sich kaum voneinander, allerdings warten manche mit einem höheren Komfort auf. Zu den Letzteren gehört **Mololine Prestige Shuttle** (Karte S. 60 f.), das die Route Nairobi–Naivasha–Nakuru–Eldoret bedient. Inzwischen ist das Unternehmen ein Vorbild für andere Firmen, die auf ihren Strecken ähnliche Standards anstreben. Die Abfahrtsorte findet man auf der Innenstadtkarte (S. 60 f.).

Peugeot (Sammeltaxi)

Wie die Matatu-Unternehmen haben auch die meisten Betreiber der Sammeltaxis ihre Büros rund um die Accra Road, River Road und Cross Road. Das Angebot hängt von der Nachfrage ab, normalerweise werden jedoch die Routen nach Eldoret, Isiolo, Kabarnet, Kericho, Kisumu, Kitale, Meru, Malaba und Nakuru bedient. Die Fahrten sind etwa 20 % teurer als mit dem Matatu. Viele Sammeltaxis starten morgens.

Zug

Die Zugverbindung von Nairobi nach Mombasa stößt auf geteilte Kritiken; manche halten sie für eine gesellige, komfortable Alternative zur Autobahn, die einem die Gelegenheit bietet, durch die Fenster die Tierwelt zu beobachen, andere bezeichnen sie als unattraktive Zeitverschwendung, die durch einen unzuverlässigen Fahrplan und Verspätungen auffällt. Weitere Infos zu Zugreisen in Kenia siehe S. 401.

Am Bahnhof von Nairobi gibt's ein kleines **Buchungsbüro** (Karte S. 60 f.; Station Rd; ⌚9–12 & 14–18.30 Uhr). Tickets müssen ein paar Tage vor Fahrtantritt persönlich gebucht werden und am Reisetag sollte man möglichst früh herkommen.

Unterwegs vor Ort

Auto

Umfassende Informationen zu den Themen Autoverleih, Verkehrsregeln und Straßenbedingungen siehe S. 395. Autofahrer sollten sich vor Wagenkrallen in Acht nehmen, denn im Zentrum darf nur mit einer Genehmigung (140 KSH) geparkt werden. Diese bekommt man von Parkwärtern in hellgelben Jacken, die auf den Straßen unterwegs sind. Wer sein Auto über Nacht vor dem Hotel parkt, kann einen der Wächter

WICHTIGE MATATU-ROUTEN

ZIEL	PREIS	FAHRTDAUER	ABFAHRTSORT
Eldoret	700 KSh	6 Std.	Easy Coach Terminal
Kericho	650 KSh	3 Std.	Cross Road
Kisumu	600–900 KSh	4 Std.	Cross Road
Meru	550 KSh	3 Std.	Hauptabfahrtsort für Busse & Matatus
Naivasha	200–300 KSh	1½ Std.	Ecke River Road & Ronald Ngala Street
Nakuru	400 KSh	3 Std.	Ecke River Road & Ronald Ngala Street
Namanga	300–400 KSh	2 Std.	Ecke River Road & Ronald Ngala Street
Nanyuki	400 KSh	3 Std.	Hauptabfahrtsort für Busse & Matatus
Narok	400 KSh	3 Std.	Cross Road
Nyahururu	400 KSh	3½ Std.	Ecke River Road & Ronald Ngala Street
Nyeri	350 KSh	2½ Std.	Latema Road

ZUGSTRECKEN

VON	NACH	PREIS 1. KLASSE	PREIS 2. KLASSE	ABFAHRTSZEIT	FAHRTDAUER
Nairobi	Kisumu	2550 KSh	1400 KSh	Mo, Mi & Fr 18.30 Uhr	14½ Std.
Nairobi	Mombasa	3660 KSh	2640 KSh	Mo & Fr 19 Uhr	15 Std.
Nairobi	Naivasha	1805 KSh	1255 KSh	Mo, Mi & Fr 18.30 Uhr	3 Std.
Nairobi	Nakaru	1560 KSh	1560 KSh	Mo, Mi & Fr 18.30 Uhr	6½ Std.

darum bitten, gegen eine kleine Gebühr ein Auge darauf zu werfen.

Bus

Die von **KBS** (☎229707) betriebenen Stadtbusse benötigt man kaum. Mit Gepäck sind sie tunlichst zu meiden – man kommt kaum rein, und wenn doch, kaum wieder raus! Fast alle Busse fahren durch die Innenstadt, der größte KBS-Endbahnhof befindet sich aber an der Uyoma Street östlich des Zentrums. Die Routen durch die Stadt werden auch von anderen Privatunternehmen wie City Hoppa und MM bedient.

Matatu

Nairobis Schar von Matatus bedient die gleichen Routen wie die Busse und hat die gleichen Liniennummern. Westlands wird von der Linie 23 ab der Moi Avenue oder der Latema Road angesteuert. Das Matatu 46 zum Yaya Centre hält vor der Hauptpost, die Linien 125 und 126 nach Langata starten vor dem Bahnhof. Nicht vergessen, dass man stets auf seine Wertsachen aufpassen muss.

Es gibt Pläne, die Matatus durch größere Kleinbusse zu ersetzen, um das Verkehrsaufkommen zu reduzieren. Bei Redaktionsschluss wurden keine neuen Matatu-Lizenzen vergeben, sichtbare Veränderungen sind in naher Zukunft jedoch nicht zu erwarten.

Taxi

Wegen der prekären Sicherheitslage in Nairobi sind Traveller auf die überteuerten, schlecht gewarteten Taxis angewiesen. Besonders nach Sonnenuntergang bleibt einem nichts anderes übrig, als darauf zurückzugreifen. Freie Wagen fahren nicht durch die Gegend, sondern parken an jeder zweiten Straßenecke in der Innenstadt. Abends warten sie vor Restaurants, Bars und Nachtclubs.

Die Preise innerhalb der Stadt sind verhandelbar, aber relativ einheitlich. Eine beliebige Fahrt in der Innenstadt kostet 400 KSh, eine Fahrt von der Innenstadt zur Millmani Road 500 KSh und für längere Strecken, beispielweise nach Westlands oder zum Yaya Centre, sind zwischen 600 und 700 KSh fällig. Die einfache Fahrt vom Zentrum nach Karen und Langata schlägt mit rund 1000 KSh zu Buche.

Alternativ kann man eines der *tuk-tuks* im indonesischen Stil ab der Kenyatta Avenue nehmen, die allerdings bald aus dem Stadtbild verschwunden sein werden.

Vom/Zum Jomo Kenyatta International Airport

Kenias wichtigster **Internationaler Flughafen** (Karte S. 64 f.; ☎6611000) liegt 15 km von der Stadt abseits der Straße nach Mombasa. Am besten fährt man mit dem Taxi (bei großem Verhandlungsgeschick 1200–1500 KSh) dorthin bzw. von dort nach Nairobi, besonders nach Einbruch der Dunkelheit. Wer an einem der Infoschalter am Flughafen einen Wagen bucht, landet zwar auch in einem öffentlichen Taxi, muss aber immerhin keinen Aufpreis zahlen.

Sehr viel günstiger gelangt man mit der Buslinie 34 (30 KSh) in die Stadt, allerdings werden viele Traveller im Fahrzeug oder beim Aussteigen bestohlen. Man sollte Wertsachen immer gut verwahren und Kleingeld für das Ticket bereithalten. Die Busse verkehren werktags von 5.45 bis 21.30 Uhr, samstags von 6.20 bis 21.30 Uhr und sonntags von 7.15 bis 21.30 Uhr; die letzten Verbindungen am Abend fallen allerdings manchmal aus. Viele Busse zum Flughafen starten an der Moi Avenue direkt vor dem Hotel Ambassadeur Nairobi, dann geht's in Richtung Westen entlang der Kenyatta Avenue.

Vom/Zum Wilson Airport

Das billigste Transportmittel zum **Wilson Airport** (Karte S. 64 f.; ☎3603260) sind die Bus- sowie Matatu-Linien 15, 31, 34, 125 und 126 ab der Moi Avenue (25 KSh, je nach Verkehr 15–45 Min.). Eine Taxifahrt ab dem Zentrum kostet je nach Fahrer zwischen 750 und 1000 KSh. In die entgegensetzte Richtung muss man den Preis hingegen von 1250 KSh mit harten Bandagen herunterhandeln. Der Flughafeneingang befindet sich direkt vor der BP-Tankstelle und ist kaum zu verfehlen.

RUND UM NAIROBI

Ngong Hills

In den grünen fruchtbaren Ngong Hills legten während der frühen Kolonialzeit einst weiße Siedler ihre Farmen an. Bis heute wirkt die Gegend wie eine ausländische Enklave – so entdeckt man in den Bergen hier und da perfekte Nachbauten englischer Bauernhäuser mit ländlichen Gärten voll blühender Bäume. Lediglich die Akazien erinnern den Betrachter daran, dass er weit von einer englischen Grafschaft entfernt ist.

In der Gegend gibt's wunderbare Wandermöglichkeiten, allerdings kam es in der Vergangenheit zu Raubüberfällen, deshalb informiert man sich am besten bei Einheimischen über die aktuelle Lage. Wer ganz sichergehen möchte, schließt sich einer organisierten Tour an oder fragt bei der Ngong-Polizeiwache bzw. im KWS-Büro nach Begleitschutz.

Grab von Denys Finch Hatton HISTORISCHE STÄTTE

(☎0723758639) In der Nähe des Point Lamwia, dem Gipfel der Gebirgskette, befindet sich das Grab von Denys Finch Hatton, einem berühmten Playboy und Liebhaber von Karen Blixen. Mittlerweile ist die Stätte fast vollständig zugewachsen und schwer zu finden. Sie liegt 4 km bergaufwärts ab Kiserian, wo man gegen ein Trinkgeld von etwa 200 KSh nach dem Weg fragen kann. Ein großer Obelisk markiert das Grab, in das eine Zeile der „Ballade vom alten Seemann" eingeritzt ist, eines von Finch Hattons Lieblingsgedichten. Die Inschrift lautet: „He prayeth well, who loveth well/Both man and bird and beast" (Nur der betet gut, der von Herzen liebt/den Menschen, den Vogel, das Tier). Der Legende nach wachen ein Löwe und eine Löwin über der Grabstätte, heute dürften diese allerdings Schwierigkeiten haben, das verschlossene Tor zu überwinden. Am besten erkundigt man sich im Voraus telefonisch, ob der Verwalter, der den Schlüssel verwahrt, überhaupt in der Gegend ist.

Ngong Hills Racecourse STADION

(Karte S. 64 f.; ☎573923; Ngong Rd) An mehreren Sonntagen im Monat tauschen die Bewohner Nairobis den Lärm und die Hektik der Stadt gegen die sehr viel idyllischere Umgebung dieser Pferderennbahn unmittelbar östlich von Karen ein. Früher musste manch ein Rennen wegen aggressiver Nashörner auf der Strecke abgesagt werden, heute geht die größte Gefahr dagegen von den Bällen aus, die vom Golfplatz in der Mitte geschlagen werden. Der öffentliche Bereich ist frei zugänglich. Ein Ticket für die Haupttribüne kostet 150 KSh, der Platinumpass, der den Zugang zum gepolsterten Sitzbereich der Vereinsmitglieder und zum Restaurant mit Blick auf die Bahn umfasst, 300 KSh. Das Rennprogramm ist für 50 KSh zu haben und manche Buchmacher akzeptieren bereits einen Wetteinsatz von 25 KSh (beim Course Tote mindestens 100 KSh). In der von Oktober bis Juli andauernden Saison finden jeden Monat drei Rennen statt. Hierher gelangt man mit dem Metro-Shuttlebus (50 KSh, 30 Min.) und den Matatu-Linien 24 oder 111 (25 KSh), die alle drei von der Haile Selassie Avenue abfahren.

Schlafen

Whistling Thorns CAMPING $

(Karte S. 53; ☎3540720; www.whistlingthorns.com; Isinya/Kiserian Pipeline Rd, nahe Kiserian; Camping 500 KSh, Leihzelt 650 KSh, EZ/2BZ 3000/3500 KSh, Luxuszelt 4200 KSh, Cottage 5000 KSh; P@≋) In den von Massai bewohnten Ausläufern der Ngong-Berge verspricht diese malerische Ranch erholsame Urlaubsmomente. Zum Angebot gehören Safaris auf dem Pferderücken, Wanderungen und Vogelbeobachtungstouren in den offenen Ebenen sowie leckeres hausgemachtes Essen (Frühstück 450 KSh). Wer mit öffentlichen Verkehrsmitteln anreisen möchte, nimmt den Bus oder das Matatu 111 bzw. 126 ab der Moi Avenue nach Kiserian (60 KSh, 1 Std.), steigt dort in ein Matatu nach Isinya/Kajiado um und bittet den Fahrer beim Whistling Thorns, 200 m von der Straße entfernt, zu halten. Ab der Innenstadt Nairobis dauert die Fahrt etwa zwei Stunden, es sei denn, man hat einen eigenen Wagen.

Maasai Ostrich Resort LODGE $$

(Karte S. 53; ☎350014; www.mericagrouphotels.com; abseits der A104; EZ/DZ ab 70/115 US$; P≋) Ja, die Kombination aus Straußenfarm und Hotel ist recht ungewöhnlich, aber warum eigentlich nicht? Die einfachen, gemütlichen Unterkünfte im Bauernhaus und die Gärten sind hübsch anzusehen und verschiedene Aktivitäten wie Straußenritte sorgen in der ansonsten wenig verheißungsvollen Gegend für Unterhaltung. Um hierherzukommen folgt man der Straße in Richtung Namanga (A104) und biegt beim Schild links ab. Öf-

ABSTECHER

ACACIA CAMP

Nur 36 km von der Innenstadt Nairobis entfernt, abseits der vielbefahrenen Straße zwischen Nairobi und Mombasa, bietet das inmitten des Swara-Plains-Naturschutzgebiets gelegene **Acacia Camp** (Karte S. 53; ☎2529500; www.swaraplains.com; 102/192 US$; P ᯤ) wunderbare Erholung vom Stadtleben. Mit seinen gepflegten Bungalows, dem leckeren Essen und den hübschen Gärten im Schatten von Akazien verfügt die Bleibe über das perfekte Maß an Komfort. Auf der über 81 km^2 großen Ranch tummeln sich Giraffen, Zebras, Gnus, Warzenschweine, jede Menge Gazellen und Antilopen sowie über 270 Vogelarten, allerdings keine Geparden, wie auf der Website angekündigt – das einzig präsente Raubtier ist eine Hyäne. Gegen einen Aufpreis werden Pirschfahrten sowie Ausflüge zu ein paar in Gefangenschaft lebenden, aber recht wilden Löwen am äußeren Rand der Schutzzone angeboten.

fentliche Verkehrsmittel, die gen Süden unterwegs sind, fahren bis zur Abzweigung; von dort aus sind es jedoch noch 7 km bis zur Farm.

Kiambethu Tea Farm

Kenianischer Kaffee ist weltberühmt, das Land ist jedoch auch der größte Exporteur von schwarzem Tee. Ein Besuch der **Kiambethu Tea Farm** (☎2012542; www.kiambethufarm.co.ke; Führung & Mittagessen 1700 KSh) bietet tolle Einblicke in die hiesigen Plantagen und ist zudem ein unterhaltsamer Ausflug ab Nairobi. Die Führung umfasst eine Reise durch die Geschichte des Teeanbaus in Kenia, einen Besuch des hübschen Farmgebäudes aus der Kolonialzeit und gelegentlich einen Ausflug in einen nahe gelegenen Primärwald. Sie muss im Voraus gebucht werden. Manche Touranbieter in Nairobi kümmern sich um die nötigen Vorbereitungen inklusive Transport. Wer mit dem eigenen Fahrzeug anreist, sollte sich die detaillierte Anfahrtsbeschreibung auf der Website ausdrucken. Die Farm liegt rund 25 km nordwestlich der Innenstadt Nairobis.

Südkenia

Inhalt »

Naturhighlights

- » Tsavo West National Park (S. 98)
- » Tsavo East National Park (S. 104)
- » Amboseli National Park (S. 93)
- » Taita Hills Wildlife Sanctuary (S. 107)
- » Chyulu Hills National Park (S. 97)

Kulturhighlights

- » Löwenwärter (S. 96)
- » Kimana Community Wildlife Sanctuary (S. 97)
- » Lumo Community Wildlife Sanctuary (S. 108)

Auf nach Südkenia

Kenias Süden zählt zu den Zielen Afrikas, wo man besonders gut Wildtiere beobachten kann. Die drei großen Parks des Landes – Amboseli, Tsavo West und Tsavo East – sind Lebensräume der sogenannten „Big Five" und vieler weiterer Tiere. Hier streifen zahlreiche Großkatzen umher und Elefanten stapfen so nah an einem vorbei, dass man sie fast berühren könnte. Als Kulisse des Ganzen dienen Afrikas höchster Berg, der Kilimanjaro, und anrührende Geschichten über Wildtiere, die um ihr Überleben kämpfen. Trotz der Beliebtheit der Schutzgebiete bestehen insbesondere die beiden Tsavo-Parks aus großflächigen unberührten Gegenden, deshalb kann es sein, dass man dort stundenlang kein anderes Safarifahrzeug sieht. Das Land rund um die Schutzzonen wird von den Massai bewohnt und die Chancen, sie auf gemeindebetriebenen Höfen oder in Wildtiergehegen kennenzulernen, sind besser als überall sonst. Kurz gesagt: Im Süden zeigt sich Kenia von seiner ursprünglichsten, aber dennoch sehr zugänglichen Seite.

Reisezeit

Voi

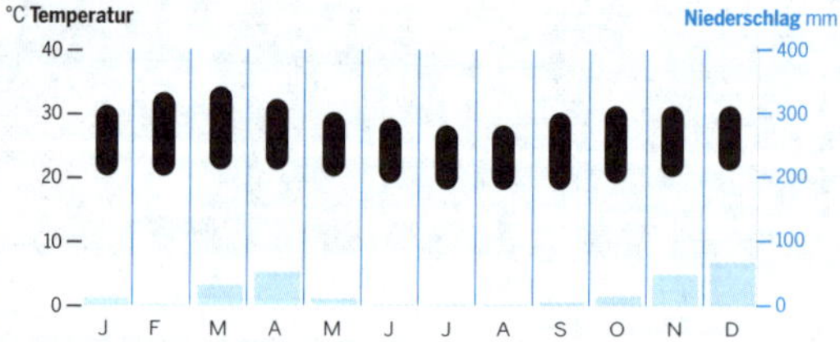

Juli–Okt. Die beste Zeit, um in den südkenianischen Parks Wildtiere zu beobachten.

Nov.–Feb. Ideal für Vögel und Wildtiere; nur die Novemberregen können etwas stören.

März–Mai Regen macht die Straßen unpassierbar und Wildtiere streunen außerhalb von Amboseli herum.

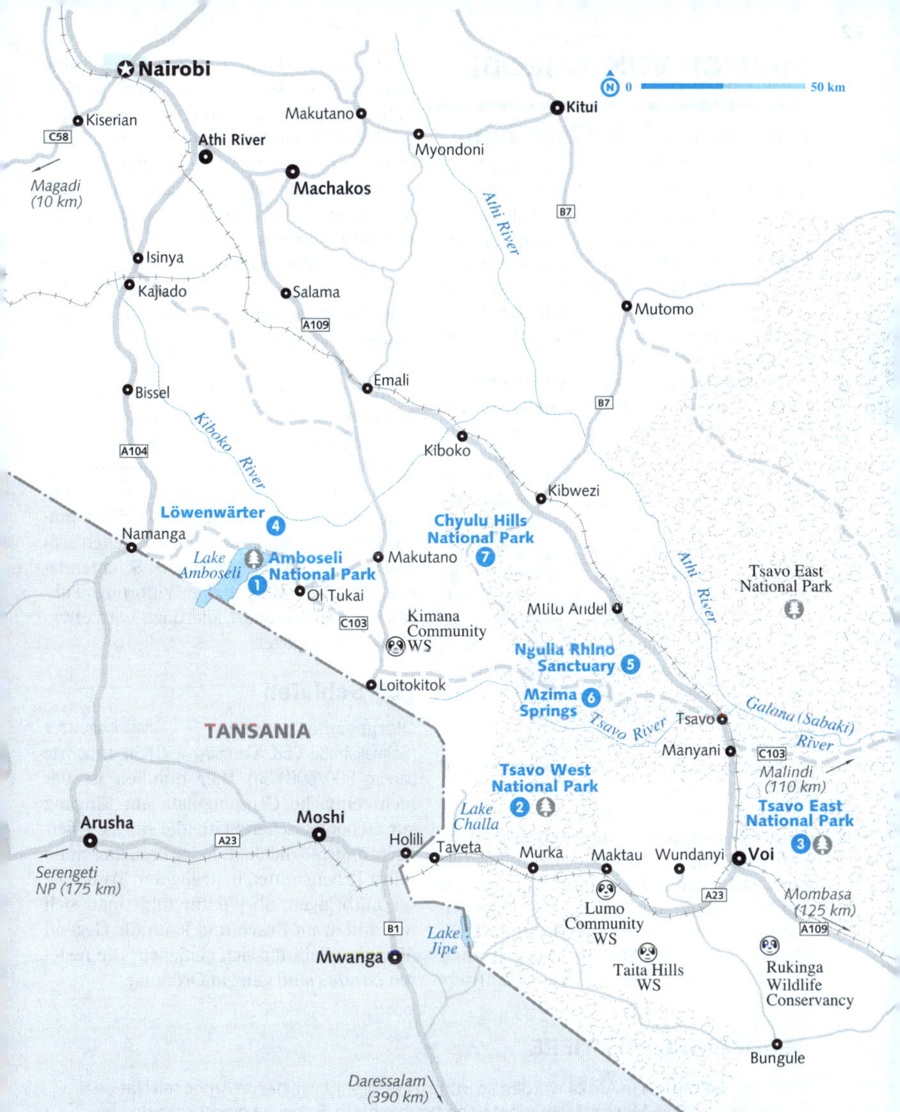

Highlights

1 Im **Amboseli National Park** (S. 93) vor dem Kilimanjaro Schnappschüsse von Elefanten machen

2 Den **Tsavo West National Park** (S. 98) durchstreifen und nach Leoparden suchen.

3 Löwen und „rote" Elefanten im Hinterland des **Tsavo East National Park** (S. 104) erspähen.

4 Die **Löwenwärter** (S. 96) der Massai begleiten.

5 Im **Ngulia Rhino Sanctuary** (S. 99) des Tsavo West National Park einen Blick auf Kenias letzte Spitzmaulnashörner erhaschen.

6 Flusspferde, Krokodile und Riesenfischer in der Oase von **Mzima Springs** (S. 99) im Tsavo West National Park beobachten.

7 **Leviathan** (S. 97), die zweitgrößte Lavaröhre der Welt, im Chyulu Hills National Park erkunden.

SÜDLICH VON NAIROBI

Lake Magadi & Umgebung

Die wenig befahrene Straße südwestlich von Nairobi führt zum Lake Magadi, dem südlichsten der Sodaseen im Rift Valley nahe der Grenze zu Tansania. Mit dem eigenen Wagen ist die Strecke ein lohnender Tagesausflug. Unterwegs kommt man an einer archäologischen Stätte vorbei, in deren Umgebung gelegentlich Giraffen, Zebras und Straußen zu sehen sind.

Der **Lake Magadi** (außerhalb der Karte S. 53) ist der mineralhaltigste der Sodaseen und fast komplett von einer dicken Salzschicht bedeckt, die kleine Flamingokolonien trägt und der Landschaft etwas seltsam Mondartiges verleiht. Die dicke Kruste bildet sich, wenn das mineralreiche Wasser, das aus den tiefen unterirdischen heißen Quellen hochgepumpt wird, in der 38 °C heißen Umgebung verdunstet. Eine Sodafabrik „erntet" die Schicht und filtert Sodiumchlorid (Salz) sowie Sodiumcarbonat (Soda) heraus, die in Bahnwaggons nach Mombasa transportiert werden. Das nahe gelegene Örtchen Magadi wurde von einem Unternehmen mit dem fantasielosen Namen Magadi Soda Company angelegt, um dem Fabrikpersonal und ihren Familien eine Heimat zu bieten.

Wer weiter als bis zum südlichen Ende des Dorfes fahren möchte, muss an einem Kontrollpunkt 300 KSh bezahlen. Das lohnt sich, denn der Damm führt durch den spektakulärsten Teil der fremdartigen Landschaft zu einem **Aussichtspunkt** am Westufer. Für die Strecke benötigt man allerdings einen Jeep mit Vierradantrieb. Weiter südlich kommt man zu einigen **heißen Quellen**. Sie sind zwar nicht sonderlich spektakulär, aber immerhin kann man in den tieferen Becken baden. Außerdem sieht man hier zahlreiche Fische, die sich an das warme Wasser angepasst haben. Manchmal bieten Massai gegen ein kleines Entgelt Führungen an.

Auf dem Weg zurück nach Nairobi nimmt man am besten die Abzweigung zur berühmten **Prähistorischen Stätte Olorgesailie** (außerhalb der Karte S. 53; Erw./Kind 500/250 KSh; bei Tageslicht). In den 1940er-Jahren machten die Leakeys an dieser Stelle, 40 km nördlich von Magadi, mehrere bedeutende archäologische Funde, darunter Hunderte von Faustkeilen und Steinwerkzeugen, die der *Homo erectus* vermutlich vor einer halben Million Jahre fertigte. Darüber hinaus entdeckte man Fossilien, von denen sich einige noch vor Ort befinden. Schattendächer schützen sie vor der Witterung. Führungen sind kostenlos, allerdings wird etwas Trinkgeld erwartet.

Schlafen

Olorgasailie Campsite CAMPINGPLATZ $
(Schnellstraße C58; Camping 250 KSh, neue/alte bandas 800/500 KSh) Hier draußen ist der recht einfache Campingplatz am Eingang zur archäologischen Stätte die einzige Übernachtungsmöglichkeit. Jeder Besucher muss selbst Lebensmittel, Bettzeug und Trinkwasser mitbringen, aber dafür fühlt man sich wie mitten im Busch und kann die Gegend oft ganz allein für sich genießen. Die neueren *bandas* sind ganz in Ordnung.

SÜDKENIAS WILDTIERE

Wenige **Elefanten** in Afrika wurden so intensiv erforscht wie die im Amboseli National Park, wo Cynthia Moss sie jahrzehntelang beobachtete. Folglich kommt man den beeindruckenden Geschöpfen nirgendwo anders auf dem ganzen Kontinent so nahe. Die mit rotem bis ockerfarbenem Schlamm bedeckten Elefanten von Tsavo und die **Spitzmaulnashörner** von Tsavo West haben eine ganz andere Beziehung zum Menschen, da sie in den 1970er- und 1980er-Jahren zu Tausenden von Wilderern massakriert wurden. Dass sie dennoch überlebten, macht es sogar noch reizvoller, sie in der Wildnis zu beobachten. Weltberühmt sind die **Löwen** der Tsavo-Parks – vielleicht Nachfahren der international gefürchtetsten Menschenfresser. **Leoparden** findet man in allen drei Schutzgebieten, während sich **Geparden** nur in Tsavo East und Amboseli niedergelassen haben. Letztere verhalten sich hier scheuer als in der Masai Mara. Darüber hinaus beherbergen alle drei Nationalparks **Flusspferde**, **Krokodile**, **Zebras**, **Giraffen**, **viele Antilopenarten** sowie eine reiche **Vogelwelt** und eignen sich damit wunderbar, um Tiere zu beobachten.

An- & Weiterreise

Magadi liegt 105 km südwestlich von Nairobi. Auf der C58 ab Nairobi herrscht wenig Verkehr, allerdings sind Schlaglöcher ein Problem. Fast jeden Morgen fährt ein Matatu nach Nairobi (250 KSh) und kehrt am Abend nach Magadi zurück.

Die Straße nach Arusha

Die A104 verläuft südlich von Nairobi nach Arusha hinter der Grenze zu Tansania. In der kenianischen Grenzstadt Namanga kann man tanken und Lebensmittel einkaufen.

BISSEL

Bissel ist der erste interessante Ort an der Strecke und ein lebhaftes Massai-Township mit einem geschäftigen Markt, einer Tankstelle, ein paar *dukas* (kleine Läden oder Kioske) sowie zahlreichen Bars und *hotelis* (Restaurants). Nur wenige Touristen machen hier Halt.

Matatus fahren von Bissel nach Nairobi (300 KSh, 1 Std.) sowie nach Namanga (150 KSh, 1 Std.).

NAMANGA

Weiter südlich befindet sich die Grenzstadt Namanga. Anders als an der Grenze herrscht in dem Ort eine erstaunlich entspannte Atmosphäre. Der Grenzübergang ist rund um die Uhr geöffnet, außerdem liegen die beiden Wachposten fast nebeneinander, deshalb kann man zu Fuß hinübergehen. Geldwechsler machen auf der kenianischen Seite rege Geschäfte. Man kann ihre Dienste in Anspruch nehmen, sollte ihnen allerdings nicht glauben, dass man kein kenianisches bzw. tansanisches Geld über die Grenze mitnehmen darf.

Namanga River Hotel HOTEL $
(☎0722440089; riverhotelnamanga.com; Camping 500 KSh, EZ/DZ ab 3600/4700 KSh; Ⓟ) Für eine letzte Nacht in Kenia oder als Zwischenstopp bietet sich dieser schattige Campingplatz mit attraktiven Hütten unterschiedlicher Kategorien und einem guten, vor allem von LKW-Fahrern frequentierten Bar-Restaurant an.

An- & Weiterreise

Auf der Durchreise zwischen Nairobi und Arusha (300–600 KSh, 2 Std.) halten in Namanga täglich Busse. Außerdem starten an der Kreuzung der River Road und der Ronald Ngala Street in Nairobi (300–400 KSh) Matatus und Peugeots (Sammeltaxis).

Im Büro von Akamba am Bahnhof Kobil kann man Tickets für den Morgenbus nach Arusha kaufen. Mehrere weitere Unternehmen bedienen diese Strecke, ebenso wie Matatus und Peugeots, die in Tansania losfahren. Weitere Details über die Verkehrsmittel von/nach Tansania siehe S. 394.

DER SÜDOSTEN

In der südöstlichen Ecke des Landes, ein Stück hinter der Küste, erstrecken sich drei bedeutende Parks: Amboseli, Tsavo West und Tsavo East. Die beiden Letzteren bedecken die fast 4 % der Fläche Kenias. Weniger bekannt, aber dennoch sehr lohnenswert sind die privaten, oftmals von den Gemeinden betriebenen Tierschutzgebiete jenseits der Parkgrenzen, insbesondere jene rund um die hübschen Taita Hills.

Amboseli National Park

Zweifellos ist der **Amboseli National Park** (Erw./Kind pro Tag 75/40 US$) ein Highlight unter Kenias Schutzgebieten. Er wartet mit Hunderten Elefanten und den besten Ausblicken zum Kilimanjaro (5895 m) auf. Afrikas höchster Berg erhebt sich über der Südgrenze des Parks. Während er tagsüber oft von Wolken umhüllt wird, ist die Sicht fantastisch, sobald das Wetter aufklart, was in der Regel während der Morgen- und der Abenddämmerung passiert. Hier sieht man garantiert Elefanten sowie Gnus und Zebras. Auch die Chance, Löwen und Hyänen zu Gesicht zu bekommen, ist recht groß. In der Schutzzone gibt's außerdem über 370 Vogelarten und Besucher können sich intensiv mit dem Thema der Wildtiererhaltung befassen. Alles in allem bietet der Nationalpark eines der besten Wildtiererlebnisse in ganz Kenia.

Sehenswertes & Aktivitäten

Sümpfe SEE
Der **Enkongo Narok** und der **Olokenya** bilden einen permanenten Sumpfgebietgürtel durch die Parkmitte und locken die meisten Wildtiere an. Elefanten waten hier durch den Schlamm und mit etwas Glück sieht man auch Flusspferde, insbesondere am Enkongo Narok. Außerdem tummeln sich vor Ort zahlreiche Vögel. Oftmals entdeckt man am **Sinet Causeway**, der den Enkongo Narok unweit des Observation Hill kreuzt, Elefanten aus unmittelbarer Nähe. Im rundum gelegenen Weideland grasen Antilopen, Zeb-

Amboseli National Park

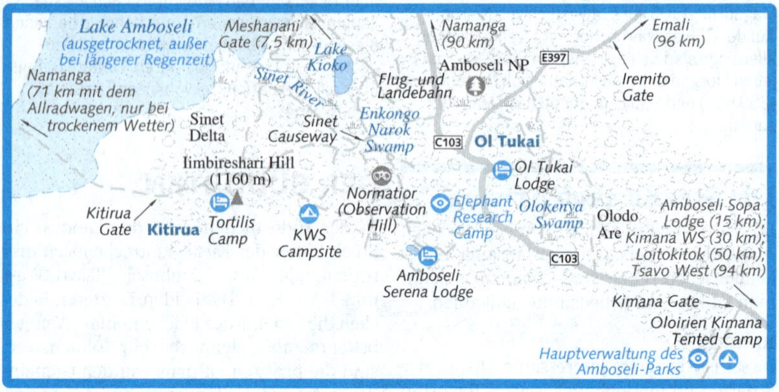

ras und Gnus, darüber hinaus lauern dort manchmal Hyänen und Löwen auf Beute. Von November bis März zieht das Sumpfgebiet zahlreiche Zugvögel an.

Normatior (Observation Hill)

AUSSICHTSPUNKT

Vom Observation Hill genießt man einen hervorragenden Blick auf die unterhalb gelegenen Ebenen, Sümpfe und Straßen sowie nach Süden zum Kilimanjaro und nach Osten über das Feuchtgebiet. Die Wildtiere sind meist weit entfernt, aber dafür sieht man sie in ihrer natürlichen Umgebung.

AMBOSELI NATIONAL PARK

Highlights Elefanten, der beste Ausblick auf den Kilimanjaro in ganz Afrika, Löwen, Gnus, Zebras, eine reiche Vogelwelt sowie Schutzprogramme für Elefanten und Löwen.

Reisezeit Ganzjährig. In der Trockenzeit (Mai–Okt., Jan.–März) sieht man die meisten Wildtiere, zudem halten sich in dem Schutzgebiet von November bis März Tausende Zugvögel auf. Während und nach der Regenzeit bewegen sich viele Tiere außerhalb der Parkgrenzen.

Praktisches Entweder fährt man von Nairobi oder Mombasa aus hierher oder nimmt einen Flug. Der Park hat drei Haupteingänge. Weil die Tore im Westen (Kitirua Gate und Meshanani Gate) in schlechtem Zustand sind, entscheidet man sich besser für das Iremito Gate (Nordosten) oder das Kimana Gate (Südosten). Das Schutzgebiet kann mit ganz normalen Wagen befahren werden. Iremito ist das einzige Tor mit einer Aufladestation für Safarikarten.

Sinet Delta

PARK

Vom Observation Hill verläuft die Nordroute durch das Sinet Delta, wo man hervorragend Vögel beobachten kann. Zu den am häufigsten gesichteten Arten zählen Blatthühnchen, Reiher, Fischreiher, Ibisse, Gänse, Regenpfeifer, Störche, Enten, Fischadler und Flamingos. Weiter südlich verdichtet sich die Vegetation, sodass hier Giraffen Futter finden. Sie macht den tollen Blick auf den Kilimanjaro noch malerischer.

Lake Amboseli

SEE

Dieser „See" im Nordwesten des Deltas nimmt ein großes Stück des Parks ein, ist aber außer nach starken Regenfällen oft knochentrocken. Wenn man Zeit hat, lohnt sich außerhalb der Regenzeit ein Ausflug dorthin, nicht zuletzt weil nur wenige Besucher herkommen.

Kimana Gate

TIERSCHUTZGEBIET

Auf der Straße Richtung Osten durch den Park zum Kimana Gate sollte man in den Akazienwäldern nach Massai-Giraffen Ausschau halten, die hier am häufigsten zu sehen sind. Manchmal entdeckt man auch Gerenuks, eine ungewöhnliche Gazellenart, die sich beim „Grasen" auf die Hinterbeine stellt und den Nacken reckt. Etwas außerhalb des Tors gibt's zahlreiche Lodges und Campingplätze. Von dort führt die (sehr holprige) Straße weiter zum Tsavo West National Park.

Elephant Research Camp TIERSCHUTZGEBIET (☎0710149131, 0733782851; www.elephanttrust.org; Gruppe bis 10 Pers. 500 US$, Gruppe über 10 Pers.pro Teilnehmer 50 US$; ⏲nach Voranmeldung Mo–Sa 15 Uhr) Die Elefanten von Amboseli zählen zu den am besten erforschten der Welt, was vor allem der Arbeit von Cynthia Moss und ihren Büchern *Das Jahr der Elefanten* sowie *Die Elefanten vom Kilimanjaro* zu verdanken ist. Moss war auch an der Produktion der berühmten Dokumentar-DVD *Echo of the Elephants* beteiligt. Das Forschungscamp im Herzen des Parks ist nach wie vor in Betrieb und wird vom **Amboseli Trust for Elephants** (www.elephanttrust.org) geleitet. Es ist zwar nicht für spontane Besuche geöffnet, aber man kann sich für einen einstündigen Vortrag anmelden, bei dem die Forscher ihre Arbeit und Maßnahmen der Arterhaltung erklären. Am Ende bleibt Zeit für Fragen. Preiswert ist das Ganze nicht, doch dafür unterstützt man eines der ersten Elefantenforschungsinstitute in Afrika und hat die seltene Gelegenheit, mehr über die faszinierenden Tiere zu erfahren. Buchungen werden telefonisch oder per Mail entgegengenommen.

Schlafen & Essen

Die Unterkünfte des Parks sind entweder luxuriös oder günstig und einfach, dazwischen gibt's nicht viel. Alle hier für die Lodges angegebenen Preise (nicht für die Campingplätze) umfassen Vollpension.

LP TIPP **Ol Tukai Lodge** LODGE **$$$** (☎020-4445514; www.oltukailodge.com; EZ/DZ 308/385 US$; P ❄ @) Mitten im Park am Rand eines dichten Akazienwalds liegt die hervorragend gepflegte Ol Tukai Lodge mit ihrem hoch aufragenden *makuti* (Dach aus trockenen Palmblättern) und einem ruhigen Garten voller hoher Bäume. Gäste kommen in Holzchalets mit leuchtenden Zebrastreifen unter, außerdem wartet die tolle Bar auf zwei Ebenen mit einem weiten Blick zum Kilimanjaro und einem friedvollen luxuriösen Ambiente auf.

Tortilis Camp TENTED CAMP **$$$** (☎045-622195; www.tortilis.com; EZ/DZ 470/780 US$, Familienzelt 1950 US$; P WLAN) Dieser wundervoll durchdachte Ort zählt zu den exklusivsten Ökolodges in ganz Kenia. Seine herrliche erhöhte Lage bietet den perfekten Ausblick auf den Kilimanjaro und die luxuriösen Segeltuchzelte wurden erst vor Kurzem renoviert. Wir haben nirgendwo im Süden derart beeindruckende Familienzimmer gesehen. Zu den üppigen Mahlzeiten, die nach traditionellen norditalienischen Rezepten aus dem Familienkochbuch des Besitzers zubereitet werden, gehören Kräuter und Gemüse aus dem hauseigenen Biogar-

WAS BRINGT DIE ZUKUNFT?

Obwohl der Amboseli National Park für den kenianischen Tourismus eine große Rolle spielt, war er Gegenstand einiger Kontroversen, seit Präsident Kibaki 2005 versuchte, ihn in ein Nationalreservat herabzustufen, was die Verwaltung durch den Kenya Wildlife Service (KWS) in lokale Hände verlagert hätte. Befürworter finden es richtig, die Kontrolle des Gebietes wieder der hiesigen Gemeinde zu übergeben, während Naturschützer davor warnen, dass dies der Anfang vom Ende der Schutzzone ist. Darüber hinaus befürchten sie, dass eine Rückstufung von Nationalparks Kenias gesamtes Wildtiererhaltungssystem ins Wanken bringen könnte. Der Oberste Gerichtshof des Landes erklärte die Maßnahme 2011 für illegal, aber Amboselis Zukunft steht weiterhin in Frage.

Im Oktober 2011 drohte Tourismusminister Najib Balala damit, das Gebiet für drei Jahre zu sperren, damit es sich von der Dürre (ein großer Teil des Parks ist in der Trockenzeit eine Staubwüste und während der Dürre von 2009 starben Tausende Tiere) sowie von der Belastung durch den Tourismus und die große Elefantenpopulation erholt. Heute leben hier ca. 1200 Elefanten, fast doppelt so viele wie vor zehn Jahren, allerdings gilt diese Zahl als untragbar. Die Vegetation war früher viel dichter, doch der steigende Salzgehalt des Bodens, von Elefanten verursachte Schäden und unverantwortliches Verhalten mit Safarifahrzeugen führten zu erheblicher Erosion.

Ein Moratorium für eine neue Form des Tourismus ist wahrscheinlicher als eine Schließung der Schutzzone, aber die Zukunft liegt weiterhin im Nebel und es kommt die Frage auf, ob der Nahrungsmangel die Tiere in einigen Jahren zum Abwandern zwingt.

LÖWENWÄRTER

Da sich Löwen von allen Großkatzen am leichtesten beobachten lassen, ist vielen Besuchern gar nicht bewusst, dass die Tiere vom Aussterben bedroht sind. Vor einem Jahrhundert gab es in Afrika über 200 000 Löwen. Heute sind nach Schätzungen der führenden Nichtregierungsorganisation zur Erhaltung von Großkatzen **Panthera** (www.panthera.org) mit Sitz in New York weniger als 30 000 davon übrig und die Tiere aus 80 % ihrer angestammten Gebiete verschwunden. Kenias Bestand hat eine kritische Grenze erreicht: Mittlerweile gibt's in dem Land nur noch weniger als 2000 erwachsene fortpflanzungsfähige Löwen. Schätzungsweise 60 Tiere leben im Amboseli-Ökosystem, genauer gesagt im Nationalpark und dem umgebenden Amboseli-Becken. Rund die Hälfte der Raubkatzen (in der Regenzeit mehr) zieht außerhalb des Parks umher und teilt sich das Land mit den Massai sowie deren Viehherden.

Bei den Massai war es lange üblich, dass junge männliche Krieger (die *morran*) Löwen und andere wilde Tiere als Initiationsritus und zum Beweis ihres Mutes töteten. Eine Organisation fand einen innovativen Weg, die Tradition des Volksstammes zu respektieren und die Raubkatzen zu schützen. **Lion Guardians** (www.lionguardians.org oder www.wildlifeguardians.com) nahm zahlreiche der jungen Krieger auf und bildete sie zu Löwenwärtern aus, deren Aufgabe es ist, die Massai und die Tiere voreinander zu schützen. Die Wächter patrouillieren nun durch ein Gebiet und machen sich sowohl mithilfe von Funksendern als auch mit althergebrachten Methoden auf die Suche des aktuellen Aufenthaltsortes der Tiere. Sie warnen Hirten vor diesen Stellen und helfen, verloren gegangenes Vieh sowie vermisste Kinder wiederzufinden. In Gegenden, wo Löwenwärter arbeiten, ist die Zahl getöteter Raubkatzen (und von Löwen gerissenes Vieh) erheblich gesunken.

Besuch bei den Löwenwärtern

Bei Redaktionsschluss steckte die Idee noch in den Kinderschuhen, doch es gibt Pläne, im Rahmen des Löwenwärterprogramms **geführte Touren** anzubieten. Bei diesen Ausflügen sollen die Besucher Gelegenheit bekommen, mit den Aufsehern zu sprechen und sie auf ihrer Suche nach den Tieren zu begleiten. Ob man die Exkursionen inzwischen buchen kann, erfährt man auf den Websites der teilnehmenden Lodges. Über die Kosten besteht noch keine Klarheit, aber sie werden wahrscheinlich je nach Aktivität zwischen 250 und 500 US$ pro Person liegen. Das mag teuer sein, ist aber eine tolle Gelegenheit, mehr über die Massai und die Löwen sowie den derzeitigen Stand der Wildtiererhaltung zu erfahren.

ten. Nachhaltigkeit wird hier großgeschrieben und Solarenergie so viel wie möglich genutzt.

Amboseli Serena Lodge LODGE **$$$**
(☎020-2842000; www.serenahotels.com; 270/370 US$; P ≋ ᯤ) Von einigen der feuerroten Adobe-Hütten dieses klassisch-eleganten Anwesens blickt man auf den wildtierreichen Enkongo-Narok-Sumpf. Als Kulisse des Ganzen dienen üppige tropische Gärten mit blühenden Pflanzen und hübsch zugeschnittenen Büschen. Darüber hinaus punktet die Unterkunft mit einem tadellosen Service. Den Kilimanjaro kann man von dem Anwesen nicht sehen.

Oloirien Kimana Tented Camp CAMPINGPLATZ **$**
(☎0720951500; Zelt/banda pro Pers. 1500/2000 KSh; P) Ein einfaches, staubiges, aber nettes Camp 2,8 km außerhalb des Parks südlich vom Kimana Gate mit schlichten Zelten und *bandas* inklusive Kaltwasserduschen. Es gibt eine Küche, in der sich die Gäste selbst Essen zubereiten können.

Amboseli Sopa Lodge LODGE **$$$**
(☎020-3750460; www.sopalodges.com/amboseli/home.html; EZ/DZ 223/314 US$; P ≋ @) 15 km außerhalb des Schutzgebietes verfügt diese Bleibe an der Straße zum Tsavo West National Park über Lehmhütten im Safaristil mit ein paar kenianischen Kuriositäten. Wer hier unterkommt, hat es recht weit bis zum Park, außerdem entspricht der Service nicht dem luxuriöser Unterkünfte, doch dafür stimmt der Preis.

KWS Campsite CAMPINGPLATZ **$**
(Campingplatz 25 US$; P) Der Campingplatz an der südlichen Parkgrenze hat Toiletten,

allerdings ist die Wasserversorgung nicht zuverlässig, deshalb sollte man eigene Vorräte mitbringen. In der kleinen Bar bekommt man warmes Bier und nichtalkoholische Getränke. Wildtiere werden durch einen Zaun abgehalten, sodass man sich nachts frei bewegen kann. Trotzdem sollte man *keine* Lebensmittel im Zelt aufbewahren, da hier Paviane tagsüber auf Futtersuche sind.

Praktische Informationen

Kenya Wildlife Service (045-622251; www.kws.org/parks/parks_reserves/AMNP.html; Erw./Kind 75/40 US$, Safarikarte erforderlich)

An- & Weiterreise

Auto & Allradwagen

Von Nairobi aus ist auf allen Strecken mit einer Fahrtzeit von vier Stunden zu rechnen.

VIA NAMANGA 180 km auf der Asphaltstraße zurücklegen, dann dem recht holprigen, aber passierbaren unbefestigten Weg 75 km bis zum Meshanani Gate folgen.

VIA EMALI 240 km auf der Asphaltstraße zurücklegen, anschließend der Kiesstraße 18 km bis zum Irimeto Gate folgen.

Flugzeug

Airkenya (www.airkenya.com; eine Strecke ab 101 US$) Zwischen dem Wilson Airport in Nairobi und Amboseli bestehen tägliche Verbindungen. Um vom Flughafen wegzukommen, muss man sich mit einer der Lodges oder einem Safarianbieter in Verbindung setzen und sich von diesen mit einem Fahrzeug abholen lassen.

Chyulu Hills National Park

Zu Kenias am seltensten besuchten Nationalparks zählen die Chyulu Hills, eine grüne Oase, die sich über den trockenen Ebenen Südkenias erhebt. Erloschene Vulkane überragen das Schutzgebiet, das etwas nordwestlich vom Tsavo West National Park liegt. Sie gehören zu den jüngsten Gebirgsketten der Erde und entstanden vermutlich erst vor 500 Jahren. Von ihnen genießt man einen hervorragenden Blick zum Kilimanjaro und den Amboseli-Ebenen des Massailands im Osten.

Eventuell begegnet man vor Ort mehr Hirten mit ihrem Vieh als Wildtieren, außerdem ist in der Gegend Wilderei ein Problem. Dementsprechend sind die wenigen Wildtiere wie Elenantilopen, Klippspringer, Giraffen, Zebras, Paviane, Weißkehlmeerkatzen und Gnus sowie eine noch kleinere Anzahl Elefanten, Löwen, Leoparden und Büffel recht scheu, aber dafür trifft man in dem Park kaum andere Touristen.

Sehenswertes & Aktivitäten

Etwa 15 km vom Parkeingang erstreckt sich die gut ausgeschilderte **Leviathan**, mit 12 km die zweitlängste Lavaröhre der Welt. Sie wurde von einem heißen Lavastrom unter einer kalten Kruste gebildet. Um sie zu

ABSTECHER

KIMANA COMMUNITY WILDLIFE SANCTUARY

Dieses 40 ha große **Tierschutzgebiet** (Eintritt 25 US$) hat zwar nicht die Größe von Südkenias Vorzeige-Nationalparks, beherbergt aber einen beeindruckenden Bestand an Wildtieren. Raubtiere sieht man nur mit viel Glück, doch dafür kommt das hier ausgegebene Geld direkt der örtlichen Gemeinde zugute. Das Kimana-Gehege wurde 1996 von USAID und KWS gegründet und gehört seither den Massai, die es auch verwalten. Mittlerweile gilt es als Musterbeispiel für ähnliche Projekte auf dem ganzen Kontinent.

Eine Übernachtung vor Ort kostet viel, dennoch ist das **Campi ya Kanzi** (045-622516; www.campiyakanzi.com; EZ/DZ ab 700/1180 US$; P) eine lohnenswerte, ebenfalls von Massai betriebene Unterkunft, deren Einnahmen ohne Umwege in Bildung, Gesundheitsvorsorge und Umweltschutz der lokalen Gemeinden fließen. Die Luxuszelte verteilen sich auf einer riesigen Farm rund um eine zentral gelegene, nostalgisch eingerichtete Lodge aus Stein.

Das Reservat befindet sich 30 km östlich des Amboseli National Park nicht weit von der Straße nach Tsavo West. Einzige Zufahrt ist die schlecht gewartete unbefestigte Straße, die westlich von Emali (an der Strecke Nairobi–Mombasa) nach Loitokitok nahe der Grenze zu Tansania führt. Alternativ nimmt man die holprige Route zwischen Amboseli und Tsavo West.

erkunden, braucht man eine komplette Ausrüstung und am besten auch etwas Erfahrung in klaustrophobisch engen Höhlen. **Savage Wilderness Safaris Ltd** (Karte S. 77; ☎020-7121590; www.whitewaterkenya.com) bietet geführte Touren hierher an. Ansonsten darf man die Röhre nur in Begleitung eines KWS-Rangers und nach vorheriger Genehmigung durch den Wärter betreten.

Der Weg vom Parkbüro in die Berge ist schwer befahrbar, aber – wenn es zuvor nicht geregnet hat – mit einem Zweiradantrieb machbar. Bevor man startet, sollte man sich in der Verwaltung über die aktuelle Lage informieren.

Schlafen

Innerhalb des Parks gibt's keine Lodges.

KWS Campsite CAMPINGPLATZ **$**
(Camping 15 US$; P) Selbstversorger können auf diesem einfachen, aber zweckmäßigen Campingplatz in der Nähe der Parkverwaltung übernachten.

Ol Donyo Wuas LODGE **$$$**
(Karte S. 100 f.; ☎020-600457; www.greatplainsconservation.com; EZ/DZ ab 550/950 US$; P) Wenn Geld keine Rolle spielt, ist die etablierte Ökolodge, die gänzlich aus lokalen Materialien errichtet wurde und fortschrittliche Wasserrecycling- sowie Solarenergiesysteme nutzt, eine gute Wahl. Gäste werden überaus zuvorkommend behandelt, doch der Clou sind die Exkursionen zu Wildtieren und Ausritte in den Nationalpark.

Praktische Informationen

Das Parkbüro ist direkt hinter Kibwezi, ca. 41 km nordwestlich von Mtito Andei, ausgeschildert. Es befindet sich 1,3 km hinter dem Nordwesttor und 9 km von der Straße von Nairobi nach Mombasa entfernt.

Kenya Wildlife Service (☎020-2153433; www.kws.org/parks/parks_reserves/CHNP.html; Erw./Kind 20/10 US$, Safarikarte nicht gültig)

Tsavo West National Park

Willkommen in der Wildnis! Mit seinen 9065 km² zählt der wunderbare **Tsavo West National Park** (Erw./Kind 60/30 US$ pro Tag) zu Kenias größeren Schutzgebieten. Er besteht aus vielfältigen Landschaften, die von Sümpfen, natürlichen Quellen und felsigen Gipfeln bis zu erloschenen Vulkankratern, hügeligen Ebenen und grün bewachsenen Felsnasen reichen.

TSAVO WEST NATIONAL PARK

Highlights Die spektakuläre wilde Landschaft, eine gute Mischung aus Raubtieren (Löwe, Leopard, Gepard, Hyäne), Beutetieren (Kleiner Kudu, Gazelle, Impala) und anderen Pflanzenfressern (Elefant, Nashorn, Zebra, Oryx-Antilope, Giraffe).

Reisezeit Ganzjährig. In der Trockenzeit (Mai–Okt., Jan.–März) sieht man die meisten Wildtiere, während man von November bis März besonders viele Zugvögel beobachten kann.

Praktisches Die Anfahrt erfolgt von Kibwezi aus über die Straße zwischen Nairobi und Mombasa. In der Nähe des Parkeingangs gibt's einen Campingplatz, außerdem befinden sich innerhalb des Schutzgebietes Lodges. Zu den weiteren Einrichtungen gehört ein Safarikartensystem; aufladen kann man die Karte aber nur am Mtito Andei Gate. Die Tore sind von Sonnenauf- bis Sonnenuntergang geöffnet.

Um ihn ranken sich zahlreiche Legenden, u. a. wegen der berühmten menschenfressenden Löwen aus dem 19. Jh. und der maßlosen Wilderei in den 1980er-Jahren. Trotz Letzterer tummeln sich hier nach wie vor jede Menge Wildtiere, auch wenn man mehr Geduld als im Amboseli-Park oder in der Masai Mara aufbringen muss, bevor man sie zu Gesicht bekommt. An vielen Stellen ist die Vegetation von Tsavo West dichter und höher, trotzdem gilt die Schutzzone dank ihrer spektakulären Landschaft, der noblen Lodges und des Gefühls von Weite als besonders sehenswert. Um so viel wie möglich von einem Besuch zu haben, sollte man etwas Zeit mitbringen.

Die nördliche Hälfte des Parks verfügt über die meisten Einrichtungen, darunter zahlreiche hervorragende Lodges und jede Menge gute Ausgangspunkte, um das Auto zu verlassen und zu Fuß weiterzugehen. Außerdem ist die Umgebung aus vulkanischen Bergen und weiter Savanne einfach umwerfend. Der südliche Teil des Parks hinter der Piste zwischen Voi und Taveta an der tansanischen Grenze wird nur von wenigen Menschen angesteuert.

Sehenswertes & Aktivitäten

LP TIPP Ngulia Rhino Sanctuary

TIERSCHUTZGEBIET

(⌚16–18 Uhr) Dieses kürzlich vergrößerte Gebiet umfasst 90 km² am Fuß der Ngulia Hills und ist Bestandteil des Rhino-Ark-Programms. Rund um die Schutzzone erstreckt sich ein 1 m hoher Elektrozaun, eine Sicherheitsmaßnahme für die letzten 50 der stark vom Aussterben bedrohten Spitzmaulnashörner. In den 1960er-Jahren lebte Afrikas größte Population dieser Art im Tsavo National Park (zwischen 6000 und 9000 Tieren). In dem umzäunten Areal gibt's Fahrwege und Wasserlöcher, aber weil die Nashörner in der Regel nachtaktiv sind, stehen die Chancen, eines zu sehen, nicht sehr gut. Immerhin pflanzen sich die archaischen Geschöpfe erfolgreich fort, sodass inzwischen 15 Tiere an anderen Stellen im Tsavo West National Park ausgewildert wurden. Das Reservat liegt in der Nähe der Ngulia Safari Lodge, von allen anderen Ausgangspunkten muss man dagegen eine weite Anfahrt in Kauf nehmen.

LP TIPP Rhino Valley

PARK

Das Rhino Valley ist einer unserer Lieblingsorte zum Beobachten von Tieren. Hier halten zahlreiche Antilopenarten vorsichtig Ausschau nach Löwen, Leoparden und Geparden. Darüber hinaus sieht man Elefanten, Giraffen und mit viel Glück auch Spitzmaulnashörner. Die Vogelwelt ist ebenfalls sehr vielfältig. Am besten nimmt man sich als Erstes den „Rhino Valley Circuit" vor und steuert anschließend die vom Mukui River gespeisten Teiche und Pfützen an, wo sich das Schauen und Warten überall lohnt.

Ngulia Hills

BERG

600 m über dem Talboden und mehr als 1800 m über dem Meeresspiegel erheben sich die zerklüfteten Ngulia Hills, eine der schönsten Landschaften im Tsavo-Park. Sie bilden die Kulisse hinter dem Rhino Valley. Mit Genehmigung eines Parkwächters (s. S. 99) kann man die Hügel besteigen. Von Ende September bis November liegen ihre Gipfel an der Flugroute der Zugvögel.

LP TIPP Mzima Springs

QUELLE

Jeden Tag spendet diese grüne Oase im Westen des Parks unglaubliche 250 Mio. Liter frisches Wasser. Der Ursprung der Mzima-Quellen liegt in den Chyulu Hills und liefert einen Großteil des Wassers für Mombasa. Am Ufer führt ein Wanderweg entlang. 2009 ließ eine Dürreperiode die Flusspferdpopulation rund um die Quellen stark schrumpfen, sodass mittlerweile nur noch etwa 20 Tiere übrig sind. Zudem gibt's Krokodile und eine große Vielfalt an Vögeln. Durch das Fenster einer unterirdischen Kammer sieht man Tausende urzeitlich aussehende Fische. Allerdings muss man Vorsicht walten lassen und darf den Flusspferden und Krokodilen nicht zu nahe kommen.

Chaimu Crater & Roaring Rocks

AUSSICHTSPUNKT

Diese beiden natürlichen Erhebungen südöstlich der Kilaguni Serena Lodge bieten beeindruckende Ausblicke zu den Chyulu Hills, während über der Ebene Raubvögel kreisen. Die Roaring Rocks sind in ca. 15 Minuten zu erklimmen. Ihr Name stammt von dem Wind, der den Steilhang hochpfeift, und dem ständigen Zirpen der Zikaden. Es ist zwar nicht sehr gefährlich, hier eine Wanderung zu unternehmen, dennoch warnt der KWS in seiner Parkbroschüre davor, dass sich im Krater und in der Lava Schlangen und große schlafende Säugetiere verbergen können.

Poachers' Lookout

AUSSICHTSPUNKT

Etwas nordwestlich des Severin Safari Camp wartet dieser Aussichtspunkt mit einem schönen Blick über den Park auf, insbesondere nach Westen zu den Ebenen des Amboseli-Ökosystems und zum Kilimanjaro.

Tembo Peak & Ngulia Hills

KLETTERN

Am Tembo Peak und in den Ngulia Hills kann man klettern, muss dies aber vorab mit dem **Parkwächter** (☎043-30049) absprechen. Außerdem braucht man einen Jeep und sollte sich von einem KWS-Ranger begleiten lassen.

LP TIPP Shetani Lava Flows

AUSSICHTSPUNKT

4 km westlich vom Chyulu Gate des Tsavo West National Park an der Straße zur Amboseli-Schutzzone erstrecken sich die spektakulären Shetani-Lavaströme. Auf Kiswahhili heißt „Shetani" „Teufel": Als die Ströme vor einigen Hundert Jahren entstanden, glaubten die Einheimischen nämlich, der Teufel selbst sei aus der Erde emporgestiegen. Die gefaltete schwarze Lava erstreckt sich über eine große Fläche von 50 km² am Fuß der Chyulu Hills bis in die Savanne, was so aussieht, als habe der Vesuv dort seine Decke ausgebreitet. Obwohl sich der letzte größere Vulkanausbruch vor etwa 200 Jahren ereig-

Tsavo East & Tsavo West

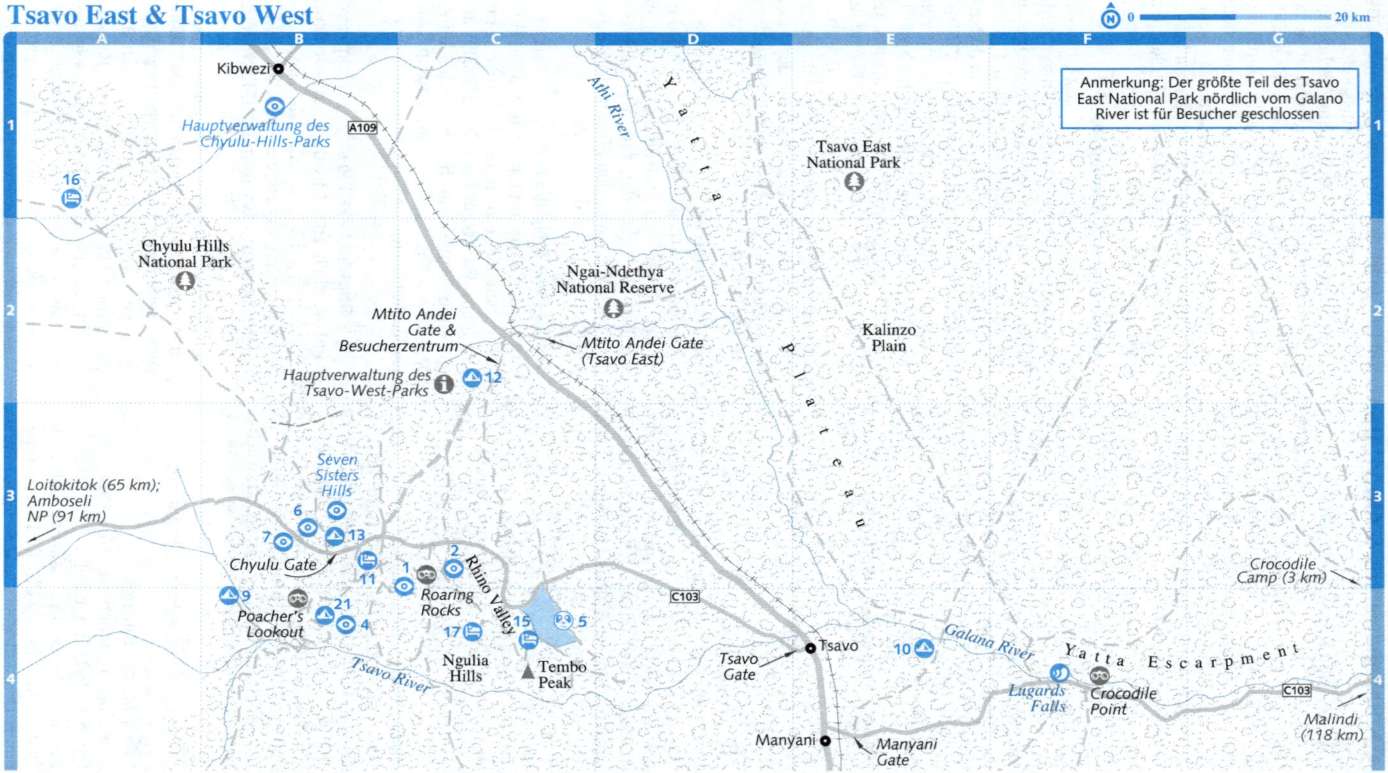

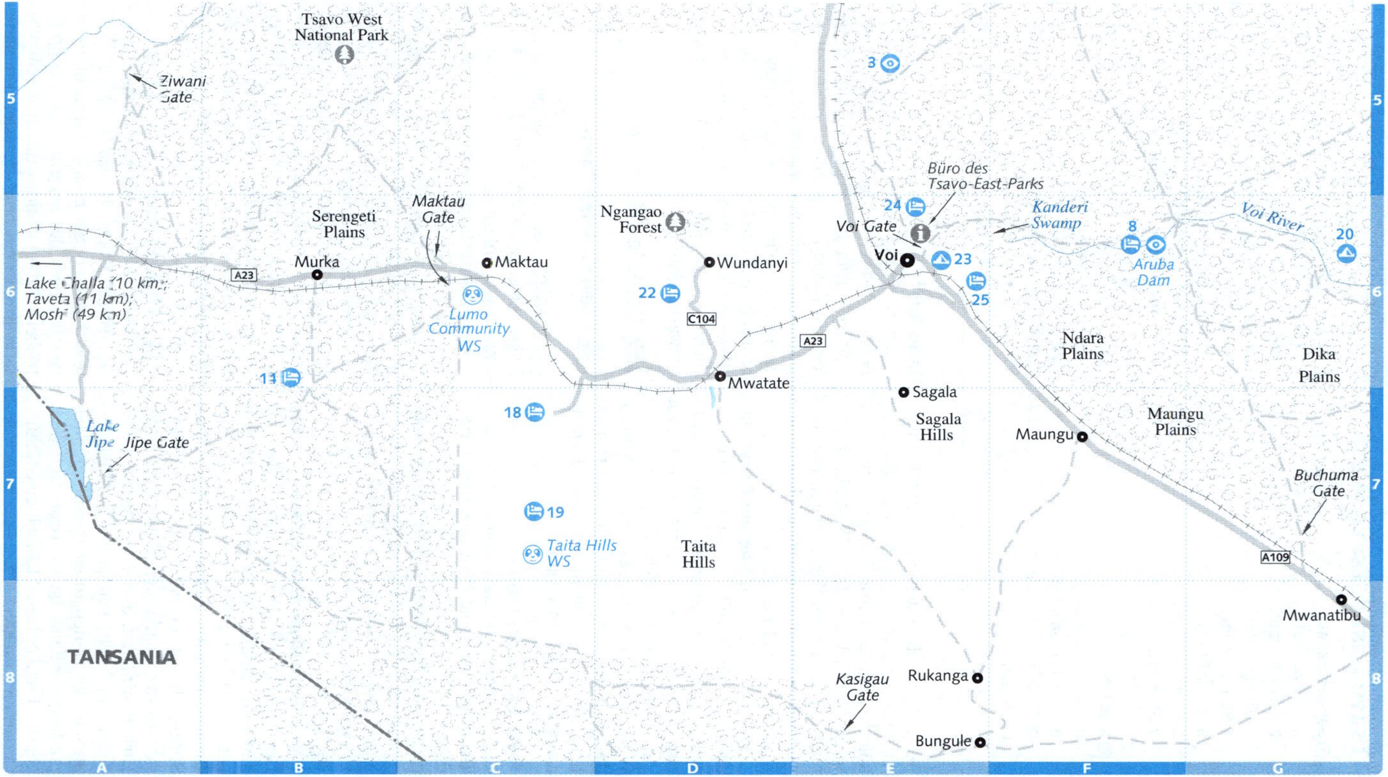
Tsavo West National Park
Ziwani Gate
Serengeti Plains
Maktau Gate
Murka
Maktau
A23
Lake Challa (10 km); Taveta (11 km); Moshi (49 km)
Lumo Community WS
11
18
19
Taita Hills WS
Lake Jipe
Jipe Gate
TANSANIA
Ngangao Forest
Wundanyi
22
C104
Mwatate
Taita Hills
Büro des Tsavo-East-Parks
Voi Gate
Voi
24
23
25
3
Kanderi Swamp
8
Aruba Dam
Voi River
20
Ndara Plains
Dika Plains
Sagala
Sagala Hills
Maungu
Maungu Plains
Buchuma Gate
A109
Mwanatibu
Kasigau Gate
Rukanga
Bungule
A
B
C
D
E
F
G
5
6
7
8

Tsavo East & Tsavo West

Sehenswertes

1	Chaimu Crater	C3
2	Flusspferdbecken	C3
3	Mudanda Rock	E5
4	Mzima Springs	B4
5	Ngulia Rhino Sanctuary	C4
6	Shetani Caves	B3
7	Shetani Lava Flows	B3

Schlafen

8	Ashnil Aruba Lodge	F6
9	Finch Hatton's Safari Camp	B4
10	Galdessa Safari Camp	E4
11	Kilaguni Serena Lodge	B3
	Kitani Bandas	(siehe 21)
12	KWS Campsite	C2
13	KWS Campsite	B3
14	Lions Bluff Lodge	B6
15	Ngulia Safari Lodge	C4
16	Ol Donyo Wuas	A1
17	Rhino Valley Lodge	C4
18	Sarova Salt Lick Safari Lodge	C7
19	Sarova Taita Hills Game Lodge	C7
20	Satao Camp	G6
21	Severin Safari Camp	B4
22	Taita Rocks	D6
23	Tsavo Mashariki Camp	E6
24	Voi Safari Lodge	E6
25	Voi Wildlife Lodge	E6

net haben soll, wachsen in der Schlacke nach wie vor nur wenige Pflanzen. Besucher können dem Lavastrom von der Straße zwischen Amboseli und Tsavo West bis zum ruinenartigen Shetani-Kegel folgen. Die Aussicht ist spektakulär, allerdings halten sich in diesem Gebiet Raubtiere auf.

Die nahe gelegenen **Shetani Caves** sind ebenfalls durch vulkanische Aktivität entstanden. Wer sie erkunden möchte, braucht eine Taschenlampe. Vorsicht beim Gehen auf den messerscharfen Felsen und vor Wildtieren. Uns kamen Gerüchte zu Ohren, dass sich in den Höhlen manchmal Hyänen herumtreiben, die nicht sehr freundlich reagieren, wenn man sie stört.

Tsavo Gate & der Osten PARK

Viele Besucher, die nach Mombasa oder zum Tsavo East National Park möchten, nutzen dieses Tor. Wegen der dichten Vegetation ist es im östlichen Bereich des Schutzgebietes nicht leicht, Wildtiere zu entdecken, obwohl in der Gegend sowohl Leoparden als auch Löwen herumstromern.

LP TIPP **Tsavo River & der Süden** FLUSS

Der hübsche von Westen nach Osten verlaufende, ganzjährig wasserführende, grün gefärbte Tsavo River ist von zahlreichen Doumpalmen umgeben. Mit den Mzima Springs bildet er einen schönen Gegensatz zu den semiariden Gebieten, die den Park dominieren. In den Bäumen am Fluss verstecken sich Leoparden. Südlich des Stroms, der zu den Toren Ziwani und Maktau hinunterfließt, ist die Vegetation weniger dicht und es besteht eine kleine Chance, Geparden zu sehen.

Lake Jipe SEE

Dieser See (ausgesprochen dschi-*pey*) im äußersten Südwesten des Parks ist über eine schrecklich staubige Piste aus dem nahe gelegenen Taveta zu erreichen. Vom Campingplatz aus kann man Bootsausflüge unternehmen, um Flusspferde und Krokodile zu beobachten (5 US$). Große Elefantenherden stillen vor Ort ihren Durst, außerdem machen hier von Februar bis Mai Zugvögelschwärme Station.

Schlafen & Essen

LP TIPP **Severin Safari Camp**

TENTED CAMP $$$

(☎020-2684247; www.severinsafaricamp.com; EZ/DZ inkl. Vollpension ab 215/330 US$; P 🏊 📶) Die fantastische Anlage aus strohgedeckten Luxuszelten wird ständig verbessert. Erst kürzlich wurden die Unterkünfte restauriert und ein luxuriöser Pool, ein Spa sowie ein Fitnesszelt eingerichtet. Der Service ist persönlich und das Essen hervorragend, zudem zahlt man hier weniger als andernorts im Park. Besonders toll: Nachhaltiger Umweltschutz wird im Severin Safari Camp großgeschrieben. Besuche von Flusspferden und Löwen kommen häufig vor und einige Stellen des Anwesens bieten einen Blick auf den Kilimanjaro. Sehr zu empfehlen.

LP TIPP **Kitani Bandas** BANDAS $$

(☎020-2684247; www.severinsafaricamp.com; EZ/DZ bandas 55/110 US$, Mahlzeiten 10–15 US$; P 🏊 📶) 2 km entfernt lockt das ebenfalls von den Inhabern des Severin Safari Camp betriebene Kitani Bandas neben einem Wasserloch mit dem preiswertesten Kilimanjaro-Blick im Park. Die Hütten verfügen über eigene einfache Küchen und haben mehr Stil als viele andere Budgetcamps. Gäste dürfen die Einrichtungen des Severin nutzen, zu denen u.a. ein Pool und kostenloses WLAN gehört. Zugreifen!

Rhino Valley Lodge BANDAS **$$**
(Ngulia Bandas; ☎0721328567; www.tsavocampsandlodges.com; EZ/DZ bandas ab 80/130 US$; P) Im Tsavo-Park ist dieses Camp das beste Luxusschnäppchen und eine der wenigen echten Mittelklasseoptionen in Südkenias Parks. Strohgedeckte Steinhütten an den unteren Hängen der Ngulia Hills bieten einen weiten Blick zum Rhino Valley und auf einen Fluss, an dem sich Leoparden verstecken. Das Design ist rustikal und es gibt jede Menge Platz und private Terrassen. Lage und Leistungen übertreffen viele der ambitionierteren Lodges und sind zu einem Bruchteil deren Preise zu haben. Im Park ist die Unterkunft immer noch unter ihrem alten Namen Ngulia Bandas ausgeschildert.

Ngulia Safari Lodge LODGE **$$**
(☎043-30000; www.safari-hotels.com; EZ/DZ 140/200 US$; P≋) Hier genießt man die beste Aussicht in der ganzen Schutzzone, denn die nahe gelegenen Ngulia Hills ziehen zahlreiche Vögel an und das Wasserloch am Restaurant wird nachts von Büffeln, Elefanten und Hyänen besucht. Darüber hinaus kann man jeden Abend beobachten, wie neben dem Lokal ein Leopard gefüttert wird. Im hinteren Bereich eröffnen sich weite Ausblicke vom Steilhang hinunter und über das Ngulia Rhino Sanctuary. All dies macht wett, dass das Gebäude selbst monströs ist und die Zimmer – das gilt besonders für die Bäder – allmählich eine Renovierung vertragen könnten. Der Blick von den Balkonen aller Räume ist herrlich.

Kilaguni Serena Lodge LODGE **$$$**
(☎045-622376; www.serenahotels.com; EZ/DZ 225/320 US$; P≋) Wie von der gehobenen Serena-Kette nicht anders zu erwarten, ist auch diese Lodge extrem komfortabel. Sie verfügt über herrlich luxuriöse Zimmer, von denen viele vor Kurzem renoviert wurden. Außerdem punktet sie mit einem fantastischen Restaurant samt Bar und Aussicht über ein beleuchtetes Wasserloch sowie vom Kilimanjaro bis zu den Chyulu Hills. Den besten Blick auf die Wasserstelle bieten die Zimmer 14 bis 39. Die extravaganten Suiten sind geradezu riesig und besitzen farbenfrohe Wohnzimmer sowie große Balkone.

KWS Campsites CAMPINGPLATZ **$**
(Camping 15 US$; P) Einfache öffentliche Campingplätze für Selbstversorger findet man in Komboyo ganz in der Nähe des Mtito Andei Gate und in Chyulu, kurz vor dem Chyulu Gate.

Finch Hatton's Safari Camp TENTED CAMP **$$$**
(☎020-3518349; www.finchhattons.com; EZ/DZ 360/560 US$; P≋) In dem luxuriösen Zeltcamp mit feinem Porzellan und goldenen Duschhähnen sollten sich die Gäste zum Abendessen schick machen. Das Resort wurde nach Denys Finch Hatton, Playboy und Liebhaber von Karen Blixen, benannt, der im Tsavo-Park starb. Es liegt im Westen des Parks zwischen Quellen und Wasserstellen, die Flusspferde anlocken, auf einem so großen Gelände, dass man nachts Begleitung zum Schutz vor den Tieren braucht.

ℹ Praktische Informationen

Kenya Wildlife Service (☎043-30049, www.kws.org/parks/parks_reserves/TWNP.html; Erw./Kind 60/30 US$, Safarikarte erforderlich)

BENZIN An der Kilaguni Serena Lodge und im Severin Safari Camp. Vor dem Parkbesuch sollte man seinen Tank auffüllen.

EINGÄNGE Sechs Tore, allerdings lässt sich die Safarikarte nur am Mtito Andei Gate aufladen.

WILDEREI IN TSAVO

Als die Wilderei in den 1980er-Jahren epidemieartige Ausmaße annahm, stand der Tsavo-Park in erster Reihe, was bei der Größe des Schutzgebietes kaum erstaunlich war. Innerhalb weniger Jahre fiel der Elefantenbestand von 45 000 auf nur 5000 Tiere und die Nashörner wurden beinah ganz ausgerottet. Auf dem Höhepunkt der Krise ließen geschätzte 5000 Elefanten pro Jahr ihr Leben. Inzwischen erholen sich die Populationen langsam. In beiden Teilen des Parks leben etwa 12 500 Elefanten, aber unter 100 Nashörner, deren Anzahl 1969 noch stolze 9000 betrug. Anders als die an Menschen gewöhnten Elefanten des Amboseli-Schutzgebietes, die sich kaum von der Stelle bewegen, wenn sich ein Fahrzeug nähert, sind die Dickhäuter im Tsavo-Park scheu und fliehen schnell. Nashörner zu entdecken kann hier ebenfalls schwierig werden, und das nicht nur, weil sie nachtaktiv sind.

KARTEN Am Mtito Andei Gate erhält man die *Tsavo-West-National-Park*-Karte und einen Reiseführer.

An- & Weiterreise

Das Mtito Andei Gate an der Straße von Mombasa nach Nairobi im Norden des Parks dient als Haupteingang zum Schutzgebiet. Obwohl die Lage sicherer geworden ist, fahren die Wagen von der Kilaguni Serena Lodge zum Amboseli-Schutzgebiet in bewaffneten Konvois; über die genauen Zeiten informiert die Lodge.

Tsavo East National Park

☎043

Kenias größter Nationalpark verströmt einen wilden, usprünglichen Charme und gilt als Top-Ziel, um Wildtiere zu beobachten. Obwohl einer der größten Flüsse Kenias mitten durch das Gebiet fließt und der Kontrast zwischen dem permanenten Grün am Fluss sowie den endlosen Grassteppen und Dornbüschen optisch sehr attraktiv ist, kann die Landschaft es nicht mit Tsavo West aufnehmen. Dieser Teil der Schutzzone ist viel flacher und trockener, allerdings sieht man in der spärlicheren Vegetation auch leichter Wildtiere. Diese halten sich trotz der Größe des Parks in einem recht kompakten Gebiet auf. Ein Großteil des nördlichen Abschnittes ist gesperrt und wegen Banditentum bzw. Kampagnen gegen Wilderei nur mit vorheriger Genehmigung zugänglich. Der Galana River dient als Grenze.

Ende 2010 wurden in beiden Tsavo-Parks über 12 500 Elefanten gezählt. Dies ist der größte Bestand von allen Nationalparks in Kenia und ein Drittel der Gesamtzahl des Landes, wobei die Herden recht klein sind. Viele Besucher kommen insbesondere deshalb hierher, um die berühmten roten Elefanten zu sehen: Die Tiere nehmen diese Färbung an, weil sie im roten Schlamm baden. Dadurch kühlen sie ihre Haut und schützen sich vor Insektenstichen. Löwen und Geparden sind ebenfalls häufig zu sehen, aber ungewöhnlicherweise haben die männlichen Löwen fast keine Mähne. Zu den weiteren Parkbewohnern zählen Servale (viele dieser Raubkatzen sind eher schwarz oder meliert als gepunktet), gestreifte Hyänen und Afrikanische Wildhunde, obwohl man die drei Arten nur selten zu Gesicht bekommt.

TSAVO EAST NATIONAL PARK

Highlights Die Wildnis, rote Elefanten und – wenn man sie zu Gesicht bekommt – Leoparden, Löwen und Geparden. Im Park tummeln sich fast 500 Vogelarten.

Reisezeit Juni bis Februar. Während der Trockenzeit (Sept.–Okt. & Jan.–Anfang März) trifft man hier die meisten Wildtiere.

Praktisches Anfahrt von Voi, Mandanyi oder den Tsavo-Toren an der Straße zwischen Nairobi und Mombasa. Von Mombasa aus nutzt man die Tore Sala und Buchuma. Im Park und nahe dem Voi Gate gibt's einige wenige Lodges und Camps. Hier wird das Safarikartensystem genutzt (am Voi Gate befindet sich eine Aufladestation). Tsavo East ist von Sonnenauf- bis Sonnenuntergang geöffnet.

Sehenswertes & Aktivitäten

LP TIPP **Kanderi Swamp & Voi River** FLUSS

Rund 10 km vom Voi Gate erstreckt sich das hübsche grüne Gebiet des Kanderi Swamp, das Löwen und Elefanten anzieht. In der Trockenzeit ist dies eine von zwei Wasserquellen im Park. Fernab gelegene Hügel sorgen für eine malerische Kulisse. Einige befahrbare Wege folgen dem Verlauf des baumbestandenen Voi River. Auf den überhängenden Ästen sieht man gelegentlich Leoparden.

LP TIPP **Aruba Dam & der Südosten** SEE

30 km östlich des Voi Gate erstreckt sich der Aruba Dam über den Voi River, der zahlreiche verschiedene Wildtiere anlockt. In der Gegend werden ebenfalls häufig Löwen gesichtet. Richtung Osten und Südosten und an der gesamten Strecke bis zum Buchuma Gate bietet offene Grassteppe Geparden optimale Bedingungen. Die Tiere sind hier häufiger zu sehen als anderswo im Südosten Kenias.

Galana River & Umgebung FLUSS

Im Galana River fließen der Tsavo- und der Athi-Strom zusammen. Als grüner Einschnitt in der staubigen Ebene bahnt sich der Fluss seinen Weg mitten durch den Park und kennzeichnet den nördlichsten für Besucher zugänglichen Punkt des Schutzgebietes, wobei nur sehr wenige Menschen hierherkommen. Zu den vor Ort gesichteten Tieren gehören Krokodile, Flusspferde, Kleine Kudus, Moor- und Zwergantilopen sowie – etwas seltener – Löwen und Leoparden. Darüber hinaus sollte man nach dem auffälligen Afrikanischen Strauß Ausschau halten. An mehreren Stellen entlang dem oben flachen Steilhang am Fluss findet man zum Beobachten geeignete Stellen, wo man mit der gebotenen Vorsicht aus dem Auto aussteigen kann. Tolle Aussichtspunkte sind z. B. die pittoresken **Lugards Falls**, eine herrliche Landschaft aus Wasserkanälen, und der **Crocodile Point**, wo sich manchmal viele Krokodile und Flusspferde aufhalten. Die Piste von den Wasserfällen zurück nach Voi führt an einem Fluss entlang und eignet sich optimal dazu, um Wildtiere zu erspähen, ist nach Regen aber unpassierbar.

Das Gebiet nördlich des Galana River wird vom **Yatta Escarpment** überragt, einem riesigen prähistorischen Lavastrom, der mit seinen 300 km Länge von manchen für den längsten Lavastrom der Welt gehalten wird. Leider ist jedoch ein großer Teil der Gegend wegen der Kampagnen gegen Wilderer (s. S. 104) nicht zugänglich.

EINE DER SELTENSTEN ANTILOPEN DER WELT

Bis zu ihrer teilweisen Umsiedlung in den Tsavo-East-Park lebten alle übrig gebliebenen Hirola-Antilopen in der Nähe der kenianisch-somalischen Grenze südlich des Tana River und der Garissa-Bezirke. Intensive Wilderei (wegen des Fleischs) und die Zerstörung ihres Lebensraums reduzierte ihre Zahl von schätzungsweise 14 000 im Jahr 1976 auf inzwischen nur noch 450. Bei Redaktionsschluss lebten noch ca. 100 Tiere innerhalb der Parkgrenzen, meist in den wenig besuchten südlichen Regionen des Parks.

Voi Safari Lodge AUSSICHTSPUNKT

Wer in dieser Lodge nur 4 km vom Voi Gate entfernt übernachtet, kann sich dank ihres Standortes auf einem Hügel auf einen großartigen Ausblick über die Savanne freuen. Das unterhalb gelegene Wasserloch wird von Elefanten, Büffeln, Zebras, Pavianen und anderen Wildtieren angesteuert. Stufen führen hinunter zu einem Versteck direkt neben der Stelle, wo man die Tiere beobachten kann, ohne selbst gesehen zu werden.

Mudanda Rock BERG

Dieser riesige Felsen über einem natürlichen Damm in der Nähe des Manyani Gate ist über 1,5 km lang. Er erinnert an den australischen Uluru (Ayers Rock), nur in kleinerem Maßstab, und zieht in der Trockenzeit Elefanten an. Außerdem sind in der Umgebung Leoparden und Elefanten unterwegs.

Schlafen & Essen

Neben den wenigen Unterkünften im Park gibt's auch ein paar lohnenswerte Camps direkt außerhalb des Eingangs.

Im Park

Voi Safari Lodge LODGE $$$

(☎Mombasa 041-471861; www.safari-hotels.com; EZ/DZ 140/200 US$; P 🏊) 4 km vom Voi Gate entfernt bietet die lange flache Anlage am Rand eines Hangs eine fantastische Aussicht über die weite Savanne. Darüber hinaus verfügt sie über einen attraktiven, in den Fels geschlagenen Swimmingpool und ein natürliches Wasserloch, das Elefanten, Büffel und einige Raubtiere anzieht. Am Ende der Wasserstelle befindet sich ein Versteck, von dem aus man tolle Fotos machen kann. Auch viele der schönen Zimmer warten mit einem herrlichen Blick auf.

Satao Camp TENTED CAMP $$$

(☎Mombasa 041-475074; www.sataocamp.com; EZ/DZ 260/330 US$; P) Das Luxuscamp am Ufer des Voi River wird von dem erstklassigen Tourveranstalter Southern Cross Safaris betrieben. Es besteht aus nur 20 überdachten Zelten, die jede Menge Intimsphäre bieten. Alle liegen in perfekter Sichtnähe eines Wasserlochs, das manchmal Löwen und Geparden anlockt.

Ashnil Aruba Lodge LODGE $$$

(☎020-4971008; www.ashnilhotels.com; EZ/DZ 175/215 US $; P 🏊 @) Diese Lodge ganz in der Nähe des für seine vielen Wildtiere bekannten Aruba Dam hat attraktive im Safaristil dekorierte Zimmer. Sie liegt mitten im Park und ist ein idealer Startpunkt für viele Tsavo-East-Safaris. Wildtiere durchstreifen die nahe Umgebung.

Galdessa Safari Camp TENTED CAMP $$$

(☎040-3202217; www.galdessa.com; EZ/DZ ab 500/750 US$; P 📶) Am Rand des Galana River, ca. 15 km westlich der Lugards Falls, befindet sich das mit Abstand nobelste Camp des Parks. Es wird von Italienern geführt und oft komplett von Privatgruppen ge-

DIE MENSCHENFRESSER VON TSAVO

Wilde Raubkatzen sind zu Recht überall in der Welt gefürchtet, wobei die berühmten „Menschenfresser von Tsavo" vermutlich die gefährlichsten Löwen überhaupt waren. Während des Baus der Eisenbahnstrecke von Kenia nach Uganda 1898 überwachte der Ingenieur John Henry Patterson die Errichtung einer Brücke über den Tsavo River, doch als nachts immer wieder Arbeiter von zwei mähnenlosen männlichen Löwen aus ihren Zelten gezerrt und gefressen wurden, kam das Projekt zum Stillstand.

Bald glaubten die überlebenden Männer, es handele sich um Geister oder Teufel, und weigerten sich, weiterhin an der Eisenbahnstrecke zu bauen. Patterson entwarf daraufhin immer raffiniertere Fallen, aber die Tiere entkamen jedes Mal und fanden immer wieder die schwachen Punkte im Camp. Letztendlich war Patterson jedoch erfolgreich und erlegte den ersten Menschenfresser. Dazu versteckte er sich auf einem dürftigen Gerüst und köderte die Löwen mit einem toten Esel. Der zweite Menschenfresser musste kurze Zeit später sein Leben lassen, allerdings waren für das kräftige Tier ganze sechs Kugeln notwendig.

Nach Pattersons Berechnungen töteten und fraßen die Löwen in einem knappen Jahr rund 135 Arbeiter. Der Ingenieur schrieb seine Erfahrungen in dem Bestseller *Die Menschenfresser von Tsavo* (1907) nieder, der später als *Bwana, der Teufel* (1952) und *Der Geist und die Dunkelheit* (1996) verfilmt wurde.

Er ließ die beiden Tiere in Flurläufer verwandeln, die er über ein Vierteljahrhundert behielt. 1924 entledigte er sich schließlich der Felle und verkaufte diese für 5000 US$ an das Chicago Field Museum, wo man sie ausstopfte und seither in der Dauersstellung präsentiert.

Wissenschaftler stellten mehrere Hypothesen auf, um das brutale Verhalten der Menschenfresser zu erklären. Forschungsergebnissen zufolge haben die Löwen des Tsavo erhöhte Werte des männlichen Hormons Testosteron, was ihren Haarverlust und das gesteigerte Territorialverhalten erklären könnte. Zudem waren die Zähne der beiden Tiere stark beschädigt, sodass sie deshalb vielleicht statt ihrer üblichen Beute (zarteres) Menschenfleisch bevorzugten.

Historiker vertreten darüber hinaus die These, dass ein Ausbruch von Rinderpest (einer Virusinfektion) die natürliche Beute der Löwen dahingerafft und sie gezwungen habe, andere Nahrungsquellen zu finden. Noch dazu könnten sich die Tiere an den Geschmack von Menschen gewöhnt haben, nachdem sie am Übergang über Tsavo River immer wieder auf diese getroffen waren. Hier kamen auch häufig Sklavenkarawanen auf dem Weg nach Sansibar vorbei.

Die Nachfahren der Menschenfresser sind zwar keine wahllosen Tötungsmaschinen wie ihre Vorfahren, dennoch haftet ihnen der Ruf an, kaltblütig zu sein. Und tatsächlich verhalten sie sich meist wilder als die zahmen Katzen der Masai Mara. Besucher des Parks sollten also aufpassen, wo sie sich aufhalten, in geschlossenen Camps übernachten und den Raubtieren mit Respekt und Distanz begegnen.

bucht. Wer genügend Geld in der Reisekasse hat, kann sich beim Zelten im Busch über eine perfekte Portion europäischer Eleganz (gute Weine, Gourmet-Abendessen, modisches Dekor und tadellosen Service) freuen.

Außerhalb des Parks

LP TIPP Tsavo Mashariki Camp TENTED CAMP **$$**
(☎2031444; www.masharikicamp.com; inkl. Frühstück pro Pers. ab 4500 KSh, Vollpension ab 7000 KSh; P) Nicht weit außerhalb des Parks und des Voi Gate stößt man auf dieses hübsche, ebenfalls von Italienern betriebene Camp. Einige Zelte bestehen komplett aus natürlichen lokalen Materialien und es gibt ein tolles Familienzelt. Außerdem stellen die Preise die vieler anderer Camps in den Schatten. Sehr zu empfehlen.

Voi Wildlife Lodge LODGE **$$**
(☎2031444; www.voiwildlifelodge.com; EZ/DZ 130/180 US $; P) Eine gut geführte Lodge in der Nähe des Voi Gate mit großen hübschen Zimmern und einem Blick auf ein Wasserloch im Park, der sich direkt auf der anderen Zaunseite erstreckt. Vom Restau-

rant und einer Plattform ist die Aussicht noch besser. Im hauseigenen Spa kann man Massagen und einige Anwendungen genießen. Insgesamt ist das Ganze viel billiger, wenn man die Tarife der Reiseveranstalter bekommt.

Praktische Information

Kenya Wildlife Service (☎043-30049; www.kws.org/parks/parks_reserves/TENP.html; Erw./Kind 60/30 US$, Safarikarte erforderlich)

BENZIN Bevor man den Park ansteuert, sollte man seinen Wagen in Voi auftanken.

EINGANG Sechs Tore, aber die Safarikarte kann man nur am Voi Gate und am Sala Gate aufladen.

KARTEN Am Voi Gate werden die *Tsavo-East-National-Park*-Karte und ein Reiseführer verkauft.

An- & Weiterreise

Zwischen dem Tsavo Gate und dem Sala Gate erstreckt sich ein Weg durch den Park, der dem Galana River folgt. Am Voi Gate beginnen weitere Straßen.

NACH/VON NAIROBI ODER TSAVO WEST Voi Gate, Tsavo Gate und Manyani Gate.

NACH/VON MOMBASA Sala Gate oder Buchuma Gate.

Voi

☎043

Für Touristen ist Voi ein wichtiger Ort, um sich zu orientieren, zu tanken, Geld zu wechseln und Reiseproviant zu kaufen. Das Städtchen liegt an der Kreuzung der Straße von Nairobi nach Mombasa und der Straße nach Moshi in Tansania sowie der Zufahrt zum Voi Gate, dem Haupteingang des Tsavo East National Park.

Sehenswertes & Aktivitäten

Voi War Cemetery FRIEDHOF
(Commonwealth War Graves; ⌚unterschiedlich) Der gepflegte Friedhof im nördlichen Bereich der Straße vor der Abzeigung zum Voi Gate am östlichen Stadrand besteht aus 137 Gräbern, darunter die von 70 Südafrikanern, 44 Briten, zwölf „Rhodesiern", neun Ostafrikanern und zwei Indern. Die Umgebung des Tsavo-Parks, insbesondere die Eisenbahnstrecke, war im Zweiten Weltkrieg ein bedeutender Kriegsschauplatz für Briten und Deutsche. Zumeist ist das Friedhofstor mit einem Sicherheitsschloss verriegelt, aber in den nahe gelegenen Läden erfahren Interessierte, wo man den Schlüsselwärter findet.

Schlafen & Essen

Rund um die Haupthaltestelle der Matatus und den Markt im Ortszentrum servieren zahlreiche einfache Lokale *nyama choma* (gegrilltes Fleisch).

Tsavo Lodge LODGE $$
(☎0721328567; www.tsavocampsandlodges.com; EZ/DZ Vollpension 60/90 US$) Auf halbem Weg zwischen Voi und dem Voi Gate bietet die einfache Lodge große, schlichte Zimmer und Zelte, die sich um einen grünen Innenhof gruppieren. Wer näher am oder im Park übernachten kann, sollte dies tun.

Tsavo Park Hotel HOTEL $
(☎0721328567; www.tsavocampsandlodges.com; EZ/DZ 25/50 US$) Eine sehr einfache Adresse und nur zu empfehlen, wenn man wirklich in Voi übernachten muss. Für eine Nacht sind die düsteren Zimmer in Ordnung.

An- & Weiterreise

Busse und Matatus fahren regelmäßig nach/von Mombasa (500 KSh, 3 Std.), außerdem bestehen Busverbindungen nach Nairobi (800–1000 KSh, 6 Std.). Mindestens ein Matatu pro Tag verkehrt nach Wundanyi (250 KSh, 1 Std.) und Taveta (450 KSh, 2 Std.) an der Grenze zu Tansania. Infos zu Reisen nach Tansania siehe S. 108.

Taita Hills Wildlife Sanctuary

☎043

Die Taita Hills, ein fruchtbares Gebiet aus grünen Hügeln und Buschwald, entscheiden sich sehr von der semiariden Tsavo-Landschaft. Vor Ort erstreckt sich ein privates **Tierschutzgebiet** (Erw. 25 US$) auf einer Fläche von 100 km², das zahlreiche Wildtiere der Ebene beherbergt.

Schlafen & Essen

Sarova Salt Lick Safari Lodge LODGE $$$
(☎30270; www.sarovahotels.com; EZ/DZ Vollpension ab 179/239 US$; P❄@≋) Kernstück des Reservats ist die luxuriöse, optisch auffällige Anlage pilzartiger Stelzenhäuser rund um ein Wasserloch. Da die Taita Hills kein offizieller Nationalpark sind, dürfen in dem Schutzgebiet Nachtfahrten unternommen werden – eine gute Gelegenheit, um nachtaktive Tiere und ihr Jagdverhalten zu beobachten. Über Salt Lick kann alles organisiert werden.

ABSTECHER

WUNDANYI

Die Provinzhauptstadt Wundanyi erstreckt sich hoch in den Taita Hills. Zahlreiche Wege kreuzen die rundum gelegenen Terrassenkulturen und führen zu dramatischen Schluchten, Wasserfällen, Klippen sowie zerklüfteteten Felsen. Es ist kein Problem, einen Guide zu finden, aber man braucht stabile Wanderschuhe und Bergerfahrung.

Zu den Attraktionen der Gegend zählen die Schmetterlinge des **Ngangao Forest**, eine 6 km lange Fahrt mit dem Matatu nordwestlich nach Werugha (70 KSh) entfernt, der große Granitfelsen **Wesu Rock** oberhalb von Wundanyi und die **Cave of Skulls**, wo die Taita einst die Schädel der Vorfahren aufbewahrten. Hier wurde auch das Usambaraveilchen entdeckt.

Taita Rocks (☎0735651349; Zi. 700–1500 KSh), die beste der spärlich gesäten Unterkünfte in Wundanyi, thront auf einem Hang an der Straße in den Ort, und bietet einen tollen Ausblick zum Wesu Rock. Die Zimmerpreise sind nach Größe der Räumlichkeiten gestaffelt. In dem kleinen Bar-Restaurant kann man sich vor dem Wandern stärken.

Ab und zu verkehren Matatus zwischen Wundanyi und Voi (140 KSh, 1 Std.). Wer in Voi die morgendlichen Busse nach Nairobi nutzen möchte, sollte in Wundanyi um ca. 8.30 Uhr losfahren. Außerdem starten direkte Matatus nach Mombasa (350 KSh, 4–5 Std.) und am Morgen bestehen unregelmäßige Busverbindungen nach Nairobi (700 KSh, 7 Std.).

Sarova Taita Hills Game Lodge LODGE $$$
(☎30540; www.sarovahotels.com; EZ/DZ Vollpension ab 143/190 US$; P ❄ @ ≋) Eine weitere Lodge im Besitz von Sarova innerhalb des Reservats. Sie hat bereits einige Jahre auf dem Buckel und kann leider nicht mit einem Wasserloch direkt vor der Tür dienen wie die Salt Lick Safari Lodge, ist aber günstiger und verfügt zudem über schöne Zimmer.

ℹ An- & Weiterreise

Die Taita Hills liegen nördlich der unbefestigten Straße von Voi nach Taveta und sind nur mit einem eigenen Fahrzeug zu erreichen.

Lumo Community Wildlife Sanctuary

☎043

1996 entstand dieses innovative gemeindebetriebene **Reservat** (Erw./Kind 30/15 US$) auf einer Fläche von 657 km² aus drei Farmen der Gemeinde, das erst seit 2003 für die Öffentlichkeit zugänglich ist. Zum Teil wird es von der EU gefördert, außerdem arbeiten auf jeder Projektstufe vom Parkranger bis zum leitenden Management Einheimische.

Das Schutzgebiet beherbergt eine vielfältige Vogelwelt und alle „Big Five" sowie einige Überreste aus dem Zweiten Weltkrieg. Wenn man vor dem Besuch im **Büro des Reservats** (☎30936) im Dorf Maktau unweit des Maktau Gate anruft, können die Ranger manchmal eine Fahrt zu den Wildtieren oder eine Führung organisieren.

Schlafen & Essen

Lions Bluff Lodge LODGE $$$
(☎0735453089; www.lionsblufflodge.com; Camping 20 US$, Zi. pro Pers. inkl. Vollpension ab 125 US$; P) Eine private Lodge im Reservat mit *makuti* und Zelten. Zu der Unterkunft gehört auch der nahe gelegene **Cheetah Campsite**.

ℹ An- & Weiterreise

Das Tierschutzgebiet befindet sich an der Straße von Voi nach Taveta. Es wird von öffentlichen Bussen und Matatus angesteuert, allerdings ist man mit einem eigenen Fahrzeug mobiler.

Die Straße nach Moshi

Von Voi aus führt die A23 nach Westen zur Grenze zu Tansania und bis Moshi sowie in die Grenzstadt Taveta, wo man sich vor der Grenzüberquerung mit Benzin und Vorräten versorgen kann.

Vor Taveta lohnt ein Abstecher an den selten besuchten **Lake Challa**, einen tiefen, gespenstischen Kratersee ca. 10 km nördlich des Ortes. Vom Kraterrand in der Nähe der geschlossenen Lake Challa Safari Lodge eröffnet sich ein großartiger Blick über die Ebene und das Hunderte Meter unterhalb schimmernde mysteriöse Gewässer.

Der See wurde Anfang 2002 bekannt, als hier ein Student auf Reisen von Krokodilen getötet wurde. Es ist zwar möglich, auf dem Kraterrand entlangzuspazieren und zum Wasser hinunterzukraxeln, allerdings sollte man am Ufer sehr vorsichtig sein und auf keinen Fall baden.

Die Straße in das Dorf Challa zweigt am Rand von Taveta in Höhe der zweiten Polizeistation von der Straße zwischen Voi und Taveta ab. An Markttagen in Taveta (mittwochs und samstags) fahren Busse nach Challa (60 KSh). Sie kommen an der Abzweigung zum Kraterrand vorbei.

Der lebhafte Markt der staubigen kleinen Stadt **Taveta** an der Grenze zu Tansania zieht zweimal pro Woche Einwohner aus den entlegenen Orten an beiden Seiten der Grenze an.

In einem hellorangefarbenen Gebäude an der Hauptstraße bietet **Tripple J Paradise** (☎5352463; Zi. ab 700 KSh; P) Fahrern, die zwischen Kenia und Tansania pendeln, nicht viel mehr als eine Matratze, aber zur Not kann man hier übernachten, wennn man es nicht bis nach Moshi schafft.

Die Grenze zu Tansania ist 24 Stunden geöffnet, allerdings liegen die Wachposten 4 km voneinander entfernt. Wer kein eigenes Fahrzeug hat, muss deshalb ein *boda-boda* (Fahrradtaxi; 40 KSh) nehmen. Von Holili in Tansania verkehren zwei Matatus nach Moshi (1200 TSh), wo man nach Arusha (2000 TSh) umsteigen kann.

Von Taveta fahren ganztägig zahlreiche Matatus nach Voi (350 KSh, 2½ Std.) und Mombasa (750 KSh, 4 Std.).

Rift Valley

Inhalt »

Naturhighlights

» Lake Nakuru National Park (S. 124)

» Lake Baringo (S. 128)

» Lake Bogoria National Reserve (S. 127)

» Longonot National Park (S. 111)

» Hell's Gate National Park (S. 118)

Kulturhighlights

» Kikopey Nyama Choma Centre (S. 122)

» Elsamere Conservation Centre (S. 115)

Auf ins Rift Valley

Das Great Rift Valley ist eines der Highlights des Kontinents. In Kenia haben geologische Kräfte Afrika fast in zwei Hälften geteilt und das Rift Valley geformt, das aussieht, als sei es von Riesen erschaffen worden: Ein Band aus dampfenden und sprudelnden Seen, die seit 2011 auf der Liste des Unesco-Welterbes stehen, zeichnet das Tal wie die Fußstapfen eines gigantischen Flusspferdes, und überall erheben sich erloschene Vulkankegel wie gewaltige Termitenhügel.

Die außergewöhnliche Landschaft wird von faszinierenden Tieren bewohnt: Flamingokolonien färben die Erde pink, vom Aussterben bedrohte Nashörner tummeln sich am Seeufer, Rothschild-Giraffen streifen anmutig durch die Ebenen, Löwen faulenzen unter Bäumen und Leoparden lauern im Dickicht.

Es ist die Kombination aus der beeindruckenden Natur und einer beeindruckenden Fauna, die der Region ihren besonderen Charme verleiht. Das Rift Valley hat alles im Kleinen, was Kenia an Großem zu bieten hat.

Reisezeit

Nakuru

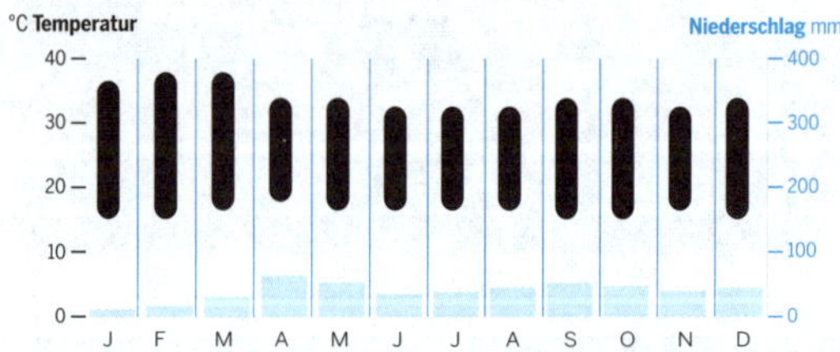

Nov.–März Jede Menge Zugvögel; nach dem regenreichen November ist es klar, trocken und heiß.

Juni–Okt. Tolles Wetter und kein Regen bis Oktober; gut für Klettertouren auf den Mt. Longonot.

April & Mai Starke Regenfälle, jede Menge Moskitos und einige unpassierbare Straßen.

Longonot National Park

Zweifellos ist der Mt. Longonot (2776 m) einer der schönsten Berggipfel im Rift Valley. Von seinem gezackten Krater aus genießt man einen fantastischen Ausblick. Der schlummernde Vulkan erhebt sich etwa 100 m über die heiße Talsohle. Er entstand vor rund 400 000 Jahren und brach zuletzt in den 1860er-Jahren aus. Der Park selbst ist nur 52 km² groß und wurde hauptsächlich gegründet, um das Ökosystem des Bergs zu schützen.

Sehenswertes & Aktivitäten

Mt. Longonot WANDERN
(Karte S. 112; Erw./Kind 20/10 US$; Führung zum Kraterrand/Gipfel & zurück 1500/2500 KSh) Ab in die Wanderschuhe und auf zum seltenen Vergnügen einer Wanderung durch den kenianischen Busch! Die 60- bis 90-minütige Tour vom Parktor zum Kraterrand (2545 m) ist anstrengend, aber zweifellos die Mühe wert. Es gibt zwei steile Strecken, die weniger geübte Trekkingfans ziemlich ins Schwitzen bringen. An den unteren Hängen sieht man Impalas, Zebras und manchmal Büffel grasen und als Belohnung erwarten einen auf dem Gipfel hervorragende Ausblicke über den 2 bis 3 km breiten Krater, eine kleine verlorene Welt mit einem völlig eigenen Ökosystem. Auch die Aussicht auf das Rift Valley beeindruckt, aber noch faszinierender ist der Blick ins Innere des Kraters. Darin leben Mandrillen und Klippspringer, die man allerdings nur selten zu Gesicht bekommt.

Eine Umrundung des Kraters dauert etwa 1½ bis 2½ Stunden. Dabei sollte man auf die Dampflöcher achten, die sich gelegentlich im Kraterboden öffnen. Der Name „Longonot" stammt von dem Massai-Begriff *olo nongot*, was „Gebirge der vielen Gipfel" bedeutet. Der Kraterrand selbst ist eigentlich nur ein flacher Pfad, doch das letzte Stück bis zum Gipfel steigt sehr steil an. Oben genießt man einen tollen Westblick auf den Hell's Gate National Park.

Inklusive Pausen dauert die 21 km lange Trekkingtour vom Parktor und zurück etwa fünf bis sechs Stunden.

Der Wanderweg ist einfach zu finden und man muss keinen Guide vom Kenya Wildlife Service (KWS) engagieren, obwohl ein guter Führer sicherlich eine Bereicherung ist. Wer nicht darauf verzichten möchte, hat am Haupteingang die Möglichkeit, jemanden für eine Tour anzuheuern.

Schlafen

Fast alle Besucher übernachten am 30 Autominuten entfernten Lake Naivasha.

Oloongonot Campsite CAMPINGPLATZ $
(Campingplatz 15 US$) Der große Campingplatz gleich hinter dem Parktor auf dem Weg zum Krater verfügt über sanitäre Einrichtungen. Es gibt allerdings kein Feuerholz und jeder Gast muss seine Verpflegung sowie Kochausrüstung selbst mitbringen.

Praktische Informationen

Kenya Wildlife Service (☎050-50407; www.kws.org/parks/parks_reserves/MLNP.html; Eintritt Erw./Kind 20/10 US$, Safarikarte nicht gültig)

An- & Weiterreise

Der Mt. Longonot liegt 75 km nordwestlich von Nairobi an der Old Naivasha Road. Wer kein eigenes Fahrzeug hat, nimmt ein Matatu von Naivasha bis ins Dorf Longonot. Von hier aus führt ein Weg (am besten tragt man die Einheimischen danach) zur Zugangsstraße des Parks.

Naivasha

☎050

Naivasha liegt an der neuen Autobahn A104 nach Nairobi und dient als Zugang zum Mt. Longonot sowie zum Hell's Gate Natio-

DIE TIERWELT IM RIFT VALLEY

Das Rift Valley ist eine der besten Regionen zur Vogelbeobachtung. Hier entdeckt man unzählige Arten, speziell von November bis März, wenn die Wandervögel das Tal besuchen. Flamingos tummeln sich das ganze Jahr über in der Gegend, ziehen aber manchmal von See zu See.

Der Lake Nakuru National Park ist eine der schönsten Schutzzonen des Landes. In dem Gebiet leben Spitz- und Breitmaulnashörner, Löwen, Leoparden, neu angesiedelte Rothschild-Giraffen, Zebras, Büffel, Paviane und schwarzweiße Stummelaffen.

Highlights

1 Im **Lake Nakuru National Park** (S. 124) nach Löwen, Leoparden, Nashörnern und rosafarbenen Flamingos Ausschau halten.

2 Am **Lake Baringo** (S. 128) von schnaubenden, hungrigen Nilpferden in den Schlaf „gesungen“ und vom morgendlichen Getriller der Fischadler aufgeweckt werden.

3 Auf den **Mt. Longonot** (S. 111) klettern und mit einem tollen Ausblick auf das Rift Valley sowie die Vulkankrater belohnt werden.

4 Nicht weit entfernt von unzähligen Flamingos die gestresste Mutter Erde im **Lake Bogoria National Reserve** (S. 127) beim Dampf ablassen beobachten.

5 In den roten Klippenschluchten des **Hell's Gate National Parks** (S. 118) Wettrennen mit Büffeln veranstalten.

6 Das typisch kenianische Mittagessen *nyama choma* im **Kikopey Nyama Choma Centre** (S. 122) genießen.

7 Nach einem Besuch des früheren Hauses von Joy Adamson (die berühmte Autorin des Buches *Frei geboren)* mit dem Boot auf den **Lake Naivasha** hinausfahren (S. 115).

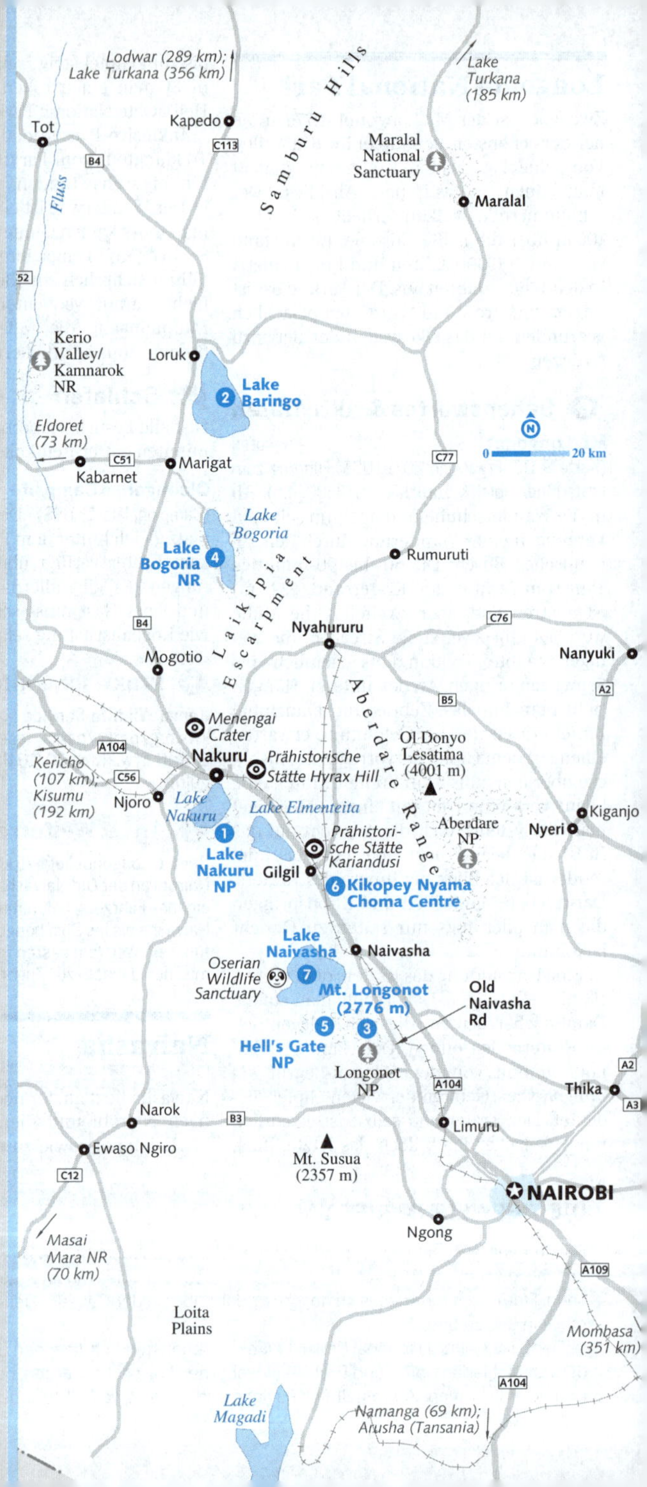

nal Park. In der netten, typisch kenianischen Stadt leben die Einwohner hauptsächlich von der florierenden Blumenindustrie der Region. Für Besucher gibt's zwar kaum Gründe, warum man hier und nicht am Flussufer übernachten sollte, aber immerhin kann man Geld wechseln (an der Moi Avenue befinden sich mehrere Banken), sich mit Vorräten eindecken und seine E-Mails checken.

Schlafen

Sam's Holiday Inn HOTEL $

(Mbaria Kaniu Rd; EZ/2BZ 425/650 KSh) Obwohl die Matratzen für die Bettgestelle etwas zu groß sind, ist dieses Hotel die beste Budgetunterkunft der Stadt. Alle Zimmer verfügen über private Bäder mit Warmwasserduschen, außerdem genießt man vom Dach einen tollen Ausblick.

La Belle Inn HOTEL $

(☎2021007; info@labelleinn.com; Moi Ave; EZ/DZ 3000/3500 KSh; 📶) Naivashas ältestes Hotel wurde 1922 erbaut und hat sich einen verblichenen Kolonialcharme bewahrt. Die Zimmer wirken leicht verwahrlost, fallen aber meistens recht groß aus und sind mit Moskitonetzen ausgestattet, sodass man hier ruhig eine Nacht verbringen kann. Außerdem gibt's WLAN.

Essen & Ausgehen

Smiles Café KENIANISCH $

(Kariuki Chotarai Rd; Gerichte 100–150 KSh; ⏲morgens, mittags & abends) Dieses günstige kleine Café ist so fröhlich, wie es der Name verspricht. In dem grün-weißen Lokal bekommt man cholesterinreiche Frühstücksvarianten und herzhafte Eintöpfe. Hier ist immer was los und man kann schnell Kontakte knüpfen.

La Belle Inn INTERNATIONAL $

(Moi Ave; Gerichte 400–800 KSh; ⏲morgens, mittags & abends) Am besten setzt man sich auf die Kolonialveranda dieses Straßenrestaurants und sucht sich aus der vielseitigen Speisekarte etwas Leckeres aus. Zu den Hausspezialitäten gehören Tilapia (frisch aus dem Lake Naivasha, auf Holzkohle gegrillt) oder in Butter, Knoblauch, Kräutern und grünen Chilis gekochte Langusten. Hinterher gibt's Apfelkuchen. Darüber hinaus werden Currys, Suppen, Salate und Pasta serviert. Nach dem Essen geht's in die Happy-Valley-Bar, die abends aus allen Nähten platzt.

Naivasha

An- & Weiterreise

Der zentrale Bus- und Matatu-Bahnhof liegt außerhalb der Mbaria Kaniu Road in der Nähe des Stadtmarkts. Von dort bestehen regelmäßige Verbindungen nach Nakuru (150–200 KSh, 1¼ Std.) und Nairobi (200–300 KSh, 1½ Std.).

Zudem fahren Matatus um die Südseite des Sees nach Kongoni (100 KSh) und zum Fisherman's Camp (70 KSh, 45 Min.). Sie starten an der Bushaltestelle und der Kenyatta Avenue.

Lake Naivasha

☎050

Für viele Keniareisende ist der höchstgelegene See des Rift Valley (1884 m über dem Meeresspiegel) der erste Anlaufpunkt im Umkreis von Nairobi. Seine Ufer sind von Papyrusstauden und Akazien gesäumt, im seichten Wasser liegen dicke, schnaufende Flusspferde, überall hört man zwitschernde Vögel, und das Klima ist mild. Kein Wunder also, dass der Süßwassersee als beliebter Rückzugsort vom Chaos der kenianischen Hauptstadt dient. Wenn man hier allerdings nicht übernachtet, kann es schwierig sein, zum Ufer zu gelangen. Am besten lernt man die landschaftliche Schönheit und Tierwelt der Gegend bei einer Bootsafari kennen. Am Lake Oloiden unweit der Süd-

Lake Naivasha

Lake Naivasha

Sehenswertes

1 Crater Lake Game Sanctuary A3
2 Crescent Island Wildlife Sanctuary C3
3 Elsamere Conservation Centre B4
4 Oserian Wildlife Sanctuary A4

Schlafen

Chui Lodge .... (siehe 4)
5 Connelley's Camp B4
6 Crater Lake Camp A3
7 Crayfish Camp C4
8 Dea's Gardens Guesthouse D3
Elsamere Conservation Centre .. (siehe 3)
9 Enashipai D3
10 Fisherman's Camp B4
11 Lake Naivasha Country Club D3
12 Lake Naivasha Sopa Resort D3
13 Marina's Camp D3
14 Olerai House A2

Essen

15 Acacia Café C4
16 Fischers Tower Hotel D3
Fisherman's Camp .... (siehe 10)

Shoppen

17 Elmenteita Weavers Ltd D3

westseite des Lake Naivasha haust beispielsweise eine relativ gut zugängliche Flamingokolonie. Wer vor Ort übernachtet, sollte das Ufer frühmorgens ansteuern, wenn feiner Nebel über der Wasseroberfläche hängt, denn dann entfaltet der See eine ganz besondere Schönheit.

In der Umgebung lebt eine der größten Siedler- und Ausländergemeinden Kenias, zudem scheint hier an den Wochenenden halb Nairobi zu relaxen. Während der Hochsaison fühlt man sich wie in einem Urlaubsresort: Dann wird die Region zu einer Art kenianischem Saint-Tropez, wo die Leute Bier statt Champagner bevorzugen.

Geschichte

An den grünen Ufern des Sees lebten lange unzählige Steppentiere und Vögel. Darüber hinaus ist die Gegend Heimat der Massai, die den Boden als Weideland nutzten. Zum Nachsehen dieses Volksstammes blieb die Schönheit des Lake Naivasha den frühen Siedlern nicht verborgen: Die Region war eine der ersten, die besiedelt und schließlich zum Lieblingsort von Lord Delamere und dem dekadenten Happy-Valley-Jetset der 1930er-Jahre wurde (s. S. 309).

Zwischen 1937 und 1950 diente das Seeufer als Hauptflughafen von Kenia. Hier landeten britische Flugzeuge und Solent-Flugboote nach der viertägigen Reise von Southampton.

Sehenswertes & Aktivitäten

LP TIPP Elsamere Conservation Centre

TIERSCHUTZGEBIET

(☎2021055; www.elsamere.com; Eintritt 800 KSh; ⏲8–18.30 Uhr) Dieses Anwesen ist das frühere Zuhause von Joy Adamson, Autorin von *Frei geboren*. Sie kaufte es 1967, um dort mit Ehemann George ihren Lebensabend zu verbringen. Bis zu ihrer Ermordung im Jahre 1980 verfasste Adamson einen Großteil ihrer literarischen Arbeiten in Elsamere. Heute befindet sich hier eine Forschungsstätte, die sich für das Ökosystem des Sees engagiert und Programme für mehr Umweltbewusstsein durchführt. Im Eintrittspreis ist eine Teestunde mit Bergen von Kuchen enthalten. Die Leckereien werden auf dem Rasen serviert, wo man mit etwas Glück schwarzweiße Stummelaffen und einige der über 200 hiesigen Vogelarten entdeckt. Außerdem kann man dem kleinen, den Adamsons gewidmeten Museum einen Besuch abstatten und eine 40-minütige Vorführung der *Joy Adamson Story* ansehen. Die Forschungsstätte verleiht auch Fahrräder (700 KSh pro Tag), organisiert Bootstrips in Siebensitzern (3000 KSh pro Std.) und dient als Unterkunft (u. a. wird Joy Adamsons früheres Schlafzimmer vermietet, s. S. 117).

Bootsafaris

BOOTSTOUR

(3000–6000 KSh pro Boot und Std.) Viele Camps und Lodges am Südufer des Lake Naivasha verleihen Boote mit meist sieben Sitzen sowie inklusive Führer und Schwimmwesten. Im Marina's Camp, Fisherman's Camp und Elsamere Conservation Centre können auch Nichtgäste Boote mieten.

LP TIPP Crater Lake Game Sanctuary

TIERSCHUTZGEBIET

(Eintritt pro Pers. 15 US$, plus Auto 200 KSh) Rund um einen wunderschönen, von Akazien gesäumten Kratersee erstreckt sich dieses kleine Tierschutzgebiet mit zahlreichen Wanderwegen. Unter den Routen ist auch eine, die am steilen Kraterrand entlangführt. Der jadegrüne See wird von den Massai zutiefst verehrt: Sie glauben nämlich, dass sein alkalihaltiges Wasser krankes Vieh heilen kann. Neben beeindruckenden 150 Vogelarten, die hier gezählt wurden, leben in den weiten Ebenen um den Krater auch Giraffen, Zebras und andere Steppentiere. Leoparden, Servale, Karakale und Erdferkel wurden ebenfalls schon gesichtet. Bei unserem letzten Besuch hatte sich vor Ort ein einsames Flusspferd niedergelassen. Beim Wandern sollte man sich bewusst sein, dass sich in den Wäldern Büffel herumtreiben. Es gibt außerdem Nachtsafaris und geführte Naturwanderungen für Besucher, die im Camp des Reservats übernachten (S. 117).

LP TIPP Lake Oloiden

SEE

(Bootsafaris 2000/4000 KSh pro 30/60 Min.) Der Lake Naivasha ist zwar ein Süßwassersee, doch dafür zieht das alkalihaltige Wasser des benachbarten Lake Oloiden kleine, aber beeindruckende Flamingokolonien an. Wer will, kann hier Bootsafaris unternehmen. Das Beste am See: Er ist eines der wenigen öffentlichen Gebiete, deren Ufer zugänglich sind.

Crescent Island Wildlife Sanctuary

TIERSCHUTZGEBIET

(Erw./Kind 25/12,50 US$, plus Auto 200 KSh, Ausritt 2000 KSh pro Std.; ⏲Sonnenauf- bis Sonnenuntergang) An der Ostseite des Lake Naivasha hat die hervorstechende Kante eines eingestürzten Vulkankraters diese Insel geschaffen. In dem privaten Wildschutzgebiet kann man unter Akazien wandeln und Giraffen, Zebras, Gnus, Grant bzw. Thomson Gazellen, Elenantilopen, Wasserböcke sowie zahllose Vogelarten beobachten. Darüber hinaus gibt's in der Gegend ein paar gigantische Pythonschlangen! Wer irgendwo am See ein Boot ausleiht, sollte die Insel unbedingt besuchen.

ABSTECHER

MT. SUSUA

Obwohl dieser einzigartige Vulkan einen viel faszinierenderen Krater hat und sich die mühevolle Anreise deshalb wirklich lohnt, wird er weitaus seltener besucht als der Mt. Longonot. Der steile Außen- schützt den zweiten inneren Krater, dessen Kante auf 2357 m Höhe liegt und förmlich danach schreit, erklettert zu werden. An der Ostseite des Berges erstreckt sich ein Netzwerk unerforschter Höhlen, in denen Mandrille leben.

Leider gibt's keine Ausschilderung hierher. Das Land gehört den lokalen Massai, darum erkundigt man sich am besten in den nahe gelegenen Dörfern an der B3 zwischen Nairobi und Narok nach einem Guide. Die Fahrt von Nairobi bis zu der Stelle, wo man die Tarmac-Straße verlässt, dauert 90 Minuten. Von dort aus sind es noch 2½ Stunden bis zum Außenkrater, für dessen Umrundung man etwa acht Stunden benötigt. Man muss also die Nacht auf dem Berg verbringen und zelten und seine Verpflegung sowie Getränke selbst mitbringen. Ist der Vulkan das wert? Absolut, nicht zuletzt, weil man ihn – zusammen mit den Massai – ganz für sich allein hat.

Oserian Wildlife Sanctuary TIERSCHUTZGEBIET
(www.oserianwildlife.com) Dieses wundervolle 100 km² große Privatreservat dient den Tieren als Korridor zwischen dem Hell's Gate National Park und dem Lake Naivasha. Zu den Arten, die man in der Schutzzone zu Gesicht bekommt, gehören Leoparden, Geparden, Breitmaulnashörner (die hier ihre Jungen austragen) und viele weitere Steppentiere. Außerdem leben über 300 Vogelarten in der Region. Wer das Wildgehege besuchen will, muss in der exklusiven Chui Lodge einchecken.

Schlafen

Aufgrund seiner Beliebtheit und der Nähe zu Nairobi bietet der Lake Naivasha die beste Auswahl an Unterkünften im gesamten Rift Valley. Die meisten Hotels liegen am Südufer des Sees, aber auch an der Nordseite gibt's schöne Bleiben.

Moi South Lake Road

Chui Lodge LODGE $$$
(2020792; www.oserianwildlife.com; EZ/DZ mind. 2 Nächte inkl. Vollpension 1360/1250 US$; @) Die exklusiven Luxus-Cottages aus Steinen und Akazienholz liegen unter Wolfsmilchbäumen mitten im Oserian Wildlife Sanctuary. Die Hütten sind mit lokalen Luxusmöbeln eingerichtet und der Service ist einwandfrei. Zu den weiteren Highlights gehören der beheizte Swimmingpool, köstliche Gerichte, Himmelbetten und ein toller Ausblick.

LP TIPP **Dea's Gardens** PENSION $$
(2021015; www.deasgardens.com; inkl. Halbpension pro Person 60 €; P) Ein üppig grünes Anwesen mit ungewöhnlich persönlicher Atmosphäre am Südufer des Sees. Die charmante Bleibe wird von der eleganten Dea geführt und besteht aus einem Hauptgebäude mit zwei Zimmern – ein bezauberndes Chalet mit Schweizer Akzenten – sowie zwei großen und komfortablen Ferienhäusern. Mahlzeiten werden im Haupthaus serviert und sind sehr empfehlenswert! Man erreicht die Unterkunft über eine Abzweigung, die 2 km nach dem Abbiegen auf die Moi South Lake Road rechts abgeht. Das Dea's Gardens ist nicht ausgeschildert, aber es befindet sich am ersten Weg hinter dem „Kimwa"-Schild und ist als „Hortitec" ausgezeichnet.

LP TIPP **Marina's Camp** TENTED CAMP $$
(0722728054; Cottage pro Pers. 3500 KSh, inkl. Vollpension 4000 KSh) Die Hütten sind zwar nichts Besonderes, aber die fast schon luxuriösen Zelte unter Akazienbäumen waren bei unserem Besuch fast fertig und versprachen die beste Unterkunft am Lake Naivasha zu werden. Bei Redaktionsschluss waren noch keine Preise verfügbar.

Connelley's Camp CAMPINGPLATZ, BANDAS $
(50004; Campingplatz 600 KSh, B/2BZ 800/2500 KSh, alte Bandas ab 6000 KSh, neue Bandas 6000–10 000 KSh) Wer hier eincheckt, kann sich über ein hervorragendes Preis-Leistungs-Verhältnis freuen, zudem geht's selbst an den Wochenenden ruhiger zu als anderswo am See. Die Unterkünfte variieren: Es gibt alte *bandas* (Hütten), die mit Holzkisten eingerichtet sind, aber auch einfache Zweibettzimmer und hübsche neue *bandas* am Wasser.

Lake Naivasha Sopa Resort LODGE $$$
(☎50358; www.sopalodges.com; EZ/DZ 248/347 US$; P 📶 🏊) Auf dem großen grünen Anwesen am Seeufer leben Gazellen und andere Tiere. Die Zimmer sind etwas veraltet, aber geräumig und komfortabel. Alle blicken auf den Rasen, wo sich nachts die Flusspferde versammeln; abends darf man dementsprechend nur in Begleitung raus.

Fisherman's Camp CAMPINGPLATZ, BANDAS $
(☎50462, 0726870590; fishermanscamp@gmail.com; Campingplatz 400 KSh, Zelte ab 500 KSh, Bandas So–Do pro Pers. 1300 KSh, Fr & Sa pro Banda 4000 KSh, Cottage für 6 Pers. 8000 KSh) Bei Campern, Rucksacktouristen und Reiseunternehmen erfreut sich das unter Bäumen am grasbewachsenen Südufer gelegene Fisherman's das ganze Jahr über großer Beliebtheit. Der Platz ist riesig und platzt an den Wochenenden fast aus allen Nähten: Dann herrscht hier eine lärmende Partyatmosphäre, die kaum mehr an Afrika erinnert (während dieser Zeit unbedingt auf die Habseligkeiten achten). Unter der Woche geht's viel ruhiger und – je nach Sichtweise – auch um einiges angenehmer zu. Am Seeufer sieht man Flusspferde, die durch einen Elektrozaun ferngehalten werden. Nichtgäste zahlen 100 KSh Eintritt.

Crayfish Camp CAMPINGPLATZ $
(☎2020239; Campingplatz 500 KSh, Zi. mit Gemeinschaftsbad pro Pers. 1700 KSh, EZ/DZ 4000/6000 KSh; @) Im Vergleich zum Fisherman's wirkt das Crayfish Camp eher wie ein Biergarten, ist aber keine schlechte Wahl. Die Zimmer sind einfach und zweckmäßig eingerichtet und man kann auch Voll- bzw. Halbpension buchen. Außerdem gibt's eine Neuheit: Es besteht die Möglichkeit, in Kombiwagen, Autos oder Booten zu schlafen, in die Matratzen gestopft werden! Mahlzeiten sind ab 700 KSh zu haben.

Lake Naivasha Country Club HISTORISCHES HOTEL $$$
(☎020-4450636; www.sunafricahotels.com; EZ/DZ/3BZ 180/245/335 US$; P 🏊) Der Lake Naivasha Country Club verfügt über eine gepflegte Rasenanlage und wurde 1937 als Spielplatz für den Happy-Valley-Jetset (s. S. 309) errichtet. Bis heute hat sich das Anwesen seinen altmodischen Charme bewahrt. Obwohl die Zimmer weit weniger luxuriös sind, als man erwarten würde, fühlt man sich in die alte Zeit zurückversetzt.

Enashipai HOTEL $$$
(☎020-3592627; www.enashipai.com; EZ/DZ 210/295 US$; P @ 🏊) Seit das schicke Hotel im April 2011 eröffnet wurde, gilt es als einer der elegantesten Orte am Südufer des Sees. „Enashipai" ist ein Begriff der Massai für „Glückszustand". Der hübschen Unterkunft fehlt es zwar an Charakter, aber dafür sind die Zimmer schön und es gibt ein Spa.

Elsamere Conservation Centre HOTEL $$$
(☎2021055; www.elsamere.com; EZ/DZ 145/240 US$; P) Zweifellos muss man für die Zimmer in diesem beeindruckenden Tierschutzzentrum zu tief in die Tasche greifen, aber dafür kann man hier in Joy Adamsons früherem Schlafraum übernachten.

Moi North Lake Road

LP TIPP **Olerai House** PENSION $$$
(☎020-8048602; www.olerai.com; EZ/DZ inkl. Vollpension 390/600 US$) Unter einer Decke tropischer Blumen versteckt sich dieses wunderschöne Haus, das einem Märchen entsprungen zu sein scheint. Auf den Betten und Fluren liegen Blütenblätter, Affen spielen mit Hunden, und alle Wünsche der Gäste werden erfüllt. Die vielleicht beste Unterkunft der Region wird von den berühmten Elefantenschützern Iain und Oria Douglas-Hamilton geleitet – es gibt wohl kaum interessantere Gastgeber in Kenia.

Crater Lake Camp TENTED CAMP $$$
(☎2020613; www.mericagrouphotels.com; Campingplatz 500 KSh, EZ/DZ inkl. Vollpension 187/280 US$; 🏊) Das Camp im privaten Cra-

BLUMEN AM LAKE NAIVASHA

Das Süßwasser des Lake Naivasha beschert der Region im Vergleich zu den vielen alkalischen Seen im Rift Valley ein einzigartiges Ökosystem und wird auch zu Bewässerungszwecken genutzt. Während die umgebende Landschaft einst ein Produktionszentrum für Rinder, Obst und Gemüse war, dominiert hier heute die Blumenindustrie. In den Hügeln befinden sich jede Menge Gewächshäuser und inzwischen ist der Lake Naivasha das Zentrum von Kenias 360 Millionen US$ starker Blumenindustrie. Erstaunlicherweise stehen die Pflanzen, die frühmorgens gepflückt werden, schon am selben Tag auf europäischen Auktionen zum Verkauf.

DIE STEINERNE LADY

Der Fischer's Tower (S. 119) mag wie eine simple Felsnadel aussehen, aber wenn diese sprechen könnte, würde sie einem erzählen, dass sie früher eine schöne junge Massai-Frau war, die gegen ihren Wunsch von Zuhause weggeschickt wurde, um einen furchtlosen Krieger zu heiraten. Als sie ging, wurde sie gewarnt, sich nicht umzudrehen, aber in ihrer Trauer konnte sie nicht widerstehen, einen Blick zurück auf die alte Heimat zu werfen. Sobald sie das getan hatte, verwandelte sie sich in Stein und steht bis heute unverändert am selben Ort.

ter Lake Game Sanctuary (S. 115) kuschelt sich unter Bäume und blickt auf den winzigen jadegrünen Kratersee. Die Zelte sind nicht wirklich luxuriös, aber extrem komfortabel. Zum Hochzeitszelt gehören ein Bad mit Whirlpool und andere romantische Extras. Im Preis sind Naturspaziergänge und Nachtsafaris enthalten.

Essen & Ausgehen

Da die meisten vorher genannten Unterkünfte ihre Gäste selbst verpflegen und viele von ihnen Vollpension anbieten, gibt's vor Ort nur wenige Restaurants und Bars.

Acacia Café KENIANISCH $
(Hauptgerichte 100–150 KSh; ⌚mittags & abends) Wem die Restaurants in den Camps nicht afrikanisch genug oder zu teuer sind, sollte das tolle kleine Acacia Café in DCK Town ansteuern, das von Einheimischen geführt wird. Hier bekommt man Rindfleischeintopf für 125 KSh.

Fischers Tower Hotel INTERNATIONAL $
(Gerichte 100–500 KSh; ⌚7–24 Uhr) Kurz nachdem man auf die Moi South Lake Road abbiegt, stößt man auf dieses belebte Lokal, das von Snacks, Salaten und Burgern bis zu Rindfleischkebab und Lammcurry einfach alles anbietet, was man sich so wünschen kann. Die Gartentische sind am Wochenende hoffnungslos überfüllt, aber trotzdem stets ein guter Platz für ein Bierchen.

Fisherman's Camp INTERNATIONAL $$
(Hauptgerichte 250–500 KSh; ⌚mittags & abends) In dem stimmungsvollen Bar-Restaurant gibt's u. a. Fruchtsmoothies, Hühnchen-Tikka, Burger und Chili con Carne, allerdings muss man oft recht lange auf sein Essen warten. An den Wochenenden zieht das Lokal vor allem vermögende Kenianer an.

Shoppen

Elmenteita Weavers Ltd. KUNSTHANDWERK
(außerhalb der Moi South Lake Rd; www.elmenteitaweavers.com; ⌚8–17 Uhr) Die kleine Kooperative teilt sich ihre Werkstatt mit einigen ähnlichen Läden, darunter auch eine Töpferei. Besucher können den Handwerkern beim Weben von tollen Decken, Teppichen und anderen Textilien zusehen.

An- & Weiterreise

Matatus (100 KSh, 1 Std.) verkehren regelmäßig entlang der Moi South Lake Road zwischen Naivasha-Stadt und Kongoni an der Westseite des Sees. Unterwegs halten sie an den Abzweigungen zum Hell's Gate National Park und zum Fisherman's Camp (70 KSh).

Unterwegs vor Ort

Viele Lodges und Camps vermieten Mountainbikes (ab 700 KSh pro Tag), mit denen man zum Hell's Gate National Park fahren kann. Bevor man bezahlt, sollte man die Räder unbedingt durchchecken.

Hell's Gate National Park

Sich die Tiere vom sicheren Auto aus anzusehen ist schön und gut, aber ganz ehrlich: Wer will nach einer Weile *nicht* aus dem Fahrzeug steigen? Im Hell's Gate National Park kann man das tun, denn das einzigartige Schutzgebiet ermutigt seine Besucher, durch die afrikanische Savanne zu wandern, oder noch besser, zu radeln. Der Puls schlägt zehnmal höher, wenn man einem Büffel Auge in Auge gegenübersteht, und wow, Giraffen sind wirklich groß! Hell's Gate ist größtenteils eine raubtierfreie Zone: Es streifen zwar ein paar Leoparden und Hyänen durch die Gegend, aber sie werden nur selten gesehen.

Darüber hinaus wartet der Park mit einer beeindruckenden Landschaft auf. Zwischen hohen rostfarbenen Basaltsäulen erstrecken sich ockerfarbene Erde und Savannengras und am frühen Morgen scheint die Steppe fast zu glühen.

Sehenswertes

Hell's Gate Gorge PARK
(Erw./Kind 25/15 US$) Die Schlucht, die durch das Herz des Parks verläuft, ist ein breites,

Hell's Gate National Park

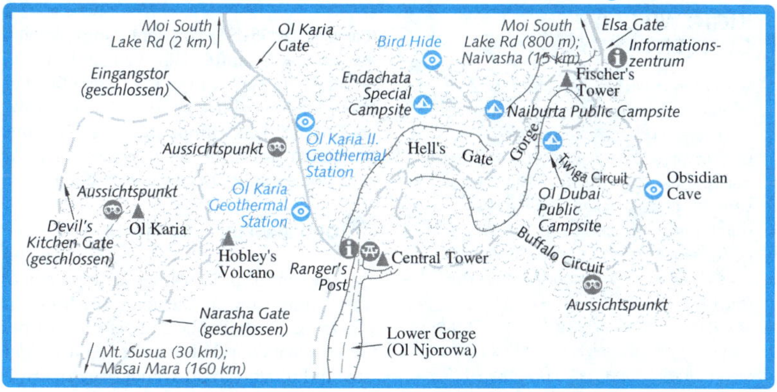

tiefes Tal, gesäumt von kahlen roten Felswänden. Ihr Ostzugang wird durch den **Fischer's Tower**, eine etwa 25 m hohe Vulkansäule, markiert. Dieser ist nach Gustav Fischer benannt, einem deutschen Forscher, der den Felsen 1882 entdeckte. Fischer war von der Geographischen Gesellschaft in Hamburg damit beauftragt, eine Route von Mombasa zum Lake Victoria zu finden. Unterwegs wurde er von Massai aufgehalten, die fast seine gesamte Gefolgschaft abschlachteten.

Überall im Tal sieht man Zebras, verschiedene Antilopenarten, Warzenschweine und gelegentlich Giraffen, während über dem Ganzen am Himmel Vögel kreisen. Selbst wenn man nur das Haupttal besucht, lohnt der Park den Eintritt.

Lower Gorge SCHLUCHT

(Ol Njorowa; Guide pro Std. 500 KSh) Am Südende der Hauptschlucht erhebt sich der große **Central Tower**, ein ungewöhnlicher Vulkanpfropf. In der Nähe liegen ein Picknickplatz und eine Rangerstation, von der man eine tolle Wanderung in die Lower Gorge (Ol Njorowa) unternehmen kann. Die schmale Sandsteinschlucht wurde von Wasser geformt. Hereinfallendes Licht wirft faszinierende Schatten. An manchen Stellen ist das Flussbett breit und trocken, an anderen muss man durch einen flachen Strom waten und einen steilen, schlüpfrigen Abhang herunterklettern. Obwohl einige Bereiche gefährlich wirken, haben es dank einiger in die Felsen geschlagenen Stufen schon ganze Schulklassen geschafft, durch die Schlucht zu kraxeln. Wir empfehlen, die Wanderung mit einem Guide zu machen.

Buffalo Circuit PARK

Unweit vom Haupttor, dem Elsa Gate, windet sich ein ausgeschilderter Wanderweg nach Süden. Er führt bergauf über die Hügel, bevor er nach 14 km wieder auf das Haupttal trifft. Unterwegs bietet er fantastische Ausblicke auf den Mt. Longonot sowie auf eine reiche Tierwelt, darunter Giraffen, verschiedene Antilopenarten und einige Büffel. In der Nähe des Elsa Gate und am Ende des Wanderweges beginnt zudem ein 2 km langer Seitenpfad, der zur Obsidian Cave verläuft. Diese besteht aus interessanten glasig-schwarzen Felsen, die als typisch für die Lavaströme des Rift Valleys gelten. Der Buffalo Circuit ist eine ziemlich anstrengende Trekking- oder Radtour, aber außer nach schweren Regenfällen auch mit dem Auto zugänglich.

Aktivitäten

Wer durch den Park **wandern** will, sollte dafür einen Tag einplanen sowie genügend Ausrüstung und Verpflegung mitnehmen.

HELL'S GATE NATIONAL PARK

Highlights Die beeindruckende Vulkanlandschaft und die Möglichkeit, die Tierwelt zu Fuß oder mit dem Rad zu erkunden.

Reisezeit Juni bis März.

Praktisches Vom Lake Naivasha zum Elsa Gate fahren, wandern oder radeln.

ABSTECHER

KIGIO WILDLIFE CONSERVANCY

Viele Menschen glauben, dass die Zukunft der kenianischen Tierschutzgebiete in den Händen von Einzelpersonen und privaten Unternehmen liegt, und der beeindruckenden Kigio Wildlife Conservancy nach zu urteilen, könnten sie durchaus recht haben. Das 1416 ha große Reservat entstand 1997 aus einer ums Überleben ringenden Milchfarm und kann seither phänomenale Erfolge vorweisen. Es beherbergt Zebras, Thomson-Gazellen, Büffel, Elenantilopen und sogar einen Leoparden. 2002 holte KWS zudem acht Rothschild-Giraffen in den Park und erst kürzlich wurden fünf Breitmaulnashörner angesiedelt.

Leider darf man das Wildgehege nicht spontan besuchen, sondern muss im superluxuriösen **Malewa Ranch House** (020-3535878; www.kigio.com; EZ/DZ mit Vollpension 278/340 US$;) im Kolonialstil übernachten, das jeweils ausschließlich an eine Gruppe vermietet wird.

Radtouren eignen sich am besten, um das Schutzgebiet zu erkunden, denn die Hauptschlucht ist relativ flach. Am Elsa Gate, das sich etwa 7 km von der Lower Gorge entfernt befindet, werden Mountainbikes vermietet (pro Tag 500 KSh), die man vor dem Bezahlen gut durchchecken sollte – häufig sind die Bremsen und Ketten gerissen.

Die blanken Felsmauern von Hell's Gate sind wie geschaffen zum **Klettern**. **Simon Kiane** und **James Maina** (0720909718, 0727039388) arbeiten hier als Ausbilder und Führer und verleihen einfaches Equipment. Sie veranstalten relativ einfache zehn- bis 15-minütige Klettertouren auf den Fischer's Tower (10 US$) sowie anspruchsvollere Klettertrips zu den roten Felswänden der Schlucht (100 US$). Wenn sie nicht an ihrer Basis am Fischer's Tower anzutreffen sind, kann man sie anrufen oder sucht sie vor dem Betreten des Parks am Eingangstor.

Schlafen

Die meisten Besucher übernachten in einer der vielen Lodges und Camps am Lake Naivasha, aber es gibt auch drei tolle, allerdings einfache Campingplätze im Park.

Naiburta Public Campsite

CAMPINGPLATZ $

(Campingplatz 15 US$) Von dem Campingplatz, der auf einem sanften Hügel an der Nordseite der Hell's Gate Gorge liegt, genießt man einen tollen Ausblick auf den Fischer's Tower. Ein herrlich stimmungsvoller Ort mit schlichten Toiletten, einer offenen *banda* zum Kochen und Frischwasserhähnen.

Ol Dubai Public Campsite

CAMPINGPLATZ $

(Campingplatz 15 US$) Dieser Campingplatz wartet mit ganz ähnlichen Einrichtungen wie der Naiburta Public Campsite auf. Er befindet sich an der Südseite der Schlucht und ist vom Buffalo-Circuit-Wanderweg zu erreichen. Hier lockt eine faszinierende Aussicht auf orangefarbene Klippen und die Dampfwolken des Geothermiekraftwerks am Ende des Parks.

Endachata Special Campsite

CAMPINGPLATZ $

(Campingplatz 30 US$) Keine Dienstleistungen. Abgesehen von absoluter Einsamkeit bietet der Platz nicht viel mehr Atmosphäre als die billigeren öffentlichen Camps.

Praktische Informationen

Kenya Wildlife Service (www.kws.org/parks/parks_reserves/HGNP.html; Eintritt zum Park Erw./Kind 25/15 US$, Safarikarte nicht gültig).

Informationszentrum (050-2020284; Elsa Gate)

Anreise & Unterwegs vor Ort

Der meistgenutzte Zugang zum Park ist das 1 km von der Moi South Lake Road entfernte Elsa Gate. Da die zwei Tore an der Nordwestecke geschlossen sind, bleibt als weitere Möglichkeit nur noch das Ol Karia Gate.

Von Naivasha nach Nakuru

Abgesehen von Zebras und Gangs hartgesottener Straßenkämpfer (Paviane), die sich auf der Straße von Naivasha nach Nakuru herumtreiben, gibt's kaum Gründe, unterwegs anzuhalten. Die regelmäßigen Matatus, die auf dieser Strecke verkehren, lassen einen gern an den gewünschten Stellen aussteigen.

PRÄHISTORISCHE STÄTTE KARIANDUSI

Die gut ausgeschilderte prähistorische Stätte **Kariandusi** (Karte S. 112; Erw./Kind

Nakuru

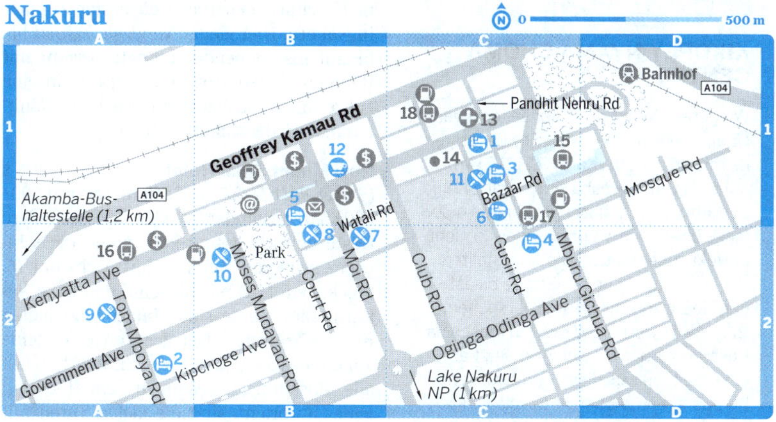

500/250 KSh; ⌚9–18 Uhr) liegt an der A104 unweit des Lake Elmenteita. In den 1920er-Jahren entdeckten die Leakeys, eine Familie berühmter Archäologen, an dieser Stelle zahlreiche Werkzeuge aus Obsidian und Lava, die vor etwa 1,4 Millionen bis 200 000 Jahren von Urmenschen hergestellt wurden. Vor Ort kann man zwei Ausgrabungsstätten besichtigen, zudem zeigen zwei Galerien eine Kurzfassung der Geschichte des menschlichen Lebens.

LAKE ELMENTEITA

Sehenswertes & Aktivitäten

Lake Elmenteita SEE
(Erw./Kind 500/200 KSh, Auto 200 KSh, Führer 300 KSh) Diese beliebte Touristenattraktion wartet mit vielen Wasservögeln und einem schönen Ufer auf, das dank Hunderter leuchtender Flamingos (wenn der Wasserpegel niedrig ist), nistender Pelikane und über 400 weiterer Vogelarten in sämtlichen Regenbogenfarben erstrahlt.

Rosalu Ostrich Farm FARM
(Erw./Kind 250/150 KSh; ⌚8–17 Uhr) Der Straußenpark in der Nähe des Seeufers ermöglicht Besuchern, ganz nah an die riesigen Laufvögel heranzukommen. Kinder werden es lieben! Um herzugelangen, muss man die Abzweigung zur Lake Elmentaita Lodge nehmen.

Go Ballooning Kenya BALLONFAHRTEN
(☎0715555777; www.goballooningkenya.com; 1 Std. 420 US$ pro Person) Safaris mit Heißluftballons sind bei Kindern und Erwachsenen gleichermaßen beliebt und bieten herrliche Ausblicke auf das Rift Valley.

Nakuru

Sehenswertes
1 Avenue Suites Hotel ... C1
2 Bontana Hotel ... A2
3 Care Guest House ... C1
4 Carnation Hotel ... C2
5 Merica Hotel ... B1
6 New Mount Sinai Hotel ... C1

Essen
7 Café Guava ... B2
8 Courtyard Restaurant ... B2
9 Hygienic Butchery ... A2
10 Kokeb Restaurant ... B2
11 Ribbons Restaurant ... C1

Ausgehen
12 Nakuru Coffee House ... B1

Praktisches
13 Aga Khan University Hospital (Nakuru Medical Centre) ... C1
14 Crater Travel ... C1

Transport
15 Bus- & Matatu-Haltestelle ... C1
16 Easy Coach ... A2
17 Matatus nach Kampi ya Samaki & Marigat ... C1
18 Mololine Prestige Shuttle ... C1

Schlafen

Elementaita Country Lodge LODGE $$$
(☎020-2220572; www.seasonshotelskenya.com; EZ/DZ inkl. Vollpension ab 131/213 US$, Cottages 191/294 US$; P 📶 ❄) Die 2010 eröffnete schöne, weitläufige Anlage auf einem Hügel mit Blick auf den See ist eher etwas für gut Be-

NICHT VERSÄUMEN

KIKOPEY NYAMA CHOMA CENTRE

Wir geben Restaurants nur selten eigene Überschriften, aber diese Straßenstände mit Grillfleisch (Karte S. 112) 31 km nördlich von Naivasha sind in ganz Kenia berühmt. Lokale dieser Art können nicht lange überleben, wenn das Fleisch nicht perfekt zubereitet ist. Die Angestellten der Läden direkt an der Straße belästigen Neuankömmlinge und versuchen, Gäste anzuwerben. Wir waren im Acacia Restaurant, das ein wenig versetzt an einer Seitenstraße liegt, und fanden es herausragend, wobei die Lokale wirklich alle sehr gut sind. Pro Kilo Fleisch zahlt man etwa 400 KSh.

tuchte. Viele Zimmer sind geräumig und alle warten mit einer tollen Aussicht zum Wasser auf, zudem hat das (leicht abgenutzte) Dekor jede Menge Charakter.

Lake Elmenteita Lodge LODGE $$$
(☎050-50648; www.jacarandahotels.com; EZ/DZ inkl. Vollpension 210/300 US$; P@≋) Etwas veraltete Cottages in einem labyrinthischen Bougainvilleen-Garten. Obwohl sie eindeutig zu viel kosten, sind sie regelmäßig ausgebucht. Die Terrassenbar ist sehr einladend und punktet mit einem guten Seeblick. Vor Ort werden viele Aktivitäten angeboten, darunter Reitausflüge (1800 KSh pro Std.) und Naturspaziergänge (500 KSh pro Pers.).

Nakuru

☎051 / 300 000 EW.

Obwohl Nakuru Kenias viertgrößte Stadt ist und hier mehrere quirlige Märkte abgehalten werden, verströmt es immer noch eine sehr ländliche Atmosphäre. Das entspannte Flair und die Nähe zum Lake Nakuru National Park sowie zum beeindruckenden Menengai Crater machen es zu einem schönen Aufenthaltsort.

Schlafen

Man sollte nicht überrascht sein, wenn Taxi- oder Safarifahrer versuchen einen ins Hotel ihrer Wahl zu bringen, und einfach nicht auf sie hören.

Merica Hotel HOTEL $$
(☎2216013; www.mericagrouphotels.com; Kenyatta Ave; EZ/DZ 80/125 US$; ❄☜≋) Dieser moderne Hotelturm beherbergt die besten Zimmer in Nakuru. Hier gleiten verglaste Fahrstühle hinauf ins sonnendurchflutete Atrium mit Räumen, die so groß sind, dass darin eine ganze Gnuherde Platz hätte. Die Bäder könnten mal wieder saniert werden.

New Mount Sinai Hotel HOTEL $
(Bazaar Rd; EZ/2BZ mit Gemeinschaftsbad 500/600 KSh) Ausländer werden als besondere Gäste betrachtet und bekommen die schicken, sauberen Zimmer im Dachstuhl (5. Stock, kein Lift) mit Blick auf den Lake Nakuru. Die Räume sind einfach und bieten nur das Nötigste – dazu gehören leider keine Toilettensitze –, haben aber immerhin fast alle Moskitonetze. Wenn in dem Hotel ein Feuer ausbricht, sind die vielen Türen mit Sicherheitsschlössern vermutlich nur schwer zu überwinden.

Care Guest House HOTEL $
(Pandhit Nehru Rd; EZ/2BZ 500/800 KSh) Zuerst befürchtet man zwar das Schlimmste, aber die rosafarbenen Zimmer sind sehr sauber und haben Bäder mit Duschen und heißem, okay, warmem, na ja vielleicht lauwarmem Wasser.

Carnation Hotel HOTEL $
(☎2215360; Mosque Rd; EZ/2BZ 1000/1550 KSh) Nakurus hübscheste Budgetunterkunft verfügt über einfache Zimmer, die mit bunten Fliesenböden, kitschigen Bettdecken und Warmwasserduschen aufwarten.

Avenue Suites Hotel HOTEL $$
(☎2210607; avenuesuiteshotel@yahoo.co.uk; Kenyatta Ave; EZ/DZ/3BZ 1400/2500/3700 KSh) Für seine Preisklasse hat das Hotel an der belebten Kenyatta Avenue die besten Zimmer, allerdings ist die Atmosphäre ebenso uninspiriert wie in vielen anderen Unterkünften der Stadt. Am besten fragt man nach einem Zimmer auf der Rückseite, denn da geht's ruhiger zu.

Bontana Hotel HOTEL $$
(☎2210134; www.bontanahotel-nakuru.com; Tom Mboya Rd; EZ/DZ ab 70/110 US$; ❄☜≋) Hier ist es um einiges leiser als in den anderen Innenstadthotels, außerdem gibt's hübsche Zimmer mit Balkonen. Weniger toll sind die alten Bäder.

Essen

Selbstversorger werden in den gut ausgestatteten Supermärkten auf der Kenyatta Avenue (und Umgebung) fündig.

LP TIPP **Ribbons Restaurant** KENIANISCH $
(Gusii Rd; Hauptgerichte 80–250 KSh; ⌚24 Std.) Das Restaurant im ersten Stock besitzt einen Balkon mit Blick auf die Straße und ist eine der besten Anlaufstellen für günstige kenianische Gerichte. Neben ganzen Tilapias mit Ugali werden Spezialitäten wie *githeri* (Mais und Bohnen) und *ndengu* (Erbseneintopf) serviert. Einfach die Treppe mit dem Schild „Care Guest House" hochgehen.

LP TIPP **Hygienic Butchery** KENIANISCH $
(Tom Mboya Rd; Hauptgerichte 180–250 KSh; ⌚mittags & abends) Toller Name, toller Ort. Hier bekommt man das wunderbare kenianische Traditionsgericht *nyama choma* (Grillfleisch). Am besten setzt man sich an den Tresen, probiert ein Stück zartes Lamm- oder Rindfleisch und bestellt pro Person ein halbes Kilo seines Favoriten. Dazu gibt's Chapatis oder Ugali, aber keine Soße. Das Fleisch wird an den Tisch gebracht, aufgeschnitten und mit den Händen gegessen. Köstlich! Außerdem kann man Eintöpfe, Hühnchen und andere Gerichte bestellen.

Café Guava INTERNATIONAL $
(Ecke Moi & Watali Rd; Hauptgerichte 350–500 KSh; ⌚So–Fr morgens, mittags & abends) In diesem brillanten Café werden großartiger Kaffee und Fruchtsäfte sowie Snacks, Frühstück, Kuchen und ein wechselndes Tagesessen serviert. Bei unserem Besuch gab es Rumpsteaks mit Honig und Chili. Dank des kostenlosen WLANs ist das Guava der kultivierteste Ort der Stadt.

Kokeb Restaurant ÄTHIOPISCH & ITALIENISCH $
(Moses Mudavadi Rd; Hauptgerichte 260–350 KSh; ⌚mittags & abends) Das entspannte Gartenlokal kredenzt eine interessante Mischung aus äthiopischen und italienischen Gerichten. Wer sich nicht auf die große Abenteuerreise in den Norden macht, um das echte Äthiopien kennenzulernen, sollte hier *injera* (luftiges Fladenbrot mit Dips nach Wahl) und *wat* (Eintopf) probieren.

Courtyard Restaurant
KENIANISCH & INTERNATIONAL $
(abseits der Court Rd; Gerichte 190–350 KSh; ⌚mittags & abends) Neben einfachen kenianischen Gerichten wie *matoke* (Kochbananen) kommt man hier in den Genuss von Eintöpfen, gebratenem Hühnchen und Fisch. Außerdem kann man sich auf eine große Auswahl an internationalen Speisen freuen: Von Indisch über Italienisch bis zu Rindfleischeintopf und Meeresfrüchten ist für jeden Geschmack etwas dabei, auch wenn nicht immer alle Speisen verfügbar sind. Wie der Name verspricht, gibt's einen Innenhof mit Sitzplätzen.

Ausgehen

LP TIPP **Nakuru Coffee House** CAFÉ
(Kenyatta Ave; Tasse/Becher Kaffee 40/100 KSh) Mit dem im 1950er-Jahre-Stil designten Café trifft man eine hervorragende Wahl. Zum Angebot gehört exzellenter, frisch gerösteter Kaffee, der in dem kaffeereichen Land erstaunlich selten zu finden ist. Es wird auch Frühstück serviert.

Praktische Informationen

In Nakuru kann man problemlos Bargeld wechseln, denn es gibt viele Banken und Wechselstuben. Am verlässlichsten sind die Automaten der Barclay Bank.

Aga Khan University Hospital (Nakuru Medical Centre; Kenyatta Ave) Labordienstleistungen und Malariatests.

Crater Travel (☎2215019; cratertravel@yahoo.com; abseits der Kenyatta Ave) Hier kann man Flugtickets und Exkursionen zum Lake Nakuru National Park buchen.

Petmary Cyber Café (Kenyatta Ave; 60 KSh pro Std.; ⌚Mo–Fr 8–17.30, Sa 8–13 Uhr) Bietet die schnellste Internetverbindung in der Stadt.

An- & Weiterreise

BUS **Easy Coach** (Kenyatta Ave) ist eines von mehreren Unternehmen, die nach Nairobi (500 KSh, 3 Std.), Eldoret (650 KSh, 2¾ Std.) und Kisumu (750 KSh, 3½ Std.) fahren.

LAKE BOGORIA & LAKE BARINGO Matatus zum Lake Baringo (Kampi Ya Samaki; 250 KSh, 2½ Std.) oder nach Marigat (zum Lake Bogoria; 150 KSh, 2 Std.) starten am Südende der Pandhit Nehru Road.

MATATUS Die meisten Matatus fahren an den chaotischen Ständen in der Mburu Gichua Road ab. Sie steuern u. a. Naivasha (150–200 KSh, 1¼ Std.), Nyahururu (175 KSh, 1¼ Std.), Kericho (350 KSh, 2 Std.), Nyeri (350 KSh, 2½ Std.), Eldoret (300 KSh, 2¾ Std.), Nairobi (400 KSh, 3 Std.) und Kisumu (500–600 KSh, 3½ Std.) an.

PARKEN Wer im Zentrum von Nakuru an der Straße parken will, braucht ein Ticket vom nächsten Wächter – am besten erkundigt man sich in seiner Unterkunft.

SHUTTLE **Mololine Prestige Shuttle** (abseits der Geoffrey Kamau Rd) betreibt überdurchschnittlich gute Matatus mit nur zehn Sitzen für zehn Passagiere und umsichtigen Fahrern, die Nairobi (400 KSh), Eldoret (400 KSh) und Kisumu (600 KSh) zum Ziel haben.

Rund um Nakuru

MENENGAI CRATER

Von der Stadt aus sieht er nicht besonders beeindruckend aus, aber die roten Klippen des **Menengai Crater** (Erw./Kind 600/50 KSh, Guides 1000 KSh; ⏲7–17 Uhr), die sich nach außen neigen und einen 90 km² großen Kessel verschlungener schwarzer Lavaströme umschließen, sind überaus faszinierend, wenn man den Gipfel einmal erklommen hat. Obwohl heute üppige Vegetation den rauen, 500 m tiefen Boden überwuchert, kann man die gewaltige und dramatische Geschichte des Vulkans immer noch erahnen. Der Krater entstand vor über einer Million Jahren, allerdings liegt die letzte Eruption erst 350 Jahre zurück.

Einer lokalen Legende nach sind die vom Boden aufsteigenden Dampfschwaden Seelen besiegter Massai, die nach Stammeskriegen in den Krater geworfen wurden und nun versuchen in den Himmel zu gelangen.

An der Westseite erstreckt sich die **Mau Mau Cave**, die während des Mau-Mau-Aufstandes von Guerillakämpfern als Versteck vor den britischen Kolonialtruppen genutzt wurde.

James Maina (✆0723031150; jamesmaina11 @yahoo.com), ein guter lokaler Guide, führt Besucher in den Krater und zurück (eine vierstündige Wanderung) oder zur Mau-Mau-Höhle.

Am Hauptaussichtspunkt gibt's ein paar *dukas* (Läden), die Getränke und Schmuck verkaufen.

Die Sicherheitsstandards haben sich verbessert, seit sich der Kenya Forest Service um die Gegend kümmert, aber der 9 km lange Weg zum Krater (bzw. 6 km vom Haupttor) ist sehr einsam. Wanderer sollten nie allein hinaufklettern.

Es bestehen Pläne, den Weg zum Gipfel auszubauen. Ein Taxi hin und zurück sollte nicht mehr als 2000 KSh kosten.

PRÄHISTORISCHE STÄTTE HYRAX HILL

Diese **archäologische Stätte** (Karte S. 125; Erw./Kind 500/250 KSh; ⏲9–18 Uhr) 4 km von Nakuru entfernt ist ein toller Ort, um sich von den Nashörnern und anderen Touristen zu erholen. Zu ihr gehören ein Museum und die Überreste von drei Siedlungen, die zwischen 1937 und Ende der 1980er-Jahre ausgegraben wurden. Die älteste ist wahrscheinlich 3000, die jüngste 200 bis 300 Jahre alt.

Man kann die Stätte zu Fuß erkunden, aber weil die Ruinen sehr rätselhaft sind, empfehlen wir einen Führer (150 KSh Trinkgeld reichen völlig aus). Das Nordostdorf, das etwa 400 Jahre auf dem Buckel haben soll, liegt dem Museum am nächsten und bestand einst aus 13 Grundstücken. Heute ist nur noch die Ausgrabungsstätte Pit D (von 1965) geöffnet. Hier wurden zahlreiche Keramikscherben gefunden, die man teilweise wieder zu Krügen zusammengesetzt hat und die jetzt im Museum gezeigt werden.

Von Pit D führt ein Pfad hinauf zu den kargen Überresten einer steinummauerten Hügelfestung, die sich nahe dem Gipfel des Hyrax Hill erhob. Wer will, kann ganz bis nach oben auf den Hügel kraxeln und dort einen tollen Blick auf den entfernten Lake Nakuru genießen.

Wenn man die andere Seite herunterblickt, sieht man zwei c-förmige Steinhüttenfundamente aus der Eisenzeit. Gleich nördlich der Fundamente wurden mehrere Grabgruben mit 19 Skeletten aus der Eisenzeit entdeckt. Die meisten waren männlich und wurden enthauptet, was zu fantasievollen Interpretationen geführt hat.

Nicht weit von hier befinden sich zwei neolithische Hügelgräber und mehrere andere Grabgruben aus der Eisenzeit. Sie enthielten zahlreiche Gegenstände, darunter ein echtes Puzzle, sechs indische Münzen – eine davon 500 Jahre alt – sowie zwei weitere Münzen von 1918 und 1919.

Zwischen den Eisenzeitsiedlungen und dem Museum gibt's zudem einen Felsvorsprung, in den ein *bao* (traditionelles Spiel, das in ganz Ostafrika gespielt wird) geschnitzt ist.

Es ist möglich, hier zu zelten (250 KSh pro Zelt), allerdings sind die Einrichtungen sehr einfach, und man muss sich komplett selbst versorgen.

Lokale Matatus auf dem Weg nach Naivasha oder Nairobi lassen einen hinter der Abzweigung gleich südlich von Nakuru (etwa 1 km von der Stätte entfernt) aussteigen.

Lake Nakuru National Park

Nur wenige Kilometer vom quirligen Zentrum Nakurus entfernt erstreckt sich einer der schönsten Parks Kenias. Obwohl die riesigen Flamingokolonien, die den hiesigen See so berühmt gemacht haben, nicht immer anzutreffen sind, kann man immer

Lake Nakuru National Park

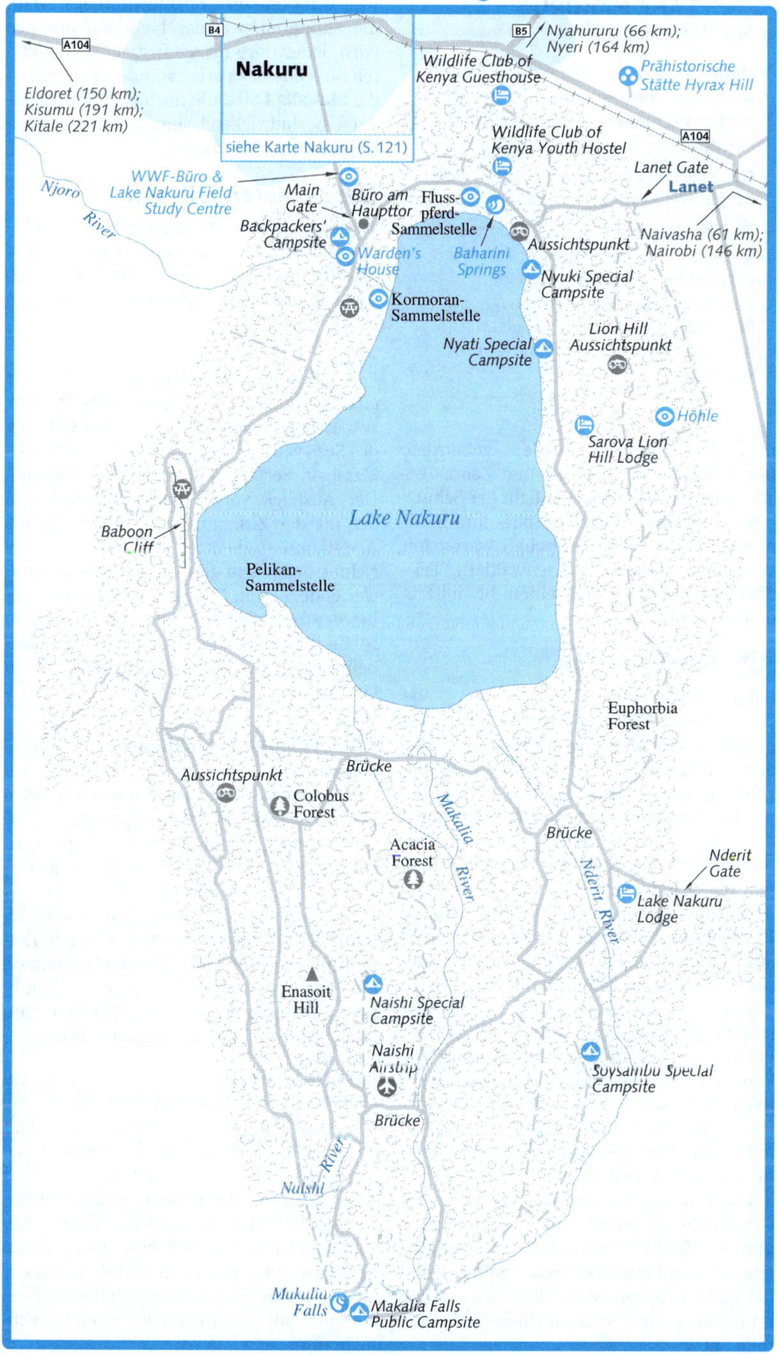

LAKE NAKURU NATIONAL PARK

Highlights Löwen, Leoparden, Rothschild-Giraffen, Spitz- und Breitmaulnashörner, manchmal Flamingos und eine tolle, vielseitige Landschaft.

Reisezeit Juni bis März. Vogelbeobachtung von November bis März.

Praktisches Wer aus Nakuru anreist, kann den Park durch drei Tore betreten (Main Gate, Lanet Gate und Nderit Gate). Safarikarten kann man nur am Main Gate einlösen. Der Park ist mit normalen Autos (Zweiradantrieb) zugänglich.

noch die Löwen, Leoparden, gefährdete Rothschild-Giraffen, Büffel und Zebras bestaunen. Als absolutes Highlight des Schutzgebietes gelten jedoch die Spitz- und Breitmaulnashörner. Die Landschaft wartet mit Wolfsmilchbäumen, Akazienwäldern, Felswänden und mindestens einem bezaubernden Wasserfall auf.

Sehenswertes

Lake Circuit PARK

Da der Park relativ klein ist (188 km²), lässt er sich problemlos an einem Tag erkunden – inklusive einer kompletten Seeumrundung sowie Besichtigung der Akazienwälder und weiten Landschaften im Süden der Schutzzone. In den Wäldern leben Leoparden, und mit viel Glück erspäht man einen der seltenen Löwen beim Klettern in den Bäumen. Die etwa 60 Spitz- und 80 Breitmaulnashörner halten sich meist nahe am Ufer auf und sind vor allem an der Südseite des Sees zu sehen. Dabei zeigen sich Erstere, die Laubfresser und viel scheuer sowie aggressiver sind, weitaus seltener als Letztere. Warzenschweine, Wasserböcke, Zebras und Büffel entdeckt man an nahezu jeder Ecke, während sich Thomson-Gazellen, Impalas und Riedböcke tiefer im Busch aufhalten. Um die Klippen herum kann man Schliefer, Raubvögel und zahllose Paviane beobachten. In den Wäldern unweit des Ostufers leben schwarzweiße Stummelaffen und am Nordufer erblickt man regelmäßig eine kleine Flusspferdherde. Selbst wenn die Flamingos gerade nicht da sind, sorgen immer noch die nistenden Pelikane für eine tolle Show.

Die beste Aussicht auf den Park hat man vom **Baboon Cliff**. Spätnachmittags, wenn die Sonne ein warmes Licht auf den See wirft, ist es dort am schönsten. Am äußersten Südende des Parks befinden sich zudem die **Makalia Falls**, die nach Regenfällen äußerst beeindruckend sind (jedenfalls nach kenianischen Standards).

Schlafen & Essen

Wer campen möchte, muss sein eigenes Essen mitbringen und immer dafür sorgen, dass die Zelte ordentlich verschlossen sind, sonst veranstalten Paviane und Affen darin ein riesiges Chaos.

LP TIPP **Sarova Lion Hill Lodge** LODGE $$$

(☎020-2315139; www.sarovahotels.com; EZ/DZ inkl. Vollpension 366/486 US$; @ 🏊) Am Osthang des Sees wartet diese Lodge mit einem erstklassigen Service und tollem Komfort auf. Der Ausblick vom Freiluftrestaurant und den meisten Zimmern ist einfach großartig. Alle Räume sind dezent, aber hübsch eingerichtet, außerdem gibt's riesige, absolut umwerfende Suiten. Das Sarova ist definitiv eines der freundlicheren Luxushotels, und an ruhigen Tagen bekommt man sogar den Einheimischenpreis – dann zahlt man halb so viel wie oben angegeben.

LP TIPP **Wildlife Club of Kenya Guesthouse** HOSTEL $

(☎0710579944; Zi. mit Gemeinschaftsbad 1250 KSh pro Person) Schon allein die Atmosphäre schlägt alle anderen Hotels in Nakuru. Hier fühlt man sich wie in einem abgelegenen Landhaus, aber statt eines Gartens voller Kaninchen bekommt man einen Garten voller Nashörner und Büffel! Zu den Einrichtungen gehören sechs einfache Zimmer, eine gut ausgestattete Küche und ein hübscher Speiseraum. Wer vorher Bescheid gibt, kann sich vom Wächter bekochen lassen.

Lake Nakuru Lodge LODGE $$$

(☎850228; www.lakenakurulodge.com; EZ/DZ inkl. Vollpension 250/340 US$; P 📶 🏊) Eine weitere ausgezeichnete Bleibe in der Südwestecke des Parks. Gemessen an den Zimmern sind die Preise ebenso wie in vielen anderen Nationalpark-Lodges überteuert, aber das Gesamtpaket ist okay und bietet einen guten kenianischen Standard. Hinter dem Begrenzungszaun eröffnet sich eine vielfältige Tierwelt und auf dem Anwesen streunen Paviane herum.

Wildlife Club of Kenya Youth Hostel HOSTEL $

(☎0734661463; B 800 KSh) Wer einen Studentenausweis besitzt, trifft mit diesem Hostel eine gute Wahl. Die oft von Schul- und Unigruppen ausgebuchte Bleibe punktet mit einer freundlichen Atmosphäre, sauberen Schlafsälen, Kochbereichen und einer tollen Tierwelt gleich um die Ecke.

Makalia Falls Public Campsite CAMPINGPLATZ $

(Campingplatz 25 US$) Obwohl der Campingplatz schwer zu erreichen ist und einfachere Einrichtungen als das Backpackers' Campsite hat, sollte man hier sein Zelt aufschlagen. Rund um den Platz erstreckt sich eine malerische Landschaft, zudem liegt er gleich neben den saisonalen Makalia Falls.

Backpackers' Campsite CAMPINGPLATZ $

(Campingplatz 25 US$) Der große öffentliche Campingplatz hinter dem Haupttor verfügt über die besten Campingeinrichtungen und ist am einfachsten zugänglich. Weil sich vor Ort viele Paviane herumtreiben, muss man gut auf sein Gepäck aufpassen.

Special Campsites CAMPINGPLATZ $

(Campingplatz 40 US$, plus Aufstellgebühr 7500 KSh) Ähnliche Plätze sind im ganzen Park verstreut und haben keine Toiletten etc., bieten dafür aber ein echtes Buscherlebnis, denn man ist ganz allein mit den Tieren.

DIE FLAMINGOS AM LAKE NAKURU

Seit der Gründung des Parks im Jahr 1961 ist die Flamingopopulation mit dem unsteten Wasserpegel des Lake Nakuru abwechselnd gestiegen und gesunken. Als der See 1962 austrocknete – Herzlichen Glückwunsch zum ersten Geburtstag! –, ging der Vogelbestand stark zurück, ebenso wie in den 1970er-Jahren, als schwere Regenfälle den Salzgehalt des Wassers minderten und die blaugrünen Algen, die Nahrungsquelle der Flamingos, beschädigten. Seit etwa zehn Jahren ist der See wieder gesund und die Population steigt. Wenn es zukünftig wieder zu Trockenzeiten oder Überflutungen kommt und sich die Vögel aus dem Staub machen, findet man sie wahrscheinlich am Lake Bogoria und in geringerer Anzahl auch am Oloiden- und am Magadisee.

Praktische Informationen

Kenya Wildlife Service (☎051-2217151; www.kws.org/parks/parks_reserves/LNNP.html; Eintritt in den Park Erw./Kind 75/40 US$, Safarikarte erforderlich)

An- & Weiterreise

Crater Travel (Karte S. 121; ☎051-2214896; cratertravel@yahoo.com; abseits der Kenyatta Ave, Nakuru; Auto/Jeep/Minivan 5000/6000/11 000 KSh pro 5 Std.) ist die beste Wahl zur Erkundung des Parks, wenn man kein eigenes Fahrzeug hat. Die Jeeps und Minivans des Unternehmens besitzen Dachluken und im Preis sind Fahrer sowie der Parkeintritt für diesen und den Wagen enthalten.

Lake Bogoria National Reserve

In den späten 1990er-Jahren erlangte der flache Salzsee Berühmtheit als „neue Heimat der Flamingos", denn hier lebte eine Migrantenpopulation von bis zu zwei Millionen Vögeln. 2000 wurde das Reservat zur Ramsar-Stätte ernannt, wodurch es zu einem Feuchtgebiet von internationaler Bedeutung avancierte. Flamingos sind unstet und können ohne Vorwarnung weiterziehen, doch derzeit ist der stark alkalihaltige Lake Bogoria einer der besten Plätze Kenias, um Massenansammlungen der pinkfarbenen Vögel zu beobachten. Im Dickicht verstecken sich zudem seltene und beeindruckende Große Kudus.

Sehenswertes & Aktivitäten

Lake Bogoria SEE

(Erw./Kind 2500/250 KSh, Auto 750 KSh, Guide pro halber/ganzer Tag 750/1500 KSh) An die felsigen, kargen Ufer des Lake Bogoria der sich vor der Kulisse des rauen Siracho Escarpment erstreckt, rauschen moosgrüne Wellen. Entlang des Westufers – wo sich die Flamingos versammeln – verläuft eine Straße, die sich später in einen holprigen Weg verwandelt und schließlich völlig im Sande verläuft. Auf halber Strecke speien heiße Quellen und Geysire kochend heißes Wasser aus dem Erdinneren. Wer frühmorgens herkommt, hat den Ort wahrscheinlich ganz für sich allein. Dann fühlt man sich wie in einer anderen Welt, die nicht mit anderen Seen des Rift Valley zu vergleichen ist.

MOGOTIO

Dieses unauffällige Dorf liegt 38 km nördlich von Nakuru an einer Landstraße und ist deshalb erwähnenswert, weil man an der Nordseite den Äquator überquert. Zwei kleine Schilder an der Ostseite der Straße und die üblichen Souvenirshops markieren den Punkt.

Während in den abgelegenen Wäldern am Südufer Leoparden, Klippspringer, Gazellen, Karakale und Büffel leben, bewirkt der zunehmende Tourismus, dass sich der Große Kudu immer mehr zurückzieht.

Besucher können den Park sowohl zu Fuß als auch mit dem Rad erkunden. Wer einen Guide anheuern möchte, meldet sich am Loboi Gate.

Der See liegt nördlich von Nakuru und ist einen schönen Tagesausflug wert.

Kesubo Swamp VOGELBEOBACHTUNG
Gleich vor der Nordgrenze des Reservates befindet sich an der Straße, die von der B4 nach Norden abzweigt, ein echtes Paradies für Vogelbeobachter: Im Kesubo Swamp wurden schon über 200 Vogelarten gezählt und ein glücklicher Besucher konnte ganze 96 Arten in nur einer Stunde beobachten – ein Rekord in Kenia. Wer den Sumpf besuchen möchte, muss in der Nähe des Lake Bogoria Spa Resort parken und die Eingrenzung umrunden.

Schlafen & Essen

Die einzigen Übernachtungsoptionen im Reservat sind die schönen Campingplätze **Fig Tree Camp** und **Acacia Camp**. Bei unserem Besuch waren beide aufgrund rutschiger Straßen von Norden aus nicht erreichbar und daher geschlossen. Um herauszufinden, ob sie geöffnet sind, fragt man am Haupttor nach, ob man das Reservat durch das südliche Emsos Gate betreten muss. In der nahe gelegenen Ortschaft Marigat kann man Lebensmittel kaufen oder essen gehen.

Lake Bogoria Spa Resort HOTEL $$
(☎051-2216867; www.lbogoriasparesort.com; EZ/DZ ab 85/108 US$;) 2 km nordwestlich des Loboi Gate stößt man auf das Lake Bogoria Spa Resort, das demnächst renoviert werden soll (das ist übrigens dringend nötig). Wenn alles planmäßig verläuft, sollten die Preise danach nicht zu sehr steigen. Bis zur Instandsetzung sind die Zimmer zwar eine gute Option, aber auch recht langweilig und charakterlos. Der Pool wird von einer heißen Quelle ganz in der Nähe gespeist.

An- & Weiterreise

BENZIN Die nächste Tankstelle befindet sich in Marigat.

EINGÄNGE In Loboi (nördlich), Emsos (südlich) und Maji Moto (westlich), allerdings ist nur das Loboi Gate mit normalen Autos zugänglich.

ÖFFENTLICHE VERKEHRSMITTEL Von Marigat verkehren Matatus zum Loboi Gate (100 KSh, 30 Min.), außerdem pendeln sie zwischen Marigat und Nakuru (250 KSh, 2 Std.) sowie Kabarnet (165 KSh, 1¼ Std.).

Lake Baringo

☎051

Der Lake Baringo, einer der seltenen Süßwasserseen und wahrscheinlich das idyllischste, aber auch entlegenste Gewässer des Rift Valley, ist von Bergen umgeben und beherbergt zahlreiche malerische Inseln. Zudem dösen an seiner Oberfläche jede Menge Flusspferde. Daneben bietet er unzähligen Vögeln eine Heimat, nämlich über 450 der etwa 1100 kenianischen Arten – Vogelbeobachter sind hier also an der richtigen Adresse.

Mit einigen der besten und preiswertesten Unterkünfte auf dem kenianischen Festland und seiner relaxten Atmosphäre ist der See zweifellos eines der Highlights des Rift Valley.

Das kleine Dorf **Kampi ya Samaki** dient als Zugangspunkt zum Ufer. In dem Ort befinden sich die meisten Hotels und Restaurants. Die Gemeinde von Kampi ya Samaki berechnet eine Eintrittsgebühr (200 KSh pro Pers., 100 KSh pro Auto), deshalb sollte man seinen Beleg stets bereithalten.

Sehenswertes & Aktivitäten

Bootstouren

Zu den beliebtesten Aktivitäten am Lake Baringo zählen Bootsfahrten, die beste Art, den See zu erkunden. Fast jeder, mit dem man hier redet, wird behaupten, Zugang zu einem Boot zu haben und die Preise der anderen zu unterbieten. Ein Erlebnis der besonderen Art ist ein Ausflug zum Füttern der Fischadler, die auf Pfeifton nach Fischen tauchen.

Die verlässlichsten Trips bieten **Lake Baringo Boats Excursions** (☎0727856048; Kampi ya Samaki; 3000 KSh pro Boot/Std.) und **Robert's Camp** (☎0733207775; Kampi ya Samaki; 3000 KSh pro Boot/Std.).

Lake Baringo & Lake Bogoria National Reserve

Vogel- & Naturwanderungen

Selbst Besucher, die keine passionierten Vogelbeobachter sind, können nur schwer einem Spaziergang im Morgengrauen oder am späten Nachmittag widerstehen, wenn die Vögel am aktivsten sind. Robert's Camp und Lake Baringo Boats Excursions veranstalten exzellente Wanderungen für etwa 400 bis 600 KSh pro Person. Ein nächtlicher Ausflug kostet 700 KSh.

Dorfbesuche

Darüber hinaus bieten Robert's Camp und Lake Baringo Boats Excursions geführte Touren (1200 KSh pro Person) in die Seedörfer der Pokot, der Tugen und der Njemps an. Letztere sind Cousins der Massai und auf den Inseln Ol Kokwe und Parmalok sowie am Seeufer zu finden. Sie leben hauptsächlich vom Fischen und von der Viehzucht.

Schlafen

LP TIPP Robert's Camp BANDAS & CAMPINGPLATZ $

(☎0733207775; www.robertscamp.com; Kampi ya Samaki; Campingplatz 500 KSh, EZ/DZ in bandas ab 2000/3400 KSh, Cottage für 4 Pers. 7500 KSh; P) Einer unserer Leser meint, „Dieser Ort wird immer besser", und wir sind derselben Meinung. Der Platz liegt direkt am Seeufer und ist voller zwitschernder Vögel, sielender Nilpferde sowie bissiger Krokodile. Es ist egal, ob man zeltet, in einer der wunderschön eingerichteten *bandas* oder in einem extravaganten Cottage übernachtet – für sein Geld bekommt man schlicht das Beste geboten. Man könnte ewig hier bleiben und die Welt da draußen einfach vergessen. Außerdem werden viele Exkursionen angeboten.

Lake Baringo Club LODGE $$

(☎020-4450636; www.sunafricahotels.com; Kampi ya Samaki; EZ/DZ mit Vollpension 160/180 US$; P) Auf einem malerischen Anwesen, das sich sanft zum Seeufer neigt, lockt dieses Hotel im alten Stil mit einer tollen Kolonialatmosphäre und guten, wenn auch überteuerten Zimmern. Zum Angebot der Lodge gehören zudem recht kostspielige Vogelwanderungen und Bootstouren.

Weavers Lodge HOTEL $

(☎0721556153; Kampi ya Samaki; Zi. 600 KSh; P) Das einfache Hotel befindet sich am Ende einer steinigen Gasse abseits von der Hauptstraße. Gäste können sich auf Musik, Spaß und ein typisch afrikanisches Flair sowie auf saubere Zimmer mit bequemen Matratzen und Bädern freuen. In der Unterkunft logieren die Fahrer der Safaris, was ein gutes Zeichen ist.

Bahari Lodge & Hotel HOTEL $

(☎0726857947; Kampi ya Samaki; Zi. mit Gemeinschaftsbad pro Pers. 300 KSh; P) Die günstigste Bleibe im Dorf hat einfache, etwas schäbige

GEFÄHRDETE SEEN IM RIFT VALLEY

Die Seen im Rift Valley wirken zwar recht ursprünglich, doch ihre Ökosysteme sind ernsthaft bedroht.

Obwohl der Lake Baringo im Januar 2002 zur vierten Ramsar-Stätte ernannt wurde, ist er vielen Bedrohungen ausgesetzt. Dazu zählen Trockenperioden, ein sinkender Wasserpegel, schwere Versandung infolge von Erderosion um die saisonalen *luggas* (trockene Flussbetten) und Überfischung.

Rund um den Lake Naivasha haben Tourismus und Wohlstand durch die Blumenfarmen zu massiver Überentwicklung geführt. Zudem fließen Pestizide und Düngemittel in das Wasser. Die Bewässerungsindustrie lässt den Pegel sinken, deshalb weicht der See zurück und ist nur noch 139 km² groß – laut dem WWF die Hälfte seiner ursprünglichen Ausdehnung. Auch das Ökosystem leidet, speziell durch die Ansiedlung ausländischer Fische (zum Sportangeln und kommerziellen Fischen) sowie durch Flusskrebse, südamerikanische Sumpfbiber (ein im Wasser lebendes Nagetier, das ursprünglich aus einer Pelzfarm floh) und verschiedene Pflanzen wie die gefürchtete Wasserhyazinthe.

Aus all diesen Gründen steht der Lake Naivasha im Mittelpunkt vieler Naturschutzinitiativen, und 1995 – nach jahrelangem Lobbying durch die Lake Naivasha Riparian Association (LNRA) – ernannte man ihn zur Ramsar-Stätte, wodurch er offiziell als Feuchtgebiet von internationaler Bedeutung anerkannt wurde. Die LNRA, das Elsamere Conservation Centre und andere Organisationen machen den Einheimischen, die vom See leben, die entsprechenden Umweltprobleme bewusst und setzen sich dafür ein, unter den lokalen Züchtern einen Verhaltenskodex zu etablieren, der die hiesige Artenvielfalt bewahren soll. Ein positives Ergebnis der Bemühungen besteht darin, dass seit 2007 alle lokalen Unternehmen Stellungnahmen zu den Auswirkungen ihrer Arbeit auf die Umwelt abgeben müssen. Trotzdem muss nach wie vor noch viel getan werden.

Zimmer, aber die Besitzer sind freundlich und für eine Nacht ist das Hotel okay.

Essen & Ausgehen

Selbstversorger müssen wissen, dass man in Robert's Camp zwar einige Lebensmittel erhält, frisches Gemüse und Obst in Kampi ya Samaki aber generell knapp sind. Deshalb sollte man alles mitbringen, was man braucht – in Marigat gibt's meist eine gute Auswahl.

LP TIPP **Thirsty Goat** INTERNATIONAL $$
(Roberts' Camp, Kampi ya Samaki; Hauptgerichte 450–650 KSh; ⏲morgens, mittags & abends) Dieses tolle Open-Air-Bar-Restaurant serviert eine willkommene Auswahl ausländischer Gerichte, allerdings schwirren regelmäßig Nashornvögel am Tisch herum. Die Speisen reichen von marokkanischen Hackfleischbällchen über Hühnchencurry bis zu scharfer „Spitting Cobra Pizza“ (Fauchende-Cobra-Pizza). Zweifellos das beste Lokal der Stadt.

Bahari Lodge & Hotel KENIANISCH $
(Kampi ya Samaki; Hauptgerichte ab 300 KSh; ⏲mittags & abends) Unter Kampi ya Samakis wenigen verbliebenen lokalen Restaurants ist das Bahari der beste Ort für günstiges Essen. Auf der Speisekarte stehen Fisch, Hühnchen und Gemüse. Man muss mindestens zwei Stunden im Voraus bestellen.

An- & Weiterreise

Am einfachsten erreicht man den See von Kampi ya Samaki aus, das 15 km nördlich von Marigat am Westufer des Sees liegt.

BUS Jeden Morgen zwischen 6.30 und 9.30 Uhr – es geht immer erst dann los, wenn sich genügend Passagiere eingefunden haben – fährt ein Bus mit 25 Sitzplätzen nach Nakuru (300 KSh).

PICK-UPS Kleintransporter starten etwas öfter nach Marigat (100 KSh, 30 Min.). Dort kann man eines der regelmäßigen Matatus nach Nakuru (250 KSh, 2 Std.) oder Kabarnet (200 KSh, 1¼ Std.) nehmen.

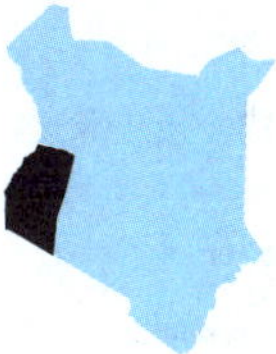

Westkenia

Inhalt »

Naturhighlights

» Masai Mara National Reserve (S. 133)

» Kakamega Forest (S. 154)

» Saiwa Swamp National Park (S. 165)

» Mt. Elgon National Park (S. 162)

Kulturhighlights

» Massai (S. 139)

» Kisii-Speckstein (S. 150)

Auf nach Westkenia

Die Magie Westkenias kann in zwei poetisch klingenden Worten zusammengefasst werden: Masai Mara. Es gibt nur wenige Orte auf der Welt mit einer derart reichen Fauna. Zweifellos sind die Savannen und die Tiere, die sie durchstreifen, die Hauptattraktionen der Region. Hier spielen sich jeden Tag dramatische Szenen ab: Löwenrudel locken ihre ahnungslose Beute in einen Hinterhalt, Tausende Gnus hetzen panisch durch einen Fluss und drollige Babygeparden tollen miteinander herum.

Kenias Westen hat aber noch mehr zu bieten als ausgedehnte Ebenen voller Pflanzen- und Fleischfresser. In den dichten Wäldern von Kakamega wimmelt es von schrägschönen Kreaturen, die regendurchtränkten Hügel von Kericho und die vegetationsreichen Teepflanzungen verleihen der Bedeutung von „Grün" eine ganz neue Dimension und auf dem Lake Victoria schaukeln Boote zwischen unberührten Inseln, die nur darauf warten, erkundet zu werden.

Reisezeit

Kisumu

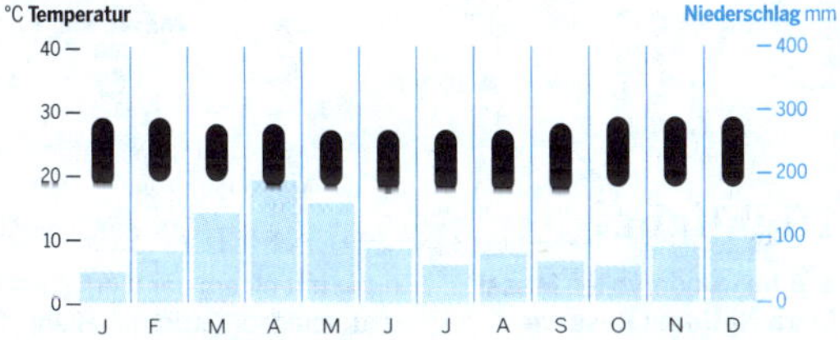

März–Mai „Lange Regenzeit" mit heftigem Niederschlag, vor allem im kühleren Westlichen Hochland.

Juli–Oktober Während der Gnuwanderung ist die Masai Mara übersät mit Pflanzenfressern.

November & Dezember Vor der trockenen Periode im Januar gibt's noch eine „kurze Regenzeit".

Highlights

1 Im wundervollen **Masai Mara National Reserve** (S. 133) in eine Gnuherde hineingeraten und die fantastischste Tiershow der Welt erleben.

2 Das Laub im **Kakamega Forest** (S. 154) nach bisher unbekannten Krabbeltierchen absuchen und auf eine Begegnung mit einem der niedlichen daumenlosen Stummelaffen hoffen.

3 Durch die stehenden Gewässer des **Saiwa Swamp National Park** (S. 165) waten, um Antilopen zu sichten.

4 Die Armbanduhr ablegen und eine der herrlich entspannten Inseln wie **Rusinga Island** im **Lake Victoria** (S. 148) besuchen.

5 In der afrikanischen Teehauptstadt **Kericho** (S. 151) lernen, wie man eine „richtige" Tasse Tee zubereitet.

6 Fledermäusen im **Mt. Elgon National Park** (S. 152) ausweichen, während man nach Elefanten Ausschau hält.

MASAI MARA

Wer von Afrika träumt, der hat die Masai Mara im Kopf, denn die Region bedient sämtliche Klischees: Ihre sanft geschwungene Graslandschaft erstreckt sich bis zum Horizont, platt getrampelt von den Hufen riesiger Zebra- und Gnuherden, und vereinzelt stehen ein paar Akazienbäume mit der typisch flachen Krone herum. Hier deckt sich die Vorstellung mit der Wirklichkeit. Für viele Besucher ist die Masai Mara nicht nur das Highlight der Reise, sondern der Grund, weshalb sie sich überhaupt für einen Keniaurlaub entschieden haben.

Narok

☎050 / 24 000 EW.

Diese marode Provinzhauptstadt drei Autostunden westlich von Nairobi ist die größte Siedlung in der Region und das letzte Bollwerk menschlicher Zivilisation vor den unendlichen Savannen der Masai Mara. Narok verströmt eine nette und erstaunlich entspannte Atmosphäre, doch Touristen bleiben trotzdem nur selten länger. Meistens schauen sie sich die Souvenirläden an, während der Fahrer tankt, und setzen ihre Reise dann ohne Umschweife fort.

Die einzige „Sehenswürdigkeit" des Ortes ist das kleine **Narok Museum** (Erw./Kind 500/250 KSh; ⏲Mo–So 9–18 Uhr) mit Exponaten zur traditionellen und modernen Massai-Kultur sowie anderen Stämmen, die Maa sprechen.

Schlafen & Essen

Chambai Hotel HOTEL $

(☎22591; EZ/DZ ab 1050/1250 KSh; P) Die Standardzimmer im hinteren Bereich sind einfach, aber sauber und mit Moskitonetzen ausgestattet. Wer tiefer in die Tasche greift, bekommt einen der neueren Räume der „Super"-Kategorie im Hauptgebäude. Für den höheren Preis bieten diese einladende Balkone, große Fernseher und Bäder. Die Kellner kennen die Ansprüche der Touristen: Getränke werden kalt serviert.

Seasons Hotel HOTEL $$

(☎020-2220572; reservationseasonsnarok@gmail.com; Schnellstraße B3; Zelten 700 KSh, EZ/DZ ab 3000/4000 KSh; P) Obwohl es sich um die netteste Unterkunft in der Gegend handelt, ist das Seasons nicht so viel toller als das Chambai, als dass der dreimal so hohe Preis gerechtfertigt wäre. Das hauseigene Restaurant gilt als das beste Lokal der Stadt, wobei das Büfett (700 KSh, mittags und abends) nachgelassen hat.

Praktische Informationen

Barclays Bank (Schnellstraße B3) Der Geldautomat dieser Bank hat seinen eigenen Kopf.

Info Point Cyberdome (Schnellstraße B3; 60 KSh pro Std.) Letztes Internetcafé mit zivilen Preisen vor der Masai Mara.

An- & Weiterreise

Matatus der **Narok Line** verkehren zwischen Narok und Nairobi (400 KSh, 3 Std.). Sie starten von der Shell-Tankstelle an der Schnellstraße B6. Die anderen Matatus fahren gleich um die Ecke an der Haupthaltestelle im Stadtzentrum ab. Zu ihren Zielen gehören Naivasha (350 KSh, 2½ Std.), Kisii (400 KSh, 3 Std.), Kericho (400 KSh, 2½ Std.) und Nakuru (400 KSh, 2 Std.).

Öffentliche Transporter nehmen von der Matatu-Haltestelle aus Kurs auf die Parkeingänge in Sekenani und Talek (je nach Straßenbedingungen 300–400 KSh).

Wer mit dem Mietwagen unterwegs ist, sollte hier noch mal tanken. Im Park kostet der Sprit um einiges mehr.

Masai Mara National Reserve

Eigentlich muss man die Masai Mara nicht groß vorstellen, denn jeder, der einen Fernseher besitzt, hat die gelbbraunen Savannen schon einmal gesehen. Sie sind Schauplatz von zahlreichen Dokus und Filmen, darunter Walt Disneys *Im Reich der Raubkatzen*.

Die Region – Einheimische sprechen einfach von der Mara – ist die nördliche Verlängerung der berühmten Serengeti in Tansania und wird vom Narok County Council sowie der Mara Conservancy (im Namen des Trans-Mara County Council) verwaltet. Zusätzlich wird das Ökosystem durch zahlreiche Naturschutzgebiete und Group Ranches in Privat- und Gemeindebesitz erweitert.

Garantierte Regenfälle und eine üppige Vegetation kennzeichnen die außergewöhnliche Gegend und versorgen Millionen von Pflanzenfressern mit Nahrung. Gnus, Zebras, Impalas, Elenantilopen, Ried- und Wasserböcke, Spitzmaulnashörner, Elefanten, Massaigiraffen sowie verschiedene Gazellenarten sind in den Kurzgrassteppen und Akazienwäldern der Mara zu Hause. So viel potenzielles Beutewild zieht natürlich auch eine große Anzahl von Raubtieren an, dar-

Masai Mara National Reserve

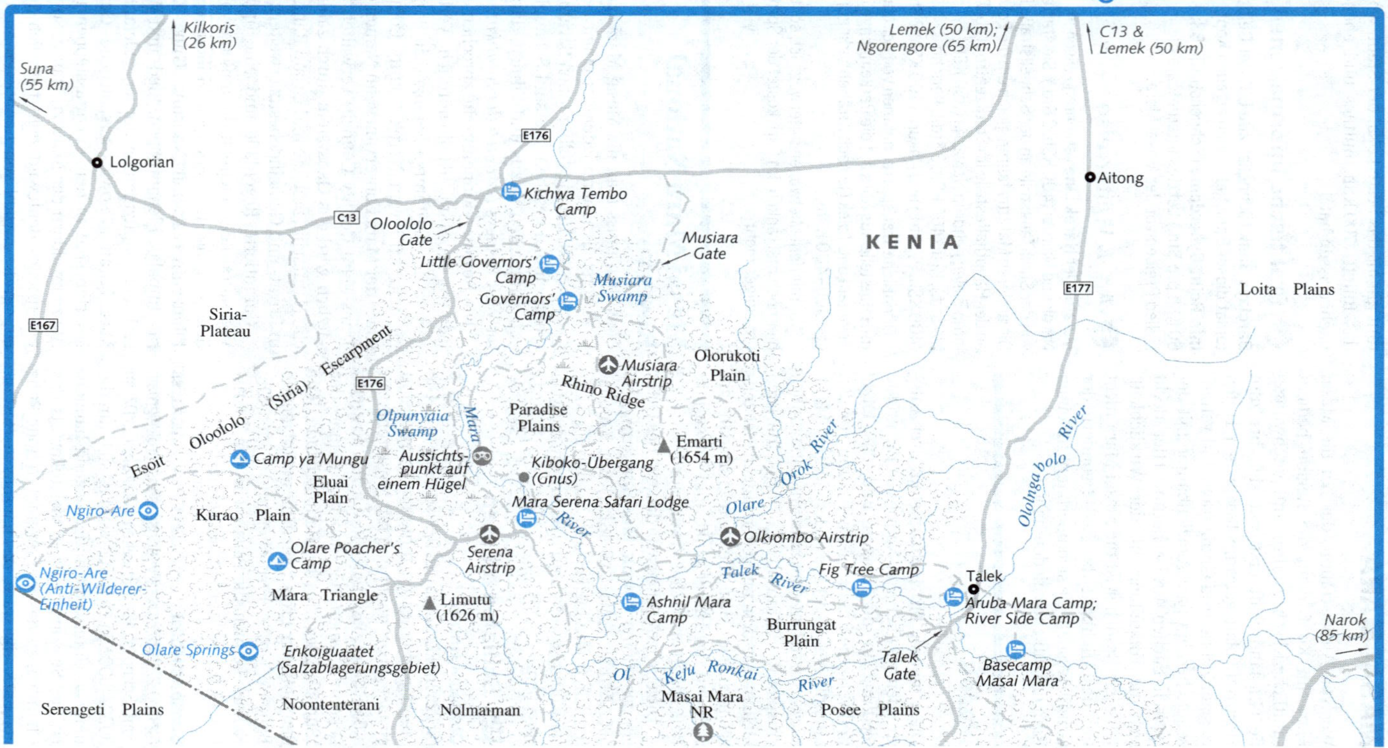

unter Geparden, Leoparden, Tüpfelhyänen, Schabrackenschakale, Löffelhunde, Karakale und die größte Löwenpopulation der Welt.

Sehenswertes & Aktivitäten

LP TIPP Tierbeobachtungsfahrten

SPRITZTOUREN

Jeeptouren durch die Wildnis sind die Topattraktion in der Mara: Auf der Suche nach scheuen Elefanten durchkämmt man die Ebenen und kommt Löwenrudeln so nah, dass man ihrem Brüllen und Fauchen lauschen kann.

Während der Hauptsaison (Weihnachten und zur Zeit der Herdenwanderungen) hat man den Eindruck, dass auf jedes wilde Tier ein Minivan kommt! Eigentlich dürfen sich nie mehr als fünf Jeeps gleichzeitig einem Tier nähern, aber wenn sich gerade kein Ranger in der Nähe befindet (und das ist meistens der Fall), hält sich kaum jemand an diese Regel. Ein weiteres Problem besteht darin, dass die Fahrer häufig die markierten Wege verlassen – obwohl deftige Geldbußen drohen – und so die empfindliche Savannenvegetation zerstören. Das zieht Bodenerosionen nach sich, die wiederum die Bildung sogenannter „Staubschüsseln" und schlammiger Morastflächen nach Regenfällen begünstigen. Sie verschandeln die Landschaft und schädigen das Ökosystem nachhaltig.

Central Plains

Den Südosten des Parks, der von den beiden Flüssen Mara und Sand begrenzt wird, kennzeichnen sanft geschwungene Grasflächen und niedrige, einsame Hügel. Die Tiermigration bringt riesige Gnu- und Zebraherden, aber auch kleinere Gruppen von Thompson- und Grantgazellen sowie Topis und Elenantilopen mit sich. In den Flusswäldern entlang des Mara und Talek River sichtet man häufig Elefanten, Büffel und Buschböcke. Manchmal treiben sich auch ein paar Leoparden am Talek River, am Sand River und in den Keekorok-Tälern herum.

Rhino Ridge & Paradise Plains

Rhino Ridge ist eine gute Gegend zur Beobachtung von Schabrackenschakalen, die alte Termitenbauten nutzen. Darüber hinaus lohnt sich ein Abstecher zum Lookout Hill mit einem phänomenalen Blick auf den saisonalen Olpunyaia Swamp. Mit etwas Glück bekommt man auch eines der wenigen Spitzmaulnashörner vor die Linse, die zwischen dem Lookout Hill und Rhino Ridge und in der Nähe des Roan Hill leben.

WESTKENIAS TIERWELT

Das Masai Mara National Reserve (S. 133) ist das wohl berühmteste Schutzgebiet Kenias mit einer überwältigenden Anzahl und Vielfalt tierischer Savannenbewohner. Bei den jährlichen Herdenwanderungen ziehen Millionen von Pflanzenfressern (vor allem Gnus und Zebras) auf Futtersuche von der Serengeti durch das Gebiet, in dem Unmengen von Raubtieren heimisch sind, darunter Krokodile, Geparden, Löwen, Hyänen, Karakale (kleine Wildkatzen ähnlich dem Luchs), Schabrackenschakale und Mangusten.

Die dichten Regenwälder des Kakamega Forest Reserve (S. 154) bieten zahlreichen Vögeln, sieben Affenarten (u. a. den seltenen Brazzameerkatzen), nachtaktiven Flughörnchen sowie einer bunten Palette an Schmetterlingen und anderen Insekten einen Lebensraum.

Mit etwas Glück wird einem im Mt. Elgon National Park (S. 162) einer der berühmten Elefanten über den Weg laufen, die in den von Fledermäusen bevölkerten Höhlen nach Salz suchen. Wahrscheinlicher sind allerdings Begegnungen mit Wasserböcken und Stummelaffen.

Weitere Tiere und eine einzigartige Landschaft erwarten einen im Ruma National Park (S. 147) – dort lebt neben der einzigen Pferdeantilopenpopulation Kenias auch eine größere Zahl der vom Aussterben bedrohten Rothschild-Giraffen – sowie im Saiwa Swamp National Park (S. 165) mit seinen seltenen Sitatunga-Antilopen (Wasserkudus).

Wer auf Löwen steht, sollte das Marsh Pride *(pride* heißt Rudel) nahe dem Musiara Swamp und das Ridge Pride nahe dem Rhino Ridge ansteuern, die beide leicht zu finden sind und bereits einen „Auftritt“ im *Big Cat Diary* der BBC hatten.

Geparden sind hingegen sehr viel scheuer. Manchmal kann man sie bei der Gazellenjagd auf den Paradise Plains erspähen.

Mara River

In allen größeren Flüssen tummeln sich Nilpferde, das gilt insbesondere für den Mara River. Allerdings leben dort auch riesige Nilkrokodile. Außerdem durchqueren Gnus den Strom bei ihrer alljährlichen Wanderung – ein gefährlicher Moment! Die New Mara Bridge im Süden ist die einzige Brücke, die man bei jedem Wetter betreten kann, und eine tolle Stelle, wenn man Flusspferde beobachten möchte. Ranger bringen Touristen gegebenenfalls dorthin, man sollte aber zuerst einen Preis festlegen, damit man nicht am Ende das Guidehonorar für einen halben Tag (1500 KSh) für einen gerade mal zweiminütigen Spaziergang hinblättern muss.

Mara Triangle & Esoit Oloololo (Siria) Escarpment

Während der übrige Park vom Narok County Council verwaltet wird, fällt im nordwestlichen Sektor des Schutzgebiets die gemeinnützige Mara Conservancy die Entscheidungen. Diese Gegend ist nur durch das Oloololoo Gate oder über die New Mara Bridge zugänglich. Dementsprechend werden hier weniger Besucher verzeichnet, dabei gibt's jede Menge Tiere zu sehen.

Das Oloololo Escarpment begrenzt den Park im Nordwesten und war einst bewaldet, Feuer und Elefanten haben die Bäume jedoch weitestgehend zerstört. Zurück blieben vor allem Grasflächen. Klippschliefer und Klippspringer sind zahlreich vertreten.

Geführte Naturwanderung — WANDERUNG

(2-Std.-Wanderung 1000–2000 KSh pro Pers.) Viele erfahrene Afrikareisende sind fest davon überzeugt, dass man den Busch am besten zu Fuß erkundet. Eine Wanderung durch die Wildnis ist ein wunderbares Erlebnis, denn man erfährt einiges über die Heilwirkung verschiedener Pflanzen, liest Spuren und hat ganz unmittelbare Begegnungen mit wilden Tieren. Da geführte Wanderungen auf dem Gelände verboten sind, finden sie gewöhnlich in Begleitung eines Massai-*moran* (Krieger) außerhalb des Parks statt. Die Touren können in allen Lodges und Camps organisiert werden, die im Abschnitt „Schlafen & Essen“ aufgelistet sind. Preise variieren von Unterkunft zu Unterkunft.

Besichtigung eines Massai-Dorfes — DORF

Die Massai sind ein wichtiger Bestandteil der Masai Mara. Anhand ihrer schlanken Körper, blutroten Mäntel, ockerfarbenen Haare und des Perlenschmucks sind sie leicht zu erkennen. Obwohl sie im Ruf stehen, schreckliche und etwas hochmütige Krieger zu sein, werden heute in vielen Massai-*manyattas* (Dörfer) Touristen willkommen geheißen. Mit den Einnahmen finanzieren die Bewohner Schulen, kaufen Medikamente und vergrößern die kostbaren Viehherden.

Leider empfinden viele Traveller die eigentlich sehr interessanten Besuche als abschreckend, weil man zunächst die Eintrittsgebühr aushandeln muss (1000–1500 KSh sind angemessen) und unermüdlich von den Souvenirverkäufern bedrängt wird.

Ballonfahrten BALLONFAHRTEN
(Flug 450 US$ pro Pers.) Ein paar Veranstalter organisieren Ballonsafaris bei Sonnenaufgang und es gibt wohl keinen besseren Start in den Tag als die Grassteppe aus der Vogelperspektive zu beobachten! Buchen kann man die Touren in den meisten Lodges oder Camps. Im Preis inbegriffen sind ein Champagnerfrühstück, Tierbeobachtung sowie der Transport zum Startplatz und zurück zur Unterkunft. Weitere Infos siehe S. 38.

Schlafen & Essen

In der Masai Mara werden für Unterkünfte vollkommen überzogene Preise verlangt, deshalb sollte man sich nicht wundern, wenn man für ein einfaches Zimmer oder Zelt mehr hinblättern muss als für ein vernünftiges Hotel in einer westeuropäischen Großstadt.

Die nachfolgend genannten Preise sind, falls vorhanden, nur für die Unterkunft an sich, man hat aber überall die Option, Vollpension zu buchen.

SEKENANI GATE

Zwar befinden sich die hier aufgeführten Unterkünfte vor dem Sekenani Gate, aber noch innerhalb der Parkgrenzen. Dementsprechend muss man Gebühren für die Übernachtung zahlen (selbst wenn in den Camps etwas anderes behauptet wird).

Mountain Rock Camp TENTED CAMP $
(☎020-2242133; www.mountainrockkenya.com; Camping 350 KSh, Zelt EZ/DZ inkl. Gemeinschaftsbad 2000/3000 KSh; Zelt EZ/DZ 3000/5000 KSh; ohne Frühstück; P) Es gibt die schlichten Safarizelte in zwei Ausführungen: mit eigenem Bad, Kleiderschränken und festen Matratzen oder etwas kleiner, mit gemeinschaftlich genutzten Sanitäranlagen. Alternativ kann man auf dem netten Zeltplatz campen. Alle Gäste haben Zugang zu einer Gemeinschaftsküche.

Oltome Mara Magic Resort TENTED CAMP $$
(☎020-2498512, 0727267723; www.oltomemaramagic.com; Zelt EZ/DZ inkl. Vollpension 145/260 US$; P) Diese kleine Anlage besteht aus gerade mal sieben semipermanenten Zelten, bietet also jede Menge Privatsphäre und einen sehr persönlichen Service. Alle sind geschmackvoll eingerichtet und warten mit Steinböden, Holzveranden sowie einem modernen Bad auf.

Mara Simba Lodge LODGE $$$
(☎020-4343960; www.simbalodges.com; EZ/DZ inkl. Vollpension 495/575 US$; P) Die große Lodge befindet sich in den Wäldern am Ufer des Talek River. Ein riesiges Strohdach spen-

MASAI MARA NATIONAL RESERVE

Highlights Die 1510 km² große offene Graslandschaft wird vom Mara River bewässert und bietet einer schier unglaublichen Anzahl von Tieren einen Lebensraum. Besucher bekommen unter Garantie Löwen zu Gesicht. Im Hintergrund ragt zudem das spektakuläre Esoit Oloololo (Siria) Escarpment auf. Alles in allem das ultimative Safariabenteuer.

Reisezeit Obwohl die Masai Mara das ganze Jahr über mit ihrer atemberaubenden Schönheit überzeugt, ist das absolute Highlight die jährliche Gnuwanderung im Juli und August. Dann ziehen mehr als eine Million Tiere auf Futtersuche aus der Serengeti gen Norden. Im Oktober treten sie den Rückweg in den Süden an.

Praktisches Weil die Masai Mara weltberühmt ist, kann es dort anlässlich der Herdenwanderung sehr voll und teuer werden. Um die Kosten gering zu halten, sollte man in Nairobi eine Gruppensafari buchen, Anschläge an den Schwarzen Brettern der dortigen Hostels durchforsten oder unter www.lonelyplanet.com/thorntree nach potenziellen Reisegefährten suchen.

Für Ausflüge am frühen Morgen steckt man am besten eine Windjacke ein. Wer Fotos im Stil von *National Geographic* schießen möchte, ist mit einem 70 bis 300 mm großen Zoomobjektiv gut beraten. Einen Vorrat an Speicherkarten mitnehmen!

det auf den miteinander verbundenen Terrassen Schatten – von der Veranda an der Bar kann man übrigens Flusspferde beobachten. Die Safarizelte verströmen eine schönere Atmosphäre als die Wohnblöcke mit den älteren Zimmern aus Holz und Stein.

TALEK GATE

LP TIPP Aruba Mara Camp TENTED CAMP $
(☎0723997524; www.aruba-safaris.com; Camping 600 KSh, Zelt ohne/mit Strom und ohne Frühstück 2000/8000 KSh pro Pers.; P) In der Hauptsaison muss man sich förmlich um die fünf Safarizelte schlagen, aber das lohnt sich: Dies ist eine der wenigen Lodges in Kenia mit wirklich adäquatem Preis-Leistungs-Verhältnis, insbesondere wenn man Vollpension gebucht hat, denn dann sind zwei Tierbeobachtungstouren inbegriffen. Der nahe gelegene Campingplatz mit Küchenbereich und Warmwasserduschen ist in Ordnung. Wer keine eigene Ausrüstung dabeihat, kann eines der kleinen Zelte (ohne Strom) beziehen. Sie sind zwar weniger schick als die edel aufgemachten Safarizelte, aber eine gute Wahl für all jene, die ohne viel Schnickschnack campen wollen.

River Side Camp HÜTTE $
(☎0720218319; www.riversidecampmara.com; Camping 400 KSh zzgl. 400 KSh Schutzgebühr, EZ/DZ ohne Frühstück 2250/4500 KSh; P) An einer Biegung des Talek River und nur einen Steinwurf vom Wasser entfernt locken einfache, aber gemütliche Zimmer (voll ausgestattet). Wer geduldig ausharrt, wird vielleicht einen Blick auf die hier heimischen Flusspferde und Paviane erhaschen können. Dies ist das einzige Camp in Talek, das den hiesigen Massai gehört.

Fig Tree Camp LODGE $$$
(☎020-2500273, 0722202564; www.madahotels.com; Zelt EZ/DZ inkl. Vollpension 360/440 US$; P) Auf der Zeltveranda kann man wunderbar faulenzen und den Talek River betrachten, der gemächlich an der dekadenten Anlage mit Kolonialzeitflair vorbeifließt. Der Garten ist extrem luxuriös und die Bäder sind so groß und einladend, wie man sie in noch keinem Zelt gesehen hat. Abgerundet wird das Gesamtbild von dem kleinen, malerischen Pool und der Baumkronenbar.

Basecamp Masai Mara LODGE $$$
(☎0733333909; www.basecampexplorer.com; Zelt EZ/DZ inkl. Vollpension 290/500 US$; P) Das Wort „Öko" wird in der Tourismusindustrie gern zweckentfremdet und viele Ökobetriebe scheren sich tatsächlich gar nicht um die Umwelt. Wer einmal ein richtiges „grünes" Hotel sehen möchte, sollte sich in dieser noblen Lodge einquartieren. Die Angst, dass Öko dabei für Rustikalität steht, ist unbegründet: Mit ihren Open-Air-Duschen und stilvollen Möbeln gehören die Safarizelte definitiv in die Luxuskategorie.

OLOOLAIMUTIEK GATE

Wie die Camps am Sekenani Gate liegen auch die folgenden Unterkünfte innerhalb der Reservatsgrenzen, obwohl sie sich vor dem Tor befinden, deshalb werden Parkgebühren fällig.

Acacia Camp TENTED CAMP $
(☎0726089107; www.acaciacamp.com; Camping 8 US$, Zelt EZ/2BZ ohne Frühstück 36/54 US$; P) Gäste dieses Camps übernachten unter Strohdächern in engen, spartanisch eingerichteten, semipermanenten Zelten. Es gibt zahlreiche Kochbereiche, eine Bar, eine Feuerstelle und ein einfaches Restaurant (Mahlzeiten 7 US$). Die gemeinschaftlich genutzten Bäder sind sauber und abends kommt man in den Genuss von Warmwasser. Der einzige Nachteil für Camper: Schattige Plätze sind rar.

Ol Moran Tented Camp TENTED CAMP $$
(☎020-882923, www.olmorantentedcamp.com; Zelt EZ/DZ/3BZ inkl. Vollpension ab 115/150/188 US$; P) Hier hat man die Wahl zwischen „Superior"-Safarizelten (groß, Holzterrasse und schickes Bad) und 14 Standardausführungen (kleiner, einfacher, aber absolut in Ordnung).

Impala Wildlife Lodge TENTED CAMP $$
(☎020-2226189; www.impalawildlifelodge.com; Zelt EZ/DZ inkl. Vollpension 90/160 US$, EZ/DZ ohne Frühstück 120/180 US$; P) Die frühere Hippo Lodge bietet sowohl Safarizelte als auch Zimmer in runden Block-*bandas* (Hütten), die etwas in die Jahre gekommen, aber sauber sind.

MUSIARA GATE & OLOOLOLO GATE

Leider gibt's hier keine sicheren Budget- und Mittelklasseunterkünfte.

Kichwa Tembo Camp TENTED CAMP $$$
(☎020-3740920; www.kichwatembo.com, Zelt inkl. Vollpension 375–475 US$ pro Pers.;) Gleich außerhalb der nördlichen Grenze verfügt das Kichwa Tembo Camp über permanente Zelte mit Grasmattenböden, Steinbädern und geschmackvollen Möbeln. Von den Hängemat-

HINTERGRUND

BEGEGNUNG MIT DEN MASSAI

Die Regierungen von Tansania und Kenia haben Programme ins Leben gerufen, um die Massai dazu zu ermutigen, ihren traditionellen halbnomadischen Lebensstil aufzugeben, trotzdem sind sie standhaft geblieben. Ihre Kultur ist eine der beständigsten in ganz Ostafrika. Wir haben Mahna und Everlyn gefragt, was neugierige Traveller tun könnten, um mehr über ihre Sitten und Gebräuche zu lernen.

Mahna Dnkuny: Massai-ilmoran (Krieger)

Touristen erkennen uns leicht, weil wir meistens *ilmoran* leuchtend rote *shukas* (Tücher) tragen. Manche färben ihre Haare mit Ocker rötlich und weiten ihre Ohrläppchen. Wir Männer sind sehr stolz, denn um Krieger zu werden, müssen wir nach unserem 18. Geburtstag für längere Zeit allein im Busch sein. Anschließend feiert man unsere Beschneidung im großen Rahmen.

Wenn man ein Massai-*manyatta* (Dorf) besucht, sieht man vielleicht, wie Männer beim *adumu*, einem Tanz, hoch in die Luft springen. Wer sich traut, könnte *kule naailanga* kosten, eine Mischung aus Milch und Blut aus dem Hals einer Kuh.

Ich würde Besucher auch dazu anregen, eine Wanderung mit einem *ilmoran*-Guide zu unternehmen. Er beschützt sie und bringt ihnen die Namen vieler Heilpflanzen bei.

Everlyn Saiyalei

Um die Frauen kennenzulernen, sollte man sich eines unserer Dörfer ansehen. Wir arbeiten härter als die Männer, haben viele Verpflichtungen, tragen wunderschönen Perlenschmuck und bauen *inkajijik* (Wohnhäuser) aus Zweigen, Kuhdung, Gras und Lehm. Wer uns beim Melken der Kühe zusehen möchte, muss früh aufstehen. Den restlichen Tag versorgen wir die Kinder, kochen und waschen.

ten kann man den Blick auf die Savanne ganz entspannt auf sich wirken lassen! Außerdem hat das Essen einen hervorragenden Ruf.

Governors' Camp TENTED CAMP **$$$**
(☎020-2734000; www.governorscamp.com; Zelt EZ/DZ inkl. Vollpension 544/872 US$;) Neben diesem Camp gilt auch das **Little Governors' Camp** (Zelt EZ/DZ Vollpension 634/1014 US$;) als maßgebend in der Mara. Der Service und die Flusslage sind super und es werden viele Aktivitäten angeboten. In den Preisen sind drei Tierbeobachtungstouren inbegriffen. Darüber hinaus kümmert sich jemand um die Schmutzwäsche!

INNERHALB DES RESERVATS

LP TIPP **Keekorok Lodge** LODGE **$$$**
(☎020-4450636; www.sunafricahotels.com; EZ/DZ/3BZ inkl. Vollpension 320/490/630 US$; P) Dank der kürzlich erfolgten Renovierung erstrahlt die älteste Lodge der Mara in neuen Glanz und wartet mit modernen, hellen Zimmern samt geschmackvollem Tribal-Dekor auf. Auch die Bar und das Restaurant bezaubern mit toller Tribal-Kunst. Dahinter erstreckt sich ein gepflegter Garten. Der Holzsteg führt zu einem Pavillon mit Blick auf den Flusspferdepool. Wegen der zentralen Lage in der Savanne ist es gar nicht so ungewöhnlich, ein Zebra am Fenster vorbeistolzieren zu sehen. Auf der Website findet man oft tolle Pauschalangebote mit Transport im Flugzeug sowie inklusive Vollpension und Tierbeobachtungsfahrten.

Ashnil Mara Camp TENTED CAMP **$$$**
(☎0717612499; www.ashnilhotels.com, Zelt inkl. Vollpension 299 US$ pro Pers.;) Ungeachtet der Regel „keine Neubauten auf dem Reservatsgelände" und der Proteste der Naturschützer entstand hier 2008 dieses Luxuscamp mit 40 wunderschön aufgemachten Safarizelten, in denen man sich fast wie in einem Hotelzimmer fühlt. Von den Privatterrassen 1 bis 6 und 21 bis 40 blickt man direkt auf den Mara River.

Mara Serena Safari Lodge LODGE **$$$**
(☎020-2842000; www.serenahotels.com; EZ/DZ inkl. Vollpension 445/595 US$;) Von allen Lodges im Park gewährt diese die schönste Aussicht, denn von den meisten Zimmern der Anlage auf dem kleinen Hügel (hier tummeln sich Klippschliefer) erblickt man die Paradise Plains und den Mara River mit gleich zwei Stellen, an denen Herden das

Wasser durchqueren. Die Räumlichkeiten selbst lassen an *manyattas* denken, bestehen aber nicht aus Dung und Stöckchen und sind herrlich komfortabel, wobei wir erst nach einer Renovierung vier Sterne vergeben würden.

Camping CAMPINGPLATZ **$$**
(öffentlicher Platz 30 US$ pro Pers., Spezialplatz 40 US$ pro Pers.) Innerhalb der Reservatsgrenzen darf nur im Mara-Triangle-Abschnitt gezeltet werden: entweder auf öffentlichen oder auf Spezialflächen (private Stellplätze, die man reservieren kann). Dort ist man komplett autark und muss sogar sein eigenes Feuerholz mitbringen – das Totholz im Park darf nämlich nicht genutzt werden – sowie zwei Ranger als Schutz anheuern (obligatorisch; 4000 KSh).

Praktische Informationen

Ein Großteil des **Reservats** (www.maasaimara.com; Parkeintritt Erw./Kind Übernachtung im Park 70/40 US$, Erw./Kind Übernachtung außerhalb 80/45 US$; ⏲6–19 Uhr) wird vom Narok County Council verwaltet, während die Mara Conservancy für das **Mara Triangle** (www.maratriangle.org) zuständig ist. Der Eintrittspreis ändert sich dadurch nicht und das Ticket ist auch im jeweils anderen Abschnitt gültig. Man sollte es gut aufbewahren, denn man muss es vorzeigen, wenn man vom Narok- in den Transmara-Sektor fährt (sowie umgekehrt) und wenn man den Park verlässt.

Da sich ein paar Eingangstore innerhalb der Reservatsgrenzen befinden, betritt man das Masai-Mara-Gelände eventuell, ohne es zu bemerken. Richtig verwirrend wird es, wenn Gäste, die vor den Toren übernachten, aufgefordert werden, Parkgebühren zu zahlen – unschöne Szenen sind hier vorprogrammiert!

Es scheint, als würde an den Zugängen auf alle Fahrzeuge eine Gebühr von 1000 KSh erhoben, obwohl Besucher für Fahrzeuge mit weniger als sechs Sitzen eigentlich nur 400 KSh zahlen müssen. Am besten bleibt man höflich, beharrt aber auf dem niedrigeren Betrag.

Ranger-Guides können an den Parkeingängen zu festen Preisen (1500 KSh bis 6 Std., 3000 KSh bei mehr als 6 Std.) angeheuert werden. Nächtliche Tierbeobachtungen sind nicht erlaubt und dürfen nur in den umliegenden Schutzgebieten durchgeführt werden.

An- & Weiterreise

Flugzeug

Airkenya (☎020-605745; www.airkenya.com) und **Safarilink** (☎020-600777; www.flysafarilink.com) bieten tägliche Verbindungen zu den acht Landebahnen in bzw. rund um die Masai Mara. Die Flüge kosten mindestens 250 US$ (hin & zurück).

Matatu, Auto & Jeep

Tierbeobachtungstouren kann man auch auf eigene Faust organisieren, spart aber so gut wie nichts, wenn man ohne eigenes Transportmittel anreist. Von Narok aus besteht die Möglichkeit, mit Matatus (300 bis 400 KSh) zu den Toren Talek und Sekenani zu fahren, zudem verkehrt von Kisii aus ein Matatu bis Kilkoris oder Suna an der Hauptautobahn A1, danach sieht es allerdings düster aus.

Wer selbst am Steuer sitzt, muss sich vor den ersten 52 km hinter Narok gen Westen auf der B3 und C12 nicht fürchten, dann jedoch endet die Asphaltstrecke und ein permanentes Geschüttele und Geholpere beginnt. Die C13 zwischen dem Oloololo Gate und Lolgorian im Westen ist ebenfalls holprig und schlecht ausgeschildert.

(Teures) Benzin bekommt man in den Lodges Mara Sarova, Mara Serena und Keekorok sowie im Dorf Talek.

Unterwegs vor Ort

Wer mit dem Matatu anreist, kann in den meisten Lodges und manchen günstigeren Camps Beobachtungstouren organisieren. Normalerweise kostet ein Tagesausflug inklusive Fahrer 12 000 KSh. Den Betrag kann man sich mit so vielen Leuten teilen, wie in den Wagen hineinpassen. Im Park selbst sind keine öffentlichen Verkehrsmittel zugelassen.

Maasai Safari Guide (☎0721633864, josefti ra@gmail.com) am Talek Gate ist ein verlässlicher Anbieter aus der Gegend, der Jeeps für 12 000 KSh pro Tag vermietet und 7000 KSh für eine Beobachtungstour verlangt.

LAKE VICTORIA

Er misst stolze 68 000 km² und ist an keiner Stelle mehr als 80 m tief: Der Lake Victoria, Quelle des Weißen Nils, gilt als wichtigste geografische Landmarke Ostafrikas, verzeichnet aber erstaunlich wenig Besucher. Schade, denn an seinen feuchten Ufern findet man ein paar der schönsten und sehenswertesten Ecken Westkenias – unberührte Nationalparks, lebendige Städte und friedliche Inseln.

Kisumu

☎057 / 322 700 EW.

Am hügeligen Ufer des Winam Gulf erstreckt sich die drittgrößte Stadt Kenias, doch zwischen dem entspannten Kisumu, Nairobi und Mombasa liegen Welten.

UNGEBETENE GÄSTE

Für die Uferbewohner ist dieses Seeökosystem gleichzeitig Segen und Fluch. Weil der Lake Victoria jede Menge Moskitos und Schnecken anzieht, leiden viele Menschen an Malaria und Bilharziose (Schistosomiasis). Vor 50 Jahren wurde deshalb der Nilbarsch als Geheimwaffe gegen die Stechmücken eingeführt, der sich hier sichtlich wohlfühlt. Mittlerweile werden die Fische mehr als 200 kg schwer und sind ein Traum für jeden Angler. Leider hat der gefräßige Barsch bis heute über 300 kleinere tropische Fischarten ausgelöscht.

Dann wäre da noch die dekorative Wasserhyazinthe, die erstmals 1986 erwähnt wurde. Die Teichpflanze hat keine natürlichen Feinde und erwies sich deshalb schnell als echte Plage. Um ihr beizukommen, sind bereits Millionen Dollar investiert worden. Manche Ansätze waren kontrovers,z. B. die mechanische Entfernung der Pflanze oder der Einsatz von Rüsselkäfern, die sich von Seegras ernähren. Es scheint jedoch, als wäre das Geld gut angelegt. Auf aktuellen Satellitenaufnahmen sieht man nämlich, dass der ehemals 17 230 ha große Hyazinthenteppich ordentlich geschrumpft ist.

Bis 1977 war der hiesige Hafen einer der wichtigsten des Landes. Das änderte sich mit dem Niedergang der East African Community (die EAC wurde ursprünglich von den Regierungen Kenias, Tansanias und Ugandas gegründet, um einen gemeinsamen Markt in der Region zu schaffen; mittlerweile gehören Burundi und Ruanda ebenfalls dazu). 20 Jahre lang wurde der Hafen so gut wie nicht genutzt. Die seit Kurzem vermehrte Kooperation und Wiederbelebung der EAC im Jahr 2000 machte aus Kisumu einen internationalen Verladeplatz für Petroleumprodukte. Überraschenderweise spielt der See, einst Lebenselixier der Stadt und in ihrem Rücken gelegen, dabei keinerlei Rolle – Rohöl gelangt durch Pipelines aus Mombasa nach Kisumu und die Endprodukte werden auf dem Landweg transportiert. Man hofft jedoch, dass der Lake Victoria jetzt, da es wieder bergauf geht mit Kisumu und die Wasserhyazinthenpest eingedämmt ist, die lokale Wirtschaft beflügeln wird.

Sehenswertes & Aktivitäten

Kisumu Museum MUSEUM
(Nairobi Rd; Eintritt 500 KSh; ⏲8–18 Uhr) Das kleine Museum auf einem weitläufigen Gelände südwestlich des Stadtzentrums hat drei Hauptbereiche. Der erste deckt die drei wichtigsten Sprachgruppen Westkenias ab: die Luo (in erster Linie Fischer), die Bantu (Bauern) und die Kalenjin, berühmte Viehzüchter.

Attraktion Nummer zwei ist das traditionelle Luo-Gehöft, in dem das fiktive Leben von Onyango beschrieben wird.

Der dritte Bereich umfasst ein Krokodil- und ein Schildkrötengehege, ein kleines Aquarium mit Bewohnern aus dem nahe gelegenen See sowie eine Reihe von Vivarien mit Schlangen aus der Umgebung, denen man im Freien vermutlich lieber nicht begegnen will.

Bootstouren zur Flusspferd Sammelstelle BOOTSTOUREN
Irgendwie scheinen alle die Fahrt zum Hippo Point zu unternehmen, der bei Dunga ca. 3 km südlich der Stadt in den Lake Victoria ragt. Die Tour ist nett, aber eigentlich gibt's nichts zu sehen, erst recht keine Flusspferde.

Wer die Tiere nicht verpassen möchte, muss sich auf den See begeben. Ausflüge dieser Art werden von zahlreichen Veranstaltern angeboten. Die Preise unterscheiden sich sehr; 500 bis 750 KSh pro Person für eine zweistündige Exkursion in einer Vierergruppe sind angemessen. Bootsfahrten können am Railway Beach am Ende der Oginga Odinga Road organisiert werden.

Impala Sanctuary PARK
(www.kws.go.ke; Erw./Kind 15/5 US$; ⏲6–18 Uhr). Das 1 km² große Tierschutzgebiet an der Straße nach Dunga beherbergt eine kleine Herde von Impala-Antilopen. Außerdem ist das Weideland eine wichtige Futterquelle für Flusspferde.

Ndere Island National Park PARK
(www.kws.go.ke; Erw./Kind 20/10 US$; ⏲6–18 Uhr) Seit 1986 hat die bewaldete Insel (4,2 km²) Nationalparkstatus, doch obwohl sie mit ihrer Schönheit besticht, ist der Tourismus hier nie richtig auf die Füße gekommen. Sie bietet verschiedenen Vogelarten, aber auch Flusspferden, Impalas (nicht endemisch) und gefleckten Krokodilen (mit

Kisumu

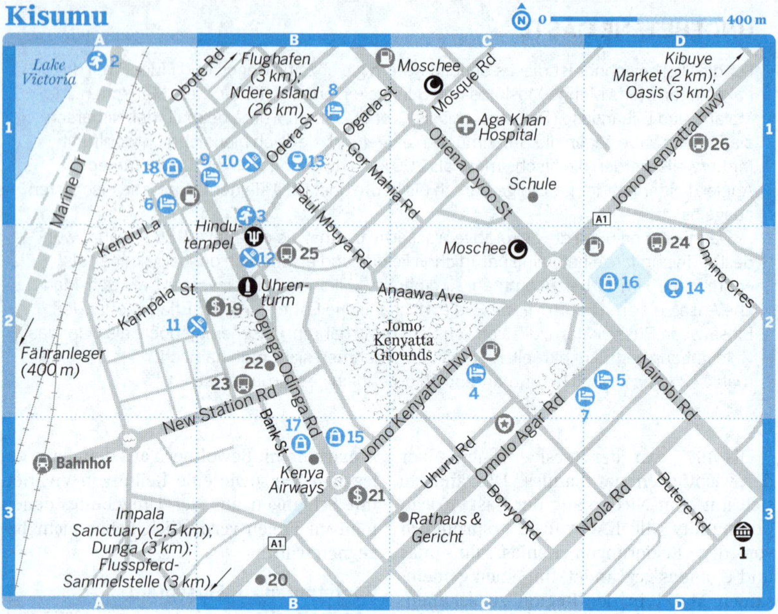

Kisumu

Sehenswertes
1 Kisumu Museum D3

Aktivitäten, Kurse & Touren
Integri Tours .... (siehe 4)
2 Railway Beach Hippo Trips A1
3 Zaira Tours & Travel B1

Schlafen
4 Duke of Breeze C2
5 Hotel Palmers D2
6 Lakeside Guest House A1
7 New East View Hotel D2
8 New Victoria Hotel B1
9 Sooper Guest House B1

Essen
10 Green Garden Restaurant B1
11 Juice Parlour B2
Laughing Buddha .... (siehe 18)
12 Senorita B2
The Grill .... (siehe 18)
Blechhüttenrestaurants .... (siehe 2)
Ukwala Supermarket .... (siehe 18)

Ausgehen
13 Octopus Bottoms-Up Club B1
14 Social Centre D2

Shoppen
15 Al-Imran Plaza B3
16 Hauptmarkt D2
17 Mega Plaza B3
18 Swan Centre A1

Praktisches
19 Barclays Bank B2
Clinipath Laboratory .... (siehe 17)
20 Einwanderungsbehörde B3
21 Kenya Commercial Bank B3
Moscom Cyber .... (siehe 17)
Post .... (siehe 17)
22 Shiva Travels B2

Transport
23 Akamba B2
24 Bus- & Matatu-Haltestelle D2
25 Easy Coach B2
26 Easy Coach D1
Jet Link .... (siehe 15)

dem größeren Nilkrokodil verwandt) einen Lebensraum.

Leider gibt's keine Übernachtungsmöglichkeit, und obwohl Matatus zweimal täglich das gegenüberliegende Ufer ansteuern, sind Charterboote die einzige verlässliche Transportmöglichkeit nach Ndere. Pro Stunde zahlt man ca. 2000 KSh, normalerweise dauert die Hin- und Rückfahrt fünf Stunden (inkl. drei Stunden auf der Insel). Am besten fragt man einen der Bootsbesitzer, die Touren an der Sammelstelle für Flusspferde oder am Railway Beach anbieten.

Geführte Touren

Besucher können Kisumus Sehenswürdigkeiten problemlos auf eigene Faust abklappern, aber wer sich nicht besonders gut mit der lokalen Fauna auskennt bzw. nur wenig Zeit hat und trotzdem in entlegene Gegenden vordringen will, sollte einen Guide anheuern.

Ibrahim Nandi NATUR
(☎0723083045; ibradingo@yahoo.com) Der bekannte, zuverlässige Touristenführer bringt einem die vielen Attraktionen und Geräusche der Region näher. Er arrangiert Bootstouren, Vogelbeobachtungen, Naturwanderungen und Ausflüge zum Ndere Island National Park. Über das New Victoria Hotel kann der Kontakt hergestellt werden.

Integri Tours NATUR
(☎0720647864; www.integritour.com; Duke of Breeze, abseits des Jomo Kenyatta Hwy) Professioneller Veranstalter mit ein paar tollen Tagestouren.

Zaira Tours & Travel SAFARIS
(☎0722788879; zairatours@yahoo.com; Ogada St) Der beste Safarianbieter in der Stadt hat Minivans und Jeeps (mit Open-Top-Option).

Schlafen

Bei allen im Folgenden aufgeführten Budgetoptionen wurde zu irgendeinem Zeitpunkt der schlechte Sicherheitsstandard bemängelt. Falls möglich, sollte man die Zimmertür mit einem eigenen Vorhängeschloss sichern oder die Wertgegenstände an der Rezeption einschließen lassen. Wem die Luftfeuchtigkeit zusetzt, wird folgende Info gefallen: In den Unterkünften der Stadt sind Ventilatoren Standard.

New Victoria Hotel HOTEL $
(☎2021067; newvictoriahotel@yahoo.com; Gor Mahia Rd; EZ mit Gemeinschaftsbad ohne Frühstück 900 KSh, EZ/2BZ/3BZ ohne Frühstück 1450/1950/2700 KSh) Das von Jemeniten geführte Hotel hat sehr viel Persönlichkeit und ist eine Art Treffpunkt für die kleine arabische Gemeinde der Stadt. Die Zimmer sind mit Ventilatoren, Moskitonetzen und bequemen Schaummatratzen ausgestattet. Nebenan befindet sich die Moschee, sprich: Um 5 Uhr wird man geweckt, ob man will oder nicht.

Lakeside Guest House PENSION $
(☎2023523, 0725468797; Kendu La; Zi./2BZ ohne Frühstück 800/1000 KSh) Zwar liegt die Pension entgegen ihrem Namen nicht direkt am See, aber dafür sind fast alle Zimmer größer und günstiger als im Sooper's. Zu den Nachteilen gehören das gleichgültige Personal und manch ein durchlöchertes Moskitonetz. Außerdem müssen wir beichten, dass wir den Duschregler in Zimmer Nr. 6 kaputt gemacht haben (Entschuldigung!). Warmwasser gibt's morgens und abends.

Sooper Guest House BACKPACKER $
(☎0725281733; kayamchatur@yahoo.com; Oginga Odinga Rd; EZ ohne Frühstück 1000–1200 KSh, DZ ohne Frühstück 1200–1400 KSh, 2BZ/3BZ ohne Frühstück 1200/1600 KSh) In *der* Backpackerunterkunft der Stadt trifft man ganz sicher ein paar andere Traveller. Sicherlich ist diese Bleibe kein ganz so tolles Schnäppchen mehr wie früher, doch sie wartet nach wie vor mit ein paar wirklich günstigen Zimmern auf: Die im neueren Block sind größer als die im alten, allerdings auch teurer (200 KSh) und bekommen mehr Straßenlärm ab.

New East View Hotel HOTEL $
(☎0722556721; Omolo Agar Rd; EZ 1700–2300 KSh, DZ 2300–2800 KSh; P) Eines der vielen Wohnhäuser in der Gegend, die zu Hotels umfunktioniert wurden. In den Zimmern ist gerade noch genug Mobiliar und Deko vorhanden, um eine gemütliche Atmosphäre zu schaffen.

Duke of Breeze HOTEL $
(☎0717105444; reservations@thedukeofbreeze.com; abseits des Jomo Kenyatta Hwy; EZ/DZ/3BZ 1900/2400/3000 KSh; WLAN) Bei Freiwilligen des Peace Corp erfreut sich diese Bleibe großer Beliebtheit. Hier übernachtet man in großen, mit Ventilatoren ausgestatteten Zimmern, die ihre beste Zeit hinter sich haben. Dafür überzeugen das Dachrestaurant, kostenloses WLAN (für Getränke muss man allerdings doppelt so viel zahlen als anderswo) und die entspannte Atmosphäre.

Hotel Palmers HOTEL $
(☎2024867; hotel.palmers@yahoo.com; Omolo Agar Rd; EZ/DZ/2BZ/3BZ 1500/2300/2800/3500 KSh; P) Wir empfehlen die Doppelzimmer mit den riesigen Betten und großen Erkerfenstern. Dagegen sind die Einzelzimmer wirklich winzig.

Kiboko Bay Resort TENTDED CAMP $$$
(☎2025510, 0724387738; www.kibokobay.com; Dunga; EZ/DZ/3BZ 145/175/195 US$; P❄≋) Unter Bäumen am Seeufer stehen neun Safarizelte im Masai-Mara-Stil. Jedes hat einen Holzboden und ein angeschlossenes Bad und verfügt über ein großes Bett sowie Moskitonetze. Angesichts des Preises waren wir ganz schön erstaunt, dass das Wasser im Pool mehr als nur ein bisschen grün ist (Gäste 100 KSh, Besucher 200 KSh).

Essen

Dass Kisumu am Lake Victoria liegt, erkennt man u. a. an den Speisekarten, auf denen jede Menge Fischgerichte stehen. Die besten lokaltypisch gebratenen Varianten gibt's in den Dutzenden verrauchten Blechhüttenrestaurants rund um den Railway Beach am Ende der Oginga Odinga Road. Sie sind von 7 bis 18 Uhr geöffnet. Ein mittelgroßer Fisch mit Ugali oder Reis macht zwei Personen satt und kostet 400 KSh

LP TIPP **Green Garden Restaurant**
INTERNATIONAL $
(Odera St; Hauptgerichte 380–500 KSh; ⏲mittags & abends) Das Green Garden mit den bunten Wandbildern und Topfpflanzen ist eine Oase der Gaumenfreuden in einem italienisch anmutenden Hof. Hier trifft sich die lokale Einwanderergemeinde, um Tilapia (Fisch) in Spinat-Kokosmilchsoße zu schlemmen. Ob das Gericht wirklich so gut schmeckt, wissen wir nicht, denn wir haben uns von den Pizzas und *banana fritters* (in Teig ausgebackene Bananen) verführen lassen.

The Laughing Buddha VEGETARISCH $
(Swan Centre, Accra St; Hauptgerichte 350–500 KSh; ⏲Di–So mittags & abends; 🖉) Im „Lachenden Buddha" wird einem unter Garantie ein Lächeln aufs Gesicht gezaubert. Die tolle vegetarische Karte beinhaltet Extras wie warme Schoko-Fudge-Brownies und leckere Milchshakes mit Oreo-Keksen (Sparfüchse aufgemerkt: Letztere kosten nur 50 KSh). Sitzgelegenheiten auf dem Bürgersteig sind in dieser Gegend eine revolutionäre Neuheit!

Juice Parlour CAFÉ $
(in einer Seitenstraße der New Station Rd; Saft ab 50 KSh; ⏲morgens, mittags & abends) Sobald man ihnen eine oder mehrere Obst- bzw. Gemüsesorten nennt, machen sich die Angestellten auch schon ans Pürieren. Weil der Kürbis-Rote-Bete-Saft unserer Meinung nach ein wenig fies aussah, fiel unsere Wahl auf eine Mango-Ananas-Kombination.

The Grill INTERNATIONAL $
(Swan Centre, Accra St; Hauptgerichte 400 KSh; ⏲mittags & abends) Gleich neben dem Laughing Buddha befindet sich *die* Adresse für ein saftiges Steak oder ein exzellentes Hühnerfilet. Das Fleisch wird mit Pilz-, Masala-, mexikanischer oder Knoblauchsoße serviert. Am Kohlegrill vorne kommt man in den Genuss von *nyama choma* und kriegt je nach Windrichtung jede Menge Rauch ab.

Senorita KENIANISCH $
(Oginga Odinga Rd; Hauptgerichte 150–250 KSh; ⏲mittags & abends) Das gediegene Restaurant zieht zahlreiche Einheimische an und verströmt ein tolles 1950er-Jahre-Flair. Auf der Karte stehen Pommes und andere frittierte Gerichte.

Ukwala Supermarket SUPERMARKT $
(Swan Centre, Oginga Odinga Rd) Einer von mehreren Supermärkten im Zentrum.

Ausgehen & Unterhaltung

Es heißt, dass Kisumu mit einem noch lebendigeren Nachtleben aufwartet als Nairobi. Wer gern feiern möchte, erkundigt sich am besten bei einheimischen Nachtschwärmern und nimmt Flyer mit. Auf dem Heimweg ist allerdings Vorsicht geboten, denn Überfälle und Schlimmeres sind keine Seltenheit. Alleinreisende Frauen sollten zum Schutz mit einem Begleiter gehen; Ibrahim Nandi (S. 143) stellt diese Art von Begleitpersonal. In den Clubs herrscht freitags und samstags am meisten Andrang, allerdings erst nach 22 Uhr.

Oasis CLUB
(Kondele, Jomo Kenyatta Hwy; Clubeintritt 150–200 KSh) In diesem beliebten Schuppen wird fast jeden Abend Livemusik gespielt. Das Oasis ist *die* Adresse für Lingala-Musik, dargeboten von kongolesischen Bands. Besucher sollten auf wackelnde Hüften und Körperschweiß vorbereitet sein!

Social Centre CLUB
(abseits des Omino Cres; Clubeintritt 100 KSh) Hinter dem Matatu-Platz wird vor allem *ohang-*

OBAMA-FIEBER

Politische Gesinnung hin oder her, dass Präsident Barack Obama in Kenia wie ein Rockstar gefeiert wird, kann man nicht leugnen. Nachdem er 2008 die Wahlen gewonnen hatte, schwebte das ganze Land im „Obama-Fieber“: Schulen, Matatus, Metzgereien, Hochzeitskleidergeschäfte und jede Menge Babys wurden nach dem Politiker benannt. Viele Kenianer hatten das Gefühl, dass der „berühmte Sohn der Nation“ in der einflussreichsten Position der Welt nicht nur seine Wähler, sondern auch die Kenianer repräsentierte.

Das starke Gefühl der Verbundenheit rührt daher, dass Obamas Vater, Barack Obama Senior, ein Luo aus der Stadt Nyang'oma Kogelo nahe Kisumu war. Er lernte die Mutter des Präsidenten an der University of Hawaii in Mānoa kennen, allerdings trennten sich die Eltern, als der kleine Barack zwei Jahre alt war. Barack Senior sah seinen Sohn nur noch einmal, bevor er 1982 bei einem Autounfall ums Leben kann.

1988 reiste Obama erstmals nach Kenia und verbrachte fünf Wochen bei der Verwandtschaft. Sein Besuch 2006 wurde von Zehntausenden Kenianern mitverfolgt: Sie standen an den Straßen Kisumus und feierten ihn wie einen Helden. Damals war Obama noch Senator, wusste aber schon, wie man die Massen für sich gewinnt, und rief in der Sprache der Luo „Ich grüße euch!“ Daraufhin flippte die Menge förmlich aus.

Seither hat die Begeisterung jedoch nachgelassen, da der Präsident nicht die magische „Wunderwaffe“ ist, wie so viele Afrikaner gehofft hatten. Er hat so viel im eigenen Land zu tun, dass ihm kaum Zeit bleibt, sich um die Probleme in der Heimat seines Vaters zu kümmern. Die Kenianer sind ebenso stolz auf Obamas afrikanische Wurzeln wie er selbst, doch die Einsicht, dass der umjubelte Politstar vor allem Amerikaner ist, war für sie ernüchternd.

la (traditionelle Luo-Musik) gespielt, aber es ertönt auch der eine oder andere Kiswahili-Hip-Hop-Song.

Octopus Bottoms-Up Club CLUB
(Ogada St; Bar kostenlos, Club 100 KSh) In Club und Bar geht die ganze Nacht über die Post ab, doch Vorsicht: Die Szene ist nicht so nett, wie es auf den ersten Blick aussieht.

Shoppen

Kisumus **Hauptmarkt** abseits des Jomo Kenyatta Highway gilt als einer der lebendigsten und größten Märkte des Landes und erstreckt sich auch auf die umliegenden Straßen. Ein Bummel lohnt sich, egal ob man nach Dingen wie einem Anzug oder einer Perücke sucht oder sich einfach nur mal umsehen möchte.

Wenn man den großen **Kibuye Market** (Jomo Kenyatta Hwy; ⌚So) an einem ruhigen Wochentag besucht, ist er leer und verlassen, sonntags verwandelt er sich dann aber in ein Feuerwerk aus Farben und Gerüchen.

Praktische Informationen

Aga Khan Hospital (☎2020005; Otiena Oyoo St) Großes Krankenhaus mit modernen Einrichtungen. Die Notaufnahme ist rund um die Uhr besetzt.

Barclays Bank (Kampala St) Hat einen Geldautomat.

Clinipath Laboratory (☎2022363; Mega Plaza, Oginga Odinga Rd; ⌚Mo–Fr 8–17, Sa 8–13, So 10–12 Uhr)

Kenya Commercial Bank (Jomo Kenyatta Hwy) Geldautomat (nur Visa-Karten).

Moscom Cyber (Mega Plaza, Oginga Odinga Rd; 60 KSh pro Std.; ⌚8–20.30 Uhr) Eines von vielen Internetcafés. Hier kann man auch CDs brennen (100 KSh).

Polizei (Uhuru Rd)

Post (Oginga Odinga Rd)

Shiva Travels (☎2024331; Oginga Odinga Rd) Flugtickets und Hotelreservierungen.

An- & Weiterreise

Bus & Matatu

Busse, Matatus und Peugeots (Sammeltaxis) warten auf dem großen Platz nördlich des Hauptmarkts auf Passagiere. Peugeots kosten etwa 25 % mehr als die Matatus.

Akamba (abseits der New Station Rd) bietet täglich vier Busverbindungen über Nakuru (800 KSh, 4½ Std.) nach Nairobi (1100 KSh, 7 Std.). Außerdem fährt um 13 Uhr ein Bus über Busia (400 KSh, 3 Std.) und Kampala (1500 KSh, 7 Std.) nach Kigali (2500 KSh, 20 Std.) und um 23 Uhr geht's nach Mwanza (1800 KSh, 12 Std.).

MATATUS AB KISUMU

ZIEL	PREIS	FAHRTDAUER
Busia	300 KSh	2 Std.
Eldoret	400 KSh	2½ Std.
Homa Bay	350 KSh	3 Std.
Isebania	500 KSh	4 Std.
Kakamega	250 KSh	1¾ Std.
Kericho	300 KSh	2 Std.
Kisii	300 KSh	2 Std.
Kitale	450 KSh	4 Std.
Nairobi	900 KSh	5½ Std.
Nakuru	500 KSh	3½ Std.

Easy Coach (Jomo Kenyatta Hwy) hat ähnliche Inlandsverbindungen und nimmt zudem Kurs auf Kakamega (250 KSh, 1 Std.). Das Unternehmen bietet etwas mehr Komfort und ist dementsprechend teurer.

Flugzeug

Die drei folgenden Fluggesellschaften bieten tägliche Verbindungen nach Nairobi (morgens und nachmittags, ab 5500 KSh einfache Strecke, 50 Min.).

Fly540.com (www.fly540.com) Startet um 17.30 Uhr und fliegt via Eldoret.

Jet Link (☎0714333377; www.jetlink.co.ke; Al-Imran Plaza, Oginga Odinga Rd)

Kenya Airways (☎2056000; www.kenya-airways.com; Alpha House, Oginga Odinga Rd)

Schiff/Fähre

Obwohl die Wasserhyazinthenplage im Winam Gulf eingedämmt ist, wurde der Fährbetrieb nach Tansania und Uganda noch nicht wieder aufgenommen. **Earthwise Ferries** (http://earthwiseferries.com) plant eine Verbindung zwischen Kisumu und Mwanza (Tansania) sowie Kampala (Uganda).

Zug

Mittlerweile verkehren wieder Züge zwischen Kisumu und Nairobi (1./2./3. Klasse 2550/1400/500 KSh, 13½ Std.) via Nakuru (1560/1125/280 KSh, 7 Std.) und Naivasha (1805/1255/360 KSh, 11 Std.). Wenn alles gut geht (und das tut es häufig nicht), starten sie in Kisumu immer dienstags, donnerstags und sonntags um 18.30 Uhr. Abfahrt in Nairobi ist zur selben Zeit, allerdings montags, mittwochs und freitags. Die Gleise führen z. T. durch eine wunderschöne Landschaft, vorbei am Aberdare National Park, allerdings hat man nichts davon, weil man nachts reist. Wer aus Nairobi kommt, sollte sich einen Sitzplatz auf der linken Seite suchen, um einen Blick auf das weitläufige Elendsviertel Kibera werfen zu können.

ℹ Unterwegs vor Ort

Boda-Boda & Tuk-Tuk

Die Anzahl der *boda-bodas* (Fahrrad- oder Motorradtaxis) und *tuk-tuks* (motorisierte Minitaxis) ist enorm gestiegen – sie sind die idealen Transportmittel in Kisumu. Eine *boda-boda-/tuk-tuk*-Fahrt zur Flusspferd-Sammelstelle sollte nicht mehr als 50/150 KSh kosten.

Matatu

Mit den Matatus 7 und 9, die auf der Oginga Odinga Rd und dem Jomo Kenyatta Highway unterwegs sind, erreicht man den Haupt-Matatu-Bahnhof, den Hauptmarkt und den Kibuye Market. Einfach dem Fahrer winken; zusteigen kann man überall entlang der Strecke.

Taxi

Eine Taxifahrt in der Stadt kostet nach hartnäckigem Verhandeln zwischen 100 und 200 KSh, die Strecke nach Dunga 250 bis 400 KSh.

Das Südufer des Lake Victoria

HOMA BAY

☎059 / 42 600 EW.

Homa Bay zeichnet sich durch ein entspanntes, tropisches, fast schon zentralafrikanisch anmutendes Flair aus. Touristen verirren sich nur selten hierher und die Einheimischen sind unglaublich freundlich. Vor Ort gibt's wenig zu tun. Besucher können die staubigen, von Musik erfüllten Straßen hoch- und runterbummeln oder zum See spazieren und die **Marabus** beim Durchwühlen des Mülls beobachten, während sie auf die Ankunft der Fischer mit ihrem frischen Fang warten.

Wer sich körperlich betätigen will, erklimmt einen der unwirklich aussehenden Hügel rings um die Stadt. Am einfachsten zu bewältigen ist der nahe gelegene, konisch geformte **Asego Hill**, dessen Gipfel man nach etwa einer Stunde erreicht. Homa Bay eignet sich gut als Basis für Ausflüge in den Ruma National Park und nach Thimlich Ohinga.

Schlafen & Essen

LP TIPP **Twin Towers Hotel** HOTEL $
(☎0715032988; EZ/DZ/2BZ 1200/1500/2000 KSh) Das Twin Towers (ein etwas unglücklich gewählter Name) ist ganz neu, wirklich güns-

tig und ohne Zweifel die Unterkunft mit dem besten Preis-Leistungs-Verhältnis in ganz Homa Bay. Wer sich nichts anderes wünscht als ein bequemes Bett und ein Bad, das man auch ohne Strahlenschutzanzug betreten kann, ist hier an der richtigen Adresse. Das Restaurant bietet anständiges, wenn auch fantasieloses Essen (Hauptgericht ca. 300 KSh).

Ruma Tourist Lodge HOTEL $
(☎0717192221; EZ/DZ/2BZ ohne Frühstück 700/900 KSh) Zwar macht der Eingang einen wüsten Eindruck, doch dahinter befindet sich die beste Bar der Stadt. Es gibt kaltes Bier, einen wackeligen Billardtisch, gute Musik und ein vernünftiges *nyama-choma*-Restaurant (Gerichte 150–250 KSh). Man kann hier auch übernachten, der Lärm ist allerdings eventuell ein Problem.

Homa Bay Tourist Hotel HOTEL $$
(☎072711265; EZ/DZ/2BZ ohne Frühstück ab 3000/6200/7500 KSh; P@) Dieses „Resort" am Seeufer ist die einzige echte Touristenunterkunft in Homa Bay. Rund um den alternden, aber immer noch vorzeigbaren Komplex erstreckt sich eine weitläufige Rasenfläche bis zum Wasser.

Praktische Informationen

Barclays Bank (Moi Hwy) Verfügt über einen Geldautomat.

Fezza Online (60 KSh pro Std., Sa geschl.) Vom Twin Towers Hotel aus den Hügel hinauf gelegen.

KWS-Büro (☎22544) Auf dem Gelände des District Commissioner.

ABSTECHER

SIMBI LAKE

Die einzige Attraktion des winzigen Dorfes Kendu Bay, zwei Autostunden von Kisumu, ist der ein paar Kilometer entfernte Simbi Lake, ein eigenartiger vulkanischer See. Aufgrund seiner kreisrunden Form erinnert er an einen Bombenkrater. Ringsum verläuft ein Fußweg und in der Umgebung kann man wunderbar Vögel beobachten. Das Dorf hat derweil einen besonderen Charme: So stellt man sich das echte Afrika vor! Touristen sind ein eher seltener Anblick, denen ein herzlicher Empfang bereitet wird.

An- & Weiterreise

Um zum Büro von Akamba zu gelangen, muss man vom Busbahnhof aus den Hügel hinuntergehen. Das Unternehmen bietet Verbindungen nach Nairobi (1200 KSh, 9 Std., 19.30 Uhr) via Kericho (650 KSh, 4 Std.) und Nakuru (900 KSh, 6 Std. Die Strecke wird auch noch von einigen anderen Reiseveranstaltern und Matatus bedient (Abfahrt am Busbahnhof). Außerdem bestehen Verbindungen nach Mbita (250 KSh, 1½ Std.), Kisii (250 KSh, 1½ Std.) und Kisumu (350 KSh, 3 Std.).

Ruma National Park

Der wenig besuchte, 120 km² große **Ruma National Park** (☎0717176709, www.kws.go.ke; Erw./Kind 20/10 US$, zzgl. Wagen ab 300 KSh; 6–18 Uhr) grenzt an das spektakuläre **Kanyamaa Escarpment** und ist die Heimat der einzigen Pferdeantilopenpopulation Kenias, der größten und seltensten afrikanischen Antilopenart. Weil Löwen und Hyänen zahlreiche Tiere gerissen haben, besteht die Gruppe heute jedoch gerade mal noch aus 31 Antilopen. Innerhalb der Parkgrenzen soll nun ein Schutzgebiet frei von Raubtieren entstehen und eventuell wird man den Genpool um ein paar Antilopen aus Tansania bereichern.

Vor Ort sind aber noch mehr „Raritäten" zu Hause, darunter Bohor-Riedböcke, Jackson-Kuhantilopen, Oribis (Bleichböckchen), die größte Population bedrohter Rothschild-Giraffen Afrikas sowie 145 Vogelarten wie die Stahlschwalbe, ein Zugvogel, der zwischen Juni und August in Kenia eintrifft.

Rund um die neue Landebahn gibt's die besten Beobachtungsplätze, da sich in der näheren Umgebung oft sowohl Giraffen als auch Pferdeantilopen tummeln.

Geführte Touren

Der Park ist auf Besucher mit Fahrzeugen ausgerichtet. Wer keinen eigenen Wagen hat, sollte die **KWS-Ranger** (☎0717176709) an den Eingangen kontaktieren. Vielleicht können sie einen Einheimischen mit Minivan auftreiben, der einen in Homa Bay aufsammelt. Bei Redaktionsschluss kostete eine ganztägige Tierbeobachtungstour 5000 KSh pro Wagen (zzgl. des Parkeintritts), aber dieser Preis ist so unschlagbar günstig, dass er demnächst garantiert nach oben korrigiert wird. Darüber hinaus kann man eine **geführte Wanderung** (halber/ganzer Tag 1500/3000 KSh) mit einem Ranger unternehmen.

ABSTECHER

THIMLICH OHINGA

Östlich des Ruma National Park befindet sich eine der bedeutendsten **archäologischen Stätten** (Eintritt 250 KSh) Ostafrikas mit den Überresten einer Trockensteineinfriedung. Diese hat einen Durchmesser von 150 m und umfasst fünf weitere kleinere Einfriedungen, die aus dem 15. Jh. stammen sollen.

Ohne eigenes Auto nach Thimlich zu gelangen ist schwierig, aber nicht ausgeschlossen, man muss allerdings viel Geduld haben. Zunächst folgt man der Straße zwischen Homa Bay und Rongo 12 km, dann biegt man am Dorf Rod Kopany rechts ab und fährt in südwestlicher Richtung durch Mirogi zu dem kleinen Ort Miranga. Dort ist Thimlich ausgeschildert.

Schlafen & Essen

Camping CAMPINGPLATZ $$
(Camping 15 US$; P) In der Nähe des Haupteingangs befinden sich zwei einfache Campingplätze. Der Nyati-Spezialcampingplatz ist malerischer.

Oribi Guesthouse HÜTTE $$
(☎0717176709, www.kws.go.ke; 100 US$ pro Hütte ohne Frühstück; P) Die einzige andere Schlafmöglichkeit, das vom KWS betriebene Oribi Guesthouse, wartet mit einer hervorragenden Aussicht auf das Lambwe Valley und einer überzeugenden Ausstattung (Energie aus Solarzellen, Warmwasserduschen und Küche) auf. Für Gruppen ist der Preis prima, zu zweit allerdings zu hoch.

An- & Weiterreise

Mit dem eigenen Wagen geht's von Homa Bay aus ein paar Kilometer nach Süden und dann nach rechts auf die Route nach Mbita. 12 km weiter westlich stößt man auf die Hauptzugangsstraße und hat nun noch 11 km vor sich. Die Parkstraßen sind in einem guten Zustand, in der Regenzeit benötigt man aber einen Allradwagen mit Turboantrieb.

Mbita & Rusinga Island

26 000 EW.

Mbita und Rusinga Island sind durch einen Damm miteinander verbunden, sehr klein, etwas träge und kaum besucht. Sie lassen ahnen, wie der Kontinent früher gewesen sein muss, als er noch vom Wechsel der Jahreszeiten bestimmt war und nicht vom Ticken der Uhr. Dies ist die Art Gegend, in der Kinder die Schule schwänzen, um ausländische Besucher zu sehen, und ältere Damen beim Anblick eines Touristen zu singen beginnen.

Sehenswertes & Aktivitäten

Mausoleum von Tom Mboya HISTORISCHE STÄTTE
Mboya stammt von Rusinga Island. Er war Gesundheitsinspektor in Nairobi und einer der wenigen Luo, die Erfolg in der Politik hatten. Als rechte Hand Jomo Kenyattas besaß er enormen Einfluss und galt als Favorit für dessen Nachfolge als zweiter Präsident Kenias, aber 1969 wurde er ermordet. Sein Grab befindet sich im Norden der Insel.

Mbasa Island TIERSCHUTZGEBIET
Mbasa ist auch als Bird Island bekannt und bietet einer bunten Palette an Wasservögeln einen Lebensraum, darunter Riedscharben (die hier brüten), Fischadler, Rohrweihen und Seidenreiher. Bei Sonnenuntergang sieht man besonders viele Vögel. Um zu der Insel zu gelangen, muss man einen einheimischen Fischer anheuern und pro Boot zwischen 6000 und 10 000 KSh zahlen.

Schlafen & Essen

LP TIPP **Rusinga Guesthouse** PENSION $
(☎0735172597; rusingaguesthouse@yahoo.com; Rusinga; EZ/DZ/2BZ 1200/1500/1700 KSh; P) Diese neue Pension befindet sich weit genug weg von den Bars, um in Ruhe schlafen zu können, und setzt zudem Maßstäbe in puncto Preis-Leistungs-Verhältnis. Alle Zimmer wurden erst vor Kurzem gestrichen und *riechen* sogar sauber. Darüber hinaus haben die Moskitonetze noch keine größeren Löcher. Die Angestellten sind bezaubernd schüchtern, das Gebäude ist sicher und im Restaurant werden alle typischen Spezialitäten mit Huhn, Rind oder Fisch zubereitet (Hauptgerichte 210–260 KSh).

Lake Victoria Safari Village RESORT $$
(☎0721912120; www.safarikenya.net; Mbita; EZ/DZ/3BZ 3900/6000/7800 KSh; P) Mit seinen hübschen strohgedeckten Häuschen samt bequemer Betten und beeindruckender Bäder ist das Resort der Inbegriff einer Lake-Victoria-Oase. Der Rasen reicht bis zu einem Privatstrand, an dem man baden gehen

kann. Außerdem gibt's eine Flitterwochensuite in einem nachgebauten Leuchtturm. Das Safari Village liegt ein paar Kilometer südlich der Stadt.

Bimoss Hotel HOTEL $
(☎0711568875; Mbita; EZ/DZ/2BZ ohne Frühstück 800/1200/1200 KSh; P) Eine gute Budgetunterkunft in der Stadt, wobei die Einzelzimmer etwas eng und dunkel sind und man aufgrund der zentralen Lage den Lärm aus den Clubs mitbekommt. Lediglich bei Stromausfall (kommt recht häufig vor) hat man seine Ruhe ...

An- & Weiterreise

Von Mbita nach Kisumu nimmt man am besten die Fähre (pro Pers. 100 KSh, Wagen ab 700 KSh, 1 Std.) nach Luanda Kotieno am Nordufer des schmalen Winam Gulf und steigt dort in ein Matatu (250 KSh, 2 Std.). Boote legen um 7, 9, 11, 14 und 16.30 Uhr in Mbita ab. In die Gegenrichtung gibt's Verbindungen um 8, 10, 12, 15 und 17.30 Uhr ab Luanda Kotieno.

Wer darauf steht, in einen abgeschlossenen, heißen, schweißverklebten Raum eingepfercht zu werden und kein Problem mit blauen Flecken hat, wird die Matatu-Fahrt von Mbita nach Homa Bay (200 KSh, 1½ Std.) und weiter nach Kisumu lieben! Hin und wieder startet einer der Kleintransporter nach Rusinga Island zum Mausoleum (50 KSh).

Mfangano Island

17 000 EW.

Umgeben vom ruhigen Wasser des Sees kann man auf dieser abgelegenen Insel die Seele ein oder zwei Tage baumeln lassen. Hier leben jede Menge Warane und neugierige Einheimische, außerdem locken faszinierende Felsmalereien und ein Ausflug auf den imposanten Mt. Kwitutu (1694 m).

Viele der Malereien umfassen Sonnenmotive und werden von den Insulanern gleichermaßen gefürchtet und verehrt, was dem Vandalismus vorgebeugt hat. Es heißt, dass die „Künstler" Bantu-Pygmäen aus Uganda und die ersten Inselbewohner waren. Mit dem Eintrittsgeld (500 KSh) wird das hiesige Waisenhaus unterstützt. Man findet es ebenso wie die Felsmalereien in der Nähe der Siedlung Kakiimba (3 km Fußmarsch oder 150 KSh für die *boda-boda*-Fahrt ab Sena, dem Hauptort der Insel).

George Ooko Oyuko (☎0716537317; 500 KSh pro Tag) führt Touristen zu dieser, aber auch zu anderen Stätten und vermittelt Übernachtungen bei Einheimischen (400 KSh), der Standard ist allerdings extrem einfach. Dafür fällt der Empfang aber umso herzlicher aus.

Schlafen & Essen

Joyland Hotel HOTEL $
(☎0715165433; Sena, EZ/2BZ inkl. Gemeinschaftsbad und ohne Frühstück 300/600 KSh) Die schlichten Zimmer sind prinzipiell sauber, doch wer empfindlich ist, wird die Gemeinschaftstoiletten mit Sicherheit schauderhaft finden. Nebenan liegt das einzige Restaurant von ganz Sena.

Mfangano Island Camp RESORT $$$
(☎Buchungen 020-2734000, Camp 0733616224; www.governorscamp.com; 6 km nördlich von Sena, inkl. Vollpension 450 US$ pro Pers.) In einem herrlich gepflegten Garten voller Warane und Vögel stehen die nobelsten Unterkünfte am Lake Victoria, strohgedeckte Steinhäuschen. Das „Honeymoon Cottage" mit dem tollen 180-Grad-Panorama und die *„banda six"* sind am schönsten, kosten aber genauso viel wie die anderen Unterkünfte. Mittlerweile werden in dem ehemaligen Angelresort verschiedene Wassersportarten angeboten, die im Übernachtungspreis inbegriffen sind. Wer hier zu Abend essen möchte (Mahlzeit 30 US$), sollte sich einen Tag im Voraus anmelden.

An- & Weiterreise

Zwischen Mbita und Mfangano Island (150 KSh, 1½ Std.) verkehren täglich Boote. Theoretisch sollten sie um 8, 10, 11, 13, 15 und 17 Uhr ablegen und um 8, 10, 12 und 15 Uhr die Rückfahrt antreten. In der Praxis starten sie allerdings erst, wenn sie bis unters Dach vollgeladen sind, was nicht gerade ungefährlich ist. Meist steuern sie unterwegs Takawiri Island, Sena, den Hauptort von Mfangano, sowie fast alle Dörfer auf der Insel an.

Privatboote können im Lake Victoria Safari Village auf Mbita für 10 000 bis 16 000 KSh gechartert werden (ganzer Tag).

WESTLICHES HOCHLAND

In den Medien sieht man stets sanft gewellte Savannenlandschaften, die sich bis zum Horizont erstrecken, dabei ist das eigentliche Herz Kenias das saftig grüne Hochland. Keine andere Region hat mehr Einwohner. Verlässliche Regenfälle und der fruchtbare Boden sorgen dafür, dass sie das landwirtschaftliche Zentrum bleibt. Im Süden werden Pflanzen für den Handel und Export angebaut, so prägt die Gegend um Kisii und Kericho ein Flickenteppich aus riesigen Teeplantagen, während der Boden weiter nördlich, bei Kitale und Eldoret, intensiver genutzt wird.

In erster Linie sind die hiesigen Ortschaften landwirtschaftliche Zentren und nicht besonders spannend für Touristen (es sei denn, man braucht eine neue Kettensäge o.Ä.). Die eigentlichen Attraktionen – die Teeplantagen rund um Kericho, der tropische Kakamega Forest, Wanderungen auf dem Mt. Elgon, die Vogelvielfalt im Saiwa Swamp National Park und die traumhaften Cherangani Hills – liegen außerhalb der Siedlungen.

Kisii

☎058 / 59 300 EW.

Um es auf den Punkt zu bringen: Kisii ist ein lauter, schmutziger, verstopfter und chaotischer Ort. Fast alle Besucher fahren einfach durch – und tun gut daran.

Aus dieser Gegend kommt der gefeierte Kisii-Speckstein, wird in der Stadt allerdings nicht verkauft. Er wird im Gusii-Dorf **Tabaka** rund 23 km nordwestlich von Kisii abgetragen und bearbeitet. Für eine Gesteinsart ist er relativ weich. Mit einfachen Werkzeugen und Sandpapier formen die Einheimischen ihn zu Schachbrettern, Schüsseln, Tierfiguren und ineinander verschlungenen Pärchen. Jeder Handwerker hat sich auf ein Motiv spezialisiert, das Glattschmirgeln mit nassem Sandpapier und das anschließende Polieren mit Wachs übernimmt ein anderer Arbeiter. Viele Stücke sind für den Verkauf in den Andenkenläden Nairobis und Mombasas sowie Trade-Aid-Geschäften weltweit bestimmt. Erwartungsgemäß muss man vor Ort weniger zahlen als anderswo. Wer also kein Problem damit hat, ein paar Steine mit sich herumzuschleppen, spart vermutlich einiges.

Schlafen & Essen

Nile Restaurant, Fast Food & Guesthouse HOTEL $

(☎0710847277; Hospital Rd; EZ/DZ ohne Frühstück 650/1000 KSh) Saubere, günstige Zimmer und die zentrale Lage machen diese Unterkunft zur besten Schlafgelegenheit in der Stadt. Besonderes Sahnehäubchen ist das Restaurant in der zweiten Etage (Hauptgerichte 200–300 KSh) mit der tollen Aussicht auf das Durcheinander in den Straßen. Auf der Karte stehen ein paar interessante Gerichte. Von dem Tikka-Masala-Hühnchen (steht bei den italienischen Speisen) hatten wir uns einiges versprochen, allerdings wurde uns letzten Endes nur ganz gewöhnliches Hühnchenfleisch mit einer Portion Pommes frites vorgesetzt.

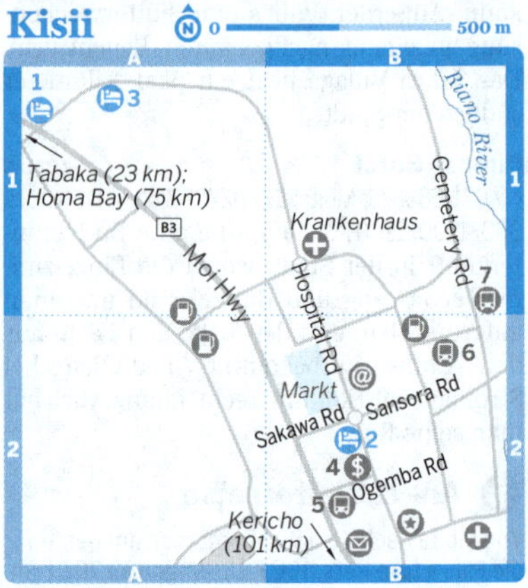

Kisii

Schlafen
1 Kisii Hotel ... A1
2 Nile Restaurant, Fast Food & Guesthouse ... B2
3 St. Vincent Guesthouse ... A1

Praktisches
4 Kenya Commercial Bank ... B2

Transport
5 Akamba ... B2
6 Matatus ... B2
7 Matatus nach Tabaka ... B1

Kisii Hotel HOTEL $

(☎30134; EZ 1100 KSh /DZ & 2BZ 1500 KSh; Ⓟ) Relaxtes Hotel etwas abseits des Moi Highway. Das Gebäude erinnert an eine altmodische Schule und wartet mit einem großen Garten sowie geräumigen Zimmern inklusive vernünftiger Bäder auf. Ähnlich wie das St. Vincent's Guesthouse ist es eine ruhige Adresse.

St. Vincent Guesthouse PENSION $

(☎0733650702; Zelten 1000 KSh, EZ/DZ/2BZ 1500/1850/2450 KSh; Ⓟ) Eine katholische Pension abseits des Moi Highway. Dies ist definitiv keine Partyunterkunft, aber die

Zimmer kommen wunderbar sauber und gemütlich daher. Pärchen zahlen 500 KSh weniger als „gute Freunde", deshalb schlagen wir vor, die Betten einfach zusammenzuschieben.

Praktische Informationen

Barclays Bank (Moi Hwy) Hat einen Geldautomat.

Fast Web Computer Centre (Hospital Rd; 30 KSh pro Std.) Bietet Internetzugang und die Möglichkeit, CDs bzw. DVDs zu brennen.

Post (Moi Hwy) Kartentelefone.

An- & Weiterreise

Am hoffnungslos verstopften Matatu-Terminal im Stadtzentrum ist jeden Tag die Hölle los. Hier bestehen regelmäßige Verbindungen nach Homa Bay (250 KSh, 1½ Std.), Kisumu (350 KSh, 2½ Std.), Kericho (300 KSh, 2 Std.) und Isebania (250 KSh, 1¾ Std.) an der Grenze zu Tansania.

Tabaka-Matatus (100 KSh, 45 Min.) fahren auf der Cemetery Road ab. Auf dem Rückweg ist es manchmal einfacher, ein *boda-boda* (70 KSh) zur „Tabaka Junction" zu nehmen und dort in ein Matatu nach Kisii umzusteigen.

Akamba (Moi Hwy) betreibt täglich um 21 Uhr einen Bus nach Nairobi (1000 KSh, 8 Std.) via Nakuru (700 KSh, 5½ Std.). Tickets bucht man besser einen Tag im Voraus. Der Akamba-Bus von Nairobi nach Mwanza in Tansania (1600 KSh, 4 Std.) hält zu einer überaus unbequemen Zeit in Kisii, nämlich um 3.30 Uhr!

Kericho

☎052 / 82 100 EW.

Ganz im Gegensatz zu Kisii ist Kericho eine Oase der Ruhe. Ringsum erstreckt sich ein Teppich aus gepflegten Teepflanzungen, die alle in einem Saum aus immergrünen Bäumen auszulaufen scheinen. Vor Ort herrscht ein angenehmes Klima und es gibt einiges zu besichtigen bzw. zu unternehmen, sodass hier ein paar entspannte Urlaubstage locken.

Sehenswertes & Aktivitäten

Teeplantagen PFLANZUNGEN

Willkommen im Herzen der wichtigsten Teeanbauregionen von ganz Afrika! Wer jetzt denkt, dass an jeder Straßenecke Schlepper Touren zu den Plantagen anbieten, wird sich wundern, denn das Angebot ist klein. Wenn man einfach nur einen Spaziergang machen möchte, kann man sich die Pflanzungen hinter dem Tea Hotel ansehen. Sie sind am leichtesten zu erreichen.

TÄSSCHEN TEE?

Nach Indien und Sri Lanka ist Kenia das drittgrößte Exportland für Tee weltweit – ganze 20 bis 30 % aller Exporteinnahmen stammen aus dem Teehandel. Ungewöhnlicherweise produzieren die Grundbesitzer mit wenig Land den Großteil (60 %) des Tees.

Die Betreiber der Plantagen sind sehr wichtige regionale Arbeitgeber, denn die Blätter an den reifen Sträuchern müssen alle 17 Tage gepflückt werden. Ein Erntehelfer kümmert sich immer um denselben Abschnitt. Richtig gute Pflücker sammeln an einem Tag ihr Körpergewicht in Teeblättern!

Obwohl eine der beste schwarzen Teesorten der Welt aus Kericho stammt, wird man Schwierigkeiten haben, ein Tässchen davon zu bekommen, da fast alles für den Export bestimmt ist.

Ansonsten empfiehlt sich eine Tour mit **Harman Kirui** (☎0721843980; kmtharman@yahoo.com; 200 KSh pro Pers.). Meistens schlendert man dabei über die Plantagen und schaut bei der Ernte zu (sonntags wird nicht gepflückt). Um auch die letzten Arbeitsschritte in der Fabrik zu sehen, sollte man sich mindestens vier Tage im Voraus im Tea Hotel melden oder Harman eine E-Mail schreiben. Die am häufigsten besichtigte Fabrik, die **Momul Tea Factory** (300/1000 KSh pro Pers./Gruppe, ⏲Mo–Sa), befindet sich 28 km von Kericho entfernt (für Besucher ohne Wagen kann Harman den Transport gegen eine Gebühr von 2000 KSh organisieren). Sie verfügt über 64 Sammelstellen für die Kleinbauern in der Umgebung und verarbeitet jedes Jahr erstaunliche 15 Millionen Kilogramm Blätter.

Arboretum GARTEN

(Schnellstraße B4; ⏲bei Regen geschlossen) 8 km östlich der Stadt erstreckt sich der bei Wochenend-Picknickern beliebte Park, in dem sich außerdem zahlreiche Stummelaffen, Grün- und Rotschwanzmeerkatzen (vor allem am frühen Morgen zu sehen) tummeln. Sein Highlight ist der Schatten, den die tropischen Bäume spenden. Sie wurden vom Besitzer des Grundstücks, Tom Grumbley, in den 1940er-Jahren gepflanzt. Der hübsche Seerosenteich ist dem nahe gelegenen Chagaik Dam zu verdanken.

Kericho

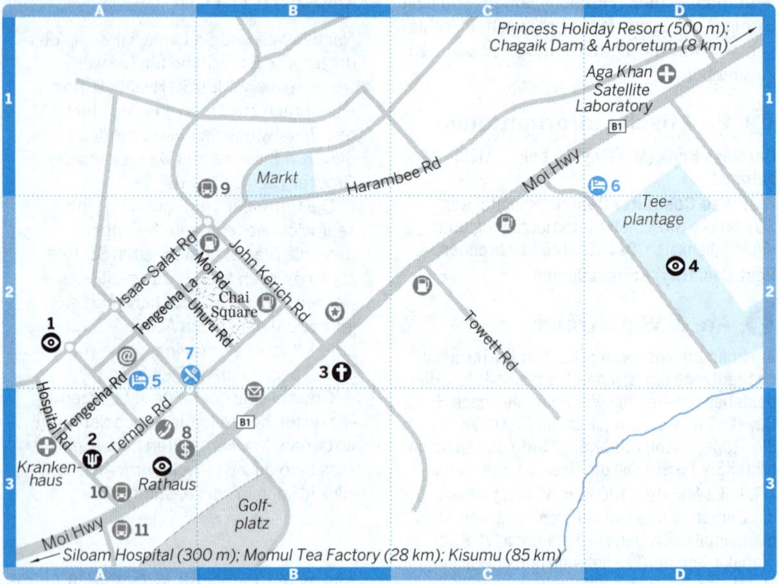

Kericho

Sehenswertes
1 Gurdwara A2
2 Hindutempel A3
3 Holy Trinity Church B2
4 Teeplantage D2

Schlafen
5 New Sunshine Hotel A2
6 Tea Hotel D1

Essen
7 Litny's Restaurant A2

Praktisches
8 Barclays Bank A3

Transport
9 Bus- & Matatu-Haltestelle B1
10 Busse (Richtung Süden & Westen) A3
11 Busse nach Kisumu, Kisii & Homa Bay A3
Total-Tankstelle .... (siehe 10)

Bemerkenswerte Gebäude ARCHITEKTUR
Aus religiöser Sicht ist Kericho ein gesegneter Ort: Hier stehen die mit Efeu bewachsene **Holy Trinity Church** aus dem Jahr 1952 sowie Afrikas größte **Gurdwara** (ein Sikh-Heiligtum) und ein bescheidener Hindu-Tempel (an der Hospital Road).

Schlafen & Essen

In der Stadt leben viele Kipsigis, daher ist dies ein guter Ort, um *kimyet* (Maismehl mit Gemüse und Rind) oder *mursik* (Dickmilch) zu probieren. Natürlich erfreut sich auch Tee großer Beliebtheit.

LP TIPP **New Sunshine Hotel** HOTEL $
(☎0725146601, 30037; Tengecha Rd; EZ 1500 KSh, DZ & 2 BZ 1700 KSh) Zweifellos ist das New Sunshine das beste Budgethotel in der Stadt (nicht, dass es besonders viele Konkurrenten gäbe). Die Zimmer sind nicht groß, aber sehr sauber, zudem kommt heißes statt nur lauwarmes Wasser aus den Duschen. Das angrenzende Restaurant (Gerichte 320–550 KSh) läuft gut, allerdings war die geschmorte Ziege, die wir bestellt haben, ziemlich zäh (wohl eine vormalige Marathonläuferin ...). Zwei Hinweise zum Schluss: Die Zimmermädchen lassen die Tür nach dem Saubermachen meist offen und der Preis ist weit höher, wenn man die Option mit Frühstück wählt.

Princess Holiday Resort PENSION $
(☎0721254736; abseits des Moi Hwy; EZ/DZ 2500/3000 KSh; P) Eine der vielen Mischun-

gen aus Pension und Hotel in den Seitenstraßen rund um das Tea Hotel. Wir haben uns für diese Unterkunft entschieden, weil die Zimmer modern und sauber waren und es morgens ein traditionelles warmes englisches Frühstück gab. Das hilfsbereite Management reißt sich für die Gäste ein Bein aus. Wenn man anruft, wird man sogar in der Stadt abgeholt.

Tea Hotel HOTEL $
(☎020-2050790; teahotel@africaonline.co.ke; Moi Hwy; Camping 700 KSh, EZ/DZ ohne Frühstück 65/90 US$; P ❄) Die in den 1950er-Jahren von der Brooke Bond Company errichtete prächtige Anlage strahlt nach wie vor jede Menge altmodischen Charme aus und ist wie ein alter Teddybär, den man liebt, obwohl ihm ein Auge fehlt. Ihre charakteristischsten Merkmale sind die riesigen Flure und Speisesäle voller ausgestopfter Tierköpfe und der wunderschöne Garten mit den Teeplantagen im Hintergrund. Letzterer bietet sich für eine kleine Mahlzeit am Nachmittag an. Das ist vermutlich auch der Grund, warum hier so viele große Lkws halten. Leider war das nostalgische Gefühl, das wir angesichts der Gemeinschaftsbereiche empfunden hatten, wie verflogen, als wir die Zimmer betraten: Sie sehen abgenutzt aus und sind völlig überteuert.

Litny's Restaurant KENIANISCH $
(Temple Rd; Hauptgerichte 300–500 KSh; ⏲Mo–Sa mittags & abends) Neben dem Lokal im New Sunshine Hotel gilt dieses Restaurants als eines der besseren in der Stadt, aber ganz ehrlich: Die Ziege schmeckt hier genauso wie anderswo.

ℹ Praktische Informationen

Barclays Bank (Moi Hwy) Der Geldautomat akzeptiert Visa-Karten und manchmal auch MasterCard.

Siloam Hospital (☎21200; Moi Hwy) Exzellentes privates Krankenhaus.

Post (Moi Hwy)

Telecare Centre (Temple Rd) Telefonkarten und Kartentelefone.

World Speed Cyber Cafe (über die Tengecha Rd zu erreichen; 0,80 KSh pro Min.) Eine von drei Buden mit Internetzugang in einer Gasse, die von der Tengecha Road abgeht. Bei Groove Cyber nebenan kann man CDs und DVDs brennen.

ℹ An- & Weiterreise

Die meisten Busse und Matatus starten an der Haupthaltestelle im Nordwesten der Stadt. Ziele im Süden und Westen werden von der Total-Tankstelle am Moi Highway aus angesteuert.

Busse nach Nairobi (600 KSh, 4½ Std.) fahren recht häufig, ebenso wie die Matatus nach Kisumu (250 KSh, 1½ Std.), Kisii (300 KSh, 2 Std.), Eldoret (400 bis 500 KSh, 3½ Std.) und Nakuru (300 KSh, 2 Std.). Gelegentlich verkehrt auf diesen Strecken auch ein Sammeltaxi, allerdings kostet die Fahrt ca. 25 % mehr.

Kakamega

☎056 / 73 600 EW.

Es gibt keinen Grund, länger in diesem landwirtschaftlichen Zentrum zu verweilen, aber wenn man spätnachmittags ankommt, ist es eventuell vernünftig, über Nacht zu bleiben und Proviant zu kaufen, bevor man sich in das nahe gelegene Kakamega Forest Reserve aufmacht.

Vor Ort kann man nach dem **Crying Stone of Ilesi** (Karte S. 155) Ausschau halten, einer kuriosen Gesteinsformation 3 km südlich der Stadt. Der „Weinende Stein" balanciert auf einer riesigen Gesteinssäule, an der „Tränen" hinabkullern, und erinnert ein wenig an einen Kopf, der auf müden Schultern ruht. Zwei Legenden ranken sich um das Naturdenkmal. Die erste besagt, dass es eigentlich ein Mädchen ist, das unaufhörlich weint, weil es sich in einen Mann verliebt hat, der ihrem Vater nicht gut genug war. Als Strafe verwandelte der Vater seine Tochter in einen Stein. Der zweiten zufolge beklagt der Stein den Zustand der Menschheit im Allgemeinen. Die Wissenschaft liefert eine weit weniger romantische Erklärung. Oben sammelt sich das Regenwasser in einem versteckten Becken und fließt durch feine Haarrisse im Fels ab. So entsteht der Eindruck von Tränen.

Auch der tägliche **Stadtmarkt** lohnt einen Besuch. Am meisten Andrang herrscht samstag- und mittwochmorgens. Dann strömen Menschen überall aus der Umgebung herbei.

Schlafen & Essen

Obwohl es eine ganze Reihe authentischer Restaurants gibt, reißen einen nur wenige vom Hocker. Es scheint, als würden hier ausnahmslos Hühnchen, Fisch oder Rind serviert. Das Essen kommt *fried* (gebraten) oder *„wet fried"* („nass gebraten", sprich mit Soße) auf den Tisch.

Franka Hotel HOTEL $
(Mumias Rd; Zi. ohne Frühstück 800 KSh) Über dem wohl besten Bar-Restaurant im Ort

BULLE GEGEN BULLE

Stierkämpfe zwischen zwei Bullen sind in Westkenia schwer im Kommen. In Khayega (Karte S. 155, 6 km südlich von Kakamega) geht's freitags und samstags zur Sache, und zwar bereits um 7 Uhr. Gegen 8 Uhr ist der ganze Spuk dann schon wieder vorbei. Dazu gibt's jede Menge Gehupe, Getrommel, Gesang und Stockgewedel.

Die speziell zu diesem Zweck gezüchteten Bullen fressen Gras mit Melasse und werden von den Färsen getrennt, damit sie Kraft sparen, allerdings sind sie dadurch auch etwas unausgeglichen ... Zudem bekommen die Tiere geheime Präparate, die sie noch aggressiver machen.

Wenn sie aufeinandertreffen, verkeilen sich ihre Hörner. Sie kämpfen, bis einer aufgibt und den Rückzug antritt. Abgesehen von einem verletzten Ego zieht sich bei dieser Kraftdemonstration keiner der Bullen ernsthaftere Wunden zu. Rinder sind viel zu wertvoll für ihre Besitzer, als dass sie diese einem Risiko aussetzen würden. Apropos Risiko: Es gibt keine Sicherheitsabsperrungen, deshalb sollten die Zuschauer gebührenden Abstand halten und bereit sein, wegzulaufen oder auf einen Baum zu klettern, falls eines der Tiere ausbricht.

Der siegreiche Bulle wechselt samt Publikum zur nächsten Location in 1 oder 2 km Entfernung. Dort kommt es zum Showdown mit einem anderen erfolgreichen Bullen und das Ganze beginnt von Neuem.

Stierkämpfe werden vor allem von den Isukha und Idako veranstaltet.

(Gerichte 250 bis 300 KSh) befindet sich ein Labyrinth aus dunklen Zimmern. Diese sind mit Bädern und Moskitonetzen ausgestattet und bekommen ziemlich viel Lärm ab – von der Straße, aus der Bar und von kopulierenden Pärchen. Das **Western Grill Guesthouse** nebenan ist ähnlich aufgemacht und ähnlich teuer.

Friends Hotel HOTEL **$**
(☎31716; Mumias Rd; EZ ohne Frühstück 1500–1800 KSh, DZ 1800–2200 KSh) Komfortable, nett eingerichtete Zimmer in zwei Größen. Warmwasser fließt rund um die Uhr, aber die Preise sind trotzdem ein wenig überzogen. Bei Buchung eines der größeren „Deluxe-Unterkünfte" ist das Frühstück in dem unten gelegenen renommierten Restaurant (Hauptgerichte 300–400 KSh) inbegriffen.

Nakumart SUPERMARKT **$**
(Holden Mall; Mahlzeiten 200–300 KSh; ⏲morgens, mittags & abends) Hat von allen Supermärkten vor Ort die größte Auswahl. Im angrenzenden Restaurant Kula Korner bekommt man gute Pizzas, enttäuschende Smoothies und passable Burger.

ℹ Praktische Informationen

Barclays Bank (Autobahn A1) Verfügt über einen Geldautomat.

KWS Area Headquarters (regionaler Hauptsitz) (☎30603; 1½ km vom Stadtzentrum entfernt) Infos zum Kakamega Forest.

Post (Autobahn A1)

Telkom Kenya (Autobahn A1) Telefonkarten und Kartentelefone.

ℹ Anreise & Unterwegs vor Ort

Easy Coach (in einer Seitenstraße der Mumias Rd) fährt um 8.30 und 20 Uhr via Kisumu (300 KSh, 1 Std.), Kericho (600 KSh, 3½ Std.) und Nakuru (800 KSh, 5 Std.) nach Nairobi (1200 KSh, 7 Std.). **Akamba** (ebenfalls abseits der Mumias Rd) bedient dieselbe Strecke zu etwas günstigeren Preisen (Abfahrt 7.30 und 20 Uhr).

Matatus nach Kitale (300 KSh 3 Std.), Eldoret (250 KSh, 2 Std.) und Shinyalu (70 KSh, 30 Min.) starten an der Haupthaltestelle hinter dem Markt. In der Nähe der Total-Tankstelle am nördlichen Stadtrand kann man in Matatus nach Kisumu (250 KSh, 1¾ Std.) steigen.

Kakamega Forest

☎056

Es ist noch nicht so lange her, da lag ein Großteil von Westkenia versteckt hinter einem dunklen Dschungel und gehörte zum gewaltigen Guineo-Congolian-Waldökosystem. Früher soll es hier sogar Gorillas gegeben haben! Dann jedoch machten die Briten den wunderschönen Urwald platt, um Platz für Teeplantagen zu schaffen. Inzwischen ist von der ursprünglichen Gegend nichts mehr übrig außer diesem Stück tropischen Regenwalds rund um Kakamega.

Ernsthaft geschrumpft, aber kein Stück weniger einzigartig beherbergt der Kakamega Forest Pflanzen, Tiere und Vögel, die man nirgendwo sonst in Kenia zu sehen bekommt. Das Terrain ist so wild, dass sich sogar die Bäume bekämpfen und gegenseitig „umbringen" – ernsthaft: Würgefeigen lassen sich auf nichts Böses ahnenden Bäumen nieder und machen genau das mit den Wirten, was ihr Name sagt!

Sehenswertes & Aktivitäten

Wanderwege WANDERN

Am besten erkundet man den Wald zu Fuß. Die Umgebung von Buyangu und Isecheno ist von Wanderwegen durchzogen.

Es lohnt sich, Geld für einen Guide auszugeben, erstens, damit man sich nicht verläuft, und zweitens weil die Führer häufig so etwas wie wandelnde Lexika sind, die sowohl den lateinischen als auch den englischen Namen von so ziemlich jedem Insekt und Kraut (inkl. Heilwirkung) aufsagen können, auf das man deutet. Zudem erkennen sie Vogelstimmen und imitieren sie täuschend echt.

Vögel kann man am besten frühmorgens oder spätnachmittags beobachten, wobei auch Nachtwanderungen ihren Reiz haben. Im Wald wimmelt es nur so von Lebewesen, trotzdem ist dies nicht die Masai Mara – Begegnungen mit wilden Tieren sind eher flüchtig. Affen bilden die Ausnahme und sind gewöhnlich leicht zu finden. Statt sich auf Leoparden und Riesenwaldschweine zu freuen, sollte man sich auf Vögel und Krabbeltierchen konzentrieren. Es heißt, dass jeder, der eine Stunde lang im Laub eines tropischen Regenwalds herumwühlt, eine neue Insektenspezies entdecken wird. Die wahren Stars sind jedoch die Vögel. Kakamega gilt als eines der kenianischen Top-Ziele für passionierte Ornithologen. Der Wald wartet mit einer einmaligen Artenvielfalt auf, die eigentlich typisch für den Kongo ist.

Rund um Buyangu

Rangern zufolge sind die Wanderwege zwischen 1 und 7 km lang. Eine der beliebtesten längeren Routen folgt dem **Isiukhu Trail**, der Isecheno mit den kleinen **Isiukhu Falls** verbindet. Auf ihr ist man mindestens einen halben Tag unterwegs. Die 4 km lange Fahrt bzw. Wanderung zum **Buyangu Hill** wird mit einem tollen Blick nach Osten auf das Nandi Escarpment belohnt.

Rund um Isecheno

Weitere schöne Erlebnisse sind der Sonnenauf- bzw. -untergang auf dem **Lirhanda Hill** (hin & zurück 5 Std.) und Nachtwanderungen, bei denen man manchmal über ein paar laaangsame Pottos, unfassbar niedliche, pelzige Primaten, stolpert. Eine kurze Wanderung (2,6 km) führt zu einem 35 m hohen **Wachtturm** mit Aussicht auf das Blätterdach und eine kleine Grasebene.

Kakamega Forest

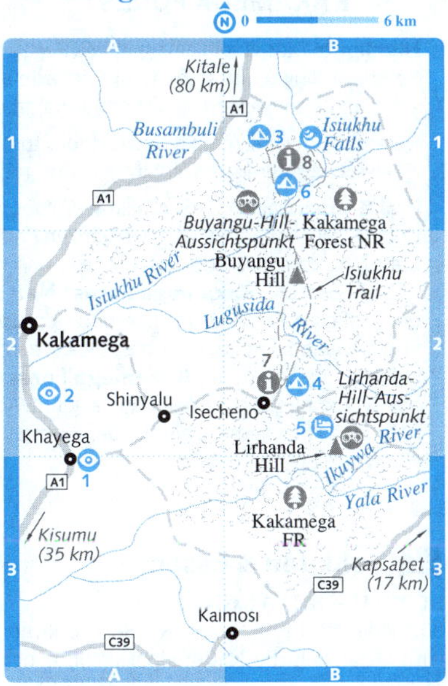

Kakamega Forest

Sehenswertes

1 Stierkampfgelände ... A3
2 Crying Stone of Ilesi ... A2

Schlafen

3 De Brazza's Campsite ... B1
4 Forest Rest House ... B2
Isikuti Guesthouse ... (siehe 6)
KEEP Bandas ... (siehe 7)
5 Rondo Retreat ... B2
6 Udo's Bandas & Campsite ... B1

Praktisches

Kakamega Forest Guide Association ... (siehe 8)
7 Kakamega-Forest-Reserve-Büro ... B2
Kakamega Rainforest Tour Guides ... (siehe 7)
8 KWS-Büro ... B1

KAKAMEGA FOREST

Highlights Dies ist ein einzigartiges Regenwaldökosystem mit mehr als 330 Vogel-, 400 Schmetterlings- und sieben Primatenarten (darunter die extrem seltene Brazzameerkatze). Nachts schwingen sich Hammerkopfflughunde und Gleithörnchen in die Lüfte.

Reisezeit Im Juni, August und Oktober tummeln sich hier viele Zugvögel. Zudem blühen im Oktober zahlreiche Wildblumen. Am trockensten ist es von Dezember bis März.

Praktisches Der nördliche Teil des Waldes wird vom KWS und der Süden vom Forest Department verwaltet. Wer den ganzen Park sehen möchte, kommt nicht umhin, zweimal Eintritt zu zahlen. Beide Abschnitte haben Vor- und Nachteile.

Das nördliche **Kakamega Forest National Reserve** ist sehr dicht bewaldet und umfasst große Flächen Primär- und sich regenerierenden Sekundärwaldes. Es darf nicht als Weideland genutzt oder bestellt werden und man darf auch kein Holz sammeln. Der südliche Abschnitt, das **Kakamega Forest Reserve**, ist in erster Linie bewaldet, wird aber von mehreren Gemeinden bewohnt. Ackerbau und illegale Abholzung sind ernstzunehmende Probleme. Dafür ist der Eintrittspreis geringer und die Unterkünfte bieten einen besseren Standard.

Schlafen & Essen

RUND UM BUYANGU

Für jede Nacht in einer KWS-Unterkunft wird zusätzlich die Nationalparkgebühr berechnet.

Isikuti Guesthouse PENSION $$
(☎30603, 0727415828, www.kws.go.ke; Cottage 50 US$) Auf einer hübschen Lichtung nahe Udo's Bandas & Camping stehen vier große KWS-Hütten für jeweils vier Personen mit Küchen und Bädern.

De Brazza's Campsite CAMPINGPLATZ $
(☎0721628343, Camping 400 KSh, Bandas 600 KSh pro Pers.) Gleich vor den Parktoren befindet sich dieser rustikale Campingplatz. Es gibt keinen Strom, und bei den Plumpsklos wünschte man sich, der Schacht wäre tiefer.

Udo's Bandas & Camping BANDAS $
(☎30603, 0727415828, www.kws.go.ke; Camping 15 US$, Bandas 30 US$ pro Pers.) Der gepflegte KWS-Campingplatz ist nach Udo Savalli, einem bekannten Ornithologen, benannt und wartet mit sieben einfachen *bandas* samt Strohdächern und Moskitonetzen auf. Schlafsäcke muss man selbst mitbringen. Die Anlage umfasst Plumpsklos, Eimerduschen und einen Koch- und Essbereich für alle Gäste.

RUND UM ISECHENO

LP TIPP **Rondo Retreat** PENSION $$
(☎056-30268; www.rondoretreat.com; Vollpension Erw./Kind 7400/5400 KSh) An diesem außergewöhnlichen, wunderschönen Ort fühlt man sich in das Jahr 1922 zurückversetzt, als Kenia noch fest in der Hand der Briten war. In den Holzbungalows voller Krimskrams kann man sich wunderbar vom Stress der modernen Zeiten erholen. Das umwerfende Grundstück ist auch dann sehenswert, wenn man hier nicht übernachtet. Die Veranda lädt zu einem Imbiss oder Stück Kuchen am Nachmittag ein, außerdem bietet der abgeschiedene Garten am Teich Entspannung. Das Abendessen läuft sehr förmlich ab, deshalb sollte man schick gekleidet sein (keine kurzen Hosen). Gewöhnlich bekommt man englische Standardgerichte (Fleisch, Kartoffeln und Gemüse). Der Erlös geht an einen christlichen Wohltätigkeitsverband.

Forest Rest House HÜTTE $
(☎0727486747; Camping 650 KSh, Zi. pro Pers. 500 KSh) In dieser Holzhütte auf 2 m hohen Stelzen mit Blick auf den undurchdringlichen Dschungel gibt's vier sehr schlichte Zimmer (kein Strom, keine Bettwäsche und kein Warmwasser). Selbst eingefleischte Stadtkinder mutieren hier zum Tarzan.

KEEP Bandas BANDAS $
(☎0729258205; Gemeinschaftsbad 700 KSh pro Pers.) Die fünf kleinen *bandas* werden beinahe vom Dschungel verschluckt und sind ein bisschen überteuert angesichts der Tatsache, dass es keinen Strom und ausschließlich Gemeinschaftsduschen mit kaltem Wasser gibt. Trotzdem hat das Ganze sehr viel Atmosphäre und man ist mitten im Urwald. Wer keine Lust hat, selbst zu kochen (zur

Ausstattung gehört eine einfache Küche), kann beim Verwalter Mahlzeiten bestellen (270–400 KSh).

Praktische Informationen

Das **Kakamega Forest National Reserve** (www.kws.go.ke; Parkeintritt Erw./Kind 20/10 US$, Fahrzeug 300 KSh) im Norden wird vom KWS verwaltet. Ranger nehmen 1500 KSh für Führungen bis zu sechs Stunden (an den Parkeingängen nachfragen). Alternativ bieten auch Guides der **Kakamega Forest Guide Association** (400 KSh pro Pers. pro Std.) ihre Dienste an.

Das **Kakamega Forest Reserve** (Parkeintritt Erw./Kind 600/150 KSh) im südlichen Isecheno-Bezirk wird vom Forest Department verwaltet, das ein kleines Büro mit netten Angestellten neben den ähnlich netten **Kakamega Rainforest Tour Guides** (☎0729911386, kakamegaforest guides@yahoo.com; kurze/lange Wanderung 500/800 KSh pro Pers.) betreibt.

An- & Weiterreise

Rund um Buyangu

Matatus, die nach Norden Richtung Kitale fahren, können einen an der Zugangsstraße ca. 18 km nördlich von Kakamega-Stadt absetzen (70 KSh). Von dort führt ein gut ausgeschilderter Weg zur Parkverwaltung und zu Udo's (2 km).

Rund um Isecheno

Zwischen Kakamega und Shinyalu verkehren regelmäßig Matatus (70 KSh), aber nur wenige Kleintransporter steuern anschließend Isecheno an. Außerdem bestehen seltene Verbindungen zwischen Khayega und Shinyalu. In Shinyalu wird man wahrscheinlich ein *boda-boda* (100 KSh) nach Isecheno nehmen müssen.

Nach Regenfällen sind die ausgebesserten Straßen unverändert gefährlich. Wenn man einmal gesehen hat, wie die Wagen ins Schlingern geraten, geht man vielleicht lieber zu Fuß! Von Khayega bis Shinyalu sind es ca. 7 km, von Kakamega sind es 10 km. Shinyalu ist 5 km von Isecheno entfernt.

Die unbefestigte Straße führt von Isecheno weiter nach Osten bis Kapsabet, allerdings verkehren dort kaum Fahrzeuge.

Eldoret

☎053 / 167 000 EW.

In Anlehnung an den nahe gelegenen Sosiani River nannten die Massai diese Gegend ursprünglich *eldore* (steiniger Fluss), doch die südafrikanischen Voortrekkers, die sich hier 1910 niederließen, konnten das Wort nicht richtig aussprechen und bezeichneten ihre Siedlung als Eldoret.

2008 machte der Ort Schlagzeilen, als im Zuge der Ausschreitungen nach den Wahlen im Vorjahr 35 Menschen (hauptsächlich Kikuyu) in einer Kirche am Stadtrand bei lebendigem Leibe verbrannt wurden.

Heute ist Eldoret ein florierendes Handelszentrum entlang der Schnellstraße, die nach Uganda führt, und das Wirtschaftszentrum Westkenias, aber für Traveller gibt's abgesehen von der **Doinyo Lessos Creame-**

WENN AUS KINDERN MÄNNER WERDEN

Im August ist im Bungoma-/Trans-Nzoia-Bezirk der Teufel los. Dann steigt das Bukusu Circumcision Festival, das alljährliche Beschneidungsfest, das für die Jungs aus der Umgebung den Übergang ins Mannesalter bedeutet.

Vermutlich gab der Sabaot-Stamm die Tradition der Beschneidung im 19. Jh. an die Bukusu weiter, als ein junger Jäger den Kopf einer Schlange abschlug, um sich die begehrte Operation zu verdienen.

Der Abend vor der Zeremonie steht ganz im Zeichen von „Sex, Drugs & Rock 'n' Roll". Am nächsten Morgen werden die Jugendlichen dann mit einem traditionellen Messer vor der versammelten Dorfgemeinschaft beschnitten.

Dass diese Tradition in den vergangenen Jahren zu Kontroversen geführt hat, ist nicht verwunderlich. Im Vordergrund stehen die Gesundheitsrisiken – Ansteckungen mit HIV und anderen Infektionskrankheiten –, da bis zu zehn Jungen mit demselben Messer beschnitten werden. Die mit dem Fest einhergehenden „Orgien" ziehen zudem ein saisonales Hoch von Schwangerschaften bei Minderjährigen sowie Familienzerwürfnisse nach sich und sind ein großes Problem für die lokalen Gemeinden.

Heutzutage lassen sich weniger Jungen auf traditionelle Weise beschneiden und ziehen es vor, den Eingriff im Krankenhaus vornehmen zu lassen. Die Beschneider halten natürlich an dem Brauchtum fest. Hier das Zitat eines bekannten Beschneiders: „Jedes Jahr um diese Zeit werde ich von einem Fieber gepackt und kann nicht ruhen, bis ich einen Jungen beschnitten habe."

Eldoret

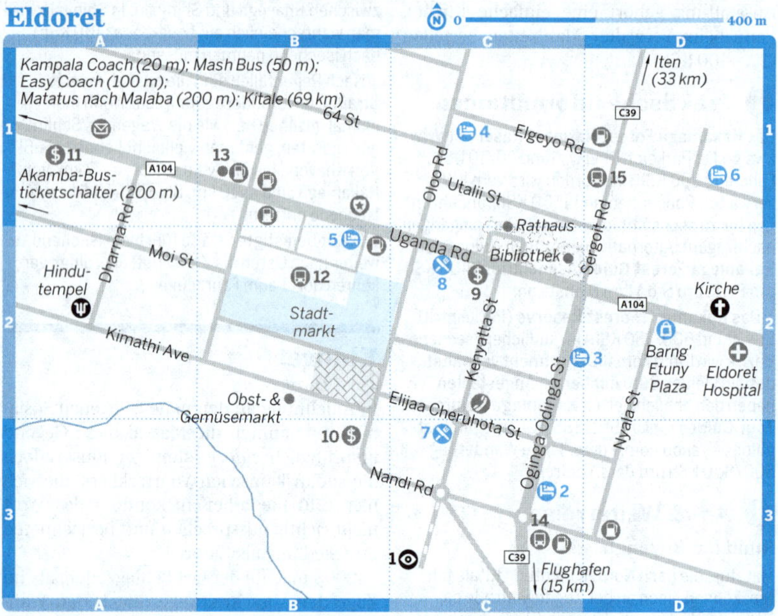

Eldoret

Sehenswertes
1 Doinyo Lessos Creameries Cheese Factory ... C3

Schlafen
2 Aya Inn ... C3
3 Klique Hotel ... C2
4 Sirikwa Hotel ... C1
5 White Castle Hotel ... B2
6 White Highlands Inn ... D1

Essen
Klique Hotel ... (siehe 3)
7 Sunjeel Palace ... C3
8 Will's Pub & Restaurant ... C2

Praktisches
9 Barclays Bank ... C2
Consani ... (siehe 8)
10 Postbank ... B3
11 Postbank ... A1

Transport
12 Bus- & Matatu-Haltestelle ... B2
13 Elgeyo Travel & Tours ... B1
14 Lokale Matatus ... C3
15 Matatus nach Iten & Kabarnet ... D1

ries Cheese Factory (Kenyatta St; 8–18 Uhr) nur wenig zu sehen. In der Fabrik kann man sich mit 20 verschiedenen Käsesorten eindecken. Guten Appetit!

Schlafen

LP TIPP **White Castle Motel** HOTEL $
(62773; whitecastle@deepafrica.com Uganda Rd; EZ 1500–1800 KSh, 2BZ 3000 KSh) Keine schlechte Wahl, obwohl die Unterkunft nüchtern und etwas unpersönlich wirkt. Das White Castle liegt zentral, ist vergleichsweise sauber und sehr sicher, außerdem sind die Angestellten einfach wunderbar. In dem empfehlenswerten Restaurant im Erdgeschoss sind die meisten Gerichte auf der Speisekarte zu bekommen (eher ungewöhnlich). An den Wochenenden öffnet im Untergeschoss eine Disco, die zahlreiche Studenten anzieht und für eine hormongeschwängerte Atmosphäre sorgt.

White Highlands Inn HOTEL $
(0734818955; Elgeyo St; EZ/DZ 1800/2500 KSh; P) In einer ruhigen Ecke der Stadt bietet die-

se Bleibe ein gutes Preis-Leistungs-Verhältnis. Bei unserem Besuch waren die geräumigen Zimmer der weitläufigen Anlage so sauber, dass wir uns tatsächlich in die Wanne gelegt haben, statt sie nur sehnsüchtig aus der Ferne zu betrachten. Das White Highlands Inn verströmt einen Hauch von altmodischem Charme und beherbergt eine beliebte Bar sowie ein weniger tolles Restaurant.

Aya Inn HOTEL $
(☎2062259; Oginga Odinga St; Zi. ohne Frühstück 650 KSh, Zi. ohne Frühstück und ohne Bad 550 KSh) Gäste, die ihr Zimmer erst sehen wollen, bevor sie sich entscheiden, werden hier für etwas wunderlich gehalten, denn nach Meinung der Angestellten sollte man ihnen ungeprüft glauben, das Aya sei wie das Hilton. Nach Sichtung der Zimmer sehen wir das zwar etwas anders, dafür zahlt man jedoch auch erheblich weniger als im Hilton. Am besten nimmt man einen der ruhigeren, abgeschiedenen Räume mit Warmwasser.

Klique Hotel HOTEL $$
(☎0732060903; www.kliquehotel.com; Oginga Odinga St; EZ/DZ ohne Frühstück 40/50 US$) Modernes, komfortables Hochhaus mit Zimmern in leuchtenden (z. T. grellen) Farben und den besten Bädern von ganz Eldoret. Die Tarife für Touristen sind ziemlich hoch, wenn das Personal aber aus irgendeinem Grund denkt, dass man seinen ständigen Wohnsitz in Kenia hat, muss man es ja nicht unbedingt aufklären ...

Sirikwa Hotel HOTEL $$
(☎2063614; sirikwahotel@yahoo.com Elgeyo Rd; EZ ab 75 US$, DZ/2BZ ab 90 US$, EZ ab 165 US$; P📶❄) In diesem unfassbar hässlichen Gebäude fühlt man sich ins Jahr 1977 zurückversetzt. Obwohl das Sirikwa seinen Zenit eindeutig überwunden hat, wird es weiterhin als bestes Hotel der Stadt beworben – dementsprechend tief muss man auch in die Tasche greifen. Wer nach dem *resident*-Preis (also für Einwohner) fragt, zahlt nur 3500/4500 KSh für ein EZ/DZ. Mehr sind sie auch nicht wert.

Essen

LP TIPP **Sunjeel Palace** INDISCH $$
(Kenyatta St; Hauptgerichte 450–600 KSh; ⏰mittags & abends; ✎) In dem förmlichen, dunklen Restaurant werden hervorragende Currys serviert. Die Portionen sind anständig. Hat man die Soße mit frisch gebackenem Butter-*naan* verdrückt, wird man ganeshaartige Ausmaße annehmen!

Klique Hotel INTERNATIONAL $
(Oginga Odinga St; Hauptgerichte 400–500 KSh; ⏰morgens, mittags & abends) Auf der Terrasse erwartet die Gäste des Klique Hotel ein edles kulinarisches Erlebnis mit toller Aussicht auf die unterhalb gelegene Straßenszene. Die Gerichte mit Steak und Hühnchen schmecken eine Spur besser als in den vielen ähnlichen Restaurants der Stadt.

Will's Pub & Restaurant INTERNATIONAL $
(Uganda Rd; Hauptgerichte 300–450 KSh; ⏰morgens, mittags & abends) Hat den Look und das Flair eines englischen Pubs und bietet kalorienhaltiges Essen (Salate, Pasta, Steaks und warmes Frühstück). Dank des großen Fernsehers ist die Kneipe eine gute Adresse für ein schönes kühles Bier. Auch Frauen ohne Begleitung werden sich hier gut aufgehoben fühlen.

Praktische Informationen

Barclays Bank (Uganda Rd) Verfügt über einen Geldautomat.

Consani (Uganda Rd; 60 KSh pro Std.) Verlässliche Internetverbindung und Scanner, außerdem kann man Foto-CDs brennen und VoIP nutzen.

Eldoret Hospital Eines der besten Krankenhäuser Kenias befindet sich in einer Seitenstraße der Uganda Road. Die Notaufnahme ist rund um die Uhr besetzt.

Post (Uganda Rd)

Telkom Kenya (Ecke Kenyatta St & Elijaa Cheruhota St) Telefonkarten und Kartentelefone.

An- & Weiterreise

Bus

Eine Reihe von Busunternehmen säumt die Uganda Road westlich der Postbank. Die meisten haben Verbindungen nach Nairobi (via Nakuru) im Programm. Wir empfehlen folgende Anbieter:

Akamba (Moi St) Verbindungen nach Nairobi um 22 Uhr (800 KSh, 5 Std.) via Nakuru (400 KSh, 2¾ Std.) und ein Bus nach Kampala (1500 KSh, 6 Std.) um 1 Uhr.

Easy Coach (Uganda Rd) Um 10 und 21.30 Uhr geht's via Nakuru (600 KSh) nach Nairobi (1100 KSh).

Mash Bus (Uganda Rd) Direktverbindungen nach Mombasa (1600 KSh, 12 Std., 17 Uhr).

Kampala Coach (Uganda Rd) Fährt um 12 und 24 Uhr nach Kampala (1800 KSh) und um 18 Uhr nach Kigali (3300 KSh, 14 Std.).

Flugzeug

Jetlink (www.jetlink.co.ke) und **Fly540.com** (www.fly540.com) fliegen morgens und nach-

MATATUS AB ELDORET

ZIEL	PREIS	FAHRTDAUER
Iten	100 KSh	1 Std.
Kabarnet	300 KSh	2 Std.
Kakamega	250 KSh	2 Std.
Kericho	350–400 KSh	3 Std.
Kisumu	350–400 KSh	3 Std.
Kitale	200 KSh	1¼ Std.
Nairobi	700 KSh	6 Std.
Nakuru	300 KSh	2¾ Std.
Nyahururu	450 KSh	3½ Std.

mittags von Eldoret nach Nairobi (ab 4940 KSh, 1 Std.). Buchungen kann man online oder bei **Elgeyo Travel & Tours** (☎20733557798; info@elgeyotravel.com; Uganda Rd) vornehmen.

Matatu

Die Haupthaltestelle für Matatus befindet sich im Zentrum nahe dem Stadtmarkt, ein paar Wagen nach Kericho und zu lokalen Zielen starten jedoch in der Nandi Road. Unregelmäßige Fahrten nach Iten und Kabarnet beginnen auf der Sergoit Road. Weiter westlich an der Uganda Road nehmen Matatus Kurs auf Malaba an der Grenze nach Uganda.

Unterwegs vor Ort

Ein Matatu vom bzw. zum Flughafen kostet 70 KSh, während eine Taxifahrt mit ca. 1000 bis 1500 KSh zu Buche schlägt. *Boda-bodas* (insbesondere die motorisierten Versionen) stehen an vielen Straßenecken bereit.

Kitale

☎054 / 86 100 EW.

Das landwirtschaftlich geprägte Kitale ist eine kleine, nette Stadt mit ein paar interessanten Museen und einem lebendigen Markt. Sie eignet sich gut als Basis für Ausflüge in die Nationalparks Mt. Elgon und Saiwa Swamp. Außerdem kann man von hier aus Ausflüge zum westlichen Ufer des Lake Turkana unternehmen.

Sehenswertes & Aktivitäten

Kitale Museum MUSEUM

(☎30996; Autobahn A1; Erw./Kind 500/250 KSh; ⌚8–18 Uhr) Das Museum beherbergt ethnografische Ausstellungen zu den Pokot, Akamba, Marakwet und Turkana. Zur Sammlung gehören außerdem Schmetterlinge, Vögel und Erinnerungsstücke, die Lieutenant Colonel Stoneham 1967 stiftete, sowie ausgestopfte Tiere, die von diversen Kolonialherren erlegt wurden. Draußen erwarten einen traditionelle Gebäude verschiedener Stämme, eine Reihe von Reptilien (Schlangen, Schildkröten und Krokodile) und eine interessante „Hutchinson Biogas Unit".

Darüber hinaus führt ein netter kleiner Naturpfad durch ein Stück Primärwald hinter dem Museum, der nicht ganz so unberührt ist, wie es zuerst den Anschein hat.

Kitale Nature Conservancy ZOO

(Ndura; ☎0722370803; www.kitalenature.or.ke; Autobahn A1; Eintritt 800 KSh; ⌚8–19 Uhr) Laut eigener Beschreibung handelt es sich bei dieser Anlage um ein „Asyl für Tiermutanten". Frankenstein höchstpersönlich könnte den Zoo gestaltet haben – nach einer Entziehungskur und dem Übertritt zum Christentum. Die Darstellung biblischer Szenen mittels lebensgroßer Betonstatuen ist unfassbar kitschig und der Naturlehrpfad eher öde, aber die Besucher kommen sowieso vor allem wegen der deformierten Tiere her. Als absoluter Star gilt die dreiäugige Kuh mit fünf Hörnern.

Treasures of Africa Museum MUSEUM

(☎30867; http://treasuresofafricamuseum.blogspot.com; Autobahn A1; Eintritt 250 KSh; ⌚Mo–Sa 9–12 & 14–17.30 Uhr) In diesem privaten Museum ist die persönliche Sammlung von Herrn Wilson untergebracht, einem ehemaligen Kolonialbeamten in Uganda. Insbesondere seine Erfahrungen mit den Karamojong im Norden Ugandas haben den Betreiber dazu bewogen, die Theorie aufzustellen, dass es bereits während der letzten Eiszeit eine universelle globale Landwirtschaftskultur gab. Seine Theorie wird von den Exponaten gestützt.

GRATIS **Olof Palme Agroforestry Centre** UMWELTPROJEKT

(Autobahn A1; ⌚8–17 Uhr) Das Olof Palme Agroforestry Centre ist ein Bildungsprogramm, das aus schwedischen Mitteln finanziert wird. Es soll der Lokalbevölkerung den Naturschutz – konkret die Bedeutung von Bäumen – näherbringen. Es gibt eine kleine Modellfarm, ein Gelände, auf dem Agroforstwirtschaft betrieben wird, ein Informationszentrum und ein Arboretum.

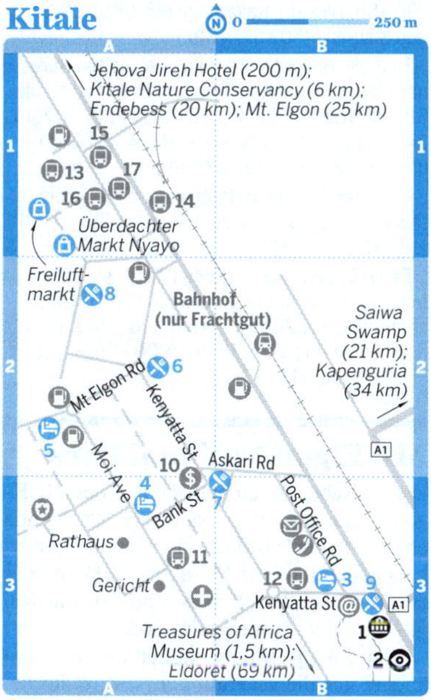

Kitale

Sehenswertes

1 Kitale Museum ... B3
2 Olof Palme Agroforestry Centre ... B3

Schlafen

3 Alakara Hotel ... B3
4 Bongo Lodge ... A3
5 Kahuruko Bar & Lodge ... A2

Essen

6 Corner Café ... A2
7 Iroko Boulevard Restaurant ... B3
8 Khetia's Gigamart ... A2
9 The Coffee Shop ... B3

Praktisches

10 Barclays Bank ... A3

Transport

11 Akamba ... A3
12 Easy Coach ... B3
13 Haupthaltestelle für Busse & Matatus ... A1
14 Matatus nach Eldoret und Nairobi ... A1
15 Matatus nach Kapenguria ... A1
16 Matatus nach Kisumu & Kakamega ... A1
17 Matatus zum Marich Pass ... A1

Schlafen

Bongo Lodge HOTEL $
(☎32520593; Moi Ave; EZ & DZ ohne Frühstück 800 KSh, 2BZ ohne Frühstück 900 KSh) Die beste Budgetunterkunft der Stadt verfügt über saubere Zimmer mit Privatbädern.

Jehova Jireh Hotel HOTEL $$
(☎31752; EZ ohne Frühstück 1500 KSh, 2BZ ohne Frühstück 2200–3500 KSh) Solide Mittelklasseoption mit geräumigen, ruhigen, sauberen Zweibettzimmern. Keine Bange, das Jehova gehört nicht zu einer religiösen Sekte! Unten befindet sich ein hervorragendes Restaurant, das längere Öffnungszeiten hat als üblich.

Kahuruko Bar & Lodge HOTEL $
(☎0750107384; kahurukoh@yahoo.com; Mt. Elgon Rd; EZ ohne Frühstück 600 KSh) Die kleinen, aber schicken Zimmer sind ein echtes Schnäppchen und perfekt geeignet für Alleinreisende bzw. verkrachte Pärchen, es gibt nämlich ausschließlich Räume mit Einzelbetten. Im *nyama-choma*-(Grillfleisch-) Restaurant vor Ort (halbes Kilo 260 KSh) kann man sich an Rindfleisch satt essen.

Alakara Hotel HOTEL $
(☎31554; Kenyatta St; Zi. ohne Bad 1000 KSh, DZ/2BZ 1800/1300 KSh Ⓟ) Zwar kosten die Zimmer mit Gemeinschaftsbad zu viel, aber dafür sind die anderen Optionen mit komfortablen Betten und Warmwasser preislich in Ordnung. Nettes Personal. Zur Anlage gehören auch eine gute Bar, ein Restaurant und ein Fernsehzimmer.

Essen & Ausgehen

LP TIPP **The Coffee Shop** INTERNATIONAL $
(Autobahn A1; Hauptgerichte 200–400 KSh; ⊙morgens & mittags) Dies ist nicht gerade das Lieblingslokal der Einheimischen, aber eine willkommene Abwechslung zum typischen Hühnchen-mit-Fritten-Einheitsbrei. Zu den „exotischen" Leckerbissen zählen mexikanische Fajitas und Enchiladas, europäische Desserts (z. B. warme Schoko-Brownies mit Eis), Cheeseburger, Filterkaffee und *lassis* (indischer Joghurtdrink) mit Honig. Im zugehörigen Laden wird Kunsthandwerk verkauft und es gibt eine kleine Bücherbörse. Am schwarzen Brett kann man sich über Pizzaabende und das Spezialbüfett (sonntagabends; 600 KSh) informieren.

Iroko Boulevard Restaurant KENIANISCH $
(Askari Rd; Hauptgerichte 170–250 KSh; ⊙morgens, mittags & abends) An einem Ort wie die-

sem rechnet man nicht mit einem solch glamourösen und stilvollen Lokal samt einem alten Morris unter der Decke. Das Iroko hat Großstadtambitionen und ist mit seinen günstigen Speisen und dem täglich wechselnden afrikanischen Tagesgericht das beliebteste Restaurant der Stadt.

Corner Café KENIANISCH **$**
(Kenyatta St; Hauptgerichte 110–180 KSh; ⏲morgens & mittags) Das Corner Café ist in einem alten Kolonialbau untergebracht und lockt mit seiner fröhlichen Atmosphäre sowie der bodenständigen afrikanischen Küche jede Menge Einheimische an.

Khetia's Gigamart SUPERMARKT **$**
(⏲7.30–19 Uhr) Ein riesiger Laden mit einem umfangreichen Sortiment.

Praktische Informationen

Barclays Bank (Bank St) Verfügt über einen Geldautomat. Gleich nebenan befinden sich weitere Banken.

Cyber Cafe (Kenyatta St; Internet 60 KSh pro Std.)

Post (Post Office Rd)

Telkom Kenya (Post Office Rd) Telefonkarten und Kartentelefone.

An- & Weiterreise

Die Standplätze der Matatus, Busse und Peugeots sind nach Fahrtzielen geordnet und am bzw. rund um die Haupthaltestelle für Busse und Matatus zu finden.

Matatus nehmen regelmäßig Kurs auf Endebess (70 KSh, 45 Min.; von dort geht's weiter zum Mt. Elgon National Park), Kapenguria (120 KSh, 45 Min.; hier bestehen Umsteigeverbindungen Richtung Norden nach Marich), Eldoret (200–230 KSh, 1¼ Std.), Kakamega (250, KSh 2½ Std.) und Kisumu (450 KSh, 4 Std.).

Fast alle Busunternehmen unterhalten Büros nahe dem Busbahnhof und bedienen täglich die Strecken nach Eldoret (200 KSh, 1 Std.), Nakuru (600 KSh, 3½ Std.), Nairobi (700 KSh, 7 Std.) und Lodwar (800 KSh, 8½ Std.).

Die **Akamba-Busse** (Moi Ave) nach Nairobi starten um 20 Uhr vor dem Akamba-Büro (1000 KSh, 7 Std.).

Easy-Coach-Busse (Kenyatta St) sind ebenfalls auf dieser Route unterwegs (1200 KSh), aber außer der 20-Uhr-Verbindung gibt's auch noch einen Bus um 8.30 Uhr (900 KSh, 3½ Std.), der via Nakuru fährt.

Mt. Elgon National Park

Die in Nebel getauchten Hänge des Mt. Elgon National Park, der sich bis nach Uganda erstreckt, sind absolut sehenswert. Hier erheben sich u. a. der Koitoboss (4187 m), der zweithöchste Berg Kenias, und der Wagagai (4321 m) auf ugandischem Boden.

Wenn man luftigere Höhen erreicht, verändert sich die Vegetation. Erst wird der Regenwald von einem Bambusdschungel abgelöst, anschließend gelangt man in eine alpine Heidelandschaft voller Kreuzkraut und Lobelien.

Büffel, Buschböcke (sie grasen gewöhnlich auf der Landebahn nahe dem Chorlim Gate), grüne Paviane, Riesenwaldschweine und Ducker-Antilopen sind zahlreich vertreten. In den Wäldern weiter unterhalb tummeln sich schwarz-weiße Stummelaffen sowie Diadem- und Brazzameerkatzen.

Außerdem beherbergt das Schutzgebiet mehr als 240 Vogelarten, darunter Kongopapageien, Ross-Turakos und Nashornvögel.

MT. ELGON NATIONAL PARK

Highlights Vor Ort kann man hervorragende mehrtägige Wanderungen und interessante Halbtagestouren zu Höhlen unternehmen, in denen man gelegentlich auf Elefanten trifft.

Reisezeit Hier herrscht fast ganzjährig ein feuchtes Klima. Wer ausgiebig wandern möchte, sollte in den trockensten Monaten (Dez.-Feb.) anreisen.

Praktisches Der am besten erschlossene Parkabschnitt ist über das Chorlim Gate zu erreichen. Von hier aus geht's entweder zu Fuß oder mit dem Wagen zu den Höhlen und in die umliegenden Wälder. Wasserfeste, warme Kleidung ist unerlässlich, denn in dem Schutzgebiet herrscht ein kühles, nasses Klima. Manchen Travellern macht die Höhe zu schaffen.

Vor einem Besuch des Parks sollte man die gegenwärtige Sicherheitslage in der **KWS-Hauptverwaltung** Nairobi (☎020-600800; kws@kws.org; PO Box 40241, Nairobi); Mt. Elgon National Park (☎0538005393; Parkeingang) abklären. Bei Redaktionsschluss war es nicht gestattet, die Grenze nach Uganda zu überqueren; am Parkeingang kann man nach den aktuellen Bestimmungen fragen.

Mt. Elgon National Park

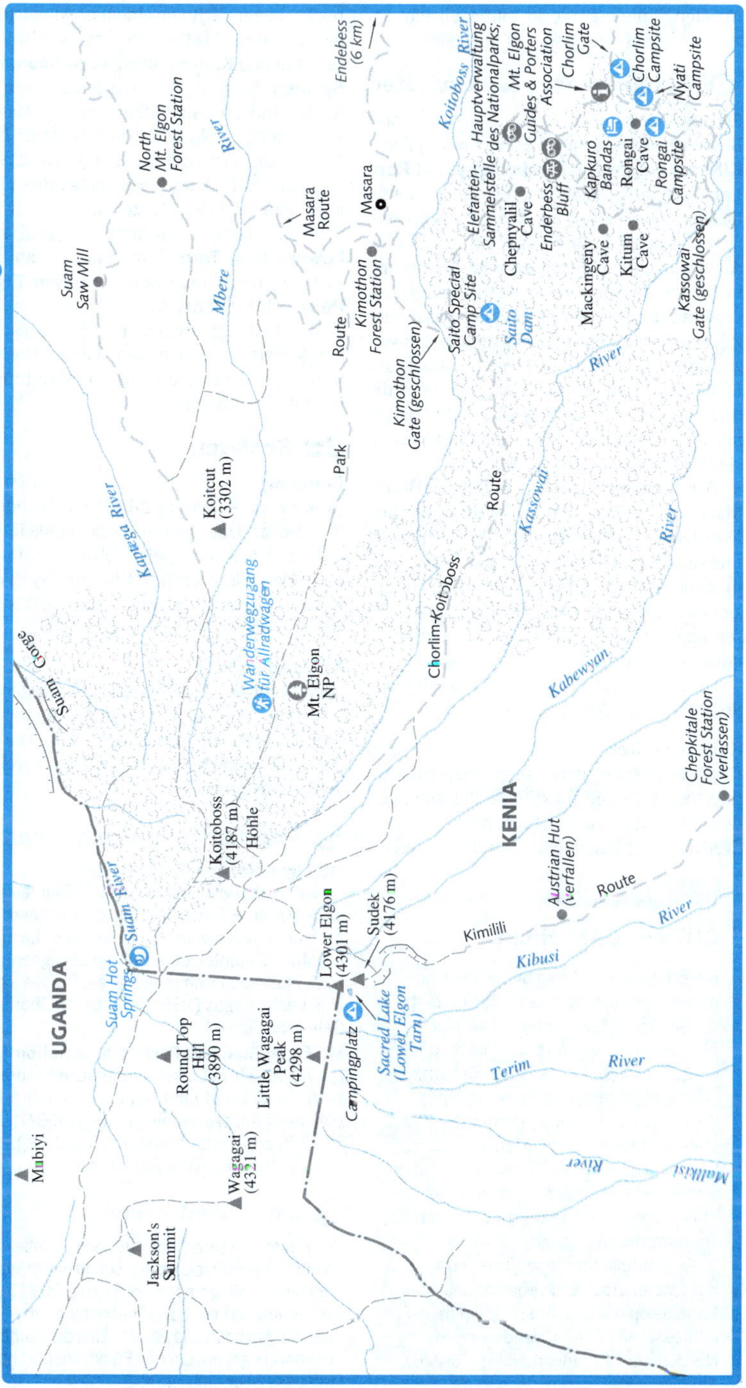

Auf den Gipfeln entdeckt man vielleicht sogar den einen oder anderen Bartgeier.

Sehenswertes & Aktivitäten

Elkony Caves HÖHLE

Besucher können im Park vier Lavahöhlen – **Kitum**, **Chepnyalil**, **Mackingeny** und **Rongai** – besichtigen. Elefanten kommen häufig hierher, um Salz von den Wänden zu lecken, lassen sich dabei aber nur selten erwischen. Am wahrscheinlichsten ist eine Begegnung in Kitum, vor allem vor der Trockenzeit. Leider ging die Zahl der Dickhäuter wegen der zahlreichen Wilderer aus Uganda in den vergangenen Jahren immer weiter zurück. Im Licht der Taschenlampen erkennt man die unverkennbare „Handschrift" der Stoßzähne: Beim „Schürfen" nach Salz hinterlassen sie Kerben im Gestein.

Der Eingang der spektakulärsten Höhle, Mackingeny, liegt hinter einem Wasserfall. Dort leben große Kolonien von Flughunden und kleineren Hufeisennasen. Wer sie sehen möchte, sollte Schuhe mit gutem Profil anziehen, damit man nicht auf dem in 100 Jahren angesammelten, staubigen Fledermauskot ausrutscht.

Vom Chorlim Gate sind es 6 km (einfache Strecke) bis zu den Höhlen.

Koitoboss Trek WANDERN

Für Rundwanderungen muss man mindestens vier Tage und für direkte Besteigungen des Koitoboss ab dem Chorlim Gate zwei bis drei Tage einplanen. Hat man den Gipfel erreicht, bieten sich verschiedene Möglichkeiten für den Abstieg an. Im Nordwesten geht's in den Krater hinab zu den **Suam Hot Springs**. Alternativ kann man gen Osten am Kraterrand entlanglaufen und der Masara Route bergab folgen, die in das kleine Dorf Masara am Osthang des Bergs (ca. 25 km) und dann zurück nach Endebess führt. Oder aber man folgt dem Kraterrand in südwestlicher Richtung (z. T. sehr anstrengend) zum **Lower Elgon Tarn**. Dort schlägt man sein Zelt auf, bevor man auf den **Lower Elgon Peak** (4301 m) kraxelt.

Wer es lieber etwas gemütlicher mag, hat die Möglichkeit, sich dem Gipfel bei vernünftigem Wetter mit einem Allradwagen bis auf 4 km zu nähern.

ABSTECHER

CHERANGANI HILLS

Nordöstlich von Kitale bilden die Cherangani Hills die Westwand des fantastischen Elgeyo Escarpment. Das Hochplateau wirkt wunderbar ländlich, dafür sorgen strohgedeckte Hütten, *shambas* (kleine Nutzgärten) und weitläufige Weideflächen, die von gurgelnden Bächen unterbrochen werden. Hier könnte man Wochen damit zubringen, in der Schönheit der Gegend zu schwelgen, ohne auch nur einem einzigen anderen Touristen zu begegnen.

Es gibt tolle fünftägige Treks von Kabichbich nach Chesengoch und von Kapcherop nach Sigor sowie ein paar interessante kürzere Wanderungen im Norden der Cherangani Hills (s. S. 226).

Schlafen

Camping CAMPINGPLATZ $$

(www.kws.go.ke; Camping 15 US$) Für Wanderer die einzige Übernachtungsmöglichkeit. Die Gebühr ist immer gleich, ob man nun auf offiziellen Plätzen zeltet (Chorlim, Nyati und Rongai) oder sich irgendwo entlang des Weges ein ebenes Fleckchen Erde sucht.

Kapkuro Bandas BANDAS $

(www.kws.go.ke; 25 US$ pro banda; P) In den exzellenten *bandas* aus Stein finden bis zu drei Personen in zwei Betten Platz. Die Bäder sind einfach und die Küchenbereiche voll ausgestattet.

Praktische Informationen

Mt. Elgon National Park (www.kws.go.ke; Parkeintritt Erw./Kind 25/15 US$, Fahrzeuge ab 300 KSh; 6–18 Uhr) Besucher können auch ohne Guide wandern gehen, aber da man eventuell Elefanten oder Büffeln begegnen wird, muss man sich registrieren. Der KWS gibt eine Karte heraus (1:35 000), die am Chorlim Gate erhältlich ist.

Mt. Elgon Guides & Porters Association (0733919347) Dieser Kooperative gehören sechs Guides und zehn Träger an. Wer ihre Dienste in Anspruch nehmen will (1500/1000/700 KSh pro Guide/Träger/Koch und Tag), muss sich an das KWS-Büro wenden.

An- & Weiterreise

Von Kitale verkehren Matatus nach Endebess (70 KSh, 45 Min.), die an der Zufahrtsstraße zum Park halten. Mit dem Motorradtaxi (100 KSh) sind es von dort noch 15 Minuten bis zum Eingang. Am besten lässt man sich die Nummer des Fahrers geben, um den Rücktransport nach Endebess zu organisieren.

GEN WESTEN NACH UGANDA

Die wichtigsten Grenzübergänge nach Uganda, **Malaba** und **Busia**, sind relativ unkompliziert. Hier werden sowohl Visa für Uganda als auch für Kenia ausgestellt (weitere Informationen siehe S. 389).

In beiden Städten befinden sich mehrere Banken, wo man Bares tauschen kann, allerdings läuft das Ganze bei den Geldwechseln auf der Straße um einiges unbürokratischer und schneller ab. Man muss nur den aktuellen Kurs kennen und das erhaltene Geld sorgfältig nachzählen.

Die kenianische Grenze ist rund um die Uhr geöffnet, aber die ugandischen Grenzbeamten haben etwas „flexiblere" Zeiten, deshalb kommt man am besten tagsüber her. Außerdem sollte man seinen Bus im Auge behalten. Nichts ärgert die Fahrer mehr als Passagiere, die nicht wissen, wo der Bus auf sie wartet.

Wer in einer der beiden Städte strandet und übernachten muss, hat die Wahl zwischen ein paar wenig ansprechenden Unterkünften. Glücklicherweise verkehren die Matatus auf beiden Seiten der Grenzübergänge relativ häufig.

Saiwa Swamp National Park

Nördlich von Kitale erstreckt sich dieser kleine, herrlich untouristische **Park** (☎0717672121; www.kws.go.ke, saiwapark@kws.go.ke; Parkeintritt Erw./Kind 20/10 US$; ⏰6–18 Uhr). Das 15,5 km² große Gebiet wurde zum Schutz der einzigen Population von Sitatunga-Antilopen in Kenia gegründet, beherbergt aber auch Diadem-, südliche Grün- und Brazzameerkatzen sowie 370 verschiedene Vogelarten. Kuschelige schwarz-weiße Stummelaffen und imposante Kronenkraniche sind ebenfalls vertreten, zudem wird man vielleicht Finger- und Fleckenhalsotter zu Gesicht bekommen. Bei der Hauptverwaltung des Parks macht man eventuell mit einer winzigen Antilopenwaise Bekanntschaft – mit Ippo, einem Maxwell-Ducker.

Der Park kann nur zu Fuß erkundet werden. Wanderwege verlaufen entlang des Sumpfes, Bretterstege führen darüber hinweg und es gibt ein paar wackelige Aussichtstürme.

Ein Guide ist zwar nicht zwingend nötig, doch wir empfehlen wärmstens einen fachkundigen Begleiter wie **Chesoli Lutah** (☎0726427040; lutahchesoli@yahoo.com). Er kannte die Namen und Merkmale sämtlicher Pflanzen und Vögel auswendig, nach denen wir gefragt haben.

Schlafen

Öffentlicher Zeltplatz CAMPINGPLATZ **$$**
(www.kws.go.ke; Camping 15 US$; Ⓟ) Dieser nette Campingplatz verfügt über Toiletten mit Spülung, Schließfächer, Duschen und zwei überdachte *bandas* zum Kochen.

Sitatunga Treetop House HÜTTE **$$**
(www.kws.go.ke; Baumhaus 50 US$; Ⓟ) In dem von KWS betriebenen Baumhaus mit einem Einzel- und einem Doppelzimmer gibt's Strom, Bettwäsche und Moskitonetze. Die Hütte steht auf Stelzen und gewährt einen Blick auf den Saiwa Swamp.

Sirikwa Safaris PENSION **$$**
(☎0737133170; sirikwabarnley@gmail.com; Camping 500 KSh, Zelt ohne Frühstück ab 1200 KSh, Bauernhaus mit Gemeinschaftsbad EZ/DZ ohne Frühstück 4000/5600 KSh) 11 km vom Saiwa Swamp entfernt befindet sich ein wunderschönes altes Bauernhaus. Auf dem Anwesen kann man campen, eines der schön eingerichteten Safarizelte buchen oder – noch besser – in einem der beiden Zimmer voller *National-Geographic*-Ausgaben, antiker Deko und alten Becken übernachten. Die Betreiber, ein Mutter-Sohn-Gespann, haben jede Menge Geschichten aus ihrer langen Zeit in Kenia (über 70 Jahre) auf Lager. Sie bieten gesundes, wenn auch etwas teures Essen an und organisieren Ausflüge, darunter Vogelbeobachtungstouren in den Cherangani Hills und im Saiwa Swamp.

An- & Weiterreise

Wer den Park 18 km nordöstlich von Kitale besuchen möchte, nimmt ein Matatu Richtung Kapenguria (120 KSh, 30 Min.) und steigt an der zweiten ausgeschilderten Abzweigung aus (70 KSh, 15 Min.). Von dort sind es noch 5 km, die man entweder zu Fuß oder mit einem Motorradtaxi für 70 KSh zurücklegt.

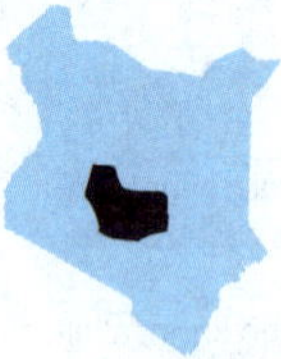

Zentrales Hochland

Inhalt »

Naturhighlights

» Meru National Park (S. 195)

» Mt. Kenya National Park (S. 177)

» Solio Game Reserve (S. 169)

» Laikipia-Plateau (S. 191)

Kulturhighlights

» *miraa* kauen (s. Kasten S. 192)

» Kulturshows der Kikuyu (S. 185)

Auf ins Zentrale Hochland

Das Zentrale Hochland ist die ergiebige, von Nebel und Regen befruchtete Kornkammer der Nation und das von Rot und Grün geprägte spirituelle Kernland des größten kenianischen Stammes, der Kikuyu. Dies ist das Land, für das die Mau-Mau kämpften und das die Kolonialherren begehrten. Natürliche, zyklische Rhythmen bestimmen das Leben der größten ländlichen Bevölkerung Kenias, die in seinen Tälern ihre *shambas* (kleine Parzellen) bewirtschaftet.

Als absolute Hauptattraktion gilt der Kirinyaga, der „Berg der Heiligkeit", besser bekannt als Mt. Kenya. Das eisige Massiv dominiert die Städtchen, die in seinem Schatten verstreut liegen, und wacht über die Nationalparks, die zu den beeindruckendsten und am wenigsten besuchten des Landes zählen.

Südwestlich vom Mt. Kenya trägt die dramatische Bergkette Aberdare Range zum Ruf der Region als bestes Trekkinggebiet Kenias bei.

Reisezeit

Nanyuki

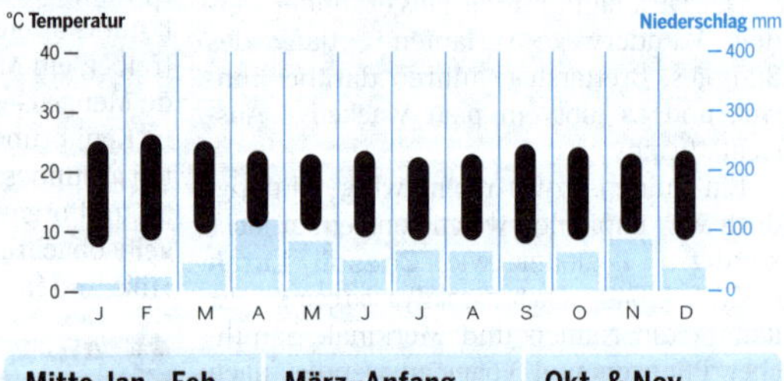

Mitte Jan.–Feb. & Mitte Juli–Aug. Beste Chancen auf gutes Wetter, um den Mt. Kenya zu bezwingen.

März–Anfang Juni Regen fällt überall, sogar in den Trockenzonen nahe Thika und dem Kamburu-Damm.

Okt. & Nov. Kurze Regenzeit.

DER NEUNMONATSCOUP

Während der Kolonialzeit wurden Häuptlinge zu Führern der afrikanischen Stammesgebiete bestimmt. Wie auch heute noch handelte es sich dabei fast immer um Männer, doch es gab eine Ausnahme: Eine Frau überwand alle Widerstände und fiel zugleich – wenn man der ungewöhnlichen Geschichte um ihre Absetzung glauben darf – den Tücken ihres Geschlechts zum Opfer.

Das sind die bekannten Fakten: Wangu wa Makeri, eine Kikuyu, kam in der zweiten Hälfte des 19. Jhs. zur Welt. 1901 wurde sie zum Häuptling der Weithaga bestimmt. Sie war die einzige weibliche Stammesführerin im kolonialen Kenia und wird einhellig als unnachgiebige sowie autoritäre Führerin beschrieben, doch ob dies gut oder schlecht war, scheint Ansichtssache gewesen zu sein. Wangu benutzte Männer buchstäblich als Möbelstücke: Sie verzichtete auf die traditionellen Kikuyu-Hocker und nahm stattdessen auf dem Rücken eines ihrer Untergebenen Platz. Da überraschen die Geschichten kaum, die erzählen, wie sehr die Frauen der Kikuyu ihre Herrschaft begrüßten.

Ihr Gebaren hatte jedoch auch zur Folge, dass die schlauen und fruchtbaren Männer des Kikuyu-Stammes einen Plan ausheckten, der einer der ungewöhnlichsten Coups in der Geschichte sein dürfte (Achtung: Wir verlassen hier sicheren historischen Boden und betreten den unterhaltsameren, aber weniger zuverlässigen Bereich der Stammesfolklore). Sie kamen alle fleißig ihren ehelichen Pflichten nach und schwängerten ihre Frauen, darunter Wangu, mehr oder weniger gleichzeitig. Neun Monate später lagen sowohl die Stammesführerin als auch sämtliche Unterstützerinnen in den Wehen, stillten Babys oder waren hochschwanger und konnten den Wiederaufstieg der Männer an die Spitze des Kikuyu-Stammes nicht verhindern.

Geschichte

Wahrscheinlich kamen die Vorfahren der Kikuyu aus West- oder Zentralafrika, und erkannten genau wie die (weißen) *wazungu*-Siedler, die im 19. Jh. eintrafen, den Wert dessen, was sie sahen: die unglaublich fruchtbare Erde an den Hängen des Mt. Kenya. Die Jäger, Sammler und umherziehenden Hirten wurden zu Bauern und konnten gut von den Erträgen des Landes leben.

Eben dieses Land wurde jedoch zur größten Verlockung der Kolonialisten, als europäische Einwanderer in Ostafrika eintrafen. Von gescheiterten Farmen in anderen Teilen Kenias zogen *wazungu* ins Hochland, und vertrieben die Kikuyu in den 1880er-Jahren aus ihren Häusern, um Platz für die Landwirtschaft der Weißen und die Bahnlinie zwischen Mombasa und Uganda zu machen.

Nachdem die Kikuyu die Hauptlast des Missbrauchs durch den Kolonialismus getragen hatten, schulterten sie auch einen großen Teil des nationalen Kampfes und bildeten den Kern der Mau-Mau-Rebellion in den 1950er-Jahren (s. S. 311). Diese wurde überwiegend in den Tälern des Hochlands ausgefochten, und es waren vor allem Zivilisten aus dem Hochland, die unter den Übergriffen während der Niederschlagung des Aufstands litten. Selbst der überzeugteste Patriot kann nicht behaupten, dass die Mau-Mau siegreich waren, doch angesichts der generellen Demontage des Britischen Reiches zwang die Bewegung die Kolonialbehörden zu einer Neueinschätzung ihrer Position und schließlich zum Verlassen Kenias.

Jomo Kenyatta, ein Kikuyu, wurde Präsident des neuen Landes, und sein Stamm, der weithin und selbst bei den neidischen Rivalen als einer der fleißigsten und geschäftstüchtigsten Kenias galt, übernahm die Kontrolle über die Wirtschaft. Nebenbei forderten die Stammesmitglieder auch ihre ergiebigen Felder im Zentralen Hochland zurück, ein Schritt, der bis heute Anlass für Spannungen ist. Viele *wazungu*-Farmer sind geblieben, ihre riesigen Ranches erstrecken sich entlang der Schnellstraßen von Timau bis nach Meru und Nanyuki.

ABERDARES

Die von den Wolken gestreichelten braunen und grauen Konturen der Aberdare Range, von den Kikuyu Nyandarua (Trockengestell) genannt, wirken trügerisch rund und einladend. Mit einer durchschnittlichen Höhe von 3350 m sind die Aberdares jedoch keine sanften Gebirgsausläufer. Sie bilden das solide Rückgrat der westlichen Central Province und ziehen sich von South Kinangop östlich von Naivasha 160 km hinauf zum Laikipia Escarpment nordwestlich von Nyahururu. Für die Mau-Mau-Kämpfer waren sie während des Unabhängigkeitskampfes eine gern genutzte Basis.

Die höchsten Regionen dieser Bergkette bergen einige der dramatischsten Landschaften des kenianischen Hochlands; voll mit dichten Wäldern, 300 m hohen Wasserfällen und tollen Trekkingmöglichkeiten. Besonders den verschwommenen Mooren wohnt eine schnörkellose, vom Wind geformte Schönheit inne, ganz unerwartet nach der Fahrt von den fruchtbaren Äckern der östlichen Aberdares hinauf. Im Gegen-

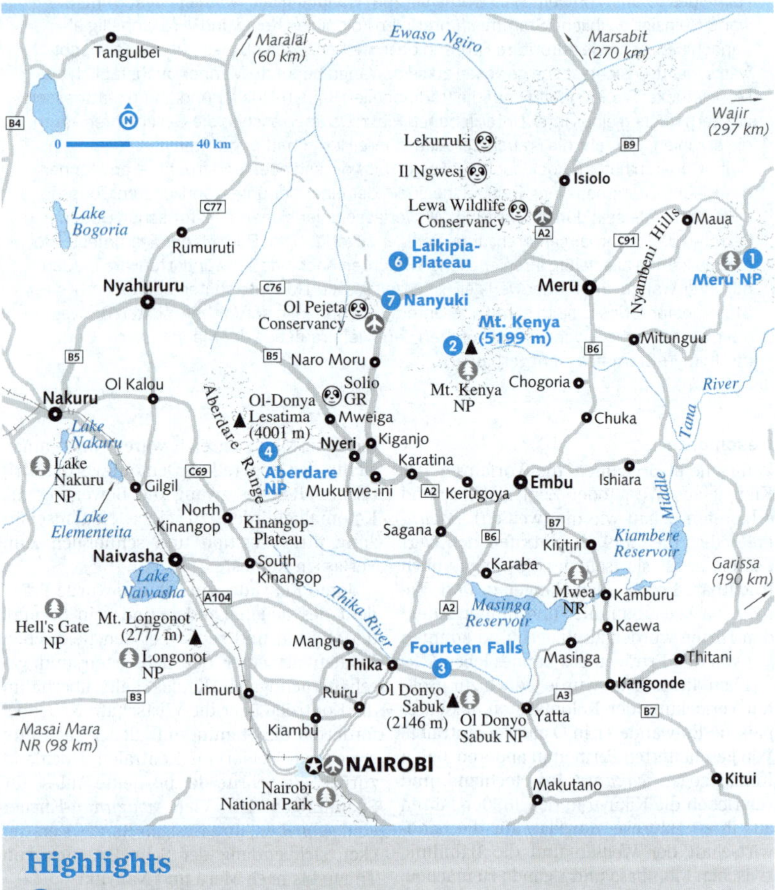

Highlights

1 Auf Safari im **Meru National Park** (S. 195) angesichts eines Nashorns zur Salzsäule erstarren.

2 Nur 16 km vom Äquator auf dem Point Lenana am **Mt. Kenya** (S. 177) mit eiskalten Händen eine kenianische Flagge schwenken.

3 Beim Klettern über den oberen Rand der **Fourteen Falls** (S. 198) am eigenen Verstand zweifeln.

4 Im **Aberdare National Park** (S. 173) Elefanten aus dem Weg gehen.

5 Mit den Kikuyu in ihrem Stammesgebiet *githeri* (Bohnen, Mais und Fleisch) essen.

6 Eine Pferdesafari über das **Laikipia-Plateau** (S. 191) unternehmen und danach in einem exklusiven Tierschutzgebiet entspannen.

7 Zuschauen, wie Kinder vor Begeisterung quietschen, wenn ein Affe im **Mt. Kenya Wildlife Conservancy Animal Orphanage** (S. 187) auf ihren Köpfen umherspringt.

WILDTIERE IM ZENTRALEN HOCHLAND

Am besten lassen sich Wildtiere im Zentralen Hochland in privaten Reservaten beobachten, etwa im Solio Game Reserve (S. 169) und in der Ol Pejeta Conservancy (S. 191) auf dem Laikipia-Plateau. Beide Schutzgebiete sind sehr erfolgreich in der Zucht von Spitzmaul- und Breitmaulnashörnern, und hier geborene Tiere werden regelmäßig in anderen Parks angesiedelt.

Der Meru National Park (S. 195), der sowohl Flussdschungel als auch offene Savanne umfasst, gilt als eines der bestgehüteten Geheimnisse des Kenya Wildlife Service (vielleicht wird er aber auch nur am schlechtesten beworben). Raubtiere sind hier schwer zu entdecken, doch Zebras, Wasserböcke, Büffel, Giraffen, Flusspferde und Elefanten bekommt man leicht zu Gesicht.

Die Landschaft des Aberdare National Park (S. 173) wechselt zwischen dunklem, dichtem Dschungel und windigen Mooren. Im Dschungel leben die seltenen Bongo-Antilopen, Elefanten und Spitzmaulnashörner, wegen der dichten Vegetation werden sie allerdings nur selten gesichtet. Die afroalpine Moorlandschaft im Aberdare National Park bietet ebenso wie der Mt. Kenya National Park (S. 177) hervorragende Trekkingmöglichkeiten. Die wahren Stars dort sind die Pflanzen: Viele, z. B. die Senezie (Schopfbaum), die Astilbe und die Riesenlobelie, scheinen von einem anderen Planeten zu stammen. Klippschliefer und Ducker-Antilopen fühlen sich in der größeren Höhe ebenfalls sehr wohl.

satz dazu blieb das westliche Hochland den Leoparden, Büffeln, Warzenschweinen, Löwen und Elefanten überlassen und ist nach wie vor eines der besten Gebiete Kenias, um Spitzmaulnashörner zu sehen.

Europäische Siedler legten an der Ostseite der Aberdares Kaffee- und Teeplantagen und an den westlichen Hängen Weizen- sowie Chrysanthemenfarmen an.

Nyeri & Umgebung

☎061 / 98 910 EW.

Nyeri ist eine einladende, lebhafte Marktstadt der Kikuyu. Geschäftiger als hier geht's im Zentralen Hochland nirgends zu. Wer allerdings nicht gerade auf chaotische Basare im Freien und die verrückte Energie der Kikuyu sowie weißen Kenianer steht, die Mais, Bananen, Pfeilwurz, Kaffee und Macadamianüsse verkaufen, hat wenig Grund, länger als ein oder zwei Tage zu verweilen. Zugegebenermaßen war der Gründer der Boy Scout Association (Pfadfinder), Lord Baden-Powell, der hier 1941 starb, da anderer Ansicht. Er schrieb einmal: „Je näher nach Nyeri, desto näher zur Glückseligkeit."

Sehenswertes & Aktivitäten

LP TIPP **Solio Game Reserve** TIERSCHUTZGEBIET
(Karte S. 174; ☎55271; Schnellstraße B5; Erw./Kind/Führer/Fahrzeug 2000/1000/500/500 KSh) Dieses familiengeführte private, 6880 ha große Reservat liegt 22 km nördlich von Nyeri und ist ein wichtiges Zuchtzentrum für **Spitzmaulnashörner**. Viele der Tiere, die durch die Nationalparks wandern, erblickten hier das Licht der Welt. Leider sind sie beliebte Beute für Wilderer, denn ihre Hörner werden in der östlichen Medizin und für arabische Dolchgriffe benutzt. Im Solio-Reservat gedeihen sie jedoch zusammen mit Oryxantilopen, Gazellen, Kuhantilopen, Giraffen, Löwen, Hyänen und Büffeln. Schon der Park selbst, der sich zwischen Gruppen gelber Akazien, wildem Marschland und einem weiten Horizont erstreckt, ist eine Augenweide. Safaris von Selbstfahrern sind erlaubt, Voraussetzung ist aber die Begleitung durch einen Solio-Guide (500 KSh).

Baden-Powell Museum MUSEUM
(Eintritt 25 KSh; ⏲öffnet auf Anfrage) Lord Baden-Powell, Gründer der Boy Scout Association (Pfadfinderbewegung), verbrachte seine letzten drei Lebensjahre in einem Cottage des Outspan Hotel. Der letzte Rückzugsort des Pfadfinderführers war wohl zu poetisch: „Outspan" (Ausspannen) bedeutet, seine Ochsen nach einer langen Reise vom Joch zu befreien, und da Baden-Powells Familiensitz zu Ehren des Tags des Waffenstillstands nach dem Ersten Weltkrieg den Namen „Pax" (Frieden) trug, schien es ihm sinnvoll, seine zweite Unterkunft „Paxtu" zu nennen.

Paxtu ist heute ein Museum voller Pfadfindertücher und anderer Erinnerungsstücke. Die junge Dame auf den Fotos neben Baden-Powell ist nicht seine Enkelin, son-

Nyeri

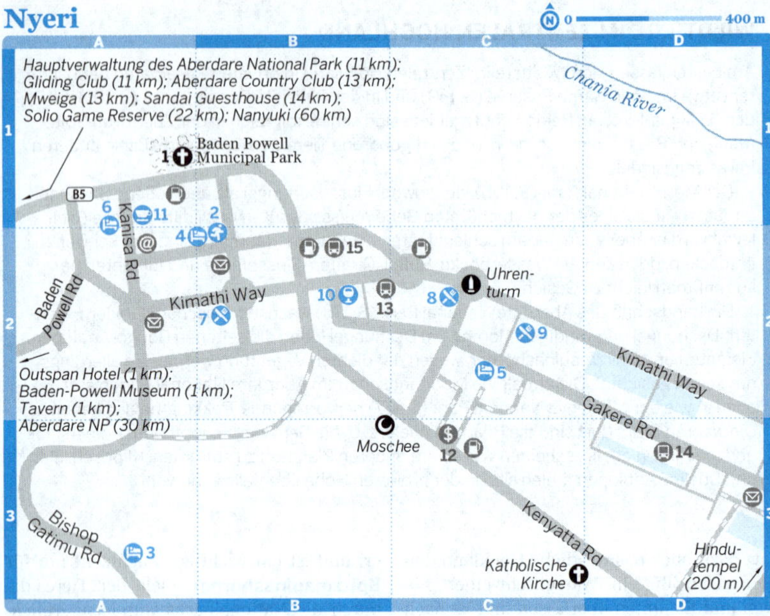

Nyeri

Sehenswertes
- Baden-Powells Grab .... (siehe 1)
- 1 St. Peter's Church A1

Aktivitäten, Kurse & Touren
- 2 Bongo Asili Travel B2

Schlafen
- 3 Green Hills Hotel A3
- 4 Ibis Hotel B2
- 5 Nyama Choma Village Accommodation C2
- 6 White Rhino Hotel A1

Essen
- Green Hills Hotel .... (siehe 3)
- 7 Raybells B2
- 8 Rayjo's Café C2
- 9 Samrat Supermarket C2

Ausgehen
- 10 Green Oaks B2
- 11 Julie's Coffee Shop A1
- Kifaru .... (siehe 6)

Praktisches
- 12 Barclays Bank C3

Transport
- 13 Lokale Matatus B2
- 14 Untere Bushaltestelle D3
- 15 Obere Bushaltestelle B2

dern seine Frau. Später nahm der berühmte Tigerjäger James Corbett das Grundstück in Beschlag. Das Museum liegt einen kurzen Spaziergang (1 km) vom Stadtzentrum entfernt auf dem Gelände des Outspan Hotel.

Baden-Powells Grab FRIEDHOF
(Schnellstraße B5; Eintritt 250 KSh; 8.30–17 Uhr) Das Grab des Pfadfinderführers versteckt sich hinter der **St. Peter's Church**. Es blickt auf den Mt. Kenya und ist mit dem Waldläuferzeichen der Pfadfinder versehen, das für „I have gone home" (Ich bin nach Hause gegangen) steht. Baden-Powells berühmteres Grab in der Westminster Abbey ist leer.

Geführte Touren

Bongo Asili Travel GEFÜHRTE TOUREN
(0700391203, 2030884; www.bongoasilitravel.com; Kanisa Rd; Mo–Sa 9–17 Uhr) Der einzige Tourveranstalter vor Ort organisiert Safaris

zum Solio Game Reserve, zum Aberdare National Park und mehrtägige Ausflüge zu entfernteren Zielen, bucht Hotels in ganz Kenia und kümmert sich um Flugtickets.

Schlafen

In Nyeri gibt's jede Menge Budgetunterkünfte, und bei einem Spaziergang durch die Stadt taucht neben den im Folgenden erwähnten Adressen ein halbes Dutzend weiterer Bleiben auf. Sie unterscheiden sich kaum voneinander – zu den meisten gehört ein schlichtes Restaurant und gelegentlich ein harmloser Betrunkener.

LP TIPP **Sandai Guesthouse** PENSION $$$
(☎0721656699; www.africanfootprints.de; Camping 500 KSh, EZ/DZ/2BZ VP 130/220/220 US$, Cottages 80 US$; P) Das Sandai liegt 14 km nordwestlich der Stadt (Einheimische nach dem Weg fragen!) und wird von der quirligen Petra Allmendinger geführt. Ihr Enthusiasmus und herzliches Willkommen machen es zu einem tollen Wochenendziel, um der Hektik Nairobis zu entfliehen oder um ein persönlicheres Erlebnis zu haben als normalerweise üblich. Gäste können in der supergemütlichen Lodge wohnen, wo sie sich wie ein Teil der Familie fühlen werden, oder eines der Selbstversorger-Cottages für bis zu sechs Personen buchen. Beide Varianten sind angenehm exzentrisch. Darüber hinaus können Ausritte, geführte Wanderungen (der Guide der Pension, Sammy, ist ein hervorragender Vogelbeobachter) und Tierbeobachtungsfahrten organisiert werden.

Green Hills Hotel HOTEL $$
(☎2030604; www.greenhills.co.ke; Bishop Gatimu Rd; EZ 4500–5600 KSh, DZ 6900–9100 KSh, Suite 18 000 KSh; P) Wegen des stimmungsvollen, von Palmen gesäumten Pools (Nichtgäste 300 KSh) und der insgesamt friedlichen Atmosphäre lohnt sich die kurze Fahrt zu dem etwas außerhalb gelegenen Hotel, der besten Bleibe der Stadt.

Ibis Hotel HOTEL $
(☎2034858; kihuria@ibishotel.co.ke; Kanisa Rd; EZ/DZ/2BZ ohne Frühstück 1000/1200/1600 KSh) Das Ibis befindet sich in einem Gebäude mit einer überraschend prächtigen Fassade (innen ist es nicht so opulent) und hat komfortable, saubere Zimmer mit herrlich kräftigen Duschen.

Nyama Choma Village Accommodation HOTEL $
(☎0788174384; Gakere Rd; Zi. ohne Frühstück 800 KSh) Eine sehr günstige und bunte Wahl! Und wie in einer Bleibe mit dem Namen *nyama choma* (gegrilltes Fleisch) nicht anders zu erwarten, werden Fleischfreunde begeistert sein.

White Rhino Hotel HOTEL $$
(☎0726967315; www.whiterhinohotel.com; Kanisa Rd; EZ/DZ/2BZ 9600/10 800/14 000 KSh; P) Seit seiner Renovierung im Jahr 2011 bietet das zuvor schon etwas verfallene White Rhino schicke Zimmer, die bis zur Erschöpfung poliert wurden, sowie elegante gekachelte Bäder. Mit drei Bars und zwei Restaurants ist es das Tophotel im Stadtzentrum.

TIERE BEIM UMZUG

2008 kaufte die kenianische Regierung 6070 ha der Solio Ranch als Teil eines Programms, das Unterkünfte für die landlosen, illegalen „Straßenrandsiedler" der Gegend schaffen sollte. Als die Pläne zum Bau von sieben neuen Dörfern für etwa 3000 Menschen gemacht wurden, schmiedete man auch hastige Pläne für die Umsiedlung von ähnlich vielen Tieren. Aus Furcht, dass sie sonst wegen ihres Fleisches Wilderern zum Opfer fallen könnten, wurden über 3000 von ihnen (vor allem Zebras, Kuhantilopen und mehrere Gazellenarten) mit Helikoptern in Fallen gelockt, mit Barrieren auf Trucks getrieben und zu verschiedenen Reservaten sowie Nationalparks im gesamten Zentralen Hochland gebracht.

Dies dürfte zwar die bisher größte derartige Umsiedlung gewesen sein, doch dieser Arche-Noah-artige Ansatz des Artenschutzes ist in Kenia nicht neu. Er kommt meistens zum Einsatz, um einem abnehmenden Tierbestand eine zweite Chance in einer günstigeren Umgebung zu geben, und ermöglicht auch eine gründliche Durchmischung des Genpools.

2011 wurden 18 Flusspferde, die sich in der Kanalisation von Ruai bei Nairobi suhlten, in den Nairobi National Park gebracht, und 200 Elefanten, die in der Nähe von Narok Chaos anrichteten und Getreide zerstörten, zurück ins Masai Mara National Reserve transportiert, von dem sie abgeschnitten worden waren.

Outspan Hotel HOTEL $$$
(☎2032424, Nairobi 020-4452095; www.aberdaresafarihotels.com; Zi. VP 220–275 US$, DZ VP 299–432 US$, Cottages 464 US$; P) Zuletzt wurde die prächtige Lodge in den 1950er-Jahren dekoriert, als holzverkleidete Wände als hohe Kunst der Inneneinrichtung galten. Der Speisesaal ist eine Mischung aus der Halle der Hogwarts-Schule (aus den Harry-Potter-Filmen) und einem kolonialen Rückzugsort. In 19 der 34 Standardzimmer gibt's gemütliche Kamine und in allen weht ein Hauch historischer Klasse. Jeden Tag um 13.45 Uhr tritt hier eine Kulturgruppe der Kikuyu auf (Nichtgäste Erw./Kind 10/5 US$).

Aberdare Country Club HOTEL $$$
(Karte S. 174; ☎Nairobi 0737799990; EZ/DZ/3BZ ohne Frühstück 210/288/340 US$, Tagskarte Erw./Kind 500/300 KSh; P) Dieser stattliche steinerne Club ist eine Zwischenstation für Reisende auf dem Weg zum Ark im Aberdare National Park.

Solio Game Reserve Lodge LODGE $$$
(Karte S. 174; ☎Nairobi 020-2513166; www.tamimiea.com; Suite VP 1240 US$; P) Die ultimative Safarilodge mit entsprechendem Preis.

Essen

In allen oben genannten Hotels gibt's ordentliche Restaurants und lebhafte Bars (meistens sind beide identisch).

Green Hills Hotel INTERNATIONAL $
(Bishop Gatimu Rd; Hauptgerichte/Büfetts 600/650 KSh; ⊙morgens, mittags & abends) Nicht nur, was die Unterkunft angeht, auch beim Essen hat das Green Hills die Nase vorn. Das komplette Büfett (bei genügend Gästen) bietet einen beindruckenden Anblick, und die gemischten Grillplatten sind überraschend ausgefallen zubereitet. Zarte Steaks werden brutzelnd auf einer Platte mit einer guten Gemüsemischung serviert.

Rayjo's Café KENIANISCH $
(Kimathi Way; Mahlzeiten 50–140 KSh; ⊙mittags & abends) Eine winzige Kantine voll mit Kundschaft, darunter Fahrer von Bussen und Matatus (Minibussen), die berühmt dafür sind, dass sie sich mit billigen Restaurants gut auskennen.

Raybells INTERNATIONAL $
(Kimathi Way; Mahlzeiten 120–400 KSh; ⊙morgens, mittags & abends) Hier gibt's beinahe jedes denkbare Essen (zumindest kenianisches und westliches) von Pizza bis zu *nyama choma,* das recht anständig zubereitet ist. Vorsicht vor dem frischen Saft, er wird mit Leitungswasser verdünnt.

Samrat Supermarket SUPERMARKT $
Der Supermarkt unweit vom Kimathi Way bietet die beste Auswahl der Stadt.

Ausgehen

Green Oaks KNEIPE
In der Nähe des Kimathi Way liegt die freundlichste Kneipe der Stadt. Meistens läuft europäischer Fußball, doch wie in jeder anderen Bar wird es hier im Laufe der Nacht ziemlich lebhaft. Abstinenzler werden an den vielen Regentagen in Nyeri den schönen Blick vom Balkon über die Taxistände und den wärmenden *chai* (Tee) zu schätzen wissen.

Julie's Coffee Shop CAFÉ $
(Kanisa Rd; Snacks 35–80 KSh; ⊙früh & mittags;) Bester (d. h. der einzige) Ort in der Stadt für einen echten Espresso und kostenloses WLAN.

Tavern BAR
(Kirinyaga Club; Outspan Hotel; ⊙11–1 Uhr) Hinter den Toren des herrlich noblen Outspan Hotel liegt das Tavern, das samstagabends ein Lagerfeuer und traditionelle Tänze bietet. Eine gute Anlaufstelle für alle, die ihr Tusker in einer gehobenen Atmosphäre trinken wollen.

Kifaru BAR
(White Rhino; Kenyatta Rd, ⊙11–3 Uhr) Die größte der drei Bars des White Rhino ist zugleich ein geräumiges Open-Air-Restaurant und ein lange geöffneter Nachtclub. Der DJ legt jeden Abend eine bunte Mischung aus afrikanischem und westlichem Pop auf. Ruhiger und intimer geht's in der Marura Bar zu, sie hat ein offenes Feuer und verströmt die Atmosphäre eines Safariclubs.

Praktische Informationen

Es gibt drei Postämter, zwei im Stadtzentrum und eines in der Nähe des unteren Busbahnhofs.

Barclays Bank (Kenyatta Rd) Eine von mehreren Banken mit Geldautomaten und Geldwechsel in der Stadt.

Villa Cyber (Kanisa Rd; 30 KSh pro Std.) Ordentliche, schnelle Verbindung.

An- & Weiterreise

Von der **oberen Bushaltestelle** fahren gelegentliche Busse und unzählige Matatus zu Zielen nördlich und westlich von Nyeri, darunter Nanyuki (150 KSh, 1 Std.), Nyahururu (280 KSh, 1¼ Std.) und Nakuru (450 KSh, 2½ Std.).

Von der **unteren Bushaltestelle** verkehren Matatus in alle Richtungen nach Süden und Osten, u. a. nach Thika (250 KSh, 2 Std.) und Nairobi (350 KSh, 2½ Std.).

Einige **lokale Matatus** finden sich auch am Kimathi Way.

Aberdare National Park

Man könnte endlos schwärmen von den Herden wilder Tiere, die über das weite afrikanische Land donnern. Oder darüber, wie einem vor Schreck das Herz in die Hose rutscht, wenn ein Elefant aus dem Dickicht bricht, das eben noch bloß ein Gebüsch von Pflanzen war.

Aus diesen Gründen wird der Aberdare National Park von vielen geliebt. Fotografen können ihre Reflexe testen, wenn zahlreiche wilde Tiere unerwartet aus dem Buschwerk springen, darunter Elefanten, Büffel, Spitzmaulnashörner, Tüpfelhyänen, Bongo-Antilopen, Buschschweine, schwarze Servale und die seltenen schwarzen Leoparden. Außerdem gibt's hier jede Menge Paviane.

Der Park gliedert sich in zwei Hauptbereiche: Sein Ostteil, **Salient** genannt, besteht aus dichtem Regenwald und mit Wasserfällen gespickten Hügeln, das Kinangop-Plateau dagegen ist eine offene Hochebene aus rauen Mooren, über die ein kalter Bergwind weht.

Ein 400 km langer elektrischer Zaun, der zehn Jahre gebaut und 2009 fertiggestellt wurde, umschließt nun das gesamte Schutzgebiet. Er wird mit Solarmodulen betrieben und soll die Konflikte zwischen Menschen und Tieren verringern, indem er Wilderer und Nutztiere auf der einen Seite hält und marodierende Wildtiere auf der anderen.

ABERDARE NATIONAL PARK

Highlights Zwei interessante Ökosysteme können erkundet werden: dichter Regenwald und afroalpines Hochmoorgelände mit tollen Trekkingmöglichkeiten und einigen spektakulären Wasserfällen.

Reisezeit Der Park liegt zwar in der Nähe des Äquators, bekommt aber das ganze Jahr über viel Regen ab und ist daher kühler sowie nebliger als erwartet. Die trockensten Monate sind Januar/Februar und Juni bis September.

Praktisches Bei Regenfällen können die Straßen nicht befahren werden, außerdem lässt sich den nummerierten Orientierungspfosten im Salient schwer folgen. Der Park hat mehrere Zugangstore – am unkompliziertesten ist die Route zwischen den Toren Ruhuruini und Mutubio im Westen.

Aktivitäten

Trekking WANDERN

Um im Park Trekkingtouren zu unternehmen, muss man vorab eine Genehmigung beim Aufseher im Hauptquartier des Parks einholen. Dieser kann – je nachdem, wo gewandert werden soll – darauf bestehen, dass ein bewaffneter Ranger mitgeht, um die Besucher vor neugierigen Wildtieren zu schützen (halber/ganzer Tag 1500/3000 KSh).

Nördliches Moorland

Das Hochmoorgelände und die vier Hauptgipfel (alle 3500–4000 m) sind hervorragende Trekkinggebiete. Der höchste Berg im Park, der **Ol Donyo Lesatima** (4000 m), ist sehr beliebt bei Unternehmungslustigen, die auf einer Rundtour durch Ostafrika sind. Zwischen dem Campingplatz Honi und dem Elephant Ridge liegt das **Versteck** des Mau-Mau-Führers Dedan Kimathi, der die Berge als Basis nutzte; viele seiner Kameraden hatten die Grundlagen des Dschungelkampfes im Zweiten Weltkrieg als Soldaten in Birma (heute Myanmar) gelernt.

Kinangop-Plateau

Von der unbefestigten Straße, die im Westen zwischen den Toren Ruhuruini und Mutubio verläuft, kann man zum oberen Teil der **Karura Falls** wandern und beobachten, wie der Fluss über die felsige Kante 272 m tief in den Abgrund stürzt. Wenn das Wetter mitspielt, ist in der Ferne sogar der neblige Vorhang der höchsten Wasserfälle Kenias, der **Gura Falls** (305 m), sichtbar. Leider gibt's keine Pfade dorthin oder zum Fuß der Karura Falls. Stattdessen kann man aber die sehr viel kleineren **Chania Falls** weiter nördlich besuchen.

Tierbeobachtungsfahrten SPRITZTOUR

Im Park lebt die zweitgrößte Population von Spitzmaulnashörnern in Kenia, doch wegen des dichten Waldes sind die Tiere hier seltener zu sehen als unten in der offenen Savanne. Mit etwas Glück sichten Besucher einen

Aberdare National Park

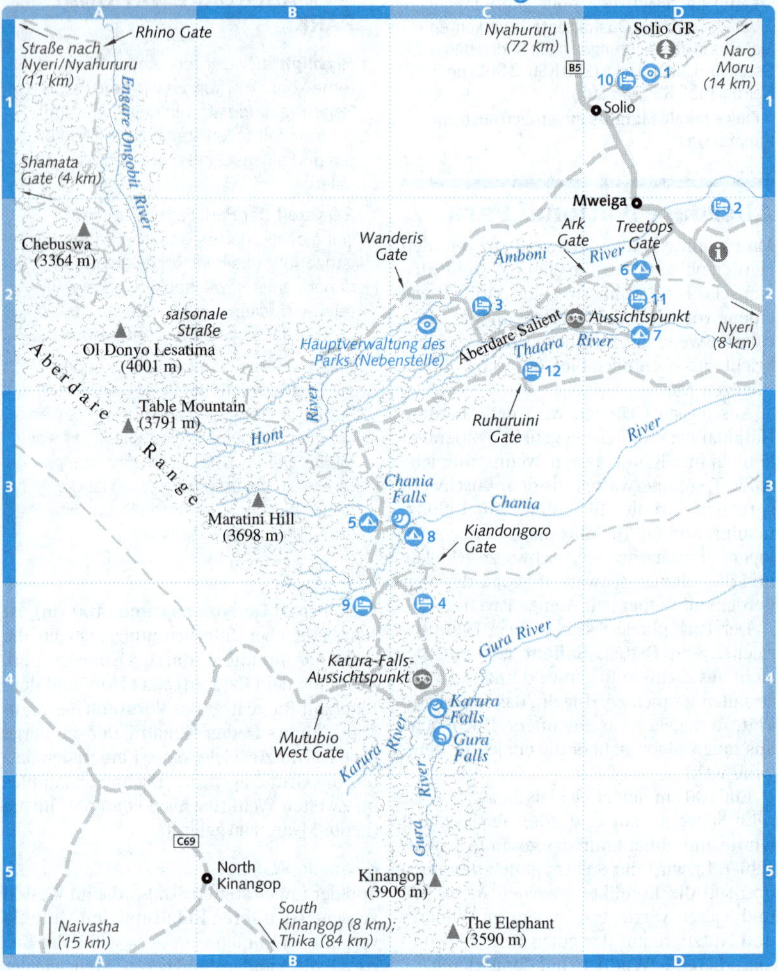

Aberdare National Park

Sehenswertes

1 Solio Game Reserve D1

Schlafen

2 Aberdare Country Club D2
3 Ark C2
4 Kiandongoro Fishing Lodge C4
5 Öffentlicher Campingplatz B3
6 Öffentlicher Campingplatz D2
7 Öffentlicher Campingplatz D2
8 Öffentlicher Campingplatz C3
9 Sapper Hut B4
10 Solio Game Reserve Lodge D1
11 Treetops D2
12 Tusk Camp C2

der schwarzen Leoparden, die im schattigen Dickicht herumstreifen sollen.

Das Outspan Hotel (S. 172) veranstaltet zweistündige Tierbeobachtungsfahrten für 45 US$ pro Person (für mindestens vier Teilnehmer).

Schlafen

Für viele Besucher sind die *bandas* (Hütten mit Strohdächern) des Kenya Wildlife Service (KWS) um einiges reizvoller als die berühmteren Hotels.

Kiandongoro Fishing Lodge HÜTTEN **$$**
(www.kws.go.ke; Cottages 180 US$) In den beiden großen Steinhäusern mit schöner Aussicht auf das zum Fluss Gura hin abfallende Moorgebiet können je sieben Personen schlafen. Jedes Haus verfügt über zwei Bäder. Alle Küchengeräte und Bettwäsche werden zur Verfügung gestellt, zudem gibt's mit Gas betriebene Küchen, Paraffinkocher und Feuerstellen.

Tusk Camp HÜTTEN **$$**
(www.kws.go.ke; Cottages 120 US$) Zwei dunkle und gemütliche Berghütten in der Nähe des Ruhuruini Gate bieten für je vier Personen Platz. Der Wohnbereich ist komfortabel und lockt mit tollen Ausblicken (solange sich der Nebel nicht ausgebreitet hat) auf jede Menge Nashörner. Heißes Wasser, Decken, Kerosinlampen, ein Gaskocher und einige Küchengeräte gehören zu den weiteren Annehmlichkeiten.

Ark HOTEL **$$$**
(☎Nairobi 0737799990; www.arkkenya.com; EZ/DZ/3BZ 210/288/340 US$) Das Ark ist moderner (1960er- statt 1950er-Jahre) und geräumiger als das Treetops und hat eine Lounge mit Blick auf ein Wasserloch. Hier können die Gäste auf Formschalenstühlen, die aus dem Film *Austin Powers* stammen könnten, an ihrem Wein nippen und dabei Büffel beobachten. Ein hervorragender Weg führt über ein besonders dichtes Stück des Salient, dort entdeckt man ebenso wie von der Lounge am Wasserloch Elefanten, Nashörner, Büffel und Hyänen. Das Ganze wird vom Aberdare Country Club in Nyeri als Exkursion mit Übernachtung verkauft.

Sapper Hut BANDA **$**
(www.kws.go.ke; bandas 50 US$) Eine einfache *banda* mit offenem Feuer, zwei Betten und einem Warmwasserboiler sowie Ausblicken auf einen hübschen Wasserfall am Upper Magura River. Die Ausrüstung sollte man am besten selbst mitbringen.

Öffentliche Campingplätze CAMPING **$**
(www.kws.go.ke; Camping 15 US$) Die einfachen Zeltplätze haben fast keine Einrichtungen und nur auf einigen gibt's Wasser.

Treetops HISTORISCHES HOTEL **$$$**
(☎Nairobi 020-4452095; www.aberdaresafarihotels.com; EZ/2BZ ohne Bad VP 328/415 US$; @) Das Treetops wird als Teil eines Pakets mit dem Outspan Hotel in Nyeri verkauft. Gäste erhalten ein Mittagessen im Outspan und werden dann zum Treetops gebracht, wo sie zu Abend essen und schlafen, ehe sie am nächsten Morgen zum Frühstück ins Outspan zurückkehren.

Die Zimmer sind klein und im Stil der 1950er-Jahre mit holzgetäfelten Wänden

KÖNIGLICHE GÄSTE

Für Fans des britischen Königshauses hier eine kleine Fußnote: Das Treetops ist *nicht* der Ort, an dem Prinzessin Elisabeth zur Queen Elisabeth II. wurde. Es stimmt zwar, dass sie im Treetops schlief, als Georg VI. 1952 starb. Doch 1954 machten Mau-Mau-Guerillas aus der ursprünglichen Lodge Kleinholz; drei Jahre später wurde eine neue, viel größere Lodge auf der gegenüberliegenden Seite des Wasserlochs gebaut. „Every time like the first time" (Jedes Mal wie das erste Mal) lautet der Slogan des Treetops, und das stimmt: Hier zu schlafen fühlt sich an wie eine Reise zurück zu jenem Tag, als die 25-jährige Elisabeth als Prinzessin zu Bett ging und als Königin erwachte.

Eine andere junge Dame, diesmal eine Bürgerliche, beantwortete 58 Jahre später eine Frage, die sie irgendwann zur Königin des Commonwealth machen wird, mit „Ja". Auf der Veranda einer kleinen Blockhütte, hoch oben an den Hängen des Mt. Kenya, bat Prinz William Kate Middleton, seine Frau zu werden. Beide waren unter dem Vorwand, am Lake Alice zu angeln, zu den abgelegenen Rutundu-Hütten gereist, wo William ihr die bedeutungsschwere Frage stellte. Die Angeltour wurde zwar ein kompletter Fehlschlag, doch Prinz William hatte trotzdem einen guten Fang gemacht.

und eleganten geblümten Stoffen eingerichtet, doch sie zeichnen sich durch ein rustikales Flair (sowie durch leichte Vernachlässigung) aus. Außerdem lassen sich hier hervorragend Tiere beobachten. Wer sein Geld loswerden will, kann die Queen-Elizabeth-„Suite" wählen, die ein Bild der Königin und – man glaubt es kaum – ein *Doppelbett* aufweist.

Praktische Informationen

Um den **Nationalpark** (www.kws.go.ke; Erw./Kind 50/25 US$) durch die Tore Treetops und Ark zu betreten, benötigt man eine Genehmigung von der **Hauptverwaltung** (☎061-202379409; Mweiga; ⏲6–18 Uhr). An den Eingangstoren gibt's hervorragende Karten im Maßstab 1:25 000, die für Selbstfahrersafaris unverzichtbar sind.

An- & Weiterreise

Die Zugangsstraßen von der Schnellstraße B5 zu den Toren Wanderis, Ark, Treetops und Ruhuruini sind in ordentlichem Zustand. Nicht vergessen: Es dauert ein paar Stunden, um vom Salient zum Moorgebiet und umgekehrt zu gelangen.

Nyahururu (Thomson's Falls)

☎065 / 24 750 EW.

Diese überraschend attraktive Stadt in der nordwestlichsten Ecke des Hochlands ist eine gute Ausgangsbasis, um den westlichen Rand der Aberdares zu erkunden.

Früher hieß sie nach den gleichnamigen Thomson's Falls. Die Kaskaden sind sehr schön und bieten gute Trekkingmöglichkeiten auf kleinen Waldwegen, die zu freundlichen Bauerndörfern führen.

Nyahururu liegt auf 2360 m Höhe und ist damit Kenias höchstgelegene größere Stadt. Hier herrscht ein kühles und erfrischendes Klima.

Sehenswertes & Aktivitäten

Thomson's Falls WASSERFALL

(Erw./Kind 200/100 KSh) Ohne Zweifel ist der weiße Wasserfall, der in einem immergrünen Tal voller scharfkantiger Felsen und schreiender Paviane 72 m in die Tiefe stürzt, die größte Attraktion der Stadt. Ein Pfad führt geradewegs dorthin und über eine Reihe von Steinstufen hinab zum Fuß der Schlucht. Der dramatische Anblick der Wassermassen und der Affen, die die umliegenden Klippen sprenkeln, macht es wett, dass man von der Gischt nassgesprüht wird.

Einige fantastische **Wanderwege** führen stromabwärts durch das bewaldete Tal des Flusses Ewaso Narok sowie mehrere Kilometer stromaufwärts zu einer der höchstgelegenen **Badestellen von Flusspferden** in Kenia.

Wanderer brauchen nicht nach einem Guide zu suchen – diese (sowie Einheimische in traditioneller Kikuyu-Tracht, Souvenirverkäufer, Kamelhirten und andere geschäftstüchtige Einwohner) finden einen zuerst. Zu den Kaskaden (1 km) geht's entlang der Nyeri Road, die kurz nach Verlassen der Stadt Richtung Osten abbiegt. Wenn der Ticketschalter nicht besetzt ist, einfach durchgehen!

Nyahururu

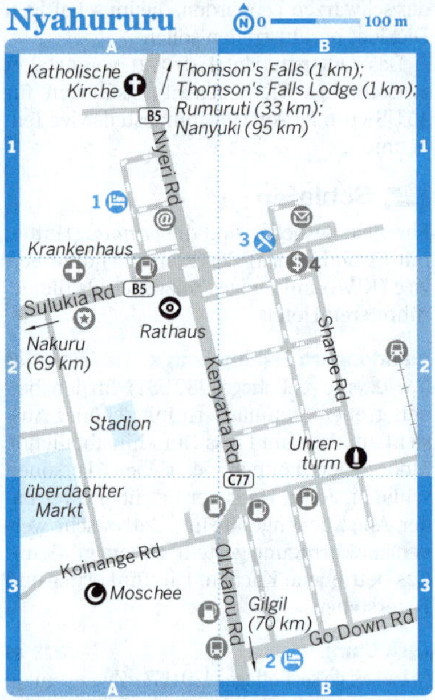

Nyahururu

Schlafen
- 1 Nyaki Hotel A1
- 2 Safari Lodge B3

Essen
- Nyaki Hotel .... (siehe 1)
- 3 Savannah Green Hotel B1

Praktisches
- 4 Barclays Bank B2

Schlafen

Safari Lodge (LP Tipp) HOTEL $
(☎2022334; Go Down Rd; EZ/DZ ohne Frühstück 500/1000 KSh; P) Saubere Toiletten mit *Sitzen*; große, weiche Betten und Sofas in den Zimmern; ein netter Balkon; Fernseher und die Möglichkeit, das Handy aufzuladen – was für ein Luxus! Besonders zu diesem Preis, der das Safari zu einer der besten Budgetunterkünfte in der Gegend macht.

Thomson's Falls Lodge HOTEL $$
(☎2022006; www.thomsonsfallslodge.com; abseits von der B5; Camping 500 KSh, EZ/DZ/3BZ 4100/5100/7700 KSh; P) Das unbestreitbar schönste Hotel, um sich mal etwas zu gönnen. Es liegt direkt über den Wasserfällen und schafft es hervorragend, die gute alte Atmosphäre der Kolonialherren in der Bergfrische aufleben zu lassen. Die Zimmer sind geräumig, aber gemütlich, dafür sorgen vor allem die Holzkamine.

Nyaki Hotel HOTEL $
(☎2022313; EZ/2BZ ohne Frühstück 600/1800 KSh; P) In dem fünfstöckigen Gebäude abseits der Nyeri Road gibt's kleine komfortable Einzelzimmer und große saubere Zweibettzimmer mit separater Lounge und zuverlässigen Warmwasserduschen.

Essen & Ausgehen

In Nyahururu empfiehlt es sich, zeitig zu essen: Aus unerklärlichen Gründen machen die meisten Restaurants bereits um 19 Uhr alle Schotten dicht.

Thomson's Falls Lodge BÜFETT $$
(Büfetts morgens/mittags/abends 455/850/900 KSh; ⊙morgens, mittags & abends) Bester (und einziger Ort) in der Stadt, um richtig nobel zu schlemmen. Zu allen drei Mahlzeiten gibt's ein Festpreisbüfett. Für die Gegend sind diese zwar teuer, doch hinterher ist man satt und zufrieden. Liegt nahe der B5.

Savannah Green Hotel KENIANISCH $
(Sulukia Rd, Hauptgerichte 150–300 KSh; ⊙morgens, mittags & abends) Ein „Hotel" ohne Zimmer, aber dafür ist das Restaurant sehr ordentlich mit Tischen im Freien und einer schönen Auswahl an gebratenen und geschmorten Gerichten. Die riesigen Portionen machen pappsatt und der frisch gepresste Saft ist verlockend.

Nyaki Hotel KENIANISCH $
(Hauptgerichte 250–280 KSh; ⊙morgens, mittags & abends) Typisch kenianisches Essen in einem typisch kenianischen Ambiente: minimal dekoriert, freundlicher Service und etwa 100 Watt zu dunkel, um es hell zu nennen. Abseits der Nyeri Road.

Praktische Informationen

Barclays Bank (Ecke Sulukia Rd & Sharpe Rd) Mit Geldautomat.

Clicks Cyber Cafe (Mimi Centre, Nyeri Rd; 60 KSh pro Std.)

Post office (Sulukia Rd)

An- & Weiterreise

Etliche Matatus fahren bis zum späten Nachmittag nach Nakuru (150 KSh, 1¼ Std.) und Nyeri (280 KSh, 1¾ Std.). Weniger Verbindungen gibt's nach Naivasha (300 KSh, 2 Std.), Nanyuki (330 KSh, 3 Std.) und Nairobi (400 KSh, 3 ½ Std.). Morgens verkehren gelegentlich Matatus nach Maralal (500 KSh, 4 Std.).

Früh am Morgen starten zudem mehrere Busse nach Nairobi (350 KSh, 3 Std.).

MT. KENYA NATIONAL PARK

Afrikas zweithöchster Berg, der sich oft in dramatische Wolkenmäntel hüllt und fitte Bergwanderer anzieht, ist so exzentrisch wie der ganze Kontinent. Hier, nur ein winziges Stück vom Äquator entfernt, haben Gletscher einen Thron für Ngai, den alten Hochgott der Kikuyu, geschaffen. Bis heute lässt dieser Stamm Türen, die auf den heiligen Berg hinausgehen, offen stehen, und einige Stammesangehörige kommen noch immer zu den unteren Berghängen, um Gebete und die Vorhäute junger Männer als Opfer darzubringen, denn dies war der traditionelle Ort für die Beschneidungszeremonien. Doch der Berg wird nicht nur von den Kikuyu geschätzt, er genießt zudem die seltene Ehre, sowohl Welterbestätte als auch Biosphärenreservat der Unesco zu sein.

In der Vergangenheit rieben zwölf Gletscher den Mt. Kenya bis auf dramatische Reste von 5199 m ab, aber heute ist das Eis selbst bedroht: Bei steigenden Temperaturen verschwindet es zunehmend und mit ihm auch die kristallenen Höhlen und verschneiten Gletscherspalten. Der Aufstieg auf den Berg ist dadurch einfacher als je zuvor – allerdings immer noch alles andere als leicht.

Die höchsten Gipfel, Batian (5199 m) und Nelion (5188 m), können nur von sehr erfahrenen Bergsteigern erklommen werden, doch den dritthöchsten Gipfel, Point Lenana

Mt. Kenya National Park

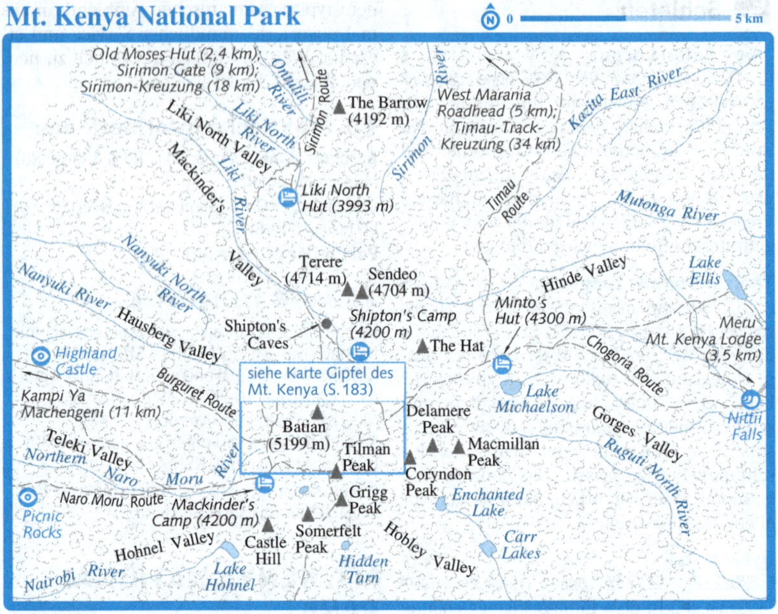

(4985 m), bezwingen auch Wanderer – er ist in der Regel das Ziel der Normalsterblichen. Die Aussichten sind überwältigend, wenn sie nicht gerade von undurchdringlichem Nebel beeinträchtigt werden.

Umwelt

Auf den Hängen des Mt. Kenya gibt's Tiere, Pflanzen und Ökosysteme, die nirgendwo sonst im Land vorkommen.

Der erloschene Vulkan beherbergt auf verschiedenen Höhen Hochlandwald, Bambuswald (2500 m), hoch gelegenes Heideland (3000–3500 m) und niedrigeres alpines Moorland (3400–3800 m), gesprenkelt mit farbenfrohen Blumen. In der afroalpinen Zone (über 3500 m) und in der oberen alpinen Zone (3800–4500 m) wachsen einige surreale Pflanzen, darunter die haarigen Teppiche des Tussock-Grases, die borstigen Riesenlobelien oder der außerirdisch anmutende Schopfbaum, *Senecio Brassica,* der wie eine Kreuzung aus einer Aloe, einem Kaktus und einem Zwerg aussieht. Auf dem Gipfel sieht man nur noch Stein und Eis, doch auch diese Landschaft hat ihre ganz eigene Schönheit, vor allem da sie so nah am Äquator liegt.

Heutzutage überwiegt allerdings das Gestein. Ein Führer erzählte uns: „In 15 Jahren habe ich alle Gletscher zurückweichen sehen. Klettereisen brauche ich nicht mehr." Das wärmere Wetter hat dazu geführt, dass die Gletscher abschmelzen, und Eisklettern gibt's kaum noch am Mt. Kenya. Wir hörten, dass dies auch zu niedrigeren Flusspegeln in der Region geführt hat – kein Wunder, denn der Mt. Kenya ist die wichtigste Wasserscheide des Landes.

In tieferen Lagen leben viele große Tiere; manchmal muss man klatschen und johlen, um Elefanten und Büffel zu verscheuchen. Auch Klippschliefer kommen häufig vor, ebenso wie Bienen. Außerdem entdeckt man Weißkehlmeerkatzen, Kap-Uhus sowie (sehr selten zu beobachtende) Leoparden, Hyänen und Servale, doch diese Tiere verstecken sich meist im dichten Gebüsch des Waldes.

Wer den König der Central Province ersteigen will, sollte dieses empfindliche Ökosystem mit äußerstem Respekt und großer Umsicht behandeln (s. Kasten S. 39).

Vorbereitung

Sicherheit

Viele Wanderer steigen zu schnell auf den Berg und leiden dann unter Kopfschmerzen, Übelkeit sowie anderen (manchmal schwerwiegenderen) Symptomen der Höhenkrankheit. Wer beim Aufstieg wenigstens dreimal übernachtet, wird mehr Freude haben. Vorsicht vor Unterkühlung und Dehydrierung; mit viel Flüssigkeit und warmer Kleidung lässt sich beides vermeiden.

Ein anderes Problem ist das unberechenbare Wetter. Die Tour zum Point Lenana ist keine einfache Wanderung – jedes Jahr sterben hier Menschen.

Kleidung & Ausrüstung

Nachts fallen die Temperaturen in Gipfelnähe oft unter –10 °C, darum sind ein guter Schlafsack und eine kälteisolierende Schaumstoff- oder Isomatte beim Zelten essenziell. Genauso wichtig ist warme Kleidung (Wolle oder Synthetik, keinesfalls Baumwolle, denn die nimmt Feuchtigkeit auf). Da es zu jeder Jahreszeit stark regnen kann, wird wasserfeste Kleidung benötigt (am besten aus atmungsaktivem Material wie Gore-Tex). Ein ordentliches Paar Wanderstiefel und Sandalen oder leichte Schuhe (für abends, wenn die Wanderschuhe nass geworden sind) gehören ebenfalls dazu. In dieser Höhe kann die Sonne ernsthaften Schaden anrichten, darum sind Sonnencreme und Sonnenbrille unverzichtbar.

Wenn ein Träger den Rucksack übernimmt, sollte alles Wichtige (warme Klamotten und Regenkleidung) in den Tagesrucksack, da es vorkommen kann, dass man mehrere Stunden getrennt ist.

In den Wandersachen zu schlafen ist keine gute Idee, denn der absorbierte Schweiß macht sie feucht und lässt sie nachts weniger Wärme speichern.

Wer nicht vorhat, unterwegs in den Hütten zu übernachten, benötigt ein Zelt, einen Kocher, eine einfache Kochausrüstung, einen Dreiliterwasserbehälter (pro Person) und Wasserreinigungstabletten. Heizstoff in Form von Benzin und Kerosin (Paraffin) lässt sich in den Städten leicht finden, Brennspiritus sowie Gaskartuschen erhält man in Nairobi. Feuer im Freien sind verboten, außer im Notfall; oberhalb von 3300 m gibt's ohnehin kein Holz mehr.

Wer keine eigene Ausrüstung besitzt, kann alle notwendigen Gegenstände bei den im Kasten auf S. 181 genannten Bergführervereinigungen mieten. Die Preise variieren; für ein Zweipersonenzelt, Schlafsack, Wanderstiefel und Kocher werden etwa 500/200/150/300 KSh fällig.

Wer ein Handy hat, sollte es mitnehmen: Der Empfang ist in den oberen Berglagen ziemlich gut und eine Verbindung zur Außenwelt bei einem Notfall von unschätzbarem Wert.

Guides, Köche & Träger

Mit einem Träger für die Ausrüstung zu wandern ist so angenehm, wie in einem Mercedes mit Chauffeur statt mit einem Matatu zu fahren. Ein guter Führer hilft, das richtige Tempo zu finden, und hat hoffentlich auch Interessantes über den Mt. Kenya und seine Flora, Fauna und Ökologie zu erzählen. Mit beiden im Team steigert sich das Bergerlebnis um ein Vielfaches. Wenn ein Guide oder Träger dabei ist, der auch noch kochen kann, macht man garantiert keinen Fehler.

In den letzten Jahren wurden beträchtliche Anstrengungen unternommen, um die Führer und Träger, die auf dem Berg arbeiten, zu reglementieren. Der KWS stellt allen registrierten Guides und Trägern entsprechende Bescheinigungen aus, außerdem müssen sie Ausweise dabeihaben, ohne die sie den Park nicht betreten dürfen.

KOSTEN

Die Kosten für die Guides variieren, abhängig von ihrer Qualifikation, dem, was der vorherige Wanderer bezahlt hat, sowie vom Verhandlungsgeschick. Als Minimum ist pro Tag mit 20/18/15 US$ für einen Führer/Koch/Träger zu rechnen.

Dazu kommen die Eintrittsgelder in den Park und Trinkgeld, das nur bei guter Leistung gezahlt werden sollte.

MT. KENYA NATIONAL PARK

Highlights Ehrfurchtgebietende Aussichten vom zweithöchsten Berg Afrikas. Im Gegensatz zum Kilimanjaro sind für den Auf- und Abstieg unterschiedliche Routen möglich, und auch die Landschaft dürfte reizvoller sein.

Reisezeit Die beste Zeit zum Trekking sind die trockensten Monate von Mitte Januar bis Ende Februar und von Ende August bis September.

Praktisches Besucher sollten keinesfalls die Schwierigkeiten dieser Tour unterschätzen. Nur gestandene Bergwanderer mit Erfahrung in großen Höhen und guten Kenntnissen im Kartenlesen und Umgang mit dem Kompass können sie ohne Guide bewältigen, für alle anderen wäre das lebensgefährlich.

Essen
Viele Wanderer versuchen ihr Gepäck zu reduzieren und beschränken sich gänzlich auf Dosenessen sowie getrocknete Nahrungsmittel. Das ist zwar möglich, wenn man dabei viel trinkt, aber nicht empfehlenswert. In großen Höhen nimmt der Appetit auf „schweres" Essen (also viel feste Nahrung) nämlich erheblich ab.

Außerdem herrschen dort oben ungewöhnliche Bedingungen zum Kochen. Vor allem muss man bedenken, dass Wasser bei niedrigeren Temperaturen siedet. Auf einer Höhe von 4500 m etwa kocht es bereits bei 85°C; dies reicht nicht, um Reis oder Linsen richtig zu garen (mit Pasta klappt es besser), und eine ordentliche Tasse Tee kommt dabei auch nicht zustande (löslicher Kaffee ist die Antwort). Die Kochzeiten verlängern sich und der Brennstoffverbrauch steigt; das muss bei der Planung berücksichtigt werden.

Mitnehmen sollte man reichlich Zitrusfrüchte oder Zitrusgetränke, Schokolade, Süßigkeiten und Trockenfrüchte, da sie helfen, den Blutzuckerspiegel stabil zu halten.

Um schweren Kopfschmerzen durch Dehydrierung oder Höhenkrankheit vorzubeugen, empfiehlt es sich, 3 l Flüssigkeit pro Tag zu trinken und Rehydrierungsmittel einzupacken. Auch Wasserreinigungstabletten, die es in den meisten Apotheken gibt, sind eine gute Idee.

Die Routen
Mindestens sieben verschiedene Routen führen auf den Mt. Kenya. Wir beschreiben die Naro-Moru-Route, die einfachste und beliebteste, die Sirimon- und die Chogoria-Route, zwei ausgezeichnete Alternativen, sowie den fantastischen, aber anstrengenden Summit Circuit, der um den Batan und den Nelion verläuft und damit verschiedene Kombinationen von Auf- und Abstieg zulässt.

Auf allen Routen gibt's neben den angegebenen Unterkünften auch die Möglichkeit, irgendwo unterwegs zu **zelten** (www.kws.go.ke; Camping 15 US$). Die Gebühr pro Nacht ist an den KWS zu zahlen (an jedem Tor möglich). Viele Besucher campieren in der Nähe der Hütten oder Schlafbaracken, weil Wasser und Toiletten dort oft nicht weit weg sind.

NARO-MORU-ROUTE
Diese Route ist zwar landschaftlich am wenigsten reizvoll, doch am unkompliziertesten und dabei immer noch spektakulär.

Man startet in der Stadt Naro Moru. Der erste Teil der Strecke folgt ca. 13 km einer Kiesstraße durch Farmland (alle Kreuzungen sind ausgeschildert) bis zum Beginn des Waldes. Nach weiteren 5 km erreicht man das Parkeingangstor (2400 m). Von da sind es 8 km bis zum Ende der Straße und der Wetterstation mit der Met Station Hut (3000 m). Dort sollte man übernachten und sich akklimatisieren.

Am zweiten Tag führt der Weg durch Wald (auf etwa 3200 m Höhe) und das Teleki Valley zum Moorland um das sogenannte **Vertical Bog**, wo das Gelände ziemlich morastig ist. Hier gibt's zwei Wege: Der obere Pfad bietet schönere Aussichten, ist aber oft nass, der untere überquert den Naro Moru River und führt dann allmählich ansteigend hinauf zum Mackinder's Camp (4200 m). Dieser Teil der Tour dauert ca. 4½ Stunden. Hier kann man in den Schlafsälen übernachten oder zelten.

Am dritten Tag legt man am Mackinder's Camp einen Ruhetag ein, um sich zu akklimatisieren, oder steigt gleich zum **Point Lenana** (Karte S. 183; 4895 m) auf, was drei bis sechs Stunden erfordert. Es ist üblich, gegen 2 Uhr nachts loszugehen, um zum Sonnenaufgang auf dem Gipfel zu sein. Von der Schlafbaracke läuft man an der Rangerstation vorbei bis zu einer Gabelung. Dort nimmt man den rechten Weg und überquert ein sumpfiges Gebiet sowie eine Moräne, dann geht's einen großen Geröllhang hinauf – eine lange und harte Schinderei. Vom Mackinder's Camp bis zur Austrian Hut des KWS (4790 m) benötigt man drei bis vier Stunden. Die Hütte eignet sich gut für eine Pause, denn von dort braucht man noch eine Stunde bis zum Gipfel des Lenana.

Der Abschnitt von der Austrian Hut bis zum Point Lenana führt über einen schmalen, steinigen Pfad, der den südwestlichen Bergrücken parallel zum Lewis Glacier überquert. Dieser ist seit den 1960er-Jahren um mehr als 100 m geschrumpft. Vorsicht, denn dadurch ist es entlang des Pfades gefährlich rutschig geworden. Ein letzter Anstieg führt dann hinauf zum Gipfel. Bei schönem Wetter gestaltet sich das relativ unkompliziert, doch bei schlechten Bedingungen sollten nur sehr erfahrene Bergwanderer oder Wanderer mit einem Führer den Gipfel in Angriff nehmen.

Schlafen
An dieser Route gibt's drei gute Schlafbaracken: die **Met Station Hut** (Karte S. 186; B 12 US$) auf 3000 m Höhe, das **Mackinder's Camp** (Karte S. 178; B 15 US$) auf 4200 m und

ORGANISIERTE TREKKINGTOUREN

Wer gut verhandelt, zahlt für eine komplette Tour am Ende vielleicht nur wenig mehr, als wenn er alles einzeln organisiert. Um Geld zu sparen, mache man es wie die Gnus und schließe sich einer Herde an: Je größer die Gruppe, desto günstiger wird der Preis pro Person. Alle hier genannten Preise gelten bei einer Gruppe von drei Personen und beinhalten Führer, Köche und Träger, Parkgebühren, Mahlzeiten und Unterkünfte. Einzelne Wanderer müssen etwa mit dem Doppelten rechnen.

EWP (Executive Wilderness Programmes; ☎UK 1550-721319; www.ewpnet.com/kenya) Beschäftigt kompetente örtliche Führer, Dreitagestouren kosten 645 US$ pro Person.

IntoAfrica (☎UK 0114-255 5610, Nairobi 722511752; www.intoafrica.co.uk) Das umwelt- und kulturbewusste Unternehmen bietet sowohl Trips mit festen Terminen (1495 US$ pro Person) als auch exklusive siebentägige Touren, mit Aufstieg über die Sirimon-Route und Abstieg über die Chogoria-Route.

KG Mountain Expeditions (☎721604930, 722261028; www.kenyaexpeditions.com) Wird von einem sehr erfahrenen Bergsteiger geleitet und bietet viertägige All-inclusive-Ausflüge mit festen Terminen (550 US$ pro Person).

Montana Trek & Information Centre (Karte S. 188; ☎062-32731; www.montanatrekks.com; Nanyuki) Bei der lokalen Vereinigung arbeiten freundliche und sachkundige Guides. Viertägige Exkursionen kosten pro Person ab 440 US$, abhängig davon, wo sie enden. Das Centre ist besonders für die Sirimon-Route nützlich.

Mountain Rock Safaris Resorts & Trekking Services (Bantu Mountain Lodge; ☎Nairobi 020-242133; www.mountainrockkenya.com; Naro Moru) Dieser Veranstalter betriebt die Mountain Rock Lodge (S. 185) in der Nähe von Naro Moru. Die beliebte Tour über die Naro-Moru- und Sirimon-Route, die das Massiv überquert, schlägt mit 650 US$ pro Person zu Buche.

Mt Kenya Guides & Porters Safari Club (Karte S. 186; ☎020-3524393; www.mtkenyaguides.com; Naro Moru) Die am besten organisierte Vereinigung von Führern, Köchen und Trägern in Naro Moru. Für ein All-inclusive-Paket werden pro Tag um die 120 US$ pro Person fällig.

Mt Kenya Chogoria Guides & Porters Association (Karte S. 186; ☎733676970; anthonytreks@yahoo.com; Chogoria) Ein kleine Vereinigung von Guides, Köchen und Trägern, die ihren Sitz im Transit Motel in Chogoria hat und sich auf die Chogoria-Route nach oben spezialisiert hat. Eine All-inclusive-Tour kostet um die 120 US$ pro Person und Tag.

Mountain View Tour Trekking Safaris (☎722249439; mountainviewt@yahoo.com; Naro Moru) Eine neue Vereinigung von sieben örtlichen Guides, die zusammenarbeiten und oft Individualreisende ansprechen, die gerade in Naro Moru ankommen. Die Kosten pro Tag und Person liegen um die 120 US$.

Naro Moru River Lodge (Karte S. 186; ☎724082754, Nairobi 020-4443357; www.naromoruriverlodge.com; Naro Moru) Veranstaltet verschiedene All-inclusive-Ausflüge (viertägige Touren gibt es ab 609 US$ pro Person) und betreibt die Met Station Hut sowie das Mackinder's Camp auf der Naro-Moru-Route.

Sana Highlands Trekking Expeditions (Karte S. 60; ☎Nairobi 020-227820; www.sanatrekkingkenya.com; Nairobi) Veranstaltet fünftägige All-inclusive-Trekkingtrips auf der Sirimon- und der Chogoria-Route; die Preise beginnen bei 550 US$ pro Person.

die **Austrian Hut** (Karte S. 183; B 500 KSh) auf 4790 m. In der Met Station Hut und im Mackinder's Camp ist es schwerer, ein Bett zu bekommen, denn sie werden durch die Naro Moru River Lodge (S. 185) gebucht. Wer keinen Schlafplatz ergattert, kann die Route trotzdem gehen, wenn er zeltet und die notwendige Ausrüstung dabeihat.

Etwas mehr Luxus bietet das vom KWS geführte **Batlan Guest House** (Karte S. 186; www.kws.go.ke; Cottages 180 US$) 1 km vom Naro Moru Gate mit Platz für acht Personen.

SIRIMON-ROUTE

Die Sirimon-Route, eine beliebte Alternative zur Naro-Moru-Route, lockt mit einer schöneren Landschaft und einem sanfteren Aufstieg, allerdings muss man dafür einen Tag länger einplanen. Es lohnt sich, sie mit der Chogoria-Route zu kombinieren: Diese Überquerung des Bergmassivs dauert sechs bis sieben Tage und zeigt den Mt. Kenya von seinen schönsten Seiten.

Die Wanderung beginnt am Sirimon Gate 23 km von Nanyuki. Zunächst führt der Weg 9 km durch Wald bis zur Old Moses Hut (3300 m), wo man die erste Nacht verbringt. Am zweiten Tag könnte man schon geradewegs durchs Moorland bis zum Shipton's Camp weiterlaufen, aber wir empfehlen, einen zusätzlichen Akklimatisierungstag an der **Liki North Hut** (Karte S. 178; 3993 m) einzulegen, einem winzigen Fleckchen auf dem Grund eines typischen Urstromtals. Die Hütte ist nur noch eine Ruine und für Träger gedacht, eignet sich aber gut zum Zelten; es gibt eine Toilette und einen Fluss in der Nähe.

Am dritten Tag steigt man auf der Westseite des Liki North Valley hinauf und überquert den Grat ins Mackinder's Valley, wo man nach 1½ Stunden im Tal auf die direkte Route stößt. Nach der Überquerung des Liki River führt der Pfad in 30 Minuten bis zur Schlafbaracke am herrlich gleich unterhalb des Bation und Nelion gelegenen Shipton's Camp (4200 m).

Von dort kann man direkt zum **Point Lenana** (Karte S. 183; 4895 m) aufsteigen, diese anstrengende Tour über den kleinen See Harris Tarn und den schwierigen Anstieg auf der Nordseite dauert 3½ bis 5 Stunden. Oder man entscheidet sich für den Summit Circuit, der um die Gipfel herumführt, und geht bis zur Austrian Hut (4790 m), die eine Stunde unterhalb des Gipfels liegt. Die linke (östliche) Route vorbei am Sattel Simba Col (4620 m) ist kürzer, aber steiler; die rechte (westliche) führt auf dem Harris-Tarn-Weg näher an den Hauptgipfeln entlang.

Von der Austrian Hut geht's auf der Standard-Südwesttraverse aufwärts zum Point Lenana, s. S. 180. Wer dort übernachtet, sollte ein bisschen herumwandern und die Aussichten zum Batian hinauf und den Lewis Glacier hinunter ins Teleki Valley genießen.

Schlafen

Auf dieser Route können Wanderer die **Old Moses Hut** (Karte S. 186; B 12 US$) auf 3300 m und das **Shipton's Camp** (Karte S. 178; B 12 US$) auf 4200 m nutzen. Beide werden über die Mountain Rock Lodge (S. 185) gebucht.

Viele Wanderer akklimatisieren sich, indem sie bei der Liki North Hut zelten. Wer ein bisschen mehr Komfort benötigt, kann die hervorragenden **Sirimon Bandas** (Karte S. 186; www.kws.go.ke; *bandas* 80 US$) des KWS buchen, die etwa 9 km vom Sirimon-Tor entfernt sind. In jeder *banda* finden vier Personen Platz.

CHOGORIA-ROUTE

Diese Route verläuft durch einige der spektakulärsten und abwechslungsreichsten Gebiete auf dem Mt. Kenya und wird oft mit der Sirimon-Strecke kombiniert (meistens als Abstieg). Der Hauptgrund dafür, dass sie als Abstieg bevorzugt wird, ist der 29 km lange untere Abschnitt. Er ist zwar nicht besonders steil, doch eine solch lange Strecke ist viel anstrengender bergauf zu gehen als bergab.

Der einzige Nachteil ist die weite Entfernung zwischen Chogoria und dem Parktor. Heute kommen die meisten Besucher mit dem Fahrzeug, obwohl eine schöne Wanderung durch Felder, Regenwald und Bambus bis zum Tor führt. Viele Wanderer verbringen hier die erste Nacht und zelten entweder am Tor oder übernachten in der nahe gelegenen Meru Mt Kenya Lodge (3000 m).

Am zweiten Tag geht's durch Wald hinauf zum Beginn der Route (hier ist Camping möglich). Von dort schlängelt sich der Weg noch einmal 7 km über hügelige Vorberge bis zum Seengebiet der Hall Tarns und zur **Minto's Hut** (Karte S. 178; 4300 m). Diese Hütte ist genau wie die Liki North Hut den Trägern vorbehalten, eignet sich aber ganz gut zum Zelten. In den Seen sollte man nichts waschen oder abspülen, denn achtlose Wanderer haben sie bereits verschmutzt.

Von dort verläuft der Weg entlang des atemberaubenden **Gorges Valley** (ein weiterer möglicher Abstieg für Abenteuerlustige) und steigt dann steil hinauf, bis er auf den Summit Circuit stößt. Jetzt kann man sich direkt zur Nordseite oder zum Südwesthang des Point Lenana aufmachen, doch eine Pause an der Austrian Hut oder ein Abstecher zum Shipton's Camp dürfte eine bessere Idee sein und bietet die Gelegenheit, die Aussichten in Ruhe zu genießen; Details siehe in den Abschnitten zur Sirimon-Route (S. 182) und zur Naro-Moru-Route (S. 180).

Für die Chogoria-Route sollte man sich mindestens fünf Tage Zeit lassen, eine ganze Woche ist noch besser.

Gipfel des Mt. Kenya

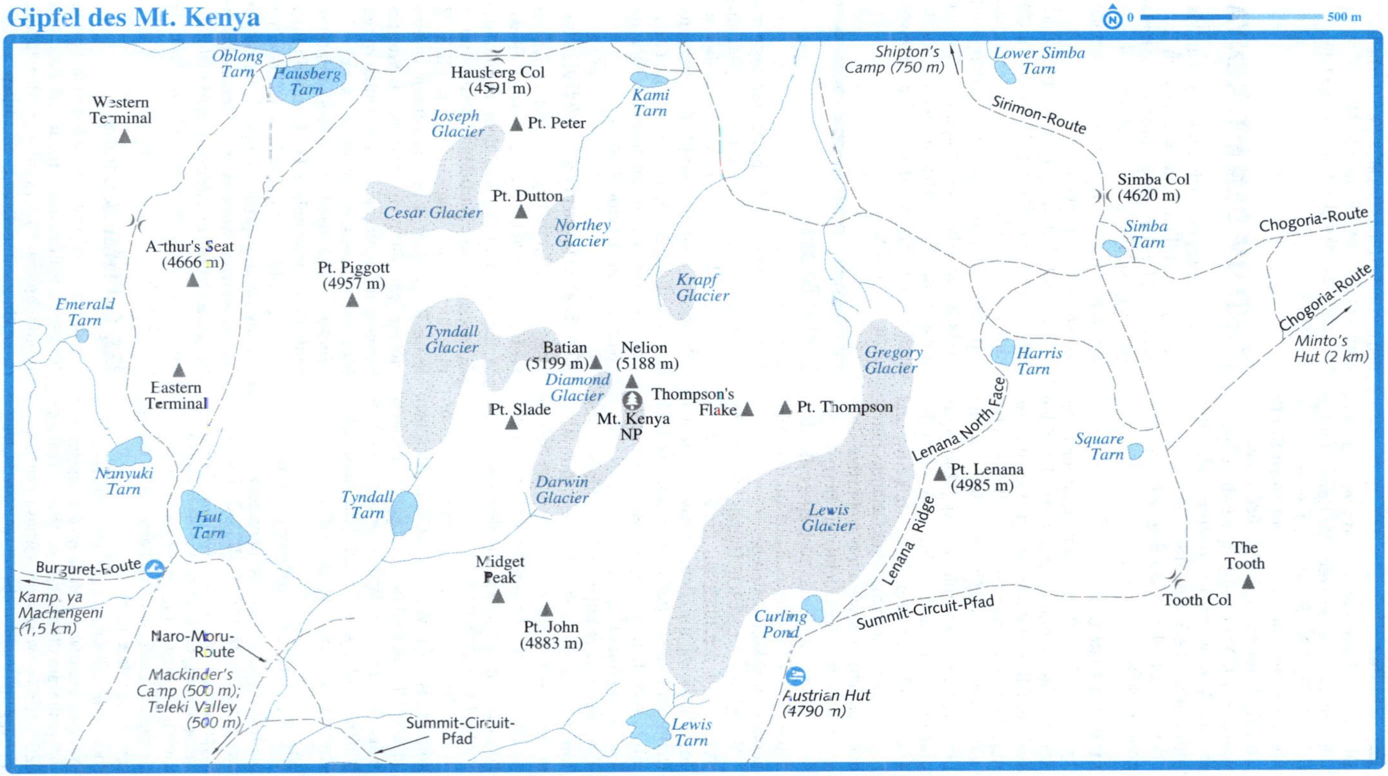

Schlafen

Die einzige Unterkunft auf dieser Route außer dem Zelt ist die **Meru Mt Kenya Lodge** (Karte S. 186; 1500 KSh pro Pers.), eine Gruppe komfortabler Hütten, die vom **Meru South County Council** (☎0729390686; Chuka) verwaltet wird. Man sollte den Führer bitten, sie im Voraus zu reservieren, oder dies selbst über Let's Go Travel (S. 84) versuchen, denn in der Hochsaison kann sie ausgebucht sein.

SUMMIT CIRCUIT

Jeder, der den Point Lenana besteigt, bekommt einen kleinen Vorgeschmack auf den spektakulären Summit Circuit, doch nur wenige Wanderer packen den schönen, aber widerspenstigen Stier bei den Hörnern und bewältigen den kompletten Weg. Die Route umrundet in einer Höhe von 4300 bis 4800 m die Hauptgipfel des Mt. Kenya und bietet dabei anspruchsvolles Gelände, herrliche Aussichten sowie eine großartige Gelegenheit, den vielschichtigen Berg besser kennenzulernen. Sie ist auch eine tolle Möglichkeit, sich vor dem Aufstieg auf den Point Lenana zu akklimatisieren.

Als eines der vielen Highlights auf der Strecke gilt der Blick auf die Südwestseite des Mt. Kenya mit dem langen, schmalen Diamond Couloir, der zu den **Gates of the Mists** zwischen den Gipfeln des Batian und des Nelion hinaufführt.

Je nach persönlicher Form dauert die Tour fünf bis neun Stunden. Sehr fitte Wanderer können an einem Tag (von der Austrian Hut oder vom Shipton's Camp aus) den Point Lenana ersteigen und den kompletten Summit Circuit gehen.

Manchmal, besonders wenn Nebel aufkommt, ist der Weg trügerisch. Zwischen dem Tooth Col und der Austrian Hut haben sich schon mehrere Wanderer ernsthaft verlaufen. Aus diesem Grund sollte man unbedingt einen Guide engagieren.

Praktische Informationen

Die Tagesgebühr für den **Nationalpark** (www.kws.go.ke; Erw./Kind 55/25 US$, Dreitagespaket Erw./Kind 150/70 US$) wird beim Eintritt kassiert, sodass man ungefähr wissen sollte, wie lange man bleibt. Dauert der Aufenthalt länger als geplant, zahlt man die Differenz beim Verlassen des Schutzgebietes.

Kletterer und Bergsteiger sollten sich ein Exemplar des *Guide to Mt Kenya & Kilimanjaro* vom **Mountain Club of Kenya** (MCK; ☎Nairobi 020-602330; www.mck.or.ke) besorgen. Der wichtige und ausführliche Führer ist in Buchläden und in den Büros des MCK (S. 67) erhältlich. Darüber hinaus veröffentlich der MCK auf seiner Website relativ aktuelle Informationen zum Mt. Kenya.

RUND UM DEN MT. KENYA

Der Mt. Kenya, der sich dunkel und an klaren Tagen deutlich sichtbar über dem Land erhebt, bildet den Angelpunkt einer Reihe von Gemeinden, die im wörtlichen und übertragenen Sinn im Schatten des schneebedeckten Riesen leben.

Der größte Teil der Gegend wird für den Anbau von kenianischen Grundnahrungsmitteln und für die Leckerbissen der Somali und Jemeniten genutzt. Für Letztere sind das besonders die Felder mit *miraa* (Zweige und Sprossen des Kathstrauches, die als Stimulanzien gekaut werden) in der Nähe von Meru im Nordosten.

Naro Moru

☎062 / 9880 EW.

Naro Moru besteht eigentlich nur aus einer Kette von Läden und Häusern, ein paar einfachen Hotels und einem Markt, ist aber der beliebteste Ausgangspunkt für Trekkingtouren auf den Mt. Kenya. Im Ort gibt's eine Post und Internetzugang über dem Nice and Spice Cafe, aber keine Banken.

Sehenswertes & Aktivitäten

Abgesehen vom Blick auf den Mt. Kenya (am besten vor 6.30 Uhr, danach wird er von Wolken eingehüllt) und dem Beginn des Aufstiegs auf der Naro-Moru-Route sind einige interessante Tagesausflüge möglich. Alle im Kasten auf S. 181 genannten Vereinigungen von Führern organisieren **Wanderungen** auf den Berg sowie Ausflüge zu den **Mau Mau Caves**, die nicht nur sehr beeindruckend sind, sondern auch eine interessante Geschichte haben. Die Mountain Rock Lodge und die Naro Moru River Lodge bieten ähnliche Touren an und organisieren zudem **Reiten**, **Angeln** bzw. **Tierbeobachtungsfahrten** zum Aberdare National Park, zum Solio Game Reserve und zur Ol Pejeta Conservancy.

Schlafen & Essen

Die einfachen Hotels befinden sich alle in der Stadt, während die mehr auf Touristen ausgerichteten Unterkünfte in der ländlichen Umgebung liegen, vor allem an der holprigen Straße zwischen Naro Moru und den Parktoren. Die Essensmöglichkeiten im Ort sind beschränkt, doch wer sich mit fettigen Pommes frites und dem Fleisch von Ziegen, die ein langes und ereignisreiches Leben hinter sich haben, anfreunden kann, wird nicht hungern.

LP TIPP Naro Moru River Lodge LODGE $$
(Karte S. 186; ☎31047, 0724082754, Nairobi 020-4443357; www.naromoruriverlodge.com; Naro Moru; Camping/B 11/15 US$, EZ inkl. Vollpension 142–201 US$, DZ & 2BZ inkl. Vollpension 204–309 US$; P) Die River Lodge, die ein wenig an ein Schweizer Chalet erinnert, ist eine Ansammlung dunkler, gemütlicher Cottages und Zimmer 3 km außerhalb des Ortes an einem abschüssigen Hang mit Blick auf den Naro Moru River. Backpacker könnten überlegen, hier zu zelten oder im Schlafsaal zu nächtigen, denn dann dürfen sie den Pool und die Squash- und Tennisplätze benutzen. Die hiesigen Restaurants sind die besten der Stadt.

Timberland Hotel HOTEL $
(Naro Moru; EZ/DZ ohne Frühstück 350/500 KSh) Viel billiger geht's kaum, viel schlichter auch nicht. Wer mit Hocktoiletten, der einen oder anderen Wanze und nächtlichem Lärm kein Problem hat, spart richtig Geld.

Mt. Kenya Guides & Porters Safari Club BANDA $
(Karte S. 186; ☎020-3524393; www.mtkenyaguides.com; 1500 KSh pro Pers.) Diese Vereinigung, deren Hauptgeschäft die Bereitstellung von Guides und Trägern ist, hat ihr Tätigkeitsfeld um einige Cottages mit Kaminen und hervorragendem Preis-Leistungs-Verhältnis ergänzt. Mahlzeiten werden auf Bestellung zubereitet und die Organisation einer Trekkingtour ist hier ein Kinderspiel.

Mountain Rock Lodge HOTEL $$
(Bantu Mountain Lodge; Karte S. 186; ☎020-8097157, Nairobi 020-242133; www.mountainrockkenya.com; Camping 550 KSh, EZ/DZ/2BZ 95/140/140 US$; P) Eines der wichtigsten Hauptquartiere für Bergsteiger auf dem Mt. Kenya, ebenso für die Betreiber der Old Moses Hut und des Shipton's Camp auf dem Berg. Es gibt drei Klassen von Unterkünften, die angegebenen Preise gelten für die mittleren „Superior"-Zimmer, die am meisten fürs Geld bieten. Wie in anderen Hotels dieser Preislage sind die Räume durchaus brauchbar, müssten aber dringend mal renoviert werden. Die Lodge liegt etwa 9 km von Naro Moru entfernt in einem Wald, der gelegentlich auch von Elefanten besucht wird.

Mt. Kenya Leisure Lodge HOTEL $$
(Karte S. 186; ☎0715724381; www.mtkenyaleisurelodge.com; Camping 70 US$, EZ/DZ/2BZ 95/130/130 US$; P) Die 2008 eröffnete Lodge, die schon erste Abnutzungserscheinungen aufweist, verfügt über geräumige Zimmer, die an ein altes englisches Herrenhaus erinnern. Das Innere wirkt etwas labyrinthisch, doch die Gemeinschaftslounge mit offenem Feuer gegen die kühle Nachtluft ist sehr schön, wenn man sie erst gefunden hat. 70 US$ für Camping sind eindeutig zu viel.

KULTURELLE SHOWS DER KIKUYU

Einst waren sie für ihre aufwendige Tracht aus weißer Körperbemalung, beeindruckendem Kopfschmuck aus Straußenfedern und Tuniken aus Tierhäuten berühmt, doch heute bevorzugen die meisten Kikuyu westliche Kleidung anstelle der traditionellen Aufmachung. Die einzige wirkliche Gelegenheit, eine Stammesperson in kompletter Tracht zu sehen, ergibt sich leider nur bei einer kulturellen Vorführung in einem Hotel oder beim Posieren für Fotos an den Thomson's Falls.

Natürlich hat es etwas unbestreitbar Künstliches, den Einheimischen auf diese Art zu begegnen, doch die Shows sind eine von wenigen Möglichkeiten, die alten Gebräuche zur Quelle neuen Stolzes zu machen. Wir empfehlen die Vorführungen im Outspan Hotel in Nyeri (S. 172) und in der Mountain Rock Lodge (S. 185) in Naro Moru.

An- & Weiterreise

Zahlreiche Busse und Matatus fahren nach Nanyuki (50 KSh, 30 Min.), Nyeri (30 KSh, 45 Min.) und Nairobi (400 KSh, 3 Std.), entweder von der „Station" für Verbindungen nach Norden oder von der Haltestelle für Verbindungen nach Süden.

Nanyuki

☎062 / 31580 EW.

Diese kleine, aber geschäftige Bergstadt lebt vom Verkauf, sei es der Verkauf von Trekkingtouren an Touristen, der Verkauf von Kuriositäten an Soldaten der britischen

Rund um den Mt. Kenya

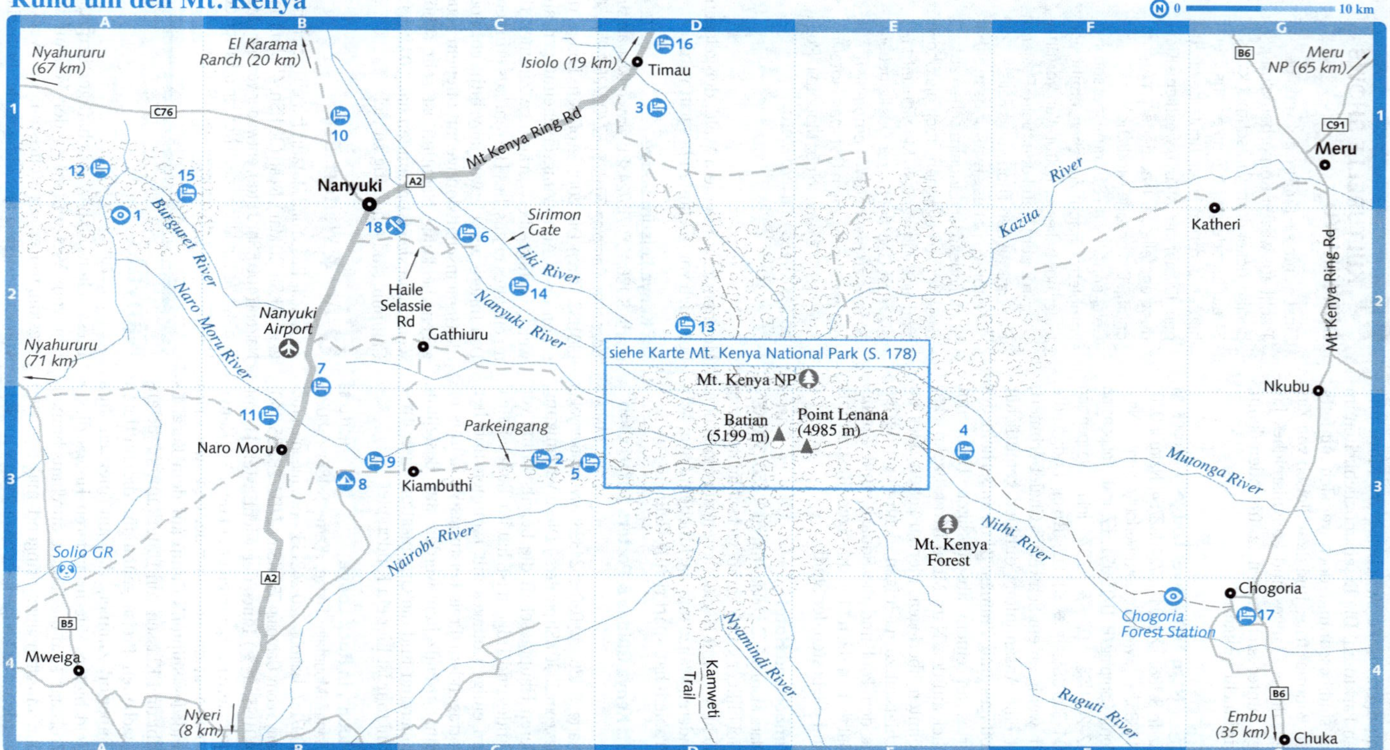

Rund um den Mt. Kenya

Armee, die in der Nähe eine Ausbildungsstätte betreibt, oder der Verkauf von Drinks an die Piloten der kenianischen Luftwaffe, deren wichtigster Militärflughafen sich hier befindet. Trotz aller Geschäftstüchtigkeit ist Nanyuki für eine Marktstadt sehr entspannt. Gleichzeitig dient es als Tor zum Laikipia-Plateau, einem der bedeutendsten Tierschutzgebiete Afrikas.

Sehenswertes & Aktivitäten

Neben der Sirimon-Route (S. 182) und der Burguret-Route auf den Mt. Kenya hat man die Möglichkeit einen 3 km langen Spaziergang zum **Äquator** (dort steht ein Schild) zu machen und Unterricht bei den Männern zu nehmen, die die Corioliskraft praktisch demonstrieren (s. S. 189). „Absolventen" des Kurses können für 300 KSh ein „Diplom" erwerben.

Mt. Kenya Wildlife Conservancy Animal Orphanage ZOO
(Karte S. 186; Mount Kenya Safari Club; 1500 KSh pro Pers.; 8–12.30 & 13.30–17.30 Uhr) Auf den ersten Blick mag das Waisenhaus wie ein Zoo wirken, doch tatsächlich ist es einer der wenigen Orte der Welt, an denen die seltene Östliche Bongo erfolgreich gezüchtet wurde. Inzwischen gibt's sogar Pläne, einige der in Gefangenschaft großgezogenen Antilopen in die Wälder des Mt. Kenya zu entlassen, um die gegenwärtige Population von ca. 70 Tieren zu verstärken. Kinder und alle, die es mögen, wenn Babyaffen über ihren Kopf krabbeln, werden begeistert sein.

Schlafen

LP TIPP **Kirimara Springs Hotel** HOTEL $
(0720370191; www.kirimaraspringshotel.com; Kenyatta Ave; EZ/DZ/2BZ 2300/3000/3500 KSh; P, WLAN) Architekturpreise wird das Kirimara kaum gewinnen, doch die Mitarbeiter sind freundlich und die geräumigen, hellen Zimmer sauberer und billiger als andere in dieser Preisklasse. Die Räume auf der Westseite des Gebäudes bekommen weniger Straßenlärm ab, von denen auf der Ostseite ist der Mt. Kenya zu sehen.

LP TIPP **Mount Kenya Safari Club** LUXUSHOTEL $$$
(Karte S. 186; Nairobi 020-2265000; www.fairmont.com; DZ 329–479 US$; P, WLAN, Pool) Das Luxushotel im Zentralen Hochland – hier möchte sich mancher einen Schnauzbart wachsen lassen, sich zurücklehnen und ein Pfeifchen rauchen. Die Zimmer sind in prächtigem Safara-Chic gestaltet, alle haben eigene Kamine und erlesene Bäder. Die ganze Anlage überblickt die Mt Kenya Wildlife Conservancy und bietet eine schier endlose Reihe von Einrichtungen (z. B. einen beheizten Pool, einen Tennissandplatz, ein Heckenlabyrinth, eine Hochzeitskapelle und eine Kunstgalerie). In dem einst exklusiven Club sind heute auch Tagesbesucher willkommen, die Eintrittskarte erlangt aber erst Gültigkeit, wenn man mindestens einen Drink an der Bar bezahlt. Ein Blick auf die Website lohnt sich, denn manchmal gibt's dort Spezialpreise.

Nanyuki

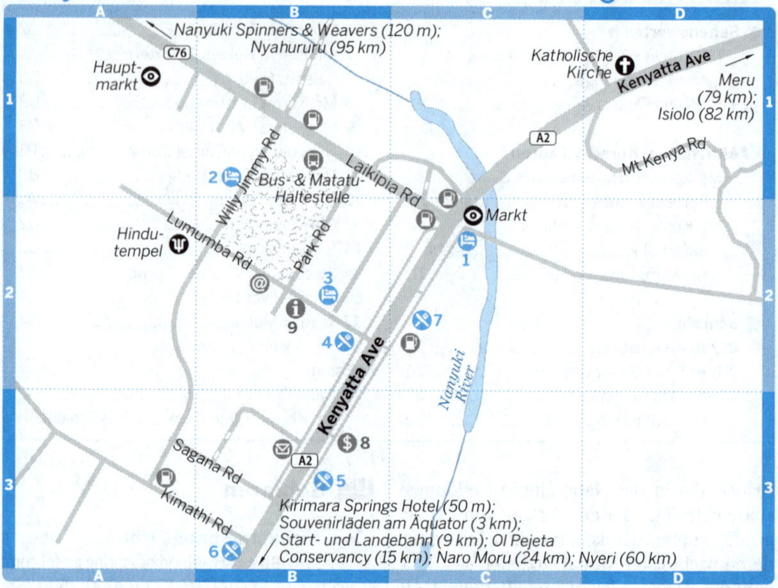

Nanyuki

Schlafen

1 Equator Chalet C2
2 Ibis Hotel B1
3 Joskaki Hotel B2

Essen

4 Eatery B2
5 Marina Grill & Restaurant B3
6 Nakumart Supermarket B3
7 Walkers Kikwetu C2

Praktisches

8 Barclays Bank B3
Boma Holidays .... (siehe 6)
9 Montana Trek & Information Centre B2

Ibis Hotel HOTEL $
(☎0714420888; http://nanyuki@ibishotels.co.ke; Willy Jimmy Rd; EZ/DZ/2BZ ohne Frühstück 1000/1200/1800 KSh; 📶) Für ein bisschen mehr Geld als im nahe gelegenen Josaki lockt das etwas schickere Ibis mit einem etwas freundlicheren Ambiente und größeren Bädern. Im Hof des mehrstöckigen Gebäudes befindet sich ein überdachtes, überdurchschnittlich gutes Restaurant. Am besten sind die Zimmer mit Blick auf den Mt. Kenya.

Joskaki Hotel HOTEL $
(☎31403; Lumumba Rd; EZ/DZ/2BZ ohne Frühstück 600/700/900 KSh) Dieses riesige Hotel ist eine der besten Budgetunterkünfte. Die sauberen Zimmer warten mit einer netten Aussicht über die Stadt und mit etwas Glück auch zum Mt. Kenya auf. Einige der separaten Toiletten haben sogar Sitze. Wegen der Bar und des Restaurants sowie des frühmorgendlichen Lärms könnte es laut werden.

Kongoni Camp BANDA $
(☎702868888; www.kongonicamp.com; Camping 600 KSh, bandas 3200 KSh pro Pers., DZ 5400 KSh; P 📶) Ein freundlicher Einheimischer, der nach London auswanderte und wieder zurückkam, hat das Kongoni gegründet. Es besteht aus fünf runden Beton-*bandas* mit je einem Doppel- und einem Einzelbett. Verglichen mit all den spartanischen Budgetlokalen in der Stadt punktet das große, scheunenartige Restaurant mit Bar mit einem erfrischend hippen Touch. Das Kongoni Camp liegt 4 km östlich der Stadt abseits der A2.

Nanyuki River Camel Camp HÜTTEN $
(Karte S. 186; ☎0722-361642; www.fieldoutdoor.com; Camping 1000 KSh, Hütten ohne Bad HP/VP 4500 KSh) Dieses Ökocamp in einem trockenen Fleckchen Buschland ist die innovativste Unterkunft in der Stadt (okay, sie befindet

sich 4 km außerhalb, abseits von der C76). Es bietet Übernachtungen in Gras- und Kamelhauthütten der Somali, die aus Mandera importiert wurden. Am nahe gelegenen Nanyuki River befinden sich mehrere hübsche Pfade, Picknickbereiche und ein Baumhaus. Die Bleibe ist vor allem für ihre Kameltreks bekannt (halber/ganzer Tag 3500/5000 KSh), es empfiehlt sich aber, diese mindestens 48 Stunden vorher anzumelden, denn die Kamele weiden oft zahlreiche Kilometer weit weg. Als Spezialität des Hauses gilt Somali-Essen, z. B. *nyiri nyiri* (gebratenes Kameldörrfleisch mit Kardamom), doch auch das muss rechtzeitig vorher bestellt werden.

Equator Chalet HOTEL $

(☎31480; Kenyatta Ave; theequatorchalet@yahoo.com; EZ/DZ/2BZ 1500/2300/2300 KSh; @) Freundliche und komfortable Bleibe mit einigen kürzlich renovierten Zimmern, in denen man sich selbst Kaffee und Tee zubereiten kann. Das Hotel mit zwei Balkonen und einer Dachterrasse erstreckt sich um einen luftigen Innenhof.

Nanyuki Simbas Lodge HOTEL $

(☎0711784552; nanyukisimbalodge@gmail.com; abseits der Simba Rd; EZ/DZ/2BZ ohne Frühstück 800/1500/1800 KSh; P) Zunächst verheißt das an eine mittelalterliche Festung erinnernde Gebäude mit dem Charme eines Betonblocks nichts Gutes, doch tatsächlich hat das Hotel mit die saubersten Zimmer der Stadt. Vom Ort sind es zehn Gehminuten hierher. Man folgt der Hauptstraße Richtung Nordosten bis zur Simba Road direkt vor einer katholischen Kirche. Die Lodge liegt 200 m weiter die Simba Road hoch in einer kleinen Seitenstraße.

Essen

Eatery INTERNATIONAL $

(Kenyatta Ave; Hauptgerichte 500–900 KSh; ⏲morgens, mittags & frühabends) Das Restaurant überbrückt die Lücke zwischen *nyama-choma*-Grilllokalen und den noblen Lodges. Es hat sich auf ordentliche westliche Gerichte wie Burger, Sandwiches, Pommes und Pizza spezialisiert. Wer dort abends essen will, sollte sich zeitig auf den Weg machen: Um 18 Uhr schließt es.

Mount Kenya Safari Club INTERNATIONAL, BÜFETT $$$

(Karte S. 186; Mahlzeiten 850–1000 KSh, Büfetts 4300 KSh; ⏲morgens, mittags & abends) Wer sich mal etwas gönnen will, ist in diesem Club richtig. Gäste können auf einem der

HINTERGRUND

PETER MUTUNGA: PROFESSOR DER CORIOLISKRAFT

„Hallo Sir! Willkommen am Äquator! Würden Sie gern eine Demonstration der Corioliskraft erleben?"

„Hallo! Ja, gern."

„Jetzt sind wir im Zentrum. Zu beiden Seiten befinden sich die nördliche *[zeigt nach Norden]* und die südliche *[zeigt nach Süden]* Hemisphäre. Wenn ich 20 m Richtung Norden gehe und Wasser aus dieser Kanne in diese Schüssel mit einem Loch darin *[hält eine Schüssel hoch]* gieße, fließt das Wasser im Uhrzeigersinn ab. Schauen Sie her!"

Er führt es vor und wirft ein Stöckchen ins Wasser, um die Fließrichtung des Wassers zu zeigen.

„Wow!"

„Wenn wir jetzt 20 m Richtung Süden gehen, fließt das Wasser entgegengesetzt zum Uhrzeigersinn ab." Er wiederholt den Vorgang.

„Schau an."

„Dieser Effekt ist als Corioliskraft bekannt. Gaspard de Coriolis beschrieb ihn 1835. Er beruht auf dem Zweiten Newtonschen Gesetz. Hier auf dem nullten Breitengrad wird das Wasser geradewegs nach unten fließen, wenn ich es eingieße. Aufgepasst!" Das Wasser fließt direkt nach unten.

„Wow! Das ist wirklich beeindruckend, Peter."

„Vielen Dank. Ich bin der Professor der Corioliskraft. Außerdem bin ich Unternehmer. Würden Sie mir ein Trinkgold geben?"

Anmerkung des Autors: Die Vorführungen scheinen zwar zu funktionieren, Wissenschaftler sagen jedoch, dass die Corioliskraft nicht, wie von Mutunga dargestellt, der Grund für die unterschiedlichen Abflussrichtungen des Wassers ist.

Sofas im Salon entspannen oder die schöne Aussicht am Pool genießen. Das köstliche Büfett gibt's nur zum Frühstück und zum Mittagessen. Romantiker sollten ihrem Schatz einen Edelstein-Martini bestellen (jener mit blauem Topaz kostet nur 32 650 KSh) – aber aufpassen, dass der oder die Angebetete den Stein nicht verschluckt!

Marina Grill & Restaurant INTERNATIONAL $
(Kenyatta Ave; Hauptgerichte 140–420 KSh; ⌚mittags & abends) Das bei Trekkinggruppen, britischen Soldaten und Offizieren der kenianischen Luftwaffe beliebte Lokal (die sonderbare Mischung, die für Nanyuki typisch ist) bereitet gute Burger und Pizzas und hat einen schönen Essbereich auf dem Dach.

Walkers Kikwetu BÜFETT $
(Kenyatta Ave; Hauptgerichte 200–350 KSh; ⌚Mo–Sa früh, mittags & abends) *Kikwetu* heißt auf Kikuyu „unser", was als Inspiration für die Speisekarte dient. Mehrere afrikanische Gerichte von verschiedenen Stämmen werden im Stil eines Büfetts gemeinsam serviert; bezahlt wird aber je nach gewählter Spezialität. Das ist die Gelegenheit, endlich mal *matoke* (gekochte Kochbananen), Pilau (Swahili-Curryreis) oder *mukimo* (pürierte Bohnen und Gemüse) zu probieren.

Cape Chestnut INTERNATIONAL $
(Karte S. 186; Hauptgerichte 350–550 KSh; ⌚Mo–Sa morgens & mittags; 📶) In erster Linie richtet sich das Gartencafé an weiße Farmer und hier lebende Ausländer, doch es sind alle Gäste willkommen. Die aktuellen Gerichte stehen auf einer Tafel und ändern sich täglich; meistens gibt's Hausgemachtes. Dienstag ist Tapas-Abend (600–800 KSh) und der einzige Tag, an dem lange geöffnet ist. Das Cape Chestnut liegt abseits der Kenyatta Avenue 1 km südlich der Stadt.

Nakumart Supermarket SUPERMARKT $
(Kenyatta Ave) Nanyukis bester Supermarkt.

Shoppen

In der Stadt gibt's einige Souvenirstände und Geschäfte, vor allem für die britischen Soldaten. Die Eatery (S. 189) tauscht Bücher – wer zwei bringt, kann eines mitnehmen.

Nanyuki Spinners & Weavers KLEIDUNG
(Laikipia Rd) Stilvoller sind die Angebote dieser Frauenkooperative für Kunsthandwerk, die sich auf hochwertige Wollerzeugnisse spezialisiert hat. Das Geschäft liegt einen kleinen Spaziergang hinter dem Hauptmarkt an der Laikipia Road.

Souvenirläden am Äquator SOUVENIRS
(Kenyatta Ave) Der Äquator wäre einfach nicht derselbe ohne die etwa 30 Shops, die sich um sein Schild versammeln. Jeder Ladenbesitzer will der erste sein, der ankommende Touristen anspricht. Danach geht der Spaß dann richtig los.

Praktische Informationen

Barclays Bank (Kenyatta Ave) Zuverlässige Geldautomaten.

Boma Holidays (☎020 269194; pamela@bomaadventures.com; 2. OG, Nakumart Centre, Kenyatta Ave) Das Reisebüro kann Flugtickets, Mietautos, Flughafentransfers, Hotelreservierungen und Safaris in der Gegend organisieren.

Montana Trek & Information Centre (☎062-32731; www.montanatrekks.com; Nanyuki) Hier gibt's nicht nur Führer für Trekkingtouren auf den Mt. Kenya, sondern auch hervorragende örtliche Infos.

Peak Cyber (2. OG, Bidhaa Bora Bldg, Lumumba Rd; 60 KSh pro Std.) Internet und Brennen von CDs.

Post (Kenyatta Ave)

An- & Weiterreise

Airkenya (☎020-391 6000; www.airkenya.com) und **Safarilink** (☎020-600777; www.flysafarilink.com) fliegen täglich vom Wilson International Airport in Nairobi nach Nanyuki. Der Hin- & Rückflug kostet bei Airkenya/Safarilink 200/220 US$. **Tropic Air** (☎020-2033032; www.tropicairkenya.com) betreibt seinen Charterhubschrauber- und Kleinflugzeugservice von hier.

Nanyuki hat gute Verbindungen zu allen Orten im Norden und Süden sowie zu den meisten größeren Städten im Rift Valley. Matatus fahren u. a. nach Nyeri (150 KSh, 1 Std.), Isiolo (200 KSh, 1½ Std.), Meru (150 KSh, 1½ Std.), Nakuru (500 KSh, 3 Std.) und Nairobi (400 KSh, 3 Std.).

Timau

Vom Himmel geküsste Felder mit Blumen und Getreide ziehen sich in endlosen, riesigen Wellen bis zu den Grenzen im Norden. Dies ist eine weitere Hauptader in Kenias landwirtschaftlichem Kernland, ein Stopp lohnt sich aber nur wegen der beiden folgenden fantastischen Unterkünfte.

Schlafen & Essen

Ken Trout Guest Cottages BANDAS $
(Karte S. 186; ☎0720804751; Camping 300 KSh, Cottages HP 2500 KSh pro Pers.) Diese Angler-Lodge, die abseits der A2 in einem von Kiefern bewachsenen Flusstal liegt, verströmt

ABSTECHER

LAIKIPIA-PLATEAU

Das **Laikipia-Plateau** (www.laikipia.org) erstreckt sich vor der Kulisse des Mt. Kenya über 9500 km² und besteht aus halbtrockenen Ebenen, dramatischen Schluchten und mit Akaziendickicht bedeckten Hügeln. Inzwischen hat sich der 1992 konzipierte Flickenteppich aus privaten Ranches, Tierschutzgebieten und Kleinfarmen zu einem der wichtigsten Gebiete für Biodiversität im Land entwickelt. Seine Wildtierdichte wird nur noch von der Masai Mara übertroffen. Außerdem ist das Plateau das letzte Refugium der Afrikanischen Wildhunde Kenias. In seinen endlosen Ebenen leben einige der größten Bestände bedrohter Arten in Kenia, darunter die Hälfte aller Spitzmaulnashörner des Landes sowie die Hälfte aller Grevyzebras weltweit.

Ende 2011, nach sechs Jahren schwieriger Verhandlungen, schenkten die African Wildlife Foundation (www.awf.org) und Nature Conservancy (www.nature.org) dem Kenya Wildlife Service 6880 ha Land, das dann amtlich zum Laikipia National Park wurde. Der neueste Nationalpark Kenias erstreckt sich im Herzen des Plateaus und ermöglicht die ungestörte Wanderung des Wildes zwischen den privaten Tierschutzgebieten.

Ol Pejeta Conservancy

Einst war die **Ol Pejeta Conservancy** (Karte S. 186; www.olpejetaconservancy.org; Erw./Kind 65/32 US$, Fahrzeug ab 300 KSh; ⏲7–19 Uhr) eine der größten Rinderfarmen Kenias, heute ist sie ein 36 421 ha großes Tierschutzgebiet in privatem Besitz. Hier gibt's die ganze Palette an Tieren der afrikanischen Ebenen inklusive der „Big Five" sowie riesige Elenantilopen und eine gesunde Nashornpopulation (darunter eine blinde, zahme Waise namens Barrack). Das **Chimpanzee Sanctuary** (⏲9–10.30 & 15–16.30 Uhr) auf dem Gelände ist weniger inspirierend, vor allem weil viele der verwaisten Schimpansen Zeichen einer psychologischen Störung aufweisen (vermutlich aus der Zeit, bevor sie befreit und hergebracht wurden). Zu den Unterkünften zählen das **Sweetwaters Tented Camp** (Karte S. 186; www.serenahotels.com) neben einem von Flutlicht erleuchteten Wasserloch und das **Ol Pejeta House** (Karte S. 186; www.serenahotels.com), eine wuchtige Buschvilla, in der früher Lord Delamere lebte.

Laikipia besuchen

Laikipia wartet nun zwar mit einem nagelneuen Nationalpark auf, doch der allergrößte Teil des geschützten Landes gehört zu privaten Schutzgebieten, deren Anstrengungen dazu beigetragen haben, eines der herausragenden Ziele für Safaris zu schaffen.

Praktisch alle Lodges und Camps (inzwischen sind es über 40) fallen in die Luxuskategorie und sind auf betuchte Besucher ausgerichtet, die im Rahmen eines im Voraus gebuchten Tourpakets herkommen. Am besten beginnt man auf der oben genannten Website des Laikipia-Plateaus mit der Unterkunftsrecherche; die im Folgenden genannten Einrichtungen sind keineswegs die einzigen lohnenswerten Anlaufstellen.

El Karama Ranch (☎0720386616; www.horsebackinkenya.com) Safaris mit Pferden.

Sanctuary at Ol-Lentille (www.ol-lentille.com) Luxussafaris ab 1000 US$.

Il Ngwesi Eco Lodge (☎020-2033122; www.ilngwesi.com) Eine Ökolodge im Besitz von Massai mit herausragenden Möglichkeiten zur Tierbeobachtung.

Tassia Lodge (☎0725972923; www.tassiasafaris.com) Wunderbar gelegen auf einem felsigen Hügel mit weiten Aussichten.

Borana Lodge (www.borana.com) Eine der beiden Lodges auf der Borana Ranch – beide blicken auf Wasserlöcher.

Bobong Campsite (☎062-32718; olmaisor@africaonline.co.ke) Selbstversorger *bandas* und Camping auf einer kinderfreundlichen Farm.

Ol Malo (☎062-32715; www.olmalo.com) Noble Cottages aus Stein und Olivenholz in einer gleichermaßen beeindruckenden Umgebung.

Tharua Safaris (☎0721038337; www.tharua-safaris.info) Bezahlbare Gastfamilienaufenthalte und Safaris mit Pferden.

„DU WIRST BURGEN BAUEN"

„Was bewirkt dieses Zeug?", fragen wir unseren Fahrer.

„Es verleiht dir Energie. Wenn du das kaust, wirst du Burgen bauen."

Das war unsere Einführung in *miraa*, die kleinen Sprossen und Blätter, die überall rund um den Mt. Kenia und in muslimischen Gegenden des Landes gekaut werden.

In der Region von Meru bauen die Einheimischen mit das beste *miraa* der Welt an. Große Nachfrage kommt aus Somalia, und da die Wirkung von *miraa* 48 Stunden nach dem Pflücken nachlässt, rasen total überladene LKWs nachts zum Wilson International Airport nach Nairobi, damit sie den Morgenflug nach Mogadischu erreichen.

Das Kauen von *miraa* ist älter als das Trinken von Kaffee und in einigen Gesellschaften tief verwurzelt, besonders in muslimischen Ländern. Meistens wird es in Gemeinschaft gekaut, um Zuversicht, Zufriedenheit und den Fluss von Ideen zu verstärken. Der Wirkstoff, Cathinon, ist eng mit Amphetaminen verwandt, und die euphorisierende Wirkung kann bis zu 24 Stunden anhalten, je nachdem, wie viel man zu sich nimmt.

Zu viel *miraa* kann allerdings süchtig machen und hat schwerwiegende Folgen, die als „Khat-Syndrom" bekannt sind. Zu den verbreiteten psychischen Nebenwirkungen gehören aggressives Verhalten, Albträume und Halluzinationen, häufige körperliche Folgen sind verringerter Appetit, Unterernährung, Verstopfung und braune Zähne.

Meru gilt als guter Ort für Traveller, um *miraa* auszuprobieren. Es schmeckt bitter und führt zu einem kurzen Hochgefühl, das ganz langsam nachlässt. Im benachbarten Tansania ist es illegal – wer dorthin fährt, sollte es nicht im Gepäck haben.

einsame ländliche Idylle und den Geruch von Holzfeuer. Im Restaurant gibt's natürlich guten Fisch und Angeln kann man hier auch prima, allerdings muss jeder Fang bezahlt werden.

Timau River Lodge BANDAS **$**
(Karte S. 186; ☎0721331098; timauriverlodge@hotmail.com; Camping 500 KSh, Cottages pro Pers. inkl. Frühstück und HP/VP 1500/2000/2500 KSh) In einem Streifen mit kühlen Flüssen und Grasland abseits der A2 liegt diese schöne Anlage aus ausgefallenen Blockhütten mit Strohdächern, zwischen denen Hühner, Enten und ein paar Schildkröten umherspazieren. Die Unterkünfte sind warm und leicht unkonventionell und werden abends von periodisch vorhandenem Strom belebt, wobei der Sternenhimmel ohne künstliches Licht geradezu magisch ist.

An- & Weiterreise

Alle Matatus, die zwischen Nanyuki und Isiolo bzw. Nanyuki und Meru verkehren, können Fahrgäste in Timau (120 KSh, ca. 1 Std.) oder an den Abzweigen zu den beiden Unterkünften rauslassen.

Meru

☎064 / 126 430 EW.

Meru ist die größte Stadt im Zentralen Hochland und das Zentrum der Produktion von *miraa* (s. S. 192), einem milden Stimulans, außerhalb Kenias besser bekannt als Khatstrauch. Auch die Stadt selbst hat etwas von *miraa*: Sie wirkt wie ein kurzzeitig belebender, leicht verwirrender Rausch.

Außerdem dient der Ort als Ausgangsbasis für den Besuch des Meru National Park, lohnt aber auch selbst einen Tagesbesuch und ist der Mittelpunkt des Meru-Stamms (s. S. 318).

Sehenswertes

Meru National Museum MUSEUM
(Erw./Kind 500/200 KSh; ⏲9–18 Uhr) Abseits vom Kenyatta Highway beherbergt dieses Museum eine Reihe verblichener Sammlungen und planlos platzierter, ausgestopfter Tiere. Außerdem gibt's eine kleine, aber informative Ausstellung über Kleidung, Waffen, landwirtschaftliche Praktiken und Initiationsriten (darunter die teilweise oder vollständige Entfernung der Klitoris) des Volkes der Meru. Hinter dem Haus befindet sich ein Minizoo mit verzagten Tieren, die das Pech hatten, hier zu landen.

Schlafen

Hotel Westwind HOTEL **$**
(☎31890; westwindhotelmeru@gmail.com; Angaine Rd; EZ 1800–2500 KSh, DZ 2500–3000 KSh; Ⓟ) Diese Unterkunft, ausgerichtet auf die Businesselite, ist das Beste, was Meru zu bieten hat. Der Service ist freundlich und kommt

von Herzen, das Design stammt allerdings aus den 1980er-Jahren. Einige Zimmer sind überraschend klein. Man geht die Kenyatta Road hinauf, am Supermarkt Nakumart vorbei, und biegt an der großen Kreuzung rechts in die Angaine Road ein. Das Hotel Westwind liegt 500 m die Angaine Road hoch auf der linken Seite.

Pig & Whistle BANDA $
(☎31411; EZ/2BZ 1500/1800 KSh) Hier herrscht eine Art alpines Durcheinander, doch die freundlichen Mitarbeiter und die wirklich komfortablen Cottages auf dem großen, rustikalen Gelände abseits des Kenyatta Highway machen das wieder wett. Von außen sehen die Betonhütten nach nichts aus, sie bieten aber eine sehr angenehme separate Übernachtungsgelegenheit für einen guten Preis.

Blue Towers Hotel HOTEL $
(☎30309; bluetowershotel@yahoo.com; Kenyatta Hwy; EZ/DZ ohne Frühstück 1500/2000 KSh; P) Die Architekten können stolz auf ihr Werk sein, denn sie haben die schwierige Aufgabe bewältigt, eine Tankstelle und einige burgähnliche Türme in ein ansonsten wenig denkwürdiges Gebäude zu integrieren. Hinsichtlich Sonderbarkeit wollen sich die Zim-

Meru

Meru

Sehenswertes
1 Meru National Museum B2

Schlafen
2 Blue Towers Hotel A1
3 Hotel Westwind B1
4 Meru Safari Hotel B2
5 Pig & Whistle B3

Essen
Books First Sherlocks Den .... (siehe 8)
6 Meru County Hotel B2
7 Royal Prince C3

Shoppen
8 Nakumart Supermarket A1

Praktisches
9 Barclays Bank C2
Books First Cyber Café .... (siehe 8)

Transport
10 Busse nach Kensilver C3
11 Matatu-Haltestelle D3
12 Matatu-Haltestelle C3
13 Sunbird-, Vanga- & Combo-Busse C3

mer nicht ausstechen lassen: In allen gehen die Fenster auf den Flur hinaus.

Meru Safari Hotel HOTEL $
(☎31500, 0725259852; merusafari@yahoo.com; Kenyatta Hwy; EZ/DZ/2BZ/3BZ ohne Frühstück 1300/2000/2000/2400 KSh) Das saubere und zweckdienliche, wenn auch ein bisschen seelenlose Hotel ist eine Stufe besser als die einfachsten Unterkünfte. Es hat freundliches Personal, hinterlässt aber ansonsten keinen denkwürdigen Eindruck.

Essen & Ausgehen

Books First Sherlocks Den CAFÉ $
(Nakumart, Kenyatta Hwy; Hauptgerichte 350–700 KSh; ⌚morgens, mittags & abends) Dieser Diner im westlichen Stil könnte sich auch in einem amerikanischen Einkaufszentrum befinden. Gäste haben die Wahl zwischen ziemlich guten Pizzas, Burgern, typischen Texmex-Gerichten, Sandwiches und Kuchen. Im Hintergrund laufen Easy-Listening-Klassiker. Super ist das Angebot „zwei Pizzas zum Preis von einer" zwischen 17 und 19 Uhr.

Meru County Hotel INTERNATIONAL $
(Kenyatta Hwy; Mahlzeiten 300–600 KSh; ⌚morgens, mittags & abends) Auf der hübschen *nyama-choma*-Terrasse wird jeder Tisch von einem Strohschirm beschattet. Wer mal eine Pause vom Grillfleisch machen will, kann die aktuellen westlichen, kenianischen und indischen Mahlzeiten versuchen.

Royal Prince KENIANISCH $
(Tom Mboya St; Hauptgerichte 200–350 KSh; ⌚mittags & abends) Die kulinarischen Gaumenfreuden füllen zwei geschäftige Etagen dieses billigen Hotels. Das Restaurant unten hat sich auf Gebratenes spezialisiert, oben befindet sich der *choma*-Bereich, in dem ein halbes Kilo Grillfleisch 350 KSh kostet.

Nakumart Supermarket SUPERMARKT $
(Kenyatta Hwy; ⌚Mo–Sa 8.30–20.30, So 10–20 Uhr) Supermarkt mit der größten Auswahl in der Stadt.

Praktische Informationen

Barclays Bank (Tom Mboya St) Zuverlässige Geldautomaten.

Books First Cyber Café (Nakumart, Kenyatta Hwy; 120 KSh pro Std.)

Post (Kenyatta Hwy)

An- & Weiterreise

Kensilver (Mosque Hill Rd) und **Sunbird** (Mosque Hill Rd) bieten ab 6.45 Uhr zusammen

MERUS BERÜHMTE LÖWEN

Als Joy Adamson das Buch *Frei geboren* schrieb, das auf ihren Erlebnissen bei der Aufzucht eines verwaisten Löwenbabys namens Elsa beruhte, rechnete kaum jemand damit, dass es 13 Wochen an der Spitze der Bestseller-Liste der *New York Times* stehen und danach die Inspiration für einen Film liefern würde, der ein weltweiter Hit werden sollte.

Elsa und ihre beiden Schwestern wurden zu Waisen, als Joys Ehemann George Adamson ihre Mutter zur Selbstverteidigung töten musste, während er die Spur eines menschenfressenden Raubtiers verfolgte. Anders als ihre Schwestern, die in europäische Zoos gebracht wurden, blieb Elsa, die schwächste, bei den Adamsons. Das Paar verbrachten zwei Jahre damit, dem Tier das Verhalten und Leben von Löwen beizubringen, und entließ sie dann im heutigen Meru National Park erfolgreich in die Wildnis.

Elsas gelungene Auswilderung bewog John Rendall und Ace Bourke, ihren eigenen Löwen Christian (www.alioncalledchristian.com.au) 1969 in das Camp von George Adamson bringen zu lassen. Sie hofften, dass auch er in die Wildnis entlassen werden könne. Christian, ursprünglich im Londoner Kaufhaus Harrods gekauft, hatte bis dahin im Keller unter ihrem Möbelgeschäft gelebt. Als die beiden Männer erfuhren, dass Christian sich erfolgreich in Kenia akklimatisiert hatte, kehrten sie dorthin zurück. Ihr Wiedersehen mit Christian wurde für einen Dokumentarfilm aus dem Jahr 1971 festgehalten.

30 Jahre später verbreitete sich die bearbeitete Filmaufnahme des Wiedersehens wie ein Virus auf YouTube, inzwischen haben schätzungsweise mehr als 60 Mio. Menschen das Video gesehen. Sollte es tatsächlich jemand verpasst haben: Es rührt zu Tränen, vor allem die Szene, als Christian seine alten Freunde erkennt, in großen Schritten einen felsigen Abhang herunterkommt und sich buchstäblich in ihre Arme wirft – 150 Kilogramm plüschige Löwenliebe, die die Jungs fast von den Füßen reißt.

15 Verbindungen nach Embu (300 KSh, 2 Std.), Thika (300 KSh, 3½ Std.) und Nairobi (400 KSh, 5 Std.).

Vanga (Mosque Hill Rd) und **Combo** (Mosque Hill Rd) schicken täglich um 18.30 Uhr bzw. gegen 17.30 Uhr einen Bus nach Mombasa (1300 KSh, 12 Std.). Der Vanga-Bus ist bequemer.

Regelmäßig fahren Matatus nach Nairobi (650 KSh, 4 Std.), Thika (550 KSh, 3½ Std.), Embu (300 KSh, 2 Std.), Nanyuki (250 KSh, 1½ Std.) und Isiolo (200 KSh, 1½ Std.). Fernverkehrs-Matatus starten von der „Station" in der Nähe des Hauptmarkts.

Meru National Park

Ein Jahrzehnt der Wilderei in den 1980ern und der anschließende Mord an George Adamson (berühmt durch *Frei geboren*) 1989 schädigten den Ruf des Meru National Park so, dass er von den Reiseplänen der Touristen verschwand. Trotz enormer Investitionen des KWS konnte sich das Schutzgebiet nie mehr ganz zurückkämpfen. Das ist wirklich schade, denn mit der wachsenden Zahl der Tiere und mit seinen malerischen grünen Hügeln, den schnellen, von Wäldern gesäumten Flüssen und den Affenbrotbäumen und Doumpalmen ist es eines der bestgehüteten Geheimnisse Kenias.

MERU NATIONAL PARK

Highlights Ein ursprünglicher, selten besuchter Nationalpark, in dem es garantiert kein Gedränge gibt.

Reisezeit Der Park liegt zwar im östlichen Regenschatten des Mt. Kenya, aber mit einem Allradfahrzeug kann er ganzjährig besucht werden.

Praktisches Öffentliche Verkehrsmittel sucht man hier vergeblich, doch Selbstfahrersafaris sind möglich, denn die Straßenkreuzungen im Schutzgebiet sind auf dem Boden nummeriert und auf den Parkkarten ausgewiesen.

Sehenswertes & Aktivitäten

Wandern ist im Park nicht erlaubt; wer kein eigenes Fahrzeug mit Allradantrieb hat, muss sich also einer organisierten Tour anschließen, um die **Zebras**, **Wasserböcke**, **Büffel**, **Giraffen** und **Elefanten** des Schutzgebietes zu sehen. Weil sie sich im hohen Gras und im Dickicht der Akazienbüsche verbergen, sind die Tiere nicht so leicht zu entdecken wie in den Parks mit offenerer Landschaft. Darum ist es nicht ungewöhnlich, dass man um die Ecke biegt und praktisch Stoßstange an Schnauze einem großen, bedrohlichen Raubtier gegenübersteht.

Die relative Unübersichtlichkeit der Schutzzone sorgt auch dafür, dass die **Tierbeobachtungsfahrten** ein sehr viel persönlicheres Erlebnis sind als anderswo – oftmals scheint man sogar ganz allein auf weiter Flur zu sein.

Die meisten Safaris führen durch das Murera-Tor in den Park und zum **Rhino Sanctuary**, einem eingezäunten Abschnitt, in dem sowohl Spitz- als auch Breitmaulnashörner leben. Sie wurden nach der verheerenden Wilderei in den 1980er-Jahren vom Lake Nakuru National Park hergebracht und hier wieder angesiedelt.

Am wichtigsten Wasserweg des Parks, dem **Rojewero River**, bekommt man mit ziemlicher Sicherheit **Flusspferde** und **Krokodile** zu Gesicht. Im Süden befindet sich **Elsas Grab**, ein steinernes Denkmal für den berühmten Löwen der Adamsons. Der Zugang zum angrenzenden **Kora National Park** führt über die Brücke in der Nähe der **Adamson's Falls**.

Schlafen

Kinna Bandas BANDAS **$$**
(www.kws.go.ke; bandas 100 US$;) Die vier *bandas* für je zwei Personen sind mit Kerosinlaternen ausgerüstet, die für die passende romantische Stimmung unter dem sternenübersäten Himmel im Busch sorgen. Sie liegen im Herzen des Parks – noch näher kann man den Tieren nicht kommen, wenn man nicht gefressen werden will.

Elsa's Kopje BANDAS **$$$**
(020-6003090; www.elsaskopje.com; DZ inkl. Vollpension ab 1190 US$;) Viele Hotels werben damit, dass sie sich in die Umgebung einfügen, doch Elsa's Kopje gelingt das so naht- und mühelos, dass die Latte für noble Ökounterkünfte jetzt dauerhaft höher liegt. Die individuellen „dreieckigen" Zimmer, die in den Mughwango Hill eingebettet sind, bieten Aussichten, die die Macher des Films *König der Löwen* vor Neid erblassen lassen dürften. In den Stein gehauene Überlaufpools schwappen über die Felskuppe, während im privaten Garten Klippschliefer Fangen spielen. Gäste werden nach allen Regeln der Kunst verwöhnt, Wildbeobach-

Meru National Park

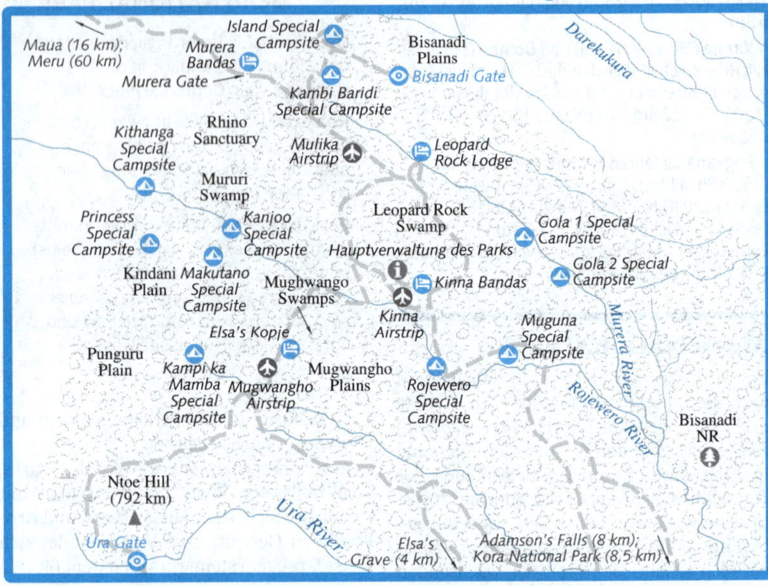

tungsfahrten, Safariwanderungen und der Transfer gehören ebenfalls zum Paket.

Leopard Rock Lodge LODGE **$$$**
(☎020-600031, Nairobi 0733333100; www.leopardmico.com; Vollpension 240 US$ pro Pers.; ☒) Weil die schöne Lodge nicht eingezäunt ist, können die Tiere ungehindert auf das Gelände. Gäste müssen auf ihre Sachen aufpassen, denn Paviane und Weißkehlmeerkatzen lassen gern mal was mitgehen! Wegen der in jüngster Zeit gewachsenen Konkurrenz sind die Preise beträchtlich gefallen, und auch wenn sie nicht in derselben Liga wie Elsa's Kopje spielt, ist diese Bleibe doch deutlich billiger.

Murera Bandas BANDAS **$$**
(www.kws.go.ke; bandas 50–70 US$) Mit seinen vielen schlichten hölzernen Cottages und Hütten wirkt das Camp weniger charmant als das Kinna, doch wenn alles andere ausgebucht ist, stellt es eine gute Wahl dar. In jeder *banda* können drei Personen schlafen.

Spezielle Campingplätze CAMPING **$**
(www.kws.go.ke; Camping 30 US$, Reservierungsgebühr 7500 KSh pro Woche) Im Park gibt's Dutzende dieser Campingplätze im Busch ohne Einrichtungen. Besucher erfahren an den Eingangstoren, welche der Plätze gerade geöffnet sind.

ℹ Praktische Informationen

Der Eintritt für den **Meru National Park** (☎020-2109508; www.kws.go.ke; Erw./Kind 60/30 US$, Fahrzeuge ab 300 KSh; ⏱6–19 Uhr) berechtigt auch zum Besuch des angrenzenden **Kora National Park**, allerdings muss dieser im Voraus mit dem Leiter des Hauptquartiers im Meru-Park arrangiert werden.

Die Karte *Meru National Park* (450 KSh) des KWS, die an den Eingangstoren verkauft wird, ist unverzichtbar, um sich in dem Schutzgebiet zurechtzufinden. Selbst mit der Karte lohnt es sich, einen Guide zu engagieren (6 Std./Tagestour 1500/3000 KSh).

ℹ An- & Weiterreise

Es ist nicht empfehlenswert, ohne Fahrzeug zum Park zu kommen. Die Ranger können zwar manchmal einen Jeep organisieren, aber nur nach langfristiger Ankündigung.

Wer kein Auto hat, wendet sich am besten an John Kirimi von **J. Kirimi Safaris** (☎0721683 700; www.jkirimisafaris.com), einem kleinen Veranstalter, der in Maua, einer Kleinstadt 31 km vom Haupttor entfernt, einen Allradwagen besitzt. Eine Ganztagessafari kostet ca. 135 US$ für das gesamte Fahrzeug, inklusive Abholung aus und Zurückbringen nach Meru.

Airkenya (www.airkenya.com) verkehrt täglich zwischen Meru und Nairobi (Hin- & Rückflug 449 US$).

Chogoria

☎064 / 3020 EW.

Diese Stadt teilt ihren Namen mit der schwierigsten Route auf den Mt. Kenya (S. 182). Sie ist zwar freundlich, Grund für einen Besuch haben aber eigentlich nur Wanderer.

Eine örtliche Unterkunft lässt sich wahrscheinlich über einen der vielen Schlepper arrangieren, die Trekkingtouren zum Mt. Kenya anbieten, ansonsten gibt's das **Transit Motel** (Karte S. 186; ☎0725609151; www.transitmotelchogoria.com; Camping 500 KSh pro Zelt, EZ/DZ/2BZ/3BZ 1200/1900/1900/2600 KSh) 2 km südlich der Stadt. Die große, freundliche Lodge verfügt über hübsche Zimmer (einige davon mit kleinen Balkonen) und ein anständiges Restaurant (Mahlzeiten 350–500 KSh). Hier befindet sich auch der Sitz der Mt. Kenya Chogoria Guides and Porters Association (s. Kasten S. 181).

Chogoria liegt 3 km abseits der B6, von der zwei Straßen in die Stadt führen. Express-Matatus lassen Fahrgäste meistens an der südlichen Kiriani-Kreuzung oder an der nördlichen Kirurumwe-Kreuzung aussteigen, von dort geht's mit einem *boda-boda* (Motorradtaxi) in den Ort. Bei der Abreise ist es besser, den Matatu-Stand der Stadt anzusteuern, statt sich zur B6 zu bemühen und darauf zu hoffen, dass ein vorbeifahrender Wagen Plätze frei hat. Matatus verkehren nach Meru (150 KSh, 1 Std.), Embu (220 KSh, 1½ Std.) und Nairobi (400 KSh, 4 Std.).

Embu

☎068 / 31 500 EW.

Erstaunlicherweise ist dieser schläfrige Ort die Hauptstadt der Eastern Province, doch trotz ihrer lokalen Bedeutung gibt's hier nicht viel zu tun, und bis zum Mt. Kenya hat man es auch recht weit. Am schönsten ist es gegen Oktober/November, wenn die lila Jacaranda-Bäume in voller Blüte stehen.

Schlafen & Essen

Panesic Hotel HOTEL $
(☎0722533442; panesichotel@yahoo.com; EZ/DZ/2BZ 2500/3000/3500 KSh, P ☸ ✉) Embus bestes Hotel befindet sich abseits der B6. Die Zimmer sind makellos und haben Flachbildfernseher, moderne Bäder (oder was in dieser Gegend als modern gilt) und Betten mit den beeindruckendsten Moskitonetzen, die man sich nur vorstellen kann.

Canan Guest House PENSION $
(☎0723285517; EZ/DZ/2BZ 800/1000/1200 KSh) Die grün-weißen Zimmer, die ein Stück abseits der Hauptstraße liegen, bieten ein gutes Preis-Leistungs-Verhältnis, sind aber ziemlich klein. Hier gilt übrigens: Nicht rauchen, kein Alkohol, nicht kiffen und auch kein *miraa*.

Valley View Lodge HOTEL $
(☎0720757921; EZ/DZ/2BZ ohne Frühstück ab 900/1100/1400 KSh) Diese ordentliche Unter-

Embu

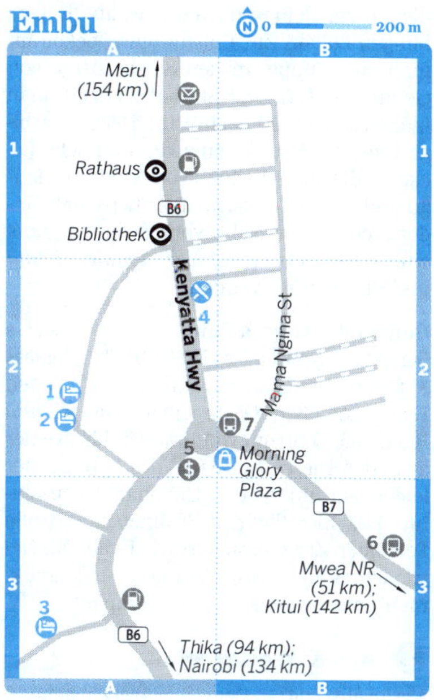

Embu

Schlafen
1 Canan Guest House A2
2 Panesic Hotel A2
3 Valley View Lodge A3

Essen
4 Bomas Roasters & Pub A2
Panesic Hotel .... (siehe 2)

Praktisches
5 Barclays Bank A2

Transport
6 Bus- & Matatu-Haltestelle B3
7 Busse B2
Shell-Tankstelle .... (siehe 7)

kunft mit sauberen, wenn auch etwas abgenutzten Zimmern ist in den erbsengrünen Tönen von Anstalten gestrichen. Im Restaurant gibt's einen Billardtisch und eine große Veranda, darum ist es als Kneipe beliebter als zum Dinieren. Die Lodge liegt abseits der B6.

Essen & Ausgehen

LP TIPP **Panesic Hotel** INTERNATIONAL $
(Hauptgerichte 400–600 KSh; ⏲morgens, mittags & abends) Eine ausgesprochen tolle Option, die nur ein klein wenig teurer ist als die ganz billigen Lokale. Zur Einstimmung bekommt man eine Suppe, zu den Steaks Berge von Gemüse und *starch* („Stärke", so nennt man hier Getreidebrei) nach Wahl. Der dreifarbige Fruchtcocktail ist eine vitaminreiche Leckerei, die aus Schichten von Avocado, Mango und rotem Saft besteht. Außerdem befindet sich in der Nähe vom Swimmingpool eine Grillterrasse, auf der *nyama choma* und Bier serviert werden.

Bomas Roasters & Pub KNEIPE $
(Kenyatta Hwy; Mahlzeiten 170–400 KSh; ⏲mittags & abends) Von der Terrasse in der zweiten Etage genießen Gäste einen ungetrübten Blick aufs Zentrum von Embu, inklusive der ätzenden Dieselabgase und des Anblicks der leicht deprimierenden Unabhängigkeitsstatue. Das Bier fließt in Strömen und große Portionen Ziegenbraten sowie Ugali (ein Getreidebrei aus Maismehl und/oder Maniokmehl) machen das Erlebnis komplett.

An- & Weiterreise

Alle im Abschnitt zu Meru (S. 194) erwähnten Busse halten auf ihrer Fahrt zwischen Nairobi und Mombasa an der Shell-Tankstelle im Stadtzentrum.

Zahlreiche Matatus verkehren nach Chogoria (250 KSh, 1½ Std.), Meru (350 KSh, 2 Std.), Thika (250 KSh, 2 Std.), Nyeri (230 KSh, 2 Std.), Nanyuki (310 KSh, 3½ Std.), Nyahururu (510 KSh, 5 Std.), Nairobi (300 KSh, 3 Std.) und Nakuru (630, 6 Std.).

Mwea National Reserve

Im Gegensatz zum tiefen Grün, das große Teile des Hochlands prägt, erstreckt sich dieses Reservat in einer trockenen Senke, die mit ihren Felswänden, dornigen Büschen und Aloe-Feldern ihre ganz eigene Schönheit hat. Der Kamburu Dam am Zusammenfluss von Tana und Thiba River bildet das Zentrum des von einem Elektrozaun umgebenen 48 km² großen **Reservats** (www.kws.go.ke; Erw./Kind 20/10 US$; ⏲6–19 Uhr), in dem Elefanten, Flusspferde, Büffel, Kleine Kudus und unzählige Vögel leben.

Nahe dem Hauptquartier des Reservats gibt's einen **Campingplatz** (Erw./Kind 15/10 US$) mit einfacher Ausstattung (kein Wasser); ein weiterer, ähnlich ausgestatteter Platz befindet sich unweit vom Hippo Point.

Mwea erreicht man am besten über die 11 km lange unasphaltierte Straße, die etwa 40 km südlich von Embu von der B7 abgeht und dort ausgeschildert ist. 14 km südlich von Embu ist eine 27 km lange unbefestigte und sehr holprige Straße zum Park ausgewiesen. Um nach Mwea zu kommen und im Park herumzufahren, benötigt man einen Allradwagen.

Thika & Umgebung

☎067 / 82 665 EW.

Thika wurde durch seine Flammenbäume berühmt, die es inzwischen nicht mehr gibt. Heute ist die Stadt vor allem für ihre Ananas bekannt und Del Monte eine wichtige Institution in der Gegend. Sie gilt als sauberster Ort Kenias, allerdings finden sich wenige Anzeichen dafür, dass dieser Ruf berechtigt ist.

Sehenswertes & Aktivitäten

LP TIPP **Fourteen Falls** WASSERFALL
(Erw./Kind 350/160 KSh; ⏲9–17 Uhr) Es mag vielleicht nicht das landschaftliche Highlight des Zentralen Hochlands sein, dennoch macht es ziemlichen Spaß, über den Rand des Wasserfalls zu balancieren, wo 14 einzelne Kaskaden (oder nach Regenfällen ein riesiger) 10 m in die Tiefe stürzen. Besucher benötigen allerdings einen Guide (400 KSh nach Handeln), der einem den Weg weist, denn die Steine sind rutschig, glitschig und unter schnell fließendem Wasser verborgen. Bei hohem Wasserpegel oder für Leute, die etwas wacklig auf den Beinen sind, ist das Ganze auf keinen Fall zu empfehlen. Ein friedlicher fünfminütiger Spaziergang führt flussaufwärts zu einem stillen Wasserbecken und einer Herde dort lebender **Nashörner**.

Der Wasserfall liegt 25 km südöstlich von Thika. Am einfachsten erreicht man ihn mit einem Matatu von der St. Patrick's School (80 KSh, 40 Min.) aus, wo man dem Fahrer sagen muss, wohin man möchte.

GRATIS **Thika & Chania Falls** WASSERFALL

(Muranga Rd) Der Chania River und der Thika River entspringen auf der Aberdare Range und treffen sich schließlich etwa 2 km nördlich der Stadt, wo sie über eine felsige, von Bäumen gesäumte Klippe stürzen. Besonders gut lässt sich der Anblick auf der Veranda des Blue Post Hotel genießen – mit einem Drink in der einen Hand und einem Buch in der anderen.

Schlafen

Blue Post Hotel HISTORISCHES HOTEL $$

(☎0721578245; blueposthotel@africaonline; Muranga Rd; EZ/DZ/3BZ ohne Frühstück 3850/4200/5550 KSh; @P) Das Hotel ist älter als die Stadt selbst und hat sich noch immer eine schwache Aura der Kolonialzeit bewahrt. Es war zweifellos die erstklassige Lage gegenüber von Thikas Wasserfällen, die im Jahre 1908 die ursprünglichen Besitzer in ihren Bann zog. Heute begeistert das wunderbar gepflegte Gelände kenianische Paare, die sich in aller Polyester-Pracht vermählen wollen. Unser Tipp: Ein Zimmer im „Chania Wing" verlangen, denn diese haben Aussicht auf die Wasserfälle. Auf dem Hotelgelände befinden sich auch ein erstaunlich gut bestücktes Kunsthandwerksdorf und ein ebenso erstaunlicher, aber kaum bestückter Zoo.

Stadview Apartments HOTEL $

(☎0727401127; Commercial St; Zi./2BZ/Suite ohne Frühstück 1300/1500/3000 KSh) Die fröhlichen, jedoch veralteten Zimmer im Stadview, dem Nachbarn des viel auffälliger ausgeschilderten December Hotel im Stadtzentrum, warten mit dem besseren Preis-Leistungs-Verhältnis auf.

Samann Guest House HOTEL $

(Bamboo Bar, Anger Guest Restaurant; ☎072233956; Kenyatta Hwy; Zi. ohne Frühstück 500 KSh) Ab 20.30 Uhr gibt's in den einigermaßen sauberen Zimmern gute heiße Duschen (jedenfalls wenn der Boiler so weit ist). Für den Preis darf man allerdings keine Extras wie Toilettensitze erwarten.

Essen & Ausgehen

In Thika erfordert es viel Geduld, wenn man etwas essen möchte. Es ist nicht ungewöhnlich, dass die Speisen erst nach einer Stunde serviert werden.

LP TIPP **Raheels Cafe Pan House** INDISCH $

(Section 9; Mahlzeiten 350 KSh; ⏲abends, Di geschl.) Es gibt nur einen Grund, dieses unauffällige Take-away-Restaurant zu besuchen, und das ist das *chicken tikka*. Dazu sollte man auf jeden Fall *naan* bestellen, um die Soße zu verputzen, und die Mahlzeit mit einem *paan parcel* abschließen, einer Zubereitung aus Zuckersirup, Datteln, Kräutern und Gewürzen, die in ein extra aus Indien importiertes Betelblatt gewickelt wird.

Coconut Grill EUROPÄSICH, CHINESISCH $

(Kenyatta Hwy; Mahlzeiten 250–350 KSh; ⏲morgens, mittags & abends; 📶) Ein Lieblingslokal der Einheimischen, besonders solcher, die beim ersten Rendezvous Eindruck machen wollen. Dank der hohen Decken und einiger großer Fenster ist es das hellste und strahlendste Restaurant der Stadt. Einziger Makel: Bei Gästen, die nicht aus Thika stammen, verrechnet sich das Personal gern mal.

Porkies Garden BIERGARTEN

(Uhuru St; Mo–Do Eintritt frei, Fr & Sa 100 KSh; ⏲10 Uhr–open end) Hier gibt's den besten Hühnereintopf der Stadt und riesige Bildschirme für Sportfans. Allerdings erwacht das Porkies erst richtig zum Leben, wenn es sich in einen Nachtclub verwandelt, in dem es heiß hergeht und sehr erotisch in kenianischem Stil getanzt wird. Donnerstags legen die Betreiber bei den *„bend-over"*-Nächten noch eins drauf: Dann treten Paare nach dem Motto „Nur Dirty Dancing ist gutes Tanzen" um Preisgeld an.

An- & Weiterreise

Thikas steter Strom von Matatus startet an der „Hauptstation" im Stadtzentrum. Die Fahrt geht u. a. nach Nairobi (100 KSh, 1 Std.), Sagana (140 KSh, 1 Std.), Nyeri (200 KSh, 2 Std.) und Embu (200 KSh, 1½ Std.).

Ol Donyo Sabuk National Park

Dieser winzige **Park** (www.kws.go.ke; Erw./Kind 20/10 US$; ⏲6–19 Uhr) erstreckt sich rund um den Gipfel und die Hänge des **Ol Donyo Sabuk** (2146 m), der bei den Kikuyu als Kilimambongo (Büffelberg) bekannt ist. Der Name passt, denn Büffel gehören zu den wenigen Tieren, denen man hier vielleicht begegnet.

Wegen der tödlichen Gefahr eines Büffelangriffs dürfen Besucher nur in Begleitung eines Rangers (halber/ganzer Tag 1500/3000 KSh) wandern. Wir empfanden die beliebteste Tour, die 9 km lange Wanderung auf einer unbefestigten Straße (3–4 Stunden) zum Gipfel, eher als enttäuschend. Die

Aussichten sind zwar beeindruckend, werden aber zunehmend von Mobilfunkanlagen beeinträchtigt. Interessanter war die afroalpine Vegetation auf dem Gipfel, die sonst nur auf dem schwer zu erreichenden Mt. Kenya zu sehen ist.

Direkt vor dem Haupttor liegt ein hübscher **Campingplatz** (www.kws.go.ke; Camping 15 US$) mit einem Plumpsklo, einem verrosteten Wasserhahn und kostenlosem Feuerholz. Mehr Komfort bietet das **Sabuk House** (www.kws.go.ke; 300 US$), eine charmante Lodge zu einem ausgesprochen günstigem Preis verglichen mit ähnlichen *bandas* des KWS, zumal sie zehn Personen Platz bietet.

Von Thika nimmt man das gleiche Matatu wie zu den Fourteen Falls, fährt aber bis zum Dorf Ol Donyo Sabuk (100 KSh, 50 Min.) weiter; von dort sind es 2 km Fußweg auf einer unbefestigten Straße, die geradewegs zum Tor führt.

Nordkenia

Inhalt »

Naturhighlights

» Lewa Wildlife Conservancy (S. 206)

» Samburu, Buffalo Springs & Shaba National Reserves (S. 208)

» Matthews Range (S. 212)

» Il Ngwesi (S. 207)

Kulturhighlights

» Loyangalani (S. 223)

» Marsabit (S. 213)

» South Horr (S. 223)

» Moyale (S. 216)

Auf nach Nordkenia

Entdecker, aufgepasst! Bereit für die aufregendste Wildnis Afrikas? Auf diesen Trip sollte man sich nur einlassen, wenn man nicht vor haarsträubenden Straßen, sengender Hitze, unablässig wirbelnden Staubwolken, schlichtem Essen und einfachen Unterkünften sowie möglichen Gefahren (s. S. 218) zurückschreckt.

Belohnt wird man dafür mit weiten zerklüfteten Lavawüsten, Kameltreibern, die ihre Tiere zu einsamen Oasen führen, nebelumwaberten Bergen voller mysteriöser Kreaturen, prähistorischen Inseln mit riesigen Reptilien und Begegnungen mit traditionell gekleideten Kriegern. Weitere Anreize sind Kamelwanderungen durch Sanddünen, Treffen mit Elefanten in struppigen Akazienwäldern und die Chance, barfuß am Ufer des legendären Jadesees entlangzulaufen.

Nordkenia bietet die Möglichkeit, unserem 21. Jh. mit seinem WLAN und Unterschichtenfernsehen zu entfliehen und sich in eine komplett andere Welt zu begeben.

Reisezeit

Loyangalani

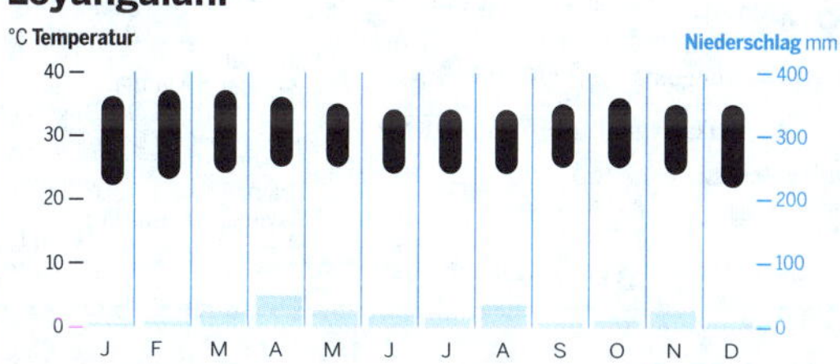

Juni–Juli Beim Lewa Safaricom Marathon vor Nashörnern davonlaufen und ordentlich schwitzen

August Ein Kamel satteln und am Maralal International Camel Derby teilnehmen.

November–Dezember In den nördlichen Wüsten ist es nun unwesentlich kühler.

Highlights

1. Über die Ebene der Dunkelheit zum herrlichen Jadesee, dem **Lake Turkana** (S. 223), rattern.

2. Die unglaublich fesselnde Welt der wilden Tiere und die hervorragende Luxusunterkunft in der **Lewa Wildlife Conservancy** (S. 206) genießen.

3. In einem Ozean aus Sand im **Marsabit National Park** (S. 215) nach Waldelefanten Ausschau halten.

4. In **South Horr** (S. 223), **Loyangalani** (S. 223) und **Lodwar** (S. 228) Samburu die Hand geben, mit den El Molo

auf Krokodiljagd gehen und einen Tag bei den Turkana verbringen.

5 Die Stadt **Moyale** (S. 216) besuchen, dort *injera* und *wat* probieren und zum Dessert einen köstlichen Espresso trinken.

6 Feststellen, dass sich im **Samburu National Reserve** (S. 208) nicht nur die Streifen von Zebras verändern, sondern auch die Flecken von Giraffen und die Beine von Straußen.

7 Kamele in den Oasendörfern **Kalacha** (S. 226) und **North Horr** (S. 225) zur Wasserstelle führen.

VON ISIOLO NACH ÄTHIOPIEN

Die meisten verbinden diese Route mit zwei Dingen: mit der vielfältigen Fauna des Ökosystems von Samburu und der Straße zu den kulturellen Reichtümern Äthiopiens. Doch darüber hinaus hat die Region noch viel mehr zu bieten. Man kann mit den Samburu Tee trinken und Wild jagen, auf nebelumwobene Vulkane in der Wüste steigen, sich seinen Weg durch die Berge bahnen und sich so in der Natur verlieren, dass man sich wie auf einem anderen Planeten fühlt. Kurzum: Die enorme Wildnis bietet für alle Abenteuerlustigen etwas.

Isiolo

☎064

In Isiolo spürt man zum ersten Mal mit klopfendem Herzen Aufregung und Erwartung. Der lebendige Ort an der Straße nach Norden liegt genau auf der Grenze zwischen dem kühlen, üppig grünen Hochland im Süden und dem brennend heißen Ödland im Norden, in das sich nur Nomaden und Forscher verirren. Aus praktischer Sicht ist es der letzte Ort mit nützlichen Einrichtungen vor Maralal oder Marsabit.

Besuchern fallen meist als Erstes der hohe Anteil der somalischen Bevölkerung (Nachfahren von Veteranen aus dem Ersten Weltkrieg, die sich hier niederließen) und die markanten Gesichter der Boran, Samburu und Turkana auf. Diese Mischung aus Völkern, Kulturen und Religionen ist das Interessanteste an Isiolo. Nirgendwo spiegelt sie sich besser wider als auf dem hektischen Markt.

Schlafen

In der Stadt gibt's freundliche Unterkünfte der Budget- und Mittelklasse, jedoch keinerlei Luxusbleiben.

Range Land Hotel COTTAGES $$

(☎0721434353; Autobahn A2; Camping 500 KSh, 2BZ-Cottages 2500 KSh; P) Eine schöne Option für Gäste mit eigenem Pkw ist dieses Hotel etwa 8 km südlich der Stadt. Auf dem sonnigen Campingplatz mit gepflegten sauberen Steinbungalows und Warmwasserduschen entdeckt man unzählige keifende Webervögel. Viele Gäste spannen am Wochenende in den Gärten aus, unter der Woche geht's dagegen recht ruhig zu. Vor Ort werden hervorragende Mahlzeiten angeboten. Spezialität des Hauses ist Kaninchenfleisch (1200 KSh), eine köstliche Seltenheit in der kenianischen Küche.

Josera Guest House HOTEL $

(☎0725228482; Zi. inkl. Frühstück 800–1500 KSh) Die himmelblauen Zimmer, einige winzig klein, andere riesengroß, warten mit einem hervorragenden Preis-Leistungs-Verhältnis auf. Alle verfügen über heiße Duschen und es gibt ein anständiges Restaurant.

Gaddisa Lodge LODGE $$

(☎0724201115; www.gaddisa.com; Camping KSh 400; EZ/2BZ inkl. Frühstück 3000/4000 KSh; P) Eine makellos saubere Lodge unter holländischer Führung 3 km nordöstlich der Stadt. Die friedlichen Hütten bieten Ausblicke auf die nördlichen Ausläufer der Savanne. Hin und wieder ist der Pool mit Wasser gefüllt.

Moti Peal Hotel HOTEL $$

(☎52400; EZ/DZ 2500/3500 KSh; WLAN) Dieses brandneue Haus bewirbt sich selbst als „Perle von Isiolo". Das sagt zwar mehr über den Zustand von Isiolo als über die Qualität des Hotels aus, doch es ist picobello sauber und wird von einem freundlichen Management gut geführt. Leider gibt's nur Hocktoiletten.

Bomen Hotel HOTEL $$

(☎52389; www.bomenhotel.com; EZ/2BZ 2500/3500 KSh; P) Das Lieblingshotel der Angestellten von Nichtregierungsorganisationen hat die schrillste pinkfarbene Bettwäsche

TIERE IN NORDKENIA

Nordkenia ist eine riesige Wildnis und eines der wenigen Gebiete Ostafrikas, in denen man sehr häufig auch außerhalb von Schutzzonen auf große Säugetiere stößt. Hier sind fast alle Tierarten des Landes vertreten. Viele davon sehen jedoch im raueren Klima des Nordens etwas anders aus. Die hiesigen Zebras sind elegante Grevyzebras und Giraffen zeigen sich stärker gefleckt als im Süden, darüber hinaus gibt's zahlreiche Arten, die nur im trockenen Norden vorkommen. Die Giraffengazelle, eine langhalsige Antilopenart, und die Beisa-Antilope sind am auffälligsten. Noch mehr als die großen Säugetiere beeindruckt wohl die Vogelwelt mit einer Vielzahl von Arten, die man ausschließlich hier findet.

der Stadt! Zu den Annehmlichkeiten gehören Fernseher und eine Gemeinschaftsterrasse mit Ausblick.

Essen

In der Stadt findet man zahlreiche günstige Lokale, doch in Hotelrestaurants ist die Speisenvielfalt höher und das Ambiente angenehmer.

Selbstverpfleger auf dem Weg nach Norden können sich im **101 Supermarket** (Mo–Sa 8–18 Uhr) und auf dem täglich stattfinden **Markt** nahe der Moschee mit Essen und Trinken eindecken. Viel mehr Möglichkeiten hat man nicht.

Bomen Hotel KENIANISCH $$
(Mahlzeiten 300–500 KSh; mittags & abends) Eine der wenigen Adressen, wo nicht nur regionale Gerichte, sondern auch gebratener Buntbarsch, Pfeffersteaks, Gulasch und Currys serviert werden.

Praktische Informationen

Barclays Bank (Autobahn A2) Verfügt über einen Geldautomat. Im Norden gibt's nur wenige Banken, deshalb sollte man vorausschauend planen.

District Hospital (Hospital Rd; 24 Std.)

Green Acres.com Cyber Cafe (60 KSh pro Std.; 8–21 Uhr). Von hier kann man Mails nach Hause schicken.

Isiolo Telephone Exchange (Hospital Rd) Telefonkarten und Kartentelefone.

Kenya Commercial Bank (Autobahn A2) Hat einen Geldautomat.

Post (Hospital Rd)

An- & Weiterreise

Richtung Norden nach Marsabit muss man zwar nicht mehr im Konvoi fahren, sollte sich vor der Abreise aber trotzdem gründlich über die Sicherheitslage informieren.

Allradwagen

Über lange Zeit war Isiolo der letzte Ort am asphaltierten Straßennetz, doch in den vergangenen Jahren haben die Chinesen hier fleißig Straßen gebaut. Bei unserem Besuch führte eine makellose Asphaltstraße den halben Weg nach Marsabit hinauf. Eines Tages, vielleicht noch, während dieses Buch aktuell ist, wird sie sogar bis nach Moyale an der äthiopischen Grenze verlaufen. Derzeit muss man sich auf eine ordentliche Schüttelei einstellen, sobald man wieder auf die ungeteerte Piste kommt. Vor Ort gibt's zahlreiche Tankstellen, deshalb sollte man sich mit Sprit eindecken, da sie nach Norden hin weniger werden und der Benzinpreis steigt.

Isiolo

Schlafen
- 1 Bomen Hotel ... B2
- 2 Josera Guest House ... B2
- 3 Moti Peal Hotel ... B2

Essen
- 4 101 Supermarket ... B2
- Bomen Hotel ... (siehe 1)
- 5 Markt ... A4

Praktisches
- 6 Barclays Bank ... B1
- 7 Kenya Commercial Bank ... A2

Transport
- 8 Busticketschalter für Nairobi ... A2
- 9 Liban Buses ... B2
- 10 Bus- & Matatu-Haltestelle ... A4
- Trucks nach Marsabit & Moyale .. (siehe 8)

Bus & Matatu

Ein paar Busunternehmen bedienen die Strecke nach Nairobi. Fast alle Busse starten zwischen 6 und 6.30 Uhr (600 KSh, 4½ Std.) an der Hauptstraße durch den Ort und stoppen auch an der Matatu- und Bushaltestelle südlich des Markts. **Liban Buses** bietet nächtliche Verbindungen Richtung Norden nach Marsabit (700 KSh, 6 Std.), wo Anschluss nach Moyale besteht.

Um nach Maralal zu kommen, steigt man frühmorgens in ein Matatu nach Wamba (350 KSh, 2½ Std.) und dort in eines nach Maralal (400 KSh, 2½ Std.). Die Minibusse starten regelmäßig an der chaotischen Bushaltestelle am Markt. Sie fahren u. a. nach Archer's Post (100 KSh, 25 Min.), Meru (150 KSh, 1½ Std.) und Nanyuki (250 KSh, 1¾ Std.).

Trampen

Trucks sind dreckig und ungemütlich, aber für gen Norden reisende Abenteurer eine brauchbare Option. Sie gabeln Passagiere am Polizeikontrollpunkt nördlich der Stadt auf, allerdings ergattert man einen besseren Sitzplatz, wenn man in der Nähe der Busbüros einsteigt, wo sie ebenfalls halten. Vorher sollte man auf die Toilette gehen und genug Essen, Getränke sowie Sonnenschutz kaufen. Die Preise sind verhandelbar. Sitzt man auf der Ladung, muss man nach Marsabit 400 KSh und nach Moyale 1000 KSh einplanen. Für einen Platz in der Kabine zahlt man das Doppelte.

Lewa Wildlife Conservancy

Unterhalb des Hochlandes des Mt. Kenya erstreckt sich eine riesige offene Grassavanne, in der man exzellent Wildtiere beobachten kann.

LP TIPP Lewa Wildlife Conservancy

TIERSCHUTZGEBIET

(LWC; ☎064-31405; www.lewa.org; Eintritt 90 US$) Das riesige, 222 km² große Schutzgebiet südlich von Isiolo könnte sich mit seinen Luxuslodges, einer beeindruckenden Landschaft, prächtigem Wildtierleben und als Gastgeber von Prinz William brüsten. Stattdessen spricht man hier jedoch lieber über Gemeinde- und Schutzprojekte. Die 1995 gegründete gemeinnützige Organisation investiert rund 70 % ihrer jährlichen Budgets von gut 2,5 Mio. US$ in das Gesundheitswesen, Bildung und zahlreiche Gemeindeprojekte in den umliegenden Dörfern. Der Rest des Geldes wird für weitere Schutz- und Sicherheitsprojekte genutzt. Um auf sich aufmerksam zu machen und Gelder aufzubringen, richtet die Organisation einen der lohnendsten und anstrengendsten Marathons der Welt aus (s. Kasten S. 207).

Die Schutzbemühungen sind gewaltig: 20 % des weltweiten Bestandes an Grevyzebras, 12 % von Kenias Spitzmaulnashörnern, die seltene Sitatunga-Antilope (obgleich viele Tiere kürzlich von Löwen gerissen worden sind) sowie recht große Populationen Breitmaulnashörner, Elefanten und Büffel leben in der Schutzzone. An Raubtieren sind hier kleine, aber immer stärker wachsende Leoparden-, Löwen- und Gepardenpopulationen beheimatet. All dies macht Lewa nicht nur zu einem Vorzeigebeispiel für privaten Tierschutz, sondern auch zu einer der schönsten Gegenden zur Beobachtung von Wildtieren in ganz Kenia, und das ohne Minibuszirkus. An den meisten Lodges werden zahlreiche Aktivitäten von Beobachtungsfahrten (tagsüber und nachts) und Wanderungen bis zu Pferde- und Kamelausritten angeboten.

Kenias Garten Eden zu besuchen ist allerdings weder einfach noch günstig. Mit eigenen Fahrzeugen darf man nicht zur Tierbeobachtung fahren. Nur Gäste der Lodges in der LWC dürfen das Schutzgebiet betreten, und die Unterkünfte im Park bleiben wohlhabenden Besuchern vorbehalten.

i LEWA WILDLIFE CONSERVANCY

Highlights Hier lockt Kenias schönster Ort zur Beobachtung von Wildtieren, und die „Big Five" (Elefant, Nashorn, Büffel, Löwe und Leopard) zeigen sich praktisch unter Garantie. Dazu locken Safaris zu Fuß oder bei Nacht. Streng begrenzte Besucherzahlen verhindern Minibusaufläufe.

Reisezeit Das ganze Jahr über, allerdings ist es während der Trockenzeit zwischen November und März am schönsten.

Praktisches Als normaler Besucher bleibt einem das Schutzgebiet leider verschlossen. Um Zutritt zu bekommen, muss man in einer der (sehr teuren) Lodges untergebracht sein. Fast alle Traveller fliegen von Nairobi hierher, doch von Isiolo und aus dem Zentralen Hochland gibt's auch ganz gute Straßenverbindungen.

Schlafen & Essen

Im Wildschutzgebiet befinden sich mehrere sehr exklusive Unterkünfte. Zu ihnen gehören das schöne **Lewa House** (www.lewa.org), **Wilderness Trails** (www.lewa.org) und **Sirikoi** (www.sirikoi.com).

Lewa Safari Camp TENTED CAMP $$$
(☎Nairobi 020-6003090; www.lewasafaricamp.com; EZ/DZ inkl. Vollpension 640/1060 US$;) Dies ist so ziemlich das einzige Camp, zu dem Normalsterbliche Zugang haben. Die Safarizelte warten mit echtem Busch-Schick auf und abends lockt ein Gin Tonic am knisternden Lagerfeuer in Gesellschaft der reizenden englischen Geschäftsführer. In den Preisen sind alle Safaris und Aktivitäten inbegriffen.

An- & Weiterreise

Die Abzweigung zur LWC liegt nur rund 12 km südlich von Isiolo (das Eingangstor befindet sich weitere 5 km entfernt) und ist auf der Autobahn A2 gut ausgeschildert. **Airkenya** (www.airkenya.com) und **Safarilink** (www.safarilink kenya.com) fliegen täglich von Nairobi zu dem Tierschutzgebiet.

Mit Privatflugzeugen darf man in der Regel nicht in Lewa landen. Wer mit dem eigenen Fahrzeug anreist, sollte es am Eingangstor abstellen und auf einen von der Lodge gestellten Jeep umsteigen.

Rund um die Lewa Wildlife Conservancy

IL NGWESI

Il Ngwesi ist ein weiteres tolles privates Schutzprojekt in den Bereichen Wildtierschutz und Gemeindeentwicklung. Die hiesigen Massai haben mithilfe der benachbarten LWC das unentwickelte Land, auf dem einst Weidewirtschaft für den Eigenbedarf betrieben wurde, in ein erstklassiges Wildschutzgebiet mit Spitzmaul- und Breitmaulnashörnern, Wasserböcken und anderen Bewohnern der Ebene verwandelt. Passenderweise heißt Il Ngwesi „Volk der Wildtiere".

Zusätzlich zur Herdenhaltung verdient die Gemeinde heute Geld aus dem Tourismus mit der preisgekrönten Ökolodge **Il Ngwesi Group Ranch** (☎Nairobi 020-2033122; www.ilngwesi.com; EZ/DZ all inclusive 485/770 US$;). Die prächtigen, strohgedeckten und nach vorne offenen Hütten blicken auf den beeindruckenden Steilhang. Abends kann man sein Bett auf seine eigene „Terrasse" ziehen und unter den Sternen schlafen. Das Beste an dem Ganzen: Die Gewinne kommen direkt den Massai zugute. Il Ngwesi liegt nördlich von Lewa und ist über die Hauptstraße von Isiolo nach Nairobi zu erreichen.

Archer's Post

Seit es neuerdings die asphaltierte Straße gibt, ist das heruntergekommene Dorf Archer's Post etwa 33 km nördlich von Isiolo schnell gewachsen und konnte sein Image eines vergessenen Orts an der staubigen Schotterpiste ablegen. Dadurch hat es an Charme eingebüßt, gilt jedoch noch immer als toller Ausgangspunkt für Budgetreisende auf der Suche nach Elefanten und Löwen in den Nationalreservaten Samburu, Buffalo Springs und Shaba.

Einige Samburu-Dörfer in der Gegend heißen zahlende Gäste willkommen. Das vermutlich schönste ist das **Dorf Umoja** gleich neben dem Campingplatz von Umoja. Gegründet als Zufluchtsstätte für misshandelte Frauen, hat es sich in eine richtige selbständige Ortschaft verwandelt. Der Eintritt kostet 500 KSh.

30 km nördlich der Stadt und umwoben von Samburu-Folklore erstreckt sich die gewaltige Hochebene **Ol Lolokwe**. Man kann sie toll in einer Tageswanderung erklimmen

> **NICHT VERSÄUMEN**
>
> **UM SEIN LEBEN RENNEN**
>
> Es ist eine Sache, vom Publikum angefeuert bei einem Marathon mitzulaufen. Eine ganz andere ist es, die Rennstrecke mit Elefanten, Nashörnern und dem einen oder anderen Löwen zu teilen. Der Safaricom Marathon wurde 2000 ins Leben gerufen, um Gelder für den Schutz von Wildtieren und für Gemeindeprojekte zu sammeln. Er findet Ende Juni/Anfang Juli in der Lewa Wildlife Conservancy statt, zieht Weltrekordler an und ist rund um den Globus als eines der härtesten Wettrennen der Welt bekannt. Dank erfahrener Ranger, Helikopter und Aufklärungsflugzeugen muss man sich um nichts Gedanken machen als die Hitze und die Höhe von durchschnittlich 1700 m. Weitere Infos und Anmeldung unter www.tusk.org.

(für den Aufstieg braucht man 5 Std.). Wenn ihre rostroten Felsen im Sonnenuntergang erglühen, ist ihr Leuchten kilometerweit zu sehen. Der Berg ist für seine Greifvögel bekannt und beherbergt die größte Population von Sperbergeiern Kenias. Er untersteht dem **Namunyak Wildlife Conservation Trust**, einer gemeindebetriebenen Naturschutzgesellschaft. Für den Aufstieg bezahlt man 20 US$, für einen Guide 50 US$.

Zahlreiche Einheimische bieten Trekkingtouren mit Tierbeobachtung in der umliegenden Wildnis an. Wir empfehlen **Mohamed Leeresh** (☎0724143080; leeresh@yahoo.com). Er berechnet 50 US$ pro Tag und Gruppe und organisiert für 100 US$ einen Mietjeep für einen halben Tag.

Schlafen & Essen

Wer nicht mit Löwen und Leoparden in den Nationalparks nächtigen und darüber hinaus noch ein wenig Geld sparen möchte, ist in Archer's Post genau richtig.

LP TIPP **Umoja Campsite** HÜTTEN $$
(Karte S. 210; ☎0721659717; www.umojawomen.org; Camping 500 KSh, bandas 2500 KSh) Am Ufer des Ewaso Ngiro zwischen der Ortschaft und dem Tor zu Archer's Post liegt ein fantastischer Campingplatz mit sauberen und gemütlichen *bandas*, tollen Campingmöglichkeiten und einem entspannten Café (Mahlzeiten auf Nachfrage). Hier kommen regelmäßig Besucher mit großen Ohren und Nasen aus den Reservaten vorbei.

Samamani Lodge HOTEL $
(Karte S. 210; ☎0720979315; Zi. 1500 KSh) Die neuesten, hellsten und saubersten der preiswerten und guten Zimmer im Dorf und die einzigen mit angeschlossenen Bädern.

STARKE FRAUEN

1990 verließen 15 Frauen, die zu lange unter ihren gewalttätigen Ehemännern gelitten hatten, ihr Zuhause und gründeten das Dorf Umoja (auf Kiswahili „Einigkeit") vor den Toren von Archer's Post. Um zu überleben, stellten sie traditionellen Samburu-Schmuck her und verkauften ihn an Touristen. Damit hatten sie Erfolg: Umoja florierte und eröffnete ein paar Jahre später sogar einen Campingplatz. Vom Erfolg angezogen, entflohen Dutzende weitere Frauen ihren unglücklichen Lebenssituationen und wohnen heute in diesem Ort.

In dem vermeintlichen weiblichen Paradies gibt's jedoch auch Probleme. Der Erfolg von Umoja führte zu Eifersucht, und es wird sogar von Übergriffen durch Männer aus der Gegend gegen Bewohnerinnen berichtet. Mehr über die Frauen erfährt man unter www.umojawomen.org.

An- & Weiterreise

Matatus aus Isiolo halten hier auf dem Weg nach Wamba (300 KSh, 1¾ Std.). Von Wamba kommende Minibusse nehmen Fahrgäste mit nach Isiolo (100 KSh, 25 Min.). Teuren Sprit bekommt man in Kanistern in mehreren Läden in der Stadt.

Samburu, Buffalo Springs & Shaba National Reserves

Die drei Nationalreservate Samburu, Buffalos Springs und Shaba mit ihren Termitenhügeln, schwergewichtigen Tieren und dem schlammigen Ewaso Ngiro sind nicht so berühmt wie manch andere Schutzgebiete. Dafür locken sie mit unübertroffener Schönheit und beherbergen Kreaturen, die es in keinem anderen großen Park in Kenia gibt. Dazu gehören der blaubeinige Somali-Strauß, stark gestreifte Grevyzebras, an Einhörner erinnernde Beisa-Antilopen, hinreißende Giraffen und die Giraffengazelle – eine Gazelle, die furchtbar gern eine Giraffe wäre. Das Gebiet ist nur 300 km² groß, umfasst jedoch eine unglaublich vielseitige Vegetation und Landschaft. Shaba mit seinen mächtigen felsigen *kopjes* („Inselbergen"), natürlichen Quellen und Doumpalmen ist vom Aussehen her am schönsten und am wenigsten besucht (jedoch sei erwähnt, dass hier oft deutlich weniger Wildtiere unterwegs sind als in den anderen beiden Reservaten). Die offenen Savannen, dornigen Wüsten und grünen Bäume am Fluss in Samburu und Buffalo Springs garantieren praktisch, dass man Elefanten und alle anderen Tiere aus der Nähe sieht.

In Archer's Post findet jeden Tag ein lebendiger kleiner **Markt** mit zahlreichen Samburu statt.

Schlafen & Essen

Jedes Reservat hat mindestens zwei Luxuslodges und mehrere Campingplätze. In Ersteren bekommen Camper und Tagesbesucher Mahlzeiten im Büfettstil (25 US$).

KALAMA

8 km nördlich von Archer's Post liegt am nördlichen Rand des Samburu National Reserve die 2004 eröffnete, 384 km² große **Kalama Community Wildlife Conservancy** (Eintritt inkl. Camping 40 US$). Sie beherbergt Tiere wie Grevyzebras, Elefanten und Giraffen und ist ein wichtiger Korridor für Wildtiere, die zwischen Samburu und Marsabit hin- und herziehen. Das Straßennetz ist noch schlecht ausgebaut, aber da es so gut wie keine Besucher gibt, hat man den Park praktisch für sich allein. Anders als in Samburu darf man in dem Reservat herumlaufen. Samburu-Führer aus der Gegend bieten in den Morgenstunden Spaziergänge durch den Busch an (10 US$). Man kann sich hier auch einquartieren und zur Tierbeobachtung ins benachbarte Samburu fahren, wo man allerdings Eintritt zahlen muss.

Wer sich in der prächtigen afrikanischen Wildnis aufhalten möchte, übernachtet entweder auf einem der drei schönen schattigen Campingplätze oder entscheidet sich fürs andere Extrem, eine der spektakulärsten Lodges Kenias. Die hervorragende **Saruni Samburu Lodge** (www.sarunisamburu.com; EZ/DZ inkl. Vollpension 770/1300 US$;) unter italienischer Leitung verfügt über „Zelte", die praktisch mit dem Felsen verschmelzen, auf dem sie stehen. Mit Zelten meinen wir natürlich nicht jene, die man am Wochenende mit den Pfadfindern dabeihatte, sondern vielmehr solche mit Steinbadewannen, Freiluftduschen, Terrassen, Möbeln im Designerlook, traumhaften Betten und einem Blick auf die nördliche Savanne, der einem den Atem raubt. Dazu kommen noch ein Infinity-Pool, italienisch-kenianische Fusionsküche und aufmerksames Personal. Jedes Hotel der Welt sieht arm dagegen aus.

BUFFALO SPRINGS NATIONAL RESERVE

Die fünf **öffentlichen Campingplätze** (Camping 10 US$) nahe Gare Mara sind überwuchert, schwer zu finden und besitzen weder irgendwelche Einrichtungen noch Wasser. Einen Campingplatz mit Toiletten, Duschen und etwas mehr Leben gibt's in Samburu.

Spezielle Campingplätze CAMPING $
(Camping 15 US$) Schön gelegen zwischen Süßwasserquellen entlang der Flüsse Isiolo und Maji ya Chumvi, jedoch ohne Einrichtungen.

SAMBURU NATIONAL RESERVE

LP TIPP **Elephant Watch Camp** TENTED CAMP $$$
(Nairobi 020-8048602; www.elephantwatchsafaris.com; EZ/DZ inkl. geführten Wanderungen & Vollpension 800/1360 US$ plus 25 US$ Servicegebühr pro Pers.; April & Nov. geschl.) Zweifellos das unvergesslichste Quartier in Samburu. Massive Reetdächer hangen an krummen Akazienästen über gemütlichen achtseitigen Zelten und großen Terrassen aus Gras, Matten und Lehm. Das meiste wurde aus Naturmaterialien gefertigt, die Bäder verblüffen. Iain und Oria Douglas-Hamilton, die Besitzer, sind bekannte Elefantenexperten.

Elephant Bedroom TENTED CAMP $$$
(Nairobi 020-4450035; www.atua-enkop.com; EZ/DZ inkl. Vollpension 250/500 US$;) Zwölf absolut wundervolle Zelte am Fluss mit so viel Luxus, dass sogar angehende Prinzessinnen überwältigt sind. Und wie luxuriös ist das nun? Nun ja, wann hat man schon mal ein Zelt mit einem eigenen Tauchbecken gesehen?

Beach Camp TENTED CAMP $
(0721252737, 0711565156; 1500 KSh pro Pers.) Am Nordufer des Ewaso Ngiro stehen zusammengewürfelte (und heiße) Canvas-Safarizelte, die nicht den gleichen Komfort bieten wie Luxuslodges, dafür jedoch deutlich authentischer sind. Mahlzeiten werden auf Nachfrage zubereitet. Grünmeerkatzen und Paviane können zum Ärgernis werden.

Samburu Intrepids Club TENTED CAMP $$$
(Nairobi 020-446651; EZ/DZ inkl. Vollpension 12 450/16 800 KSh; @) Kenias „Königsfamilie", den Kenyattas, gehört dieser Club mit 28 dicht beieinanderstehenden Zelten an einem tollen Flussabschnitt, die jedoch dunkel eingerichtet sind und dadurch etwas düster wirken. Davon abgesehen ist das Zeltcamp eine der günstigeren Luxusunterkünfte im Reservat mit besserem Preis-Leistungs-Verhältnis. Tierbeobachtungsfahrten kosten 55 US$ pro Person.

Samburu & Buffalo Springs National Reserves

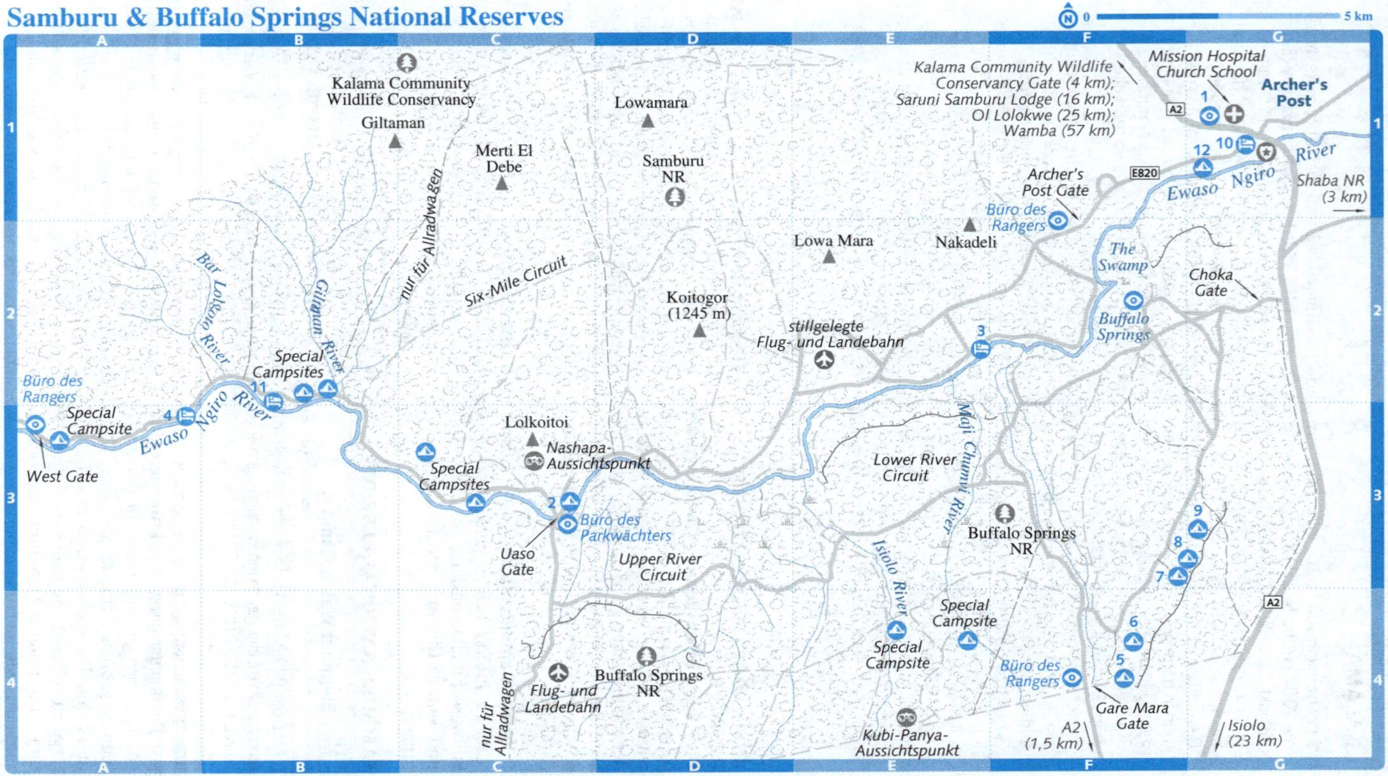

Samburu & Buffalo Springs National Reserves

Sehenswertes

1 Markt G1

Schlafen

2 Beach Camp C3
3 Elephant Bedroom E2
4 Elephant Watch Camp A3
5 Öffentlicher Campingplatz 1 .... F4
6 Öffentlicher Campingplatz 2 .... F4
7 Öffentlicher Campingplatz 3 .... F3
8 Öffentlicher Campingplatz 4 .... F3
9 Öffentlicher Campingplatz 5 .... G3
10 Samamani Lodge G1
11 Samburu Intrepids Club B2
Samburu Public Campsite .... (siehe 2)
12 Umoja Campsite G1

Essen

Sundowner Restaurant .... (siehe 10)

Samburu Public Campsite CAMPING $
(Camping 10 US$) Rund um das Beach Camp liegen mehrere öffentliche Zeltplätze, die jedoch meist nicht mal die einfachsten Annehmlichkeiten haben (im Beach Camp bekommt man etwas zu essen).

Spezielle Campingplätze CAMPING $
(Camping 15 US$) Entgegen ihrem Namen sind diese weiter westlich gelegenen versteckten Plätze im Busch ohne Einrichtungen und Wasser keineswegs speziell.

SHABA NATIONAL RESERVE

LP TIPP **Joy's Camp** TENTED CAMP $$$
(☎Nairobi 020-6003090; www.joyscamp.com; EZ/DZ inkl. Vollpension 700/1180 US$; 🛜🏊) Einst war dies das Zuhause von Joy Adamson, doch heute befindet sich im entlegensten Winkel Shabas ein extrem luxuriöses Camp. Untergebracht wird man in „Zelten", was man nicht zu wörtlich nehmen darf. Die Unterkünfte sind von unten beleuchtet und mit Buntglas sowie riesigen begehbaren Duschen ausgestattet – sähen alle Zelte so aus, wäre Camping ein Riesenspaß! Ach ja, vom Infinity-Pool aus blickt man auf einen Sumpf voller sich suhlender Büffel.

Spezielle Campingplätze CAMPING $
(Camping 15 US$) Der reizvollste der Plätze (ohne Annehmlichkeiten), Funan, erstreckt sich mitten in Shaba. Von Akazien beschattet, liegt er neben einer semipermanenten Quelle, die Besucher und Wildtiere mit Wasser versorgt. Ein Ranger bringt einen zu den Plätzen; der Preis dafür ist inbegriffen, ein Trinkgeld jedoch angemessen.

Shaba Sarova Lodge LODGE $$$
(☎32030; www.sarovahotels.com; EZ/DZ inkl. Vollpension ab 184/246 US$; @🛜🏊) Wasser, überall Wasser, und kein Tropfen zu trinken. Diese Lodge befindet sich am Ewaso Ngiro und die Pfade über das Gelände winden sich vorbei an Bächen und Teichen voller Frösche. Es gibt einen großen Pool, und natürliche Quellen fließen durch die tolle Freiluftbar. Die Zimmer sind förmlich, aber sehr bequem. Angestellte der Lodge verteilen Köder, um Tiere aus der Gegend anzuziehen. Seit dem Bau des Hotels sind die Quellen angeblich nicht mehr für Samburu-Hirten aus der Gegend zugänglich, die hier ihre Herden zu tränken pflegten.

Praktische Informationen

Angenehmerweise gehören **Buffalo Springs**, **Shaba** und **Samburu** (Erw./Kind 70/20 US$) zusammen, sodass man alle drei an einem Tag

SAMBURU, BUFFALO SPRINGS & SHABA NATIONAL RESERVES

Highlights Hier sieht man das ungewöhnliche trockene Land und die nördlicheren Varianten all der Tiere, die man aus anderen Teilen Kenias kennt. Außerdem kann man viele Vogelarten beobachten, die in Südkenia nicht vorkommen. In die Gegend verschlägt es nur wenige Traveller.

Reisezeit Weil es in diesen Breiten nur wenig regnet, ist ein Besuch das ganze Jahr über möglich. Zwischen November und März versammeln sich Tiere am Ewaso Ngiro.

Praktisches Ausgangspunkt ist Isiolo. Tiere beobachtet man am besten in Samburu, Shaba ist aber das schönste Reservat und praktisch menschenleer. Tickets gelten für alle drei Parks, allerdings muss man sie am Eingangstor des Schutzgebietes kaufen, in dem man übernachtet.

UNTERWEGS IN NORDKENIA

Allradwagen Ein eigenes Auto mit Allradantrieb bietet Flexibilität, bringt aber aufgrund der Straßenverhältnisse spezielle Herausforderungen mit sich. Man braucht ein großes Fahrzeug (ein Toyota RAV4 oder ein Suzuki sind nicht zu empfehlen) mit viel Bodenfreiheit und einem Unterfahrschutz für das Fahrwerk. Ins Gepäck gehören auch ein hoher Wagenheber, Sandbleche, eine Schaufel, ein langes, kräftiges Seil oder eine Kette (um sich an Kamelen oder anderen Autos zu vertäuen) sowie genügend Benzin, Wasser und Ersatzreifen (einer reicht meist nicht). Ein Kompass und eine gute Karte sind unverzichtbar.

Man darf nicht unterschätzen, wie schlecht die Straßen hier oben sind – wir waren einen Monat im hohen Norden und haben während dieser Zeit drei große Allradfahrzeuge verschlissen. Mit den Autos vieler Vermietungen ist es verboten, weiter nördlich als bis Samburu zu fahren. Wer hierherkommt, sollte einen erfahrenen Fahrer mitnehmen und nach Möglichkeit im Konvoi mit einem anderen Jeep reisen.

Die Straßenverhältnisse zwischen Reisezielen werden in den Abschnitten zur An- & Weiterreise der entsprechenden Städte besprochen.

Bus & Matatu Öffentliche Verkehrsmittel fahren regelmäßig bis Kalokol im Norden und Lokichoggio am Westufer des Lake Turkana. An der Ostseite des Sees sind die Möglichkeiten begrenzt: Man gelangt nur über Nyahururu oder Isiolo nach Maralal. Da sich die Sicherheitslage gebessert hat, verkehren mittlerweile Busse von Isiolo über Marsabit nach Moyale an der äthiopischen Grenze.

Trampen Als das ultimative Kenia-Abenteuer gilt eine Fahrt auf einem staubigen Transporter zusammen mit Einheimischen. Es ist unbequem und dreckig, aber eine tolle Art, um durch Nordkenia zu reisen. Da es mittlerweile mehr Buslinien gibt, ist Loyangalani das einzige größere Reiseziel, zu dem man noch trampen muss.

Safaris Einige wenige organisierte Safaris und Überland-Transporter steuern heute das Westufer des Lake Turkana an, die meisten bleiben aber nach wie vor am Ostufer. Durchschnittliche Trips dauern sieben bis zehn Tage und folgen üblicherweise derselben Route. Details und Veranstalter siehe S. 35.

besuchen kann und nur einmal Eintritt zahlen muss.

Benzin erhält man an der Sarova Shaba Lodge und an der Samburu Game Lodge. Tipp: Am besten deckt man sich bereits in Isiolo ein.

An- & Weiterreise

In Archer's Post kann man einen Wagen mit Allradantrieb und Fahrer für rund 100 US$ pro halben Tag mieten. **Airkenya** (www.airkenya.com) und **Safarilink** (www.safarilink-kenya.com) fliegen regelmäßig von Nairobi nach Samburu und Shaba.

Matthews Range

Westlich des markanten, abgeflachten Bergs Ol Lolokwe und nördlich von Wamba erstreckt sich die Matthews Range. Ihr Name klingt recht zahm, doch dies ist das wilde Afrika, das unzählige Waldabenteuer verspricht. In den Wäldern und an den spektakulären Hängen leben u. a. Elefanten, Löwen, Büffel und Kenias größte Population von Wildhunden. Da es wenige Straßen und so gut wie keine Infrastruktur gibt, muss man ein paar Extrakilometer zu Fuß in Kauf nehmen.

1995 gründeten die ansässigen Samburu-Gemeinden den **Namunyak Wildlife Conservation Trust**, heute eines der erfolgreichsten Gemeindeschutzprogramme des Landes. Es ist insofern einmalig, als es als einziges von einem demokratisch gewählten Vorstand geleitet wird und jede Gemeinde ein Vorstandsmitglied stellt. Heute wird das 750 km² große Gebiet vom Kenya Wildlife Service (KWS) unterstützt und hat seine Tierbestände durch das erfolgreiche Bekämpfen von Wilderei massiv vermehrt.

Ausgangspunkt für die Berge ist der aus einer Straße bestehende Ort **Wamba**, der nur durch die vielen Betrunkenen auffällt. Budgetreisende, die die Berge auf eigene Faust zu Fuß erkunden möchten, brauchen einen Führer. Egal, was die Guides auch immer behaupten: Um dorthin vorzudringen, braucht man entweder ein eigenes Verkehrsmittel, muss geduldig auf einen der spärlichen Lastwagen warten, die in die abgelegenen Samburu-Dörfer tief in den Bergen fahren, oder ein paar heiße, harte Wandertage in Kauf nehmen, um überhaupt an den Fuß der Berge zu kommen (die Erhebung oberhalb von Wamba ist nur ein Ausläufer der Kette). Leider sind die meisten selbsternannten Führer genau besagte Betrunkene und keiner von ihnen ist empfehlenswert.

Schlafen & Essen

In Wamba selbst gibt's ein paar reizlose Quartiere, die meisten scheinen jedoch dauerhaft ausgebucht zu sein.

LP TIPP **Kitich Camp** TENTED CAMP **$$$**
(☎Nairobi 020-6003090; www.kitichcamp.com; EZ/DZ inkl. Vollpension 480/800 US$; ⊙April–Mitte Juni & Nov.–Mitte Dez. geschl.) Das zweifellos abgelegenste Camp in Kenia ist luxuriös, trotzdem erlebt man hier ein hundertprozentig wildes Afrika. Praktisch Tag und Nacht passieren Elefanten das Gelände und kommen so dicht an die Zelte, dass man sie atmen und gleichzeitig sein eigenes Herz wild schlagen hört. Auch vorbeiziehende Löwen sind nicht unüblich. Die Manager Patrick und Meriem betreiben die Anlage mit cooler Effizienz und behandeln ihre Gäste nicht wie Kunden, sondern wie Freunde.

An- & Weiterreise

Matatus fahren von Isiolo (350 KSh; S. 206) und Maralal (400 KSh; S. 222) nach Wamba, doch von dort zum Kitich Camp braucht man ein eigenes Verkehrsmittel. Ab Kitich sorgt die dichte Vegetation dafür, dass man Safaris nur zu Fuß unternehmen kann, weswegen man weniger Tiere sieht – aber dann ist es umso aufregender, wenn eines vorbeikommt.

Marsabit

☎069

Marsabit liegt mitten im Nichts. Die Straße von Isiolo ist zur Hälfte asphaltiert und vielleicht sogar schon fertig, bis dieses Buch erscheint. Dennoch fährt man viele Stunden in stechender Hitze durch eintöniges struppiges Buschland, wo einem häufig Wildtiere und auch elegante Samburu-Hirten mit ihren Kamel- und Ziegenherden begegnen. In der brütenden Nachmittagshitze verwirren flimmernde Trugbilder am Horizont das Auge. Gegen Abend taucht eine letzte Luftspiegelung in der Ferne auf: eine massive Wand aus bewaldeten Bergen, in denen Elefanten mit gigantischen Stoßzähnen leben. Doch das ist keine Fata Morgana: Endlich ist man in Marsabit angekommen.

Die kleine Stadt erstreckt sich an einem Schildvulkan von 6300 km² mit 180 Schlackenkegeln und 22 Vulkankratern (*gofs* bzw. *maars*). Manche dieser Krater füllen Seen, zumindest bis vor Kurzem. Die Trockenheit, die 2009 begann und großen Teilen Nordkenias so viel Leid brachte, hat Marsabit sehr hart getroffen. Bei unserem Besuch hatte es seit drei Jahren nicht mehr geregnet, und das ein paar Jahre zuvor recht grüne Marsabit war komplett verdorrt und staubig.

Die Stadt ist weniger attraktiv als ihr Umland, zu dem das 1500 km² große **Marsabit National Reserve** gehört. Dennoch ist sie dank einer bunt gemischten Bevölkerung und vorbeiziehenden Nomaden interessant

ABSTECHER

NDOTO MOUNTAINS

Aus der Korante-Ebene erheben sich die prächtigen Felsen und Bergrücken der Ndoto-Berge. Sie sind so abgelegen, dass sie in der Reisewelt praktisch unbekannt sind. Dabei bieten sie unerschöpfliche Möglichkeiten zum Wandern, Bergsteigen und Bouldern. Der **Mt. Poi** (2050 m), der aus manchen Blickwinkeln aussieht wie der größte Brotlaib der Welt, ist ein Traum für technische Kletterer. Seine 800 m hohe Nordwand schreit danach, erobert zu werden. Wer einen ganzen Tag übrig hat, kann den tollen Aufstieg zum Gipfel unternehmen und wird mit einem gigantischen Blick belohnt.

Bester Ausgangspunkt für Abenteuer aller Art ist das winzige Dorf **Ngurunit**. Es fasziniert mit traditionell gekleideten Samburu, die in schlichten, aber elegant gefertigten Grashütten leben. Ngurunit liegt 47 km südlich von Marsabit und 233 km nördlich von Archer's Post. Am besten gelangt man von Loglogo aus dorthin, allerdings ist die 79 km lange Fahrt verzwickt und voller Gabelungen. Aus diesem Grund sollte man in Loglogo jemanden mitnehmen, der den Weg kennt. Auch von Baragoi aus ist das Dorf erreichbar.

Marsabit

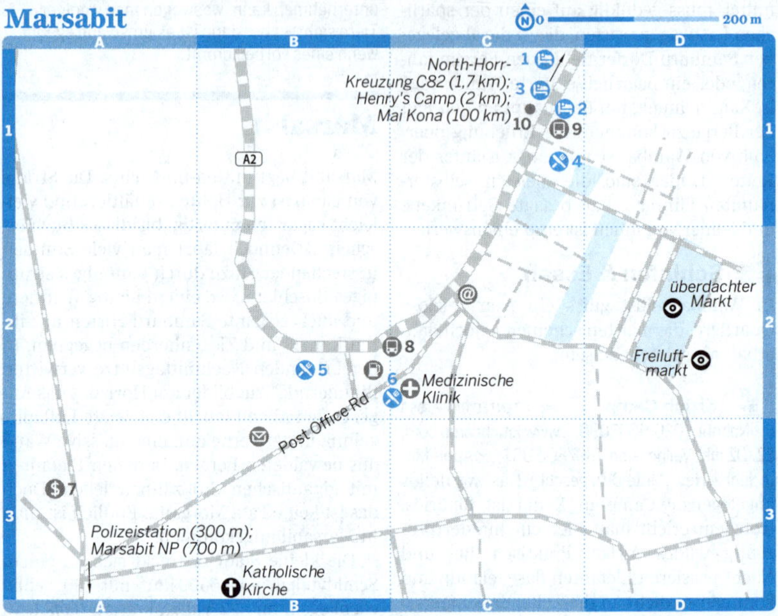

Marsabit

Schlafen

1 Horr House C1
2 JeyJey Centre C1
3 Nomads Trail Hotel C1

Essen

4 Al-Subra Modern Hotel C1
5 Five Steers Hotel B2
JeyJey Centre .... (siehe 2)
6 Nomads Shopping Store C2

Praktisches

7 Kenya Commercial Bank A3

Transport

8 Lokale Matatus C2
9 Moyale Raha Buses C1
10 Truck-Haltestelle C1

und lebendig. Am deutlichsten spürt man die kulturelle Vielfalt auf dem turbulenten **Markt**.

Schlafen

Wasser ist ein sehr knappes Gut in Marsabit. Die Pensionen lassen es per Lkw aus anderen Regionen des Landes antransportieren, deshalb sollte man damit sparsam umgehen.

JeyJey Centre HOTEL $

(☎0717383883; Autobahn A2; Zi. 750 KSh, EZ/2BZ mit Gemeinschaftsbad 400/600 KSh) Das mit Blumen geschmückte Lehmziegelquartier ist eine Art Zentrum für Traveller und immer voller Abenteurer. Die schlichten Zimmer mit Mückennetzen liegen rund um einen Hof und in den Bädern (sogar in den Gemeinschaftsbädern) gibt's bei Bedarf heißes Wasser. Außerdem steht ein reizloser Campingplatz (250 KSh pro Pers.) zur Verfügung.

Nomads Trail Hotel HOTEL $

(☎0722259699; Autobahn A2; Zi. inkl. Frühstück 1200–1500 KSh) Leider bieten die schicksten Räume der Stadt nicht das beste Preis-Leistungs-Verhältnis. Alle Zimmer haben Bäder mit heißem Wasser aus richtigen Duschen (auf das man ein wenig warten muss).

Henry's Camp CAMPING $

(☎0717766145; Camping 300 KSh pro Pers., B 500 KSh) Für Camper ist der sonnige Campingplatz ein paar Kilometer südlich der Stadt die einzige wirkliche Option. Es gibt einen Grill, eine Feuerstelle, einen schattigen Essbereich und für Gäste, die keine Zelte mögen, eine Lehmhütte mit sechs Betten.

Horr House HOTEL $

(☎0726147226; Autobahn A2; EZ/DZ mit Gemeinschaftsbad 500–800 KSh) Zugegeben, wir haben ein kindliches Gemüt, aber wie könnten wir ein derart benanntes Hotel nicht erwähnen? Trotz des Namens sind die Damen nicht Teil des Mobiliars und das Horr ist eines der besser gepflegten günstigen Häuser der Stadt.

Essen & Ausgehen

So viele Michelin-Sterne wie in Paris findet man hier nicht, aber hungrig muss man auch nicht ins Bett gehen.

Five Steers Hotel KENIANISCH $
(Autobahn A2; Mahlzeiten 70–130 KSh; ⌚mittags & abends) Mit seiner abgezäunten Holzterrasse ist dies die stilvollste Adresse in Marsabit. Das Gericht „½ Federation" (ein riesiger Teller voll Reis, Spaghetti, Rindfleisch, Gemüse und Chapati) sättigt und schmeckt. Der Besitzer hat viele Tipps zur Weiterreise parat.

Al-Subra Modern Hotel KENIANISCH & ÄTHIOPISCH $
(Mahlzeiten 70–150 KSh; ⌚mittags & abends) Neben typisch kenianischen Speisen kann man hier auch äthiopische Gerichte wie *injera* (Sauerteigfladen) und *wat* (scharfer Eintopf) kosten. Es gibt zwei Fernseher, auf dem einen laufen lautstark kenianische Programme, auf dem anderen äthiopische, sodass man keines der beiden versteht.

JeyJey Centre KENIANISCH $
(Autobahn A2; Mahlzeiten 120–250 KSh; ⌚mittags & abends) Das JeyJey in einem beliebten Hotel serviert lokale Spezialitäten und Currys. Bestellt man etwas Außergewöhnlicheres, dauert es sehr lange.

Selbstversorger sind auf dem Markt und im **Nomads Shopping Store** (Post Office Rd; ⌚Mo–Sa) gut aufgehoben.

Praktische Informationen

Cyber Wireless Internet World (60 KSh pro Std.; ⌚Mo–Sa 8–19, So bis 17 Uhr) Die Öffnungszeiten wechseln.

Kenya Commercial Bank (an der Post Office Rd) Hat einen Geldautomat.

Medizinische Klinik (Post Office Rd; ⌚Mo–Sa 8–19, So 12–19 Uhr)

Post (Post Office Rd)

An- & Weiterreise

Obwohl dank der verbesserten Sicherheitslage keine Konvois und bewaffneten Wachen auf dem Weg nach Moyale und Isiolo nötig waren, als wir vor Ort recherchierten, sollte man vor der Abfahrt die aktuelle Sicherheitslage und Informationen zur äthiopischen Grenze bei Einheimischen und der Polizei erfragen.

Allradwagen

Eines Tages wird die Straße nach Moyale geteert sein, doch bei unserem Besuch war sie zerfurcht, staubig und automordend. Benzin gibt's nur in Moyale, also muss man in Marsabit Vorräte anlegen. Generell gilt: Fahren Busse und Lkws in einem Konvoi oder nehmen bewaffnete Soldaten an Bord, sollte man das auch tun. Tipps zum Reisen nach Loyangalani siehe S. 225.

Bus

Moyale Raha Buses verkehrt täglich um 8.30 Uhr von Marsabit nach Moyale (1000 KSh, 8½ Std.). Die Bezeichnung „Bus" ist allerdings irreführend, denn es handelt sich vielmehr um eine Kreuzung zwischen Lkw und Bus. Richtung Süden betreibt **Liban Buses** um 8 Uhr langweilig normale Busse nach Isiolo (700 KSh, 6 Std.). Ist die Asphaltstraße fertig, wird sich die Fahrzeit verkürzen.

Trampen

Trucks, die ca. 100 KSh günstiger sind als Busse, sind regelmäßig auf den Busrouten unterwegs. Acht Stunden auf einer Metallstange über unzufriedenen Kühen zu balancieren und Sonne, Wind und Staub ausgesetzt zu sein ist jedoch kein Vergnügen. Andererseits vergisst man eine solche Fahrt natürlich auch nie wieder. Sehr selten verkehren Lieferwagen nach Loyangalani (1000 KSh Verhandlungsbasis, unzählige Stunden), entweder auf der nördlichen Route über Kalacha und North Horr oder auf der südlichen über Kargi. Die meisten Fahrer sammeln ihre Passagiere gegenüber dem JeyJey Centre ein.

Marsabit National Park

Innerhalb des größeren Naturschutzgebietes liegt dieser kleine **Park** (Erw./Kind 20/10 US$) an den oberen Hängen des Mt. Marsabit. Er ist mit dichtem Wald bewachsen und beherbergt zahlreiche Wildtiere, u. a. Löwen, Leoparden, Elefanten (teilweise mit riesigen Stoßzähnen) und Büffel. Im Dickicht sieht man sie nur schlecht. Zum Glück gibt's ein paar natürliche Lichtungen (die sich nach Regenfällen in Seen verwandeln, was jedoch schon eine Weile nicht mehr vorgekommen ist), auf denen man nahezu immer Tiere antrifft.

Einst konnte man zu Fuß durch den Park streifen. Bei unserem Besuch war das allerdings verboten, da es zu wenige Ranger gab und viele Hirten aus der Region ihre Tiere zum Weiden in die Gegend brachten. Am

Marsabit National Park

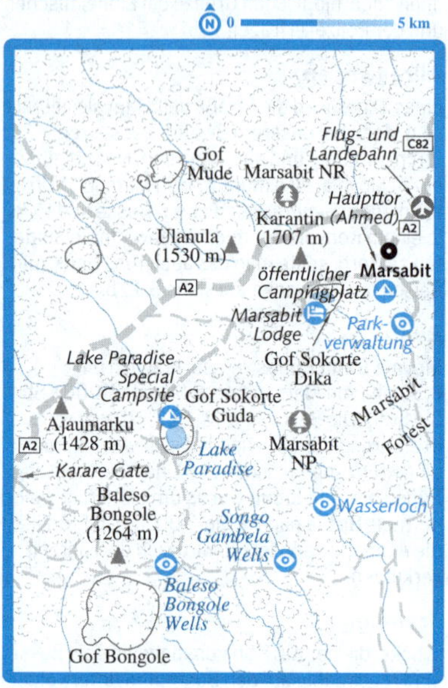

besten fragt man vor Ort nach, wann Spaziergänge wieder möglich sind.

Schlafen & Essen

Bei unserem Besuch baute KWS gerade Unterkünfte im Bungalowstil.

Lake Paradise Special Campsite CAMPING **$**
(Camping Erw./Kind 30/15 US$ plus Einrichtungsgebühr von 5000 KSh) Zwar gibt's hier nichts außer einem ausgetrockneten Flussbett und Feuerholz, aber der malerische Platz ist das beste Quartier im Park. Wegen vorbeiziehender Büffel und Elefanten muss ein Ranger anwesend sein, wenn man zeltet.

Marsabit Lodge LODGE **$$**
(☎Nairobi 020-604781; www.marsabitlodge.com; EZ/2BZ inkl. Frühstück 83/106 US$) Angesichts der tristen Einrichtung aus den 1970er-Jahren, der schimmeligen Bäder und der dreckigen Oberflächen kann man sich kaum vorstellen, dass dieses Hotel kürzlich renoviert wurde. Dennoch ist die Lage am Rand des (heute größtenteils ausgetrockneten) Sees im Gof Sokorte Dika grandios und eine günstigere Lodge wird man in einem Nationalpark nicht finden.

Öffentlicher Campingplatz CAMPING **$**
(Camping Erw./Kind 15/10 US$) Auf dem Platz neben dem Haupttor bekommt man Wasser und Feuerholz. Die Duschen und Toiletten wurden bei unserem Besuch gerade renoviert, was sie auch dringend nötig hatten.

Moyale

Ehrlich gesagt kommt niemand hierher, um Moyale zu sehen, sondern weil die Stadt das Tor zu einem der faszinierendsten Länder der Welt ist – Äthiopien. Die Fahrt von Marsabit ist lang und hart, lohnt sich aber immens. Nachdem man das neblige Hochland von Marsabit verlassen hat, taucht man ein in die trostlos klingende und wirkende **Dida Galgalu Desert** (Ebene der Dunkelheit) und rollt stundenlang durch eine monotone Landschaft aus schwarzem verbranntem Lavagestein. Das einzige Zeichen von Leben außer dem einen oder anderen Nomaden mit seinen Kamelen ist **Bubisa**, ein brauner Weiler, der nur auf wenigen Karten verzeichnet ist. Hier sitzen gelangweilt aussehende Gabbra, Somalier und Äthiopier tagein und tagaus herum und kauen *miraa* (Blätter und Zweigspitzen des Kathstrauchs, die als Rauschmittel konsumiert werden; s. Kasten S. 192). Weiter geht's durch leere Landschaft, bis man in das winzige Dorf **Turbi** kommt, das im Schutz zweier kleiner bewaldeter Berge liegt. Diese kann man in einem halben Tag erklimmen. Am besten nimmt man dazu einen Guide mit, da es in dieser Gegend viele Wildtiere und Wildvölker gibt. Sitzt man über Nacht hier fest, findet man nur wenige sehr dürftige Quartiere. Am sichersten ist es, nach Moyale weiterzureisen. Hinter Turbi verwandelt sich die Lavawüste in struppige Dornensavanne und in der Ferne rufen die Berge von Äthiopien.

In starkem Kontrast zur einsamen Reise hierher stehen Moyales enge, sandige Gassen, die vor Leben vibrieren. Die äthiopische Hälfte der Stadt ist besser ausgebaut, hat asphaltierte Straßen und man spürt eine andere Atmosphäre. Ein kleiner *miraa*-Markt findet auf halbem Weg die Hauptstraße hinauf auf der äthiopischen Seite statt.

Schlafen & Essen

Jahrelang mussten die wenigen Traveller, die durch Moyale kamen, mit grässlichen Unterkünften vorliebnehmen. 99 % der Quartiere auf beiden Seiten der Grenze sind nach wie vor nicht empfehlenswert, doch inzwischen gibt's eine neuere Herberge. Der Prostitution kann man hier kaum entgehen, da die meisten billigen Hotels und Bars in der Gegend auch als Bordell dienen.

KENIA

Al-Yusra Hotel HOTEL $$
(0722257028; Zi. ab 2500 KSh) Groß und neu! Endlich gibt's im kenianischen Moyale eine vernünftige Bleibe. Okay, sie ist nicht berauschend, hat aber fließendes, manchmal sogar heißes Wasser und ungezieferfreie Betten. Man kann das Hotel gar nicht verfehlen, denn es ist das mit Abstand höchste Gebäude der Stadt. Bei unserem Besuch hatte es jedoch lustigerweise nur ein Klinikschild, sodass der Autor tatsächlich weggegangen ist und die Nacht in einer üblen Absteige verbrachte, ehe ihm sein Fehler bewusst wurde!

Sessi Guesthouse HOTEL $
(Zi. mit Gemeinschaftsbad 500 KSh pro Pers.; P) Eine Unterkunft etwas außerhalb des Zentrums, die für Moyale sauber und recht ruhig ist und nicht als Bordell fungiert. Einige Zimmer sind noch im Bau, das aber schon seit einer laaangen Zeit ...

AK Modern Bar HOTEL $
(Zi. mit Gemeinschaftsbad 300–500 KSh) In diesem nicht sehr modernen Hotel gibt's Frauen scheinbar automatisch zu den Zimmern dazu. Der Kondomautomat an der Wand ist der einzige Tribut an Hygiene und Sauberkeit. Auf der anderen Straßenseite wurde gerade ein neuer Block mit Zimmern errichtet.

Sherif Guest House HOTEL $
(Zi. mit Gemeinschaftsbad 300 KSh) Oberhalb der Bank liegt diese Pension mit ansatzweise sauberen Zimmern, von denen einige Mückennetze haben. Die Gemeinschaftstoilette ist schaurig-denkwürdig.

Prison Canteen KENIANISCH $
(Mahlzeiten 150–200 KSh; ⌚mittags & abends) Es sagt viel über die Lebensqualität oben im Norden aus, wenn die beste Adresse zum Essen, Trinken und Feiern im städtischen Gefängnis liegt. Hier winken nicht nur eine tolle Atmosphäre und hervorragendes *nyama choma* (Grillfleisch), sondern man kann später auch seinen Freunden erzählen, dass man an der äthiopisch-kenianischen Grenze im Knast war!

Baghdad Hotel II. KENIANISCH $
(Mahlzeiten 80–150 KSh; ⌚mittags & abends) Das beliebteste Restaurant der Gegend – hinsetzen, ein paar Fliegen fangen und satt essen.

ÄTHIOPIEN

Da die Preise in der Gegend in äthiopischen Birr angegeben sind, machen wir es hier ge-

Moyale

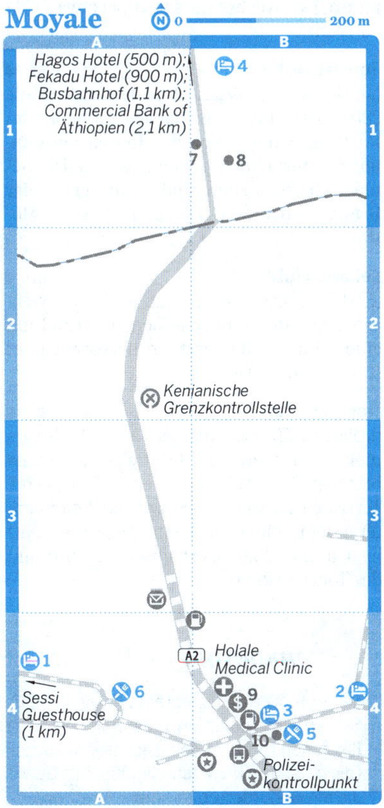

Moyale

Schlafen

Essen

Praktisches

Transport

nauso. Der Wechselkurs liegt bei etwa 1 US$ zu 17 Birr.

Tourist Hotel HOTEL $
(☎046-440513; EZ/DZ mit Gemeinschaftstoilette 22/44 Birr) Hinter der coolen Hotelbar im Rastastil befindet sich das Tourist mit bunten Zimmern und eigenen Duschen. Die Gemeinschaftstoiletten sind nicht gerade der Bringer, aber zum Glück auch kein Albtraum.

Fekadu Hotel HOTEL $
(EZ/DZ 70/100 Birr) Einfache, leicht überteuerte separate Zimmer reihen sich rund um eine schlichte Bar und ein hervorragendes Restaurant im Hof.

Hagos Hotel ÄTHIOPISCH $
(Mahlzeiten 20 Birr; ⏲mittags & abends) Hier genießt man *injera* oder kräftig gewürztes gebratenes Fleisch. Im hinteren Teil gibt's eine Terrasse und schattige Sitzgelegenheiten unter einem blühenden Baum. Die Unterkunft liegt unmittelbar oberhalb der Grenze und des Tourist Hotel.

Praktische Informationen

Hat man sich tatsächlich bis hier hoch getraut, ist man vermutlich auf dem Weg nach Äthiopien. In diesem Fall muss man unbedingt mit einem äthiopischen Visum anreisen, da man an der Grenze keines bekommt. Früher konnten Gäste ohne Visum immerhin die Grenze beim äthiopischen Moyale überqueren und sich ein paar Stunden umschauen, aber das ist heute nur noch möglich, wenn man die äthiopischen Zöllner überredet. Wer sinnvollerweise ein Visum hat und nach Addis Abeba weiterreist, findet weitere Infos zur Grenzüberquerung auf S. 393. Wenn man aus der anderen Richtung kommt, erhält man an der kenianischen Grenze ein dreimonatiges Touristenvisum für 50 US$. Die Grenze ist täglich von 6 bis 18 Uhr geöffnet. Busse zur Weiterfahrt starten auf beiden Seiten der Grenze, bevor diese öffnet. Wer also früh genug in der Stadt ankommt, sollte die Grenze direkt überqueren und kann dann Moyale am nächsten Morgen verlassen. Ansonsten muss man noch einen Tag hier verbringen. Die Commercial Bank of Ethiopia liegt 2 km entfernt und wechselt Reiseschecks, US-Dollars und Euros. Kenianische Schilling werden hier nicht ge-

WARNUNG

Leider führt die ausgeprägte Kriegertradition der Nomaden Nordkenias seit Jahren zu Sicherheitsproblemen in der Region. Durch die Einfuhr billiger Schusswaffen aus Konfliktzonen rund um Kenia eskalieren kleine Konflikte um Weiderecht und Viehdiebstahl (die einst durch Entschädigung statt Gewalt gelöst wurden) zu Pistolenkriegen, gegen die die Behörden ankämpfen.

Travellern, die selten Zeuge von Stammeskonflikten werden, mag das Problem übertrieben vorkommen, doch es ist gewaltig und wächst immer stärker. In den vergangenen zehn Jahren wurden vermutlich Hunderte Menschen bei Streitereien zwischen Stämmen getötet und über 160 000 vertrieben. Die schwere Trockenheit der letzten Jahre hat das Weideland dramatisch verringert und Wasserstellen ausgetrocknet. Dies wirkt sich enorm auf traditionelle nomadische Sozialstrukturen aus und führte dazu, dass Kämpfe und Viehdiebstahl zwischen den Stämmen verstärkt wurden. Zum Glück ist die Sicherheitslage auf den Hauptstraßen im Norden und dort, wo sich Touristen meist aufhalten, im Schnitt gut (obwohl eine Touristengruppe 2011 auf der Straße von Moyale nach Isiolo angegriffen wurde und im Oktober 2001 die Straße von Isiolo ins Samburu National Reserve wegen Auseinandersetzungen zwischen Stämmen für ein paar Tage gesperrt war). Im Moment braucht man weder Konvois noch bewaffnete Wachen zwischen Marich und Lodwar oder zwischen Isiolo und Moyale an der äthiopischen Grenze. Doch die Lage bessert sich nicht überall und in großen Teilen des Nordens kommt es immer noch zu blutigen Ausschreitungen. Die gesamte nordöstliche Region rund um Garsen, Wajir und Mandera ist unsicher und sollte gemieden werden.

Richtung Norden zur (derzeit geschlossenen) somalischen Grenze zu reisen ist schon seit Jahren gefährlich. Nach einer großen Invasion des kenianischen Militärs und erneuten Kämpfen in der von blutigen Ausschreitungen geprägten Region wagen sich nur die tollkühnsten Abenteurer dort hinauf.

Trotz Besserungen ist Sicherheit in Nordkenia ein schwammiger Begriff. Traveller sollten sich vor dem Aufbruch vor Ort nach der aktuellen Lage erkundigen und unnötige Risiken vermeiden.

tauscht, dafür aber im Tourist Hotel, wo man im Ausgleich äthiopische Birr bekommt.

Holale Medical Clinic (Autobahn A2)

Kenya Commercial Bank (Autobahn A2) Hat einen Geldautomat.

ℹ An- & Weiterreise

Busse von **Moyale Raha** starten täglich um 6 Uhr nach Marsabit (1000 KSh, 8½ Std.). Trucks nach Marsabit (800–1000 KSh) sammeln Passagiere nahe der Hauptkreuzung im Ort ein. Weitere Details zum Trampen und zu Fahrten zwischen Moyale und Marsabit siehe S. 215. Autofahrer aufgepasst: Sprit kostet auf der äthiopischen Seite von Moyale die Hälfte von dem, was man in Kenia zahlt.

Auf der äthiopischen Seite brechen jeden Morgen gegen 5 Uhr Busse nach Addis Abeba (200 Birr) auf. Die Reise dauert zwei Tage mit einer Übernachtung in Awasa oder Shashemene. Der Minibus Birr2 fährt von der Grenze zum Busbahnhof.

> **i** Bei unserem Besuch bekam man in der äthiopischen Botschaft in Nairobi keine Touristenvisa mehr. Wer die Grenze überqueren will, muss also im Voraus planen und schon mit einem neuen im Pass abgestempelten Visum nach Kenia einreisen.

VON MARALAL ZUM OSTUFER DES LAKE TURKANA

Zum Jadesee zu reisen ist nicht unbedingt einfach, und diese Route, das ultimative Kenia-Abenteuer, ist es auf keinen Fall. Doch die Mühsal wird mehr als belohnt mit bleibenden Erinnerungen an lebendige Stammesvölker, Kamelkarawanen vor glühenden Sonnenuntergängen, fesselnden Vulkanlandschaften und natürlich mit dem größten Juwel des Nordens, dem Lake Turkana.

Gen Norden nach Maralal

Die 130 km lange Fahrt von Nyahururu nach Maralal über die C77 ist holprig, aber unkompliziert, abgesehen davon, dass bei Rumuruti der Asphalt endet (und den wird man für lange Zeit nicht wiedersehen). Reifenpannen sind auf dieser Strecke gang und gäbe. Die Landschaft ist nicht außergewöhnlich, das Tierleben dafür sehr. Oftmals laufen große Gruppen von Elefanten, Giraffen und Zebras parallel zum Bus oder Lkw am Straßenrand entlang.

Das kenianisch-englische **Bobong Camp** und **Treefrog Cottage** (☎0735243075; ol maisor@africaonline.co.ke; Camping 500 KSh pro Pers., bandas 4000 KSh) auf einem Hügel mit tollem Blick auf die Ebene bietet schlichte (und überteuerte) *bandas* für bis zu vier Personen, man muss sich jedoch komplett selbst versorgen. Auch Camping ist möglich. Am Camp werden auch mit die günstigsten **Kameltreks** (2000 KSh pro Tag inkl. Führer) im Norden angeboten. Campingausrüstung und Lebensmittel muss man selbst mitbringen.

Am westlichsten Ende des Laikipia-Plateaus liegt die **Mugie Ranch** (☎062-2031 235; www.mugieranch.com; Tierbeobachtungsfahrten Erw./Kind 25/12 US$), eine 200 km² große Farm und ein privates Wildtierreservat voller Schwergewichtler. Es ist eines der neuesten Nashornschutzgebiete Kenias (mit 26 Tieren) und auch der Rest der „Big Five" ist vertreten, ebenso Grevyzebras und die vom Aussterben bedrohte Kuhantilope.

Maralal

☎065

Läuft man die staubigen Straßen von Maralal entlang, man wäre nicht verwundert, wenn Clint Eastwood aus einer Bar heraustrāte und sagte: „Diese Stadt ist nicht groß genug für uns beide." Dank der schwingenden Cowboytüren und der Kamele, die vor den bunten Holzfassaden der Geschäfte angebunden sind, fühlt man sich zwangsweise wie im Wilden Westen.

Mit seinem wilden **International Camel Derby** (s. Kasten S. 222) hat sich Maralal einen internationalen Ruf erworben, und ein Besuch während dieser Veranstaltung bleibt unvergesslich. Weniger verrückt, aber nicht weniger toll sind die ganzjährig angebotenen Kamelsafaris und -treks.

Leider schauen sich die meisten Besucher den Ort gar nicht an, sondern verbringen hier nur eine Nacht auf dem Weg zum Lake Turkana. Das Gegenteil gilt für unabhängige Traveller, die oft länger verweilen als geplant, da Verkehrsmittel gen Norden bestenfalls sporadisch sind. Man sollte einfach alles in seinem eigenen Tempo machen: Reisende sind Entdecker und Maralal ist eine Stadt, die erkundet werden will. Schließlich war der berühmteste Bürger, Wilfred Thesiger, einer der größten Abenteurer des 20. Jhs. Und wenn dieser der Meinung war,

Maralal

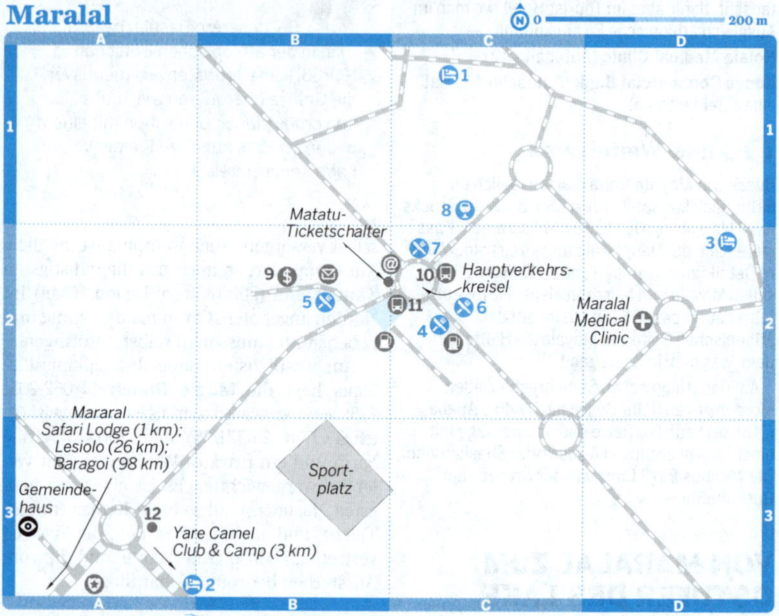

Maralal

Schlafen
1 Jadana Guest House C1
2 Samburu Guest House A3
3 Sunbird Guest House D2

Essen
4 Hard Rock Café C2
5 Markt B2
6 Pop Inn Hotel C2
Samburu Guest House ..... (siehe 2)
Sunbird Guest House ..... (siehe 3)
7 Sunguia Supermarket C2

Ausgehen
8 Buffalo House Hotel C1

Praktisches
9 Kenya Commercial Bank B2

Transport
10 Matatus mit Allradantrieb & Landrovertaxis C2
BP-Tankstelle ..... (siehe 12)
11 Matatus C2
12 Truck-Haltestelle A3

Maralal sei der perfekte Rückzugsort, muss da etwas dran sein.

Sehenswertes & Aktivitäten

Trekking WANDERN
Der **Loroghi Hills Circuit** bietet einen herrlichen Ausblick (siehe „Lesiolo" auf S. 222). Für die lohnenswerte 78 km lange Wanderung muss man fünf Tage einplanen. Details zur Route findet man im Lonely Planet *Trekking in East Africa*. Kürzere Strecken sind möglich, indem man ohne bestimmtes Ziel durch das Hochland wandert und dann hinab über die Pfade, die *shambas* rund um die Stadt miteinander verbinden.

Yare Camel Club & Camp KAMELSAFARI
(☎62295, Nairobi ☎020-2101137) Stellt Guides und Tiere für selbst organisierte Kamelsafaris in der Region. Trips mit Selbstverpflegung/Übernachtung kosten 15/30 US$ pro Person.

Maralal National Sanctuary TIERSCHUTZGEBIET
(Eintritt frei) Rund um die Stadt erstreckt sich ein Wildschutzgebiet mit Zebras, Impalas, Hyänen, Elefanten und vielen anderen Tieren. Eintrittsgeld muss man nicht zahlen und manchmal ist man sogar fast der einzige Besucher. Am besten genießt man die Wildnis mit einem kühlen Bier in der Hand an der Bar der Maralal Safari Lodge, zu der auch Tie-

re kommen, nachdem sie an der vor Ort gelegenen Wasserstelle getrunken haben.

Schlafen

Während des Derbys ist es unerlässlich, seine Unterkunft in Maralal vorab zu buchen.

LP TIPP Sunbird Guest House PENSION $
(☎0720654567; EZ/DZ 700/1000 KSh; P) Diese sichere, freundliche Pension bietet ruhige, saubere und gemütliche Zimmer mit schöner Bettwäsche, Mückennetzen, funkelnden Bädern und Warmwasser. Im sonnigen, hübsch begrünten Hof herrscht eine tolle Atmosphäre, zudem gibt's ein angenehmes Restaurant. Wer böse war, findet eine Bibel in seinem Zimmer.

Samburu Guest House HOTEL $
(☎0729733435; EZ/DZ 700/1300 KSh; P) Ob das brandneue pinkfarbene, würfelförmige Gebäude seinen derzeitigen Standard beibehalten kann, wird sich zeigen. Das Stadtzentrum ist etwas weiter entfernt.

Maralal Safari Lodge LODGE $$
(☎0727373406, Nairobi 020-211124; www.angelfire.com/jazz/maralal; Camping 500 KSh, EZ/DZ/2BZ inkl. Frühstück 4950/7000/7000 KSh; P) Die Holzhütten kommen in die Jahre, aber die schummrige Beleuchtung kaschiert das Schlimmste. Hier stehen Preisnachlässe genauso auf der Tagesordnung wie Impalas an der Wasserstelle direkt vor dem Fenster. Die offenen Kamine in den Zimmern und der Blick auf die Ebene voller Tiere sorgen für ein romantisches Ambiente.

Yare Camel Club & Camp CAMPING $
(☎62295, Nairobi 020-2101137; www.yaresafaris.co.ke; Camping 300 KSh, EZ/2BZ/3BZ 32/48/55 US$; @) Alteingesessener Favorit 3 km südlich der Stadt unter neuer Leitung. Obwohl die düsteren Hütten, deren Preise ordentlich angezogen haben, ein unglaublich schlechtes Preis-Leistungs-Verhältnis bieten, ist die Bleibe dank der Grasböden noch immer ein toller Zeltplatz für Überlandreisende.

Jadana Guest House HOTEL $
(EZ/2BZ 300/500 KSh; P) Wirkt schäbig, aber die Zimmer in diesem günstigen Quartier sind gar nicht so schlecht.

Essen

Sofern man keinen Heißhunger auf Ugali (Getreidebrei aus Maismehl, Maniokmehl oder beidem) und *nyama choma* hat, finden sich hier keine kulinarischen Highlights. In ein paar Lokalen gibt's gute regionale Küche, ansonsten kann man die Restaurants des Gästehauses Sunbird oder des Samburu Guest House probieren, die mit einer für Maralal-Verhältnisse angenehm internationalen Speisekarte aufwarten. Wer nach Norden reist, kann sich auf dem Markt oder im Sunguia Supermarket mit Vorräten eindecken.

Hard Rock Café KENIANISCH $
(Mahlzeiten 60–170 KSh; ⏲mittags & abends) Angesichts dieser Verwendung ihres Namens würde die Kette vermutlich erschaudern. Das von Somaliern betriebene Restaurant ist das beste und pinkfarbenste Lokal im Stadtzentrum. Wer dort isst, kommt in den Genuss der Spezialität des Hauses: KK, ein mächtiges Püree aus Reis, Chapati, Spaghetti und einem Hauch Gemüse.

Pop Inn Hotel KENIANISCH $
(Mahlzeiten 80–150 KSh; ⏲mittags & abends) In diesem Gebäude im Zebralook werden kenianische Gerichte serviert. Der Anspruch, „das beste Essen südlich der Sahara zu servieren", ist vielleicht etwas zu hoch gegriffen – südlich des Kreisels ist realistischer.

Ausgehen

Einst war das Buffalo House Hotel ein legendärer Treffpunkt zum Trinken und Feiern, aber das ist längst Vergangenheit. Trotzdem vergisst man den Anblick eines Samburu-Moran, der in voller Montur in die Bar stapft, so schnell nicht. Die Bars im Yare Camel Club & Camp und in der Maralal Safari Lodge sind schöner, man kommt jedoch schlecht zurück, wenn man in der Stadt wohnt.

WARNUNG

Weil zuletzt mehrere Traveller auf der Straße von Maralal nach Norden in Richtung Baragoi, Loyangalani und Lake Turkana von bewaffneten Banditen angegriffen wurden, raten wir dringend dazu, sich während eines Aufenthaltes in der Stadt über die aktuelle Sicherheitslage zu informieren. Bei Bedarf sollte man um eine Polizeieskorte bitten und möglichst im Konvoi reisen. Wenn die Fahrt zu riskant ist, kann man die alternative Strecke nach Loyangalani von Samburu über Logologo und South Horr nehmen.

NICHT VERSÄUMEN

MARALAL INTERNATIONAL CAMEL DERBY

Das alljährliche Maralal International Camel Derby wurde 1990 von Yare Safaris ins Leben gerufen. Es findet Anfang August statt und ist eines der größten Events in Kenia, das Reiter und Zuschauer aus aller Welt anzieht. Jeder kann am Rennen teilnehmen, und die ausgedehnten Partys danach im Yare Camel Club & Camp sind berühmt-berüchtigt.

Keine Lust auf Party, sondern nur auf schnelle Tiere? Dann sollte man zum ersten Rennen des Derbys kommen, denn das ist für Amateur-Kamelreiter. 1000 KSh Startgebühr hinlegen, weitere 3000 KSh für ein geiferndes Kamel und los geht's! Der hinternstrapazierende Ritt geht über 11 km. Doch man sollte nicht meckern – professionelle Reiter müssen 42 km überstehen.

Weitere Infos gibt's bei **Yare Safaris** (☎Maralal 020-2101137, Nairobi 020-2163758; www.yaresafaris.co.ke) oder im Yare Camel Club & Camp in Maralal.

Praktische Informationen

Kenya Commercial Bank Hinter dem Markt befindet sich der letzte Geldautomat auf dem Weg nach Norden.

Links Cyber Café (120 KSh pro Std.; ⌚Mo–Sa 8–20, So 14–20 Uhr)

Maralal Medical Clinic (⌚Mo–Sa)

Post Neben dem Markt.

An- & Weiterreise

Matatus fahren nach Nyahururu (500 KSh, 3–4 Std.), Rumuruti (500 KSh, 2½ Std.) und Wamba (400 KSh, 3½ Std.). Wer nach Nairobi will, steigt in Nyahururu um. Ist Isiolo das Reiseziel, muss man in Wamba übernachten, um das Matatu zu erwischen, das frühmorgens gen Süden startet.

In der Trockenzeit verkehren jede Woche einige Matatus mit Allradantrieb (500 KSh, 5 Std.) und Landrovertaxis auf der furchtbaren Straße gen Norden nach Baragoi (600 KSh, 5 Std.). Wer nach Loyangalani und zum Lake Turkana reisen möchte, muss ein paar Tage auf einen Truck warten (1000–1500 KSh, 9–12 Std.). Am besten fragt man vor Ort nach Mitfahrgelegenheiten in diese Richtung, sobald man ankommt. Die Reise mit dem Lieferwagen in Baragoi oder South Horr zu unterbrechen ist zwar keine schlechte Idee, andererseits muss man eventuell eine Woche dort warten, bis ein weiterer Truck vorbeikommt. Nach Regenfällen steigen die Preise aller Verkehrsmittel.

Die meisten Laster starten am Hauptverkehrskreisel und sammeln ihre Passagiere in der Regel an der alten BP-Tankstelle auf.

Rund um Maralal

Hier genießt man herrliche Aussichten. **Lesiolo** („Weltblick") liegt an einem Steilhang, dem spektakulären Ende des Loroghi-Plateaus, und bietet einen grandiosen Panoramablick über 120 km auf das Rift Valley sowie die gezackten Tiati Hills. Lesiolo ist Teil des Malasso Ecotourism Project. Mittlerweile wird eine happige Aussichtsgebühr von 350 KSh erhoben, die aber jeden Cent lohnt.

Der **Lesiolo Loop** ist eine spektakuläre, zermürbende 12 km lange Wanderung (4–5 Std.), die den Steilhang hinab zum Boden des Rift Valley und dann langsam wieder hinaufführt. Ein Führer aus der Gegend (Guides vom Malasso Ecotourism Project kosten 1000 KSh pro Tag) ist unverzichtbar.

Schlafen & Essen

Wer in Lesiolo **zeltet** (Erw./Kind 10/5 US$), bekommt dafür die Aussichtsgebühr erlassen. Neben dem umwerfenden Blick gibt's hier Wasser (gesammeltes Regenwasser), primitive Toiletten und jede Menge Kuhfladen.

Dri Camping CAMPING, BUNGALOW $
(☎0729733438; Zelt 500 KSh pro Pers.; Hütte 3000 KSh) Dieser Zeltplatz in holländischer Hand befindet sich 20 km nördlich des Ortes Poror und bietet eine Aussicht, die nur Lesiolo selbst schlagen kann. Wem Camping zu rau und dreckig ist, der kann die möblierte Hütte mit freiliegendem Mauerwerk und viel Privatsphäre beziehen. Verpflegung und ein Fahrzeug muss man selbst mitbringen.

An- & Weiterreise

Wer diese Gegend zum Ziel hat, fährt von Maralal aus gen Norden Richtung Baragoi. Nach ca. 17 km erreicht man die ausgeschilderte Abzweigung zum Malasso Ecotourism Project. Weitere Schilder und hilfsbereite Einheimische führen zum Ziel. Mit viel Geduld und den seltenen öffentlichen Verkehrsmitteln gelangt man nach Poror, das eine unproblematische 9 km lange Wanderung (2–3 Std.) von Lesiolo entfernt liegt. In der Regenzeit braucht man einen Allradwagen. Ein Motorradtaxi von der Stadt nach Lesiolo kostet mit Feilschen rund 1000 KSh sowie weitere 123 KSh pro Stunde, die der Fahrer vor Ort auf einen wartet.

Baragoi

Auf der langen Abfahrt vom Loroghi-Plateau hinunter Richtung Baragoi bieten sich tolle Ausblicke und kilometerweit sieht man nichts außer prächtigem baumbestandenem Grasland voller Wildtiere. Baragoi selbst ist eine Enttäuschung: Der staubige kleine Ort kann keinesfalls mit ihrem schönen Umland mithalten.

An der Star Station Filling bekommt man teuren Sprit, und das mit Bougainvilleen bewachsene Morning Star Guest House (Zi. mit Gemeinschaftsbad 300 KSh) bietet eine Übernachtungsmöglichkeit, allerdings muss man grausam stinkende Gemeinschaftstoiletten in Kauf nehmen.

An- & Weiterreise

Teilweise ist die Schotterpiste von Maralal nach Baragoi sehr steinig und wird nach Regenfällen richtiggehend tückisch. Die Fahrt dauert mindestens vier bis fünf Stunden.

South Horr

South Horr liegt nördlich von Baragoi inmitten blühender Bäume in einem Tal voller Akazien unterhalb der Gipfel des **Ol Donyo Nyiro** (2752 m) und des **Ol Donyo Mara** (2066 m). Trotz der schönen Landschaft wird man seinen Blick kaum von den hinreißenden Samburu-Hirten lösen können, die sich im Schatten der Bäume versammeln.

In der Umgebung kann man toll wandern. Einfachere Wege führen durch die bewaldeten unteren Hänge des Tals, ambitioniertere zum Gipfel des Ol Donyo Nyiro. In beiden Fällen ist ein Guide ratsam (ca. 1000 KSh pro Tag), da im Waldgebiet zahlreiche Arten großer Kreaturen mit vielen Zähnen lauern, die sich über einen vorbeikommenden *mzungu* (Weißen) zum Mittagessen freuen würden.

Schlafen & Essen

Rund ums Dorf befinden sich mehrere „Campingplätze", die nur aus Grund und Boden und vereinzelten Wasserhähnen bestehen. Alle kosten zwischen 250 und 300 KSh pro Person. Darüber hinaus gibt's ein paar schlichte Imbisse wie das **Arsenal Inn** (Mahlzeiten 40–80 KSh).

Samburu Sports Centre Guesthouse
BANDAS $
(☎0720334561; stockwellee@yahoo.com; Zelt 300 KSh pro Pers., EZ/DZ 1000/2000 KSh;) Eine tolle Unterkunft mit vornehmer Unterbringung im *banda*-Stil, Kunst an den Wänden, Bücherregalen und Schränken aus gebogenen Zweigen, leckerem traditionellen Essen und WLAN. Was für eine angenehme Überraschung!

An- & Weiterreise

Angeblich ist die Straße zwischen Baragoi und South Horr in einem anständigen Zustand – jedenfalls für nordkenianische Verhältnisse.

Nach Norden zum Lake Turkana

Reist man von South Horr Richtung Norden, endet die dornige Wüste auf einmal und man findet sich in einer leuchtenden vulkanischen Landschaft mit bowlingkugelgroßen Felsbrocken, Schlackenkegeln und rötlich-lilafarbenen Tönen wieder. Wer diese fesselnde, karge Gegend nicht atemberaubend findet, kann ein paar Kilometer weiter Richtung Norden erste Blicke auf den schimmernden Jadesee erhaschen und ist spätestens dort beeindruckt.

Fährt man zum See hinab, erhebt sich vor einem South Island, während der geometrisch perfekte Kegel des Teleki an der Südseite des Lake Turkana emporragt. Die meisten möchten jetzt vermutlich anhalten und ihre Badesachen zusammensuchen, doch Vorsicht: Im See lebt die größte Krokodilpopulation der Welt.

Loyangalani

Im krassen Gegensatz zu den tristen Wüstenschattierungen rundum ist das winzige Loyangalani eine wahre Explosion aus Farben, Federhaarschmuck und blutroten Gewändern. Eingebettet zwischen kleine Erhebungen aus Kissenlava (ein Beleg, dass diese Gegend einst unter Wasser lag) mit Blick auf den Lake Turkana, dienen die sandigen Straßen des Städtchens als Treffpunkt der großen nördlichen Stämme: Turkana und Samburu, Gabbra und El Molo. Loyangalani ist unbestritten die exotischste Ecke Kenias und lohnt die mühevolle Reise hierher auf jeden Fall.

Sehenswertes & Aktivitäten

South Island National Park
TIERSCHUTZGEBIET
(Erw./Kind 20/10 US$) Der 1983 zum öffentlichen Schutzgebiet und 1997 zur Unesco-

SCHON GEWUSST?

» Das Ufer des Lake Turkana, größter Wüstensee der Welt, ist länger als Kenias gesamte Küste am Indischen Ozean.

» Vor rund 10 000 Jahren war der Wasserspiegel des Sees über 100 m höher und er speiste den mächtigen Nil. Sobald der Gibe-3-Damm in Äthiopien fertig gebaut ist, könnte er um weitere 10 m sinken.

» Die ersten Europäer, die 1888 auf den See stießen, waren die österreichischen Forscher Teleki und von Höhnel. Stolz tauften sie ihn Rudolfsee nach dem damaligen österreichischen Kronprinzen. Erst 1970 setzte sich der Kiswahili-Name Turkana durch.

Welterbestätte erklärte Nationalpark erstreckt sich auf einer winzigen, 39 km² großen, lilafarbenen Vulkaninsel. Abgesehen von den großen Populationen von Krokodilen, Giftschlangen und wilden Ziegen ist dieser öde Flecken Erde unbewohnt. Eine Übernachtung auf einem **speziellen Campingplatz** (Camping Erw./Kind 15/10 US$) verleiht dem Besuch noch mehr Gruselfaktor.

Bei ruhigem Wetter erreicht man die Insel mit einem Schnellboot in 30 Minuten und braucht eine weitere Stunde, um sie zu umfahren. Bei Wind kann sich die Fahrtzeit verdoppeln. Da nur wenige Schnellboote verfügbar sind, muss man vermutlich mit einem deutlich langsameren Kahn vorlieb nehmen: Insgesamt sollte man für den Ausflug sechs Stunden und ca. 4000 KSh pro Stunde einrechnen. Infos zum Bootsverleih bekommt man im KWS-Büro in der Stadt oder an der Oasis Lodge.

Mt. Kulal — BERG

Der Mt. Kulal beherrscht das Ostufer des Turkana-Sees. An seinen bewaldeten vulkanischen Flanken bieten sich tolle Wandermöglichkeiten. In der fruchtbaren verlorenen Welt mitten in der Wüste leben einzigartige Kreaturen, darunter das Mt.-Kulal-Chamäleon, eine schöne Echse, die erst 2003 entdeckt wurde.

Egal, was Guides aus der Gegend erzählen – von Loyangalani aus in einem Tag den Gipfel (2293 m) zu erreichen ist nicht möglich. Für den Hin- und Rückweg muss man mehrere Tage einplanen. Führer (1000 KSh pro Tag) und Esel (500 KSh pro Tag), die das Gepäck tragen, kann man in Loyangalani buchen, oder man lässt sich für viel Geld (8000–12 000 KSh) hinaufbringen in die Dörfer **Arapal** bzw. **Gatab**. Von dort besteht die Möglichkeit, zum Gipfel hinaufzusteigen und eine lange Tageswanderung (8–10 Stunden) hinab zum Fuß des Berges zu unternehmen.

Wer an Arapal vorbeikommt, sollte an den **singenden Brunnen**, aus denen die Samburu Wasser schöpfen (und dabei singen – daher der Name), ebenfalls ein Liedchen trällern.

El-Molo-Dörfer — DORF

Der El-Molo-Stamm (s. S. 322) ist einer der kleinsten Afrikas und lebt am Ufer des Sees unmittelbar nördlich von hier in den Dörfern **Layeni** und **Komote**. Obwohl sie äußerlich den Turkana ähneln, sind die El Molo sprachlich mit den Somali und den Rendille verbunden. Leider starb der Letzte, der ihre traditionelle Sprache gesprochen hat, vor der Jahrtausendwende. Die Weiler zu erkunden (700–1000 KSh pro Pers.) gleicht einem Zirkusbesuch.

Loyangalani Desert Museum — MUSEUM

(Erw./Kind 500/250 KSh; ⌚9–18 Uhr) In dem Museum auf einem Felsen oberhalb des Sees einige Kilometer nördlich der Stadt gibt's viele Fotos zu sehen, allerdings muss man für dieses Vergnügen eindeutig zu tief in die Tasche greifen.

Schlafen & Essen

Wer den Norden besucht, will Abenteuer erleben und ist hier nicht für den Komfort. Camper sollten ihr Zelt vertäuen, da in den frühen Abendstunden heftige Winde aufkommen und gegen 20 Uhr mit bis zu 60 km/h wehen können.

LP TIPP Palm Shade Camp — BANDAS $

(☎0726714768; Camping 500 KSh, EZ/2BZ-bandas mit Gemeinschaftsbad 750/1500 KSh) Einfach das Zelt auf dem Gras unter Akazien und Doumpalmen aufstellen oder sich in den sauberen runden Hütten mit Kuppeldächern einquartieren. Die *bandas* verfügen über schlichte Holzbetten mit Schaumstoffmatratzen und einzigartige Wände mit maschenartigen Schlitzen, durch die Licht und eine herrliche Abendbrise hereinkommen. Dazu gibt's hier die besten Toiletten und Duschen der Stadt, einen Unterstand zum Kochen und Elektrizität bis 22 Uhr, sodass die Wahl leicht fällt.

Oasis Lodge LODGE $$$
(EZ/2BZ 220/350 US$;) Diese Lodge ist in einem schlimmen Zustand und die Preise sind maßlos übertrieben. Das Beste an der Unterkunft ist der Pool, den Nichtgäste für 500 KSh benutzen dürfen.

Cold Drink Hotel KENIANISCH $
(Mahlzeiten 100–150 KSh; mittags & abends) In dem Hotel bekommt man nicht nur kalte Getränke, sondern laut den Einheimischen auch die beste Küche rund um den Turkana-See. Nun ja, vielleicht eher die beste Küche in Loyangalani.

Praktische Informationen

Außer einer Post und einer katholischen Missionsstation, in der gelegentlich Benzin aus dem Kanister zu exorbitanten Preisen verkauft wird, gibt's keine Dienstleistungen.

An- & Weiterreise

Mit Fisch beladene Lkws sorgen dafür, dass auch die Passagiere bald müffeln, und fahren bestenfalls ein- bis zweimal pro Woche von Loyangalani nach Maralal (1000–1500 KSh, 9–12 Std.). Lkws in andere Richtungen verkehren noch seltener: Einheimische berichten, dass man zwischen einer Woche und einem Monat Wartezeit nach Marsabit einrechnen muss (wenn Laster dorthin fahren, nehmen sie meist die etwas einfachere südliche Route über Kargi und berechnen grob 1000 KSh).

Wer mit eigenem Fahrzeug reist, erreicht Marsabit auf zwei Wegen: von Loyangalani gen Nordosten über die dunklen Steine der Chalbi Desert Richtung North Horr oder über das 67 km südwestlich gelegene South Horr und dann über Kargi Richtung Osten. Die 270 km lange Route über Chalbi (10–12 Std.) ist in der Trockenzeit hart und nach Regenfällen unpassierbar. Am besten fragt man bei jeder Gelegenheit nach dem Weg, denn man verfährt sich leicht und merkt dies oft erst Stunden später. Die 241 km lange südliche Route (6–7 Std.) über die Karoli Desert und Kargi besteht aus festgefahrenem Sand und ist in der Regenzeit nur minimal leichter zu bewältigen.

North Horr

Auf der Karte ragt North Horr wie ein Leuchtturm aus der weiten umliegenden Wüste heraus. Ist man hier nach einer harten und langen Fahrt gelandet und schleppt sich durch die sandigen Straßen, wirkt die triste Stadt ein wenig enttäuschend. Nicht verpassen sollte man die **Wasserstelle** am Stadtrand, die jeden Tag Hunderte Kamele, Ziegen und Nomaden mit wettergegerbten Gesichtern anzieht. Fotografieren wird nicht gern gesehen.

NICHT VERSÄUMEN

SIBILOI NATIONAL PARK

Sibiloi (www.sibiloi.com; Erw./Kind 20/10 US$) ist eine Unesco-Welterbestätte und Kenias wohl abgelegenster Nationalpark. Er erstreckt sich über 1570 km² am Ostufer des Lake Turkana. Hier entdeckte Dr. Richard Leakey den Schädel eines *Homo habilis*, der zweieinhalb Millionen Jahre alt sein soll. Auch Spuren des *Homo erectus* wurden zutage gefördert. Trotz der faszinierenden Vorgeschichte der Region, der Fossilfundstätten und des wunderbaren ariden Ökosystems lassen sich Besucher von den Schwierigkeiten abschrecken, in den hohen Norden zu kommen, was wirklich schade ist. Ironischerweise ist heute ausgerechnet die sogenannte „Wiege der Menschheit" nahezu gänzlich unbewohnt.

Vor Ort betreiben die National Museums of Kenya (NMK) ein kleines Museum und die Forschungseinrichtung **Koobi Fora** (www.kfrp.com). Normalerweise kann man in einer der **Bandas** (1000 KSh pro Pers.) der Forschungsstätte unterkommen oder ein Zelt auf einem der **Campingplätze** (Camping 200 KSh pro Pers.) aufstellen. Bei unserem Besuch war ein Mitglied der Leakey-Familie dabei, hier eine Lodge zu bauen.

Bevor man sich zum Schutzgebiet aufmacht, kontaktiert man am besten das Personal des Loyangalani Desert Museum, des **KWS** (kws@kws.org) und des **NMK** (Nairobi 020-3742131; www.museums.or.ke).

In der Trockenzeit dauert die verzwickte Fahrt von Loyangalani nach Sibiloi sieben Stunden. Man braucht einen Guide vom KWS oder vom Loyangalani Desert Museum. Einen Jeep in Loyangalani zu mieten kostet rund 15 000 KSh pro Tag. Alternativ bucht man am Ferguson's Gulf (s. S. 229) am Westufer des Sees ein Boot (Hin- & Rückweg mit Übernachtung 22 000–30 000 KSh).

Keine der beiden Unterkünfte, die **Manzigar Lodge** (EZ/2BZ 150/200 KSh) und das benachbarte **Northern Palm Shades** (banda 200 KSh), ist luxuriös, aber dafür sind sie authentisch.

Lebensmittel findet man in den schlichten *dukas* (kleine Läden) und Cafés in der Stadt, u. a. im **Mandera Hotel** (Mahlzeiten 80–120 KSh), das auch als beste Informationsquelle für die Weiterreise gilt.

Lkws und Allradwagen fahren recht regelmäßig über Kalacha nach **Marsabit** (400–700 KSh), allerdings nur sehr selten weiter bis nach Loyangalani. Für die Fahrt nach Loyangalani gibt's keinen festen Preis. Egal wohin man möchte, es passiert nicht selten, dass man hier für ein paar Tage bis Wochen festsitzt. Sogar in der Trockenzeit sind die „Straßen" oft unpassierbar, ganz zu schweigen vom Zustand nach der Regenzeit. Die Route nach Norden bedeutet, dass man sich auf ein Abenteuer einlässt, doch über die Ebene der Dunkelheit zum Jadesee zu rattern ist nichts als pure Magie.

Kalacha

Rund um eine permanente Oase mitten in der Chalbi Desert liegt das mit Akazien und Doumpalmen gesprenkelte Dorf Kalacha voller faszinierender Gabbra-Bewohner. Es gibt hier nur wenig zu sehen und zu tun, doch die Abgelegenheit und der Anblick der Kamele, die, freigelassen aus ihren Gehegen, auf dem Weg zu den Weidegebieten Staub aufwirbeln, sind unvergessliche Eindrücke. Nicht die cartoonähnlichen biblischen Wandbilder in der Kirche verpassen. Sie stimmen einen auf die ein, die einen weiter nördlich in Äthiopien erwarten. **Felsmalereien** und **-ritzungen** findet man nahe der Wasserstelle in **Afgaba** unweit von Kalacha (einen Guide mitnehmen).

Eine exzellente Wahl für Übernachtungsgäste ist das **Chalbi Safari Resort Kalacha** (☎0727218566; Camping 400 KSh, 2BZ-bandas 5000 KSh pro Pers.; ✉). Der freundliche Abdul führt die makellos sauberen *bandas* und ein sonniges Campingareal. Bei Voranmeldung werden Mahlzeiten zubereitet.

Die zweite Übernachtungsmöglichkeit, das Kalacha Camp, war bei unserem Besuch wegen „Renovierungsarbeiten" geschlossen und sah nicht so aus, als würde es noch einmal eröffnet werden.

Kommt man von Marsabit, windet sich die Straße die Berge hinab und versinkt in einem Meer aus schwarzen Lavafelsen. Nun wird die Landschaft immer karger, bis man schließlich die Weiten der sandigen und stechend heißen Chalbi Desert erreicht. Es ist eine spektakuläre Fahrt durch die Ödnis, in der die einzigen Lebenszeichen vereinzelte Kamele auf dem Weg zu den Wasserstellen im lebendigen Dorf **Maikona** sind. Ohne ein schweres Fahrzeug mit Allradantrieb und einen erfahrenen Führer aus der Gegend ist man hier aufgeschmissen. Das GPS, das man sich vor der Reise gekauft hat, weiß nicht, auf welchem Sand man fahren kann und auf welchem nicht und welche Spur man am besten nimmt. Travellern mit öffentlichen Verkehrsmitteln sei viel Glück gewünscht – das man auch braucht. Eventuell kommen einige Male pro Woche Lkws nach Marsabit (500 KSh) oder North Horr vorbei.

VON MARICH ZUM WESTUFER DES LAKE TURKANA

Diese Region birgt einige besondere Schönheiten Nordkenias wie die kilometerlangen Strände am Jadesee, beeindruckende Vulkanlandschaften, ein reges Wildtierleben und lebhafte Turkana-Stämme. Dennoch verirren sich nur wenige Besucher in die abgelegene Gegend. Da es recht verlässliche öffentliche Verkehrsmittel gibt, ist diese Seite des Sees deutlich einfacher zu bereisen und bietet einen guten Eindruck in das Ödland des Nordens.

Von Marich nach Lodwar

Die spektakuläre Abfahrt vom Marich-Pass durch die üppig grünen, bepflanzten Cherangani Hills endet in einer ariden Landschaft mit Sisalpflanzen, Kaktusbäumen und Akazien zu beiden Seiten der Straße und entlang des schokoladenbraunen Flusses Morun. Unmittelbar nördlich beginnt am winzigen Dorf Marich Nordkenia. Willkommen im Abenteuer!

Sehenswertes & Aktivitäten

Trekking WANDERN

Auch wenn die nördlichen Ebenen rufen, lohnt ein Aufstieg in die Berge, wo es für die Augen viel zu staunen und für die Muskeln eine Menge zu tun gibt. Der **Mt. Sekerr** (3326 m) liegt wenige Kilometer nordwestlich von Marich. Man kann gemütlich in drei Tagen hinauf- und wieder herabsteigen, vorbei an den landwirtschaftlichen Parzellen der Pokot und durch Wald und offene Moore.

Die **Cherangani Hills**, üppig grün neben der gelben Wüste des Nordens, erheben sich unmittelbar südlich und bieten ebenfalls unzählige traumhafte Wandermöglichkeiten. Für zahlreiche Menschen sind die intensiv beackerten und dicht bewaldeten Hügel eine der schönsten Ecken des Landes.

Den Gipfel des **Mt. Koh** (3211 m) zu erklimmen, der 1524 m über der Ebene thront, ist eine anstrengende, aber lohnenswerte zweitägige Schinderei. Weniger aufwärts (nur 300 m Höhenunterschied) führt eine Wanderung das **Weiwei Valley** hinauf von **Sigor** nach **Tamkal** (einfache Strecke 13 km). Weitere Trekkingmöglichkeiten in den Cherangani Hills siehe S. 164.

Das **Marich Pass Field Studies Centre** stellt englischsprachige Pokot- und Turkana-Guides für halbtägige (550 KSh), ganztägige (750 KSh) und zweitägige Wanderungen mit Übernachtung (1000 KSh).

Schlafen & Essen

Marich Pass Field Studies Centre

CAMPING, BANDAS **$**

(www.gg.rhul.ac.uk/MarichPass; Camping 360 KSh, B 420 KSh, EZ/2BZ 1450/1950 KSh, mit Gemeinschaftsbad 900/1240 KSh) Gleich nördlich des Dorfes Marich befindet sich diese hauptsächlich von Studentengruppen genutzte Unterkunft, prima geeignet auch für Traveller, die auf eigene Faut unterwegs sind. Das Zentrum liegt schön inmitten von dichtem Busch und Waldgelände am Morun. Zu den Einrichtungen gehören ein sicherer Campingplatz mit Trinkwasser, Toiletten, Duschen und Feuerholz. Der Schlafraum ist schäbig, außerdem gibt's einfache, gemütliche *bandas*.

An- & Weiterreise

Die Straße von Kitale über Makutano ist die vielgepriesene Autobahn A1, oft beschrieben als „Kenias spektakulärste asphaltierte Straße".

DIE ZEITEN ÄNDERN SICH

Nordkenia wurde von den kenianischen Machthabern lange ignoriert. Heute sorgen das schwarze Gold, eine neue Nation und die unablässigen Winde vom Lake Turkana für einen nachhaltigen Umschwung – jedenfalls vielleicht ...

Als der Südsudan im Juli 2011 die neueste Nation der Welt wurde, stand er vor einem Problem. Er hatte Öl- und Erdgasvorkommen, aber keinen verlässlichen Weg, die Rohstoffe aus dem Land zu exportieren (alle derzeit existierenden Pipelines verlaufen Richtung Norden zum Roten Meer über den einstigen Machthaber Sudan, aber das Verhältnis zwischen Juba und Khartum ist so gespannt, dass der Zugang nicht gewährleistet werden kann). Die Lösung ist der Bau neuer Leitungen vom Südsudan nach Lamu an der kenianischen Küste. Zusammen mit der Pipeline erhält Lamu einen großen neuen Hafen und eine Ölraffinerie. Außerdem wird eine zweispurige Asphaltautobahn die wichtigen Städte im Norden miteinander verbinden, und in Lamu, Isiolo sowie am Ufer des Turkana-Sees sollen neue Flughäfen und Touristengebiete entstehen. Das Sahnehäubchen ist das neue Eisenbahnnetz, das sich von Lamu bis zum Südsudan erstrecken wird, darunter eine weitere Trasse nach Äthiopien. Täglich sollen dort mehrere Züge mit bis zu 160 km/h verkehren. Mit Sicherheit ist das ein ambitioniertes Projekt. Manche sagen so ambitioniert, dass es nur ein Luftschloss ist. Und die Skeptiker behielten recht: Im Oktober 2011 wurde während der European Coalition on Oil im Sudan bekannt gegeben, dass das Pipeline-Projekt aufgrund unzureichender Ölvorkommen im Südsudan und genereller Unsicherheit nicht durchführbar sei.

Also gibt's in Nordkenia nach wie vor nur eines im Überfluss – Wind, was uns zum größten Windpark Afrikas bringt. Das niederländische Konsortium hinter dem Projekt „Lake Turkana Wind Power" plant, 365 gigantische Windturbinen an der südöstlichen Ecke des Turkana-Sees zu errichten. Die sollen 300 MW erzeugen, was einem Viertel von Kenias derzeit erreichbarer Leistung entspricht. Es ist zwar weniger ambitioniert als die anderen Projekte, wurde allerdings 2010 aus finanziellen Gründen abrupt eingestellt. Mitte 2011 kamen die Dinge wieder ins Rollen und heute versprechen die Verantwortlichen, dass die erste Phase 2013 abgeschlossen werden soll.

Währenddessen ist auf der anderen Seite der Grenze in Äthiopien Gibe 3 in Planung, ein riesiges Dammprojekt am Omo-Fluss. Laut Gegnern könnte es den Wasserspiegel des Turkana-Sees um bis zu 10 m senken.

Busse, die auf der A1 zwischen Kitale und Lodwar verkehren, lassen Fahrgäste unterwegs aussteigen – ob in Marich, am Zentrum für Feldstudien oder an der Abzweigung zum Nasolot National Reserve. Eventuell wird man aufgefordert, den vollen Preis nach Lodwar (1000 KSh) zu zahlen, doch ein Lächeln und ein wenig geduldiges Feilschen sollten ihn reduzieren.

Zwischen Marich und Lokichar ist die A1 ein holpriger Teppich aus welliger Erde und einsamen Asphaltinseln. Nördlich von Lokichar sind die ersten 40 km etwas besser, doch man verbringt immer noch mehr Zeit am Straßenrand als auf der Piste. Ganz anders die letzten 60 km bis Lodwar: Die Zahl der Schlaglöcher nimmt ab und man kommt gut voran.

Leider ändert sich die Sicherheitslage in dieser Gegend ständig. Bei unserem Besuch war man nicht auf Konvois angewiesen, allerdings gab es zahlreiche Viehdiebstähle und Auseinandersetzungen zwischen Stämmen, vor allem in der Gegend zwischen Marich und Lokichar.

Lodwar

☎054

Neben Lokichoggio an der Grenze zum Südsudan ist Lodwar die einzige größere Stadt im Nordwesten. Nördlich davon liegen karge Vulkanhügel mit traditionellen Turkana-Siedlungen, die bei Sonnenaufgang einen beeindruckenden Anblick bieten. Lodwars Tage als Verwaltungsposten des Northern Frontier District sind gezählt. Heute fungiert die Stadt als größtes Dienstleistungszentrum der Region. Für Besucher des Lake Turkana lohnt sich mindestens eine Übernachtung vor Ort.

Schlafen

Nawoitorong Guest House HOTEL $
(☎0722938814; Camping 300 KSh, EZ/2BZ mit Gemeinschaftsbad 500/800 KSh, Hütten 800–2000 KSh) Das komplett aus hiesigen Materialien gebaute und von Frauen geführte Nawoitorong ist eine hervorragende Unterkunft und die einzige Option für Camper. Dank der gedeckten Dächer braucht man keinen Ventilator. Alle Zimmer sind mit Mückennetzen ausgestattet.

Lodwar Lodge HOTEL $
(☎0728007512; Zi. inkl. Frühstück 850–1350 KSh; P) Die Betonhütten der besten Bleibe im Stadtzentrum sind ruhig und sicher.

Essen

Nawoitorong Guest House KENIANISCH $
(Mahlzeiten 150–225 KSh; ⌚mittags & abends) Im besten Restaurant der Region brauchen die Angestellten ihre Zeit, um das Essen zuzubereiten. Auf der Karte stehen Burger und Sandwiches sowie Currys aus der Gegend und zahlreiche Gerichte mit gebratenem Fleisch.

Salama Hotel KENIANISCH $
(Mahlzeiten 80–150 KSh; ⌚mittags & abends) Das beliebteste Lokal im Stadtzentrum mit einer riesigen Schüssel Pilau (Curryreis mit Fleisch, 100 KSh) als kulinarisches Highlight. Hier warten stets viele Menschen auf die Abfahrt ihrer Busse.

Selbstversorger können sich im gut ausgestatteten Naipa Supermarket neben der Kobil-Tankstelle eindecken.

Praktische Informationen

In der **Kenya Commercial Bank** (mit Geldautomat) hat man die Möglichkeit Bargeld zu wechseln und Reiseschecks einzulösen. Internetzugang bietet **Maxtech Computer Solutions & Cyber Café** (60 KSh pro Std.; ⌚Mo–So 7–19 Uhr).

An- & Weiterreise

Fly540 (www.fly540.com) fliegt täglich für ca. 150 US$ von Nairobi über Kitale nach Lodwar.

Auch ein paar Busunternehmen decken die Route nach Kitale ab (1000 KSh, 8½ Std.). Die meisten starten abends um 17.30 oder 18 Uhr vor dem Salama Hotel. Darüber hinaus fahren hin und wieder Matatus nach Kalokol (250 KSh, 1 Std.) und Lokichoggio (600–800 KSh, 3 Std.).

Eliye Springs

Quellwasser sickert aus bröckelnden Felsen und Unmengen von Palmen lassen am einsamen Sandufer des Lake Turkana tropische Stimmung aufkommen. Am schlüpfrigen Ufer spielen Kinder im warmen Wasser des Sees, während am Horizont die Central Island zu sehen ist.

Außer Quellwasser gibt's hier keine Versorgung, abgesehen von der Ruine eines alten Resorts, in dem einen die Einheimischen eventuell zelten lassen.

An- & Weiterreise

Die Abzweigung nach Eliye Springs ist an der Straße zwischen Lodwar und Kalokol kurzzeitig ausgeschildert. Man bleibt auf dem gut befahrbaren Schotterweg, bis dieser plötzlich an einer Gabelung endet, wo man sich links hält. Der Rest des Wegs besteht aus Schotter, tiefem Sand und noch tieferem Sand, der in der Regenzeit manch-

NICHT VERSÄUMEN

CENTRAL ISLAND NATIONAL PARK

Central Island, aus den Tiefen des Lake Turkana hervorgebrochen und während der Jurazeit Heimat Tausender Dinosaurier, spuckte zuletzt vor gut 30 Jahren flüssigen Schwefel und Rauch. Hier fühlt man sich wie auf einem anderen Planeten. Heute ist der Vulkan ruhig, doch die zahlreichen Trichter an seiner verwitterten Fassade zeugen von seiner stürmischen Vergangenheit. Mehrere Krater verschmolzen zu zwei größeren Seen. In einem davon leben unzählige Fische, die sonst nirgendwo vorkommen.

Die Insel ist sowohl ein **Nationalpark** (Erw./Kind 20/10 US$) als auch eine Unesco-Welterbestätte und ein faszinierendes Besuchsziel. Zu bestimmten Jahreszeiten machen hier rund 14 000 Nilkrokodile, unter ihnen gewaltige Exemplare, Station (vor allem im Mai, manche Tiere sind aber auch das ganze Jahr über zu sehen). Der nördlichste Kratersee, ein Salzsee, lockt zudem Scharen rosafarbener Flamingos an.

Camping (Erw./Kind 15/10 US$) ist möglich und im Gegensatz zum South Island National Park gibt's Bäume, an denen man sein Zelt festbinden kann. Frischwasser findet man jedoch nicht, deshalb muss man Vorräte mitbringen.

Hierher gelangt man nur mit einem gemieteten Boot von Ferguson's Gulf aus. Je nachdem, welches man ergattert, verlangen Einheimische zwischen 8000 und 20 000 KSh für die Fahrt. Ein fairer Preis für ein Motorboot liegt bei 8000 bis 9000 KSh – man sollte nicht mal daran denken, Geld zu sparen und ein Segelboot zu wählen. Die 10 km lange Fahrt und plötzliche Sturmböen darf man nicht auf die leichte Schulter nehmen. Das Eintrittsgeld entrichtet man am KWS-Büro ein paar Kilometer außerhalb von Kalokol Richtung Ferguson's Gulf. Dort bekommt man auch aktuelle Infos zur Insel.

mal zu einem matschigen Albtraum wird. Über den ganz schlechten Abschnitten haben die Einheimischen eine „Straße" aus Palmwedeln gebaut, sodass an guten Tagen sogar Limousinen durchkommen (auch wenn man vielleicht ein wenig anschieben muss).

Wer keinen eigenen Wagen hat, kann in Lodwar einen Mietwagen mit Fahrer für rund 5000 KSh inklusive Wartezeit buchen. Sehr selten fahren Lkws hierher. Ein Sitzplatz auf der Ladung kostet etwa 150 bis 200 KSh, doch für den Rückweg sind lange Wartezeiten vorprogrammiert.

Ferguson's Gulf

Ferguson's Gulf ist besser zugänglich als Eliye Springs, entbehrt jedoch jeglichen Charmes seines südlichen Nachbarn. Fischerboote in desolatem Zustand liegen am dreckigen Weststrand, der alles in allem trostlos wirkt.

Wer den Central Island National Park oder den Sibiloi National Park (S. 225) besucht, kümmert sich am besten hier um ein Boot.

Übernachten kann man im nahe gelegenen Ort **Kalokol**. Dort gibt's die **Starehe Lodge** (EZ/DZ 250/400 KSh), nach eigenen Angaben die „beste Unterkunft der Stadt". Dazu sollte man allerdings auch sagen, dass es die einzige ist.

An- & Weiterreise

In Lodwar ist Ferguson's Gulf recht unbekannt. Am besten fragt man nach Verkehrsmitteln ins nahe gelegene Kalokol, zu dem eine 75 km lange, gut asphaltierte Straße führt. Von dort liegt Ferguson's Gulf nur ein paar Kilometer entfernt. Matatus nach Kalokol kosten 250 KSh. Für ein Taxi direkt zu Ferguson's Gulf muss man inklusive Wartezeit zwischen 4000 und 5000 KSh zahlen.

Mombasa & die Südküste

Inhalt »

Naturhighlights

» Shimba Hills National Reserve (S. 248)

» Mwaluganje Elephant Sanctuary (S. 250)

» Kisite Marine National Park (S. 259)

» Haller Park (S. 263)

» Colobus Trust (S. 251)

Kulturhighlights

» Mombasa (S. 233)

» Wasini Island (S. 257)

» Jumba la Mtwana (S. 266)

» Kaya Kinondo (S. 254)

Auf nach Mombasa und zur Südküste

Hier liegt etwas in der Luft. Es ist der Geruch von Salz und Gewürzen in den Straßen von Mombasa (auf Swahili *Kisiwa Cha Mvita* – die Insel des Krieges). Es sind gemurmelte Gesänge, die aus einem Jain-Tempel tönen, und der ekstatische, leidenschaftliche Ruf zum Gebet. Und es sind das Gleißen der Sonne auf Korallenburgen, die Streifen weißen Sandes, die blaugrün gischtenden Wellen sowie die schaukelnden Dauen am Horizont auf dem Weg nach Sansibar.

Wegen des langen Wechselspiels zwischen Afrika, Indien und der arabischen Welt unterscheidet sich diese Küste völlig vom Rest des Landes. Ihre Bewohner, die Swahili, haben eine ganz eigene Gesellschaft am Indischen Ozean errichtet, über der die Gerüche des Handels mit fernen Gestaden schweben. Sie verleiht den schneeweißen Stränden und der Stadt, die Dichter lieben, seit Elfenbein gegen Eisen getauscht wird, einen Hauch echter Romantik.

Reisezeit

Mombasa

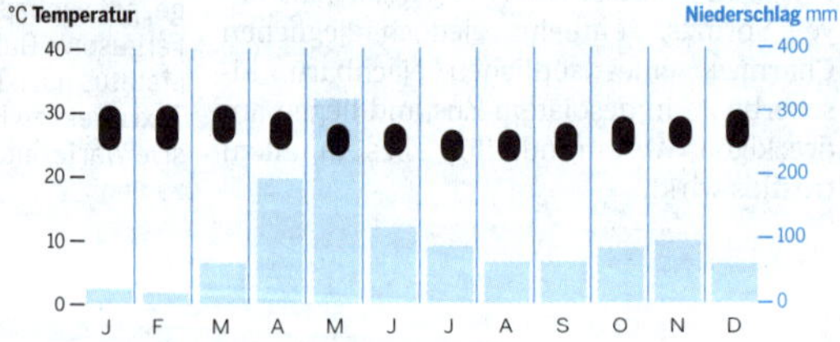

Jan.–März Delfine (und gelegentlich Walhaie) bevölkern den Ozean. Die beste Zeit zum Tauchen.

April–Aug. Regensaison und die kühlste Zeit des Jahres.

Sept. Nun sind die Massen an Urlaubern fort, Unterkünfte billiger und Strände ruhiger.

Geschichte

Die schriftliche Geschichte der Küste reicht viel weiter zurück als die des Landesinneren. Im Wesentlichen ist sie eine Geschichte des Handels mit ausländischen Mächten und der Eroberungen durch jene. Im 1. Jh., als jemenitische Händler in Ostafrika waren, schrieb ein griechischer Beobachter über die „arabischen Kapitäne und Kaufleute, welche mit den Einheimischen vertraut sind, Familien mit ihnen gründen und die gesamte Küste kennen und die Sprache verstehen". Sie handelten mit Gewürzen, Holz, Gold, Elfenbein, Schildpatt und Rhinozeroshörnern sowie mit Sklaven.

Die Mischung aus Arabern, einheimischen Afrikanern und persischen Händlern bildete die Wiege der Swahili-Kultur und -Sprache. Doch die Swahili siedelten nicht als Einzige an der Küste. Erwähnenswert sind besonders die Mijikenda („Neun Stämme"), ein Bantu-Stamm, dessen ursprüngliche Heimat mündlichen Überlieferungen zufolge im Süden Somalias gelegen hatte. Vor 600 Jahren begannen sie, zur Küste zu wandern, und ließen sich in *kayas* (heiligen Wäldern) zwischen der tansanischen Grenze und Malindi nieder.

Mit ihren Reichtümern erregte die Region immer wieder Interesse, und im frühen 16. Jh. wurde sie von den Portugiesen erobert. Die Swahili wehrten sich dagegen, versklavt zu werden – dabei hatten sie selbst mit Sklaven gehandelt –, und so kam es das ganze 16. und 17. Jh. hindurch wiederholt zu Aufständen. Gern werden die Portugiesen als Schurken dargestellt, doch ihre Nachfolger, die Sultane von Oman, waren auch nicht beliebter. Trotz der gemeinsamen Religion inszenierten die Einheimischen zahlreiche Rebellionen und übergaben Mombasa zwischen 1824 und 1826 in britische Hände, um es vor den Sultanen zu schützen. Erst als Sultan Sayyid Said seine Hauptstadt 1832 von Maskat nach Sansibar-Stadt verlegte, beruhigte sich die Lage.

Saids riesige Gewürznelkenplantagen an der Küste hatten einen enormen Bedarf an Arbeitskräften, und die Sklavenkarawanen des 19. Jhs. bildeten den Höhepunkt des Handels mit menschlicher Fracht. Berichte über Massaker und Menschenrechtsverletzungen erreichten Europa und rüttelten die britische Öffentlichkeit wach, die nun die Abschaffung der Sklaverei forderte. Mit einer Mischung aus cleverer Politik und indirektem Zwang setzte die britische Regierung Saids Sohn Barghash unter Druck, den Sklavenhandel zu verbieten; dies läutete das Ende der arabischen Herrschaft in der Region ein.

Natürlich stand diese „Reform" den britischen Interessen nicht im Weg: Die British East Africa Company übernahm nun die Verwaltung des kenianischen Inlands und nutzte die Gelegenheit, um mit dem Bau der East African Railway zu beginnen. Ein 16 km breiter Küstenstreifen wurde als Territorium des Sultans anerkannt und ab 1887 von den Briten gepachtet. Als Kenia 1963 unabhängig wurde, schenkte der letzte Sultan von Sansibar das Stück Land der neuen kenianischen Regierung.

Bis heute hebt sich die Küste kulturell und religiös (fast alle Küstenbewohner sind Muslime) deutlich vom Rest des Landes ab, und einige Politiker der Region fordern gelegentlich mehr Autonomie von Kenia.

MOMBASA

☎ 041 / 939 000 EW.

Mombasa ist genau wie die Küste, die es prägt, einerseits typisch afrikanisch und andererseits wieder nicht.

Wer in Afrika gegrilltes Fleisch, gerösteten Mais, Bier, Rinder, Farmen und Freundlichkeit erwartet, findet all das auch hier (gut, Rinder vielleicht nicht). Doch das Ganze vermischt sich mit dem feuchten Putz hinduistischer Lagerhäuser, filigranen Veranden, die sich aus einem marokkanischen *riad* (Stadthaus) hierher verirrt haben, Gewürzmärkten, die eigentlich an der Küste Keralas in Südindien zu Hause sind, Matrosen, die neben Booten in den Jemen *miraa* (stimulierend wirkende Sprossen) kauen, und einer riesigen Korallenburg, die einfallende portugiesische Seefahrer gebaut haben. Mombasa ist in Afrika am richtigen Ort, und doch könnte es ohne größere Probleme an irgendeine andere Küste am Indischen Ozean versetzt werden.

Eben darin liegt der beträchtliche Charme der Stadt. Trotzdem verbergen ihre Reize nicht die hässlichen Seiten: die schäbigen Viertel, den schrecklichen Verkehr und die ethnischen Spannungen, deren Auf und Ab zwar durch die einigende Religion des Islam teilweise beruhigt wird, aber eben nur teilweise. Über allem liegt der schwelßige, tropische Irrsinn, der in den heißen Zonen der Welt öfter vorkommt (und es wird *heiß* hier). Doch was sonst würde man vom größten Hafen Ostafrikas erwarten? Hafenstädte sind immer ein Magnet für Verrückte, und in Mombasa tummeln sich Verrückte aus der ganzen Welt.

Am besten trifft es wohl ein altes poetisches Sprichwort, mit dem die Swahili ihre Stadt in ihrer Muttersprache beschreiben: *Kongowea nda mvumo, maji maangavu. Male!* („Mombasa ist berühmt, doch seine Gewässer sind gefährlich tief. Vorsicht!")

Geschichte

Anders als Nairobi war Mombasa, das am besten Tiefseehafen Ostafrikas liegt, schon immer eine bedeutende Stadt.

Besucher wandeln in den Fußstapfen von Ibn Battuta, Marco Polo und Zhang He, was mehr über die Rolle der Metropole für den Handel als für den Tourismus aussagt. Das moderne Mombasa geht bis auf die Thena-

Highlights

1 In **Mombasas Altstadt** (S. 240) indische Süßigkeiten probieren und enge Gassen erkunden.

2 Mit einer Dau zur **Wasini Island** (S. 258) fahren und in das Leben der Swahili eintauchen.

3 Sich im **Shimba Hills National Reserve** (S. 248) und im **Mwaluganje Elephant Sanctuary** (S. 250) auf die Suche nach Elefanten und Antilopen machen.

4 Die vielen bunten Fische und verspielten Delfine im **Kisite Marine National Park** (S. 259) bewundern.

5 Den Mangrovenweg in **Gazi** (S. 257) entlangspazieren und jede Menge farbenprächtige Vögel beobachten.

6 Beim **Colobus Trust** (S. 251) Zeit mit einem niedlichen Stummelaffenbaby verbringen.

7 Im Grün einer **kaya** (S. 254), einem heiligen Wald, Gott finden.

shara Taifa (Zwölf Nationen) zurück, einen Swahili-Clan, dessen Traditionen und Gebräuche von der Zeit der Gründung der Stadt bis heute ununterbrochen weitergegeben wurden. Mombasas tatsächliche Geburtsstunde liegt im Dunkeln, doch im 12. Jh. befand sich hier bereits ein blühender Hafen. Schon früh in seiner Geschichte bildete der Ort einen wichtigen Stützpunkt auf den Handelsrouten im Indischen Ozean.

Vasco da Gama war 1498 der erste portugiesische Besucher. Zwei Jahre später kamen seine Landsmänner zurück und plünderten die Stadt. Dies wiederholte sich 1505 und 1528, als Nuña da Cunha Mombasa mit einer Taktik eroberte, die bald zu einem altehrwürdigen Brauch werden sollte: die Gegner erst aalglatt mit Diplomatie ködern (die Portugiesen boten sich in Konflikten mit Malindi, Pemba und Sansibar als Alliierte an) und dann gewaltsam niederschlagen. Erneut wurde Mombasa bis auf die Grundmauern niedergebrannt.

1593 errichteten die Portugiesen das Korallengebäude des Fort Jesus, wie um zu sagen: „Wir bleiben." Dieser Akt architektonischer Anmaßung hatte regelmäßige Angriffe von Rebellen und letztendlich den Rauswurf der Portugiesen durch die Araber aus dem Oman zur Folge. Letztere waren jedoch auch nicht beliebter, und die Briten nutzten eine Reihe wechselnder Allianzen sowie brutale Gewalt, um sie 1870 zu vertreiben. Diese ganzen Machtkämpfe brachten Mombasa seinen Spitznamen auf Swahili ein: Insel des Krieges.

Danach wurde die Stadt Startpunkt der Uganda-Bahn und wichtigster Ort in Britisch-Ostafrika. Als Kenia 1920 schließlich britische Kronkolonie wurde, machte man sie sogar zur Hauptstadt des separaten britischen Küstenprotektorats. Nach der Unabhängigkeit des Landes im Jahr 1963 fiel Mombasa in eine Starre: Sie war die wichtigste Stadt der Region und die zweitgrößte des Landes, doch von den Turbulenzen der kenianischen Politik, deren Schwerpunkt sich ins Inland verlagert hatte, war sie abgeschnitten.

Seit der Unabhängigkeit hat sich Mombasa wie in einer leichten Betäubung treiben lassen. Seine Rolle als wichtigster Hafen Ostafrikas übernahm weitgehend Dar es Salaam in Tansania. In den frühen 1990er-Jahren brach in der Metropole kurzzeitig Gewalt aus, als Unterstützer und Gegner der Islamic Party of Kenya zusammenstießen, doch inzwischen hat sich die Lage beruhigt. 2007 ermöglichten die Wahlen an der Küste und besonders in Mombasa einen verstohlenen Blick in die politische Programmatik von Raila Odinga und Mwai Kibaki. Da sich hier keiner der beiden Politiker auf eine Basis von Kikuyu oder Luo stützen konnte, bauten sie ihre Kampagnen auf politischen Ideen und nicht so sehr auf Stammeszugehörigkeit auf. Odinga gewann die Provinz, indem er ihr praktisch eine Art begrenzte Föderation versprach. Diese ist nach wie vor die Hoffnung vieler Politiker Mombasas mit der Ansicht, dass sich die Küste kulturell, ökonomisch und religiös so stark vom Rest des Landes unterscheidet, dass eine Form von Selbstregierung gerechtfertigt wäre.

Sehenswertes

Fort Jesus FESTUNG

(Karte S. 234; Erw./Kind 800/400 KSh; ⌚8–18 Uhr) Überall entlang der Küste sind Burgen und Moscheen aus Korallengestein zu sehen, doch das Musterexemplar ist Fort Jesus – Mombasas meistbesuchte Sehenswürdigkeit, Unesco-Welterbestätte, Herz der Altstadt und dominierendes Bauwerk des Hafens. Seine meterdicken Wände, mit Wandmalereien geschmückten Innenräume sowie Spuren europäischer Graffiti, arabischer Inschriften und swahilischer Ausschmückungen faszinieren nicht nur ungemein, sondern geben auch ein steinernes Zeugnis der Vergangenheit Mombasas und der Küste ab.

Portugiesen errichteten das Fort 1593 als Symbol ihrer dauerhaften Anwesenheit in dieser Ecke des Indischen Ozeans und als Hauptquartier. Die Ironie der Geschichte will es, dass sein Bau zugleich der Anfang vom Ende der portugiesischen Vorherrschaft war. Von 1631 bis 1875 wechselte die Festung zwischen portugiesischen Seefahrern, omanischen Soldaten und Rebellen der Swahili mindestens neunmal den Besitzer. 1875 gelangte sie schließlich in die Hände der Briten und wurde als Gefängnis genutzt.

Das Fort war das letzte Projekt, das Joao Batista Cairato fertigstellte. Seine Bauwerke finden sich in allen portugiesischen Kolonien im Osten von Old Goa bis nach Old Mombasa. Die Burg ist ein Meisterwerk der militärischen Planung jener Zeit. Bei ausreichender Besetzung wäre es unmöglich gewesen, sich ihren Mauern zu nähern, ohne von mehreren Seiten gleichzeitig unter Beschuss zu geraten.

Heute befindet sich im Gebäude ein **Museum**, das über den ehemaligen Soldaten-

Mombasa

unterkünften errichtet wurde. Die Ausstellungsstücke gewähren leider keinen guten Einblick in Leben und Kultur der Swahili, weil sie wie der restliche Komplex schlecht beschildert sind und jämmerlich präsentiert werden – eigentlich skandalös für die größte Touristenattraktion der Stadt.

Darüber hinaus befindet sich auf dem Gelände die bemerkenswerte **Mazrui Hall** mit ihren verblassenden floralen Spiralen an einer von hölzernen Balken gekrönten Wand. Sie ist eine Hinterlassenschaft der omanischen Araber. In einem anderen Raum haben portugiesische Seeleute die Wände mit Graffiti bedeckt, die vom multikulturellen Charakter der Seefahrt auf dem Indischen Ozean zeugen: Zu sehen sind europäische Fregatten mit vier Masten, dreimastige arabische Daus und das mit Kokosfasern vernähte „Kamel des Ozeans“, die elegante *mtepe* (traditionelles Segelschiff) der Swahili. In der Nähe dient ein Paar Walknochen würdelos als Wippe für Kinder. Das **Omani House** in der Bastion San Felipe in der Nordwestecke des Forts wurde im späten 18. Jh. errichtet. Bei unserem Besuch war es geschlossen, vorher enthielt es eine kleine Ausstellung mit Schmuck und Gegenständen aus dem

Mombasa

Sehenswertes

1	Fort Jesus	D2
2	Mandhry Mosque	D2
3	Old Law Courts Gallery	C2

Aktivitäten, Kurse & Touren

	Tamarind Dhow	(siehe 9)

Schlafen

4	Lotus Hotel	C3
5	Royal Palace Hotel	C2
	Tamarind Village	(siehe 9)

Essen

6	Hunter's Steak House	D1
7	Nakumatt Supermarket	A5
8	Ooh! Ice Cream	D1
	Roberto's	(siehe 12)
9	Tamarind Restaurant	D1

Ausgehen

	Café Mocha	(siehe 12)
10	Jahazi Coffee House	C2

Unterhaltung

	Hollywood Bowl	(siehe 12)
11	New Florida Nightclub	B5
12	Nyali Cinemax	D1

Shoppen

	Books First	(siehe 7)

Praktisches

13	Fort Jesus Forex Bureau	D2
14	Einwanderungsbehörde	D3
15	Kenya Commercial Bank	C3
16	KWS-Büro	D3
17	Standard Chartered Bank	C2

Transport

18	Lokale Bus- & Matatu-Haltestelle	A5

Oman. Innerhalb der **östlichen Mauer** befinden sich ein omanischer Audienzsaal und die **Passage of the Arches**. Diese führt unter rosa-braunen Korallen hindurch zu einem Aussichtspunkt auf azurblaue Wogen unter einem azurblauen Himmel.

Wer früh am Morgen kommt, vermeidet die vielen Touristengruppen, aber leider nicht die außerordentlich hartnäckigen offiziellen und inoffiziellen Guides, die jeden Besucher umschwärmen, sobald er das Fort betritt. Einige können sehr nützlich sein, andere sind totale Nieten. Allerdings ist es nicht so einfach, einzuschätzen, wer was ist. Die offiziellen Führer verlangen 500 KSh für eine Tour durch das Fort, die inoffiziellen nehmen, so viel sie bekommen können. Wer keinen Guide möchte, sollte entschieden, aber höflich „Nein" sagen, sonst spulen sie einfach ihren Text ab und erwarten hinterher ein Trinkgeld. Man kann sich auch die Broschüre *Fort Jesus* am Ticketschalter besorgen und die Burg allein besichtigen.

Sakralbauten RELIGIÖSE BAUWERKE

In dieser Stadt mit fast einer Million Einwohnern, von denen 70 % Muslime sind, gibt's eine Menge Moscheen. Nichtmuslime dürfen sie meist leider nicht betreten, können aber von außen einen Blick auf die Bauwerke werfen. Die **Mandhry Mosque** (Karte S. 234; Sir Mbarak Hinawy Rd) in der Altstadt ist ein hervorragendes Beispiel der Swahili-Architektur. Sie kombiniert elegante Verzierungen im arabischen Stil mit bodenständigen geometrischen Mustern des afrikanischen Designs. Besonders bemerkenswert ist das sanft gerundete Minarett.

Als sehr gute Beispiele für moderne Moscheen dienen das **Sheikh Nurein Islamic Centre** (Karte S. 236 f.; gegenüber den Uhuru Gardens) sowie die **Khonzi Mosque** (Karte S. 236 f.; Digo Rd).

Auch der großen Gruppe der Hindus in Mombasa und der kleineren der Jains mangelt es nicht an Gebetsstätten. Der riesige **Lord Shiva Temple** (Karte S. 236 f.; Mwinyi Ab Rd) ist luftig und offen und wartet mit einem interessanten Skulpturengarten auf. Den **Swaminarayan Temple** (Karte S. 236 f.; Haile Selassie Rd) füllen leuchtend bunte Wandbilder, die glauben machen, man sei eigentlich in Mumbai.

Noch esoterischer wirken der **Sikh Temple** (Karte S. 236 f.; Mwembe Tayari Rd), der **Hare Krishna Temple** (Karte S. 236 f.; Sautiya Kenya Rd) und der hübsche **Jain Temple** (Karte S. 236 f.; Langoni Rd).

Einen Besuch lohnen zudem die beiden wichtigsten christlichen Kirchen, allerdings aus ganz verschiedenen Gründen. Die **Holy Ghost Cathedral** (Karte S. 236 f.; Nyerere Ave) ist ein sehr europäischer Brocken neogotischer Architektur mit vielen Pfeilern und riesigen Ventilatoren, die den früheren kolo-

Mombasa Zentrum

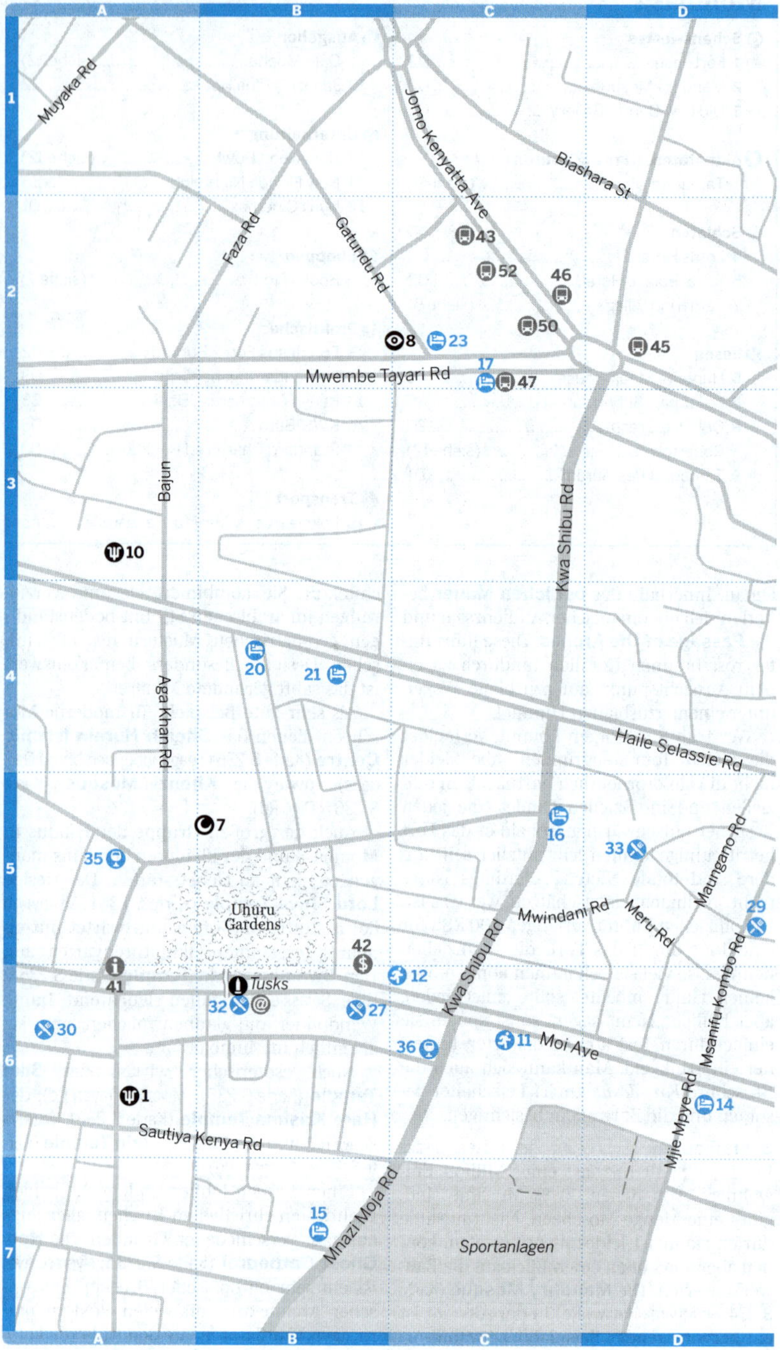

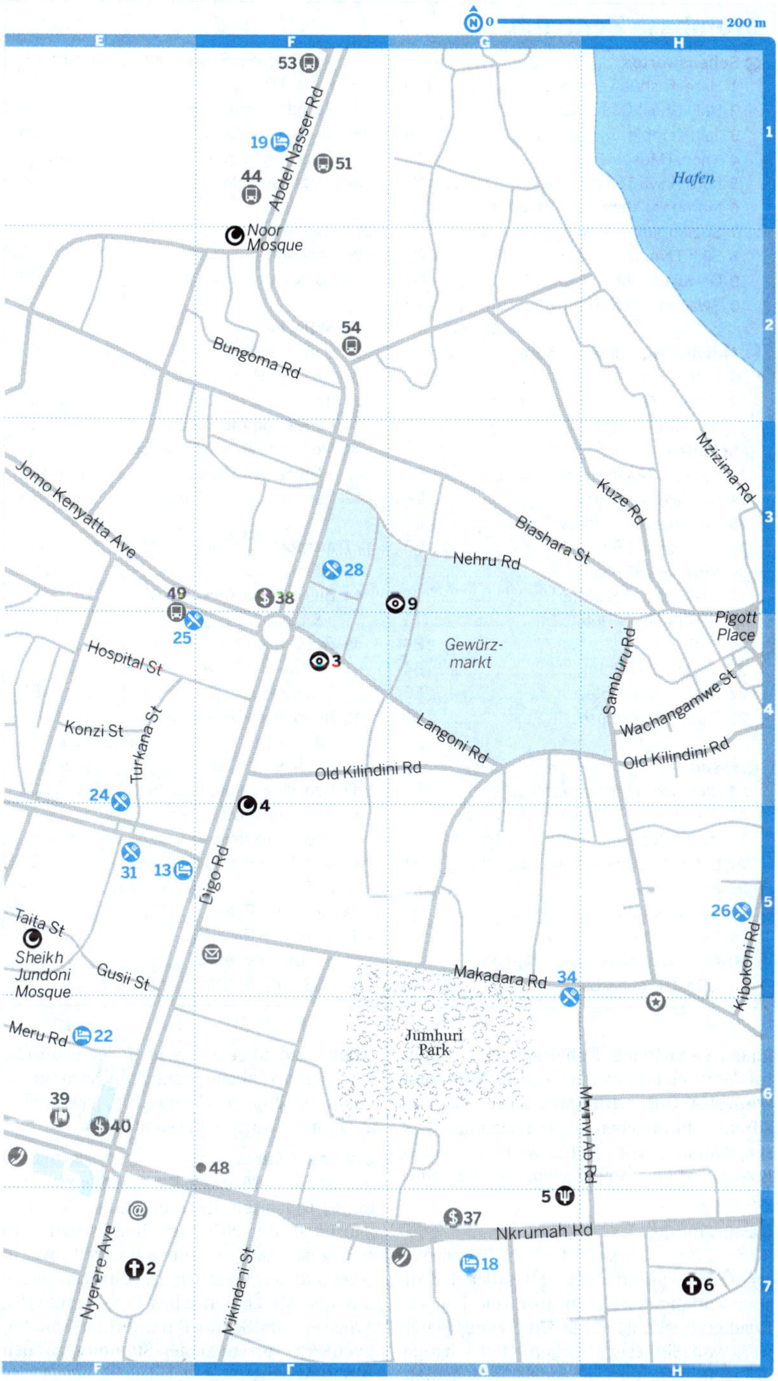
0
200 m
E
F
G
H
1
2
3
4
5
6
7
Hafen
53
19
51
44
Abdel Nasser Rd
Noor Mosque
54
Bungoma Rd
Mzizima Rd
Kuze Rd
Jomo Kenyatta Ave
Biashara St
28
Nehru Rd
49
38
9
25
Pigott Place
Samburu Rd
Gewürz-markt
Hospital St
3
Wachangamwe St
Konzi St
Turkana St
Langoni Rd
Old Kilindini Rd
Old Kilindini Rd
24
4
31
13
Digo Rd
26
Taita St
Sheikh Jundoni Mosque
Gusii St
Makadara Rd
34
Kibokoni Rd
Meru Rd
22
Jumhuri Park
39
40
Mwinyi Ab Rd
48
5
37
Nkrumah Rd
Nyerere Ave
2
Makindani St
18
6

Mombasa Zentrum

Sehenswertes
1 Hare Krishna Temple ... A6
2 Holy Ghost Cathedral ... E7
3 Jain Temple ... F4
4 Khonzi Mosque ... F5
5 Lord Shiva Temple ... G7
6 Mombasa Memorial Cathedral ... H7
7 Sheikh Nurein Islamic Centre ... B5
8 Sikh Temple ... C2
9 Gewürzmarkt ... G3
10 Swaminarayan Temple ... A3

Aktivitäten, Kurse & Touren
11 Ketty Tours ... C6
12 Natural World Tours & Safaris ... C6

Schlafen
13 Beracha Guest House ... E5
14 Castle Royal Hotel ... D6
15 Evening Guest House ... B7
16 Glory Grand Hotel ... C5
17 New Daba Guest House ... C2
18 New Palm Tree Hotel ... G7
19 New People's Hotel ... F1
20 Pride Inn ... B4
21 Royal Court Hotel ... B4
22 Summerlink Hotel ... E6
23 Tana Guest House ... C2

Essen
24 Blue Room Restaurant ... E4
25 Fayaz Baker & Confectioners ... E4
26 Island Dishes ... H5
27 Little Chef Dinners Pub ... B6
28 Hauptmarkt ... F3
Hauptmarkt ... (siehe 28)
29 New Jundan Food Court ... D5
30 New Overseas Chinese-Korean Restaurant & Bar ... A6
New Recoder Restaurant ... (siehe 26)
31 Perfect Pizza ... E5
32 Recoda Restaurant ... B6
33 Shehnai Restaurant ... D5
Singh Restaurant ... (siehe 8)
34 Tarboush Café ... G5

Ausgehen
35 Bella Vista ... A5
36 Casablanca ... C6

Praktisches
37 Barclays Bank ... G7
38 Barclays Bank ... F3
39 Italienisches Honorarkonsulat ... E6
40 Kenya Commercial Bank ... E6
41 Mombasa & Coast Tourist Office ... A6
42 Postbank ... B5

Transport
43 Akamba ... C2
44 Busse & Matatus nach Malindi & Lamu ... F1
45 Busse nach Arusha & Moshi (Mwembe Tayari Health Centre) ... D2
46 Busse nach Daressalam & Tanga ... C2
Busscar ... (siehe 51)
47 Coastline Safaris ... C2
48 Kenya Airways ... F6
Kobil-Tankstelle ... (siehe 52)
49 Matatus nach Nyali ... E4
50 Matatus nach Voi & Wundanyi ... C2
51 Mombasa Raha ... F1
52 Mombasa Raha ... C2
53 Simba Coaches ... F1
54 TSS Express ... F2

nialen Gemeinden Kühle spenden sollten. Im Vergleich dazu versucht es die **Mombasa Memorial Cathedral** (Karte S. 236 f.; Nkrumah Rd) fast ein bisschen zu sehr, sich anzupassen, und ähnelt mit ihren weißen Wänden, Bogen und der Kuppel schon beinahe einer Moschee.

Gewürzmarkt MARKT
(Karte S. 236 f.; Langoni Rd; bis Sonnenuntergang) Dieser Markt, der sich westlich der Altstadt entlang der Nehru Road und Langoni Road erstreckt, ist ein faszinierendes Feuerwerk von Sinneseindrücken. Hier wird gedrängelt, gebrüllt, gehandelt und gemauschelt, und über allem liegt der exotische Duft der unzähligen Stände mit Kardamom, Pfeffer, Gelbwurz, Currypulver sowie allen anderen Gewürzen, die es nur gibt.

Old Law Courts KUNSTMUSEUM
(Karte S. 234; Nkrumah Rd; Eintritt frei; 8–18 Uhr) Die alten 1902 erbauten Gerichtshäuser an der Nkrumah Road wurden in zwanglose Galerien umgewandelt, wo in regelmäßigen Wechselausstellungen lokale Kunst sowie kenianisches Kunsthandwerk, Arbeiten aus Schulwettbewerben und Votivobjekte verschiedener Stammesgruppen gezeigt werden.

Aktivitäten

Luxuriöse Dau-Fahrten sind in Mombasa sehr beliebt und trotz ihres hohen Preises eine hervorragende Möglichkeit, den Hafen, die Altstadt und Fort Jesus zu sehen. Den krönenden Abschluss bildet ein wahrhaft fürstliches Mahl.

Tamarind Dhow BOOTSTOUR

(Karte S. 234; ☎474600; www.tamarinddhow.com; Kreuzfahrt inkl. Mittag-/Abendessen 40/70 US$ pro Pers.; ⊙Abfahrt 13 Uhr & 18.30 Uhr) Die Nummer eins unter den Ausflugs-Daus wird von der noblen Restaurantkette Tamarind gemanagt. Ihre Fahrt beginnt an der Anlegestelle unter der Filiale in Nyali und beinhaltet eine Hafentour sowie eine fantastische Mahlzeit. Der Transport vom bzw. zum Hotel und ein Cocktail sind im Preis inbegriffen, außerdem ist die Dau an sich einfach toll.

Jahazi Marine BOOTSTOUR

(☎2111800; Erw./Kind ab 60/30 €) Mombasas zweiter großer Veranstalter bietet eine ganze Reihe von Dau-Fahrten an.

Feste & Events

Mombasa Triathlon SPORT

(www.kenyatriathlon.com) Sportler und begeisterte Zuschauer werden an diesem offenen Wettkampf, der im November stattfindet, ihre Freude haben. Es gibt Rennen für Männer, Frauen und Kinder.

Schlafen

Viele Traveller lassen Mombasa lieber aus und machen sich gleich zu den Stränden im Süden und Norden auf. Wir empfehlen aber, zumindest eine Nacht in der Stadt zu verbringen. Es ist schwer, in die Energie der Metropole einzutauchen, ohne je vom Ruf zum Gebet und dem Hupen der *tuk-tuks* (Minitaxis) geweckt worden zu sein. Alle hier aufgeführten Unterkünfte haben mindestens Ventilatoren und Moskitonetze.

Spottbillige Absteigen gibt's in dem geschäftigen Gebiet nahe den Busbahnhöfen an der Abdel Nasser Road und der Jomo Kenyatta Avenue. Allein reisende Frauen dürften sich in einer etwas teureren Herberge wohler fühlen.

SKLAVENHANDEL

Eines der wichtigsten, kontroversesten, am heftigsten debattierten und zugleich am stärksten mit Stillschweigen bedeckten Themen der afrikanischen Geschichte ist der Sklavenhandel an der Küste der Swahili, besser bekannt als ostafrikanischer Sklavenhandel. Zwischen dem 7. und dem 19. Jh. verschleppten arabische und Swahili-Sklavenhändler etwa vier Millionen Menschen aus Ostafrika und verkauften sie im Nahen Osten sowie in den arabisch kontrollierten afrikanischen Küstenstaaten als Plantagenarbeiter und Hausdiener. Die in der Altstadt von Mombasa in die Türen geschnitzten Kettenmotive, die Sklavenhändler repräsentierten, sind ein Zeugnis dieses Handels.

Der ostafrikanische Sklavenhandel begann früher und dauerte länger als der atlantische Dreieckshandel. Schon im 9. Jh. gab es Berichte über Sklavenaufstände in Zuckerrohrplantagen im Süden des Iraks, und noch 1953 hatte das Königshaus Katar bei der Krönung von Queen Elisabeth afrikanische Sklaven im Gefolge.

Zunächst wurden die Sklaven beim Handel mit Stämmen des Landesinneren erworben, doch als die „Branche" wuchs, machten sich Karawanen ins Innere Afrikas auf und kehrten mit geplündertem Elfenbein sowie Zehntausenden gefangenen Männern, Frauen und Kindern zurück. Nicht einmal jeder fünfte von ihnen überlebte den Zwangsmarsch an die Küste; viele starben an Krankheiten oder wurden hingerichtet, weil sie unterwegs Schwäche zeigten.

Einige Sklavinnen heirateten zwar ihre Besitzer und erlangten die Freiheit, doch für die meisten war die Realität brutaler. Tausende afrikanische Jungen wurden mit einer Operation zu Eunuchen gemacht, um als Diener in arabischen Haushalten zu arbeiten, und schätzungsweise 2,5 Millionen junge Afrikanerinnen wurden als Konkubinen verkauft.

Nach dem Ende des Sklavenhandels in den 1870er-Jahren begann der stete Niedergang der Swahili-Gemeinschaften an der Küste. Illegalen Sklavenhandel gab es allerdings bis in die 1960er-Jahre, als die Sklaverei schließlich auch im Oman verboten wurde. Heute ist dieses dunkle Kapitel der afrikanischen Geschichte unter den Kenianern nur selten ein Thema.

Stadtspaziergang

Altstadt Mombasa

Mombasa hat vielleicht nicht den mittelalterlichen Charme von Lamu oder Sansibar, doch seine Altstadt ist eine einzigartige architektonische Mischung all jener Stile, die die Geschichte und Kultur der Swahili beeinflussten.

Vom 1 **Fort Jesus** geht's vorbei am kolonialen 2 **Mombasa Club** zur Sir Mbarak Hinawy Road, der früheren Hauptzufahrt zum Hafen, die noch heute als viel befahrene Hauptstraße dient.

Um 1900 war das 3 **Africa Hotel** auf der linken Seite eines von nur drei Unterkünften in der Stadt. Ein kurzer Abstecher nach rechts führt zum Wasser und den restaurierten Fassaden 4 **alter Häuser**.

Am Ende der Straße biegt man links ab zum 5 **Government Square**, dem größten offenen Platz in der Altstadt. In den Gebäuden ringsum befinden sich einige der wichtigsten Behörden der Stadt.

Hinter dem Platz muss man sich nach einer Weile rechts halten, um zum Hafen zu kommen. Dort führen die 6 **Leven Steps** vorbei an einer tollen Aussicht auf die im Hafen liegenden Schiffe und hinunter zu 7 **Vasco da Gama's Well**, einem Wasserspeicher, der angeblich niemals austrocknet.

Zurück auf der Ndia Kuu Road kann der letzte Teil des Spaziergangs so direkt oder verzweigt verlaufen wie gewünscht – wir empfehlen einen Abstecher in die Seitenstraßen. In den kurvigen Gassen, die die Altstadt mit der Digo Road verbinden, wimmelt es von Markthändlern. Wer sich Richtung Westen hält, gelangt wieder zum Gewürzmarkt der Stadt.

Wenn man der Ndia Kuu Road folgt, sieht man viele schön restaurierte traditionelle Gebäude, darunter das 8 **Balcony House**, das den Grund für seinen Namen sichtbar zeigt, sowie das 9 **Edward St. Rose**, eine frühere Apotheke mit originalen gravierten Glasscheiben, und 10 **Ali's Curio Market**, eines der besser erhaltenen Balkonhäuser. Schließlich geht's am muslimischen 11 **Friedhof** vorbei wieder zurück zum Fort Jesus.

Castle Royal Hotel HISTORISCHES HOTEL $$
(Karte S. 236 f.; ☎2228780; www.castlemsa.com; Moi Ave; EZ/DZ 90/125 US$; ❄@📶) Eine charmante Institution und ein knarziger, altmodischer Ort, wo noch die Geister der Kolonialzeit zu spüren sind. Das Hotel bietet einen tollen Service, komfortable Zimmer mit modernen Annehmlichkeiten und ein kostenloses Frühstück: Kokosbohnen und *mandazi* (halbsüße Donuts) oder Schinken und Croissants. Die Straßenterrasse eignet sich bestens zum Beobachten anderer Leute.

Tamarind Village RESORT $$$
(Karte S. 234; ☎474600; www.tamarind.co.ke; Silos Rd, Nyali; Apt. ab 13 000 KSh; P❄@📶🏊) In einer modernen, überaus eleganten Swahili-Burg mit Blick auf das blaue Wasser des Hafens befindet sich das vornehmste Hotel der Stadt. Es verfügt über frische Zimmer mit Satellitenfernsehen, DVD-Geräten und einer Aura von strahlend weißem, sonnenverwöhntem Luxus.

Glory Grand Hotel BUSINESSHOTEL $
(Karte S. 236 f.; ☎2228202; Kwa Shibu Rd; EZ/DZ ab 2500/3500 KSh) Das unlängst renovierte Glory bietet ausgesprochen viel fürs Geld und ermöglicht einen wunderbaren Rückzug von Lärm und Hitze der Großstadt vor der Tür. Die Zimmer sind kühl, ruhig und angenehm eingerichtet.

Beracha Guest House HOTEL $
(Karte S. 236 f.; ☎0725006228; Haile Selassie Rd; EZ/DZ ohne Frühstück 1200/1350 KSh) Im Herzen des besten Restaurantviertels der Stadt liegt diese beliebte, zentrale Unterkunft. Die unterschiedlichen, aber sauberen Zimmer sind ungewöhnlich geschnitten. Sie befinden sich in der zweiten Etage – auf dem Treppenabsatz geht's rechts ins Hotel, links in eine evangelische Kirche. Dies dürfte die backpackerfreundlichste Option im Stadtzentrum sein.

New Palm Tree Hotel HOTEL $
(Karte S. 236 f.; ☎8025682; newpalmtreehotel@hotmail.com; Nkrumah Rd; EZ/DZ 2500/3500 KSh; @📶) Die Zimmer des geselligen Hotels gruppieren sich rund um eine Dachterrasse. Ihre Ausstattung (z. B. Warmwasser) ist zwar nicht immer verlässlich, doch der Service kann sich sehen lassen. Insgesamt kommt das Haus gepflegt und einladend daher.

Royal Palace Hotel HISTORISCHES HOTEL $
(Karte S. 234; ☎0717620602; Ecko Old Kilindini & Kibokoni Rds; EZ/DZ ab 1300/2500 KSh) Ein interessantes neues Budgethotel und die einzige Unterkunft im exotischen Straßengewirr der Altstadt. Die Zimmer sind so farbenfroh, als hätten sich ein paar Kinder mit Farbtöpfen ausgetobt. Wir empfehlen das „Honeymoon"-Zimmer mit Hunderten leuchtend roten Herzen. Leider wirkt das Hotel schon etwas abgenutzt, obwohl es ziemlich neu ist.

Royal Court Hotel BUSINESSHOTEL $$
(Karte S. 236 f.; ☎223379; www.royalcourtmombasa.co.ke; Haile Selassie Rd; EZ/DZ 5350/6550 KSh; ❄@📶🏊) Die schicke Lobby ist das Highlight dieses stilvollen Businesshotels. Darüber hinaus überzeugt das Haus mit seinem guten Service, den Einrichtungen und dem Behindertenzugang. Auf dem Dach befinden sich ein Pool und das tolle Restaurant Tawa Terrace. Pluspunkte gibt's dafür, dass Touristen nicht mehr zahlen als Einheimische (zugezogene Ausländer), einen Punkt ziehen wir jedoch wegen der 1100 KSh für die WLAN-Nutzung ab.

Pride Inn BUSINESSHOTEL $$
(Karte S. 236 f.; ☎2317895; kohinoor@africaonline.co.ke; Haile Selassie Rd; EZ/DZ 4500/5700 KSh; ❄@📶) Obwohl hier und da schon die Farbe abblättert, ist das Preis-Leistungs-Verhältnis dieses Hotels kaum zu schlagen. An den Wänden hängt Kunst und die Mitarbeiter an der Rezeption sind sehr freundlich. Von Nachteil ist allerdings die Lage an einer viel befahrenen und lauten Straße.

Summerlink Hotel HOTEL $
(Karte S. 236 f.; ☎2226178; Meru Rd; EZ/DZ 1700/2300 KSh; ❄🏊) Wer sich die teureren Bleiben nicht leisten kann, der dürfte mit dem Summerlink, das preislich am unteren Ende der Mittelklassehotels liegt, am besten beraten sein. Das Haus ist sauber, seine Sicherheit hervorragend und der Service gut. Hier verkehren zahlreiche kenianische Geschäftsleute. Im Gebäude gibt's auch ein Fitnessstudio und Karate-Kurse.

New People's Hotel HOTEL $
(Karte S. 236 f.; ☎0722471032; Abdel Nasser Rd; EZ/DZ ohne Frühstück ab 600/700 KSh) Dieses Hotel in der Nähe des „Ideal Chicks"-Geflügelgebäudes bekommt ziemlich viel Verkehrslärm ab, doch die Zimmer sind recht sauber und sicher. Unten befindet sich ein nettes, preiswertes Restaurant, außerdem hat es für Traveller nach Lamu und Malindi eine sehr günstige Lage.

New Daba Guest House HOTEL $
(Karte S. 236 f.; Mwembe Tayari Rd; Zi. ohne Frühstück 800 KSh) Das ausgesprochen funktiona-

GEFÜHRTE TOUREN & SAFARIS AB MOMBASA

Mehrere Unternehmen bieten Standardtouren in die Altstadt und zum Fort Jesus (ab 45 US$ pro Pers.) sowie Safaris zum Shimba Hills National Reserve und zum Tsavo East oder Tsavo West National Park an. Übernachtet wird bei den meisten Ausflügen in recht teuren Lodges, es gibt aber auch ein paar günstigere Campingsafaris nach Tsavo East und Tsavo West.

Der größten Beliebtheit erfreut sich eine Safari zu den Tsavo-Parks mit Übernachtung. Sie stellt zwar die meisten Teilnehmer zufrieden, trotzdem eine Warnung: Bei der typischen Zweitagestour inklusive einer Übernachtung ist gerade mal Zeit, um hin- und wieder zurückzukommen, da bleibt wenig Muße für die Tierbeobachtung. Deshalb empfehlen wir, wenigstens eine zusätzliche Nacht dranzuhängen.

Traveller berichten uns per Mail immer wieder, dass Safaris ihre Erwartungen nicht erfüllen konnten, doch zu den folgenden zwei Unternehmen kamen positive Berichte.

Ketty Tours (Karte S. 236 f.; ☎2315178; www.kettysafari.com; Ketty Plaza, Moi Av) Gut organisiert und zuverlässig.

Natural World Tours & Safaris (Karte S. 236 f.; ☎2226715; www.naturaltoursandsafaris.com; Jeneby House, Moi Av) Die aggressive Verkaufsstrategie der „Repräsentanten" dieses Unternehmens auf der Straße kann zwar nerven, aber davon abgesehen hat der Veranstalter den Ruf, wirklich zu liefern, was er verspricht.

le (d. h. hässliche) New Daba ist nichtsdestotrotz eine der saubereren Budgetunterkünfte und bietet sich auch bei der Ankunft mit einem Nachtbus an.

Evening Guest House HOTEL $
(Karte S. 236 f.; ☎221380; Mnazi Moja Rd; EZ mit Gemeinschaftsbad 700 KSh, DZ 1500 KSh) Eine gute Möglichkeit für Traveller, die eine Budgetbleibe abseits vom Chaos des Busbahnhofs wollen. Der Preis für die Doppelzimmer ist gut, Einzelzimmer kosten aber ein bisschen zu viel. Darüber hinaus punktet die Unterkunft mit einem freundlichen Service und einer ruhigen Atmosphäre. In allen Zimmern gibt's Steckdosen *„for mobile phones only"* (nur zum Handy-Aufladen). Zum Hotel gehört ein preiswertes Restaurant.

Tana Guest House HOTEL $
(Karte S. 236 f.; ☎490550; Ecke Mwembe Tayari Rd & Gatundu Rd; EZ/DZ/3BZ ohne Frühstück 400/600/800 KSh) Einfach, aber freundlich. Die Zimmer sind klein, ordentlich und entsprechen dem, was man für den Preis erwarten kann.

Essen

Wer mit der nicht enden wollenden Parade von Hühnchen und Pommes frites, Fleisch und Mais, die bis zur Geschmacklosigkeit gegrillt sind, und Stärke, die nach gar nichts schmeckt, einfach nicht glücklich wird, kann an der Küste aufatmen. Geschmack! Frische Meeresfrüchte! Gewürze! Und alles außer noch mehr Ugali (Grundnahrungsmittel aus Mais- oder Maniokmehl)!

In der Altstadt lässt sich preiswerte, authentische Swahili-Küche entdecken. Wer unsicher ist, folgt einfach den Einheimischen. Die meisten Lokalitäten werden von Muslimen geleitet und schenken keinen Alkohol aus, während des Ramadan öffnen sie außerdem erst nach Sonnenuntergang.

In Mombasa gibt's auch gutes Straßenessen: Stände verkaufen Maniok, Samosas, *bhajis*, Kebabs und die örtliche Variante von Pizza (in weichen Teig gewickeltes und gebratenes Fleisch mit Zwiebeln). Einige Buden bieten Eintopf und Ugali an. Zum Nachtisch locken Verkäufer mit *haluwa* (eine omanische Variante der türkischen Leckerei), gebratenen Tarowurzeln, süßen Samen des Baobabs und gezuckerten Donuts.

LP TIPP **Shehnai Restaurant** INDISCH $$
(Karte S. 236 f.; ☎222847; Fatemi House, Maungano Rd; Hauptgerichte ab 300 KSh; ⌚Di–So 12–14 & 19.30–22.30 Uhr) Mombasas nobelstes Curryrestaurant hat sich auf Tandoori- und reichhaltige nordindische *mughlai*-Küche spezialisiert. Gegessen wird in dem freundlichen Ambiente, das indische Lokale in der ganzen Welt kopiert haben, dazu erklingt Sitar-Musik. Bei wohlhabenden indischen Familien erfreut sich der Laden großer Beliebtheit, wohl weil das Essen authentisch und sehr gut schmeckt. Auf alle Preise kommen noch 25 % an Steuern.

LP TIPP **New Jundan Food Court** KENIANISCH $

(Karte S. 236 f.; Gussi St; Hauptgerichte 100–200 KSh; ⌚mittags) Besucher müssen sich ihren Weg durch Gruppen von Einheimischen bahnen, um zu diesem hervorragenden Restaurant in der zweiten Etage zu kommen. Das Lokal liegt auf der Rückseite der Sheikh Jundoni Mosque und wartet mit zahlreichen Swahili-Spezialitäten auf, darunter großartiger Pilau.

Tamarind Restaurant KENIANISCH $$$

(Karte S. 234; ☎474600; Silos Rd, Nyali; Hauptgerichte 1100–1800 KSh) Wer davon träumt, ein Swahili-Sultan zu sein, der bei einem gigantischen Teller Chilikrabben über sein Küstenkönigreich blickt, sollte das Tamarind aufsuchen. Ein großes Gebäude im Stil eines maurischen Palasts, ein großer Speisesaal, der ein wahres Schmuckstück ist, laute Keyboard-Musik (puh!) und eine große Speisekarte mit vielen Meeresfrüchten (alle köstlich) – das ergibt große Befriedigung und eine saftige Rechnung. Gäste, die hier nicht wohnen, werden von ihrem Hotel abgeholt und hergebracht.

Roberto's ITALIENISCH $$$

(Karte S. 234; ☎476559; Nyali Centre, Nyali Rd, Nyali; Hauptgerichte 800–1600 KSh) Ein waschechtes italienisches Restaurant! Viele in Mombasa lebende Italiener sagen sogar, dass es das beste heimatliche Essen in der ganzen Stadt serviert. Es ist zwar nicht billig, doch jeder Shilling lohnt sich.

Tarboush Café INTERNATIONAL $

(Karte S. 236 f.; Makadara Rd; Hauptgerichte 70–250 KSh) Fast alle Gäste kommen wegen des *chicken tikka* in dieses Open-Air-Lokal am Park. Am besten schmeckt es mit wunderbar weichem *naan*-Brot, Reis oder Pommes frites. Es gibt auch ein gutes Angebot an Swahili-Gerichten und einige Currys. Das Tarboush Café platzt zwar zu jeder Tageszeit aus sämtlichen Nähten, doch der Service ist immer schnell und freundlich.

Hunter's Steak House STEAKS $$

(Karte S. 234; „Königsallee", Mkomani Rd, Nyali; Hauptgerichte 450–2000 KSh; ⌚Mi–Mo) Dieses von Deutschen geführte Steakhaus gilt als bestes Restaurant der Stadt in Sachen Rindfleisch (zumindest bei Touristen und Auswanderern – Kenianer bevorzugen ihr *choma*). Es ist vor allem auf Besucher ausgerichtet und im Juni oft für etwa einen Monat geschlossen.

Recoda Restaurant KENIANISCH $

(Karte S. 236 f.; Moi Ave; Hauptgerichte ca. 120 KSh; ⌚mittags & abends) Abends füllt sich das muslimische Lokal mit Einheimischen, die nach ihrer Version von Kebabs, einer lange gegrillten, fetttriefenden Variante, verlangen. Der Service könnte besser sein, doch das sollte man gelassen nehmen, denn das leckere Essen lohnt die Warterei.

Island Dishes KENIANISCH $

(Karte S. 236 f.; Kibokoni Rd; Hauptgerichte 80–220 KSh) Sobald sich die Augen an das grelle Neonlicht gewöhnt haben, kann man sich endlich auf die leckere Karte dieses beliebten Swahili-Restaurants konzentrieren. Hier werden *mishikaki* (marinierte, gegrillte Fleischkebabs), *chicken tikka*, Fisch, frische Säfte und andere begehrte Leckereien gegessen oder mitgenommen werden. Das *biryani* (Reis mit Fleisch oder Meeresfrüchten) ist nur mittags im Angebot.

Singh Restaurant INDISCH $

(Karte S. 236 f.; Mwembe Tayari Rd; Hauptgerichte 250–320 KSh) Früher war dies eine schlichte Cafeteria, doch sie wurde umfangreich renoviert und sieht nun mit dem dunklen Holz und der *mughal*-Malerei wie ein typisches gehobenes indisches Lokal aus. Das Essen schmeckt hervorragend, und weil sich in der Nähe ein Sikh-Tempel befindet, kommt man auch in den Genuss vegetarischer Gerichte.

New Recoder Restaurant KENIANISCH $

(Karte S. 236 f.; Kibokoni Rd; Hauptgerichte 50–180 KSh) Ein Lieblingslokal der Einheimischen, etwas schäbiger als das Island Dishes, aber mit fast der gleichen Küstenküche.

New Overseas Chinese-Korean Restaurant & Bar CHINESISCH $

(Karte S. 236 f.; ☎230729; Moi Ave; Hauptgerichte 220–480 KSh; ⌚mittags & abends) Na gut, der Name ist übertrieben und die Einrichtung übertrieben klischeehaft, doch die Erwartungen an die östliche Küche werden erfüllt. Wir empfehlen die Meeresfrüchtegerichte.

Blue Room Restaurant INTERNATIONAL $

(Karte S. 236 f.; Haile Selassie Rd; Hauptgerichte 170–380 KSh; ⌚mittags & abends; @) Blau ist der Blue Room nicht, doch dafür bietet er alles, was sich Traveller so wünschen. Neben Steaks, Pizzas, Currys etc. gibt's auch Internetzugang (wirklich!).

Little Chef Dinners Pub KENIANISCH $

(Karte S. 236 f.; Moi Ave; Hauptgerichte 120–300 KSh; ⌚mittags & abends) Mit den gleichnamigen britischen Autobahnraststätten hat das funkige Pub-Restaurant in Grüntönen nichts zu tun. Das Little Chef bringt große, leckere Portionen kenianischer und internationaler Gerichte (solange es sich um Gebratenes handelt) auf den Tisch. Unter den Filialen in der Gegend ist diese mit Abstand die netteste.

Perfect Pizza FAST FOOD $
(Karte S. 236 f.; Haile Selassie Rd; Pizzas ab 549 KSh; ⏲mittags & abends) „Perfekt" mag etwas übertrieben sein, doch die Pizzas (von der fettigen amerikanischen Sorte) schmecken für Ostafrika überraschend gut. Es gibt viele Arten von Belag zur Auswahl und auch eine Pizza zum Selbermachen.

Ooh! Ice-Cream EISCREME $
(Karte S. 234; Nyali Rd, Nyali; Eiscreme 60–100 KSh) Allein wegen des Namens wäre der glitzernde, klimatisierte Laden schon einen Besuch wert, außerdem wartet er mit fantastischen Eiscremes, Kuchen und Snacks auf.

Fayaz Baker & Confectioners BÄCKEREI $
(Karte S. 236 f.; Jomo Kenyatta Ave) Mombasas „Meisterbäcker" lockt an verschiedenen Orten der Stadt mit hervorragenden Kuchen und Muffins.

Nakumatt Supermarket SUPERMARKT $
(Karte S. 234; Nyerere Ave) Dieser Supermarkt befindet sich in der Nähe des Likoni-Fähranlegers und hält eine gute Auswahl an Lebensmitteln, Getränken sowie anderen Dingen bereit – falls jemand für seine Safari einen Fernseher, ein Fahrrad oder einen Rasenmäher braucht.

Hauptmarkt MARKT $
(Karte S. 236 f.; Digo Rd) Mombasas heruntergekommener „überdachter" Markt ist vollgepackt mit Ständen, die frisches Obst und Gemüse feilbieten. Auch in den Straßen der Umgebung versammeln sich Händler mit Wagen voller Waren, und wenn die regulären Lieferungen kommen, gesellen sich zahlreiche *miraa*-Verkäufer dazu. Nicht vergessen: Gekaut werden die geschälten Stängel und nicht die Blätter wie in Äthiopien und Jemen.

Ausgehen

In Mombasa gibt's viele gute Kneipen, darüber hinaus sind zahlreiche Restaurants abends vor allem für Gäste da, die etwas trinken wollen.

LP TIPP **Jahazi Coffee House** CAFÉ
(Karte S. 234; Ndia Kuu Rd; ⏲8–20 Uhr) Das edle Swahili-Café bringt einen Hauch von kosmopolitischem Stil in die Altstadt. Es ist ein großartiger Ort, um ein, zwei Stündchen beim Kartenspielen oder einer dampfenden Kanne Tee im Vorderraum zu verbringen oder im Hinterzimmer wie ein persischer Adliger bei einem Fruchtsaft und einem Snack auf pompösen Kissen zu ruhen. Ein Teil des Gewinns kommt lokalen Entwicklungsprojekten zugute.

Café Mocha CAFÉ
(Karte S. 234; Nyali Centre, Nyali Rd, Nyali; ⏲8–21 Uhr) Im Mocha wimmelt es von gut betuchten Teenagern und ihren Eltern, die den leckeren Kaffee, die Klimaanlage sowie das wunderbare Angebot an Kuchen und Gebäck genießen.

Office BAR
(außerhalb der Karte S. 234; Shelly Beach Rd, Likoni; ⏲11 Uhr–open end) Über dem Likoni-Fähranleger und der Matatu-Haltestelle liegt das Office, ein Lieblingstreff der Einheimischen. Hier finden regelmäßig Reggae- und Dub-Nächte statt, die das Strohdach zum Schwanken bringen. Falls vor Ort irgendwelche Geschäfte gemacht werden, dann garantiert nicht von Bürohengsten.

Bella Vista BAR
(Karte S. 236 f.; westlich der Uhuru Gardens; ⏲mittags–open end) In dem zweistöckigen Bierhaus kann man bei einem kühlen Bier relaxen, Sportsendungen gucken, Billard spielen und eine tolle Aussicht auf das Nachtleben von Mombasa in all seiner geschichtenumwobenen, leicht anrüchigen Pracht genießen.

Casablanca BAR
(Karte S. 236 f.; Mnazi Moja Rd; ⏲mittags–open end) Die riesige zweistöckige Bar im Stadtzentrum füllt sich bis zum Bersten mit allen zwielichtigen Gestalten, die Mombasa so zu bieten hat (und das sind ganz schön viele), sowie mit Prostituierten. Tagsüber geht's beträchtlich ruhiger zu.

Unterhaltung

New Florida Nightclub CLUB
(außerhalb der Karte S. 234; Mama Ngina Dr; Eintritt nach 19.30 Uhr 500 KSh; ⏲18–6 Uhr;) In dem riesigen Komplex am Meer befindet sich der lebhafteste Schuppen der Stadt mit einem eigenen Pool im Freien. Er gehört denselben Besitzern wie die berüchtigten Florida-Clubs in Nairobi und bietet dieselbe Atmo-

SWA-HI-WER?

„Sie sind also Swahili?", fragen wir den Ladenbesitzer in Mombasa, der wie alle Swahili in den Straßen gekleidet ist und die gleiche karamellfarbene Haut hat. „Aber nein! Nein, ich bin Kenianer, doch meine Wurzeln liegen in Gujarat", sagt er.

Im Dorf sehen wir einen Mann vorübergehen und fragen unseren Führer: „Er ist ein Digo, nicht wahr?"

„Nein!", sagt der Führer. „Seine Eltern sind Digo. Seine Mutter ist so traditionell, dass sie keine Schuhe trägt. Doch er wurde in ein Swahili-Haus geschickt, als er jung war, dann konvertierte er zum Islam, heiratete ein muslimisches Mädchen, machte den Hadsch (Pilgerreise nach Mekka) und wäre sehr gekränkt, wenn man ihn etwas anderes als Swahili nennen würde."

Wer die Swahili eigentlich sind, gilt als komplizierte Frage, nicht nur für Anthropologen. Für viele an der Küste lebende Kenianer ist die Zugehörigkeit zu den Swahili der Kern ihrer Identität. Zahlreiche andere Gruppen in Kenia legen genauso viel Wert auf ihre Stammeszugehörigkeit, doch die Swahili heben sich durch ihre Verbindung zur muslimischen und besonders zur arabisch-muslimischen Welt ab.

Einfach gesagt: Es gibt Swahili, die glauben, dass ihr echtes oder eingebildetes arabisches und persisches Blut sie zu etwas anderem – und Besserem – als die übrigen „schwarzen" Afrikaner macht (obwohl viele Swahili so dunkelhäutig sind wie die Kenianer aus dem Landesinneren). Natürlich teilen nicht alle diese Ansicht, doch sie existiert. Sie entspringt sowohl dem typischen, altbekannten Rassismus als auch einem Gefühl der Überlegenheit, beruhend auf dem Kosmopolitismus der Swahili, ihrer Sprache (die als „reinste" an der Küste gilt) und der Tatsache, dass die Swahili in der Gegend die ursprünglichen islamischen Konvertiten waren. Eine stärkere Verbindung zur arabischen Welt ist oft gleichbedeutend mit einer schwächeren zum schwarzen Afrika und, erweitert, einer stärkeren zum Islam. Ähnlich wie bei weißen Amerikanern, die behaupten, von europäischen Adligen abzustammen, kann dieser Anspruch willkürlich behauptet oder aufwendig zusammengebastelt werden.

Wegen ihrer uneinheitlichen Natur war und ist die Swahili-Identität in gewisser Weise sehr dehnbar. An ihrem hässlicheren Rand wird sie noch immer vom arabischen Imperialismus beeinflusst, der einst die Küste beherrschte. Davon abgesehen geben Tausende Swahili fröhlich zu, dass sie schwarz sind – und noch etwas anderes, das vor allem mit Küste zu tun hat.

sphäre, ähnliche Gäste sowie Shows im Stil von Las Vegas. Dazu kommen Bars im Freien, Tischfußball und deutsche *Currywurst*. Die großen Partynächte sind freitags, samstags und sonntags. Ein Taxi vom Stadtzentrum kostet etwa 400 bis 500 KSh.

Nyali Cinemax KINO
(Karte S. 234; www.nyalicinemax.com; Nyali Centre, Nyali Rd, Nyali; Karten 300–550 KSh) Ein Multiplex, das auch 3D-Filme zeigen kann. Hier laufen vor allem Hollywood- und Bollywood-Streifen mit berühmten Stars.

Hollywood Bowl BOWLING
(Karte S. 234; Nyali Centre, Nyali Rd, Nyali; Bowling 250–350 KSh; ⌚16–24 Uhr) Typisch amerikanische Bowlingbahn.

Shoppen

Die Biashara Street (Karte S. 236 f.) westlich der Kreuzung mit der Digo Road (gleich nördlich vom Gewürzmarkt) ist Kenias größtes Zentrum für *kikois* (gewebte Sarongs für Männer in leuchtenden Farben) und *kangas* (bedruckte Tücher als Kleidungsstücke für Frauen). Letztere werden paarweise verkauft – eine für den Ober-, eine für den Unterkörper – und sind mit Sprichwörtern der Swahili bedruckt. Manchmal muss man handeln, doch in der Regel richtet sich der Preis nach der Qualität. Ein Paar billige *kangas* oder ein *kikoi* kosten 500 KSh. Auch *kofia*, die handgefertigten Kappen muslimischer Männer, werden hier hergestellt; eine wirklich gute kann bis zu 2500 KSh kosten.

In Mombasa gibt's unglaublich viele geschickte Schneider, die einen Safarianzug oder ein Hemd nach Maß an einem oder zwei Tagen und für höchstens 20 US$ nähen. Viele findet man hinter dem Gewürzmarkt in der Nehru Road (Karte S. 236 f.).

In der Moi Avenue (Karte S. 236 f.) befinden sich jede Menge Souvenirgeschäfte, doch die Preise sind recht hoch und alle Läden scheinen genau dasselbe anzubieten. Am Hauptmarkt und in seiner Umgebung verkaufen Stände Sisalkörbe und Gewürze, allerdings selten zu einem fairen Preis, denn hier hängen Schlepper rum, die Touristen „begleiten", um eine Provision abzustauben.

Akamba Handicraft Industry Cooperative Society KUNSTHANDWERK
(außerhalb der Karte S. 234; www.akambahandicraftcoop.com; Port Reitz Rd; Mo–Fr 8–17, So bis 12 Uhr) Diese Kooperative, eine gemeinnützige Organisation, beschäftigt unvorstellbare 10 000 Menschen aus der Umgebung und stellt schöne Holzschnitzereien her. Matatus nach Kwa Hola/Magongo fahren von der Tankstelle Kobil kommend auf der Jomo Kenyatta Avenue direkt am Tor vorbei. Darüber hinaus halten hier viele Tourbusse aus Mombasa.

Books First BÜCHER
(Karte S. 234; Nyerere Ave; @) Gut ausgestatteter Buchladen im Nakumatt-Supermarkt mit separatem Café.

Praktische Informationen

Gefahren & Ärgernisse

Mombasa ist nicht Nairobi, doch nach Einbruch der Dunkelheit leeren sich die Straßen recht schnell, darum empfiehlt es sich, nachts ein Taxi zu nehmen, anstatt zu laufen. Der Likoni-Fähranleger gilt als Brennpunkt für Taschendiebstähle.

Geld

Außerhalb der Bankenöffnungszeiten kann in den meisten großen Hotels Geld getauscht werden, allerdings sind die Kurse dort in der Regel ungünstig. Hier gibt's allgemein etwas schlechtere Wechselkurse als in Nairobi, besonders beim Einlösen von Reiseschecks.

Barclays Bank Nkrumah Rd (Karte S. 236 f.); Digo Rd (Karte S. 236 f.) Beide Filialen haben Geldautomaten.

Fort Jesus Forex Bureau (Karte S. 234; Ndia Kuu Rd)

Kenya Commercial Bank Nkrumah Rd (Karte S. 234); Moi Ave (Karte S. 236 f.) Mit Geldautomaten.

Postbank (Karte S. 236 f.; Moi Ave) Geldtransfer über Western Union.

Standard Chartered Bank (Karte S. 234; Treasury Square, Nkrumah Rd) Mit Geldautomaten.

Infos im Internet

TOMASI Holidays Africa (www.hotelsmombasa.com) Gut für Onlinebuchungen und um aktuelle Kontaktinfos zu prüfen.

MombasaInfo.com (www.mombasainfo.com) Anschauliche Touristeninformationen.

Mombasa North Coast (www.mombasanorthcoast.com) Noch mehr Infos für Touristen.

Internetzugang

Die folgenden Internetcafés kassieren 60 KSh pro Stunde.

Blue Room Cyber Café (Karte S. 236 f.; Haile Selassie Rd; 9–22 Uhr)

Cyber Dome (Karte S. 236 f.;Moi Ave; Mo–Sa 8–21, So 9–18 Uhr)

FOTech (Karte S. 236 f.; 225123; Ambalal House, Nkrumah Rd; 9–19.30 Uhr)

Medien

Coastweek (www.coastweek.com) Wöchentliche News und Beiträge aus den Küstenprovinzen.

Medizinische Versorgung

Weil alle Leistungen und Medikamente im Voraus bezahlt werden müssen, sollte man die Unterlagen zur Krankenversicherung griffbereit halten.

Aga Khan Hospital (Karte S. 234; 2227710; www.agakhanhospitals.org; Vanga Rd)

Mombasa Hospital (Karte S. 234; 2312191, 2312099, 2228010; www.mombasahosptial.com; abseits vom Mama Ngina Dr)

Notfall

AAR Health Services (Lulu Centre, Machakos St, abseits der Moi Av; 24 Std.)

Zentrale Polizeistation (Karte S. 236 f.; 999; Makadara Rd)

Post

Post (Karte S. 236 f.; Digo Rd)

Telefon

Telkom Kenya (Karte S. 236 f.) In der Nkrumah Road und in der Moi Avenue.

Touristeninformation

Mombasa & Coast Tourist Office (Karte S. 236 f.; Moi Ave; 8–16.30 Uhr) Infostelle und Organisation von Unterkünften, geführten Touren, Guides und Verkehrsmitteln.

An- & Weiterreise

Bus & Matatu

Die meisten Busunternehmen haben ihre Büros in der Jomo Kenyatta Avenue oder der Abdel Nasser Road. Wer Malindi und Lamu zum Ziel hat, muss die Abdel Nasser Road ansteuern,

ABSTECHER

IRRE STRECKE: DER ZUG VON MOMBASA NACH NAIROBI

Über wenige Themen gehen die Meinungen in unserer Leserpost weiter auseinander als über die Bahnfahrt von Mombasa nach Nairobi. Einst war dies eine der berühmtesten Zugstrecken Afrikas. Heute ist die Fahrt, je nachdem, wen man fragt, entweder eine gesellige Möglichkeit, die schlechten Straßen zu vermeiden und vom klapprigen Komfort eines Schlafwagens aus Tiere in der Wildnis zu sehen, oder eine schäbige, sinnlose Zeitverschwendung. Die Wahrheit liegt irgendwo in der Mitte. Der Zustand des Zuges ließe sich mit „verblichene Pracht" beschreiben, wobei er sich gelegentlich „romantischer Unordnung" nähert oder in „frustrierende Mittelmäßigkeit" abrutscht. Letztere wird durch den löchrigen Fahrplan und die mangelnde Pünktlichkeit auch nicht besser. Dank einer größeren Investition in neue Waggons und Strecken könnte sich das ändern, allerdings nicht heute oder morgen.

Zurzeit startet die „Eisenschlange" dienstags, donnerstags und sonntags um 19 Uhr am Bahnhof von Mombasa (Karte S. 234) und kommt am nächsten Tag zwischen 8.30 und 11 Uhr in Nairobi an. Tickets kosten 65 US$ für die 1. Klasse und 55 US$ für die 2. Klasse, einschließlich Bett und Frühstück (in der 1. Klasse auch inklusive Abendessen). Es empfiehlt sich, möglichst lange im Voraus zu reservieren. Das Buchungsbüro befindet sich im Bahnhof von Mombasa und ist von 8 bis 17 Uhr geöffnet.

Verbindungen Richtung Tansania bestehen an der Kreuzung der Jomo Kenyatta Avenue und der Mwembe Tayari Road.

Um mit Bussen oder Matatus zu Stränden und Städten südlich von Mombasa zu fahren, muss man zuerst die Insel mit der Likoni-Fähre verlassen. In der Nyerere Avenue starten häufig Matatus zum Transportstand am Fährterminal.

Ticketpreise der Busse und Matatus hängen wie meistens in Kenia stark von der Nachfrage und den gegenwärtigen Kraftstoffpreisen ab.

NAIROBI In beide Richtungen verkehren täglich Dutzende Busse, vor allem frühmorgens und spätabends, u. a. von folgenden Unternehmen:

Akamba (Karte S. 236 f.; ☎490269; Jomo Kenyatta Ave)

Busscar (Karte S. 236 f.; ☎222854; Abdel Nasser Rd)

Coastline Safaris (Karte S. 236 f.; ☎220158; Mwembe Tayari St)

Mombasa Raha (Karte S. 236 f.; ☎225716) Hat Büros in der Abdel Nasser Road und in der Jomo Kenyatta Avenue.

Simba Coaches (Karte S. 236 f.; Abdel Nasser Rd)

Tagsüber muss man für die Strecke mindestens sechs Stunden einplanen. Nachtfahrten dauern acht bis zehn Stunden und beinhalten auf halber Strecke eine Ess- und Rauchpause. Besonders komfortabel ist die Reise nicht, doch für eine Busfahrt in Afrika durchaus erträglich. Ticketpreise bewegen sich zwischen 800 und 1300 KSh. Viele Unternehmen verkehren mindestens viermal täglich.

Alle Busse nach Nairobi fahren über Voi (300–500 KSh). Dorthin starten auch viele Matatus von der Kobil-Tankstelle in der Jomo Kenyatta Avenue (200 KSh). Einige Busunternehmen steuern Kisumu und Lake Victoria an, doch alle Routen verlaufen über Nairobi.

RICHTUNG NORDEN Zahlreiche Busse und Matatus fahren täglich die Küste hoch nach Malindi; vor der Noor Mosque in der Abdel Nasser Road geht's los. Erstere benötigen bis zu 2½ Stunden (ca. 300 KSh), Letztere etwa 2 Stunden (ab 350 KSh, an Feiertagen und zu Stoßzeiten bis zu 600 KSh).

Tawakal, Simba, Mombasa Raha und TSS Express betreiben Busse nach Lamu, die zumeist gegen 7 Uhr (man sollte aber 30 Min. eher da sein) vor ihren Büros in der Abdel Nasser Road starten. Die Fahrt bis zur Fähre nach Lamu in Mokowe (600–800 KSh) verläuft über Malindi und dauert etwa 7 Stunden.

RICHTUNG SÜDEN Busse und Matatus pendeln regelmäßig die Südküste entlang, Abfahrt ist am Likoni-Fährterminal.

Es gibt mehrere Verbindungen nach Tansania: Simba und ein paar andere Unternehmen verkehren täglich nach Dar es Salaam (1200–1600 KSh, 8 Std.) via Tanga; vor ihren Büros in der Jomo Kenyatta Avenue unweit der Kreuzung mit der Mwembe Tayari Road geht's los. Zweifelhaft aussehende Busse nach Moshi und Arusha starten morgens oder abends vor dem Mwembe Tayari Health Centre.

Flugzeug

Airkenya (☎0727131977; Moi International Airport; www.airkenya.com) Hat keinen Ticketschalter im Stadtzentrum (Tickets gibt's im Internet oder im Büro am Flughafen), pendelt aber einmal täglich zwischen Nairobi und Diani Beach (45 Min., einfacher Flug 152 US$, 1 Std.).

WILDTIERE AN DER SÜDKÜSTE

Besucher kommen natürlich nicht an die kenianische Südküste, um die „Big Five" zu suchen, doch das bedeutet nicht, dass Ferngläser nur Ballast sind. Im Gegenteil, wer Elefanten, Giraffen, Büffel und andere große Tiere sehen will, sollte das **Shimba Hills National Reserve** und das benachbarte **Mwaluganje Elephant Sanctuary** (S. 250) aufsuchen. Am Diani Beach gibt's eine einzigartige Unterart der hübschen **Stummelaffen** (S. 251). Darüber hinaus wimmelt es überall in den Korallenriffen von großen und kleinen Fischen, darunter viele **Delfine** und gelegentlich auch **Walhaie**. Doch das wirklich herausragende Tiererlebnis sind die **Vögel**. Die Küste Kenias bevölkern viele Arten, die man nirgendwo sonst zu sehen bekommt, und von Oktober bis März fliehen zahlreiche **Zugvögel** vor der Kälte des Nordens hierher. Ferngläser gehören also unbedingt ins Gepäck!

Fly540 (☎3434821; www.fly540.com; Moi International Airport) Verkehrt mindestens fünfmal täglich zwischen Nairobi und Mombasa (einfacher Flug ab 69 US$, 1 Std.) sowie nach Malindi (einfacher Flug ab 40 US$, 20 Min.), Lamu (einfacher Flug ab 55 US$, 45 Min.) und Sansibar (einfacher Flug ab 80 US$, 40 Min.).

Kenya Airways (Karte S. 236 f.; ☎2125000; www.kenya-airways.com; TSS Towers, Nkrumah Rd) Fliegt mindestens zehnmal täglich zwischen Nairobi und Mombasa (einfacher Flug 200 US$, 1 Std.).

Mombasa Air Safari (☎0734400400; www.mombasaairsafari.com; Moi International Airport) Steuert die Nationalparks Amboseli (315 US$, 1 Std.), Tsavo (315 US$, 1 Std. 45 Min.) und Masai Mara (305 US$, 2 Std. 45 Min.) an. Auch komplette Safaripakete können arrangiert werden.

ℹ Unterwegs vor Ort

Vom/zum Flughafen

Gegenwärtig fahren keine öffentlichen Verkehrsmittel von bzw. zum Flughafen, sondern nur Taxis. Der Preis ins Stadtzentrum beträgt ca. 1200 KSh.

Matatu, Taxi & tuk-tuk

Matatus verlangen für kurze Fahrten 20 bis 30 KSh. Taxis sind in Mombasa so teuer wie in Nairobi, aber schwerer zu finden. Eine Möglichkeit besteht vor dem Express Travel in der Nkrumah Road. Vom Bahnhof bis zum Stadtzentrum muss man mit 250 bis 400 KSh rechnen. Es gibt auch zahlreiche dreirädrige *tuk-tuks*, mit denen eine kurze Fahrt an der frischen Luft 70 bis 150 KSh kostet.

Schiff/Fähre

Die beiden Likoni-Fähren verbinden die Insel, auf der Mombasa liegt, mit dem Festland im Süden. Zwischen 5 und 12.30 Uhr verkehrt etwa alle 20 Minuten ein Boot, davor und danach weniger häufig. Für Fußgänger ist die Fahrt kostenlos. Wer ein kleines Auto mitnehmen möchte, zahlt 75 KSh, während ein Safarijeep mit 165 KSh zu Buche schlägt. Im Stadtzentrum starten Matatus nach Likoni bis zum Fähranleger, Abfahrt ist in der Digo Road.

SÜDLICH VON MOMBASA

Warum zieht es die Leute in den Süden von Mombasa? Meist lässt sich dies in einem Wort zusammenfassen: Strände.

Trotzdem gibt's dort noch so viel mehr. Das soll nicht heißen, dass der Sand nicht herrlich und der Ozean nicht wunderschön ist. Doch in einigen Orten bleibt eine deprimierende Anzahl von Pauschaltouristen in teuren Resorts unter ihresgleichen.

Wer das Bad im Meer und das Faulenzen unter Kokospalmen genossen hat, sollte ruhig auch einmal durch einen etwa 600 Jahre alten heiligen Hain wandern, in einem Mangrovenwald nach Schlammspringern Ausschau halten, im herrlich kristallklaren Wasser eines Meeresnationalparks schnorcheln oder am Bug einer Dau auf dem Weg zu einer unbekannten Insel den salzigen Wind schmecken.

Shimba Hills National Reserve

Wenn man sich nach der klassischen afrikanischen Landschaft mit weiten Hügeln sehnt, findet man nur ungefähr 40 km von Mombasa entfernt direkt landeinwärts vom Diani Beach dieses 320 km² große **Reservat** (Erw./Kind 20/10 US$; ⌚6–18 Uhr). Es wird oftmals übersehen und gehört zu den unterschätztesten sowie gleichzeitig zu den am leichtesten erreichbaren Parks im Land. Zwischen sanften, grasbewachsenen Hügeln erstrecken sich kleine Waldgebiete und die Landschaft wird von Elefanten, Leoparden, Warzenschweinen, Büffeln, Pavianen, verschiedenen Antilopenarten und einer kleinen Population von Massaigiraffen (die hier angesiedelt wurden) bevölkert. Doch am bekanntesten ist das Schutzgebiet für seine prächtigen Rappenantilopen, die in keinem anderen kenianischen Park vorkommen. Die Tiere haben ein geradezu überwältigendes Comeback erlebt, nachdem ihr Bestand 1970 schon auf unter 120 Exemplare gefallen war.

Die Zahl der Elefanten stieg 2005 auf erstaunliche 600, viel zu viele für dieses winzige Gebiet. Anstatt die Herden gezielt durch Erlegungen zu dezimieren, organisierte der Kenya Wildlife Service (KWS) eine beispiellose Umsiedlungsaktion, um den Druck auf das Habitat zu verringern: 400 Dickhäuter wurden gefangen und in den Tsavo East National Park gebracht.

Mehr als 150 km Pisten für Allradfahrzeuge durchziehen das Reservat. Gute Orte zur Vogelbeobachtung sind der Marere Dam und der Wald des Mwele Mdogo Hill. Der KWS organisiert sehr empfehlenswerte geführte Waldtouren, die bei der Rangerstation Sheldrick Falls beginnen. Die Wanderung zu den Sheldrick Falls, ein relativ einfacher Weg hügelauf- und hügelabwärts durch den Wald ist kostenlos, ein Trinkgeld aber angebracht. Los geht's in der Regel um 10 und um 14 Uhr.

SHIMBA HILLS NATIONAL RESERVE

Highlights Ein einfacher Tagesausflug von der Küste mit hervorragenden Gelegenheiten, Elefanten zu beobachten, und das einzige Gebiet in Kenia, in dem Rappenantilopen leben.

Reisezeit Ganzjährig, am besten aber während der Trockenzeit von November bis März

Praktisches Der nur 45 Minuten entfernte Diani Beach ist die beliebteste Ausgangsbasis zum Schutzgebiet. Hier bieten zahlreiche Safariunternehmen und Hotels Ausflüge zu den Shimba Hills an. Mit seinen guten Straßen, kurzen Entfernungen und der leichten Erreichbarkeit eignet sich der Park bestens für Familien.

Schlafen

Der öffentliche Campingplatz (300 KSh pro Pers.) und die *bandas* (25 US$ pro Pers.) sind schlicht und haben nur Bäder mit kaltem Wasser, liegen aber wunderbar am Rand einer Erhöhung in der Nähe des Haupttores. In den Bäumen ringsum sitzen Affen, morgens singen die Vögel und nachts kann ein Lagerfeuer gemacht werden. Nur für Selbstversorger.

Kwale Golden Guest House HOTEL $
(☎0722326758; Stadt Kwale; Zi. 600–1200 KSh) In der regionalen „Hauptstadt" Kwale nur ein paar Kilometer vom Parkeingang entfernt befindet sich diese typische Kleinstadtpension mit zwei Zimmertypen: solche mit Warmwasserduschen und westlichen Toiletten und solche mit Kaltwasserduschen und Hocktoiletten.

Shimba Rainforest Lodge LODGE $$$
(☎0722200952; www.aberdaresafarihotels.com; Kinango Rd; mit Gemeinschaftsbad und Vollpension 277 US$ pro Pers.) Zuerst die gute Nachricht: Diese Loge verfügt über eine großartige Lage mitten im Wald und direkt neben einem Wasserloch, zu dem viele Tiere kommen. Nun die schlechte Nachricht: Die winzigen Zimmer sind trist und überteuert. Viele Safariunternehmen versuchen, die Teilnehmer zum Mittagessen hierherzulocken, doch unsere Mahlzeit war unerfreulich und zu teuer. Besser ein Picknick mitbringen.

An- & Weiterreise

Das Reservat kann man nur mit einem Allradwagen besuchen, doch am Haupttor ergibt sich vielleicht eine Möglichkeit, per Anhalter zu fahren. Am Haupteingang kommen kleine Lastwagenbusse von Likoni nach Kwale vorbei (80 KSh).

Alle Safariunternehmen in Mombasa und Diani Beach bieten Touren zum Shimba Hills National Reserve an. Der Standardpreis für einen Halbtagsausflug liegt pro Person bei 80 US$.

Tiwi Beach

☎040

Die verschlafene Schwester des überdrehten Diani Beach liegt etwa 20 km südlich von Likoni und besteht aus einer Reihe von herrlichen Resorts, die nur über unbefestigte Straßen zu erreichen sind. Hier kann man ein paar geruhsame, zurückgezogene Tage in einem Strandhaus verbringen. Eines der Highlights von Tiwi ist das Korallenriff Diani Reef, von dem in Diani Beach

NICHT VERSÄUMEN

MWALUGANJE ELEPHANT SANCTUARY

Dieses **Schutzgebiet** (☎040-41121; Erw./Kind 15/2 US$, Fahrzeuge 150–500 KSh; ⏲6–18 Uhr) ist ein gutes Beispiel für ein gemeinschaftsbasiertes Umweltschutzprojekt mit Beteiligung der Einwohner der Gegend. Es wurde im Oktober 1995 eingerichtet, um einen Korridor auf der Elefanten-Wanderroute zwischen dem Shimba Hills Forest Reserve und dem Mwaluganje Forest Reserve zu schaffen. Das Areal umfasst 2400 ha wilder, malerischer Landschaft im Tal des Cha Shimba River.

Abgesehen von den etwa 150 Dickhäutern sind hier nur wenige große Wildtiere zu sehen. Doch dafür kommen kaum Besucher, die Gegend wirkt fast wie das Klischee von Ostafrika und es gibt jede Menge kleiner Tiere. Aus diesen Gründen eignet sich die Schutzzone vor allem für Traveller, die anderswo schon ein paar Safaris gemacht haben und nun eine wildere, ursprünglichere Erfahrung suchen. Das Gebiet ist trockener als die feuchteren und grüneren Shimba Hills, deshalb leben hier teilweise auch andere Tiere. Dazu gehören vor allem Vögel – vor Ort entdeckt man viele Arten, die nirgendwo sonst an der Küste zu finden sind.

Das **Mwaluganje Elephant Camp** (☎Mombasa 011-5486121; EZ/DZ 160/225 US$) ist eine sehr schöne Unterkunft mit noblen Safarizelten an einem Wasserloch. Wenn sich nicht gerade eine Tourgruppe eingenistet hat, kann man die friedvolle Bleibe wahrscheinlich für sich allein genießen. Wer sich die schicken Safarizelte nicht leisten mag, baut auf dem **Campingplatz** (300 KSh pro Pers.) das eigene Zelt auf. Die Lage ist großartig, auch wenn der steinige Untergrund es schwierig macht, Heringe einzuschlagen. Hier lockt die echte afrikanische Wildnis, von der so viele träumen!

Der Haupteingang zum Schutzgebiet liegt ungefähr 13 km nordöstlich vom Shimba Hills National Reserve an der Straße nach Kinango. Eine kürzere Route führt von Kwale zum Golini Gate, vorbei am Mwaluganje-Ticketschalter. Die Piste ist nur 5 km lang, man benötigt aber ein Fahrzeug mit Allradantrieb, genau wie für die ziemlich schlechten Wege im Park.

kurioserweise nicht so viel zu merken ist. Zwischen dem Riff und dem Strand hat sich ein recht ruhiger Bereich gebildet, der fast wie ein Pool wirkt und sich wunderbar zum Schwimmen eignet.

Um nach Tiwi zu kommen, biegt man 18 km südlich von Mombasa von der A14 ab und folgt dem Fahrweg, bis er an einer Querstraße in Nord-Süd-Richtung endet.

Schlafen & Essen

Von einigen Ausnahmen abgesehen gibt's in Tiwi keine teuren Resorts für Pauschaltouristen. Vor Ort befinden sich kleine Cottages für Selbstversorger, z. B. Paare und Gruppen. Alle Unterkünfte sind über eine namenlose unbefestigte Straße zu erreichen, die parallel zur Schnellstraße und zum Strand verläuft.

LP TIPP **Sand Island Beach Cottages** COTTAGES $$

(Karte S. 252; ☎0722395005; www.sandislandbeach.com; Cottages ab 6000 KSh) Freundliche Hunde begrüßen Gäste am Eingang dieses gartenähnlichen Anwesens mit den wunderhübschen Unterkünften. Letztere säumen den laut dem Besitzer „besten Strand Ostafrikas". Eine stolze Behauptung, doch wer das herrliche Paradies mit weiß schimmernden Wüsteninseln inmitten einer türkisfarbenen Lagune gesehen hat, wird wohl zustimmen.

Coral Cove Cottages COTTAGES $$

(Karte S. 252; ☎3300010; www.coralcove.tiwibeach.com; Cottages ab 4800 KSh) An diesem herrlichen Fleckchen direkt am Strand würde Doktor Doolittle Urlaub machen: Hier tummeln sich Hunde, Hähne, Affen, Gänse, Enten und viele andere fluffige, zahme Bewohner. Die Selbstversorger-Cottages sind so farbenfroh und charaktervoll wie die ganze Anlage.

Twiga Lodge HOTEL $

(Karte S. 252; ☎0721577614; twigakenya@gmail.com; Camping 300 KSh, EZ/DZ 1500/2500 KSh, neuer Flügel EZ/DZ 3000/4800 KSh) Im Twiga ist es besonders toll, wenn viele Leute da sind. Dann mildert die tropische Üppigkeit des Resorts das greifbare Gefühl von Isolation. Die älteren Zimmer befinden sich ein Stück vom Strand weg und kommen ein bisschen schäbig daher, während die Räumlichkeiten im neueren Flügel frischer wirken. Das Restaurant vor Ort ist in Ordnung, doch nichts schlägt einen abendlichen Drink am Meer unter dem Sternenhimmel.

Maweni & Capricho Beach Cottages
RESORT **$$**

(Karte S. 252; ☎3300012; www.mawenibeach.com; EZ/DZ ab 5000/8000 KSh, Cottages ab 4500 KSh;) Eigentlich besteht diese große Anlage aus drei ähnlichen Gruppen von Hütten (Maweni, Capricho und Moonlight Bay), die in einem Resort zusammengefasst sind. Zu allen drei gehören hübsche strohgedeckte Hütten und Cottages, und alle teilen sich ein reizendes Restaurant sowie einen schönen Swimmingpool.

An- & Weiterreise

Busse und Matatus auf der Straße von Likoni nach Ukunda können Fahrgäste am Beginn der beiden unbefestigten Straßen nach Tiwi (50 KSh) absetzen – auf die Schilder zu den Capricho Beach Cottages oder zum Tiwi Beach Resort achten. Der südliche Abzweig, der in der Gegend „Tiwi Spot" genannt wird, ist viel einfacher zu finden.

Zum Strand sind es zwar nur 3,5 km, doch auf beiden Zugangsstraßen gibt's öfters mal Überfälle, darum sollte man besser ein Taxi nehmen oder auf eine Mitfahrgelegenheit warten. Alle genannten Unterkünfte können bei der Weiterreise ein Taxi zurück zur Schnellstraße rufen.

Diani Beach

☎040

Diani, der größte Ferienort an der kenianischen Küste, hat ganz verschiedene Facetten. Zum einen ist da der unbestreitbar herrliche weiße Sandstrand, außerdem kann man hier toll feiern. Andererseits gibt's viel zu viele eintönige Megaresorts, die überall auf der Welt stehen könnten. Wir haben versucht, uns auf die charaktervolleren Unterkünfte zu konzentrieren.

Doch Diani Beach bietet mehr als öde Hotelanlagen. Traveller können z. B. Korallenmoscheen besichtigen und von deren Bogengängen auf das offene Meer blicken, heilige Wälder erkunden, wo die Guides Bäume umarmen, die in der Sprache ihrer Vorfahren mit ihnen sprechen, und sogar ein Affenschutzgebiet besuchen – so erleben sie eine ganz andere Seite der Küste als den fraglos betörenden Charme von Sonne und Sand.

Die Straße zum Strandort zweigt im Dorf Ukunda ab, eigentlich nur eine Kreuzung an der Hauptstraße von Mombasa nach Tansania. Dort gibt's nützliche Einrichtungen aller Art, z. B. Postämter und Banken. Eine 2,5 km lange befestigte Straße führt von Ukunda zur Beach Road, die den Kern von Diani bildet.

Sehenswertes & Aktivitäten

Die typischen Angebote für Pauschaltouristen sind in Diani allgegenwärtig, doch Individualreisende können noch viel mehr entdecken.

LP TIPP **Colobus Trust** TIERSCHUTZGEBIET

(☎0711479453; www.colobustrust.org; Diani Beach Rd; Führungen 500 KSh; ⌚Mo–Sa 8–17 Uhr) Schon über der Straße sieht man Primaten auf Strickleitern herumklettern, ein Werk des Colobus Trust, der sich den Schutz der schwarzweißen Angola-Stummelaffen *(Colobus angolensis palliatus)* zum Ziel gesetzt hat. Heute kommt die einst sehr verbreitete Art nur noch in einigen isolierten Waldgebieten südlich von Mombasa vor. Die Tiere werden durch den Verkehr gefährdet, und da sie sich ausschließlich von den Blättern bestimmter Küstenbäume ernähren, sind sie auch hart von der Zerstörung ihrer Lebensräume betroffen, was in dieser Gegend ein großes Problem darstellt. Zu den weiteren Gefahren zählen Stromleitungen und Wilderer.

Der Colobus Trust veranstaltet in seiner Hauptverwaltung hervorragende Führungen. Dabei sieht man wahrscheinlich auch einige Stummelaffen und andere Affen, die verwaist oder verletzt sind und auf die Wiederauswilderung vorbereitet werden. Bei rechtzeitiger Anmeldung können zudem

NICHT VERSÄUMEN

DIE BESTEN STRÄNDE

Strände, wohin man schaut, doch welcher ist der beste? Wir glauben, dass man an den folgenden Fleckchen nie genug vom Sandburgenbauen bekommt:

Tiwi Beach (S. 249) Sonnig, sandig und leer.

Diani Beach (S. 251) Trotz der Touristenresorts und Menschenmassen atemberaubend.

Takaungu (S. 267) Der perfekte Strand.

Waldwanderungen (1000 KSh pro Pers.) auf den Spuren wilder Primaten und weiterer Tiere organisiert werden.

Kongo Mosque MOSCHEE

Am nördlichsten Ende der Beach Road (an der T-Kreuzung, wo die befestigte Straße aufhört, geht's nach rechts) stößt man auf die Kongo Mosque aus dem 16. Jh. Sie ist Dianis letztes existierendes Erbe der alten Swahili-Zivilisationen, die einst die Küste kontrollierten, und eine von nur ganz wenigen noch benutzten Korallenmoscheen in Kenia.

Wassersport

Alle großen Resorts haben entweder eine eigene Tauchschule oder arbeiten mit einem örtlichen Tauchveranstalter zusammen. Ein Tauchgang am Riff kostet zwischen 75 und 90 €. Die meisten Spots liegen nicht tiefer als 29 m, darunter auch der absichtlich versenkte Fischtrawler MFV *Alpha Funguo* in 28 m Tiefe.

Auch über der Wasseroberfläche herrscht reges Treiben: Mit seinen fast konstanten Passatwinden ist Diani dabei, sich sehr schnell einen Namen als Hotspot für Kitesurfer zu machen.

Diani Marine TAUCHEN

(☎3202367; www.dianimarine.com; Diani Marine Village) Das Tauchcenter unter deutscher Leitung hat auch eine eigene Unterkunft (s. S. 253). Open-Water-Kurse kosten 495 €.

Diving the Crab TAUCHEN

(☎0723108108; www.divingthecrab.com; Sands at Nomad) Der bei den großen Hotels beliebteste Tauchveranstalter. Open-Water-Tauchkurse kosten 480 €.

H_2O Extreme KITESURFEN

(☎0721495876; www.h2o-extreme.com) Der renommierteste Kitesurf-Anbieter in Diani veranstaltet halbtägige Anfängerkurse für 100 €. Filialen befinden sich im Sands at Nomad, im Kenyaways Kite Village und in der Forty Thieves Beach Bar.

SX Scuba TAUCHEN

(☎3202720, 0734601221; www.southerncrossscuba.com; Aqualand) Bietet Open-Water-Kurse für 470 € an.

Feste & Events

Diani Rules SPORT

(www.dianirules.com) Dieser unterhaltsame Benefiz-Wettbewerb zugunsten des Kwale District Eye Centre findet um das erste Juniwochenende herum in der Diani Sea Lodge

Tiwi Beach & Diani Beach

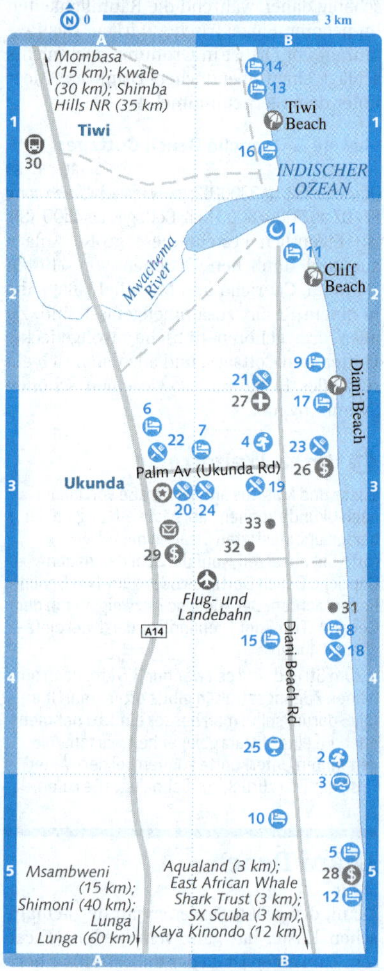

statt. Er ist eher etwas für die hier lebenden Ausländer als ein touristisches Event, doch wer sich in der Nähe einquartiert hat, wird vielleicht eingeladen zuzuschauen oder sich einem Team anzuschließen. Wettkämpfe gibt's im Fußball (der mit einem Rugbyball gespielt wird) und im Zielwerfen mit verbundenen Augen; der eigentliche Ausdauersport ist aber das Feiern, das die Veranstaltung begleitet.

Schlafen

Diani ist vor allem wegen seiner etwa 20 teuren Resorts bekannt, die alle entlang des

Tiwi Beach & Diani Beach

Sehenswertes

1 Kongo Mosque B2

Aktivitäten, Kurse & Touren

2 Charlie Claw's Office B4
Diani Marine .... (siehe 8)
3 Diving the Crab B5
H_2O Extreme .... (siehe 8)
H_2O Extreme .... (siehe 3)
4 Pilli Pipa B3

Schlafen

Coral Cove Cottages .... (siehe 16)
5 Diani Beachlets B5
6 Diani Classic Guest House A3
7 Diani Classic Guest House B3
8 Diani Marine Village B4
9 Diani Reef Beach Resort B2
Flamboyant Beach Houses .... (siehe 18)
10 Forest Dream Cottages B5
11 Indian Ocean Beach Club B2
12 Kenyaways Kite Village B5
13 Maweni & Capricho Beach Cottages B1
14 Sand Island Beach Cottages B1
15 Stilts Eco-Lodge B4
16 Twiga Lodge B1
17 Warandale Cottages B3

Essen

18 Ali Barbour's Cave Restaurant B4
Aniello's .... (siehe 4)
19 Coast Dishes B3
Forty Thieves Beach Bar .... (siehe 18)
20 Rongai Fast Food A3
21 Shan-e-Punjab Restaurant B2
22 Swahili Pot Restaurant/African Pot Restaurant A3
23 Swahili Pot Restaurant/African Pot Restaurant B3
24 Swahili Pot Restaurant/African Pot Restaurant B3

Ausgehen

Forty Thieves Beach Bar .... (siehe 18)
25 Shakatak B4

Praktisches

Baba's Bistro & Cyber Café .... (siehe 18)
26 Barclays Bank B3
27 Diani Beach Hospital B3
28 Diani Forex Bureau B5
29 Kenya Commercial Bank A3

Transport

30 Bushaltestelle A1
31 Fredlink Tours B4
32 Glory Car Hire B3
33 Ketty Tours B3

Strandes liegen. Die hier aufgeführten zählen zu den besten Bleiben, allerdings darf man dort keine authentische Afrika-Erfahrung erwarten. Viele Hotels schließen zwischen Mai und Juni für Renovierungsarbeiten, und die meisten erhöhen von Weihnachten bis Mitte Januar ihre Preise.

Der Zugang zum Strand ist nicht ganz einfach – am besten nimmt man den Pfad am Diani Beach Campsite oder durch die Forty Thieves Beach Bar.

LP TIPP Kenyaways Kite Village

BOUTIQUE-HOTEL **$$**

(☎0728886821; www.thekenyaway.com; Diani Beach Rd; EZ/DZ ab 30/50 £; 📶) In dem kleinen, legeren Hotel am Strand gibt's ein paar funkig eingerichtete Zimmer mit einer großen Portion unkonventionellen Surferflairs. Obwohl das Kenyaways Kite Village vorrangig eine Unterkunft für Kitesurfer ist (hier befindet sich auch das Hauptquartier von H_2O Extreme; s. S. 252), werden alle Gäste willkommen geheißen. Das Preis-Leistungs-Verhältnis dürfte zu den besten vor Ort zählen.

LP TIPP Diani Marine Village

BOUTIQUE-HOTEL **$$**

(☎3202367; www.dianimarine.com; Diani Beach Rd; EZ/DZ ab 49/78 €; 🏊📶) Mit ihren Steinböden und dem modernen Swahili-Stil sind die großen Gästezimmer dieses Tauchresorts überaus ansprechend. Dazu gesellen sich noch ein schöner Pool, ein Garten und ein fürstliches, im Übernachtungspreis enthaltenes Frühstück. Einfach toll!

Stilts Eco-Lodge

HÜTTEN **$**

(☎0722523278; www.stiltsdiani.com; Diani Beach Rd; EZ/DZ 1500/2400 KSh) Die einzige echte Backpackerbleibe bei unserem Besuch verfügt über sieben charmante Baumhäuser auf Stelzen, die in einem sandigen Stückchen Küstenwald liegen. Sie zieht ein junges, lebenslustiges Publikum an, hat einen eigenen, strohgedeckten Bar- und Loungebe-

NICHT VERSÄUMEN

DEN HEILIGEN WALD BETRETEN

Die *kayas* (heilige Wälder) der Mijikenda zu besuchen kann zum krönenden Erlebnis eines Aufenthalts an der Küste werden. Zugleich ist es eine Wanderung in der Natur, eine Reise in die Vergangenheit und eine kulturelle Erfahrung.

Zurzeit ist der meistbesuchte und am leichtesten erreichbare heilige Wald die **Kaya Kinondo** (außerhalb der Karte S. 252; www.kaya-kinondo-kenya.com, Eintritt 700 KSh) in der Nähe von Diani.

Vor dem Betreten müssen Besucher ihre Kopfbedeckungen ablegen, versprechen, vor Ort niemanden zu küssen, einen schwarzen *kaniki* (Sarong) um ihre Taille binden und einen Guide engagieren. Unser Führer war Juma Harry, ein hiesiger *askari* (Wachmann) und Mitglied des Stammes der Digo.

Eigentlich sind die Mijikenda (Neun Stämme) neun Unterstämme, deren Kultur, Geschichte und Sprache sie bis zu einem gewissen Grad miteinander verknüpft. Doch jeder der neun – die Chonyi, Digo, Duruma, Giriama, Jibana, Kambe, Kauma, Rabai und Ribe – ist eigenständig und spricht seinen eigenen Dialekt der Mijikenda-Sprache. Eines verbindet sie und die modernen Mijikenda aber mit ihren Ahnen: die Verehrung der *kaya*.

Diese historische Beziehung wird beim Betreten der Wälder greifbar, denn Besucher *fühlen* deren Alter (anders kann man es nicht nennen).

Viele Bäume sind 600 Jahre alt, was mit dem Eintreffen der ersten Mijikenda aus Singwaya – ihrer nahezu legendären Heimat im Süden Somalias – korrespondiert. In den Wäldern ist es streng verboten, Pflanzen abzuschneiden, selbst heruntergefallene Zweige oder Blätter dürfen nicht mitgenommen werden.

Harry erklärt: „In der Nähe der Bäume fühlen wir uns unseren Ahnen nahe. Ich weiß, dass diese Bäume meinem Vater, meinem Großvater, seinem Großvater und so fort wichtig waren." Harry, der wie ein ziemlich harter Bursche aussieht (und garantiert kein Hippie ist), umarmt auf einmal einen Baum, der so mächtig ist, dass er ihn mit seinen Armen nicht umfassen kann.

„Wir fühlen, dass der Baum spricht, wenn er alt ist. Wenn ihr ihn haltet und dem Wind lauscht (hier folgt eine Pause, um das Rauschen wahrzunehmen), könnt ihr ihn reden hören." Die geschützten Wälder ermöglichen nicht nur das Gespräch mit den Ahnen, sie bieten auch eine direkte Verbindung zu Ökosystemen, die anderswo dem Kahlschlag zum Opfer gefallen sind. In einer einzelnen *kaya* wie der Kaya Kinondo wachsen auf 30 ha fünf wahrscheinlich endemische Arten. Das sind fünf endemische – nur hier vorkommende – und 140 weitere, als „selten" klassifizierte Baumarten auf der Fläche eines einzelnen vorstädtischen Häuserblocks.

Wichtigste Funktion der *kaya* war es, die Dörfer der Mijikenda zu beherbergen, die auf einer zentralen Lichtung standen. Man brauchte rituelles Wissen, um das Zentrum eines solchen Waldabschnitts zu betreten und die konzentrischen Kreise der Heiligkeit rund um das Dorf zu durchqueren: Dort gab es heilige Talismane und Zaubersprüche, die Halluzinationen auslösten und Feinden, die den Wald angreifen wollten, die Orientierung rauben sollten.

In den 1940er-Jahren wurden die *kayas* weitgehend verlassen und konservative islamische sowie christliche Strömungen haben ihren Wert für die Mijikenda herabgewürdigt. Doch die Ernennung zur Welterbestätte und ein wiedererwachtes Interesse an den Wäldern werden diese hoffentlich für zukünftige Besucher bewahren. Sie haben 600 Jahre überdauert und mit etwas Glück wird der Wind noch viel länger durch ihre Zweige sprechen.

Man kann nur hoffen, dass Initiativen für verantwortungsvollen Tourismus ihren Fokus auch auf weitere *kayas* richten werden: Elf dieser Wälder wurden im Juli 2008 gemeinsam als vierte kenianische Welterbestätte anerkannt.

reich und ist wirklich rundum erfreulich. Das Stilts befindet sich gegenüber dem Forty Thieves auf der anderen Straßenseite. Vorab reservieren!

Forest Dream Cottages COTTAGES $$
(☎3300220; www.forestdreamkenya.com; Diani Beach Rd; Cottages ab 89 €; ❄☒) Die strohgedeckten Cottages in einem Waldreservat

kommen ein bisschen verrückt, aber sehr nobel daher, außerdem punkten sie mit kleinen Open-Air-Loungebereichen auf den Dächern. Ergänzt wird die abgeschiedene, unter Bäumen gelegene Oase durch Fischteiche, Whirlpools und komplett ausgestattete Küchen.

Flamboyant Beach Houses BOUTIQUE-HOTEL **$$$**
(☎0722917013; www.dianibeachkenya.com; Diani Beach Rd; Zi./Suite 145/245 €; ❄@📶🏊) Das intime Boutique-Hotel bietet atemberaubende Aussichten auf den Strand, dezent gestaltete Zimmer mit Bädern, die zu den schönsten diesseits des Indischen Ozeans gehören, und einen fantastischen Poolkomplex.

Warandale Cottages COTTAGES **$$**
(☎3202186; www.warandale.com; Diani Beach Rd; Cottages ab 7000 KSh; 🏊) Großartige Cottages in einer hübschen Oase, die einem Paradiesgarten gleicht. Die Zimmer sind sehr geschmackvoll in dezentem Swahili-Stil eingerichtet, mit gerade genug dunklem Holz und weißen Wänden, um Afrika-Stimmung heraufzubeschwören, ohne schon wieder die typischen Safariklischees aufzugreifen. Uns haben die Hütten Mlima und Kipepeo am besten gefallen.

Indian Ocean Beach Club RESORT **$$$**
(☎3203730; www.jacarandahotels.com; Diani Beach Rd; EZ/DZ inkl. Vollpension 1740/2480 KSh; ❄@📶🏊👪) Wer ein Resort sucht, trifft mit diesem eine gute Wahl. Der Beach Club besteht aus einer Reihe strahlend weißer Häuser im maurischen Stil an einem langen Rasenstück, das sich bis zum schönen Meer hinunterzieht. Die luftigen Zimmer sind luxuriös mit poliertem Holz und dekorativen Swahili-Elementen ausgestattet. Vor Ort werden zahlreiche Aktivitäten geboten.

Diani Reef Beach Resort RESORT **$$$**
(☎3202723; www.dianireef.com; Diani Beach Rd; EZ/DZ inkl. Halbpension ab 165/270 €; ❄@🏊👪) Eines ist klar, wenn man den Fußboden der Lobby – ein großes Aquarium – sieht: Gäste werden hier garantiert mit ausgefallenen Ideen und aufwendig verwöhnt. Etwas Luxuriöseres und Überspannteres findet man an der ganzen Küste nicht mehr. Das Resort ist mit Spas, Bars und Restaurants gefüllt, wirkt auf manch einen allerdings vielleicht ein bisschen zu unpersönlich.

Diani Beachlets COTTAGES **$**
(☎2170209; www.dianibeachalets.com; Diani Beach Rd; Cottages 2500 KSh) Die wohl einzige Budgetbleibe am Strand ist freundlich, wenn auch etwas morsch, und verfügt über Cottages, die außen strahlend weiß, innen allerdings ein bisschen düster sind. Aber was macht das schon, denn man verbringt sowieso den ganzen Tag am leuchtend weißen Strand.

Diani Classic Guest House HOTEL **$**
(☎0729643547; Ukunda; EZ/DZ 1000/1300 KSh) Ukundas günstigste Budgetunterkunft ist zum Glück eine hervorragende Wahl mit blitzsauberen, recht großen Zimmern samt Sitztoiletten (für diesen Preis eine absolute Rarität) und sogar Balkonen. Einige davon

SEEMANNSLEBEN

Salziger Wind und raue Wogen gelten als Inbegriff des Seemannslebens. Die romantischste Art, Kenias Küste zu erkunden, ist eine Tour mit einer Dau (traditionelles Segelboot), die hier bereits seit Jahrhunderten genutzt wird. Mit ihr geht's vorbei an Sandstränden, Koralleninseln, die vor der Küste liegen, und Riffen voller bunter Fische. Mehrere Unternehmen bieten Dau-Fahrten entlang der Küste bis zu den Inseln Funzi und Wasini Island an. Am bekanntesten ist wohl **Pilli Pipa** (Karte S. 252; ☎3203559; www.pillipipa.com; Colliers Centre, Diani Beach Rd, 130 US$ pro Pers.), doch in Diani gibt's noch einige weitere Anbieter.

Der **East African Whale Shark Trust** (außerhalb der Karte S. 252; ☎0720293156; www.giantsharks.org; Aqualand), eine ausgezeichnete Umweltschutzorganisation, überwacht den Bestand des größten Fischs der Welt, des harmlosen Walhais, der sich von Plankton ernährt. Im Februar und März, der geschäftigsten Zeit für die Tiere, nimmt sie manchmal zahlende Gäste auf ihre Expeditionen mit, die wissenschaftlichen Untersuchungen und der Markierung der Fische dienen. Der Preis hängt davon ab, wie viele Sponsorengelder schon aufgebracht wurden, er liegt bei etwa 150 US$ pro Person, mindestens sechs Teilnehmer müssen für eine Fahrt zusammenkommen. Die Büros des Unternehmens befinden sich im Wassersportzentrum Aqualand 4 km südlich von Diani.

schauen zwar auf die Kreuzung des Dorfes, aber darüber sollte man hinwegsehen. Es gibt zwei Häuser, eines direkt an der Kreuzung und eines ein kleines Stück die Zugangsstraße zum Strand hoch – beide nehmen sich nicht viel. Einzige Nachteile sind die Entfernung zum Strand und der Straßenlärm.

Essen

Alle Spitzenhotels besitzen eigene Restaurants, die meistens teuer und recht langweilig sind. Davon abgesehen haben Hungrige die Qual der Wahl.

Selbstversorger können sich in den Supermärkten der Einkaufszentren in Diani oder Ukunda eindecken.

Swahili Pot Restaurant KENIANISCH $
(☎3203890; Coral Beach Cottages; Hauptgerichte 150–230 KSh; ⊙mittags & abends) In dem Restaurant und seinen Ablegern (etwa auf der Hälfte der Zugangsstraße zum Strand und an der Kreuzung in Ukunda befinden sich zwei weitere Filialen) gibt's hervorragende afrikanische Gerichte und Swahili-Spezialitäten. Der Name des Lokals rührt von der Sitte her, das Fleisch auszuwählen und es in verschiedenen Soßen und Marinaden – die alle ausgezeichnet schmecken – zubereiten zu lassen. Die drei Lokale kennt man auch unter ihrem alten Namen, African Pot Restaurant.

Coast Dishes KENIANISCH $
(Palm Ave, Ukunda; Hauptgerichte 300 KSh; ⊙mittags & abends) Keine Lust auf überteuerte Touristenrestaurants oder auf der Suche nach Orten, wo die Einheimischen essen? In beiden Fällen ist das Coast Dishes eine gute Entscheidung. Wir empfehlen das Special des Hauses: eine große, dampfende Schüssel *biryani*.

Shan-e-Punjab Restaurant INDISCH $
(☎3202116; Diani Complex; Hauptgerichte 350–800 KSh; ⊙mittags & abends) Das in der Nebensaison oft geschlossene Lokal ist eine der rein indischen Optionen der Stadt und kann mühelos gegen jedes erstklassige Curry-Restaurant der Welt bestehen. Das Essen ist gut gewürzt, reichhaltig und lecker.

Aniello's ITALIENISCH $$
(☎0733740408; Colliers Centre; Hauptgerichte 300–850 KSh; ⊙mittags & abends) Es wirkt ein wenig wie ein italienisches Straßencafé, zieht jede Menge Italiener an und wird von einem Italiener geführt, mit anderen Worten: Das Aniello's ist *der* Ort, um Pasta, Pizza und Ossobucco zu essen.

Ali Barbour's Cave Restaurant FISCH & MEERESFRÜCHTE $$
(☎3202033; Diani Beach Rd; Hauptgerichte 550–1200 KSh; ⊙ab 19 Uhr) An der Küste gibt's Moscheen und Paläste aus Korallen, warum also nicht ein Restaurant in einer Korallenhöhle? Im Mittelpunkt stehen üppige, leckere Fisch- und Meeresfrüchtespeisen. Gegessen wird unter Sternen, zerklüfteten Felsen und Lichterketten.

Rongai Fast Food KENIANISCH $
(Palm Ave, Ukunda; Hauptgerichte 200 KSh; ⊙mittags & abends) Ein derbes Lokal, das sich wegen seines *nyama choma* (gegrilltes Fleisch) großer Beliebtheit erfreut. Wer Braten und gekochten Mais vermisst hat, ist hier gut aufgehoben.

Ausgehen & Unterhaltung

Eine kleine Warnung: In Dianis Bars sind viele Prostituierte und Gigolos unterwegs.

Forty Thieves Beach Bar BAR $
(Diani Beach Rd) Unter allen Sprüchen, die in Diani so fallen, ist *„Meet you at Forty's?“* („Sehen wir uns im Forty's?“) wohl der häufigste und derjenige, der am liebsten gehört wird. Dies dürfte die beste Bar an der Strandmeile sein. Hier gibt's Filmnächte, Livebands und mindestens einmal in der Woche einen Quizabend. Auch zum Essen ist die Bar sehr beliebt, doch die Speisen kosten zu viel und schmecken extrem fade.

Shakatak CLUB $
(Diani Beach Rd) Der einzige richtige Nachtclub in Diani, der nicht zu einem Hotel gehört. Dieser Schuppen ist herrlich zwielichtig, was sehr amüsant sein kann, wenn man weiß, worauf man sich einlässt. Wie in den meisten kenianischen Clubs wird zu jeder Tages- und Nachtzeit Essen serviert.

Kim4Love DJ $
(www.kim4love.com) Kim4Love ist keine Location, sondern ein hiesiger DJ und Musiker, der im Sommer regelmäßig Konzerte und Veranstaltungen auf die Beine stellt, um den Tourismus zu fördern. Meistens finden die Events in Kim's Beach Bar, dem früheren Hotel Two Fishes, statt (auf die Schilder an der Beach Road in Diani achten).

Praktische Informationen

Gefahren & Ärgernisse

Nachts sollte man ein Taxi nehmen und sich nach Einbruch der Dunkelheit nicht mehr am Strand aufhalten. Souvenirverkäufer sind ein tägliches Ärgernis, der Sextourismus offenkundig und auch die Beachboys nerven. Außerdem hört man eine Menge Rasta-Sprüche wie *„Hey, one love one love"* von Burschen, die einem Drogen andrehen oder im Namen nicht existierender Wohltätigkeitsorganisationen Spenden für *„local schools"* erschwindeln wollen. So viel zu *„one love"*.

Geld

Barclays Bank (Barclays Centre) Mit einem Geldautomat.

Kenya Commercial Bank (Ukunda) Mit einem Geldautomat.

Infos im Internet

Diani Beach (www.dianibeach.com) Hat auch Infos zu Tiwi und Funzi Island.

Internetzugang

Baba's Bistro & Cyber Café (Forty Thieves Beach Bar; 60 KSh pro Std.; ⏲ab 9 Uhr)

Notfall

Diani Beach Hospital (☎3202435; www.dianibeachhospital.com; Diani Beach Rd; ⏲24 Std.)

Polizei (☎3202229; Ukunda)

Post

Postfiliale am Diani Beach (Diani Beach Rd)

Postfiliale in Ukunda (Ukunda)

Touristeninformation

i-Point (Barclays Centre; ⏲Mo–Fr 8.30–18, Sa 9–16 Uhr) Private Touristeninformation mit vielen Broschüren.

ℹ Anreise & Unterwegs vor Ort

Auto & Motorrad

Fredlink Tours (Karte S. 252; ☎3300253; www.motorbike-safari.com; Diani Plaza) verleiht Motorräder. Dafür sind ein Motorradführerschein, der Pass und eine Kreditkarte oder eine Bargeldkaution notwendig. Das Unternehmen organisiert auch Motorradsafaris.

Bei **Glory Car Hire** (Karte S. 252; ☎3203076; Einkaufszentrum Diani Beach) und **Ketty Tours** (Karte S. 252; ☎23203582; www.kettysafari.com; Diani Beach Rd) kann man Autos mieten.

Bus & Matatu

Zahlreiche Matatus fahren von der Likoni-Fähre Richtung Süden direkt nach Ukunda (70 KSh; 30 Min.) und weiter nach Msambweni sowie Lunga Lunga. In Ukunda verkehren die Kleinbusse den ganzen Tag für 40 KSh vom Abzweig nach Diani bis zum Strand. Manche fahren weiter über die Beach Road Richtung Norden (Reef-Service), manche nur zum Südstrand (Neptune-Service). Bevor man einsteigt, sollte man nachfragen, ob es sich um ein Reef- oder um ein Neptune-Matatu handelt.

Taxi

Taxis warten in Ukunda an der Kreuzung und an allen großen Einkaufszentren. Nachts stehen auch vor den meisten Hotels und Restaurants Fahrzeuge bereit. Der Preis sollte je nach Länge der Fahrt zwischen 150 und 800 KSh liegen.

Gazi Island

Nur 20 km südlich von Diani, aber Welten entfernt von der internationalen Hotelszene, erstreckt sich Gazi. Hier gibt's ein Dorf mit freundlichen Bewohnern des Digo-Mijikenda-Volkes, eine große Portion afrikanischen Landlebens und einen wunderbaren **Mangrovenweg** (150 KSh), der von einer örtlichen Frauengruppe gemanagt wird. Der hölzerne Steg ist von der Sonne gebleicht und leicht wacklig. Er windet sich zu einer dunkelblauen Lagune und führt vorbei an roten, orangefarbenen, grünen und grauen Mangroven. In der Nähe zerfallen alte Daus im heißen Sand zu Treibholz. Früher wurden die Mangroven gefällt, um Holz zu gewinnen, was eine extreme Erosion des Strandes zur Folge hatte. Inzwischen sind sowohl die Bäume als auch der Sandstreifen wiederhergestellt worden, zudem entwickelte sich rund um den Holzsteg eine Fülle unternehmerischer Aktivitäten, darunter Austernfarmen und Bienenhaltung. Der Eintrittspreis für den Mangrovenweg wird für die Verbesserung der Strecke sowie für den Kauf von Schulbüchern und das Gehalt von Lehrern an den örtlichen Schulen verwendet.

In Gazi ist die Übernachtung bei einer Gastfamilie in dem Haus gleich hinter dem Telefonmast möglich (alle kennen es, einfach fragen). Wir erfuhren, dass der Preis inklusive Frühstück 1200 KSh beträgt, es war aber nicht klar, ob pro Zimmer oder pro Person. Die Unterkunft ist viel schicker, als man im moddrigen alten Gazi erwarten würde.

Shimoni & Wasini Island

☎040

Die letzten Perlen der tropischen Kette aus Stränden, die sich südlich von Mombasa erstreckt, sind das Dorf Shimoni auf dem Festland und die idyllische Insel Wasini. Sie liegen etwa 76 km südlich von Likoni.

Shimoni und Wasini (so heißen sowohl die Insel als auch das größte Dorf auf der

Insel) werden meistens im Rahmen einer organisierten Tour besucht, die auch eine Dau-Fahrt zum Kisite Marine National Park beinhaltet. In der Hauptsaison treffen jeden Morgen ganze Buskolonnen mit Touristen aus Diani Beach ein, Individualreisende sind hier dagegen ziemlich selten zu sehen. Das überrascht etwas, denn Bootstouren zum Meerespark können ganz leicht direkt mit den örtlichen Bootsleuten organisiert werden. Besonders Wasini hat eigentlich alles, was einen perfekten versteckten Backpackerstrand ausmacht: Dort herrscht diese besondere Atmosphäre, die dazu einlädt, den ganzen Tag unter einem Mangobaum zu sitzen und nichts zu tun, und die Küste lockt mit weißen Sandstränden sowie erstrangigen kulturellen und natürlichen Highlights. Einzig die Travellercafés mit Bananenpfannkuchen und die Backpackerhostels fehlen, wobei das Ganze so nur noch schöner wird. Der Anblick der Touristengruppen lässt es nicht ahnen, doch dies ist eine ziemlich konservative muslimische Gegend, und unabhängig reisende Frauen sollten vielleicht besser Beine und Schultern bedecken.

SHIMONI

Vom Dorf Shimoni auf dem Festland fahren die Boote nach Wasini ab. Wenn die Tourbusse ankommen, ist hier allerlei los, aber sobald die Tagesausflügler nach Sonnenuntergang fort sind, hält wieder die friedliche Swahili-Atmosphäre Einzug.

Sehenswertes & Aktivitäten

Sklavenhöhlen HISTORISCHE STÄTTE
(400 KSh; ⌚8.30–10.30 & 13.30–18 Uhr) Die Höhlen, in denen einst angeblich Sklaven gefangen gehalten wurden, ehe man sie auf Schiffe brachte, gelten als Hauptattraktion von Shimoni. Ein Mitarbeiter führt Besucher durch die feuchten Grotten, um diesen wenig diskutierten Teil der ostafrikanischen Geschichte zu illustrieren. Die Beweise dafür, dass hier wirklich Sklaven festgehalten wurden, sind ziemlich dünn, allerdings zeugen die vielen leeren Rosenwasserflaschen davon, dass die Stätte mit Sicherheit religiöse Bedeutung für gläubige Einheimische hat.

Shimoni Reef ANGELN
(☎041-4473969; www.shimonireeflodge.com; Shimoni; Touren ab 700 US$ pro Tag) Der Pemba Channel ist für Hochseeangeln berühmt. Shimoni Reef kann verschiedene Angeltouren auf dem Meer organisieren.

WASINI ISLAND

Wasini ist ein langsam zerfallendes Juwel aus Korallenhäusern und stickigen Gassen. Auf der Insel gibt's weder Straßen noch fließendes Wasser, und der einzige Strom wird von Generatoren erzeugt. So ähnlich muss es vor langer Zeit auf Lamu und Sansibar

ABSTECHER

FUNZI ISLAND

Funzi ist eine kleine Mangroveninsel etwa 35 km südlich von Diani, die häufig im Rahmen organisierter Touren von Agenturen und Hotels im Norden besucht wird. Hauptattraktionen sind neben den Stränden und Palmen die Beobachtung von Vögeln und Krokodilen.

Eine individuelle Bootstour lässt sich für mehrere Personen leicht arrangieren: Die Bootsleute im Dorf **Bodo** auf dem Festland westlich von Funzi verlangen ca. 2500 bis 3000 KSh pro Person bei mindestens drei Teilnehmern (ein Einzelner müsste schon eine dicke Brieftasche haben); auch individuelle Bootsfahrten auf dem Ramsi River mit Delfin- und Krokodilbeobachtung können ausgehandelt werden.

Wer auf eigene Faust auf der Insel ankommt, sollte damit rechnen, dass ihn vom ersten Moment an ein Führer begleitet. Das ist gar nicht so schlecht, denn die Guides zeigen Besuchern die Insel und arrangieren Unterkünfte im Dorf; der Preis dafür liegt bei 500 bis 800 KSh, Mahlzeiten kosten weitere 500 KSh (alles Verhandlungssache).

Übernachtungsmöglichkeiten bietet auch die **Funzi Keys Lodge** (☎0733900446; www.thefunzikeys.com; EZ/DZ ab 450/680 US$; ⌚Juli–März; ❄🏊) mit exklusiven Swahili-Villen. So ganz passt sie zwar nicht an den Strand, doch immerhin harmoniert sie in einer gewissen, von Zen (und viel Luxus) geprägten Weise mit der Umgebung.

Funzi erreicht man, indem man von Ukunda ein Matatu in Richtung Lunga Lunga nimmt und nach dem Abzweig nach Bodo fragt. Von dort führt eine 1,5 km lange Sandpiste bis ins Dorf. Entweder nimmt man ein *boda-boda* (Fahrradtaxi), obwohl diese oft 150 KSh verlangen, oder lässt sich von jemandem den Weg zeigen.

FANGEN & FREILASSEN

Die Vorstellung, auf dem offenen Meer mit einem riesigen Marlin zu kämpfen, hat für Machos sicher ihren Reiz, allerdings werden die im Indischen Ozean geangelten Fische immer kleiner. Ihre größte Bedrohung ist die Überfischung durch kommerzielle Thunfischunternehmen, denen regelmäßig auch andere Meeresfische, Beifang genannt, ins Netz gehen. Auch Verschmutzung und der sinkende Bestand an Beutetieren hat schwerwiegende Folgen. Man nimmt an, dass der Bestand einiger Arten seit den 1970er-Jahren um 80 % zurückgegangen ist, das gilt besonders für Haie.

Angler können einen Beitrag zum Erhalt des Hai- und Knochenfischbestandes leisten, indem sie ihren Fang markieren und dann wieder in den Ozean entlassen. Viele Unternehmen, die Hochseeangeltouren anbieten, sorgen dafür, dass die Angler ein Souvenirfoto und die offizielle Anerkennung des Fangs erhalten. Dann kennzeichnen sie den Fisch und lassen ihn für einen weiteren Tag des Überlebenskampfes frei. Die Markierungen helfen Wissenschaftlern, diese prächtigen Raubfische zu erforschen.

gewesen sein. Lohnenswert ist ein Besuch der alten **Swahili-Ruinen** und der **Korallengärten** (200 KSh), einer bizarren Landschaft am Rand des Dorfes Wasini mit freiliegenden Korallenriffen, über die ein Aussichtsweg führt.

Sehenswertes & Aktivitäten

Kisite Marine National Park TIERSCHUTZGEBIET

(Erw./Kind 20/10 US$) Der Meerespark vor der Südküste von Wasini, zu dem auch das Mpunguti Marine National Reserve gehört, ist einer der besten Kenias. Er umfasst 28 km² und bietet mit seinen unberührten Korallenriffen hervorragende Tauch- und Schnorchelmöglichkeiten. Die Chancen, im Shimoni Channel Delfine zu sehen, stehen ziemlich gut, und zwischen August und Oktober werden manchmal auch Buckelwale gesichtet.

Viele organisierte Touren führen zum Meerespark, sie werden aber meistens von auswärtigen Unternehmen durchgeführt und sind für die Dörfer der Gegend oft kaum eine Unterstützung. Eine individuelle Tour mit einem örtlichen Bootsführer lässt sich leicht organisieren, der übliche Preis beträgt für eine Gruppe 2500 KSh pro Person (oder 10 000 KSh pro Boot) inklusive Mittagessen und Spaziergang in den Korallengärten von Wasini Island. Taucherbrillen und Schnorchel können für 200 KSh ausgeliehen werden (von Schwimmflossen raten wir ab, da sie das Riff beschädigen können).

Die beste Zeit zum Tauchen und Schnorcheln ist zwischen Oktober und März. Juni, Juli und August sind ungünstig, denn dann ist das Meer aufgewühlt und schlammig und die Sicht schlecht. Während der Monsunzeit hat man die Möglichkeit, über den **Korallengärten** (Erw./Kind 5/3 US$) gleich gegenüber der Anlegestelle in Wasini zu schnorcheln. Die hiesige Meeresflora und -fauna kann zwar nicht mit der des Nationalparks mithalten, doch die Gärten sind komplett vor den Widrigkeiten des Monsunwetters geschützt. Manchmal wird es wegen der Tourboote sehr voll, aber wer sowieso kein Boot hat, taucht einfach direkt vom Dorf Wasini aus.

Mkwiro DORF

Mkwiro ist ein kleines Dorf am selten besuchten Ende von Wasini Island. Vor Ort gibt's kaum Einrichtungen und wenig zu tun, doch allein wegen des schönen einstündigen Spaziergangs vom Dorf Wasini, der durch Wald vorbei an winzigen Weilern und am Rand von Mangrovenwäldern entlangführt, lohnt sich der Besuch.

Rund um das Dorf locken einige wunderbare, ruhige Flecken zum Schwimmen. Einheimische Kinder nehmen Gäste gern an die Hand und zeigen ihnen die besten Plätze, um ins Wasser zu springen.

Die Mkwiro Youth Group organisiert Dorftouren und Kochkurse, bei denen Teilnehmer mehr über das Dorfleben lernen. Alles bleibt etwas im Vagen und die Preise sind sehr flexibel, doch der richtige Mann dafür ist **Shafii Vuyaa** (☎0728741098).

In Mkwiro lassen sich für etwa 650 KSh Unterkünfte bei Familien arrangieren, die in der Regel ein nettes hausgemachtes Abendessen nach Art der Küste beinhalten.

Schlafen & Essen

Mpunguti Lodge HOTEL $

(☎0710562494; Wasini Island; Zi. 1850 KSh pro Pers., mit Gemeinschaftsbad 950 KSh) Die einfa-

TOUREN NACH WASINI

Verschiedene Unternehmen bieten organisierte Dau-Ausflüge zum Tauchen oder Schnorcheln an; und an den Anlegestellen in Shimoni und Wasini hängen zahllose private Veranstalter herum. Meistens können die Hotels ein zuverlässiges Unternehmen empfehlen. In der Regel laufen die Touren so ab: Um 9 Uhr ist Abfahrt von der Anlegestelle in Shimoni, dann folgen eine Fahrt durch den Kisite Marine National Park, eine Pause zum Schnorcheln und eine Pause am Strand, die Weiterfahrt nach Wasini zum Meeresfrüchte-Mittagessen, ein Besuch der Korallengärten und die Rückkehr nach Shimoni zwischen 15 und 16 Uhr.

Charlie Claw's (Karte S. 252; ☎040-3203154, 0722410599; www.wasini.com; Büro im Jadini Beach Hotel, Diani Beach) und **Pilli Pipa** (Karte S. 252; ☎3203559; www.pillipipa.com; Büro im Colliers Centre, Diani Beach) haben sehr gut organisierte Dau-Fahrten im Programm, die pro Person zwischen 130 und 150 US$ kosten.

chen Zimmer verfügen über Moskitonetze sowie kleine Veranden und schauen auf das türkisfarbene Meer. Fließendes Wasser wird in Regenfässern gesammelt und sieht nicht immer gut aus! Das Essen schmeckt hervorragend (nach der Seegras-Vorspeise fragen, sie war das Leckerste, was wir an der kenianischen Küste gegessen haben), und oft kommen Tourboote zum Mittagessen her. Die Lodge befindet sich am Rand des Dorfes Wasini.

Shimoni Reef LODGE $$$
(041-4473969, 020-2327669; www.shimonireeflodge.com; Shimoni; EZ/DZ 180/300 US$;) Diese Lodge direkt am Wasser wartet mit einigen hübschen weiß getünchten Cottages auf, doch bei dem Preis hatten wir auf etwas Außergewöhnlicheres gehofft. Gäste, die unangemeldet hereinschneien, werden als Einwohner betrachtet und bekommen beträchtliche Rabatte – dann lohnt sich das Ganze auch.

KWS Bandas & Camping BANDAS $
(☎0728854118; Shimoni; Camping 200 KSh, bandas 25 US$) In einem Wald voller Affen am Rand des KWS-Geländes stößt man auf diese relativ gepflegten *bandas*. Für eine Gruppe sind sie toll, doch allein wirkt die Umgebung etwas gespenstisch.

Shimoni Gardens BANDAS $
(☎0712023216; Shimoni; bandas 4000 KSh) Überall sonst in Kenia wären diese ungepflegten *bandas* überteuert, aber für das teure Shimoni sind sie sogar noch relativ preiswert. An den Hütten gibt's zwar einiges auszusetzen, doch an der friedlichen Lage, etwa 2,5 km von Shimoni entfernt, ganz sicher nicht.

Anreise & Unterwegs vor Ort

Bis gegen 18 Uhr pendeln etwa stündlich Matatus zwischen Likoni und Shimoni (300 KSh, 1½ Std.). Am besten findet man sich um 6.30 Uhr in Likoni ein, dann kommt man rechtzeitig in Shimoni an, um an einer der Dau-Fahrten teilzunehmen.

Wasini Island selbst ist leicht zu erreichen: „Matatu"-Boote setzen für nur 50 KSh pro Person über, sind aber eigentlich nur etwas für Lebensmüde. Ansonsten kostet die Überfahrt 250 bis 300 KSh.

Lunga Lunga

Lunga Lunga hat abgesehen vom Grenzübergang nach Tansania, der rund um die Uhr geöffnet ist, wenig Interessantes zu bieten. Von der kenianischen Grenze sind es 6,5 km bis zur tansanischen bei Horohoro – tagsüber verkehren *boda-bodas* (Fahrradtaxis) zwischen beiden Grenzposten (50 KSh). Von Horohoro fahren zahlreiche Matatus und Busse nach Tanga (Matatu/Bus 1500/2000 KSh). Matatus nach Likoni kosten 250 KSh.

NÖRDLICH VON MOMBASA

Von Nyali bis Shanzu besteht die gesamte Küste aus großen Hotelkästen, Autobahnkreuzungen, flaschengrünen Palmen und kilometerweise Sisal. Individualreisende finden hier aber ebenfalls einiges Interessantes, etwa die erstaunlichen Swahili-Ruinen von Jumba la Mtwana, das raue Fischerdorf Mtwapa und mehrere schöne Naturparks. Die teuren Resorts repräsentieren zwar nicht gerade das „wahre Afrika", und von Dezember bis April ist der Strand oft mit Seetang bedeckt, trotzdem herrscht den größten Teil des Jahres ein angenehm tropi-

Nördlich von Mombasa

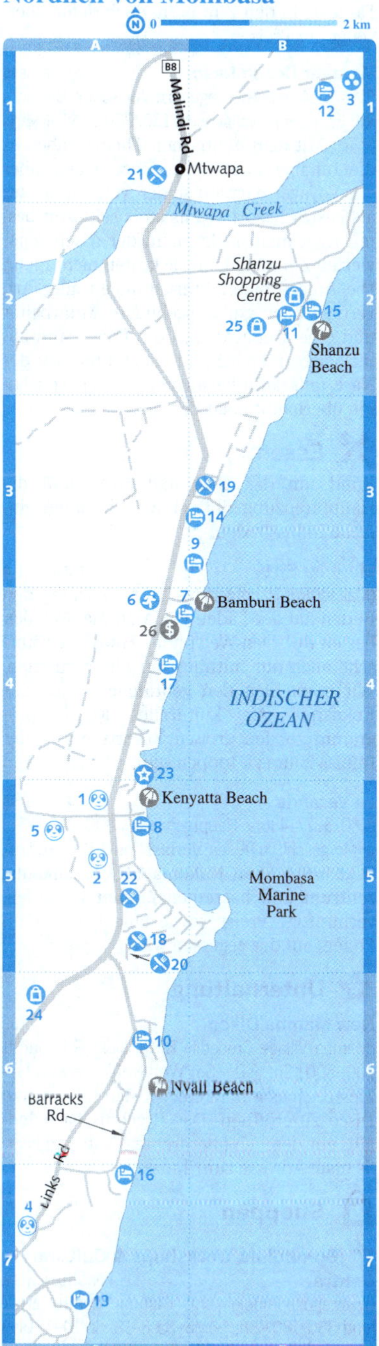

Nördlich von Mombasa

Sehenswertes

1 Baobab Adventure A5
2 Haller Park A5
3 Jumba la Mtwana B1
4 Mamba Village Crocodile Farm A7
Ngomongo Villages .... (siehe 25)
5 Nguuni Wildlife Sanctuary A5

Aktivitäten, Kurse & Touren

6 Bamburi Forest Trails A4
Prosurf Extreme .... (siehe 13)

Schlafen

7 Bamburi Beach Hotel A4
8 Camper's Haven Beach Resort A5
9 Kahama Hotel B3
10 Mombasa Backpackers A6
11 Mombasa Safari Inn B2
12 Mtwapa Beach Villas B1
13 Nyali Beach Hotel A7
14 Papillon B3
15 Serena Beach Hotel & Spa Kenya B2
16 Voyager Beach Resort A7
17 Whitesands Sarova Hotel A4

Essen

18 La Veranda A5
19 Maharajah Restaurant B3
20 Mamma Sitty A5
21 Moorings Restaurant A1
22 Splendid View Restaurant A5
Yul's Beach Bar .... (siehe 7)

Unterhaltung

New Mamba Disco .... (siehe 4)
23 Pirates A4

Shoppen

24 Bombolulu Workshops & Cultural Centre A6
25 Shanzu Transitional Workshop B2

Praktisches

26 Barclays Bank A4

sches Klima. Hübsche *makuti* (Strohdächer) sind ein allgegenwärtiger Anblick.

Nyali Beach

☎ 041

Schon nach kurzer Fahrt sieht man abseits der Straße die ersten Ferienanlagen. Nyali Beach (Karte S. 261) liegt in der Nähe der nördlichen Vororte Mombasas, sodass man von hier aus leicht in die Stadt kommt.

Sehenswertes & Aktivitäten

Mamba Village Crocodile Farm ZOO
(Links Rd; Erw./Kind 650/350 KSh; 8.30–19 Uhr) Aus einigen Tieren der größten kenianischen Reptilienfarm werden leider Handtaschen und gebratene Reptilienhäppchen. Die Fütterung findet um 17 Uhr statt.

Prosurf Extreme WINDSURFEN
(0733622882; www.prosurfkenya.com; Nyali Beach Hotel) Die Bedingungen zum Surfen am Nyali Beach sind schlichtweg Weltklasse. Prosurf Extreme, eine der bekanntesten Surfschulen an diesem Teil der kenianischen Küste, bietet Unterricht im Kitesurfen (2 Std. 6500 KSh) und im Windsurfen (ab 2500 KSh), allerdings zeichnen sich die Mitarbeiter nicht gerade durch besondere Hilfsbereitschaft aus.

Schlafen

Die Hotels sind an den entsprechenden Kreisverkehren in der Links Road deutlich ausgeschildert.

LP TIPP **Mombasa Backpackers** BACKPACKER $
(0701561233; www.mombasabackpackers.com; Mwamba Drive 69, Nyali; B/EZ/DZ ohne Frühstück 800/1200/2000 KSh;) Wer denkt, Hotels für Rucksacktouristen müssen eng und schmuddelig sein, sollte sich auf eine Überraschung gefasst machen, denn das Mombasa Backpackers ist eine große weiße Villa mit üppigen Gärten voller Kokospalmen. Die geräumigen Zimmer und Schlafsäle wirken sehr gepflegt und es gibt sogar einen Pool. Auf dem Gelände finden regelmäßig Partynächte statt. Das Personal kann Aktivitäten aller Art organisieren. Travellern, die älter als 23 sind, geht die Studentenwohnheim-Atmosphäre eventuell auf die Nerven. Eine Warnung: In der Umgebung dieser Bleibe, die einige Kilometer nördlich vom Zentrum Nyalis liegt, hat es Raubüberfälle gegeben.

Nyali Beach Hotel RESORT $$
(474640; Beach Rd; EZ/2BZ inkl. Vollpension ab 84/100 US$;) Am südlichen Ende des Strands erstreckt sich das älteste Resort von Nyali. Wer es klein und intim mag, wird sich nicht wohlfühlen, denn die Anlage ist schlichtweg RIESIG. Pluspunkte gibt's für den schönen (und ebenfalls riesigen) Swimmingpool, den genauso schönen (und riesigen) Garten sowie den noch schöneren (und wirklich riesigen) Strand vor dem Resort. Von Nachteil ist der Mangel an Flair und Fantasie in den Zimmern, doch dafür überzeugt der Preis.

Voyager Beach Resort RESORT $$$
(475114; www.heritage-eastafrica.com; Barracks Rd; EZ/DZ inkl. Vollpension 130/200 US$;) Mit dem nautischen Thema haben es die Inhaber zwar etwas übertrieben, aber das Voyager darf auf seinen verdienten Ruf als bestes Resort Nyalis stolz sein. Am besten fragt man nach einem der frisch renovierten Zimmer, denn sie kosten nicht mehr. Die Anlage bietet Einrichtungen aller Art, verfügt über gut ausgebildete Mitarbeiter und eine große Anlage, die Preise sind all-inclusive und der Strand liegt direkt vor der Nase, falls dafür bei all den anderen Angeboten überhaupt noch Zeit bleibt.

Essen

Rund um das Nakumatt Nyali und die Hauptkreuzung gibt's einige sehr billige einfache Imbissbuden.

Mamma Sitty KENIANISCH $
(Malindi Rd; Hauptgerichte 100 KSh) Unter den Buden hat der Laden von Mamma Sitty den besten Ruf. Den Weg finden Hungrige wahrscheinlich nur mithilfe von Einheimischen. Wir empfehlen den gebratenen Fisch mit Kokosreis. Als kulturelles Kontrastprogramm zu den großen Resorts dürfte der Imbiss kaum zu toppen sein.

La Veranda ITALIENISCH $$
(0733774436; Hauptgerichte 800–1400 KSh; Mo geschl.) Dieses verlässliche Restaurant liegt hinter dem Nakumatt-Nyali-Einkaufszentrum und hat einen großen Pizzaofen, vernünftige Preise sowie eine Veranda im Freien, auf der gegessen wird.

Unterhaltung

New Mamba Disco CLUB
(Mamba Village Crocodile Farm, Links Rd; Eintritt 200–500 KSh; Do–So) Wer weiß, wessen Geniestreich es war, in einer Krokodilfarm eine Disco zu eröffnen. Das Ergebnis ist jedenfalls ein ziemlich überdrehter Club und Nyalis erste Adresse zum Tanzen.

Shoppen

Bombolulu Workshops & Cultural Centre KUNSTHANDWERK
(www.apdkbombolulu.org; Cultural Centre Erw./Kind 360/180 KSh; Mo–Sa 8–18, So 10–15 Uhr) Diese gemeinnützige Organisation produ-

ziert hochwertiges Kunsthandwerk und bildet Körperbehinderte beruflich aus. Der Besuch der Workshops und des Ausstellungsraums sind kostenlos, dort werden Schmuck, Kleidung, Holzschnitzereien und andere Kunsthandwerksartikel verkauft. Im Cultural Centre können Besucher Nachbauten traditioneller Höfe sehen. Der Abzweig zum Centre liegt etwa 3 km nördlich von der Nyali Bridge auf der linken Seite. Bombolulu-Matatus fahren von der Msanifu Kombo Road hierher und auch die Bamburi-Matatus kommen hier vorbei.

An- & Weiterreise

Die Nyali Road führt von Mombasa bis zum Nyali Beach. Sie zweigt gleich hinter der Nyali Bridge von der Hauptstraße nach Norden ab. Matatus fahren regelmäßig von und nach Mombasa (30 KSh).

Bamburi Beach

041

Für diese Gegend ist der Bamburi Beach (Karte S. 261) eine Seltenheit, denn er erfreut sich bei Afrikanern genauso großer Beliebtheit wie bei Europäern. Die Tophotels ziehen vor allem Ausländer an, während der Kenyatta Beach in der Nähe des südlichen Endes vom Rhythmus Hunderter kenianischer Urlauber geprägt wird.

Sehenswertes & Aktivitäten

LP TIPP Baobab Adventure TIERSCHUTZGEBIET

(www.bamburicement.com; Malindi Rd) Kurioserweise wurde eines der hübschesten Naturreservate an der Küste nördlich von Mombasa von einer Zementfirma geschaffen. Als schönes Beispiel einer erfolgreichen Zusammenarbeit von Umweltschutz und Wirtschaft entstand Baobab Adventure aus der ungewöhnlichen Partnerschaft von Bamburi Cement und einer Gruppe Umweltaktivisten. Beide haben Hand in Hand gearbeitet, um diese Industriebrache in ein bewaldetes Schutzgebiet mit Tierparks und Wanderwegen zu verwandeln.

Die größte Attraktion ist **Haller Park** (Erw./Kind 800/400 KSh; 8–17 Uhr), eine wirklich angenehme Oase in dieser vom Kommerz der Resorts geprägten Gegend. Hier gibt's eine Fischfarm, einen Reptilienpark, ein Tierschutzgebiet (in einem sanierten Steinbruch) und andere tolle Sachen. Geführte Wanderungen durch den Park dauern etwa 1½ Stunden.

Einige Kilometer die Straße hoch (gegenüber dem Bamburi Beach Hotel) erreicht man die **Bamburi Forest Trails** (Erw./Kind 300/150 KSh; 7–18 Uhr), ein Netz aus Wander- und Radwegen durch wiederaufgeforstete Abbaugebiete. Dazu gehören ein Schmetterlingspavillon und eine Terrasse (ebenfalls „Butterfly Pavilion“ genannt), von der sich der Sonnenuntergang beobachten lässt. Nördlich von der Hauptzementfabrik erstreckt sich das **Nguuni Wildlife Sanctuary**, wo Herden von Straußen, Elen- und Oryxantilopen gehalten werden. Touren dorthin müssen im Voraus bei Baobab Adventure gebucht werden.

Die verschiedenen Teile von Baobab Adventure sind an der Schnellstraße nördlich von Mombasa deutlich ausgeschildert und haben gut gekennzeichnete Bushaltestellen.

Mombasa Marine National Park & Reserve TIERSCHUTZGEBIET

(Erw./Kind 15/10 US$) Das Meeresleben im vor der Küste gelegenen Mombasa Marine National Park ist sehr eindrucksvoll, obwohl das Areal auch etwas Verschmutzung von der Industrie in der Gegend abbekommt.

Vor Ort kann man für ein paar Stunden ein Glasbodenboot für ca. 2000 KSh (plus Parkgebühren) mieten, muss allerdings sehr beredt sein, um den Preis so weit runterzuhandeln.

Schlafen

LP TIPP Kahama Hotel HOTEL $

(Nairobi 020-3507205; www.kahamahotel.co.ke; EZ/DZ ab 3150/3350 KSh;) Danke, vielen Dank! Endlich hat ein kenianischer Hotelier begriffen, dass Mondpreise und schlechte Leistungen nicht gleichbedeutend sind mit glücklichen Gästen, die immer wiederkommen. Stattdessen bietet das Kamaha Hotel ein fantastisches Preis-Leistungs-Verhältnis. Die Zimmer sind modern, blitzsauber und stilvoll mit natürlichen Linien und Treibholzmöbeln eingerichtet. Dazu gibt's kostenloses WLAN, einen riesigen Pool sowie ein cooles Café gleich nebenan – und als Ergebnis viele glückliche Gäste. Der einzige Nachteil ist, dass die Unterkunft nicht direkt am Strand (sondern zwei Gehminuten entfernt) liegt.

Papillon HOTEL $

(5487493; Malindi Rd; Zi. ab 3500 KSh;) Klar, die Leute mögen ihre *makuti* (Strohdächer aus Palmenblättern), doch hier ist es wirklich zu viel des Guten. In der Lobby hat

SEX ON THE BEACH

Kenia-Reisende bemerken schnell, dass Sextourismus an Teilen der Küste recht weit verbreitet ist und an den verschiedensten Orten von Tankstellen bis zu teuren Restaurants auftaucht.

In der Gegend trifft man etliche westliche Männer mit kenianischen Jungen und Mädchen sowie ältere westliche Frauen mit kenianischen Jungs. Solange keiner der Betroffenen minderjährig ist (was vorkommt), ist daran nichts Illegales. Gelegentlich gibt's auch echte Romanzen, doch viele Beachboys zeigen stolz lange Listen ihrer Freundinnen auf dem Handy vor. Schwer zu sagen, wie viele westliche Besucher nur auf eine kurze Urlaubsaffäre aus sind; laut einem Artikel von Reuters soll dies bei jeder fünften westlichen Frau, welche die Küste besucht, der Fall sein.

Viele Kenianer empören sich beim Anblick älterer westlicher Männer mit kenianischen Teenagern und westlicher Frauen mit wesentlich jüngeren kenianischen Männern. Sie wissen zwar, dass diese Beziehungen legal sind, doch viele finden sie extrem abstoßend und haben das Gefühl, dass der Sextourismus das Gefüge ihrer Gesellschaft zerstört.

Sowohl ausländische Traveller als auch Kenianer nehmen oft an, dass das Fehlverhalten allein auf Seiten der westlichen Touristen liegt, doch so einfach ist die Sache natürlich nicht. In einer großen Enthüllungsstory deckte eine bedeutende kenianische Zeitung vor einigen Jahren auf, dass sich manche kenianische Paare in Malindi während der Hauptsaison „trennen", um den finanziellen Gewinn durch die ausländischen „Lover" mitzunehmen.

Die größte Zahl von Sextouristen gibt's in Gegenden wie Bamburi, Shanzu, Malindi und Mtwapa.

sich das Palmdach zu postmodernen Höhen des Größenwahnsinns aufgeschwungen und bedeckt ein ebenso riesiges Restaurant voller typisch afrikanischer Dinge. Der Strand erstreckt sich 100 m von der Anlage entfernt und die Zimmer sind gut, allerdings machen die Toiletten ab und zu Probleme. Für diese Gegend ein tolles Preis-Leistungs-Verhältnis.

Whitesands Sarova Hotel RESORT **$$$**
(☎5485926; www.sarovahotels.com; EZ/DZ inkl. Halbpension ab 180/260 US$; ❄@☎≋♿) Das Whitesands ist einfach schön: eine Swahili-Burg direkt am Strand mit luftigen Fluren, Marmoraufgängen und Details aus Holz, ergänzt mit allen nur erdenklichen schicken, modernen Annehmlichkeiten. Es gilt als eins der besten Luxusresorts an der Küste, und das aus gutem Grund. Außerdem ist es groß, sogar sehr groß.

Bamburi Beach Hotel RESORT **$$**
(☎5485611; www.bamburibeachkenya.com; EZ/DZ inkl. Halbpension 130/170 €; ❄@☎≋) Dieser ordentliche kleine Komplex verfügt ebenfalls über direkten Strandzugang sowie eine Auswahl an attraktiven, mit viel Bambus eingerichteten Hotelzimmern und Räumen für Selbstversorger (mit Küchen im Freien). Am Strand gibt's eine nette Bar mit einem etwas schäbigen *makuti*-Dach.

Camper's Haven Beach Resort HOTEL **$$**
(☎0720240991; campers_haven@yahoo.com; Camping 400–800 KSh pro Zelt, EZ/DZ 3600/5400 KSh) Das Camper's Haven Beach Resort kommt einem billigen Strandhotel in Bamburi am nächsten. Die Zimmer sind nett, aber mehr auch nicht, und eine Disco sorgt für viel Lärm. Keine Ahnung, wie irgendwer angesichts der wilden Party draußen in seinem Zimmer schlafen kann, vom Zelt ganz zu schweigen. Doch wer in Feierstimmung ist, wird sich prächtig amüsieren.

Essen

Splendid View Restaurant INDISCH **$$**
(Malindi Rd; Hauptgerichte 300–600 KSh; ⏲mittags & abends, Mo geschl.) Die Schwester des Originalrestaurants in Mombasa ist attraktiver und hat eine umfangreichere Karte mit typisch indischen sowie ein paar westlichen Gerichten. Ironischerweise sind die Aussichten nicht so prächtig.

Yul's Beach Bar INTERNATIONAL **$$**
(Bamburi Beach Hotel; Hauptgerichte 400–700 KSh; ⏲9–23 Uhr) Nur wenige Einrichtungen in Bamburi erhielten so enthusiastische Empfehlungen sowohl von Einheimischen als auch von Touristen, die schwören, dass dies das beste Restaurant am Ort ist. Die Karte

reicht von Burgern über Pizza und Pasta bis zu Currys, zudem soll das Lokal 60 verschiedene Eissorten herstellen.

Maharajah Restaurant INDISCH $$
(Indiana Beach Hotel; Hauptgerichte 350–600 KSh; ⌚Mi–Mo abends, Sa & So auch mittags) Stilvolles indisches Restaurant mit gutem vegetarischem und nichtvegetarischem Essen.

☆ Unterhaltung

Von hier bis Malindi kann das Nachtleben wirklich sehr zwielichtig sein (Achtung, Sextourismus!).

Pirates CLUB
(Kenyatta Beach; Fr & Sa 200 KSh; ⌚Mi–Sa) Der riesige Komplex mit Wasserrutschen und Bars verwandelt sich in der Hochsaison von Mittwoch bis Samstag in den wildesten Nachtclub der Ausgehmeile. Bis in den frühen Morgen dröhnt Musik aus den Boxen. Tagsüber ist der Schuppen überraschend erbaulich und jeden Samstag gibt's „Fun Shows" für Familien.

An- & Weiterreise

Zwischen Mombasa und Bamburi verkehren Matatus für 70 KSh. Wer selbst fährt, sollte vorsichtig sein: Die Straßen in der Nähe von Kenyatta Beach können sich in ein wahnwitziges Durcheinander von Matatus und betrunkenen Urlaubern verwandeln, was nie eine gute Kombination ist.

Shanzu Beach

Gleich nördlich von Bamburi erstreckt sich der Shanzu Beach (Karte S. 261). Die hiesige Küste ist wunderschön, wird aber von zahlreichen All-inclusive-Hotelanlagen geprägt. Vom Strandgebiet abgesehen bietet sich Shanzu eigentlich nur als Tankstopp an der Schnellstraße an. Vor Ort gibt's ein paar ziemlich schäbige Bars.

Sehenswertes & Aktivitäten

Ngomongo Villages KULTURDORF
(Erw./Kind 850/425 KSh; ⌚Di–So 9–17 Uhr) Die Ngomongo Villages sind eine Art „Stammes-Themenpark": Besucher können hier an einem Ort Einblicke in das Leben von acht verschiedenen kenianischen Stämmen gewinnen. Zwar ist die Anlage ziemlich touristisch, aber die Touren machen Spaß, und man darf sich in verschiedenen Aktivitäten wie Tanz, Bogenschießen sowie Maisstampfen versuchen.

Schlafen & Essen

Viele Besucher essen in ihrem Hotel, doch im Einkaufszentrum von Shanzu befinden sich einige Restaurants mit sehr ähnlichen Speisekarten, auf denen Pizzas und andere europäischer Klassiker für 350 bis 700 KSh stehen.

Serena Beach Hotel & Spa Kenya RESORT $$$
(☎Nairobi 020-3548771; www.serenahotels.com; EZ/DZ ab 160/235 US$; ❄@🛜🏊👪) Das einzige kenianische Strandresort der Serena-Kette ist sehr weitläufig und wurde nach dem Vorbild eines traditionellen Swahili-Dorfes gestaltet. Die Wege um den baumreichen Komplex haben sogar Straßennamen. Beeindruckend sind auch die Zimmer mit zwei Ebenen, außerdem sorgt das Design für ein ganz unerwartetes Gefühl von Intimität.

Mombasa Safari Inn HOTEL $
(☎0736417575; EZ/DZ 950/1450 KSh) Dieses kleine, fröhliche und echt kenianische Hotel hat ein paar dunkle und einfache, aber zweckmäßige Zimmer, die hinter einer lebhaften Bar mit zahlreichen Tusker-Postern liegen.

Shoppen

Shanzu Transitional Workshop KUNSTHANDWERK
(shanzuworkshop@yahoo.com; ⌚Mo–Fr 8–12.30 & 14–17.30, Sa 8–12.30 Uhr) In dem Zentrum, das von der Girl Guides Association geleitet wird, bilden die Betreiberinnen behinderte Frauen aus und verkaufen deren kunsthandwerkliche Erzeugnisse.

An- & Weiterreise

Öffentliche Verkehrsmittel, die zwischen Mombasa und Malindi oder Mtwapa unterwegs sind, kommen am Abzweig nach Shanzu (30 KSh) vorbei. Dort warten etliche Schlepper mit *boda-bodas* auf Kunden, die zu den Hotels wollen (10 KSh). Stündlich halten Matatus aus Mtwapa an den Resorts (30 KSh), ehe sie weiter nach Mombasa fahren. Auch der Metro-Mombasa-Bus 31 nach Mtwapa kommt hier durch; er ist am gelben Schild „Via Serena" an der Windschutzscheibe zu erkennen.

Mtwapa

☎041

Auf den ersten Blick wirkt Mtwapa (Karte S. 261) wie eine geschäftige Versorgungsstadt, verfügt aber über eine hübsche Lage und lockt mit schönen Aussichten auf den

Mtwapa Creek, sodass es ein toller Stopp fürs Abendessen ist.

Mehrere in Mtwapa ansässige Unternehmen bieten Hochseeangeln von Marlinen und anderen großen Schwertfischen an. Die von **Howard Lawrence-Brown** (☎0722 831464) organisierten Touren bekommen gute Bewertungen.

Sehenswertes

Jumba la Mtwana RUINEN

(Erw./Kind 500/100 KSh; ⌚8–18 Uhr) In ihrer architektonischen Erhabenheit lassen sich die Swahili-Ruinen gleich nördlich vom Mtwapa Creek ohne Weiteres mit den berühmteren Gede-Ruinen (S. 273) vergleichen, anders als diese haben Besucher sie aber fast für sich allein. Im nachlassenden Abendlicht erahnt man hier mit etwas Fantasie verlorene Schätze, Geister, Piraten und verlassene Städte. Die Überreste der Gebäude wirken magisch: frei liegende Fundamente, auf denen Balken aus Mangroven ruhten, Wasserbecken für Waschungen, Böden, die von Tausendfüßlern und Ameisen nur so wimmeln, und die verschlungenen Äste von 600-jährigen Bäumen, die von einer nahe gelegenen *kaya* übrig geblieben sein könnten. Jumba la Mtwana bedeutet „Großes Haus der Sklaven", und auch wenn dafür keine handfesten historischen Belege vorliegen, glauben die Einheimischen, dass die Stadt einst ein wichtiger Hafen für die Einfuhr von Sklaven war.

Vielleicht gab es dort Sklavenhandel, vielleicht auch nicht. Auf jeden Fall wurde mit Schildpatt, Rhinozeroshörnern und mit Amber (einem Drüsensekret des Pottwals, verwendet für Parfums) gehandelt. Im Gegenzug erhielten die Jumba Dinge wie chinesisches Geschirr, dessen Fragmente noch heute in den Böden einiger Gebäude zu erkennen sind. Die Löcher in den oberen Wandbereichen markieren Stellen, wo Stützbalken aus Mangrovenholz befestigt waren. Außerdem sieht man das House of Many Doors (Haus der vielen Türen), das eine Pension gewesen sein soll, und 40 m tiefe, ausgetrocknete Brunnen. Schön ist auch die Moschee am Meer, von der sich ein wunderbarer Blick auf den Indischen Ozean eröffnet (Badesachen für ein Bad im menschenleeren Wasser nicht vergessen!)

Eine Stele neben dem Friedhof trägt eine arabische Inschrift mit dem Koranvers: „Jede Seele wird den Tod schmecken." Das kleine Loch darunter repräsentiert die Öffnung, die alle Menschen auf dem Weg ins Paradies passieren müssen. In der Stätte befinden sich drei weitere Moscheen. Darüber hinaus gibt's Zeugnisse für umfangreiche Sanitäranlagen in allen wichtigen Gebäuden. Eventuell ist ein nützliches Infoblatt erhältlich, und der Aufseher macht für ein kleines Trinkgeld eine hervorragende Führung.

Schlafen & Essen

Wer in Mtwapa übernachten möchte, findet im Stadtzentrum mehrere billige und laute Hotels, die nicht zu der Sorte gehören, in der man gern einen längeren Urlaub verbringen würde.

Moorings Restaurant FISCH & MEERESFRÜCHTE $$

(☎5485260; Hauptgerichte 500–1000 KSh) Dieser schwimmende Ponton am Nordufer des Mtwapa Creek, ein beliebter Treff bei Einwanderern, eignet sich wunderbar, um ein Bier zu trinken. Die Fischgerichte schmecken sehr gut, dazu genießt man eine tolle Aussicht. Den Abzweig hierher findet man gleich hinter der Brücke über den Mtwapa, einfach den Schildern hinunter ans Wasser folgen.

An- & Weiterreise

Matatus und Busse fahren regelmäßig von Mtwapa nach Mombasa (50 KSh) und Malindi (80 KSh).

Kilifi

☎041

Kilifi ist ebenso wie das südlich gelegene Mtwapa eine herrliche Flussmündung mit wahren Bilderbuchaussichten von der massiven Straßenbrücke. Viele weiße Kenianer haben im Fluss Jachten liegen, und zahlreiche Strandhäuser gehören Künstlern, Schriftstellern sowie Abenteurern aus der ganzen Welt.

Traveller kommen vor allem hierher, um in einem der schönen Strandresorts an der Mündung des Flusses zu übernachten oder um die Ruinen von Mnarani hoch oben über dem Südufer des Flusses zu besuchen.

Im Stadtzentrum gibt's alles, was Reisende so brauchen.

Sehenswertes

Mnarani RUINEN

(Erw./Kind 500/250 KSh; ⌚7–18 Uhr) Diese teilweise ausgegrabenen stimmungsvollen und wunderbar friedlichen Ruinen der Swahili-Stadt Mnarani liegen hoch über dem Süd-

ABSTECHER

TAKAUNGU

Wer atemberaubende Strände am Indischen Ozean und absoluten Frieden sucht, ist hier richtig. Der tiefblaue Fluss, eingerahmt von einer Explosion an Grün und gespickt mit kleinen goldenen Stränden, raubt einem den Atem. Und was die Abgeschiedenheit betrifft: An den offenen Sandstreifen am Ozean (1km östlich des Weilers) wird man kaum andere Fußspuren als seine eigenen sehen.

Takaungu ist ein richtiges Swahili-Fischerdorf, vom Tourismus völlig unberührt. Das bedeutet natürlich auch, dass es keinerlei touristische Einrichtungen gibt, doch ein einfaches Zimmer im Haus eines Einwohners für ca. 1000 KSh (einschließlich Mahlzeiten) ist leicht zu finden.

Das Örtchen liegt gleich südlich von Kilifi; alle Busse und Matatus zwischen Kilifi und Mombasa können Fahrgäste an der Kreuzung absetzen. Von dort führt ein hübscher, aber heißer 3km langer Spaziergang ins Dorf. Eventuell findet sich auch eine Mitfahrgelegenheit auf einem Motorrad.

ufer des Kilifi Creek gleich westlich vom alten Landungssteg. Die Stätte war vom Ende des 14.Jhs. bis zur ersten Hälfte des 17.Jhs. besiedelt. Dann wurde sie nach Belagerungen durch den Stamm der Galla aus Somalia und dem Versagen der Wasserversorgung verlassen.

Die am besten erhaltene Ruine ist die Great Mosque mit kunstvoll geschnitzten Inschriften rund um die Mihrab, die nach Mekka ausgerichtete Gebetsnische. Unter dem Minarett ruht das Skelett des mutmaßlichen Stadtgründers. Eine Gruppe steinerner Gräber (darunter ein restauriertes Säulengrab), eine kleine Moschee aus dem 16.Jh. und Teile der Stadtmauer sind ebenfalls erhalten.

Draußen, gleich hinter den Toren des Hauptkomplexes, stehen ein paar monströse Affenbrotbäume. Zum größten, einem 900 Jahre alten Prachtexemplar, pilgern häufig Muslime aus der Gegend, um religiöse Gaben darzubringen – ein Rückfall in vorislamische Zeiten.

Meistens ist ein kenntnisreicher Guide anwesend, der eine Führung durch die Ruinen macht und dafür ein Trinkgeld erwartet.

Kilifi Creek STRAND

Zu beiden Seiten des Flusses erstrecken sich schöne Strände, die nicht unter Seetang leiden wie die Sandstreifen weiter südlich. Leider ist der größte Teil in Privatbesitz. Hotels und örtliche Fischer können Segeltouren für ca. 500 KSh pro Person arrangieren.

Reptile Rescue Park ZOO

(Eintritt im Ticket für Mnarani enthalten; ⏲7–18 Uhr) Neben dem Eingang zu den Mnarani-Ruinen wartet der Reptile Rescue Park mit einer faszinierenden Sammlung von Schlangen und anderen schlüpfrigen Reptilien auf, die an den internationalen Flughäfen des Landes aus den Händen von Schmugglern befreit oder aus den Häusern nervöser Dorfbewohner geholt wurden. Die Schlangen werden später wieder in die Wildnis entlassen. Der Eintritt ist zwar im Ticket für die Mnarani-Ruinen enthalten, doch die Anlage wird privat betrieben und finanziert sich ausschließlich durch Spenden.

Schlafen & Essen

LP TIPP **Dhows Inn** HOTEL $

(☎0722375214; dhowsinn_kilifi@yahoo.com; Malindi Rd; EZ/DZ 1200/1800 KSh) Das kleine Hotel an der Hauptstraße südlich vom Kilifi Creek ist sehr gepflegt und eine richtige Traveller-Institution. Es hat einfache, aber komfortable und makellose Zimmer, die um einen Garten liegen, und bietet für die Küste ein hervorragendes Preis-Leistungs-Verhältnis. Die Mnarani-Ruinen sind zu Fuß erreichbar, und es gibt eine beliebte Bar und ein Restaurant.

Kilifi Bay Beach Resort RESORT $$$

(☎522511, www.madahotels.com; EZ/DZ inkl. Vollpension 135/190€; ❄📶🏊👪) 5km nördlich von Kilifi an der Küstenstraße stößt man auf dieses kleine Resort, das von außen wie ein Swahili-Palast wirkt. Auch die Zimmer sind sehr elegant. Die Anlage verfügt über zahlreiche Einrichtungen, allerdings verschwindet der Strand bei Flut fast unter den Wellen.

Baobab Sea Lodge RESORT $$$

(☎522570; www.madahotels.com; EZ/DZ inkl. Vollpension 115/155€ ❄📶🏊👪) Ein unauffälliges

Resort ein paar Kilometer nördlich von Kilifi an der Küstenstraße. Es erstreckt sich an einem schönen Sandstreifen und hat geräumige Zimmer in individuellen Cottages.

Kilifi Members Club KENIANISCH
(Hauptgerichte 150–400 KSh) Von diesem Ort hoch oben am Rand des nördlichen Kliffs lässt sich wunderbar der Sonnenuntergang beobachten, zudem sind die Aussichten über den Fluss zu den fast mediterran wirkenden Stränden am gegenüberliegenden Ufer (und die an Hollywood erinnernden Häuser dahinter) schlichtweg atemberaubend. Es gibt eine gute Speisekarte mit reichlich *nyama choma,* Meeresfrüchten und Bier. Mitglied muss man hier übrigens nicht sein, trotz des Namens.

Village Dishes KENIANISCH
(Hauptgerichte 200 KSh) Ausgerechnet im Innern der Tankstelle im Stadtzentrum befindet sich das beliebteste Café der Stadt. Es ist günstig und lockt mit Leckereien wie Bratfisch samt Kokosreis.

ℹ An- & Weiterreise

Alle Busse und Matatus zwischen Mombasa (Matatu 100–130 KSh, Bus 100 KSh, bis zu 1½ Std.) und Malindi (Matatu/Bus 150/100 KSh, 1¼ Std.) halten in Kilifi.

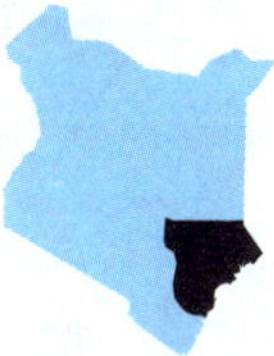

Die Nordküste

Inhalt »

Naturhighlights

- » Arabuko Sokoke Forest Reserve (S. 273)
- » Mida Creek (S. 277)
- » Malindi Marine National Park (S. 275)
- » Tana River (S. 283)
- » Watamu Marine National Park (S. 271)

Kulturhighlights

- » Lamu (S. 284)
- » Paté Island (S. 297)
- » Gede (S. 273)
- » Maulidi Festival (S. 285)

Auf zur Nordküste

Pure Exotik. Sie durchdringt alles an der Nordküste, ist ihr Gewürz und ihre Seele und weckt die Abenteuerlust. Hier findet man honigsammelnde Krokodiljäger, Geisterkrabben, Einsiedlerkrebse und Rüsselhündchen, eine eitle Insel und eine Insel des Wehklagens sowie eine Steinstadt mit zwei Hälften: die Schöne und die Wohlhabende.

Die Bewohner dieses mythischen Landstrichs sind wie überall am Ufer des Indischen Ozeans ein Mischvolk: kuschitische Somali, Bantu sprechende Mijikenda, viehtreibende Orma, die Bajun, die einst ihre Boote mit Kokosfasern bauten, und, natürlich, die Swahili.

Sie alle prägen die Stimmung an der Nordküste. Ihr bunter Mix macht diese Gegend zu einem Treffpunkt von Menschen, die weiterziehen und ihre Spuren hinterlassen; wer sie besucht, wird ein Teil des Abenteuers, das hier gelebt wird, seit die erste Dau dem Sonnenuntergang entgegensegelte.

Reisezeit

Lamu

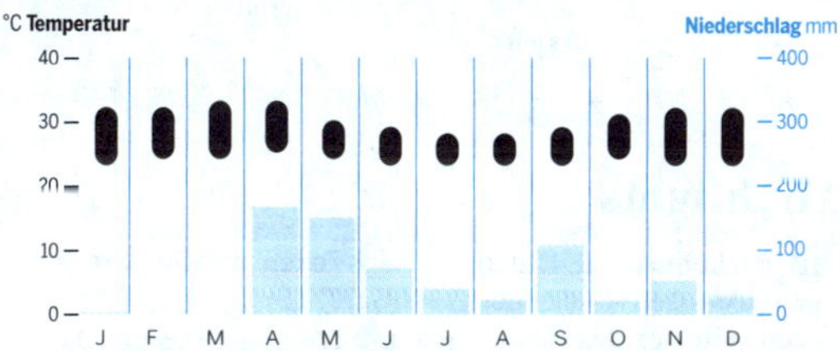

Jan. & Feb. Das Maulidi Festival bringt Leben nach Lamu.

Feb. & März Tolle Tauchmöglichkeiten mit tropischen Fischen an den Riffen der Meeresparks.

Nov. & Dez. Zugvögel machen Halt am Tana River und am Mida Creek.

Highlights

1 Von **Lamu** (S. 284) zu den eindrucksvollen korallenüberzogenen Ruinen des einst mächtigen **Takwa** (S. 296) auf Manda Island segeln.

2 Auf **Paté Island** (S. 297) ein Leben ganz ohne Elektrizität, Autos und Sorgen genießen.

3 Zelten am **Mida Creek** (S. 277).

4 Die **Ruinen von Gede** (S. 273) erkunden.

5 Eine Tauchermaske aufsetzen und die Unterwasserwelt des **Watamu Marine National Park** (S. 271) auf sich wirken lassen.

6 In **Malindi** (S. 275) unter dem Sternenhimmel eine Pizza verspeisen, die sogar Italienern schmecken würde.

7 Die zerklüftete Landschaft der beeindruckenden **Marafa Depression** (S. 280) erkunden.

Watamu

☎042

Dieser Fischerort hat sich in eine kleine Einwandererkolonie mit ein paar Resorts der Luxusklasse verwandelt. Er dient als Ausgangsbasis zum Erforschen von unzähligen Ruinen, Nationalparks und ökologischen Schutzgebieten, die alle gut erreichbar sind. Zu den Hauptattraktionen gehören der unberührte 7km lange Strand und die liebliche Kulisse. Man kann relaxen und/oder fischen, allerdings gibt's auch hier Gigolos und nicht alle Gäste verhalten sich gut. Gleichzeitig ist Watamu aber auch ein richtiges Dorf. An der Straße stehen Häuser aus Lehm und Stroh mit *shambas* (Nutzgärten).

Sehenswertes & Aktivitäten

LP TIPP Bio Ken Snake Farm & Laboratory ZOO

(Karte S. 274; www.bio-ken.com; Erw./Kind 750/250 KSh; 10–12 & 14–17 Uhr) Von den 126 in Kenia lebenden Schlangenarten sind 93 für Menschen ungefährlich. Eine deutlich größere Gefahr für die Gesundheit als die Reptilien selbst stellen die Ratten und ähnliche Kleintiere dar, auf die es die Schlangen abgesehen haben. Dies und vieles mehr erfährt man im hervorragenden Forschungszentrum mit Bauernhof, dem mit Abstand besten Reptilienpark an der Küste.

Interessant sind auch die **Schlangensafaris** (ab 70 US$ pro Pers.), die unter der Leitung von professionellen Herpetologen angeboten werden.

Watamu Marine National Park TAUCHEN, SCHNORCHELN

(Karte S. 274; Erw./Kind 15/10 US$) Dieser Park bildet den südlichen Teil des Malindi Marine National Reserve und beherbergt fantastische Korallenriffe sowie unglaublich viele Fische und Meeresschildkröten. Hierher kommt man nur per Boot, das man problemlos im Büro des KWS am Ende der Küstenstraße mieten kann, wo man auch die Parkgebühr entrichtet. Bootsverleiher verlangen zwischen 2500 und 3000 KSh für zwei Stunden und zwei Personen, dazu kommen die Parkgebühren; die Preise sind jedoch verhandelbar.

Watamu Turtle Watch WILDTIERE

(Karte S. 274; www.watamuturtles.com; Mo 14.30–16, Di–Fr 9.30–12 & 14.30–16, Sa 9.30–12 Uhr) Lobenswert: Watamu Turtle Watch kümmert sich um den Schutz der Meeresschildkröten, die am Strand ihre Eier legen. Ganz nahe kommen kann man den Tieren im Rehabilitationszentrum der Organisation.

Schlafen

Spitzenklassehotels reihen sich am Strand auf Höhe der drei Buchten aneinander. Viele haben mindestens von Ende Mai bis Mitte Juli geschlossen.

Mwamba Field Study Centre PENSION $

(Karte S. 274; ☎Nairobi 020-2335865; www.arocha.org; Watamu Beach; Zi. inkl. Vollpension 3000 KSh pro Pers.) Das schöne Gästehaus und Studienzentrum nur 50 m vom Strand entfernt wird von der christlichen Organisation A. Rocha geleitet (unter diesem Namen kennt man es ebenfalls). Wer will, kann sich für den entspannenden Aufenthalt revanchieren und etwas für Watambu tun, denn das Mwamba betreibt unzählige Gemeinde- und Umweltprogramme. Der Strom wird aus Solarenergie gewonnen.

Turtle Bay Beach Club RESORT $$$

(Karte S. 274; ☎32003; www.turtlebaykenya.com; EZ/DZ inkl. Vollpension 113/226 US$;)

WILDTIERE AN DER NORDKÜSTE

Die Wildtiersituation an der Nordküste Kenias ähnelt stark der an der Südküste. Kurzum: Die Gegend ist kein erstklassiges Safarigebiet. Als außergewöhnlich gilt hingegen das Meeresleben und so bieten die Meeresparks Watamu und Malindi einzigartige Tauch- und Schnorchelmöglichkeiten. An Land beeindruckt vor allem das **Arabuko Sokoke Forest Reserve** (S. 273), ein Küstenwaldgebiet mit endemischen Vogelarten, ein paar Elefanten und den viel kleineren, aber ebenso hinreißenden Goldenen Rüsselhündchen. Das Schutzgebiet am **Tana River** (S. 283) lockt mit Abenteuer-Kanusafaris auf der Suche nach Flusspferden und Krokodilen. Doch wie an der Südküste ist auch hier das Vogelleben am spektakulärsten. Besonders am **Mida Creek** (S. 277) kommen (Hobby-) Ornithologen voll auf ihre Kosten.

Eins der besten Spitzenklasseresorts in Watambu. Das umweltbewusste Hotel versteckt seine umweltbelastende Existenz unter einer kontrollierten Bewaldung, betreibt zahlreiche Ökotourismusangebote (darunter Safaris zur Vogelbeachtung und Schildkrötenschutzprogramme) und unterstützt lokale Wohltätigkeitsorganisationen sowie allerlei andere edle Projekte. Darüber hinaus ist es ein vornehmes Resort mit schönen, im Meeresdesign eingerichteten Zimmern.

Villa Veronika PENSION $

(Karte S. 273; ☎0728155613; Beach Way Rd; Zi. 800–1000 KSh) Bunte Wände, blumige Wandbilder und gepflegte Zimmer (manche wurden gerade renoviert, als wir hier waren) rund um einen schattigen Hof machen die günstige Unterkunft zu einem Top-Favoriten.

Marijani Holiday Resort PENSION $

(Karte S. 273; ☎32510; www.marijani-holiday-resort.com; Zi. ab 3000 KSh) Das freundliche Marijani in deutscher Hand liegt am Ortsrand und kann wohl als Korallenvilla bezeichnet werden. Alle Zimmer sind luftig und elegant, und auf dem Gelände leben zahlreiche Papageien, neugierige Hauskatzen sowie relaxte Schildkröten.

Ocean Sports RESORT $$

(Karte S. 274; ☎32288; www.oceansports.net; EZ/DZ 6900/11 200 KSh; @🛜🏊👪) Schicke Zimmer in getünchtem Swahili-Look und mit bunten indischen Stoffen sorgen dafür, dass dieses Resort eines der Quartiere mit dem besten Preis-Leistungs-Verhältnis der Umgebung ist. Viele Räume bieten einen Traumblick bis hinab zum Strand. Besonders großer Beliebtheit erfreut sich die Unterkunft bei jungen weißen Anglo-Kenianern.

Malob Guest House PENSION $

(Karte S. 273; ☎0714048140; Beach Way Rd; Zi. 800 KSh) Eine hübsche Unterkunft mit schlichten Zimmern rund um einen offenen Hof. Das Malob ist gemütlich und freundlich und für diese Gegend unglaublich günstig.

Essen

Alle besseren Hotels haben ein hauseigenes Restaurant. Lokale Spezialitäten kann man an den Imbissen entlang der Beach Way Road probieren, wo Kebab, Hühnchen, Pommes frites, Samosas, Chapatis und Ähnliches verkauft werden.

Bistro Coffee Shop CAFÉ $

(Karte S. 273; ⌚bis 17 Uhr) Sehr unafrikanisch. Manchmal muss es aber eben ein entspanntes Café im westlichen Stil sein, und genau das ist dieser Coffee Shop in Watamu. Tolle Säfte, Tee, Kaffee und hausgemachte Kuchen – darf's Zitrone oder Apfel sein? Was für eine Entscheidung!

Savannah INTERNATIONAL $$

(Karte S. 273; 550–700 KSh; ⌚Di–Sa abends, So mittags & abends) Die Speisekarte dieses schönen Gartenrestaurants ist nicht sehr einfallsreich, dafür sind die Burger und die Pasta anständig, zudem kann man hier abends wunderbar ein Bier trinken. Das Savannah liegt ausgeschildert an einer Schotterstraße, die von der Hauptstraße in den Ort abzweigt.

Ascot Pizzeria ITALIENISCH $$

(Karte S. 273; Ascot Hotel, Beach Way Rd; Hauptgerichte 300–750 KSh) An der Küste gibt's einige gute italienische Restaurants – das Ascot in Watamu ist eines davon.

Praktische Informationen

Eine Filiale der KCB mit Geldautomat findet man an der Beach Way Road. Die Post liegt an der Gede Road.

NICHT VERSÄUMEN

TAUCHEN, ANGELN & WINDSURFEN

In Watamu werden viele Aktivitäten rund ums Wasser angeboten, darunter z. B. Tauchen, Hochseeangeln und Windsurfen.

Aqua Ventures (Karte S. 274; ☎32420, 0703628102; www.diveinkenya.com) im Ocean Sports Resort hat geführte Tauchgänge in den Marinepark für 32 € und einen PADI-Kurs für 320 € im Programm, außerdem gibt's tolle Tauchexpeditionen rund um Malindi.

Tunda Tours (Karte S. 273; ☎0733952383; www.tundatourssafaris.com; Beach Way Rd) führt Angelsafaris (halber/ganzer Tag 250/350 £) durch.

Oceansports (Karte S. 274; ☎2332288; www.oceansports.net) im gleichnamigen Hotel wartet mit Windsurfkursen ab 20 € auf – günstigere findet man nirgendwo in Kenia.

Watamu

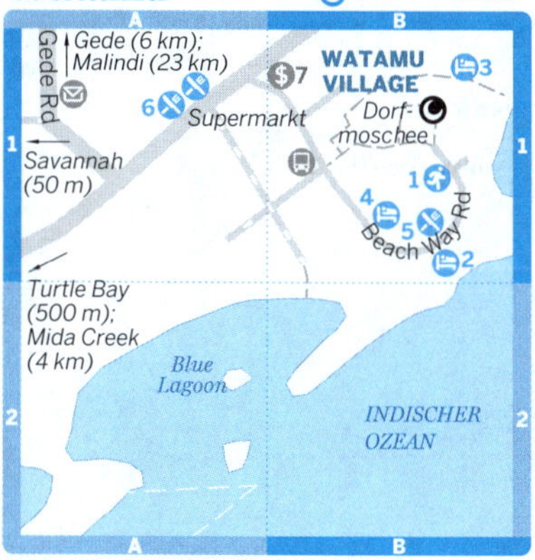

Watamu

Aktivitäten, Kurse & Touren

1 Tunda Tours ... B1

Schlafen

2 Malob Guest House ... B1
3 Marijani Holiday Resort ... B1
4 Villa Veronika ... B1

Essen

5 Ascot Pizzeria ... B1
6 Bistro Coffee Shop ... A1

Praktisches

7 KCB ... B1

Anreise & Unterwegs vor Ort

Den ganzen Tag über verkehren Matatus zwischen Malindi und Watamu (80–100 KSh, 1 Std.). Alle Fahrzeuge kommen an der Abzweigung zu den Ruinen von Gede vorbei (40 KSh). Nach Mombasa (250 KSh) kommt man am einfachsten, indem man ein Matatu nach Gede nimmt und dort einen Bus oder ein weiteres Matatu anhält. Zwischen dem Dorf und der Straße zum Strand verkehrt eine Handvoll motorisierter Rikschas; eine Fahrt zum Büro des KWS dürfte rund 200 KSh kosten.

Fahrräder kann man an den meisten Hotels und Pensionen für rund 100 KSh pro Stunde leihen.

Arabuko Sokoke Forest Reserve

Elefanten sind der Inbegriff Afrikas, doch was ist mit den Rüsselhündchen? Genauer gesagt: den Goldenen Rüsselhündchen, die ungefähr so groß wie Hasen und so niedlich wie Kätzchen sind?

Diese Tiere gibt's nur hier im **Arabuko Sokoke Forest Reserve** (Karte S. 274; Erw./Kind 20/10 US$; ⌚6–18 Uhr), dem größten noch erhaltenen Stück Küstenwald Ostafrikas. Doch mit seinen 240 Vogelarten, darunter der endemische Goland-Weber, die nur 15 cm große Sokoke-Zwergohreule und der Sokoke-Piper, sowie seinen anderen Bewohnern wie Waldelefanten, Pavianen, Weißkehlmeerkatzen und 260 Schmetterlingsarten bietet Arabuko Sokoke noch viel mehr.

Sehr hilfreich ist das **Arabuko Sokoke Visitor Centre** (Karte S. 274; Malindi Rd; ⌚8–16 Uhr) an der Gede Forest Station. Dort findet man Infotafeln zu zahlreichen Spezies.

Vom Besucherzentrum führen Naturpfade und Pisten für Allradfahrzeuge durch den Wald. Vögel beobachten kann man außerdem an den **Whistling Duck Pools**, den **Kararacha Pools** und auf dem **Spinetail Way** 16 km weiter südlich. In der Nähe von Kararacha lockt das **Singwaya Cultural Centre** mit der Möglichkeit, einer traditionellen Tanzvorführung beizuwohnen.

Einige schlichte **Campingplätze** (Erw./Kind 15/10 US$) erstrecken sich in der Nähe des Besucherzentrums und weiter südlich am Spinetail Way.

Der Wald liegt an der Hauptstraße zwischen Malindi und Mombasa. Das Haupttor dorthin sowie zum Besucherzentrum befindet sich rund 1,5 km westlich der Abzweigung nach Gede und Watamu, der Eingang bei Mida 3 km weiter südlich. Alle Busse und Matatus zwischen Mombasa und Malindi lassen Passagiere an beiden Eingängen aussteigen. Von Watamu kommend, halten Matatus nach Malindi an der Hauptkreuzung.

Ruinen von Gede

Kenia besteht nicht nur aus Natur, sondern hat noch einen besonderen Reiz: seine untergegangenen Städte. Die Küste ist gesprenkelt von Überresten mittelalterlicher Swahili-Stätten, darunter auch die beeindruckenden **Ruinen von Gede** (Karte S. 274; Erw./Kind 500/250 KSh; ⌚7–18 Uhr).

Korallenpaläste, Moscheen und Stadthauser liegen friedlich mitten im Dschungel. Ausgrabungen brachten zahlreiche Gebäude zutage. In Gede (oder Gedi) entdeckten Archäologen Spuren der weltoffenen Swahili-Kultur: silberne Halsketten verziert mit Münzen mit dem Emblem von Maria Theresia (aus Europa), arabische Kalligrafie

Rund um Watamu

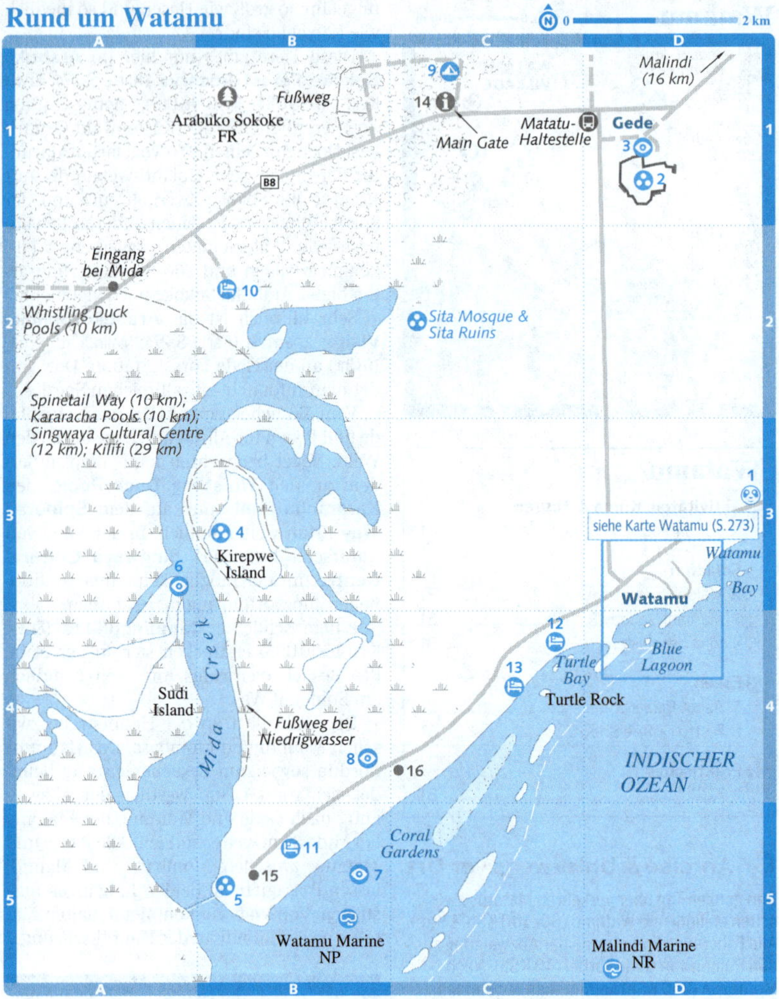

Rund um Watamu

Sehenswertes

1 Bio Ken Snake Farm & Laboratory D3
2 Ruinen von Gede D1
3 Kipepeo Butterfly Farm D1
4 Ruinen einer alten Moschee B3
5 Ruinen einer alten Moschee B5
6 Fußweg A3
7 Watamu Marine National Park B5
8 Watamu Turtle Watch B4

Aktivitäten, Kurse & Touren

Aqua Ventures ...... (siehe 12)

Schlafen

9 Campingplatz C1
10 Mida Ecocamp B2
11 Mwamba Field Study Centre B5
12 Ocean Sports C4
13 Turtle Bay Beach Club C4

Praktisches

14 Arabuko Sokoke Visitor Centre C1
Gede Forest Station ...... (siehe 14)
15 KWS-Büro B5
16 Mwamba Field Study Centre C4

GANZ ALLEINE IN GEDE?

Kommt man frühmorgens oder spätabends nach Gede und hat die Stätte für sich allein, fühlt man sich manchmal trotzdem beobachtet, denn mit diesem Ort werden alle Arten von Geistergeschichten assoziiert. Viele Dorfbewohner der Gegend berichten von einer seltsamen Kreatur, die einen an den Ruinen verfolgt, und betrachten die Stätte mit einer gewissen Furcht. Der Archäologe James Kirkman, der hier erstmalig in den 1940er-Jahren tätig war, schrieb: „Als ich anfing, in Gede zu arbeiten, hatte ich das Gefühl, dass jemand oder etwas hinter den Mauern hervorschaute. Weder feindlich noch freundlich, sondern der Dinge harrend, die passieren würden."

Vor ein paar Jahren ging der Autor dieser Zeilen an einem nassen, dunklen Abend allein vom Haus der Dau zurück zur Hauptstätte. Damals wusste er nichts von Gedes unheimlichem Ruf, hatte aber so stark das Gefühl, beobachtet zu werden, dass ihm alle Haare am Hinterkopf zu Berge standen. Der Mann im Ticketbüro sagte später, er laufe nie allein durch Gede, da er dieselbe Erfahrung auch mehrmals gemacht habe.

(aus dem Nahen Osten), Nudelmaschinen aus Asien, persische Säbel, arabische Kaffeebecher, indische Lampen, Kobaltglas aus Ägypten oder Syrien, spanische Scheren und Ming-Porzellan.

Doch die Glanzzeiten dauerten nicht ewig. Aus unerklärlichen Gründen wurde Gede, das seine Blütezeit im 15. Jh. erlebt hatte, im 17. oder 18. Jh. aufgegeben. Es gibt Hypothesen über Krankheit und Hungersnot, Guerillaattacken durch somalische Galla, kannibalistische Zimba aus dem nahe gelegenen Malawi und Strafexpeditionen aus Mombasa. Eventuell ging Gede aber auch das Wasser aus – zu einem Zeitpunkt sank der Wasserspiegel rapide ab und die 40 m tiefen Brunnen trockneten aus.

Noch mehr Sehenswürdigkeiten

Kipepeo Butterfly Farm FARM

(☎32380; Nichtanwohner Erw./Kind 100/50 KSh; ⌚8–17 Uhr) Das Zentrum direkt am Eingang zum Gede-Komplex bezahlt Einheimische dafür, dass sie im Arabuko Sokoke lebende Puppen sammeln, aus denen Schmetterlinge schlüpfen. Diese werden an Sammler und Ausstellungen in England und den USA verkauft. Alle Erlöse kommen dem Schutz des Waldes zugute. Im Preis ist eine (kurze) Führung inbegriffen.

An- & Weiterreise

Die Ruinen liegen abseits der Hauptautobahn an der Straße nach Watamu. Am einfachsten kommt man mit einem Matatu hierher, das auf der Nationalstraße zwischen Mombasa und Malindi unterwegs ist. Im Dorf Gede steigt man aus und folgt dort dem gut ausgeschilderten Schotterweg. In zehn Gehminuten erreicht man das Ziel.

Malindi

☎042

Malindi ist viel schöner, als seine Kritiker sehen wollen, und weniger schön, als seine Fans behaupten. Man kann den Ort leicht als italienisches Strandresort abtun – was er auch ist –, dennoch lässt sich nicht bestreiten, dass er eine *bella spiaggia* (schöner Strand) hat und, sorry für das Klischee, dass all die Italiener einen hohen gastronomischen Standard eingeführt haben. Erwähnten wir schon die faszinierende Vergangenheit, geprägt von Abenteuer- und Entdeckergeist, den Malindi Marine Park und die verwinkelte Altstadt aus getünchten Gebäuden und Strohdächern? All dies zusammen hat eine Menge mehr Charakter, als die Widersacher zugeben.

Sehenswertes & Aktivitäten

Malindi Marine National Park TIERSCHUTZGEBIET

(außerhalb der Karte S. 278; Erw./Kind 15/10 US$; ⌚7–19 Uhr) Kenias ältester Meerespark birgt auf 213 km² regenbogenfarbene Fischschwärme, Korallen, die aussehen wie Orgelpfeifen, grüne Meeresschildkröten und einen Teppich aus *Thalassia*-Seegras. Mit extrem viel Glück entdeckt man sogar Makos und Walhaie. Leider haben die Riffe wegen der Berge von Muscheln, die in Malindi verkauft werden, massiven Schaden genommen (und nehmen ihn noch immer). Achtung: Schlamm aus dem Galana River trübt zwischen März und Juni das Wasser. Zwischen Juni und September können durch den Monsun entstehende Wellen die Sicht stark beeinträchtigen.

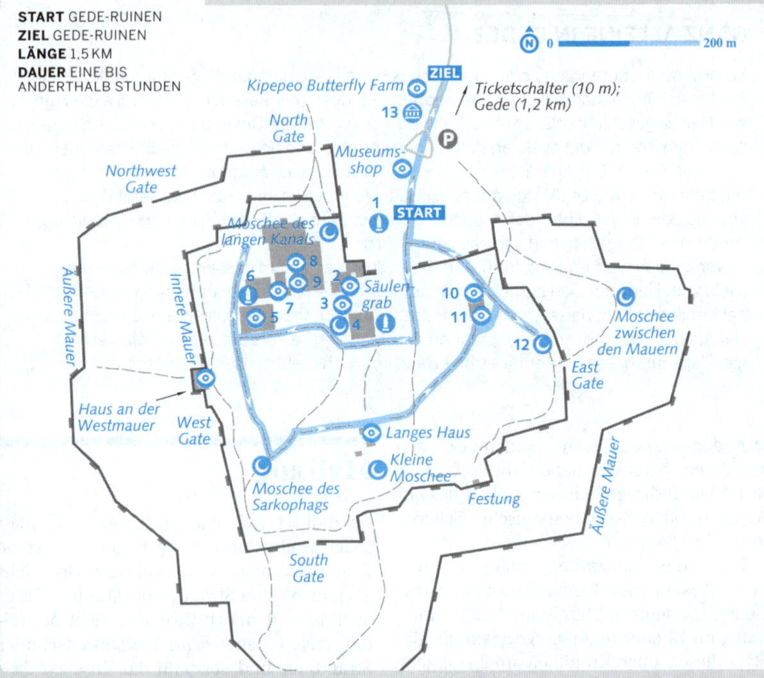

Rundgang

Ruinen von Gede

Gede ist die besucherfreundlichste Ausgrabungsstätte in Kenia. Die meisten der freigelegten Gebäude befinden sich nahe dem Eingang, doch Dutzende weitere Ruinen verteilen sich im umliegenden Wald. Guides kann man für 300 KSh mieten.

Betritt man das Gelände, entdeckt man rechts das **1 Datierte Grab**. Seinen Namen verdankt es einer Inschrift in der Wand mit einem muslimischen Datum, das 1399 entspricht. Daneben liegt in der Mauer das **2 Grab der kanellierten Säule**. Solche Pfeilergräber sind typisch für die ostafrikanische Küste.

Dahinter erhebt sich neben dem **3 Haus des langen Hofes** die **4 Große Moschee**, eines der auffälligsten Gebäude in Gede. Ihr Zugang befand sich an der Seite einer rechtwinkligen Gebetshalle. Die Mihrab (nach Mekka ausgerichtete Gebetsnische) wurde von einer Reihe von Steinsäulen verdeckt. Hinter der Moschee stößt man auf die Ruinen eines weitläufigen **5 Palasts**. Eines der interessantesten Fundstücke aus seinen Ruinen ist ein getöpferter Krug mit einem *fingo* (Amulett), das *djinns* (Schutzgeister) anlocken sollte, um Eindringlinge in den Wahnsinn zu treiben. Im Palast liegt ein besonders schönes **6 Säulengrab**, dessen sechseckige Form in Ostafrika einmalig ist.

Unmittelbar rechts vom Palast steht ein **7 Baum** mit Stufen, die in die Krone hinaufführen. Von oben kann man die Stätte aus der Vogelschau bewundern.

Auf dem Weg hinter dem Grab passiert man elf alte **8 Swahili-Häuser**. Alle sind nach bestimmten Baumerkmalen oder Objekten benannt, die Archäologen in ihrem Inneren fanden, so z. B. das Haus der Schere und das Haus der Eisenlampe. Besonders interessant ist das **9 Haus der Zisterne** mit alten Zeichnungen, die in den Putz geritzt wurden.

Ausgegraben wurden u. a. auch das **10 Haus der Dau**, das **11 Haus des doppelten Hofes** und die nahe gelegene **12 Moschee der drei Gänge** mit dem größten Brunnen in Gede. Auf dem Weg nach draußen kommt man an einem hervorragenden kleinen **13 Museum** vorbei.

Hierher kommt man vermutlich im Rahmen eines Schnorchelausflugs oder auf einer Fahrt mit einem Glasbodenboot. Diese kann man am Büro des KWS an der Küstenstraße südlich von Malindi organisieren. Boote laufen nur bei Ebbe aus. Am besten erkundigt man sich im Vorfeld telefonisch nach den Zeiten (dabei ist das Hotel behilflich). Der Preis liegt bei ca. 5000 KSh pro Boot (5–10 Pers.) für zwei Stunden.

Fast alle Hotels bieten Tauchexkursionen an. Alternativ wendet man sich an **Blue-Fin-Diving** (www.bluefindiving.com). Der Veranstalter betreibt Filialen in mehreren Resorts in Malindi. Ein Tauch-Schnupperkurs kostet 95 €, der PADI-Open-Water-Kurs 360 €.

Historischer Rundgang durch Malindi

HISTORISCHE GEBÄUDE

Die Betreiber der National Museums of Kenya haben die drei wichtigsten kulturellen Stätten von Malindi zu diesem **Rundgang** (Erw./Kind 500/250 KSh; ⌚8–18 Uhr) mit einem Komplettticket zusammengefasst.

Am faszinierendsten auf dem historischen Rundweg durch die Stadt ist das **House of Columns** (Mama Ngina Rd). Das Gebäude selbst gilt als schönes Beispiel für traditionelle Swahili-Architektur. Im Inneren sind tolle archäologische Fundstücke ausgestellt, die an der Küste ausgegraben wurden.

Beeindruckender als die **Vasco-da-Gama-Säule** selbst ist das, wofür sie steht – der Beginn des Zeitalters der Entdeckungen. Sie wurde 1498 als Navigationshilfe von da Gama errichtet. Auf ihr prangt ein Kreuz aus Stein aus Lissabon, das aller Wahrscheinlichkeit nach aus der Zeit des Entdeckers stammt. Von hier genießt man einen herrlichen Blick die Küste hinab. Tausende Kilometer weiter östlich liegt Indien, das erst von Portugal und schließlich von Europa unter ihre politische Kontrolle gebracht wurde. Hierher gelangt man, indem man bei Scorpio Villas von der Mama Ngina Road abbiegt.

Die winzige strohgedeckte **Portugiesische Kirche** (Mama Ngina Rd) heißt so, weil Vasco da Gama sie erbaut haben soll und hier vermutlich zwei Mitglieder seiner Crew begraben wurden. Mit Sicherheit stimmt, dass Francisco de Xavier auf seinem Weg nach Indien vor Ort Station machte.

NICHT VERSÄUMEN

MIDA CREEK

Mida Creek trennen Welten von den All-inclusive-Touristenresorts im nahe gelegenen Watamu und Malindi. Hier geht's ruhig und leise zu. Silbriges Wattenmeer mit Geisterkrabben und langen Gezeiten umspült den Strand mit einem Mangrovenwald und es weht ein salziger, frischer Wind. Am schönsten ist Mida Creek abends, wenn zahllose Sterne am Himmel funkeln.

Auch an Aktivitäten mangelt es nicht. Hervorragende Giriama-Guides führen Besucher durch die von Wasser umgebene Landschaft des Creek und auf einem wackeligen **Steg** (Erw./Kind 250/150 KSh, Guide 300 KSh pro Std.) durch die Mangroven. Am Ende des Wegs blickt man von einem Vogelbeobachtungsposten aus auf das umliegende Sumpfgebiet. Von allen Pfaden durch Mangrovenwälder an der kenianischen Küste ist dieser mit Abstand der schönste mit den versiertesten Führern. Vor Ort kann man auch **Kanuausflüge** (3 Std. 700 KSh) organisieren. Und das Beste: Es handelt sich um ein Gemeindeprojekt, deshalb kommen die Erlöse den einheimischen Giriama zugute.

Wer den Frieden ein klein wenig länger genießen möchte (und das möchte man), übernachtet in einer der drei Hütten (Giriama, Swahili und Zanzibari) des **Mida Ecocamp** (Karte S. 274; ☎0729213042; www.midaecocamp.com; Hütten 800–1400 KSh pro Pers., Camping 200 KSh) unmittelbar abseits der Küstenschnellstraße (B8) 6 km südlich von Watamu. Sie alle sind auf ihre eigene Art schön – Giriama ist „rustikal-afrikanisch", das Zanzibari-Haus eine angenehme Hütte im Lamustil mit einer Bett-Lounge auf dem Dach, wo man die kühle Brise genießen kann. Außerdem gibt's ein entspanntes **Restaurant** (Mahlzeiten 650 KSh) mit leckeren regionalen Gerichten, eine dem Wind ausgesetzte Bar mit *makuti*-Dach (aus Palmblättern) und die Möglichkeit, an Kulturausflügen in die umliegenden Dörfer teilzunehmen (der Erlös kommt Schulen in der Gegend zugute).

Alle Busse zwischen Mombasa und Malindi lassen Passagiere an der Hauptstraße nahe Mida Creek aussteigen, von wo aus das Camp einen schönen 20-minütigen Spaziergang entfernt liegt.

Malindi

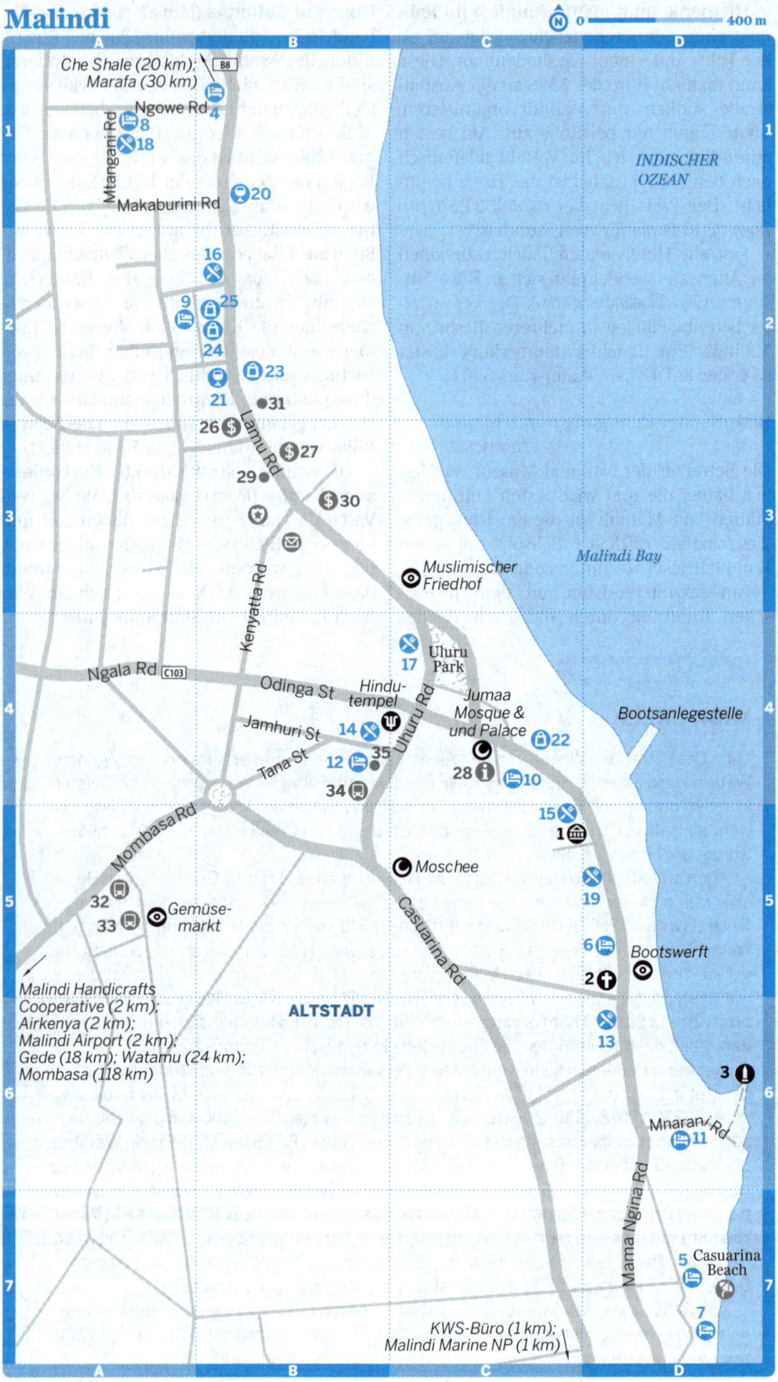
0 400 m
A
B
C
D
1
2
3
4
5
6
7
Che Shale (20 km);
Marafa (30 km)
B8
Ngowe Rd
Mtangani Rd
Makaburini Rd
INDISCHER
OZEAN
Lamu Rd
Kenyatta Rd
Malindi Bay
Muslimischer
Friedhof
Uluru
Park
Ngala Rd
C103
Odinga St
Hindu-
tempel
Uhuru Rd
Jumaa
Mosque &
und Palace
Bootsanlegestelle
Jamhuri St
Tana St
Mombasa Rd
Moschee
Casuarina Rd
Gemüse-
markt
Bootswerft
Malindi Handicrafts
Cooperative (2 km);
Airkenya (2 km);
Malindi Airport (2 km);
Gede (18 km); Watamu (24 km);
Mombasa (118 km)
ALTSTADT
Mnarani Rd
Mama Ngina Rd
Casuarina
Beach
KWS-Büro (1 km);
Malindi Marine NP (1 km)
1
2
3
4
5
6
7
8
9
10
11
12
13
14
15
16
17
18
19
20
21
22
23
24
25
26
27
28
29
30
31
32
33
34
35

Malindi

Sehenswertes

1 Malindi Museum/House of Columns ... C5
2 Portugisische Kirche ... D5
3 Vasco-da-Gama-Säule ... D6

Schlafen

4 African Pearl Hotel ... B1
5 Coral Key Beach Resort ... D7
6 Da Gama's Inn ... D5
7 Driftwood Beach Club ... D7
8 Jardin Lorna ... A1
9 Lutheran Guest House ... A2
10 Ozi's Guest House ... C4
11 Scorpio Villas ... D6
12 Tana Guest House ... B4

Essen

13 Baby Marrow ... D6
14 Barani Dishes ... B4
Chariba ... (siehe 31)
Da Gama's Inn ... (siehe 6)
15 I Love Pizza ... C5
16 Il Fornado Italian Supermarket ... D2
17 Izzipoint Supermarket ... C4
Jardin Lorna Restaurant ... (siehe 8)
18 La Malindina ... A1
19 Old Man and the Sea ... D5
Scorpio Villas ... (siehe 11)

Ausgehen

20 Club 28 ... B1
Fermento Piano Bar ... (siehe 23)
Karen Blixen Restaurant & Coffee Shop ... (siehe 23)
21 Star Dust ... B2

Shoppen

22 Kuriositätenmarkt ... C4
23 Galana Centre ... B2
24 Malindi Centre ... B2
25 Sabaki Centre ... B2

Praktisches

26 Barclays Bank ... B3
27 Dollar Forex Bureau ... B3
28 Einwanderungsbehörde ... C4
Italienisches Konsulat ... (siehe 25)
29 North Coast Travel Services ... B3
30 Standard Chartered Bank ... B3
Touristeninformation ... (siehe 24)

Transport

Busse nach Lamu ... (siehe 34)
31 Kenya Airways ... B2
32 Matatus nach Mombasa & Nairobi ... A5
33 New-Malindi-Busbahnhof ... A5
Simba Coaches ... (siehe 12)
Simba Coaches ... (siehe 34)
Southern Sky Safaris ... (siehe 24)
34 Starways Express ... B4
35 Tawakal-Büro ... B4
TSS-Büro ... (siehe 34)

Schlafen

Zwischen April und Juni/Juli schließen viele Luxushotels oder reduzieren den Betrieb.

LP TIPP **Scorpio Villas** RESORT $$

(☎20194; www.scorpio-villas.com; Mnarani Rd; EZ/DZ 4800/7600 KSh; ❄@📶🏊) Immer mal wieder stößt man in Kenia auf ein Hotel, dessen Preis-Leistungs-Verhältnis so weit über dem Durchschnitt liegt, dass man sich beim Bezahlen fragt, ob man sich verhört hat. So auch bei dieser Unterkunft unter italienischer Leitung. Die rund 40 Zimmer sind weiß getüncht und voller Kunst und haben hölzerne Dachbalken sowie gewaltige, superbequeme Himmelbetten. Zudem verfügen alle Bäder über riesige Duschen. Dazu gibt's einen Garten mit grünen Bäumen, einen tollen Poolbereich und ein Restaurant mit hervorragenden italienischen Spezialitäten (Vier-Gänge-Menü abends 1200 KSh), die diese Unterkunft nahezu unschlagbar machen. Gerüchten zufolge dürfen Prostituierte ins Hotel kommen, allerdings haben wir während unseres Aufenthalts nichts davon mitbekommen.

Jardin Lorna PENSION $$

(☎30658; harry@swiftmalindi.com; Mtangani Rd; EZ mit/ohne Bad 2500/1500 KSh, DZ mit/ohne Bad 5000/3000 KSh; ❄🏊) In dieser schlichten Bleibe steigen vor allem Studenten des Hospitality Training and Management Institute ab. Die Zimmer mit Zebrateppichen und Kunst aus der Region sind liebenswert skurril. Zur Unterkunft gehört auch ein sehr ruhiger Garten.

African Pearl Hotel HOTEL $

(☎0725131956; www.africanpearlhotel.com; Lamu Rd; DZ/2BZ ab 2500/3500 KSh; ❄📶🏊) Der Komplex mit afrikanischen Akzenten, zahlreichen Skulpturen aus dunklem Holz, Safari-Deko und einem (ziemlich trüben) Pool hat einen Lounge-Bereich, der als Verbin-

NICHT VERSÄUMEN

EIN ECHTES MUSS: MARAFA

Abgesehen vom hedonistischen Strandvergnügen ist eine der beeindruckendsten Sehenswürdigkeiten an der kenianischen Nordküste die **Marafa Depression** (Karte S. 270), auch bekannt als Hell's Kitchen oder Nyeri. In der ausgewaschenen Sandsteinschlucht 30 km nordöstlich von Malindi bilden Dschungel, rote Felsen und Klippen eine faszinierende Landschaft.

Derzeit wird die Sehenswürdigkeit vom **Dorf Marafa** gemanagt. Für eine Umrundung muss man stolze 600 KSh zahlen, die Gemeindeprogrammen zugute kommen. Weitere 400 KSh kostet ein Guide, der einen in das Sandsteinherz der Kämme führt und die Geschichte von Hell's Kitchen erzählt. Und die geht so: Eine reiche Familie wusste ihr Vermögen so wenig zu schätzen, dass sie sogar in der kostbaren Milch ihres Viehs badete. Ihre Ausschweifungen erzürnten Gott jedoch und so ließ er ihr Gehöft in der Erde versinken. Die weiße und rote Farbe an den Wänden der Schlucht stehen für die Milch und das Blut der Familie. Und die alltäglichere Erklärung? Die Marafa Depression ist ein Sandsteinblock, der sich geologisch von den umliegenden Felsen unterscheidet und anfälliger für Erosion durch Wind und Regen ist.

Viele Menschen kommen im Rahmen eines organisierten Ausflugs, mit einem Mietwagen oder mit dem Taxi (7000 KSh) hierher. Alternativ fahren morgens ein oder zwei Matatus von der Mombasa Road in Malindi ins Dorf Marafa (150 KSh, 3 Std.). Von dort aus ist Hell's Kitchen 20 Gehminuten entfernt. Bei Bedarf kann man sich in einer der beiden sehr schlichten Unterkünfte einquartieren.

Wer mit eigenem Verkehrsmittel anreist, sollte einen Tagesausflug daraus machen, die schöne afrikanische Landschaft genießen und in einem der vielen Dörfer unterwegs für einen Plausch anhalten.

dung zwischen den verstreuten Einheiten des großen Resorts fungiert.

Driftwood Beach Club RESORT $$$
(☎20155; www.driftwoodclub.com; Mama Ngina Rd; EZ/DZ 10 560/15 070 KSh; ❄📶🏊👪) Eines der bekanntesten Resorts in Malindi sowie ein Haupttreffpunkt für Einwanderer und Anglokenianer. Die Anlage brüstet sich mit ihrer lässigen Atmosphäre und einer unabhängigeren Klientel, als viele ihrer Konkurrenten sie aufweisen. Hier ist eher Gelassenheit unter Palmen angesagt statt Partystimmung, wie sie in ähnlichen Hotels vorherrscht.

Lutheran Guest House PENSION $
(☎30098; EZ/DZ 1000/1800 KSh) Wer es ruhig mag, wird sich in diesem religiösen Zentrum (das Gäste aller Couleur akzeptiert) gut aufgehoben fühlen. Wie die meisten von der Kirche betriebenen Unterkünfte in Kenia ist auch diese ein wenig sauberer als andere Bleiben. Zudem ist das Personal freundlich und Alkohol streng verboten.

Ozi's Guest House HOTEL $
(☎20218; ozi@swiftmalindi.com; Mama Ngina Rd; EZ/DZ 900/1800 KSh) Beliebt bei Backpackern, vermutlich vor allem wegen der attraktiven Lage am Rand der Altstadt (neben einer Moschee – einer sehr lauten Moschee). Das Ozi's bietet gute Führungen an und hat freundliches Personal, das auf Alleinreisende eingestellt ist. Die Gäste teilen sich Gemeinschaftsbäder.

Coral Key Beach Resort RESORT $$
(☎30717; Mama Ngina Rd; EZ/DZ ab 70/140 €; ❄@📶🏊👪) Ein bisschen aufgedonnert und voller – hmm, wir sind uns nicht sicher – Pools, Teiche oder vielleicht Wasserspiele? Egal, auf jeden Fall sind sie erinnerungswürdig. Die Zimmer wirken gemütlich und sauber und punkten mit einem guten Preis-Leistungs-Verhältnis.

Tana Guest House HOTEL $
(☎0733243020; Jamhuri St; EZ/DZ ohne Frühstück, mit Gemeinschaftsbad 550/650 KSh, DZ 1100 KSh) Wer sein Geld zusammenhalten muss, findet kein Quartier mit besserem Preis und besserer Lage als dieses gleich neben den Bushaltestellen. Die Zimmer kommen recht sauber daher und haben z. B. Mückennetze und Hocktoiletten.

Da Gama's Inn HOTEL $
(☎0722357591; Mama Ngina Rd; EZ/DZ ohne Frühstück 800/1000 KSh) Große, nackte Doppelzimmer und kleinere Einzelzimmer in ei-

nem modernen Block. Im Untergeschoss gibt's ein anständiges indisches Restaurant. Wer den rostigen Tanks heißes Wasser entlockt, stellt sich besser an als wir.

Essen

Viele günstigere Swahili-Restaurants haben während des Ramadan geschlossen. Von den für Nichtgäste zugänglichen Hotelrestaurants bieten das Scorpio Villas (S. 279) und das Driftwood (S. 280) die beste Küche. Selbstversorger können sich im **Izzipoint Supermarket** (Uhuru Rd) und im **Il Fornado Italian Supermarket** (Lamu Rd) eindecken.

La Malindina ITALIENISCH $$$
(☎31449; Mtangani Rd; Mahlzeiten ca. 2000–2500 KSh; ⌚Ende Juli–Mitte April nur abends) Das extrem gehobene italienische Restaurant serviert unglaublich frische Meeresfrüchte aus der Region und ist allseits als das beste Lokal der Stadt bekannt.

I Love Pizza ITALIENISCH $
(☎20672; Mama Ngina Rd; Pizza ca. 900 KSh, Pasta ca. 400–600 KSh) Die Pizza ist um Längen besser, als man es so weit von Italien entfernt erwarten würde. Viele Gäste kommen aber wegen der Meeresfrüchte- und Pastagerichte hierher. Das Sahnehäubchen des exzellenten Restaurants sind die Veranda und die mediterrane Atmosphäre.

Old Man and the Sea FISCH & MEERESFRÜCHTE $$
(☎31106; Mama Ngina Rd; Hauptgerichte 400–750 KSh, Meeresfrüchte 550–1100 KSh; ✎) Seit Jahren kommt man hier in den Genuss hervorragender Meeresfrüchte. Das Lokal punktet vor allem mit seiner Kombination aus frischen lokalen Zutaten und neuen Rezepten. Erstklassiges Personal und eine tolle Einrichtung aus Korbmöbeln runden die schöne Mahlzeit im Kolonialstil bei Kerzenschein unter freiem Himmel ab. Es gibt auch eine Auswahl an vegetarischen Gerichten.

Baby Marrow ITALIENISCH, FISCH & MEERESFRÜCHTE $$$
(Mama Ngina Rd; Hauptgerichte 500–2000 KSh) Von der strohgedeckten Veranda bis zur italienisch geprägten Speisekarte und den leckeren Meeresfrüchten ist in diesem Restaurant alles skurril-stylish. Die ruhige Lage im Garten trägt zur entspannten Stimmung bei.

Barani Dishes KENIANISCH $
(Jamhuri St; Mahlzeiten 80–220 KSh) Fragt man einen Einheimischen, wo man die besten regionalen Spezialitäten bekommt, wird er auf dieses volle Lokal im Zentrum verweisen. Es ist sauber, hell und wartet mit all den kenianischen Speisen auf, die man sicherlich schon die ganze Zeit gesucht hat!

Chariba KENIANISCH $
(Lamu Rd; Mahlzeiten 80–220 KSh) Eine hervorragende afrikanische Option. Mit afrikanisch meinen wir die Inlandsküche mit Gerichten wie Grillfleisch mit *githeri, mukimo* und weitere Alternativen zu gestampftem Mais und Bohnen.

Ausgehen

Karen Blixen Restaurant & Coffee Shop CAFÉ $
(Lamu Rd; Kaffee 90–400 KSh, Snacks 500–900 KSh) Obwohl es unerhört prätentiös

ABSTECHER

KITESURFEN

In vielen Strandresorts werden Kitesurfkurse angeboten. Die wohl beste Adresse, diesem Hobby nachzugehen und sich zu fühlen wie in den Tropen, ist **Che Shale/Kajama Beach Bandas** (☎0722230931; www.cheshale.com; Kajama EZ/DZ 35/70 €, Che Shale EZ/DZ ab 80/160 €), eines der am besten geführten Unternehmen dieser Art, das wir gesehen haben. Es verbindet auf luxuriöse und geschmackvolle Art und Weise Swahili-Ästhetik mit zeitgenössischem Schick. Die Einrichtung der riesigen Bar mit Strohdach nimmt verspielt Beach-Schickimicki aufs Korn. Für Traveller mit kleinerem Budget bietet das Kajama Beach Bandas (dieselbe Location) das Gleiche für weniger Geld. Und als Krönung hat man hier aufgrund der abgeschiedenen Lage und der Lehrer bei Che Shale einen der besten Kitesurfanbieter der Küste erwischt. Ein kompletter Anfängerkurs kostet 315 €.

Das Che Shale liegt am Ende eines langen Schotterwegs (für den man ein Fahrzeug mit Allradantrieb braucht oder sich vom Hotel abholen lassen muss) ca. 30 Minuten nördlich von Malindi.

wirkt, ist dieses Straßencafé im italienischen Stil ein schöner Platz, um dem Chaos auf der Straße zu entfliehen. Wie es sich für ein italienisches Café gehört, gibt's italienischen Kaffee und Snacks und viele, viele Italiener. Frühstücken kann man hier übrigens auch.

Fermento Piano Bar LOUNGE $
(☎31780; Galana Centre, Lamu Rd; Eintritt 200 KSh; ⊙Mi, Fr & Sa ab 22 Uhr; ❄) Der angesagteste Club der Stadt, in dem früher regelmäßig Naomi Campbell zu Gast war. Er ist jung und trendy, also sollte man versuchen, ebenso auszusehen, wenn man herkommt.

Zu den größten Nachtclubs jenseits der Resorts gehören das **Star Dust** (Lamu Rd) und der **Club 28** (Lamu Rd). Außerhalb der Saison haben beide nur sporadisch geöffnet, platzen dann aber aus allen Nähten. Achtung: Vor Ort treiben sich viele Damen vom Gewerbe und Gigolos herum.

Shoppen

Zahlreiche Souvenirläden und ein großer Markt mit Sammelsurien säumen die Uhuru Road und die Mama Ngina Road in der Nähe der Altstadt. Einfach unnachgiebig feilschen und ein traumhaftes *bao*-Set (afrikanisches Brettspiel) mit nach Hause nehmen. Muschelverkäufer sollte man allerdings meiden, denn ihre Waren werden größtenteils unrechtmäßig aus dem Nationalpark mitgenommen.

Eine tolle Adresse für Handarbeiten ist die Malindi Handicrafts Cooperative, ein Gemeindeprojekt. Hier sind Künstler aus der Gegend eingestellt, die Holzschnitzereien von hoher Qualität herstellen. Um zu dem Laden zu kommen, biegt man nahe der BP-Tankstelle von der Hauptstraße nach Mombasa ab; das Zentrum liegt 2 km weiter über eine Schotterstraße direkt gegenüber dem Gemeindekrankenhaus.

Praktische Informationen

Gefahren & Ärgernisse

Nachts sollte man sich nicht allein am Strand aufhalten und auch nicht durch die nahen stillen Gassen bummeln. Zu meiden sind auch das abgelegene Nordende des Strandes und einsame Fleckchen in der Gegend, da dort Überfälle vorkommen. Darüber hinaus werden viele Drogen verkauft. Noch mal zur Erinnerung: Alle Drogen einschließlich Marihuana sind illegal. Dealer entpuppen sich oft als verdeckte Ermittler, die einen Anteil der Geldstrafe bekommen, die Polizisten von einem kassieren (sofern man nicht ins Gefängnis kommt). Leider ist auch Prostitution weit verbreitet.

Geld

Barclays Bank (Lamu Rd) Hat einen Geldautomat.

Dollar Forex Bureau (Lamu Rd)

Standard Chartered Bank (Stanchart Arcade, Lamu Rd) Hat einen Geldautomat.

Notfälle

Krankenwagen (☎30575, 041-3432411, 999)

Polizei (☎20485, 999; Kenyatta Rd)

Post

Postfiliale (Kenyatta Rd)

Reisebüros

North Coast Travel Services (☎20370; Lamu Rd) Vermittelt Flüge von Fly540.

Southern Sky Safaris (☎20493; www.southernskysafaris.com; Lamu Rd) Hat einen guten Ruf.

Touristeninformation

Italienisches Konsulat (☎20502; Sabaki Centre, Lamu Rd)

Touristeninformation (☎20689; Malindi Complex, Lamu Rd; ⊙Mo–Fr 8–12.30 & 14–16.30 Uhr)

An- & Weiterreise

Bus & Matatu

LAMU

Normalerweise fahren mindestens sechs Busse täglich nach Lamu (600 KSh, in Zeiten hoher Nachfrage evtl. teurer, 4–5 Std.), die meistens um 9 Uhr starten. Zu den größten Betreibern gehören TSS Buses und Tawakal.

MOMBASA

Jeden Tag verkehren zahlreiche Busse und Matatus nach Mombasa (Bus/Matatu 300/350 KSh, 2 Std.). Die Büros der Busgesellschaften liegen gegenüber dem alten Markt im Zentrum von Malindi. In Zeiten hoher Nachfrage können die Ticketpreise auf bis zu 600 KSh ansteigen.

NAIROBI

Alle großen Busgesellschaften fahren täglich gegen 7 Uhr und/oder 19 Uhr über Mombasa nach Nairobi (110–1200 KSh, 10–12 Std.). Starways Express ist eines der größeren Unternehmen.

WATAMU

Matatus nach Watamu (80–100 KSh, 1 Std.) starten an der gar nicht mal so neuen New Malindi Bus Station am Stadtrand.

Flugzeug

Airkenya (☎30646; Malindi Airport) Fliegt täglich nachmittags/abends nach Nairobi (100 US$, 2 Std.).

Kenya Airways (☎20237; Lamu Rd) Bedient mindestens einmal täglich dieselbe Route (134 US$).

Unterwegs vor Ort

Bei den meisten Hotels und beim KWS kann man Fahrräder mieten (200–500 KSh pro Tag). Nachts ist Radfahren verboten. *Tuk-tuks* (Minitaxis) sind allgegenwärtig. Eine Fahrt von der Stadt zum Büro des KWS sollte rund 150 bis 200 KSh kosten, ein Taxi zum Flughafen mindestens 150 KSh, ein *tuk-tuk* 50 KSh. Das sind die offiziellen Preise und man muss schon recht redegewandt sein, um sie herunterzuhandeln.

Tana River

Für die meisten Traveller ist das Tana-Delta ein lästiger Straßenabschnitt zwischen Malindi und Lamu. Tatsächlich bildet es die Grenzlinie, auf der die letzten Resorts stehen. Dahinter können die Hotels, wie David Attenborough sagen würde, schlicht nicht überleben (zumindest nicht bis Lamu).

Unerschrockene Reisende erwarten hier jedoch fantastische Gebiete zum Erkunden. Im Delta erstreckt sich weites, flaches Marschland mit Dschungelflecken, die sich aus der feuchten Grasebene erheben. Aus den schmalen Häusern der Orma und den Hütten aus Lehm und Stroh der Pokomo zieht der Rauch der Feuerstellen über das Riedgras, während Schwarzreiher über das träge Wasser gleiten und im hohen Gras Flusspferde und Krokodile argwöhnisch umeinander herumschleichen. Hier ist man in einem Teil Kenias, in dem die Hippos eine tatsächliche Gefahr im Straßenverkehr darstellen!

Wer die Region auf eigene Faust erkunden möchte, setzt sich in einen der Busse auf der Route zwischen Lamu und Malindi und steigt im kleinen Witu aus, um von dort mit dem Bus oder Matatu (Bus/Matatu 70/100 KSh) ins kleinere Kipini an der Deltamündung weiterzufahren. Wer sich dort nicht länger aufhalten möchte, kann in Witu bis ca. 14.30 Uhr einen der Busse nach Lamu oder Malindi nehmen.

Sehenswertes & Aktivitäten

Während der Recherchen für dieses Buch gab es in Kipini keine offiziellen Touren und niemand wusste so recht etwas mit ausländischen Touristen anzufangen. Wer jedoch bereit ist, ein paar Unannehmlichkeiten und Missverständnisse auf sich zu nehmen, wird hier mit unzähligen Abenteuermöglichkeiten belohnt.

Bei unserem Besuch wurde gerade die **Kipini Wildlife Conservancy** (www.kipiniconservancy.org) gegründet. Ihr Ziel ist es, ein privates Schutzgebiet wie Lewa (S. 206) zu werden, allerdinsg verfügt sie bisher nur über wenige Einrichtungen.

Bootssafari BOOTSTOUR
Das naheliegendste Abenteuer ist eine **Bootssafari** auf dem herrlich trägen grünen Tana River. Es gibt nichts Aufregenderes, als in einem kleinen Kahn zu sitzen, einen Baum anzuschauen, diesen Baum plötzlich ins Wasser gleiten zu sehen und zu merken: „Das ist ein Krokodil!" Die Guides bleiben davon total unbeeindruckt, fürchten sich allerdings vor den Flusspferden der Gegend. Diese sind allgegenwärtig und tatsächlich weit gefährlicher.

Kanusafaris kosten rund 2000 KSh pro Tag, allerdings ist es problematisch, dass die meisten Krokodile und Flusspferde deutlich weiter flussaufwärts anzutreffen sind und man in einem Kanu nicht sehr schnell vorankommt. Daher mietet man besser ein (recht teures) Motorboot. Uns wurden 6000 KSh pro Stunde mit Benzin berechnet, und drei Stunden sollte man schon einplanen, damit die Tour lohnt.

Schlafen & Essen

Delta Dunes LODGE $$$
(☎0718139359; www.deltadunes.co.ke; EZ/DZ inkl. Vollpension 590/1000 US$ plus 60 US$ Naturschutzgebühr pro Pers.;) Von der abgelegenen, exklusiven Lodge an der reizvollen Mündung des Tana hat man die Möglichkeit, Safaris zu Fuß und per Kanu (im Preis inbegriffen) im Marschland zu unternehmen. Von Malindi braucht man mit dem Auto und Kanu mindestens drei Stunden hierher. Wer jedoch die extrem teuren Preise in Kauf nehmen kann, wird keine Probleme haben, sich auch den Transfer in einem privaten Helikopter zu leisten.

Mamba Campsite & Lodging HÜTTEN $
(Kipini; Hütte ohne Frühstück 500 KSh) Sehr schlichte Hütten mit müffelnden Gemeinschaftstoiletten, jedoch die einzige „offizielle" Unterbringung im Dorf Kipini. Sollte die Unterkunft ausgebucht sein, gibt's noch ein paar weitere wenig einladende Quartiere für rund 400 KSh.

LAMU-ARCHIPEL

Die Araber nannten sie die „Sieben Inseln von Eryaya", für Seeleute waren sie ein willkommener Hafen auf dem Weg von oder nach Indien und Hunderte von Einwanderer, die sich unsterblich in die Eilande verliebt haben, blieben dort hängen. Heimat ist der Archipel auch für die Swahili, deren tiefste kulturelle Wurzeln hier verankert sind.

Kaum jemand wird wohl bestreiten, dass es sich bei der Inselgruppe um das atmosphärischste Reiseziel an der kenianischen Küste handelt. Um in der Reisesprache zu bleiben: In der Gegend erwarten einen mittelalterliche Städtchen aus Stein mit engen Straßen *und* charmante Gebäude *und* ein tropisches Inselparadies *und* eine köstliche lokale Küche *und* Abermillionen von Sternen am nächtlichen Himmel, während der Geruch von Gewürzen und vielen Möglichkeiten die Luft erfüllt.

Lamu

042

Unvermittelt ragt die Stadt Lamu vor einem auf, wenn man sich ihr vom Wasser aus nähert (und seien wir ehrlich – alles ist schöner, wenn man sich vom Wasser her nähert). Die Ladenfronten und Moscheen, verblichen unter dem nicht ablassenden salzigen Wind, verstecken sich in einem Wald aus Dau-Masten. Dann geht's durch den Ort, besser gesagt: durch das Labyrinth der Gassen. In den schmalen Straßen trifft man auf grinsende Kinder, Frauen in knöchellangen *bui-bui* (schwarze Burkas, die manche islamischen Frauen außerhalb des Hauses tragen) und Katzen, die über die Dächer streifen. Blauer Rauch steigt von über offenem Feuer gegrilltem Fleisch auf und der beißende Geruch naturbelassener Holzfensterläden an den Häusern aus Steinen und Korallen liegt in der Luft. Für viele Traveller ist Lamu, die älteste noch existierende Stadt Ostafrikas, Unesco-Welterbestätte und vollständigste bestehende Swahili-Stadt der Welt, das Highlight ihrer Kenia-Reise. Die Bewohner nennen ihre Insel *Kiwa Ndeo* – die eitle Insel – und tatsächlich gibt's hier viel, auf das man stolz sein kann.

Geschichte

In der vorarabischen Zeit lebten auf den Inseln Bajun, deren Traditionen jedoch mit der Ankunft der Araber nahezu gänzlich verschwanden.

Im 19. Jh. stellten die Krieger von Lamu ihre Widersacher von Paté bei Ebbe im Schlamm und richteten sie hin. Dieser Sieg und viel Geld durch Elfenbein- und Sklavenhandel verwandelten die Stadt in einen unheimlich reichen Ort. Die meisten der heute noch stehenden schönen Swahili-Häuser stammen aus der damaligen Zeit.

1873 endete der Wohlstand, als die Briten Sultan Barghash von Sansibar zwangen, den Sklavenmarkt einzustellen. Als der Menschenhandel abgeschafft worden war, ging es mit der Wirtschaft rapide bergab. Der Stadtstaat wurde ab 1890 dem britischen Protektorat untergliedert und mit der Unabhängigkeit 1963 ein Teil Kenias.

Bis Lamu in den 1970er-Jahren von Reisenden „wiederentdeckt" wurde, führte es eine unbeachtete Existenz – sodass es sich den Touristen heute gut erhalten präsentiert.

Sehenswertes

Lamu ist einer jener Orte, die vor allem mit ihrer Atmosphäre überzeugen. Klassische „Sehenswürdigkeiten" gibt's dagegen kaum. Ein paar Museen haben täglich von 8 bis 18 Uhr geöffnet und warten auf Besucher. Für erwachsene Nichtanwohner beträgt der Eintritt 500 KSh, für Kinder 250 KSh.

Lamu Museum MUSEUM

(Harambee Ave) Das beste Museum der Stadt ist in einem großen Swahili-Warenhaus am Ufer untergebracht. Es dient als guter Ausgangspunkt, um etwas über die Swahili-Kultur im Allgemeinen und auf dem Archipel im Besonderen zu erfahren. Zu den Ausstellungsstücken gehören u. a. traditionelle Frauenkleider. Wer denkt, die von Kopf bis Fuß reichenden *bui-bui* seien beengend, hat noch keine *shiraa* gesehen – einst galt dieses zeltartige Gewand (mit Holzrahmen, den man über dem Kopf hält) als anständiges Kleidungsstück für die Damen vor Ort. Außerdem sieht man Fundstücke aus Swahili-Ruinen, Krimskrams von lokalen Stämmen und Gegenstände rund ums Meer, darunter ein *mtepe*, ein traditionelles, aus Kokosfaser gefertigtes Boot, das dem Kamel des Propheten Mohammed ähneln sollte – daher sein Spitzname „Kamel des Ozeans". Guides begleiten einen durch die Ausstellung.

Lamu Fort FESTUNG

(Kenyatta Rd) 1810 wurde die Festung vom Sultan von Paté erbaut und 1823 fertiggestellt. Von 1910 bis 1984 diente sie als Gefängnis. Heute beherbergt sie die Bücherei der Insel mit einem der größten Bestände an Swahili-

Lamu-Archipel

Dichtung und Lamu-Nachschlagewerken in Kenia. Wer sein Ticket für das Lamu Museum vorzeigt, kommt kostenlos hinein.

Swahili House Museum MUSEUM
Das gut erhaltene Swahili-Haus neben dem Yumbe House Hotel sieht schön aus, ist aber mit 500 KSh Eintrittsgeld überteuert, vor allem da jedes zweite Hotelgebäude in Lamu mit dem kleinen Bauwerk konkurrieren kann.

German Post Office Museum MUSEUM
(Kenyatta Rd) Ende des 19. Jhs., bevor die Briten die deutsche Expansion nach Tanganjika im Keim erstickten, erachteten die Deutschen Lamu als idealen Ausgangspunkt zur Erkundung des Inlands. Im Zuge dessen baute die Deutsch-Ostafrikanische Gesellschaft eine Postfiliale. Heute ist das alte Gebäude ein Museum mit Fotografien und Andenken an die kurze deutsche Epoche Lamus.

Donkey Sanctuary ZOO
(Harambee Ave; Eintritt frei; ⏲ Mo–Fr 9–13 Uhr)

> Ein Mann ohne einen Esel *ist* ein Esel.
> *Swahili-Redewendung*

Oder, wie das Personal im Eselschutzgebiet sagt, ist auch ein Mann, der seinen Esel nicht sorgsam behandelt, ein Esel. Mit rund 3000 Tieren (und ein paar Autos) dient der *Equus asinus* als Haupttransportmittel in Lamu. Dieser Zufluchtsort wurde vom International Donkey Protection Trust aus Sidmouth, Großbritannien, gegründet, um die Lebenssituation der hart arbeitenden Lasttiere auf der Insel zu verbessern. Man kann ihn kostenlos besuchen und viel über die dortige Arbeit erfahren. Spenden sind erwünscht.

Strände STRAND
Wer an den Strand möchte, nimmt entweder den vierzigminütigen Fußmarsch nach Shela (S. 293) in Kauf oder fährt für 150 KSh mit einer Dau dorthin. Alternativ kann man sich aber auch am neu angelegten **Uyoni Beach** in der Sonne aalen. Dieser von Menschen gemachte Strand erstreckt sich nur wenige Gehminuten nördlich von Lamu. Da er so neu ist, wirkt er noch ein wenig steril (und wie eine Baustelle), doch in ein paar Jahren wird er mit etwas mehr Vegetation sicher sehr schön sein.

Feste & Events

Maulidi Festival ISLAMISCHES FEST
Beim Maulidi-Fest wird die Geburt des Propheten Mohammed gefeiert. Das Datum richtet sich nach dem muslimischen Kalender und variiert: Während dieses Buch aktuell ist, sollte es auf Januar oder Februar fallen. Seit über 100 Jahren bejubelt man die-

Lamu

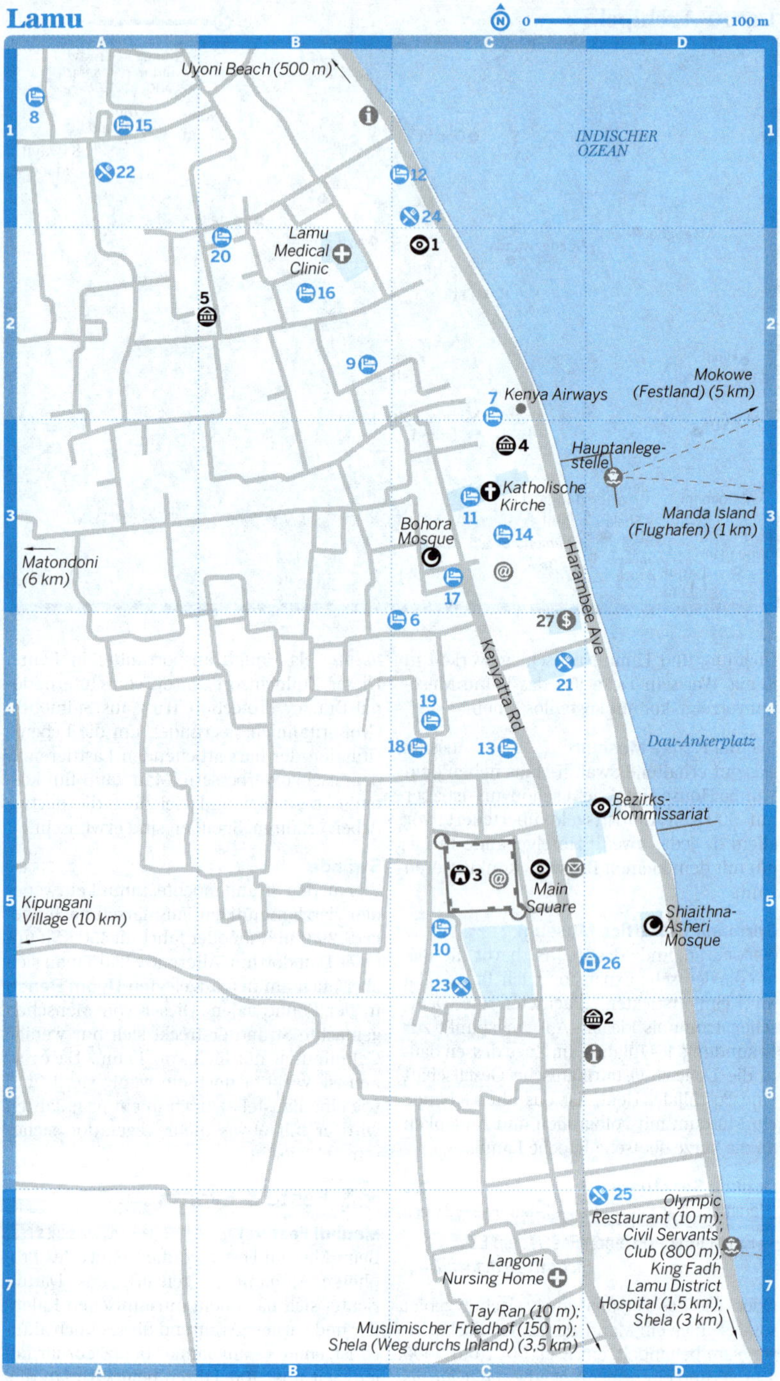

0
100 m
A
B
C
D
1
2
3
4
5
6
7
Uyoni Beach (500 m)
INDISCHER OZEAN
8
15
22
12
24
Lamu Medical Clinic
1
20
16
5
9
Mokowe (Festland) (5 km)
7
Kenya Airways
4
Hauptanlege-stelle
11
Katholische Kirche
Manda Island (Flughafen) (1 km)
Bohora Mosque
14
Harambee Ave
Matondoni (6 km)
17
27
6
Kenyatta Rd
21
19
18
13
Dau-Ankerplatz
Bezirks-kommissariat
3
Main Square
Kipungani Village (10 km)
Shiaithna-Asheri Mosque
10
26
23
2
25
Olympic Restaurant (10 m); Civil Servants' Club (800 m); King Fadh Lamu District Hospital (1,5 km); Shela (3 km)
Langoni Nursing Home
Tay Ran (10 m); Muslimischer Friedhof (150 m); Shela (Weg durchs Inland) (3,5 km)

Lamu

Sehenswertes

1	Donkey Sanctuary	C2
2	German Post Office Museum	D6
3	Lamu Fort	C5
4	Lamu Museum	C3
5	Swahili House Museum	B2

Schlafen

6	Amu House	C4
7	Casuarina Rest House	C2
8	Jannat House	A1
9	Kilimanjaro House	B2
10	Lamu Castle Hotel	C5
11	Lamu Guest House	C3
12	Lamu House	C1
13	New Mahrus Hotel	C4
14	Petley's Inn	C3
15	Pole Pole Guest House	A1
16	Stone House Hotel	B2
17	Sultan Palace Hotel	C3
18	Wildebeeste 1	C4
19	Wildebeeste 2	C4
20	Yumbe House	B2

Essen

21	Bush Gardens Restaurant	C4
22	Bustani Café	A1
	Lamu House	(siehe 12)
23	Hauptmarkt	C5
24	Mwana Arafa Restaurant Gardens	C1
	Stone House Hotel	(siehe 16)
25	Whispers Coffeeshop	D7

Ausgehen

	Lamu House	(siehe 12)
	Petley's Inn	(siehe 14)

Shoppen

	Baraka Gallery	(siehe 25)
	Black & White Gallery	(siehe 6)
	Lamu Museum Shop	(siehe 4)
26	Mani Books & Stationers	D5

Praktisches

27	Kenya Commercial Bank	C4

Transport

	Airkenya	(siehe 25)

sen Anlass auf der Insel mit viel Gesang, Tanz und großer Fröhlichkeit. Am letzten Tag zieht eine Prozession zum Grab von Ali Habib Swaleh hinunter. Dieser hat das Fest initiiert.

Lamu Cultural Festival KULTURFEST
Das Lamu Cultural Festival ist ein weiteres buntes Spektakel. Der Termin ändert sich von Jahr zu Jahr.

Schlafen

In den Gassen von Lamu stößt man auf unzählige Quartiere. Da die Konkurrenz groß ist, kosten die Unterkünfte oft weniger als in anderen Teilen Kenias. Preise sind grundsätzlich verhandelbar, vor allem wenn man länger als einen oder zwei Tage bleibt. Nepper werden versuchen, einen zum Hotel zu begleiten, um eine Kommission einzustreichen. Dies vermeidet man am besten, indem man mindestens eine Nacht im Voraus bucht und somit weiß, wie viel man bezahlen muss.

LP TIPP **Stone House Hotel** BOUTIQUE-HOTEL $$
(☎633544; www.stonehousehotellamu.com; EZ/DZ inkl. Frühstück ab 40/60 US$) Eine der besseren Mittelklasse-Unterkünfte der Stadt. Die Swahili-Villa, ein schön getünchtes Haus, liegt in einer Nebenstraße ohne Touristen und hat eine fantastische Dachterrasse mit einem exzellenten Restaurant (in dem kein Alkohol ausgeschenkt wird) sowie einem Traumblick über die Stadt und aufs Wasser. Alle Zimmer sind geräumig und hübsch eingerichtet.

LP TIPP **Lamu House** BOUTIQUE-HOTEL $$$
(☎633491; www.lamuhouse.com; Harambee Ave; EZ/DZ 190/235 €; @) In Lamu wollen alle ihre alten Gebäude bewahren und das schönste unter ihnen ist das Lamu House. Es sieht aus wie eine Swahili-Villa, bietet aber den zeitgenössischen Schick eines Boutique-Hotels. Blasse, luftige Mittelmeerromantik verschmilzt mit einem afrikanischen Palast, und das Ergebnis wirft einen schlichtweg um. Kurz gesagt ist das Lamu House eine der herrlichsten Bleiben an der Küste Kenias.

Jambo House BOUTIQUE-HOTEL $
(☎0713411714; www.jambohouse.com; EZ/DZ 2100/2500 KSh, mit Gemeinschaftsbad 1800/2200 KSh) Als neuer Star der hiesigen Hotelszene gilt dieses hoch angesehene Budgethotel mit kleinen, aber makellosen Zimmern in Terrakottafarben und leuchtend blauen

START HAUPTANLEGESTELLE IN LAMU
ZIEL SHIAITHNA-ASHERI MOSQUE
LÄNGE CA. 1 KM
DAUER 45–60 MINUTEN

Stadtspaziergang
Lamu

Der beste (und einzige) Weg, Lamu zu erkunden, ist zu Fuß. Vor allem in den Nebenstraßen macht man zahlreiche tolle Entdeckungen. Hier riecht es nach Kardamom und Karbol und lebhafte Katzen klettern wendig an den Korallenwänden empor. Darüber hinaus gibt's so viele wunderschöne Swahili-Häuser, dass man keine bestimmten Bauwerke empfehlen muss – einfach die Augen offen halten und nicht vergessen hochzuschauen.

Vom 1 **Hauptpier** geht's gen Norden vorbei am 2 **Lamu Museum** und dann am Ufer entlang, bis man zu den 3 **Werkstätten der Türschnitzer** kommt.

Nun folgt man der Kenyatta Road, passiert einen originalen 4 **Swahili-Brunnen** und gelangt zu den Gassen in Richtung des 5 **Swahili House Museum**. Hat man genügend Haushaltsgegenstände bewundert, schlendert man auf einer beliebigen Route zurück zur Hauptstraße.

Wieder auf dem Hauptplatz und am 6 **Fort** angekommen, biegt man rechts ab und stößt auf die zerfallenden Überreste der 7 **Pwani Mosque** aus dem 14. Jh., eines der ältesten Gebäude Lamus, an dessen Mauer noch eine arabische Inschrift zu sehen ist. Von hier unternimmt man einen Rundgang durch den überdachten 8 **Markt** und frönt dem Feilschen, bis man die helle, von Saudis erbaute 9 **Riyadha Mosque** erreicht, Lamus religiöses Zentrum.

Als Nächstes bummelt man, so langsam oder schnell man mag, zum Wasser zurück. An der Promenade lohnt sich ein Abstecher ins 10 **German Post Office Museum**, wenn man es nicht schon besucht hat. Die Tür ist ein beeindruckendes Beispiel von Swahili-Schnitzerei. Genug gelaufen? Dann sollte man auf der 11 **Baraza ya wazee** („Bank der alten Männer") eine Pause einlegen und vor den Stuck-Minaretten der 12 **Shiaithna-Asheri Mosque** die frische Brise genießen.

Über die Harambee Avenue gelangt man wieder zurück zum Hauptpier.

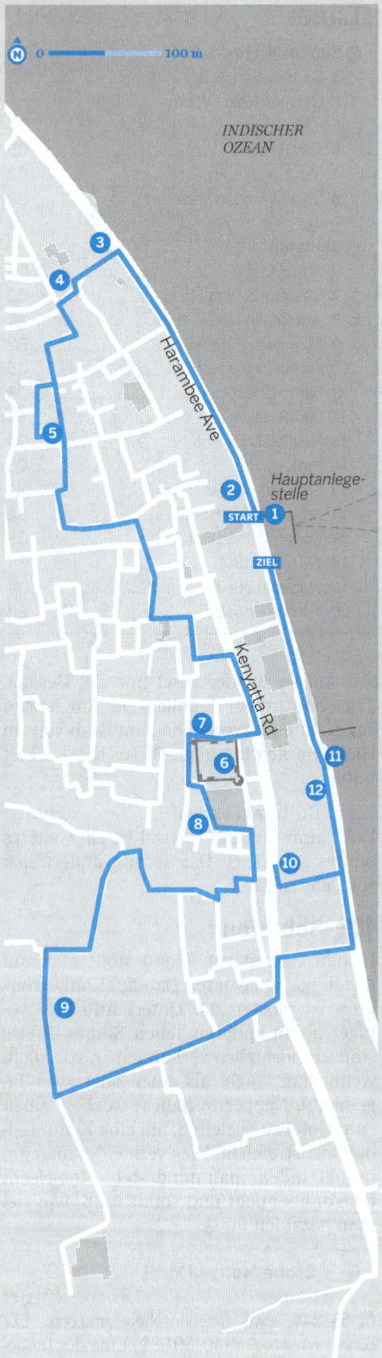

Bädern. Die Dachterrasse und das Frühstück sind fantastisch, das wirkliche Highlight aber ist der Besitzer Arnold.

Yumbe House BOUTIQUE-HOTEL **$**
(☎633101; lamuoldtown@africaonline.co.ke; EZ/DZ 2200/3000 KSh) Was Korallenschlösser anbelangt, macht dem Yumbe House niemand so schnell etwas vor. Moment, Korallenschloss? Ja, richtig gelesen! Die geräumigen Zimmer der Unterkunft sind mit schönen Swahili-Akzenten eingerichtet, auf den offenen Veranden kann man die Sterne anschauen und die kühle Brise genießen, und die überromantische Suite im Obergeschoss dient als perfektes Refugium für Pärchen, die Abgeschiedenheit suchen. Ein herausragendes Hotel mit guten Preisen.

Kilimanjaro House BOUTIQUE-HOTEL **$**
(☎0721141924; www.kilimanjaro-lamu.com; Stadtzentrum; EZ/DZ 2000/3000 KSh) Noch ein schön restauriertes Swahili-Haus. Es ist recht klein, aber freundlich und gemütlich und liegt gegenüber dem Stone House Hotel in einer hübschen ruhigen Seitenstraße. Leider muss man für das Vergnügen einer Übernachtung etwas zu tief in die Tasche greifen.

Pole Pole Guest House HOTEL **$**
(☎0722736768, 0715259139; EZ/DZ 800/1600 KSh) In Ufernähe befindet sich eines der höchsten Gebäude in Lamu mit hellen Doppelzimmern samt Ventilatoren und Mückennetzen, allerdings sind die Bäder ein wenig schimmelig. Das Hotel verfügt über eine geräumige *makuti*-Dachterrasse mit tollem Ausblick und einen eigenen kleinen „Turm".

Casuarina Rest House HOTEL **$**
(☎633123; Zi. 1500 KSh) Ein paar der Zimmer (vor allem die mit drei Betten) wirken etwas verwohnt, trotzdem gilt das Casuarina – ein gefliester Palast mit einer gut besuchten Lounge auf der Dachterrasse, lustigem Personal und lockerer Backpackerstimmung, bei der sich alle wohlfühlen – noch immer als Budgetschnäppchen. Seitdem kürzlich die Preise erhöht wurden, ist es aber nicht mehr so günstig wie einst.

Jannat House HOTEL **$$**
(☎633414; EZ/DZ ab 3500/5000 KSh; ≋) Als sie das Jannat entwarfen, hatten die Architekten einen guten Tag. Das Hotel besteht aus zwei zusammengefügten Häusern mit mehreren Etagen und zahlreichen Terrassen rund um einen Hof. Leider wird es nicht gut gepflegt, sieht langsam ein wenig heruntergekommen aus, und ist deshalb auch allmählich etwas zu teuer. Die Zimmer in den oberen Etagen sind deutlich besser als die in den unteren. Der erfrischende Pool stellt in diesen Breiten eine Seltenheit dar.

LAMUS GRUNDRISS

Lamu hält sich an Swahili-Stadtplanungsnormen wie nur wenige Orte der Welt. Im scheinbar willkürlichen Gewirr der Straßen liegen zahlreiche Viertel und Distrikte, die nach Familienhierarchie, Sozialstatus und Beruf unterteilt sind.

Es gibt 28 *mitaa* (Bezirke), deren Namen von funktional, z. B. *Madukani* (Einkaufsplatz), über esoterisch wie *Makadara* (Ewige Bestimmung) bis hin zu lustigen Bezeichnungen wie *Kivundoni* (Stinkender Ort) variieren. Außerdem ist die Stadt in zwei Hälften geteilt, in die nördliche, *Zena* (die Schöne), und in die südliche, *Suudi* (die Wohlhabende).

Die Teilung rührt daher, dass die *Zijoho* (Araber-Swahili-Elite) den Handel traditionell verachtet. In der *Zena* genannten Hälfte der Stadt stehen die fürstlichsten Domizile, während die großen Märkte, lauten Aktivitäten und die ärmeren, dunkleren Gesichter generell auf der *Suudi*-Seite zu finden sind. Dadurch, dass Ausländer prächtige Häuser gebaut bzw. restauriert haben, hat sich die Situation zwar etwas verändert, doch auch heute noch werden die meisten neuen Villen auf der *Zena*-Seite errichtet.

Fast alle Häuserfronten sind nach Norden ausgerichtet. Das mag am muslimischen Konzept der Qibla liegen, der Ausrichtung gen Mekka beim Beten (ein Swahili-Wort für Norden ist *upande ya kibla*), oder es dient dem Schutz vor der Sonne.

Wie viele Swahili-Häuser sind auch jene in Lamu rund um Höfe gebaut. Einst war das Ver- und Entsorgungssystem der Stadt ein technisches Wunder, heute ist es aber wegen der Überbevölkerung überlastet. Leider führt das manchmal dazu, dass die Kanalisation über die Ufer tritt (was insbesondere angesichts des Eseldrecks, der überall herumliegt, eine stinkende Angelegenheit wird). Gerade nach Regenfällen sollte man genau aufpassen, wo man hintritt.

Petley's Inn HOTEL $
(☎0726275438; Harambee Ave; Zi. 3500 KSh) Das Petley's wartet mit einer traumhaften Lage direkt am Hauptpier mit einem unschlagbaren Blick über das Wasser auf. Man könnte meinen, es sei gnadenlos überteuert, doch die geräumigen Zimmer bieten ein besonders gutes Preis-Leistungs-Verhältnis für Lamu. Als wir das letzte Mal hier waren, wechselte gerade die Geschäftsleitung, also wurden mit Sicherheit einige Änderungen vorgenommen (vielleicht sogar beim Namen).

Sultan Palace Hotel APARTMENT $
(☎0723593292; Kenyatta Rd; Apt. 3000 KSh pro Pers.) Zentrale Herberge mit einer Handvoll beeindruckender Zimmer im Apartmentstil mit sonnigen mediterranen Farben und knarrenden Swahili-Himmelbetten. Günstig für Alleinreisende, für Paare überteuert.

Wildebeeste 1 & 2 APARTMENTS $
(☎0712851499; Apt. 2500–3000 KSh) Lamus denkwürdigste Unterkunft empfindet man je nach Stimmung entweder als staubig und heruntergekommen oder als exzentrisch und künstlerisch. Die Wahrheit liegt irgendwo dazwischen (vermutlich ist es eher ersteres). Der Komplex besteht aus Apartments für zwei bis sechs Personen.

Amu House APARTMENT $
(☎0718196286; Apt. ohne Frühstück 2000 KSh) Über der Black & White Gallery (s. S. 292) befindet sich ein einziges riesiges Apartment. Es ist recht schlicht, aber luftig und kühl und eine tolle Option für Familien mit langem Aufenthalt.

Lamu Guest House HOTEL $
(☎633338; Kenyatta Rd; EZ/DZ ohne Frühstück 1000/1750 KSh, mit Gemeinschaftsbad 800/1600 KSh) Die einfachen Zimmer dieses Hotels verfügen nur über eine sehr spärliche Einrichtung. Jene im Obergeschoss sind besser und mit einer Meeresbrise gesegnet. Die hier angegebenen „offiziellen" Preise liegen rund 500 KSh über dem, was man letztendlich bezahlt. Abdul, der Chef, ist ein echter Kauz – nicht seine Sammlung von Muschelbildern verpassen.

Zwar wirken beide recht schäbig, aber dafür kommen budgetbewusste Traveller im **Lamu Castle Hotel** (hinter dem Hauptmarkt) und im **New Mahrus Hotel** (Kenyatta Rd) für nur 600 KSh unter.

LAMUS NEUES GESICHT

Lamu wird oft als abgelegene Inselgemeinde fernab von aller Welt beworben, was natürlich reine Utopie ist. Neuerdings steht es im Mittelpunkt eines riesigen Bauprojekts in Nordkenia, welches das Leben auf der Insel sehr stark und nachhaltig verändern wird. Den Entwürfen zufolge entstehen auf dem Archipel einer der größten Häfen Ostafrikas, eine Ölpipeline aus dem Südsudan, ein US-Marinestützpunkt, eine Reihe neuer Resorts, ein neuer Flughafen und eine Bahntrasse sowie eine mehrspurige Autobahn, die Lamu an den Rest des Landes anbinden wird. Weitere Infos hierzu siehe Kasten S. 227.

Essen

In Lamu ist es von Vorteil, wenn man alle günstigen Lokale kennt, da viele der teureren Restaurants während des Ramadan erst nach Sonnenuntergang öffnen.

Die Fruchtsäfte, die in beinahe jedem Restaurant verkauft werden, sollte man sich nicht entgehen lassen, denn sie sind gut. Und zwar richtig, richtig gut.

Neben den hier aufgeführten Lokalitäten lohnt es auch, das sehr schicke Abendessen im Lamu House (S. 287) oder die nur unwesentlich weniger raffinierte Küche des Restaurants auf der Dachterrasse des Stone House Hotel (S. 287) auszuprobieren.

Irgendwann verirren sich die meisten Traveller zu Ali Hippy, der Mahlzeiten in seinem Haus serviert (der Preis hängt von der Anzahl der Esser am Tisch und dem Gewicht des gekauften Fischs ab) und mit Sicherheit darauf hinweist, dass er in diesem Buch erwähnt wird. Während man sein Essen genießt, unterhält einen die gesamte Familie. Manche Gäste stehen sehr zufrieden auf, allerdings werden viele vom Verkaufsgespräch abgeschreckt!

Selbstversorger können sich auf dem Hauptmarkt neben dem Fort eindecken.

LP TIPP **Mwana Arafa Restaurant Gardens**
FISCH & MEERESFRÜCHTE $$
(Harambee Ave; Mahlzeiten 350–800 KSh; ⊙mittags & abends) Eines der schickeren Restaurants in Lamu mit dem perfekten Mix aus Sitzgelegenheiten im Garten und Blick auf die Dauen, die unter dem Mondlicht schaukeln.

SICHERHEIT AUF LAMU

Im September 2011 wurde ein englisches Pärchen auf der Insel Kiwayu, nördlich von Lamu, von somalischen Piraten überfallen. Eine Person starb, die andere wurde gekidnappt und nach Somalia entführt. Viele glaubten damals, dass es sich um einen einmaligen Angriff gehandelt habe und Lamu selbst nicht gefährdet sei. Dennoch geschah trotz verstärkter Sicherheitsvorkehrungen nach zwei Wochen ein weiterer Überfall. Dieses Mal wurde eine französische Frau aus ihrem Haus auf Manda Island entführt und nach Somalia verschleppt, wo sie später verstarb. Da Manda nur einen Steinwurf von Lamu entfernt liegt, schien es auf einmal, als lauerten im gesamten Archipel Gefahren. Während der Recherche für diesen Reiseführer rieten die meisten westlichen Regierungen davon ab, in Küstengebiete innerhalb von 150 km rund um die somalische Grenze zu reisen, sofern dies nicht unbedingt notwendig sei. In diesen Radius fällt auch der gesamte Lamu-Archipel. Zusätzlich hat die kenianische Regierung durchgesetzt, dass die Crews aller Fischerboote entlang der gesamten kenianischen Küste vor und nach jeder Tour der Polizei Meldung machen müssen und sämtliche Boote untersucht werden. Zwischen Kiwayu Island und der somalischen Grenze wurde das Fischen komplett verboten.

Aussagen dieser Art führen dazu, dass sich zahlreiche Tourveranstalter aus Lamu zurückziehen und dies vermutlich enorme Folgen für die Tourismusbranche hat. Viele Einheimische und Touristen erachten Warnungen dieser Art als übervorsichtig. Vielleicht haben sie auch Recht, trotzdem darf man ein paar Aspekte nicht vergessen:

Solange die Reisewarnung der Regierung besteht, decken viele Versicherungen Reisen nach Lamu nicht ab. Dies bedeutet, dass die Versicherungsgesellschaft z. B. bei einem Krankenhausaufenthalt in Lamu nicht zur Erstattung verpflichtet ist.

Im Oktober 2011 fiel das kenianische Militär in Südsomalia ein, um militante und kriminelle Banden von der gemeinsamen Grenze zu vertreiben. Darauf drohte al-Shabab mit Angriffen auf Kenia. Leider ist Lamu mit seinen Touristen aus dem Westen, einem US-Marinestützpunkt, der im Bau befindlichen riesigen Ölpipeline in den Südsudan und guten Zugangsmöglichkeiten auf dem Land- und Seeweg von Somalia aus ein erstklassiges Ziel für terroristische Angriffe. Diese Gefahr wird weiter bestehen, bis die Konflikte in Somalia gelöst sind.

Vermutlich ändert sich an der Situation nichts, solange der Reiseführer aktuell ist. Deshalb empfehlen wir, sich über die Sicherheitslage zu informieren, bevor man nach Lamu reist, obwohl es bei unserem Besuch keine weiteren Angriffe gegeben hatte und sich unabhängige Traveller langsam wieder auf die ansonsten so schönen Inseln wagten.

Gegrillte Riesengarnelen und Tintenfische, Hummer oder Seafood-Teller – hier kommen die Früchte des Meeres auf den Tisch.

Bustani Café CAFÉ $
(Mahlzeiten 120–300 KSh) Sehr schönes Gartencafé, dessen Tische sich um einen Teich mit Seerosen reihen. Auf der Speisekarte stehen eine Menge gesunde Salate und zahlreiche Snacks. Zum Lokal gehören ein guter Buchladen und ein Internetcafé, das nur abends geöffnet hat (240 KSh pro Std.).

Olympic Restaurant KENIANISCH $
(Harambee Ave; Hauptgerichte 250–700 KSh; ⏲mittags & abends) Die Familie, die das Olympic betreibt, heißt einen so herzlich willkommen, dass man sich wie zu Hause fühlt. Außerdem schmeckt das Essen – besonders die Currys und das *biryani* – einfach hervorragend. Schöner könnte man kaum einen Abend in Lamu verbringen, als mit einem kühlen Becher Passionsfruchtsaft und dem Blick auf die nächtlichen Docks am baufälligen Ende der Stadt.

Bush Gardens Restaurant INTERNATIONAL $$
(Harambee Ave; Hauptgerichte 180–800 KSh; ⏲morgens, mittags & abends) Im Bush Gardens, dem Vorreiter für viele Restaurants am Meeresufer, bekommt man Frühstück, Meeresfrüchte (u. a. „Monster Crabs“ und Hummer in Swahili-Soße) sowie hervorragende Säfte und Shakes, die in britischen Pint-Gläsern gemixt werden.

Whispers Coffeeshop CAFÉ $$
(Kenyatta Rd; Hauptgerichte 240–750 KSh; ⏲9–21 Uhr) Manchmal braucht man einfach eine Zeitschrift und ein leckeres Teilchen. Dann ist man im Whispers genau richtig. Hier gibt's frische Pizza, einen echten Cappuccino

und die besten Desserts der Stadt in dem Gartencafé desselben Gebäudes, das auch die Baraka Gallery beherbergt. Hochgradig empfehlenswert!

Tay Ran KENIANISCH $

(Kenyatta Rd; Hauptgerichte 100 KSh) Dieses sehr einfache Lokal hat nicht mal ein Schild und schreibt sich vielleicht auch Tehran – niemand hinter dem Tresen schien dies zu wissen oder sich dafür zu interessieren. In dem Laden gibt's verschiedene, extrem günstige Fisch- oder Bohnengerichte (wir empfehlen *maharagwe ya chumvi* mit Kokosmilch) und Chapatis. Es ist stets rappelvoll mit Einheimischen und so ziemlich immer geöffnet.

Ausgehen & Unterhaltung

Da Lamu eine muslimische Stadt ist, gibt's nur wenige Kneipen, und man sollte die lokalen Gepflogenheiten respektieren. Manchmal finden in der Saison auf Manda Island **Vollmondpartys** statt. Die Jungs am örtlichen Strand wissen meistens Genaueres darüber. Schöne Bars, an denen man ein kaltes Bier trinken kann, findet man im **Petley's Inn** (Harambee Ave) und im **Lamu House** (Harambee Ave). Der Vorteil des Petley's: Dort ist viel mehr los, zudem hat der Schuppen einen Billardtisch und eine Tanzfläche mit Discokugel.

Civil Servants' Club CLUB

(Eintritt 100 KSh) Auch Bürokraten müssen mal die Sau rauslassen, und der kleine, laute, chaotische Civil Servants' Club am Meeresufer Richtung Shela ist praktisch die einzige verlässliche Adresse, an der man am Wochenende etwas trinken und tanzen kann. Einsame Frauen sollten Schutz suchen, einsame Herren müssen sich auf Anmachen von Damen aus dem Gewerbe gefasst machen, und die Hafenmauer draußen ist nach ein paar Tuskers eine potenzielle Todesfalle.

Shoppen

Es gibt einen riesigen internationalen Markt für traditionelle Türen, Möbel und Fensterrahmen, und viele Familien haben tatsächlich ihre Türen und Einrichtungsgegenstände verkauft. Wer etwas Handgemachtes sucht, sollte sich an die Schnitzer an der Nordseite des Ufers wenden. Zu den Holzarbeiten, die man besser nach Hause transportieren kann als Türen, zählen Bilderrahmen, *bao*-Sets, Koranhalter und *ito* – runde gemalte „Augen" von Swahili-Dauen, die einst als Talisman dienten, Hindernisse unter Wasser abwehren und gegen den bösen Blick schützen sollten.

Darüber hinaus kann man in Lamu *kikois* kaufen, gemusterte Schals, die traditionell von Swahili-Männern getragen werden. Der Standardpreis liegt bei etwa 350 KSh, für die schwereren nach Somali-Art zahlt man mehr.

Baraka Gallery KUNSTHANDWERK

(Kenyatta Rd) Eine gute Auswahl an wertvollen Afrikana, allerdings zu unfassbar hohen Preisen.

Black & White Gallery KUNSTHANDWERK

In dem Laden unter der spanischen Geschäftsleitung werden schöne von Stämmen inspirierte Dekostücke und auch Bilder verkauft.

Lamu Museum Shop BÜCHER

(Harambee Ave) Bücher zur Lamu- und Swahilikultur.

Mani Books & Stationers BÜCHER

(Kenyatta Rd) Sehr dürftige Auswahl an Romanen und anderen Schmökern.

Praktische Informationen

Gefahren & Ärgernisse

Bei unserem Besuch rieten die meisten westlichen Regierungen von Reisen nach Lamu und in andere Teile des Archipels ab (siehe Kasten S. 291).

Unter normalen Umständen sind die Jungs, die am Strand rumhängen, das größte Problem. Sie kommen an, sobald man aus dem Boot aussteigt, und bieten Drogen, Ausflüge sowie Hotelreservierungen (Letztere können hilfreich sein, wenn man keine Orientierung hat) feil.

Lange Zeit war Lamu berühmt für seine entspannte, tolerante Atmosphäre, hat jedoch auch muslimische Ansichten zum Thema gebührliches Verhalten. 1999 wurde ein schwules Pärchen, das öffentlich heiraten wollte, von Polizisten abgeführt. Egal welcher sexuellen Gesinnung man ist – in der Öffentlichkeit sollte man Zuneigungsbekundungen vermeiden und die lokalen Anstandsregeln respektieren.

Geld

Ladenbesitzer vor Ort sind unter Umständen beim Geldwechsel behilflich.

Kenya Commercial Bank (Harambee Ave) Die einzige Bank auf Lamu hat einen Geldautomaten (nur Visa)

Internetzugang

Cyberwings (gegenüber dem Petley's Inn; 40 KSh pro Std.; ⌚8–20 Uhr)

Real Tyme Cyber Café (1 KSh pro Min.; ⌚8–22 Uhr) Im Lamu Fort.

NICHT VERSÄUMEN

FAHRTEN MIT EINER DAU

Besucht man Lamu, hört man weniger die Geräusche des Markts oder die Rufe zum Gebet, sondern vielmehr „Dau-Ausflüge! Mangroven und Fisch mit Kokosreis inklusive!" Eine Fahrt mit einer Dau (inklusive Mangroven und Fisch mit Kokosreis) ist nahezu Pflichtprogramm und macht generell viel Spaß, wobei das stark vom Kapitän abhängt.

Ist man mit einer unfähigen Crew unterwegs, erwarten einen ein langweiliger Tag auf dem Manda-Kanal und katastrophal falsche Informationen zu lokalen Sehenswürdigkeiten. Eine gute Crew besteht aus erfahrenen Seeleuten, die viel über die Gegend wissen. Dann ist es toll, unter sonnigem Himmel langsam an Mangrovenwäldern vorbeizugleiten und dabei gewürzten Fisch zu essen.

Preise variieren je nach Fahrtziel und -dauer. Mit etwas Handeln zahlt man rund 1000 KSh pro Person, wenn man in einer Gruppe von vier bis fünf Leuten unterwegs ist. Vorher genau fragen, wie viel man bezahlt und was inbegriffen ist. Keine Vorauszahlung leisten, außer eventuell einen kleinen Vorschuss für Essen. Auf langen Fahrten kümmert man sich besser selbst um Getränke. Ein Sonnenhut und Sonnenschutz sind unverzichtbar.

Medizinische Versorgung

King Fadh Lamu District Hospital (☎633075) Eines der modernsten und am besten ausgestatteten Krankenhäuser an der Küste.

Lamu Medical Clinic (Kenyatta Rd; ⌚8–21 Uhr)

Langoni Nursing Home (☎633349; Kenyatta Rd; ⌚24 Std.) Klinikdienstleistungen.

Post

Postfiliale (Harambee Ave)

Touristeninformation

Touristeninformation (☎633132; Harambee Ave; lamu@tourism.go.ke; ⌚9–13 & 14–16 Uhr)

An- & Weiterreise

Bus

An der Kenyatta Road liegen die Ticketschalter mehrerer Busgesellschaften. Eine Fahrt nach Mombasa kostet zwischen 600 und 700 KSh, nach Malindi 500 KSh. Viele Busse starten zwischen 7 und 8 Uhr, man muss also um 6.30 Uhr am Pier sein, um das Boot zum Festland zu erwischen. Die Fahrt von Lamu nach Malindi dauert mindestens vier und die Weiterreise nach Mombasa weitere zwei Stunden. Vorab buchen!

Flugzeug

Airkenya (☎633445; www.airkenya.com; Baraka House, Kenyatta Rd) verkehrt jeden Nachmittag zwischen Lamu und dem Wilson Airport in Nairobi (195 US$, 1¾ Std.).

Fly540 (☎632054; www.fly540.com) fliegt zweimal täglich nach Malindi (ca. 45 US$) und Nairobi (ca. 170 US$).

Safarilink (www.flysafarilink.com) steuert täglich den Wilson Airport in Nairobi (ca. 185 US$) an.

Der Flughafen von Lamu liegt auf Manda Island; die Fähre über den Kanal nach Lamu kostet 150 KSh. Nach der Landung wird man von „Guides" abgefangen, die anbieten, das Gepäck für ein kleines Entgelt (ca. 200 KSh) zum Hotel zu bringen. Viele dieser Männer versuchen, einen übers Ohr zu hauen. Wenn man am Hotel ankommt, sollte man keinen höheren Preis als den vereinbarten zahlen.

Unterwegs vor Ort

Boote (50 KSh) verkehren zwischen Lamu und dem Busbahnhof auf dem Festland nahe Mokowe. Sie legen ab, wenn die Busse in Mokowe ankommen. In die Gegenrichtung starten sie gegen 6.30 Uhr, sodass man die abfahrenden Busse erwischt. Private Charter kosten 1500 KSh. Boote, die zwischen dem Flughafen auf Manda Island und Lamu verkehren, schlagen mit 150 KSh zu Buche und starten ca. eine halbe Stunde vor Abflug (ja, die Fluglinien sind sich dessen bewusst und das ist ausreichend viel Zeit). Verpasst man die Boote, muss man 200 KSh für eine gecharterte Fahrt einrechnen.

Zwischen dem Dorf Lamu und Shela pendeln bis Sonnenuntergang den ganzen Tag über zahlreiche motorisierte Dauen. Sie kosten rund 150 KSh pro Person und legen ab, wenn sie voll sind.

Fähren verkehren regelmäßig zwischen Lamu und der Insel Paté (s. S. 298).

Rund um Lamu

SHELA

In Shela hat eine massive Gentrifizierung stattgefunden. Der Ort wirkt wie Lamu nach einem Gang in der Wäschemangel: Er ist sauberer, steriler, hat weniger Charakter

NICHT VERSÄUMEN

DIE SCHÖNSTEN STRÄNDE

Man breite sein Handtuch an einem dieser schönen Strände aus und schon ist man bester Laune:

» **Manda Island** Eine wunderbare Wüsteninsel im Indischen Ozean.

» **Shela Beach** Riesig, wild und menschenleer (wenn man ein Stückchen läuft).

» **Watamu** (S. 271) Türkisfarbenes Meer, entspannte Atmosphäre und tolle Schnorchelmöglichkeiten.

und viel mehr Einwanderer. Dafür gibt's hier einen langen, schönen Strand und eine besondere Küstenkultur. Die Einheimischen sprechen einen bestimmten Dialekt, auf den sie sehr stolz sind.

Sehenswertes & Aktivitäten

Strand STRAND
Fast alle Besucher kommen wegen des 12 km langen Sandstrandes her, an dem man unter Garantie ein einsames Fleckchen zum Sonnenbaden findet (zumindest wenn man ein paar Schritte geht). Doch wie die Einheimischen sagen: *Yana vuta kwa kasi* – „Die Strömung hier ist sehr stark", und Rettungsschwimmer gibt's nicht. Vor Ort ertrinken jedes Jahr Touristen, deshalb sollte man nicht zu weit hinausschwimmen. Eines sei gesagt: So schön der Strand von Shela ist, es handelt sich eher um eine wilde, windige und menschenleere Schönheit als um eine gemütliche Tropenschönheit mit Palmen.

Wassersport WASSERSPORT
Im Kanal zwischen Shela und Manda Island kann man recht gut **windsurfen.**

Das **Wassersportzentrum** am Peponi Hotel bietet allerlei nasse Vergnügen an, darunter Tauchen, Schnorcheln, Windsurfen und Kajakfahrten.

Schlafen

Bei allen Zimmerpreisen ist das Frühstück inbegriffen. Wenn wenig los ist, sind die Preise verhandelbar.

Da so viele Häuser in Shela Einwanderern gehören, die hier nur teilweise leben, gibt's zahlreiche Unterkünfte, für die außerhalb der Insel wenig Werbung gemacht wird. Am besten bucht man diese im Vorfeld über **Lamu Retreats** (www.lamuretreats.com), das elf noble Häuser rund um Shela und die Stadt Lamu verwaltet.

LP TIPP **Stopover Guest House** PENSION $
(☎0720127222; EZ/DZ 4500–5000 KSh) Das erste Quartier am Wasser ist dieses wunderschöne Gästehaus mit reinen weißen, schnörkellosen Linien. Alle Zimmer sind geräumig, hell und frisch und die Meeresbrise, die durch die geschnitzten Holzläden nach drinnen dringt, ist der beste Wecker, den man sich wünschen kann. Das Stopover liegt über dem beliebten gleichnamigen Restaurant.

Kijani House Hotel BOUTIQUE-HOTEL $$$
(☎Nairobi 020-243700; www.kijani-lamu.com; EZ/DZ 125–180 €; ⏲Mai & Juni geschl.; @📶🏊) Eines der besten Spitzenklassehotels der Insel.Das Design dieser riesigen Villenanlage ist ein elegantes Understatement. Zen- und Swahili-Ästhetik vermischen sich mit üppigen tropischen Gärten, dem schönsten Pool auf Lamu sowie palastgroßen und nicht weniger luxuriös eingerichteten Zimmern.

White House HOTEL $
(☎0734183500; www.shelalamu.com; DZ ab 3500 KSh) Auch in einem Swahili-Kulturmuseum wären die Räume dieses Hotels – eines der besseren Angebote in Shela – nicht fehl am Platz. Darüber hinaus gibt's eine große Lounge auf dem Dach mit tollem Blick und erfrischendem Lüftchen. Das White House liegt ein wenig nördlich vom Peponi.

Peponi Hotel HOTEL $$$
(☎Nairobi 020-2435033; www.peponi-lamu.com; EZ/DZ ab 175/215 €; ⏲Mai & Juni geschl.; @📶🏊) Dieses Resort der Spitzenklasse beherrscht alles im Dorf, von Ausflügen bis hin zu Wassersport und allem Übrigen. Man schläft famos, aber für den Preis darf man das auch erwarten! Die recht noblen Zimmer sind im üblichen Swahili-Stil mit hellen Farben und dunklen Verzierungen eingerichtet.

Shella Pwani Guest House HOTEL $
(☎0712506778; Zi. ab 3500 KSh) Ein nettes Swahili-Haus unter muslimischer Führung etwas östlich des Stopover Guest House voller Gipsschnitzereien und Pastellakzente. Manche Zimmer bieten einen schönen Blick aufs Meer, Gleiches gilt für die luftige Dachterrasse. Einige der Bäder sind im Stil von Qiblas (muslimische Gebetsnischen) gestaltet.

Jannataan Hotel HOTEL $
(☎0722729219; www.shelalamu.com; DZ inkl. Frühstück ab 2500 KSh; 🏊) So sähe wohl ein Holi-

day Inn unter Swahili-Leitung aus. Der attraktive Komplex besteht aus gelben Steinzimmern, die sich wie große Würfel rund um einen schönen Pool gruppieren. Leider wirken die Räume von innen ein wenig uninspiriert.

Essen & Ausgehen

LP TIPP **Stopover Restaurant**

FISCH & MEERESFRÜCHTE $$

(Stopover Guest House; Hauptgerichte 350–1200 KSh) Es gibt unzählige Restaurants am Wasser, aber das Stopover mit seinem freundlichen Personal und hervorragendem Essen (das gilt vor allem für das scharfe Swahili-Seafood) ist weit über dem Durchschnitt. Ach ja: Die Fruchtsäfte sind zweifellos die besten der Gegend.

Rangaleni Café KENIANISCH $

(Mahlzeiten 60–100 KSh) In Gassen hinter der Moschee am Meeresufer versteckt sich ein winziges türkisgrünes Café, in dem man die üblichen Eintöpfe und Ugali (Hauptnahrungsmittel aus Mais- oder Maniokmehl oder beidem) bekommt.

Peponi's Bar BAR

(Peponi's Hotel) Die Bar in einem kenianischen Hotel unter Schweizer Leitung mit einem italienischen Namen sieht aus wie ein englisches Pub. Auf der Terrasse versammelt sich halb Shela für einen (enorm teuren) Absacker bei Sonnenuntergang.

An- & Weiterreise

Vom Pier in Lamu fahren motorisierte Dauen für 150 KSh pro Person hierher. Alternativ legt man die 40 Minuten zu Fuß zurück. Dafür folgt man der Harambee Avenue (die Uferstraße) der Küste entlang, die jedoch bei Flut teilweise überschwemmt sein kann. In dem Fall watet man durch die gefluteten Abschnitte oder nimmt den Weg durchs Inland, der nahe dem muslimischen Friedhof in Lamu beginnt. Wer nach Einbruch der Dunkelheit nach Lamu (oder Shela) zurücklaufen muss, sollte sich Gesellschaft suchen (nach Schichtende begleitet das Restaurantpersonal Alleinreisende gern) und eine Taschenlampe mitbringen, da die Flut nicht vorhersehbar ist und in der Vergangenheit von Raubüberfällen berichtet wurde, vor allem auf dem Weg durchs Inland. Trotz ihrer „Bruder, wir halten zusammen"-Bekundungen ziehen Bootsführer einem das Geld aus der Tasche, wenn man abends zurückfahren möchte.

MATONDONI & KIPUNGANI

Will man beim Bau von Dauen zusehen, steuert man am besten **Matondoni** im Nordwesten der Insel an. Die Bewohner des ruhigen kleinen Fischerortes kommen nur selten mit Fremden in Berührung und heißen diese stets herzlich willkommen. Von der Stadt Lamu aus geht man entweder zu Fuß (6 km bzw. 2 Std. – ab dem hinteren Ende der Stadt nach dem Weg fragen und den Telefonmasten folgen), mietet einen Esel oder nimmt an einer organisierten Dau-Fahrt teil. Diese führt in der Regel weiter

SWAHILI-ARCHITEKTUR

Aus der Swahili-Kultur stammt einer der markantesten Architekturstile Afrikas, wenn nicht gar der Welt. Einst galten Swahili-Gebäude als Stiefkinder arabischer Architektur. Man erkennt Einflüsse aus dem Nahen Osten, im Vordergrund stehen aber vor allem afrikanische Bauformen, die von den Arabern (sowie Persern, Indern und sogar aus der mediterranen Welt) beeinflusst wurden.

Eines der wichtigsten Konzepte der Swahili-Raumgestaltung ist die Trennung zwischen Öffentlichem und Privatem, wobei auch diese Grenzen manchmal verschwimmen. So sieht man z. B. in Lamu Eingangsterrassen (halb überdachte Türbereiche oder Windfänge), die einerseits in öffentlichem Raum der Straße liegen, andererseits in den Privatbereich des Hauses führen. Als Treffpunkt zum Plaudern vermischen sie diese innere und äußere Welt miteinander. Im Inneren liegt der Schwerpunkt auf luftigen, natürlichen Räumen, die einen Gegensatz zum Netz der engen Straßen bilden. Durch die offenen Räume ist eine gute Luftzirkulation gewährleistet, die als natürliche Klimaanlage dient.

Bei Streifzügen durch eine Stadt, deren Straßen schon von gerade mal einem einzelnen Esel voll sind, stößt man auf große Höfe, auf Balkonen aufgestellte Betten und lange Veranden. Zu den weiteren Elementen gehören *dakas* (Veranden), die einmal mehr einen offenen Übergangsbereich zwischen der Straße und dem Wohnhaus darstellen, *vidaka* (Mauernischen), in denen entweder eine kleine dekorative Figur steht oder die allein Dekozwecken dienen, und *mambrul* (Säulen), die man in großer Zahl in Swahili-Moscheen findet.

nach Kipungani, wo man schwimmen und je nach Wellengang um die ganze Insel und anschließend über Shela zurück in die Stadt Lamu fahren kann.

Kipungani, „der Ort der frischen Luft", ist ein kleines Dorf an der Südwestspitze der Insel. Hier stellen Einheimische Strohmatten, Körbe, Hüte und *kifumbu* her, die man verwendet, um Milch aus zerdrückten Kokosnüssen zu pressen. In dem Weiler bekommt man Tee und Snacks, und in der Nähe erstreckt sich ein schöner menschenleerer Strand. Von Lamu oder Shela hierherzulaufen ist jedoch ein heißer und langer Weg, den man nur schwer findet.

Schlafen

Kipungani Explorer RESORT $$$
(Nairobi 020-4446651; www.heritage-eastafrica.com; EZ/DZ inkl. Vollpension ab 247/380 US$; April–Juni geschl.) Die einzige Unterkunft hier ist dieses exklusive Resort. Gäste erwartet recht viel Luxus im Stil einer rustikalen, abgelegenen Strand-*banda*. Und das ist wohl auch der Grund, warum man sich überhaupt in einer Bleibe so weit ab vom Schuss einquartiert. Wir möchten aber noch hervorheben, dass die Betreiber der Anlage Bewohner des Dorfs beschäftigen, Schulprojekte finanzieren, mit Solar- und Windenergie experimentieren und Lebensmittel von Fischern aus dem Dorf beziehen.

Manda Island

Manda besteht aus einem stillen Geflecht aus Dünen und Mangroven und liegt eine 30-minütige Bootsfahrt von Lamu entfernt. Auf dem Eiland werden immer mehr Bauprojekte realisiert. Mittlerweile gibt's an der Lamu zugewandten Küste ein paar Unterkünfte sowie einige riesige Privatvillen. Weiter im Inselinnern wirkt die Umgebung rasch völlig verlassen. Dieser Eindruck verstärkt sich, wenn die Schatten in den von Dornenbüschen gesäumten Straßen der einst prächtigen Stadt Takwa bei Sonnenuntergang länger werden.

Sehenswertes & Aktivitäten

Ruinen von Takwa RUINEN
(Erw./Kind 500/250 KSh; 6.30–18 Uhr) Was unterscheidet die Ruinen von Takwa, die Überreste einer zwischen dem 15. und 17. Jh. existierenden Stadt, von anderen archäologischen Fundstätten an der Küste? Die Stille. Wenn man diesen Ort besucht, innehält und das Licht durch die Bäume fällt, die über den rund 100 nach Mekka ausgerichteten Bauten wachsen, hat man das Gefühl, die Ruinen würden mit einem sprechen. Da man vermutlich allein in der Anlage ist, kann man ein verlassenes Haus betreten und ohne einen geschäftigen Guide über das Leben derjenigen nachgrübeln, die es einst bewohnt haben. Das wichtigste Bauwerk ist die **Jamaa Mosque** mit einer ungewöhnlich hohen Säulenfassade. Zelten kostet ca. 10 US$. Friedlicher könnte man kaum einen Abend unter dem Sternenhimmel verbringen.

Strände STRAND
Die Insel wartet mit zahlreichen Stränden (sowie teilweise auch mit Mangrovensümpfen und Wattgebieten) auf, sodass man mühelos ein ruhiges Fleckchen Sand findet. Der beliebteste (aber dennoch praktisch menschenleere) Strand ist der Lamu zugewandte.

Manda Toto Island SCHNORCHELN
Vor Mandas Nordküste lockt Manda Toto Island mit einigen der besten Schnorchelspots des gesamten Archipels. Hierher kommt man nur mit einer Dau von Lamu aus, was inklusive Rückweg einen ganzen Tag dauert.

Schlafen & Essen

Alle Unterkünfte haben angeschlossene Restaurants, was praktisch ist, da es keine weiteren Lokale gibt.

LP TIPP **Diamond Beach Village** HÜTTE $$
(0720915001; www.diamondbeachvillage.com; EZ/DZ inkl. Frühstück ab 45/90 £;) Eine Strandhütte im Robinson-Crusoe-Stil. Aber keine Angst, das heißt nicht, dass sie schlicht ist. Die gemütlich verwinkelten Hütten mit Strohdächern zeichnen sich dadurch aus, dass sie umsichtig unter Verwendung von Treibholz und Muscheln gebaut und eingerichtet wurden. Einen anderen Blickwinkel auf die Welt bietet das exzentrische Baumhaus oben in den Ästen eines alten Affenbrotbaums. Der Strand vor der Tür ist eine Wucht. Leider muss man für das Ganze etwas zu tief in die Tasche greifen.

Manda Bay RESORT $$$
(Nairobi 020-2115453; www.mandabay.com) Dies war – und ist in Zukunft hoffentlich auch wieder – ein luxuriöses Resort der Spitzenklasse am Nordende der Insel. Aufgrund von Angriffen durch somalische Piraten hat-

te es bei unserem Besuch geschlossen, allerdings nur als reine Vorsichtsmaßnahme. Keiner der Überfälle hat hier stattgefunden.

An- & Weiterreise

Die Fahrt von Lamu nach Manda (zum Lamu zugewandten Strand) dauert mit dem Boot etwa einen halben Tag. Alle Jubeljahre wird man für nur 350 KSh mitgenommen, in der Regel zahlt man allerdings zwischen 450 und 600 KSh. Unter Umständen ist es billiger, per Boot erst Shela anzusteuern und dann von dort aus mit einer weiteren Fähre den Kanal zu überqueren. Die Tour zu den Ruinen von Takwa dauert rund anderthalb Stunden und ist nur bei Hochwasser möglich. Da sich die Abfahrtszeiten nach dem ablaufenden Wasser richten, hat man vor Ort eventuell nur eine Stunde oder weniger Zeit.

Paté Island

Paté ist eine flache Insel aus grünem Busch, silbernem Watt, Kokospalmen, die wie dünne Beine im Wind tanzen, und einem roten Weg, der sich über Bergkämme und Flüsse windet. Und sie ist ruhig. Nicht ruhig wie eine Kleinstadt, sondern mucksmäuschenstill. In rund sieben Stunden kann man über die ganze Insel laufen (man sollte jedoch viel Extrazeit für Gespräche und Tee mit den Einheimischen einplanen) oder in einem der Jeeps mitfahren, die als inoffizielle Busse dienen.

So isoliert Paté von der modernen Welt auch ist, war dies einst die wichtigste Insel des Archipels. „Wer einmal nach Paté reist, kommt nicht mehr zurück; zurück kommt nur Wehklagen", heißt es in einem Lied über den Archipel. Ob sich das auf militärische Auseinandersetzungen oder den Sklavenhandel bezieht, der hier stattfand, ist nicht bekannt. Aber die Warnung gilt heute definitiv nicht mehr. Die meisten Besucher kehren mit einem friedlichen Lächeln von Paté zurück.

Vor Ort erlebt man große Gastfreundschaft. Die Anwohner sind entweder nicht an Touristen gewöhnt oder erachten sie als schönes Novum. Oder sie arbeiten in der Tourismusindustrie in Lamu und wissen es zu schätzen, dass man sich die Mühe macht, bis zur Insel zu kommen.

Sehenswertes & Aktivitäten

Siyu & Shanga DORF, RUINEN

Heute fällt es schwer zu glauben, dass Siyu einst die wichtigste Stadt des Archipels mit 30 000 Einwohnern und mehreren großen Universitäten war. Als einziger Zeuge dieser Pracht dient eine enorme **Festung**, die inmitten von einsamem Mangroven- und Kokoswald emporragt. Mittlerweile ist Siyu ein kleines Dorf mit vielen Eseln, dessen Einwohner Besuchern gern für 400 bis 600 KSh eine Mahlzeit zubereiten.

Südlich des Weilers liegt **Shanga**, die angeblich älteste Ausgrabungsstätte an der kenianischen Küste. Legenden zufolge wurde sie von gestrandeten chinesischen Händlern gegründet (der Name ist eine Verballhornung von „China"), doch diese These ist umstritten. Eines ist jedoch sicher: Um hierherzukommen, muss man sich durch einen Mangrovensumpf und sich wiegende Palmwälder kämpfen. Hat man es dann geschafft, fühlt man sich wie ein Entdecker, vermutlich, weil Shanga trotz seiner Verborgenheit der am vollständigsten erhaltene mittelalterliche Swahili-Ort der Welt ist. Eventuell kann man in Siyu einen Guide buchen (zahlreiche Männer hier halfen in den 1980er-Jahren, Shangha freizulegen). Doch ansonsten ist man auf sich selbst gestellt und fühlt sich, wenn man seiner Fantasie freien Lauf lässt, sehr wie Indiana Jones.

Hier entdeckt man ein 21-seitiges Säulengrab, auf dem eine Seladonschale aus dem 15. Jh. steht, fünf Stadttore, „Lamu"-Bogen aus Sandstein, Korallensteinen und Sand von den nahe gelegenen Dünen, Tafeln mit arabischen Inschriften und die Reste bzw. Grundmauern von rund 130 Häusern und 300 Gräbern. Weil die Ruinen den Museums of Kenya nicht offiziell unterstehen, ist der Besuch kostenlos. Traveller müssen allerdings bedenken, dass sie auf keinen Fall etwas von der Stätte entfernen dürfen.

Faza DORF, RUINEN

Die größte Siedlung auf der Insel hat eine wechselvolle Geschichte. Faza wurde im 13. Jh. nahezu vollständig von Paté zerstört, dann erneut 1586 oder 1587 von den Portu-

> **PATÉ**
>
> Um die Exkursion nach Paté richtig auskosten zu können, sollte man sich ein bisschen Hilfe von Einheimischen holen. **Mansur Ile** (☎0717165311) ist ein Top-Guide zu den historischen Stätten der Insel. Er war an vielen der Originalausgrabungen beteiligt, kennt die Gegend bestens und spricht hervorragend Englisch.

SICHERHEIT AUF KIWAYU

Im September 2011 wurde ein englisches Pärchen, das im Kiwayu Safari Village wohnte, von somalischen Piraten angegriffen. Der Mann wurde erschossen, die Frau gekidnappt und nach Somalia verschleppt. Während unserer Recherche waren alle Unterkünfte auf der Insel geschlossen, ausländische Botschaften rieten eindringlich von Reisen nach Kiwayu ab und die kenianische Botschaft hatte sogar allen Einheimischen das Fischen rund um die Insel (sowie andere Aktivitäten auf dem Meer) verboten. Sofern sich die Lage nicht massiv ändert, solange dieses Buch aktuell ist, sollte man sich von Kiwayu fernhalten.

giesen (es gibt unterschiedliche Varianten der Geschichte, bekannt ist aber, dass die Portugiesen den örtlichen Scheich enthauptet und seinen Kopf in Salz konserviert haben). Als die Sklaverei abgeschafft wurde, versank Faza in der Bedeutungslosigkeit. Der neue Status als Verwaltungszentrum bringt aber wieder etwas Leben hierher.

Die moderne Stadt ist recht weitläufig, allerdings nicht sehr interessant. 2010 zerstörte ein enormes Feuer große Teile des Ortes und alle alten Gebäude (wie durch ein Wunder kam jedoch niemand ums Leben). Heute ist er komplett wiederaufgebaut und man sieht kaum noch Spuren des Brandes. Die einzigen verbleibenden historischen Relikte sind vergammelnde portugiesische Büros am Hafen, die Ruinen der **Kunjanja Mosque** am Bach neben der Bezirksverwaltung und die Überreste der **Mbwarashally Mosque** mit einer Mihrab samt schönen Herzmotiven, darunter die *shahada* (muslimisches Glaubensbekenntnis) in umgekehrtem Herzmuster. Außerhalb der Stadt befindet sich das **Grab von Amir Hamad**, dem Kommandanten der Truppen des Sultans von Sansibar, der hier 1844 während eines Feldzugs gegen Siyu und Paté umgebracht wurde.

Paté (Ortschaft) DORF, RUINEN

Paté an der Westseite der Insel ist ein Dorf aus orangefarbenem und braunem Korallenstein. Unmittelbar außerhalb des Orts stößt man auf die **Ruinen von Nabahani**, die langsam unter einem Dschungel aus tropischer Vegetation und Bananenplantagen verschwinden. Obwohl sie nie ernsthaft freigelegt worden sind, erheben die National Museums of Kenya dennoch einen Eintrittspreis von 500 KSh! Viele Einheimische raten dazu, die Anlage nach Sonnenuntergang kostenlos zu besichtigen – wir schweigen zu diesem unmoralischen Angebot.

In Aussehen und Bauweise ist das moderne Dorf nahezu identisch mit der Stätte, und beide verschmelzen praktisch nahtlos ineinander. Paté verfügt über zahlreiche hohe Häuser aus Korallenstein sowie enge Gassen, die zu einem kleinen Hafen unter den Mangroven führen, und bietet sich deshalb für einen netten Spaziergang an.

Schlafen & Essen

Unterkunft und Mahlzeiten bei einheimischen Familien kann man problemlos arrangieren, außerdem gibt's ein oder zwei schlichte Restaurants, in denen man einfache Speisen und Tee bekommt. Die einzige offizielle Herberge befindet sich in Faza.

Peponi Hotel HOTEL **$**

(Zi. ohne Frühstück 500 KSh) Ein Luxushotel wird man hier nicht finden, doch das Peponi (auch als Thuerya Hotel bekannt) eignet sich prima für eine Nacht. Die freundlichen Inhaber, eine Familie, bereiten auch Mahlzeiten zu.

An- & Weiterreise

Mehr oder weniger täglich fährt ein Motorboot von Lamu nach Mtangawanda (mit Diesel-/Benzinmotor 250/350 KSh, ca. 2 Std.). Von dort verkehren Boote weiter nach Faza (150 KSh, ca. weitere 2 Std.) und Kizingitini (weitere 150 KSh, noch 1 Std.). Unterwegs halten sie auch an der Mündung des Kanals nach Siyu (100 KSh), wo kleine Boote Passagiere an die Küste bringen. Los geht's vom Hauptpier in der Stadt Lamu. Die Abfahrtszeiten hängen von Ebbe und Flut ab und sind nicht immer einfach herauszufinden, da jeder, den man fragt, eine andere Antwort gibt! Normalerweise legen die Boote ein bis zwei Stunden vor der Flut ab. Manchmal kommen sie nicht ganz bis ans Ufer heran, sodass man eventuell zur Küste waten muss.

Auf dem Rückweg von Paté sollte man sich vergewissern, dass das Boot in Mtangawanda anlegt. Wenn das nicht der Fall ist, muss man einen weiteren Tag warten.

Einige Landrovertaxis passen die Boote ab und pendeln zwischen den drei großen Siedlungen auf der Insel. Taxipreise ab Mtangawanda:

Paté (Stadt) 50 KSh
Siyu 150 KSh
Faza 200 KSh

Kiwayu Island

Ganz im Nordosten des Lamu-Archipels liegt Kiwayu, eine Insel mit nur wenigen hundert Bewohnern, die zum **Kiunga Marine National Reserve** (Erw./Kind 15/10 US$) gehört. Der herrlich abgelegene, lange schmale Sandstreifen mit Baumbestand ist umgeben von Riffen und wartet mit einem langen Strand auf, der sich über die gesamte Ostseite der Insel erstreckt. Auf dem höchsten Punkt zu stehen und den Sonnenuntergang zu beobachten, ist vielleicht eines der prägendsten Erlebnisse an der Küste.

Die Hauptgründe, hierherzukommen, sind die dreitägige Daufahrt nach Kiwayu und die Erforschung der Korallenriffe vor der Ostküste des Eilandes, die zu den schönsten der kenianischen Küste zählen.

Das kleine Dorf an der Westseite der Insel, wo die Dauen vor Anker gehen, hat einen Gemischtwarenladen mit ein paar Grundlebensmitteln.

Schlafen & Essen

Nach dem Angriff auf das Kiwayu Safari Village blieben alle Unterkünfte geschlossen. Die folgenden Bewertungen stammen aus der Zeit vor September 2011. Ob diese Resorts jemals wieder eröffnen, ist unklar.

Munira Island Camp RESORT **$$$**
(www.mikescampkiwayu.com) Das Resort mit sieben prächtigen *bandas* ist auch unter dem Namen Mike's Camp bekannt.

Kiwayu Safari Village RESORT **$$$**
(www.kiwayu.com) Eine Handvoll exklusiver offener Luxus-*bandas*.

An- & Weiterreise

Der interessanteste Weg, nach Kiwayu zu reisen, war die Fahrt mit einer Dau. Die Insel lag auf der Route einer drei- bzw. fünftägigen Bootstour von Lamu aus, während der in der Regel unterwegs gehalten wurde. Zur Zeit der Entstehung dieses Reiseführers waren jedoch alle Fahrten zur Insel eingestellt worden.

Wer lieber mehr Zeit auf der Insel und stattdessen weniger Zeit an Bord eines Bootes verbringen wollte, konnte bisher die öffentliche Fähre nach Kizingitini auf Paté nehmen und von dort mit einer Dau weiterfahren. Während unserer Recherche war jedoch kaum jemand bereit, einen überzusetzen.

Kenia verstehen

Bevölkerung pro km²

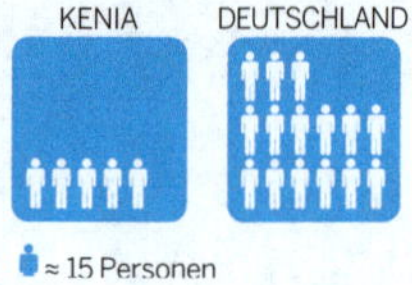

Kenia aktuell

Junge Demokratie

Je nach Sichtweise ist Kenias Demokratie entweder extrem robust oder in ständiger Gefahr. Nach der furchtbaren Gewalt, die auf die umstrittenen Wahlen im Jahr 2007 folgte und 1000 Leben forderte, 600 000 Kenianer ihrer Häuser beraubte und sechs öffentliche Personen vor den Internationalen Gerichtshof zwang, erwartet das Land mit Spannung die für 2012 angekündigten Wahlen. Die überraschende Stabilität, mit der die Regierung der einstigen Erzfeinde Präsident Mwai Kibaki, der nach zwei Amtszeiten nicht mehr kandidiert, und Ministerpräsident Raila Odinga, der als Präsidentschaftskandidat gute Erfolgsaussichten hat, das Land führt, seit beide zur politischen Vernunftsehe gezwungen wurden, stellte den Glauben in demokratische Institutionen wieder her. Allerdings betrachtet der Durchschnittsbürger die politische Klasse mit großem Zynismus. Darüber hinaus bleiben die Probleme, die hinter der Gewalt stehen, wie das grundliegende Misstrauen zwischen verschiedenen Stammesgruppen, Armut und der Kampf um knappe Ressourcen, ungelöst.

- » Bevölkerung: 41,07 Mio.
- » Geburtenrate: 4,19 Kinder pro Frau
- » Bevölkerungswachstum: 2,46 %
- » Durchschnittsalter: 18,9
- » Lebenserwartung: 59,5 Jahre
- » Anteil der Stadtbewohner an der Gesamtbevölkerung: 75 %

Wege aus der Armut

Kenias Wirtschaft boomt und weder Naturkatastrophen, die Gewalt nach den Wahlen oder der Krieg mit Somalia können den Glauben an den Aufschwung erschüttern. Von wachsendem Reichtum profitiert allerdings nur ein sehr kleiner Teil der Kenianer. Die Arbeitslosenquote liegt bei 40 % und schockierende 50 % leben unter der Armutsgrenze. Darüber hinaus werden Grundnahrungsmittel immer teurer. Nach Schätzungen benötigte das Land eine jährliche Wachstumsrate von 11 %, damit der Wohlstand auch langsam bei den Ärmeren ankommt. Trotz Verbesserungen in den letzten Jahren rangiert Kenia 2011 ge-

Top-Bücher

Mein Leben als Pavian (Robert M. Sapolsky) Witzige, ergreifende Erzählung eines in Kenia tätigen Primatologen.

No Man's Land (George Monbiot) Schildert die heutigen Probleme regionaler Nomadenstämme.

Jenseits von Afrika (Karen Blixen alias Isak Dinesen) Klassiker über das koloniale Kenia.

The Flame Trees of Thika (Elspeth Huxley) Wunderbar erzählte koloniale Memoiren.

The Tree Where Man Was Born (Peter Matthiessen) Klassiker.

Träume in Zeiten des Krieges: Eine Kindheit (Ngũgĩ wa Thiong'o) Kenias Top-Autor blickt auf seine erste Lebensphase zurück.

Verbrannte Blüten (Ngũgĩ wa Thiong'o) Der vielleicht beste Roman Kenias.

Religiöse Gruppen
(% der Bevölkerung)

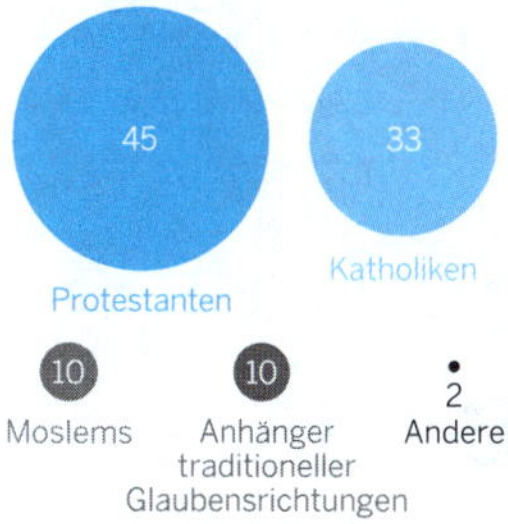

Gäbe es nur 100 Kenianer, wären ...

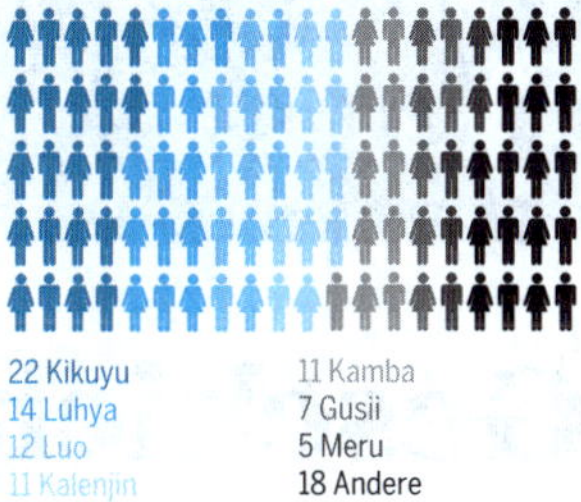

mäß dem Human Development Report Index, der den Wohlstand eines Landes an Lebenserwartung, Bildung und Lebensstandard misst, von 187 Ländern auf dem kläglichen 143. Platz. Die Einkommensschere zwischen Arm und Reich zählt zudem zu den zehn größten der Welt. Diese Zahlen zu verbessern ist eines der großen langfristigen Anliegen der Regierung und nur wenige stellen die wichtigen Ziele in Frage, die hinter dem Plan zur Armutsbekämpfung „Vision 2030" stehen. Es bleibt jedoch noch viel zu tun.

Kenia im Krieg

Im Oktober 2011 zog Kenia zum ersten Mal als unabhängiges Land in den Krieg. Auslöser für den drastischen Schritt waren grenzübergreifende Angriffe der al-Qaida-nahen somalischen Gruppierung al-Shabaab, die der Entführung ausländischer Entwicklungshelfer und Touristen in Kenia beschuldigt wurde. Die lukrative Tourismusindustrie war bedroht und so marschierte das kenianische Militär mit dem Argument der Selbstverteidigung in Somalia ein. Fast alle westlichen Regierungen befürworteten den Schritt. Der Ausgang des Krieges, der zu Redaktionsschluss andauerte, ist ungewiss, zwei Folgen sind jedoch bereits ersichtlich: Das Eingreifen spiegelt das wachsende Selbstbewusstsein des Landes als Ostafrikas wichtigstes Machtzentrum wider, zudem bedeutete der Konflikt eine große Belastung für die Beziehungen zur großen somalischen Bevölkerung in Kenia. Vor allem in Nairobi wurde die muslimische Gemeinschaft unter den Generalverdacht gestellt, somalische islamistische Gruppen zu unterstützen. Inzwischen ist die anfängliche Hysterie zwar abgeebbt, sie erinnert jedoch daran, dass Kenias Zukunft als Staat vieler Kulturen und Religionen immer kompliziert sein wird.

» Landesfläche: 580.367 km²

» Höchster Punkt: Mt. Kenya 5199 m

» Niedrigster Punkt: Indischer Ozean 0 m

» Landesgrenzen: 3477 km

» Küstenlänge: 536 km

Top-Dokus

The Great Rift: Africa's Greatest Story (BBC) Doku über das Rift Valley von 2010.

Big Cat Diary (BBC) Raubkatzen der Masai Mara.

Echo of the Elephants (BBC) Die Elefanten des Amboseli National Park.

Etikette

» Sich mit älteren Kenianern unterhalten, denn das Land hat einen unglaublichen Wandel hinter sich.

» Ein bisschen Swahili lernen – zwar spricht jeder Englisch, doch man weiß die Geste zu schätzen.

» Nicht mit der linken Hand essen.

» Nicht den letzten Rest aus einer Gemeinschaftsschüssel essen, weil der Gastgeber dann annimmt, man sei noch hungrig.

» Mit den Händen essen, wenn andere dies tun, selbst wenn es Besteck gibt.

Geschichte

Im afrikanischen Great Rift Valley, das Teile Kenias umfasst, gingen die ersten Menschen aufrecht über unseren Planeten, und in kenianischer Erde sind einige der wichtigsten Überreste der Vorreiter der Menschheit gefunden worden.

Millionen Jahre später trafen die Vorfahren der modernen Kenianer hier ein. Im Landesinneren gingen die meisten von ihnen friedlich ihren Angelegenheiten nach, doch an der Küste kam es durch den Handel mit den Arabern im Indischen Ozean zu wachsenden Verbindungen mit der Außenwelt. Die arabische Kultur durchdrang die der ostafrikanischen Küste, so entstand das Mischvolk der Swahili. Im Laufe der Zeit führte der Handel zu Zwang und Ausbeutung. Den Anfang machten die Portugiesen; und von 1500 bis ins späte 19. Jh., als mindestens zwei Millionen Ostafrikaner ins Exil und die Sklaverei verkauft wurden, bediente sich hier ganz Europa.

Ebenfalls Ende des 19. Jhs. erschienen die Briten auf der Bildfläche und brachten große Ideen von Zivilisation und Profit mit. Sie nahmen sich selbst das beste Land, verweigerten den Kenianern die politische Beteiligung und ließen sie später im weit entfernten Zweiten Weltkrieg kämpfen– das alles erwies sich als verhängnisvoll und führte zum verheerenden Mau-Mau-Aufstand in den 1950er-Jahren.

Auch nach der 1963 gewonnenen Unabhängigkeit wurden die Kenianer von ihren Führern im Stich gelassen. Nach einem vielversprechenden Start regierten Jomo Kenyatta und besonders Daniel arap Moi (ab 1978) Kenia wie ihr persönliches Fürstentum: Sie institutionalisierten die Korruption, gingen hart gegen die geringsten Anzeichen von Widerspruch vor und verfolgten eine selbstherrliche und letztendlich katastrophale Wirtschaftspolitik. Die problematischen Wahlen während der 1990er-Jahre trugen nicht gerade dazu bei, das Vertrauen in die demokratische Entwicklung in Kenia zu stärken, doch schließlich wurde am 30. Dezember 2002 nach freien Wahlen Präsident Mwai Kibaki vereidigt.

ZEITACHSE

3,7 Mio. Jahre v. Chr.

Eine Gruppe früher Hominiden wandert vom Vulkan weg über das Laetoli-Plateau. Ihre Fußspuren führen bis zum Grasland der Serengeti-Ebene.

1,76 Mio. Jahre v. Chr.

2011 finden Archäologen am Lake Turkana einen vierseitigen Faustkeil. Wissenschaftler nennen ihn das „Schweizer Armeemesser der Steinzeit".

1,6 Mio. Jahre v. Chr.

Kamoya Kimeu entdeckt 1984 den Turkana Boy, ein fast vollständiges Skelett eines elf- bis zwölfjährigen hominiden Jungen, der vor 1,6 Mio. Jahren am Lake Turkana starb.

Die Enttäuschung über die langsamen Fortschritte der Reformen und die polarisierende Politik in ethnischen Fragen führten nach dem umstrittenen Wahlgang 2007 zu ausgedehnten Gewaltausbrüchen.

Inzwischen hat das Land zurück zum Frieden gefunden, es gibt eine neue Verfassung und die Kenianer sind verhalten optimistisch, dass das Schlimmste hinter ihnen liegt.

Die ersten Kenianer

Die Tugen Hills

Nachdem die Leakeys 1959 in der Olduvai Gorge in Tansania Fossilien des *Homo sapiens* entdeckt hatten, begannen Paläontologen mit Ausgrabungen in den Tugen Hills westlich des Lake Baringo. Dort legten sie eine der vielfältigsten und dichtesten Anhäufungen fossiler Knochen in ganz Afrika frei. Die in Lavaströme eingebetteten Fossilienlager sind ein in Afrika einzigartiges archäologisches Zeugnis und stammen aus der am schwersten nachvollziehbaren Epoche der menschlichen Geschichte, der Zeit zwischen 14 Mio. und 4 Mio. Jahren v. Chr. Damals entwickelte sich aus dem *Kenyapithecus*, der im Wesentlichen ein Primat war, unser erster aufrecht gehender Vorfahre, der *Australopithecus afarensis*.

In dem sandigen Lehm wurden sieben der achtzehn bekannten hominoiden Spezies aus dieser Epoche gefunden. Ein 5 Mio. Jahre altes Kiefer-Fragment repräsentiert den nahesten Vorfahren des *Australopithecus afarensis,* jener Art, die ihre Fußabdrücke am Laetoli-Plateau in Tansania hinterlassen hatte. Ein Schädel-Fragment, das 2,4 Mio. Jahre alt ist, stammt vom ältesten bekannten Exemplar unserer eigenen Gattung, *Homo*.

Lake Turkana

Richard Leakey, Sohn der altgedienten Archäologen Louis und Mary, begann 1967 in den Tugen Hills mit Ausgrabungen, verlegte seine Arbeit 1969 aber zum Lake Turkana im Norden Kenias. Er grub Dutzende fossiler Stätten aus. Die hier gemachten Entdeckungen stellten das akzeptierte theoretische Gebäude der Archäologen mit dem überraschenden Fund einer völlig neuen hominiden Art, dem *Homo habilis* (fähiger Mensch), komplett auf den Kopf.

Vor Leakeys Entdeckung nahm man an, dass es nur zwei Arten des archaischen *Homo sapiens* gegeben hatte: die „robusten" und die „grazilen" Australopithecinen. Aus Letzteren ging schließlich der moderne Mensch hervor. Doch die Funde von Turkana zeigten, dass verschiedene Arten zur gleichen Zeit lebten und sogar die Ressourcen teilten – damit bestätigten sie die Theorie der Leakeys, dass die Evolution ein komplexer Prozess war.

Prähistorische Stätten

- Ausstellung „Cradle of Humankind" („Wiege der Menschheit"), National Museum, Nairobi
- Sibiloi National Park
- Prähistorische Stätte Olorgesailie
- Prähistorische Stätte Hyrax Hill
- Prähistorische Stätte Kariandusi

Mehr zu Fossilienfunden in Kenia erfährt man unter www.leakeyfoundation.org. Mitglieder können sich sogar für Touren mit den Leakeys selbst anmelden.

100 000 v. Chr.
Der *Homo sapiens* erobert die Welt – zunächst das östliche Mittelmeer, dann erreicht er vor 40 000 Jahren Asien und Australien, 10 000 Jahre später besiedelt er ganz Europa.

2000–1000 v. Chr.
Einwanderer kolonialisieren Subsahara-Afrika. Kuschiten, gefolgt von Äthiopiern, ziehen nach Zentralkenia, dann kommen Niloten aus dem Sudan, schließlich Bantu aus Nigeria und Kamerun.

100 v. Chr.
Azania (wie die ostafrikanische Küste damals hieß) ist im Mittelmeerraum bekannt und wird ein wichtiger griechischer Handelsposten.

200 n. Chr.
Im Jahr 200 leben schätzungsweise 20 Mio. Menschen in Afrika, über die Hälfte davon im Norden und nur 10 Mio. in Subsahara-Afrika.

1984 entdeckte Kamoya Kimeu (ein Mitglied der Leakey-Expedition) das 1,6 Mio. Jahre alte Skelett eines Jungen. Er war mit 1,60 m größer als sein Zeitgenosse, der *Homo habilis*. Mit seinen längeren Gliedmaßen und dem schreitenden Gang ähnelte er stärker der Physiologie des modernen Menschen, und sein größeres Gehirn legte nahe, dass er mehr kognitive Fähigkeiten besaß. Bis dato war der *Homo erectus* der größte Hominid mit dem größten Gehirn, er war auch der am längsten überlebende und am weitesten verbreitete unserer Vorfahren, die Werkzeuge herstellten. Den fossilen Zeugnissen zufolge verschwand er erst vor 70 000 Jahren.

Nach diesen bemerkenswerten evolutionären Sprüngen war es nur noch ein kleiner Schritt bis zu unserem engsten Verwandten, dem *Homo sapiens*, der vor etwa 130 000 Jahren auf der Bildfläche erschien.

Kenias Vorfahren

Vor 10 000 Jahren sah Afrika noch ganz anders aus als heute: Die Sahara grünte und blühte, große Teile Kenias waren dagegen unbewohnbar, denn in den tropischen Wäldern und Sümpfen lebte die für Rinder und Menschen lebensgefährliche Tsetsefliege.

In den folgenden 5000 Jahren führten klimatische Veränderungen dazu, dass der Tsetse-Gürtel weiter nach Süden wanderte. Das Grasland dehnte sich aus und Menschen aus dem Norden begannen, das heutige Kenia zu besiedeln. Schon bald trafen die Völker des Kontinents in Ostafrika aufeinander.

Die ersten Stämme aus dem Norden, die Ostafrika erreichten, sprachen Kuschitisch und zogen mit ihrem Vieh aus Äthiopien Richtung Süden. Zur gleichen Zeit kam eine Gruppe Niloten aus dem Sudan ins westliche Hochland des Rift Valley (ihre modernen Nachfahren sind die Stämme der Massai, Luo, Samburu und Turkana). Diese Hirten teilten sich die Region mit den Ureinwohnern, den Khoikhoi (Vorfahren der heutigen San), die hier seit Tausenden Jahren lebten.

Die vierte afrikanische Sprachfamilie, die Bantu, kamen um 1000 v. Chr. aus dem Niger-Delta. Sie wurden bald die größte ethnolinguistische Gruppe Ostafrikas und sind es bis heute. Kenias zahlenstärkster Stamm, die Kikuyu, sowie die Gusii, Akamba und Meru stammen alle von den Bantu ab.

Nun waren die meisten Völker Kenias angekommen.

Das Word *Swahili* leitet sich vom arabischen *sawahil* ab, das „von der Küste“ bedeutet, und bezeichnet sowohl die Sprache als auch die islamischen Bewohner der Küste.

SWAHILI

Araber, Swahili & Portugiesen

Das Land der Zanj

Ab dem 8. Jh. legten arabische Dauen auf ihren jährlichen Handelsfahrten in ostafrikanischen Häfen an. Araber gründeten alsbald Handelsposten an der Küste, gingen Mischehen ein und schufen eine kosmopoliti-

200–300

Mit der Einführung des Kamels werden Transsahara-Reisen machbar und profitabel. Das arabische Interesse an Afrika wird durch die Entdeckung großer Goldvorkommen angeheizt.

800

Arabische und persische Muslime steuern ostafrikanische Häfen an. Bald errichten sie an der Küste von Somalia bis Mosambik Swahili-Staaten und Handelsposten.

10. Jh.

Das „Land der Zanj“ an der Küste Ostafrikas wird berühmt für seine exotischen Exporte wie Schildpatt, Elfenbein, Sklaven und Gold, die überwiegend nach Arabien und Indien gehen.

1415

Zu Beginn des 15. Jhs. besuchen chinesische Bootsflotten Ostafrika. 1415 wird eine Giraffe nach Peking verschifft und dem Kaiser persönlich von Malindi-Gesandten präsentiert.

sche Kultur, Swahili genannt. Binnen kurzer Zeit sprenkelten Swahili-Stadtstaaten die gesamte Küste von Somalia bis Mosambik, vielerorts sind ihre Ruinen noch zu sehen, die bedeutendsten in Gede (S. 273).

Im 10. Jh. exportierte das „Land der Zanj" (die heutigen Küstenregionen von Kenia und Tansania) Leopardenfelle, Schildpatt, Rhinozeroshörner, Elfenbein und vor allem Sklaven und Gold nach Arabien und Indien. Damalige Häfen waren u. a. Shanga, Gede, Lamu und Mombasa sowie Sansibar (Tansania). Das 300 km südlich von Sansibar gelegene Kilwa markierte die südlichste Grenze für die arabischen Dauen. Mehr als sieben Jahrhunderte, bis 1450, stellte die islamische Welt praktisch den einzigen Einfluss der Außenwelt in Subsahara-Afrika dar.

Portugiesisch-Ostafrika

Ernsthaft bedroht wurde die arabisch-swahilische Vorherrschaft an der Küste erstmals mit der Ankunft der Portugiesen im 15. Jh. Diese waren von den Erzählungen zurückgekehrter Händler über Gold und Reichtümer beflügelt. So stieß Vasco da Gama 1497 auf seiner bahnbrechenden Reise entlang der Küsten Süd- und Ostafrikas im Sambesi-Delta auf arabische Dauen, die mit Goldstaub beladen waren. Zur gleichen Zeit gab es in Europa, das noch mit den Folgen der Pestepidemie (1347–1351) zu kämpfen hatte, einen riesigen Bedarf an Arbeitskräften. Auf den südeuropäischen Plantagen arbeiteten anfangs gefangene Muslime und Slawen (vom englischen Wort *„Slavic"* stammt der Begriff *„slaves")*, doch mit dem Zugang zu Afrika öffnete sich ein ganz neuer Arbeitskräftemarkt.

Swahili-Ruinen

- Gede, Nordküste
- Jumba la Mtwana, südlich von Mombasa
- Mnarani, südlich von Mombasa
- Takwa, Nordküste
- Shanga, Nordküste
- Wasini Island, südlich von Mombasa
- Faza, Nordküste

OSTAFRIKANISCHE SKLAVEN

Sklaven verließen Afrika über die Sahara, das Rote Meer und die ostafrikanische Küste. Geschätzte 18 Mio. Menschen wurden zwischen 1500 und dem Ende des 19. Jhs. aus dem tropischen Afrika exportiert, davon 2 Mio. aus Ostafrika. Auf dem Höhepunkt des Handels im 18. Jh. war jede Region des Kontinents davon betroffen.

In Ostafrika passierten jedes Jahr ca. 50 000 Sklaven die Märkte – fast 44 % der Gesamtbevölkerung der Küste. Insgesamt wurden zwischen 1830 und 1873 über den Markt in Sansibar fast 600 000 Sklaven verkauft. Dann ebnete ein Vertrag mit Großbritannien den Weg für die Beendigung des Sklavenhandels. Es stimmt, dass Sklaverei bereits ein fester Bestandteil des afrikanischen Lebens war, ehe der Menschenhandel begann. Doch die Versklavung zum Verkauf, der Import ausländischer Güter und das schiere Ausmaß der europäischen Beteiligung überstiegen alles, was zuvor passiert war. Die sozialen, psychologischen und ökonomischen Folgen änderten das Schicksal des Kontinents für immer.

Mehr Einzelheiten zum Sklavenhandel in Kenia siehe S. 239.

1441–1446

Im 15. Jh. erkunden portugiesische Karavellen Ostafrika. Statt Gold entdecken sie den Sklavenhandel. Die ersten 1000 Sklaven werden zwischen 1441 und 1446 nach Portugal gebracht.

1492–1505

Die Armada von Don Francisco de Almeida beginnt mit der portugiesischen Eroberung Kenias. 1505 fällt Mombasa, danach folgen die Küstenstädte Barawa (Somalia), Kilwa, Mosambik und Sofala.

1593

Die Portugiesen bauen die Korallenfestung Fort Jesus in Mombasa. Aufzeichnungen aus der Garnison Mombasa berichten erstmals über die Maisproduktion in Afrika.

MAXIMILIAN WEINZIERL/ALAMY ©

» Fort Jesus, Mombasa

Die Portugiesen festigten ihre Position an der ostafrikanischen Küste durch Gewalt und Terror, die sie als Kämpfe des Christentums gegen den Islam rechtfertigten. Mit bewaffneten Schiffen fuhren sie in die Häfen wichtiger Swahili-Städte, forderten deren Unterwerfung und die Zahlung hoher jährlicher Abgaben. Folgte eine Weigerung, wurden die Orte angegriffen, der Besitz der Einwohner beschlagnahmt und alle, die sich widersetzten, getötet. Als erste Swahili-Stadt wurde 1503 Sansibar auf diese Weise eingenommen. Malindi ging ein Bündnis mit den Portugiesen ein, was den Fall Mombasas 1505 beschleunigte.

Ein detaillierterer Überblick über die Geschichte der Küstenregionen Kenias siehe S. 232.

HÜTTENSTEUER

Um die Ureinwohner in den Arbeitsmarkt zu drängen, führten die Briten 1901 eine Hüttensteuer ein. Diese konnte nur bar gezahlt werden, sodass sich die Afrikaner eine bezahlte Arbeit suchen mussten.

Britisch-Ostafrika

Sicherung der Kontrolle

1884 trafen sich die europäischen Großmächte in Deutschland zur Kongokonferenz und entschieden hinter verschlossenen Türen über das Schicksal Afrikas. Afrikanische Führer wurden weder eingeladen noch konsultiert. Schlimmer noch, die neuen nationalen Gebiete befriedigten vielleicht politische Ambitionen, schufen jedoch eine Vielzahl potenzieller Probleme: Die neu definierten Staaten zerschnitten mindesten 177 ethnische „Kulturgebiete", und einige neue Länder waren wirtschaftlich kaum überlebensfähig.

Kenias Kolonialgeschichte begann 1885, als Deutschland ein Protektorat über die Besitzungen des Sultans von Sansibar an der Küste errichtete. 1888 erhielt Sir William Mackinnon einen „Royal Charter" und das Recht, den Handel in der Region unter der Schirmherrschaft der British East Africa Company (BEAC) zu entwickeln. Deutschland, das den Einfluss in seinen ostafrikanischen Gebieten stärken wollte, übergab seine Küstengebiete 1890 an Großbritannien im Tausch gegen die alleinigen Rechte in Tansania. Doch erst als die British East Africa Company 1895 in finanzielle Schwierigkeiten geriet, deklarierte die britische Regierung Britisch-Ostafrika formell als Protektorat.

Das britische Kenia

Ursprünglich begrenzte sich der britische Einfluss auf die Küstengebiete. Große Teile des Landesinneren waren wegen der Anwesenheit von kriegerischen Stämmen wie den Massai unzugänglich. Doch nach einem brutalen Bürgerkrieg zwischen den Ilmaasai und den Iloikop sowie dem gleichzeitigen Auftreten von Rinderpest, Cholera, Pocken und Hungersnöten begann die Front der Massai zu bröckeln. Die Briten konnten mit ihnen einen Vertrag aushandeln, der ihnen erlaubte, die Eisenbahnlinie Mombasa–Uganda mitten durch das Weideland der Massai zu führen.

1729

Die portugiesische Herrschaft in Ostafrika endet 1698, als Mombasa nach 33-monatiger Belagerung an omanische Araber fällt. 1729 verlassen die Portugiesen die kenianische Küste endgültig.

1807–1873

1807 wird der Sklavenhandel in Großbritannien per Gesetz illegal. Erst 65 Jahre später verbietet Sultan Barghash von Sansibar den Menschenhandel an der Küste Ostafrikas.

1884–1885

Auf der Kongokonferenz wird Afrika in vier Kolonialgebiete aufgeteilt. Heute besteht der Kontinent aus 54 Staaten – viermal so viele wie in Südamerika.

1888

Sir William Mackinnon gründet in Mombasa die British East Africa Company (BEAC), die sich dem Export und dem Bau der ostafrikanischen Eisenbahn widmet.

DER LORD DES HAPPY VALLEY

Während der Blütezeit des Kolonialismus war das Happy Valley (das Hochland um Nairobi) Treffpunkt eines exzentrischen Trupps der britischen Elite, der für seine Neigung zum Trinken, Drogenmissbrauch und Partnertausch bekannt war. Kaum jemand konnte es jedoch mit Hugh Cholmondeley (1870–1931), dem dritten Baron von Delamere, aufnehmen.

Lord Delamere kam 1891 erstmals nach Afrika, um im damaligen Britisch-Somaliland Löwen zu jagen. Fünf Jahre später führte er eine Expedition durch die Wüsten des südlichen Somalilands bis ins Hochland im heutigen Zentralkenia. Zu Beginn des 20. Jhs. besaß er mehr als 120 000 ha Land und war einer der einflussreichsten Siedler in Kenia.

Über 20 Jahre bewirtschaftete Lord Delamere seine riesigen Ländereien hartnäckig allein nach dem Prinzip „Versuch und Irrtum" und experimentierte mit unterschiedlichen Getreidesorten aus verschiedenen Gegenden des britischen Imperiums. Er warb Landadlige aus Großbritannien für den Kauf von Land in Britisch-Ostafrika an und trug dazu bei, dass das Happy Valley auf der Landkarte auftauchte. Im Norfolk Hotel, in dem noch heute eine Bar ihm zu Ehren benannt ist (S. 74), ritt Lord Delamere einst mit seinem Pferd durch den Speisesaal und beeindruckte die Gäste mit seiner Fähigkeit, über Bankettische zu springen.

In seinen späteren Jahren war Lord Delamere vollkommen von der Überlegenheit der Weißen überzeugt und etablierte sich als hitzköpfiger Politiker, entschlossen, die britischen Besitzungen in Afrika zu verteidigen. Er wurde oft als „Cecil Rhodes von Kenia" bezeichnet und schrieb einmal im Zusammenhang mit seiner Unterstützung für die „Ausbreitung der europäischen Zivilisation", dass die Briten „den heterogenen afrikanischen Rassen überlegen sind, die jetzt erst aus Jahrhunderten relativer Barbarei auftauchen".

2005 wurde eine Anklage gegen Lord Delameres Urenkel, Baron Thomas Cholmondeley, fallen gelassen, der verdächtigt worden war, einen Wildaufseher der Massai erschossen zu haben. Ein Jahr später wurde auf Cholmondeleys Besitz ein Wilderer erschossen, 2009 wurde Cholmondeley wegen Totschlags zu acht Monaten Gefängnis verurteilt. Der Sprecher der Polizei soll zu diesem Fall gesagt haben: „Früher waren die Delameres unantastbar. Doch das hat sich jetzt geändert."

Nach Fertigstellung der Eisenbahn konnte die britische Verwaltung von Mombasa nach Nairobi mit seinem gemäßigteren Klima umziehen. Zwar verloren die Massai das meiste Land durch britische Annektion und mussten sich mit zugewiesenen Reservaten begnügen, doch besonders stark unter der Enteignung litten die Kikuyu vom Mt. Kenya und von den Aberdares (von Weißen besiedelte Gebiete).

1912 hatten sich die Siedler bereits im Hochland etabliert und Farmen errichtet, und zum ersten Mal machte die Kolonie Gewinn. Ihre frühesten Vorposten, Naivasha und die Ngong Hills, sind noch heute Gebiete mit vielen weißen Bewohnern.

1895

Nach ernsthaften finanziellen Schwierigkeiten der BEAC übernimmt die britische Regierung mit dem Protektorat Britisch-Ostafrika die Verantwortung für Kenia.

1901

Die Ostafrikanische Eisenbahn verbindet die Küste mit Uganda. Das bringt einen gewaltigen Zuzug von Indern mit sich, die beim Bau die meisten Facharbeiter stellen.

1890

Waiyaki Wa Henya, ein Kikuyu-Häuptling, der unter Druck einen Vertrag mit Frederick Lugard von der BEAC unterschrieb, brennt Lugard's Fort nieder. Später wird er entführt und ermordet.

1918–1939

Die Wirtschaft entwickelt sich gut. Hungerhilfe und Kampagnen gegen Seuchen, die in den Kolonien gestartet werden, führen in Afrika zu einem Bevölkerungswachstum von 37,5 %.

Red Strangers: The White Tribe of Kenya (C. S. Nicholls) zeigt den Kolonialismus aus einer anderen, ungewöhnlich verständnisvollen Perspektive und untersucht die Geschichte der weißen Siedler in Kenia vor sowie nach der Unabhängigkeit.

Die Kolonialisierung wurde durch den Ersten Weltkrieg unterbrochen. Zwei Drittel der 3000 weißen Siedler in Kenia bildeten improvisierte Kavallerie-Einheiten und versuchten, die Deutschen im benachbarten Tansania anzugreifen.

Nach dem Krieg wurde die Kolonialisierung wieder aufgenommen. In einem neuen Programm erhielten Kriegsveteranen subventioniertes Land im Hochland rund um Nairobi. Dadurch stieg die Zahl der Weißen in Kenia stark an: von 9000 Personen 1920 auf 80 000 in den 1950er-Jahren.

Der Weg zur Unabhängigkeit

Aufkommende nationalistische Bestrebungen

Zwar waren die Jahre zwischen den Weltkriegen recht friedlich und von ökonomischem Wachstum geprägt, es gab aber auch erste nationalistische Bestrebungen. Der Unmut über die Inbesitznahme von Land und die Umsiedlungen wurde 1920 verstärkt, als Kenia dank beträchtlicher Lobbyarbeit weißer Siedler zur Kronkolonie erklärt wurde. Ein Legislativrat wurde gebildet, doch Afrikaner blieben bis 1944 von der politischen Beteiligung ausgeschlossen. Als Reaktion darauf gründete der Kikuyu-Stamm, der am stärksten unter dem Druck europäischer Siedler litt, die Young Kikuyu Association, angeführt von Harry Thuku. Aus ihr wurde später die Kenya African Union (KAU), eine nationalistische Organisation, die Zugang zu dem Land im Besitz der Weißen forderte.

Ein leidenschaftlicher Vertreter der Bewegung war ein junger Mann namens Johnstone Kamau, der später als Jomo Kenyatta bekannt wurde. Als sein früher Aktionismus auf taube Ohren stieß, schloss er sich der offener agierenden Kikuyu Central Association an, die prompt verboten wurde.

Mit der finanziellen Unterstützung indischer Kommunisten reiste Kenyatta 1929 nach London, um sich beim britischen Kolonialminister für die Sache der Kikuyu einzusetzen, dieser lehnte ein Gespräch jedoch ab. In London traf sich Kenyatta mit einer Gruppe namens League Against Imperialism. Diese schickte ihn nach Moskau und Berlin, zurück nach Nairobi und wiederum nach London, wo er 15 Jahre blieb. In Moskau studierte er revolutionäre Taktiken und gründete mit Hastings Banda (später Präsident von Malawi) und Kwame Nkrumah (später Präsident von Ghana) die Pan-African Federation.

Die Kriegsjahre

Afrikanische Nationalisten erzielten zwar imposante Fortschritte, doch es war der Beginn des Zweiten Weltkriegs, der zum Niedergang des Kolonialismus in Afrika führen sollte. Der Krieg demonstrierte, dass Afrika

1920

Kenia wird zur Kronkolonie erklärt. Afrikaner sind vom Legislativrat ausgeschlossen. Danach wird die Kenya African Union (KAU) gegründet, die sich für Landrechte einsetzt.

1929

Jomo Kenyatta fährt nach London, der Beginn einer 15-jährigen Reise, um für die kenianische Unabhängigkeit zu kämpfen. In dieser Zeit baut er auch die Pan-African Federation mit auf.

1931

Lord Delamere stirbt mit 61 Jahren. Er half, die Grundlagen für Kenias Landwirtschaft zu errichten, verkörperte aber auch die verhasste Politik der britischen Kolonialregierung.

1930er-Jahre

Tausende europäische Siedler besetzen das Zentrale Hochland und bauen Tee und Kaffee an. Die Landansprüche der mehr als 1 Mio. Kikuyu werden von den Europäern nicht anerkannt.

ein wertvolles Mitglied der Weltgemeinschaft mit zahlreichen Soldaten und unverzichtbaren mineralischen Rohstoffen war.

1941 reiste der britische Premierminister Winston Churchill über den Atlantik, um amerikanische Hilfe zu erbitten. Das Ergebnis war die Unterzeichnung der Atlantik-Charta (1942), die Churchill mit Präsident Roosevelt verhandelt hatte. In ihrem dritten Abschnitt, der als Nachkriegsziel die Selbstbestimmung aller Kolonien festschreibt, ist das Ende des Kolonialismus verankert.

Im Oktober 1945 fand im englischen Manchester der fünfte Pan-Afrikanische Kongress statt. Erstmals war er vor allem ein Kongress der jungen afrikanischen Führer. Neben Kwame Nkrumah und Jomo Kenyatta nahmen Gewerkschafter, Rechtsanwälte, Lehrer und Schriftsteller aus ganz Afrika teil. Als Kenyatta 1946 nach Kenia zurückkehrte, war er der Führer der kenianischen Befreiungsbewegung. Er nutzte seine Position und rückte schnell an die Spitze der Kenya African Union (KAU), einer Gruppierung, die beträchtliche Unterstützung von afrikanischen Kriegsveteranen erhielt.

Afrikaner spielten im Zweiten Weltkrieg eine Schlüsselrolle. Das East African Carrier Corps bestand aus mehr als 400 000 Soldaten, und die Entwicklung der Atombombe wäre damals ohne Uran aus dem Kongo unmöglich gewesen.

Die Mau-Mau

Kenyatta war bereit, als akkreditierter Vertreter der britischen Regierung innerhalb einer zu entwickelnden Verfassung zu wirken, doch militante Gruppierungen der KAU hatten radikalere Pläne. Diese erhielten zusätzlichen Auftrieb, als Ghana 1951 als erstes afrikanisches Land unabhängig wurde.

Guerillagruppen begannen, mit kleinen Terroranschlägen weiße Siedler einzuschüchtern und ihre Farmen sowie als Kollaborateure betrachtete Personen zu bedrohen. Ihr Ziel war es, die Weißen von ihrem Land zu vertreiben und es wieder in Besitz zu nehmen. Kenyatta spielte in dieser Rebellion, die als Mau-Mau-Aufstand bekannt wurde, eine undurchsichtige Rolle. 1952 missbilligte er die Bewegung auf einer öffentlichen Versammlung, wurde allerdings zusammen mit anderen Kikuyu-Politikern verhaftet und für die „Planung" des Aufstands zu sieben Jahren Zwangsarbeit verurteilt.

Es folgten vier Jahre erbitterter militärischer Operationen. Die verschiedenen Mau-Mau-Einheiten vereinten sich unter dem Schirm der Kenya Land Freedom Army, die von Dedan Kimathi geleitet wurde, und es kam zu einem regelrechten Guerillakrieg. Schon 1952 riefen die Briten den Notstand aus.

1956 war die Rebellion der Mau-Mau endgültig niedergeschlagen und Dedan Kimathi wurde auf Befehl von Colonel Henderson (der später wegen Verbrechen gegen die Menschlichkeit aus Kenia deportiert wurde) öffentlich gehängt. Doch Kenyatta setzte den Kampf nach seiner Freilassung 1959 fort. Bald spürten sogar weiße Kenianer, dass Veränderungen

ZWEITER WELTKRIEG

DAVID WALL/LONELY PLANET IMAGES ©

» Kikuyu-Hexendoktor

1942

Die von Churchill und Roosevelt unterzeichnete Atlantik-Charta garantiert den Kolonien als Nachkriegsziel Selbstbestimmung und öffnet die afrikanischen Märkte für die USA.

1946

Jomo Kenyatta beendet sein Anthropologiestudium und kehrt als Führer der KAU nach Kenia zurück. Die Briten betrachten ihn auf dem Weg zur Unabhängigkeit als anerkannten Vertreter Kenias.

Der erste bedeutende kenianische Film, der sich mit dem schwierigen Thema des Mau-Mau-Aufstands beschäftigt, *Enough is Enough* von Kibaara Kaugi, ist ein fiktionalisiertes Biopic über Wamuyu wa Gakuru, eine Kikuyu-Frau, die eine berühmte Guerillakämpferin wurde.

Abschied von der Nacht von Kenias berühmtestem Schriftsteller Ngũgĩ wa Thiong'o erzählt die Geschichte der britischen Besatzung und ihrer Auswirkungen auf das Leben der schwarzen Kenianer. Seine 2010 veröffentlichten Memoiren *Träume in Zeiten des Krieges* sind eine Chronik seiner Kindheit im kolonialen Kenia.

in der Luft lagen, und 1960 verkündete die britische Regierung offiziell ihren Plan zur Übertragung der Macht an eine demokratisch gewählte afrikanische Regierung. Kenia sollte im Dezember 1963 unabhängig werden, begleitet von Zuschüssen und Darlehen in Höhe von 100 Mio. US$, damit die kenianische Regierung den europäischen Farmern im Hochland das Land abkaufen und dieses wieder an die lokalen Stämme zurückgeben konnte.

Nach einem langen Weg erlangte Kenia schließlich am 12. Dezember 1963 seine Unabhängigkeit.

Kenia nach der Unabhängigkeit

Harambee

Die Übergabe der politischen Macht begann 1962 mit der Wahl Kenyattas zum Präsidenten durch ein neu konstituiertes Parlament. Um einen reibungslosen Ablauf des Wechsels zu gewährleisten, verbündete sich seine Partei, die Kenya African National Union (KANU), die für eine einheitliche Zentralregierung eintrat, mit der Kenya African Democratic Union (KADU), die ein *majimbo,* eine föderale Struktur, anstrebte. *Harambee,* was „alle ziehen an einem Strang" bedeutet, wurde für wichtiger gehalten als politischer Parteigeist. 1964 löste sich die KADU 1964 freiwillig auf, sodass die KANU mit Kenyatta an der Spitze die alleinige Befehlsgewalt hatte.

Riesiger Optimismus begleitete die frühen Tage der Unabhängigkeit nach dem Kolonialismus. Kenyatta tat sein Bestes, um die Ängste der weißen Siedler zu beschwichtigen, und erklärte: „Ich habe Gefangenschaft und Arrest ertragen müssen, doch das ist Vergangenheit und ich werde nicht mehr daran denken. Wir wollen uns verbünden und zum Wohle Kenias zusammenarbeiten." Leider war die im Entstehen begriffene Wirtschaft verletzlich und die politische Landschaft noch kaum entwickelt, daher beförderte die Festigung der Macht durch die neue herrschende Elite ein autoritäres Regime.

Einparteienstaat

Zwar gilt das Kenyatta-Regime als afrikanische Erfolgsstory, doch es versagte bei der wichtigsten Aufgabe: den Kolonialstaat zu dekonstruieren und ein System zu errichten, das den Bedürfnissen und Hoffnungen der durchschnittlichen Kenianer gerecht wurde. Das regionalistische *majimbo*-System, das von der KADU verfochten wurde und auf das man sich bei der Vorbereitung auf die Unabhängigkeit geeinigt hatte, war ein solches System. Mit der Auflösung der KADU 1964 wurde es aber aufgegeben. Erst die Verfassung von 2010 erfüllte die Idee eines föderalen Systems mit neuem Leben.

1952–1956
Während des Mau-Mau-Aufstands rufen die Briten den Notstand aus. Bis 1956 werden fast 2000 Anhänger der Kikuyu und 11 500 Mau-Mau ermordet. 32 weiße Siedler sterben.

1963
Kenia wird unabhängig und Jomo Kenyatta Präsident. 1963 ist auch das Gründungsjahr der Organisation für Afrikanische Einheit, die Afrika eine eigene Stimme in der Weltpolitik geben soll.

1966
Jaramogi Oginga Odinga gründet die Kenya People's Union. Nach Unruhen in der Provinz Nyanza wird die Partei verboten und Kenia zum Einparteienstaat.

1978
Kenyattas Nachfolger wird sein Vizepräsident Daniel arap Moi, der die nächsten 25 Jahre regiert und zu einem der dienstältesten der „Big Men" Afrikas wird.

Die Macht zentralisierte sich nicht nur immer stärker in Nairobi, sondern auch in den Händen des Präsidenten. Gefördert wurde dies durch eine Reihe von Verfassungszusätzen, die 1969 im Verfassungszusatz Nr. 16 gipfelten, der den Präsidenten ermächtigte, die öffentliche Verwaltung zu kontrollieren. Die Auswirkungen waren katastrophal. In den folgenden Jahren kam es zu einer massiven Bevorzugung von Kikuyu, Kenyattas eigenem Stamm, zu Lasten anderer Stämme.

Der Trade Union Disputes Act machte Arbeitskampfmaßnahmen illegal, und als sich die KADU als Kenya People's Union (KPU) neu organisieren wollte, wurde diese verboten. Bald war Korruption auf allen Ebenen ein Problem, und die politische Arena schrumpfte immer mehr.

Die Moi-Jahre

Kenyattas Nachfolger wurde 1978 sein bisheriger Vizepräsident Daniel arap Moi. In Moi, einem Kalenjin, sahen die Strippenzieher des Systems den geeigneten Mann für die Regierung, um ihre Interessen zu vertreten, denn sein Stamm war relativ klein und den Kikuyu verbunden.

Zunächst arbeitete Moi daran, sein Regime zu festigen, indem er jene an den Rand drängte, die seine Präsidentschaft verhindern wollten. Ihm fehlte jedoch das nötige Kapital, um ein Netzwerk aus Gönnern und Klienten aufzubauen und zu pflegen, und angesichts der schrumpfenden ökonomischen Möglichkeiten flüchtete er sich in eine Politik der Ausgrenzung. Er baute die finanziellen, rechtlichen, politischen und administrativen Institutionen um. So machte ein Verfassungszusatz 1982 Kenia de facto zum Einparteienstaat. 1986 hob zudem ein weiterer den Kündigungsschutz des Generalstaatsanwalts, der obersten Rechnungs- und Wirtschaftsprüfer und der Richter am Obersten Gericht auf und übertrug die Aufsicht über diese Positionen dem Präsidenten direkt. Diese Entwicklungen führten dazu, dass Kenia sich von einem „imperialen Staat" unter Kenyatta zu einem „persönlichen Staat" unter Moi verwandelte.

FOLTER

Im Juli 2011 ließ das Oberste Gericht in Großbritannien die Klage von vier hochbetagten Kenianern gegen die britische Regierung zu. Diese wurden in Arbeitslagern gefoltert, die während des Mau-Mau-Aufstands in den 1950er-Jahren von britischen Kolonialbehörden errichtet worden waren.

Veränderungen kündigen sich an

Gegen Ende der 1980er-Jahre hatten die meisten Kenianer die Nase voll. Nach den umstrittenen Wahlen von 1988 schlossen sich Charles Rubia und Kenneth Matiba zusammen und forderten die Freiheit, neue Parteien zu gründen. Außerdem gaben sie bekannt, dass sie ohne die erforderliche Genehmigung am 7. Juli eine politische Kundgebung veranstalten wollten. Beide wurden vor der geplanten Versammlung verhaftet, doch die Kenianer kamen trotzdem und erlebten einen brutalen Empfang durch die Polizei. 20 Menschen starben und etliche Politiker, Menschenrechtsaktivisten sowie Journalisten wurden verhaftet.

Die Kundgebung, die als *Saba Saba* („Sieben Sieben" auf Kiswahili) in die Geschichte einging, war ein ausschlaggebendes Ereignis im Kampf um

1982
Die Universities Academic Staff Union (UASU), eine der wenigen verbliebenen glaubwürdigen Oppositionsgruppen, wird verboten. Dies führt zu einem kurzlebigen Putsch der Luftwaffe.

1984
Die ersten Berichte über AIDS in Ostafrika werden bekannt. 2005 sind in Kenia schätzungsweise 1,3 Mio. Menschen mit HIV oder Aids infiziert.

1991
Der Zusammenbruch der Sowjetunion führt zu großem ausländischem Druck auf afrikanische Einparteienstaaten. 1991 hebt das Parlament den Einparteien-Abschnitt der Verfassung auf.

1993
Mitte 1993 steigt die Inflation auf 100 % und die Staatsverschuldung wächst auf mehr als 10 % des BIP. Geber stellen ihre Hilfen ein und fordern weitreichende Wirtschaftsreformen.

ein Mehrparteiensystem in Kenia. Im folgenden Jahr entstand das Forum for the Restoration of Democracy (FORD). Sein Führer war Jaramogi Oginga Odinga, ein mächtiger Luo-Politiker, der unter Jomo Kenyatta Vizepräsident und in der Unabhängigkeitsbewegung eine wichtige Figur gewesen war – erst als Mitglied der KANU und dann nach einer ideologischen Spaltung als Führer seiner eigenen Partei, der KPU. Das FORD wurde zunächst verboten und Odinga kam in Haft, doch die darauf folgende Empörung führte zu seiner Freilassung, und schließlich ermöglichte eine Verfassungsänderung zum ersten Mal die Zulassung neuer Parteien.

Moi, der mit einer Auslandsschuld von fast 9 Mrd. US$ und der vollständigen Aussetzung der Entwicklungshilfe konfrontiert war, sah sich gezwungen, Anfang 1992 Wahlen mit mehreren Parteien abzuhalten, doch unabhängige Reporter berichteten von zahlreichen Ungereimtheiten bei der Wahl. Nicht weniger beunruhigend war die Tatsache, dass bei ethnischen Auseinandersetzungen im Rift Valley, die durch Regierungspropaganda ausgelöst worden sein sollten, etwa 2000 Menschen ums Leben kamen. Trotzdem wurde Moi wiedergewählt.

1992 bekam Moi nur 37 % der Stimmen, während die Oppositionsparteien 63 % erhielten. Dies wiederholte sich in den Wahlen von 1997, als Moi 40 % der Stimmen für sich verbuchte, während 60 % auf die Opposition fielen. Nach den Wahlen 1997 war die KANU gezwungen, sich dem wachsenden Druck zu beugen und Veränderungen vorzunehmen: Einige drakonische Kolonialgesetze und die Auflagen für die Genehmigung politischer Versammlungen wurden aufgehoben.

Kenia stand nun am Beginn einer schwierigen Periode. Am 7. August 1998 bombardierten islamistische Extremisten die US-amerikanischen Botschaften in Nairobi und Dar es Salaam in Tansania, töteten über 200 Menschen und rückten die El Kaida sowie Osama bin Laden zum ersten Mal in den Blickpunkt der internationalen Aufmerksamkeit. Die Folgen für die Wirtschaft waren verheerend und der Aufbau der am Boden liegenden Tourismusindustrie sollte vier Jahre dauern.

Die Kibaki-Jahre

Demokratisches Kenia

Nachdem die Opposition 1992 und 1997 bei den Wahlen geschlagen worden war, schlossen sich zwölf Oppositionsgruppen im Bündnis National Alliance Rainbow Coalition (NARC) zusammen. Mois Präsidentschaft sollte 2002 enden und viele befürchteten, dass er erneut die Verfassung ändern würde, um seine Macht zu erhalten. Diesmal kündigte er jedoch seinen Rückzug aus der Politik an.

Er nutzte daraufhin zwar seinen ganzen Einfluss, um die Präsidentschaftskandidatur von Uhuru Kenyatta, Sohn von Jomo Kenyatta, zu

1998
Terroranschläge erschüttern die US-Botschaften in Nairobi und Dar es Salaam und töten über 200 Menschen. Die Folgen für die kenianische Wirtschaft sind verheerend.

2002
2002 gewinnt Mwai Kibaki als Führer der National Alliance Rainbow Coalition (NARC) die Wahlen. Erstmals kommt an der Wahlurne der Wunsch des Volkes zum Tragen.

2006
Der chinesische Präsident Hu Jintao unterzeichnet einen Vertrag mit Kenia, der es China erlaubt, an den Grenzen zu Sudan und Somalia und in den Küstengebieten nach Öl zu suchen.

2007
Das umstrittene Ergebnis der Wahlen löst blutige Gewalt aus. Internationale Vermittlungen führen im April 2008 zu einer Vereinbarung über die Machtteilung.

unterstützen, doch die NARC fand so viele Anhänger, dass die Partei mit 62 % der Stimmen einen überwältigenden Sieg einfuhr. Am 30. Dezember 2002 wurde Mwai Kibaki als dritter Präsident Kenias vereidigt.

Als Kibaki im Januar 2003 sein Amt antrat, unterstützten die Geberländer die neue Regierung nach besten Kräften. In der Anfangszeit wurde die Kibaki-Regierung wegen einer Reihe politischer Initiativen hochgelobt, besonders wegen ihrer Bekämpfung der Korruption. 2003 und 2004 beteiligten sich die Geberländer mit Millionen Dollars an diesem Kampf und unterstützen auch das Amt eines neu bestellten Antikorruptionsbeauftragten. Im November 2003 erhielt Kenia erstmals wieder Kredite vom Internationalen Währungsfonds.

Kein Ende der Korruption

Nach anfänglich positiven Signalen wurde Mitte 2004 deutlich, dass Korruption in großem Stil noch immer ein beträchtliches Problem in Kenia war. Westliche Diplomaten gingen davon aus, dass sie den Staatshaushalt seit dem Amtsantritt Kibakis 1 Mrd. US$ gekostet hatte. Der britische Hochkommissar Sir Edward Clay verurteilte im Februar 2005 „die massive Plünderung" staatlicher Ressourcen durch höhere Regierungsmitglieder, darunter auch Kabinettsminister. Innerhalb weniger Tage legte Kibakis Antikorruptions-„Zar" John Githongo sein Amt nieder und zog sich nach Todesdrohungen im Zusammenhang mit seinen Untersuchungen zu hochrangigen Politikern ins Exil zurück. Großbritannien, die USA und Deutschland setzten ihre finanzielle Unterstützung für die Korruptionsbekämpfung aus. Nachdem Githongo ein detailliertes, belastendes Dossier zur Bestechlichkeit im Kibaki-Regime veröffentlicht hatte, musste Kibaki im Februar 2006 drei Minister von ihren Ämtern entbinden.

Den Kern der Probleme beim Kampf gegen die Korruption bildeten die Umstände, die Kibaki an die Macht gebracht hatten. Um seine Chancen bei den Wahlen zu verbessern, bezog er in seine Koalition auch einige Funktionäre der KANU ein, die in die schlimmsten Missbräuche des Moi-Regimes verwickelt waren. Durch den Wahlsieg war Kibaki diesen Leuten verpflichtet und bildete daher sein Kabinett nur halbherzig um. Außerdem gestand er seinen Ministern große Handlungsfreiräume zu, um sich ihre fortgesetzte Unterstützung zu sichern.

Der langsame Fortschritt der Demokratisierung in Kenia ist oft auf das personalisierte Wesen der kenianischen Politik zurückgeführt worden, in deren Zentrum nicht so sehr Institutionen, sondern Individuen mit ethnischen Wählerschaften stehen.

Aber es gab nicht nur schlechte Neuigkeiten. Die Kibaki-Regierung ermöglichte erstmals allen Kenianern den Zugang zur achtjährigen Grundschule, und die staatliche Kontrolle über die Wirtschaft lockerte sich.

JOHN GITHONGO

Jetzt sind wir dran: Korruption in Kenia. Die Geschichte des John Githongo (2010) von Michela Wrong gibt einen düsteren Einblick in Kenias Kampf gegen Bestechungen. Im Zentrum des Buchs steht John Githongo, der Antikorruptions-„Zar", der ins Exil fliehen musste, nachdem er Bestechlichkeit auf höchster Ebene aufgedeckt hatte.

2008

John Githongo kehrt nach Kenia zurück. Drei Jahre später gründet er Kenya Ni Yetu (Kenia gehört uns), um die Menschen zum Aufbegehren gegen Bestechung zu ermutigen.

2010

67 % der Wähler stimmen für die neue Verfassung, die eine Übertragung von Zuständigkeiten auf die Regionen, Gewaltenteilung und Grundrechte festschreibt.

ZHAO YINGQUAN/XINHUAPRESS/CORBIS ©

» Präsident Mwai Kibaki

Oktober 2011

Die kenianische Armee dringt in Somalia ein, um al-Shabaab-Extremisten aus dem Grenzgebiet zu vertreiben, die u. a. für Entführungen von Touristen verantwortlich gemacht werden.

Am Rand des Zusammenbruchs

Am 27. Dezember 2007 fanden in Kenia Präsidentschafts-, Parlaments- und Kommunalwahlen statt. Die beiden Letzteren verliefen weitgehend störungsfrei, doch die Präsidentschaftswahlen gerieten durch schwerwiegende Unregelmäßigkeiten in die Kritik. Trotzdem erklärte die Wahlkommission Mwai Kibaki zum Sieger und löste damit eine Welle der Gewalt aus.

Im Rift Valley, im Westlichen Hochland, in der Provinz Nyanza und in Mombasa – Gegenden, die von jahrelangen politischen Machenschaften, Gewalt bei früheren Wahlen und Umsiedlungen in großem Stil betroffen waren – eskalierten ethnische Konflikte in blutigen Ausschreitungen. Mehr als 1000 Menschen starben und über 600 000 wurden obdachlos.

Aus Sorge um die Stabilität einer der essenziellsten Stützen in Ostafrika flogen der frühere Uno-Generalsekretär Kofi Annan und ein Gremium „wichtiger afrikanischer Persönlichkeiten" nach Kenia, um bei den Verhandlungen zu vermitteln. Am 28. Februar 2008 wurde eine Vereinbarung zwischen dem Präsidenten Kibaki und Raila Odinga, dem Führer der oppositionellen ODM, unterzeichnet, die eine Teilung der Macht festschrieb. Diesem Vertrag folgend, schuf man das neue Amt eines Ministerpräsidenten (für Raila Odinga), und die Kabinettsposten wurden nach der Zahl der Abgeordneten im Parlament aufgeteilt.

WAHLEN 2007

Die aktuellste Geschichte Kenias, *Kenya: Between Hope & Despair, 1963–2011* von Daniel Branch beschäftigt sich detailliert mit den Wahlen von 2007 und ihren Folgen.

Wiederherstellung des Vertrauens

Es gab zwar einige schwierige Momente, doch die zerbrechliche Koalitionsregierung hat die Anfangszeit gut überstanden. Dies trug dazu bei, die Kenianer und die internationale Gemeinschaft davon zu überzeugen, dass die Gewalt ein einmaliger Vorfall war und nicht die Zukunft des Landes prägen wird. Zudem hat die Regierung mit komplexen und lange überfälligen langfristigen Reformen begonnen. Ihr wohl größter Erfolg dürfte die 2010 in Kraft getretene Verfassung sein, für die bei einer Volksabstimmung 67 % der Wähler stimmten. Zu ihren Schlüsselelementen gehören die Übertragung von Zuständigkeiten an die kenianischen Regionen, die Einführung von Grundrechten und die Gewaltenteilung zwischen Judikative, Exekutive und Legislative.

Es ist noch viel zu tun, vor allem beim Kampf gegen die im Land grassierende Ungleichheit. Einheimische Ökonomen schätzen, dass Kenia ein Wirtschaftswachstum von 12 % erreichen muss, damit überhaupt ein Trickle-down-Effekt einsetzt. Die Herausforderung ist gewaltig. Die Inflation steigt weiter und der Anstieg der Brennstoff- und Lebensmittelpreise stellt ein großes Problem dar. Doch die Regierung hat erste überaus wichtige Schritte übernommen, die dem Land in den kommenden Jahren nur gut tun können.

Kenias Volksstämme

Die Stammeszugehörigkeit ist nach wie vor ein wichtiger Aspekt der kenianischen Identität. Treffen zwei Kenianer aufeinander, stellen sie sich zuallererst die Frage, welcher Volksgruppe der jeweils andere angehört.

Wir haben die Ethnien in diesem Kapitel geografisch geordnet, allerdings ist die Einteilung als grober Leitfaden zu verstehen, da sich die Angehörigen der meisten Gruppen oft auch jenseits ihrer angestammten Ländereien aufhalten. Darüber hinaus sind inzwischen zahlreiche Stämme nicht mehr ganz eindeutig voneinander abzugrenzen, denn viele Menschen ziehen auf Arbeitssuche in die großen Städte und die verschiedenen Völker vermischen sich durch Heirat.

Rift Valley & Zentralkenia

Kikuyu (auch Gikikuyu)

22 % der Bevölkerung

Die Kikuyu sind die größte und einflussreichste Ethnie in Kenia. Aus ihren Reihen stammt sowohl der erste Präsident des Landes, Jomo Kenyatta, als auch der aktuelle: Mwai Kibaki. Das Volk ist für seine kriegerische Natur bekannt: Während es das Land der Athi und Gumba eroberte, nahm seine Bevölkerungszahl enorm zu. Seine Hochburg befindet sich rund um den Mt. Kenya, aber auch die Mehrzahl der Bewohner der größeren Städte sind Kikuyu. Ihr Territorium grenzt an das Areal der Massai, und die Stammesmitglieder heiraten untereinander. Aus diesem Grund haben die beiden Kulturen viele Gemeinsamkeiten. Ursprünglich übernahm die Verwaltung der *mwaki* (Clans) ein Älterenrat. Besonders wichtige Rollen hatten der Schamane, der Medizinmann und der Schmied inne. Die Initiationsriten für Jungen und Mädchen umfassen rituelle Beschneidung bei Ersteren und Genitalverstümmelung (wird jedoch schrittweise seltener praktiziert) bei Letzteren. Gleichaltrige Jugendliche gehören zu einer *riikaan* (Altersgruppe), durchlaufen gemeinsam die verschiedenen Lebensabschnitte und nehmen zusammen an Ritualen teil. Die Embu, Ndia und Mbeere sind Untergruppen der Kikuyu.

Die Kikuyu sind für ihr unternehmerisches Geschick bekannt. Ihre Spuren findet man überall im Land: Der Kikuyu-Name Kamau ist ungefähr so häufig wie Müller oder Schmidt in Deutschland.

Kalenjin

11 % der Bevölkerung

Zu den Kalenjin gehören die Nandi, Kipsigis, Eleyo, Marakwet, Pokot und Tugen (der ehemalige Präsident Daniel arap Moi war ein Tugen). Sie leben an den westlichen Ausläufern des zentralen Rift-Valley-Areals und kamen vor ca. 2000 Jahren aus dem Südsudan in das Gebiet westlich des Lake Turkana, doch mit rauer werdendem Klima zog es sie weiter nach Süden. In jüngerer Zeit haben sich die verschiedenen Gruppen zusammengeschlossen, um eine einflussreichere Einheit zu bilden, gewisse Spannungen existieren allerdings nach wie vor. Beispielsweise sind die Kipsigis leidenschaftliche Viehdiebe, was ihnen nicht unbedingt Sympathiepunkte bei den benachbarten Stämmen einträgt. In erster Linie kennt man die Kalenjin aber für ihre hervorragenden olympischen Langstreckenläufer: 75 % aller kenianischen Topläufer stammen aus ihren Reihen. Wie bei den meisten Stämmen teilen sich auch die Kalenjin in Altersgruppen auf. Die Rechtsprechung findet im *kok* statt, einem informellen Gericht, das den Clanältesten untersteht.

Meru

5 % der Bevölkerung

Die Meru bauen *miraa* an, deren Stämme ein Stimulans ähnlich den Amphetaminen enthalten und nach Somalia sowie in den Jemen exportiert werden.

Anfänglich ließen sich die Meru an der Küste nieder, mittlerweile sind sie aber an den Nordosthängen des Mt. Kenya zu Hause. Bis 1974 hatten sie einen Häuptling, den *mogwe*, doch dann trat der letzte Amtsinhaber zum Christentum über. Merkwürdigerweise erinnern viele Überlieferungen der Meru an das Alte Testament, was Anlass zu der Vermutung gegeben hat, dass sie vielleicht ein verlorener Stamm Israels sein könnten. Nach wie vor ist die Ahnenverehrung weit verbreitet. Die Meru wurden lange Zeit von einem gewählten Ältestenrat *(njuuri)* angeführt. Damit sind sie die einzige kenianische Ethnie, die schon vor der Kolonialisierung demokratische Strukturen hatte. Heute leben die Stammesangehörigen in einer der fruchtbarsten Regionen Kenias und bauen dort zahlreiche Feldfrüchte für den Markt an. Zu den Untergruppen der Meru zählen die Chuka, Igembe, Igoji, Tharaka, Muthambi, Tigania und Imenti.

Samburu

0,5 % der Bevölkerung

Die Samburu sind eng mit den Massai verwandt und sprechen dieselbe Sprache. Sie leben in einem trockenen Gebiet gleich nördlich des Mt. Kenya. Es scheint, als handelte es sich bei ihnen um eine Splittergruppe der Massai: Als Letztere aus dem Sudan nach Kenia zogen, machte sich ein Tross nach Osten auf und begründete den Volksstamm der Samburu. Ebenso wie die Massai führen sie nach alter Tradition ein Nomadenleben. Das Vieh sichert ihre Existenz. Samburu wohnen in kleinen Dörfern mit fünf bis acht Familien, die nach Altersgruppen unterteilt sind, und praktizieren Bräuche wie die Beschneidung (für Jungen und Mädchen) und Polygamie. Frauen haben hier einen sehr viel geringeren sozialen Status als Männer. Nach der Hochzeit müssen sie ihren Clan verlassen. Sie tragen ähnlich bunte Perlenketten wie die Massai-Frauen. Samburu-Krieger kneten sich wie die Massai und Rendille roten Ocker in die Haare und formen diese zu einer Art Blendschutz gegen der Sonne. Da die Samburu Schwierigkeiten mit den Somalis haben, betrachten sie den Islam mit Argwohn. Einige sind auch zum Christentum übergetreten.

Pokot

weniger als 0,1 % der Bevölkerung

Ihrer Sprache und Tradition nach gehören die Pokot zu den Kalenjin, sind jedoch weniger urbanisiert als die übrigen Kalenjin-Gruppen. Mit ihrem Vieh und ihren Ziegen ziehen sie durch die trockenen Steppen nördlich des Lake Baringo und der Cherangani Hills. Viehraub und der Kampf um Wasser und Weideland beschworen wiederholt Konflikte mit den Turkana, Samburu und ugandischen Karamojong herauf. Stammeskrieger tragen auffälligen Kopfputz aus bemaltem Lehm und Federn. Bei den Männern sind auch blattförmiger Nasenschmuck aus Aluminium und durchstoßene Unterlippen üblich und die Beschneidung ist Teil des

Initiationsritus. Im Alter von etwa zwölf Jahren werden die Genitalien vieler Pokot-Mädchen verstümmelt. Die Pokot-Bauern in den Hügeln bilden eine separate Gruppe. Sie bauen Tabak an und halten Kühe, Schafe und Ziegen nördlich von Kitale, auf dem Weg zum Marich Pass. Zudem pflegen sie ihre Handwerkertradition und stellen Ton- und Metallwaren sowie Schnupftabakdosen aus Kalebassen oder Hörnern her.

Westkenia

Luhya

14 % der Bevölkerung

Die Luhya sprechen Bantu und bestehen aus 18 verschiedenen Gruppen (die größte davon bilden die Bukusu). Damit sind sie die zweitgrößte Ethnie Kenias. Ihr „Revier“ im Westlichen Hochland mit Kakamega als Zentrum ist relativ klein und die Bevölkerungsdichte entsprechend hoch. Früher waren die Luhya exzellente Metallarbeiter und stellten Messer und Werkzeuge her, die dann mit anderen Volksgruppen getauscht wurden. Heute betätigen sie sich vornehmlich als Bauern und bauen Erdnüsse, Sesam und Mais an. Darüber hinaus ernten sie große Mengen von Feldfrüchten wie Baumwolle und Zuckerrohr. Viele Luhya sind abergläubisch und glauben an Zauberei. Traditionelle Kostüme und Rituale verlieren immer mehr an Bedeutung, vor allem aufgrund der Probleme, die die schnell wachsende Bevölkerungszahl mit sich bringt.

HERITAGE LIBRARY

Die Rosen Publishing Group (www.rosenpublishing.com) ist Herausgeber der Reihe *Heritage Library of African Peoples* für Schüler. Sie umfasst das gesamte Who's who Ostafrikas, aber auch Einzeltitel wie *Luo, Kikuyu, Maasai* und *Samburu*.

Luo

12 % der Bevölkerung

Kenias drittgrößtem Volksstamm gehörte auch US-Präsident Barack Obamas Vater an. Die Luo wohnen an den Ufern des Lake Victoria und waren in ihren Anfängen Viehhirten wie die Massai, doch die Rinderpest in den 1890er-Jahren raffte ihre Tiere dahin, sodass sie auf Fischerei und Subsistenzwirtschaft umsattelten. Zahlreiche führende Politiker und Gewerkschafter des Unabhängigkeitskampfs waren Luo, darunter Tom Mboya (ermordet 1969) und der frühere Vizepräsident Oginga Odinga, der später, zu arap Mois Zeiten, das Amt des Oppositionsführers bekleidete. Kenias derzeitiger Premierminister, Raila Odinga, ist ebenfalls ein Luo. Was das Brauchtum betrifft, fällt der Stamm insofern aus dem Rahmen, dass er keine Beschneidung praktiziert. Familien sind in eine größere Gruppe von *dhoot* (Familien) eingebunden, von denen wiederum mehrere gemeinsam eine *ogandi* bilden (eine Gruppe von geografisch miteinander verbundenen Personen) und von einem *ruoth* (Häuptling) angeführt werden. Wie die Luhya haben die Stammesmitglieder zwei große Leidenschaften: Fußball und Musik. Es gibt mehrere typische Luo-Instrumente, die aus Kalebassen und Darm- oder Metallsaiten bestehen.

Gusii (auch Kisii)

7 % der Bevölkerung

Im Westlichen Hochland, östlich des Lake Victoria, bilden die Gusii in einer von Nilotisch-Sprechern dominierten Gegend eine kleine Bantu-Sprachinsel. Sie sind in erster Linie Viehhirten und Bauern und kultivieren die wichtigsten Feldfrüchte Kenias (Tee, Kaffee und Pyrethrum), aber auch Gemüse. Überdies genießen sie einen guten Ruf für ihre Korbwaren und speziellen Specksteinarbeiten, die ein wenig kubistisch anmuten (Picasso ließ sich während seiner kubistischen Phase stark von afrikanischer Kunst inspirieren). Wie bei vielen anderen Stämmen basiert die Gemeinschaft der Gusii auf Clans, zudem tun sich die Mitglieder mit den Gleichaltrigen in Gruppen zusammen. Besonders viel Respekt bringt man den Medizinmännern *(abanyamorigo)* entgegen, die eine privilegierte Position innehaben, Arzt und Ansprechpartner bei Problemen sind und ein eigenartiges „Heilverfahren“, die Trepanation, praktizieren: Dabei werden der Schädel oder das Rückgrat geöffnet, um Rückenschmerzen, Gehirnerschütterungen o. Ä. zu kurieren.

Südkenia

Akamba (auch Kamba)

11 % der Bevölkerung

Seit jeher ist die Region östlich von Nairobi bis zum Tsavo National Park die Heimat der Akamba. Diese sprechen Bantu und handeln mit Ebenholz, Bier, Honig sowie Eisenwaffen und -ornamenten. Traditionell gingen sie ihrer Arbeit zwischen dem Lake Victoria und der Küste sowie dem Lake Turkana im Norden nach und tauschten vor allem mit den Massai und Kikuyu, um Lebensmittelvorräte anzulegen. Weil sie herausragende Krieger waren, rekrutierten die Briten sie in großer Anzahl für die Armee. Nach dem Ersten Weltkrieg versuchten die Kolonialherren allerdings zu verhindern, dass die Viehherden der Akamba größer wurden, und schickten mehr europäische Siedler in die Region. Als Reaktion darauf marschierte eine riesige Abordnung von Akamba nach Nairobi und trat am Kariokor Market in friedlichen Sitzstreik. Und tatsächlich lenkten die Briten ein. Die Akamba stellen elegante (Ebenholz-)Schnitzereien im *makonde*-Stil her. Ihre Gemeinschaft setzt sich aus Clans zusammen und die Initiationsriten sind Pflicht für alle Jugendlichen um die zwölf Jahre. Auch bei den Akamba gibt's ein paar Untergruppen, darunter die Kitui, Masaku und Mumoni.

MAASAI-WELTEN

The Worlds of a Maasai Warrior: An Autobiography von Tepilit Ole Saitoti ist ein faszinierendes Buch über den Kontrast zwischen dem traditionellen und dem modernen Ostafrika.

Massai

2 % der Bevölkerung

Obwohl die Massai nur einen kleinen Teil der Gesamtbevölkerung ausmachen, sehen viele Besucher sie als das ultimative Symbol für Kenia an.

TOM COCKREM/LONELY PLANET IMAGES ©

Massai-Krieger im Masai Mara National Reserve (S. 133)

DIE MASSAI & DAS LIEBE VIEH

Die Massai erzählen folgende Geschichte: Am Anfang der Zeit wandelte einer ihrer Götter, Naiteru-Kop, auf Erden umher und stieß dabei auf einen Dorobo-Mann (Dorobo ist eine abfällige Massai-Bezeichnung für Gruppen von Jägern und Sammlern), der eine Schlange, eine Kuh und einen Elefanten hatte. Der Mann tötete die Schlange und den Elefanten, doch das Kalb konnte fliehen. Es traf auf Le-eyo, einen Massai, erzählte ihm seine Geschichte und führte ihn anschließend zu dem Dorobo. Daraufhin hörte Le-eyo, wie Naiteru-Kop, der Massai-Gott, dem Dorobo-Mann zurief, er möge sich am nächsten Morgen zeigen. Tags darauf kam jedoch Le-eyo anstelle des Dorobo hervor und fragte Naiteru-Kop, was als Nächstes zu tun sei. Auf dessen Anweisung schuf er ein großes Gehege mit einer kleinen Hütte aus Zweigen und Gräsern auf einer Seite. Dann schlachtete er ein dünnes Kalb, aß es aber nicht. Stattdessen breitete er die Haut aus und häufte das Fleisch darauf. Danach entfachte er ein großes Feuer und legte das Fleisch in die Flammen.

Ein gewaltiger Sturm fegte über das Land hinweg. Aus den Wolken über Le-eyos Kopf fiel eine Lederkordel auf sein Grundstück und eine Kuh nach der anderen stieg auf der Kordel herab, bis das Anwesen voller Vieh war. Als jedoch eine Kuh ihren Huf durch die Wand der Hütte stieß, schrie Le-eyo voller Angst auf. Nun fielen keine weiteren Tiere mehr vom Himmel, und Naiteru-Kop rief Le-eyo zu: „Das sind alle Kühe, die du bekommen wirst. Dein Schrei hat ihren Strom beendet. Aber sie gehören dir und du musst dich um sie kümmern und mit ihnen leben."

Seit diesem Tag waren die Dorobo Jäger und die Massai betrieben Nutztierhaltung, felsenfest davon überzeugt, dass alles Vieh auf der Welt nur ihnen gehört.

Sie gelten als besonders kriegerisches Volk, wobei die Darstellung oft übertrieben ist. Der Stamm blieb relativ unberührt von der Modernisierung des Landes und hält noch heute große Viehherden entlang der Grenze zu Tansania. Anfang der 1960er-Jahre gaben die Briten die Eröffnung des Masai Mara National Reserve bekannt, vertrieben die Massai und verleibten sich immer mehr Ländereien ein. Wiederansiedelungsversuche verliefen nur begrenzt erfolgreich, denn die Massai halten nichts von Landwirtschaft und Grundeigentum. Sie haben sich ihren besonderen Stil, die traditionelle altersgebundene Gesellschaftsstruktur und Beschneidungsriten (für beide Geschlechter) bewahrt. Frauen tragen gewöhnlich große tellerartige Perlenketten als Halsschmuck, während Männer in rot gemusterte *shuka* (Decken) gewandet sind und eine spezielle Keule mit einem Knauf dabeihaben. Die Massai ernähren sich vor allem von Blut und Milch und trinken *mursik,* mit Kuhurin und Asche vergorene Milch. Dieses Getränk senkt erwiesenermaßen den Cholesterinspiegel.

Taita

0,1 % der Bevölkerung

Vor etwa 1000 Jahren ließen sich die Taita, die ursprünglich aus dem heutigen Tansania kommen, zunächst in der Gegend um Voi und Taveta ganz im Südosten Kenias nieder. Ihr Dialekt zählt zu den Bantusprachen und ähnelt dem Swahili. Da die Taita sehr viel mit benachbarten Stämmen interagieren, haben sie viele Begriffe aus anderen Dialekten übernommen, z. B. von den Kikuyu. Sie waren traditionell weit verstreut, hielten sich aber streng an ein bestimmtes Gebiet; jeder Clan bewohnte einen separaten Abschnitt in den Taita Hills südlich des heutigen Tsavo National Park. Erst nach der Kolonialisierung entwickelte sich bei den Taita ein Kollektivbewusstsein für eine einheitliche Identität. Der Glaube der Taita war stark animistisch geprägt. Es gab heilige Versammlungsorte und aufwendige Beerdigungsriten, heute pflegen jedoch nur noch wenige Stammesangehörige die alten Sitten und Gebräuche. Untergruppen der Taita sind die Wadawida, Wasagalla und Wakasighau.

Nordkenia

Turkana

1,5 % der Bevölkerung

STAMMES-MERKMALE

Bei überraschend vielen Turkana-Männern lassen Tätowierungen auf den Schultern darauf schließen, dass sie schon einmal jemanden getötet haben.

Die Wurzeln der Turkana liegen in Karamojong im Nordosten Ugandas. Das Volk lebt in der Wüstenregion im Nordwesten Kenias. Wie die Samburu und die Massai (zu denen es auch sprachlich eine Verbindung gibt) sind die Stammesangehörigen vor allem Viehhirten, wobei sich immer mehr von ihnen als Fischer auf dem Lake Turkana betätigen oder Ackerbau (im kleinen Stil) betreiben. Viele tragen heute noch traditionelle Kleidung und pflegen ihr Brauchtum, trotzdem ist ihr Volk eines der wenigen, das die Beschneidung freiwillig abgeschafft hat. Die Männer bedecken einen Teil ihres Haupthaars mit Schlamm, der blau bemalt und mit Federn (z. B. von Straußen) dekoriert wird. Trotz der sengenden Hitze sind Wolldecken das wichtigste Kleidungsstück. Das Aussehen einer Frau hängt davon ab, ob sie verheiratet ist und Kinder hat. Zu den Hochzeitsritualen gehört übrigens eine Brautentführung. Viele Turkana sind tätowiert: Männer erhielten gewöhnlich eine Tätowierung auf der Schulter, wenn sie einen Feind getötet hatten – rechts, wenn das Opfer ein Mann war, links, wenn es sich um eine Frau handelte. Schamanen und Propheten genießen großes Ansehen. Narben auf dem Unterbauch lassen darauf schließen, dass ein Schamane versucht hat, einen unerwünschten Geist aus dem Körper hinauszuschneiden.

Borana

weniger als 0,1 % der Bevölkerung

Die Borana zählen zu den Oromo, Viehhirten, die aus Äthiopien stammen. Sie zogen gen Süden nach Nordkenia und ließen sich rund um Marsabit und Isiolo nieder. Männer und Frauen haben klar abgesteckte Aufgabenbereiche: Erstere sind für die Tiere zuständig, Letztere für die Kinder und das „Alltagsgeschäft". Je nach Wetterlage und Beschaffenheit des Weidelands wechseln die Stammesangehörigen bis zu viermal pro Jahr ihren Standort. Wie bei anderen Nomadenvölkern auch sind mündliche Überlieferungen von großer Bedeutung. Viele Traditionen werden mittels Gesangs weitergegeben.

El Molo

weniger als 0,1 % der Bevölkerung

Dieser winzige Stamm ist eng verbunden mit den Rendille, seinen nächsten Nachbarn. Der Lake Turkana liefert die Lebensgrundlage für die El Molo. Sie ernähren sich von Fisch und fangen gelegentlich Krokodile, Schildkröten sowie andere Tiere. Auf Flößen aus dem Holz der Doumpalme werden Nilpferde gejagt. Krieger, die ein Nilpferd erlegt haben, genießen großes Ansehen. Die unausgewogene, proteinreiche Ernährung und zu viel Fluorid in den lokalen Wasserquellen haben zahlreiche Opfer gefordert. Durch Eheschließungen mit Angehörigen anderer Stämme und die Abkehr vom Nomadentum ist die Zahl der El Molo aber wieder auf etwa 4000 gestiegen. Mittlerweile leben sie auf dem Festland nahe Loyangalani.

Gabbra

weniger als 0,1 % der Bevölkerung

Zu Zeiten der Sklaverei traten viele dieser kleinen Gruppen von Hirten, die sich hoch im Norden Kenias (zwischen dem Ostufer des Lake Turkana bis nach Äthiopien hinein) niedergelassen haben, zum Islam über. Traditionsgemäß wird ein *abba-olla* (Vater des Dorfs) bestimmt, der für das moralische und physische Wohlergehen des Stamms verantwortlich ist. Die Vater-Sohn-Beziehung ist ganz besonders eng, und durch eine Heirat entstehen langfristige Bande zwischen Clans. Teilweise leben die Gabbra polygam (Tendenz abnehmend). Männer tragen Turbane und weiße Baumwollgewänder, Frauen hüllen sich in *kangas,* dünne Baumwolltücher in kräftigen Farben. Die Gabbra sind berühmt für ihren Mut und jagen Löwen, Nashörner sowie Elefanten.

Rendille

weniger als 0,1 % der Bevölkerung

Diese Viehnomaden wohnen in kleinen Gruppen in der felsigen Kaisut Desert im Nordosten Kenias. Sie sind eng mit den Samburu verbunden (wirtschaftlich und verwandtschaftlich) und auf ihre Kamele angewiesen, um im Alltag zurechtzukommen (für Handel und Transport, als Nahrungsquelle etc.). U. a. trinken sie das Blut der Tiere (pur oder mit Milch); dazu öffnen sie eine Vene im Nacken mit einem stumpfen Pfeil oder Messer. Ihr Zusammenhalt basiert vor allem auf starken Familienbanden, in deren Mittelpunkt monogame Paare stehen. Mütter haben einen hohen sozialen Status. Das gesamte Erbe steht dem ältesten Sohn zu. Bei den Rendille gilt es als unehrenhaft, jemandem ein Darlehen zu verwehren, deshalb haben häufig selbst die ärmsten Stammesmitglieder Anspruch auf zumindest ein paar Kamele und Ziegen. Die Frisur der Krieger lässt oftmals an eine Art Visier denken. Ihre Haare werden mit rotem Ocker gefärbt. Frauen erkennt man derweil an den unzähligen Perlenketten.

TRADITIONELLER KOPFSCHMUCK

Nach der Geburt ihres ersten Kindes tragen Rendille-Frauen einen Kopfschmuck aus Lehm, den *doko.* Er sieht ein wenig aus wie ein Hahnenkamm.

Küstenregion

Swahili

0,6 % der Bevölkerung

Zwar haben die Küstenbewohner keine gemeinsamen ethnischen Wurzeln, dafür verbindet sie aber die Sprache. Kiswahili (bzw. kurz Swahili), eine Bantusprache, entwickelte sich, um die Verständigung zwischen den Afrikanern und den Kolonialmächten an der Ostküste Afrikas – konkret den Arabern, Persern und Portugiesen – zu gewährleisten. Das Wort *swahili* leitet sich von dem arabischen Wort für Küste, *sawahil,* ab. Kulturell liegt die Entstehung der Sprache in der Vermischung von Arabern und Persern mit afrikanischen Sklaven durch Heirat ab dem 7. Jh. begründet. Viele Anthropologen definieren die Swahili als einen Kulturstamm, der sich aufgrund von Handelsrouten anstelle von biologischen Verwandtschaftsbeziehungen gebildet hat. Die Swahili sind größtenteils urbanisiert und leben in Küstenstädten wie Mombasa, Malindi, Lamu und Stone Town (Sansibar). Angesichts des historischen arabischen Einflusses ist es nicht verwunderlich, dass viele von ihnen Moslems sind. Zu den Untergruppen gehören die Bajun, Siyu, Pate, Mvita, Fundi, Shela, Ozi, Vumba und Amu (Bewohner von Lamu).

Alltagsleben in Kenia

Alte Traditionen, modernes Land

Traditionen halten Kenia zusammen. Respekt für Ältere, religiöse Vorstellungen, althergebrachte Geschlechterrollen und *ujamaa* (Familiensinn) schaffen eine klar definierte soziale Struktur, die auf strengen moralischen Vorstellungen beruht.

Schätzungen zufolge verloren 1,2 Mio. kenianische Kinder einen oder beide Elternteile aufgrund einer HIV-Erkrankung. Rund 180 000 Kinder sind mit dem Virus infiziert.

Die Großfamilie bietet weitere Sicherheit und gewinnt an Bedeutung, da immer mehr Eltern zum Geldverdienen in die Städte abwandern, während Großeltern oder Tanten und Onkel auf die Kinder Acht geben. Das gut funktionierende familiäre Netz hat es zudem vielen ermöglicht, mit den Folgen der Aids-Epidemie fertig zu werden.

Ursprünglich waren die meisten Kenianer Bauern oder Viehhirten und lebten mit ihren Clans in kleinen miteinander verbandelten Dörfern. Der starke Sinn für die dörfliche Gemeinschaft ist bis heute geblieben, obwohl das traditionelle Leben immer mehr von urbaner Hektik verdrängt wird. Auch die Bedeutung sozialer Interaktionen, z. B. der Begrüßung, sollte nicht unterschätzt werden.

Bildung spielt im modernen Kenia ebenfalls eine große Rolle. Das Land stellt den größten Anteil der Afrikaner, die in den USA studieren, außerdem sind 85 % der Bevölkerung alphabetisiert. Heute machen sich die positiven Effekte einer Generation gebildeter Frauen und Männer, die in den 1980er-Jahren das Erwachsenenalter erreichten, bemerkbar: Im Ausland lebende Kenianer tätigen in ihrer Heimat immer mehr bedeu-

INDISCHER EINFLUSS

Kenias erste Einwanderer aus Indien waren von den Briten angeheuerte Arbeiter, die aus Gujarat und Punjab stammten und die Eisenbahnstrecke nach Uganda fertigstellen sollten. Anschließend erlaubten die Briten den meisten von ihnen, in Kenia zu bleiben und dort Geschäfte zu eröffnen, deshalb entstanden im ganzen Land Hunderte von *dukas* (kleine Läden).

Nach dem Zweiten Weltkrieg kontrollierten die Inder immer stärker weite Bereiche der ostafrikanischen Wirtschaft, was in gewissem Maß nach wie vor so ist. Obwohl Indiens Premierminister sie dazu drängte, unterstützten nur wenige die Bewegungen schwarzer Nationalisten für die Unabhängigkeit des Landes und viele zögerten nach der Unabhängigkeit, die kenianische Nationalität anzunehmen. So entwickelte sich jedoch ein Misstrauen in der afrikanischen Gesellschaft und zahlreiche Einheimische glaubten, die Inder seien nur aus dem Grund im Land, um afrikanische Arbeitskräfte auszubeuten. Glücklicherweise gingen die Pogrome gegen Asiaten, von denen Uganda geplagt wurde, aber an Kenia vorbei.

VERSTÜMMELUNG WEIBLICHER GENITALIEN

Die als „Beschneidung" bezeichnete Verstümmelung weiblicher Genitalien ist in Afrika immer noch weit verbreitet, das gilt auch für Kenia. In einigen Stammesgebieten sind über 90 % der Frauen und Mädchen in irgendeiner Form an ihren Genitalien beschnitten.

Der Begriff FGM (Female Genital Mutilation) bezieht sich auf ein breites Spektrum an Prozeduren von einem kleinen, eher symbolischen Schnitt bis zur kompletten Entfernung der Klitoris und der Schamlippen. Die Folgen können fatal sein. Nebeneffekte wie chronische Infektionen, die Verbreitung von HIV, schwerer Blutverlust und lebenslang Schmerzen beim Sex sind nicht selten.

FGM bei Mädchen unter 17 Jahren ist in Kenia nun verboten, aber einige Gemeinden halten noch an dem Ritual fest und praktizieren es heimlich. Versuche, es zu unterbinden, werden häufig als Teil einer westlichen Verschwörung gesehen, um die afrikanische Identität zu unterminieren. Viele örtliche Frauengruppen wie das Gemeindeprojekt Ntanira na Mugambo (Beschneidung durch Worte) arbeiten daran, nur den Aspekt des Übergangsritus des FGM ohne jegliche Operation zu erhalten. Wahrscheinlich wird es eher afrikanischen Initiativen wie dieser gelingen, dieser schrecklichen Tradition ein Ende zu setzen, als westlichen Kritikern.

tende Investitionen, Nairobis Geschäftswelt verändert sich rapide und eine neue Mittelklasse möchte neue Apartments sowie Autos kaufen.

Ein Land, viele Stämme

In Kenia leben mehr als 40 verschiedene Stammesgruppen (mehr Infos siehe S. 317). Seit der Unabhängigkeit ging es zwischen den einzelnen Völkern recht friedlich zu, doch die Ausgrenzung aus Regierungs- und Beamtenposten zog eskalierende Unruhen und politische Unzufriedenheit nach sich. Während der heiß umstrittenen Wahlen von 1992, 1997 und 2007 führten Kämpfe zwischen zwei großen Gruppen, den Kikuyu und Luo, verstärkt durch die Gefolgschaft anderer kleinerer Stämme wie den Kalenjin, zu Tod und Massenvertreibung (s. S. 316).

In der Mittel- und Oberschicht hat dies zunehmende Angst geschürt, das Land könne von den Ethnien gespalten werden, wenn nichts gegen die Ungleichheiten getan wird. Beobachter vor Ort meinen, dass Gewalt bei Wahlen mehr mit den großen wirtschaftlichen Unterschieden zu tun hat als mit dem Stammessystem. Sie sagen, im Land gäbe es nur zwei Stämme – die Reichen und die Armen.

> In Ngũgĩ wa Thiong'os Roman *Verbrannte Blüten* fasst die Bardame Wanja die Situation für Frauen im frisch unabhängigen Kenia so zusammen: „…uns Mädchen erschien die Zukunft verschwommen … als hätten wir gewusst, dass wir, egal wie sehr wir uns im Studium anstrengen würden, ohnehin in der Küche oder im Schlafzimmer landen würden."

Christen im Landesinneren, Muslime an der Küste

Kenia war das Ziel vieler Missionare, deshalb sind heute die meisten Einwohner Christen, außer an der Küste und in den östlichen Provinzen. Daneben gibt's einige landeseigene afrikanische Christengemeinschaften, die mit den im Westen bekannten christlichen Gruppierungen nichts gemeinsam haben. Im ganzen Land sind Straßenprediger unterwegs und ziehen mit ihren Reden von Feuer und Teufel oft große Menschenmengen an. Die harte Bekehrungstätigkeit zeigt ihre Wirkung und viele Gruppen aus dem US-amerikanischen Fernsehen haben eine starke Gefolgschaft.

Im Osten des Landes sind die meisten Kenianer sunnitische Muslime. Sie stellen einen Anteil von ca. 10 % der Bevölkerung.

Frauen in Kenia

Während Kenias Kampf für die Unabhängigkeit standen viele Frauen Seite an Seite mit den Männern, aber als die Unabhängigkeit dann schließlich durchgesetzt wurde, war das schnell wieder vergessen. Bei

TOM COCKREM/LONELY PLANET IMAGES ©

Belebte Straße, Malindi (S. 275)

der Lancaster House Conference, als die Landesverfassung verhandelt wurde, betrug die Zahl der Frauen unter den Delegierten 1 zu 70 und in der Staatsordnung blieben Frauenrechte entsprechend unerwähnt.

Dies verbesserte sich mit der neuen Verfassung von 2010, zumindest auf dem Papier: Frauen sind seither als benachteiligte Gruppe anerkannt und die Gesetzesvorlage garantiert Gleichbehandlung von Männern und Frauen, schützt gegen Diskriminierung wegen des Geschlechts, ruft den Staat dazu auf, fördernde politische Maßnahmen zu ergreifen und reserviert im Parlament 47 Sitze für Frauen.

I Laugh So I Won't Cry: Kenya's Women Tell the Stories of Their Lives, herausgegeben von Helena Halperin, bietet faszinierende Einblicke in das Leben kenianischer Frauen.

Trotzdem bleibt ein riesiges Ungleichgewicht, was den Zugang zu bedeutenden Dienstleitungen und Ressourcen wie Krediten und Land betrifft, zudem bleiben die traditionellen Geschlechterrollen weitgehend gleich. Nur 10 % der Parlamentsabgeordneten Kenias sind Frauen.

Immerhin können Kenianerinnen zunehmend Bildungschancen wahrnehmen und werden besonders in den Städten in Wirtschaft und Politik immer wichtiger. In ländlichen Gegenden sind typische Geschlechterrollen zu beobachten: Frauen bekommen Respekt als Mütter, Ehefrauen, Heilerinnen, Lehrerinnen und Mitglieder der entfernten Verwandtschaft. Die Mehrheit der kleinen Bauernhöfe wird von Frauen betrieben.

Kunst & Kultur

Kenia hat eine dynamische, blühende Kunstszene und es lohnt, sich über kenianische Musiker, Autoren und Filmregisseure zu informieren. Ihre Werke sind oft nicht nur ein ausdrucksstarkes Medium für die afrikanische Kultur, sondern symbolisieren auch die Träume und Frustrationen der Armen und Benachteiligten.

Zum Thema Swahili-Architektur siehe Kasten S. 295.

Musik

Das an Sprachen und Kultur reiche Kenia wartet mit einer herrlich spannenden Musikszene auf. Einflüsse aus dem Kongo und Tansania tragen zur Klangvielfalt bei. In jüngerer Zeit prägen Reggae und Hip-Hop die Popmusik.

Die Liveszene in Nairobi ist dynamisch und in vielen Clubs kommen Fans von traditioneller und zeitgenössischer Musik auf ihre Kosten. Am besten informiert man sich in der *Daily Nation,* die wöchentlich die Top Ten der afrikanischen, internationalen und Gospel Charts sowie samstags die Livekonzerte im ganzen Land veröffentlicht. Veranstaltungsorte für Livemusik findet man in diesem Buch in den Abschnitten zur Unterhaltung.

www.artmatters.info ist eine wunderbare Infoquelle zu zahlreichen Aspekten der Kunstszene in Kenia und Afrika.

Äußere Einflüsse

Rumba und Soukous im kongolesischen Stil, allgemein als *lingala* bekannt, wurden in den 1960er-Jahren durch Künstler wie Samba Mapangala in Kenia eingeführt und dominieren große Teile Ostafrikas. Die fröhliche Partymusik prägen saubere Gitarren-Licks und ein treibender *cavacha*-Trommelrhythmus.

Musik aus Tansania kam in den frühen 1970ern nach Kenia, als die Band Simba Wanyika den Swahili-Rumba begründete, den Gruppen wie Maroon Commandos und Les Wanyika aufgriffen.

Heute beliebte Bands sind sehr durch Benga, Soukous sowie westliche Musik geprägt und singen meist auf Kiswahili, darunter Them Mushrooms (die sich inzwischen unter dem Namen Uyoya neu erfunden haben) und Safari Sound. Peppige Tanzmusik liefern Ogopa DJs, Nameless, Redsan und Deux Vultures.

Landeseigene Stilrichtungen

In den 1960er-Jahren brachten kenianische Bands einige der beliebtesten afrikanischen Songs heraus, z. B. *Malaika* (Engel) von Fadhili William und *Jambo Bwana,* Kenias inoffizielle Hymne von der einflussreichen Gruppe Them Mushrooms.

Benga, zeitgenössische Tanzmusik, knüpft an den dominanten Stil des Luo-Pop aus Westkenia an, der sich während der 1960er im ganzen Land verbreitete und von Akamba- sowie Kikuyu-Musikern aufgenommen wurde. Sie zeichnen sich durch klare Gitarren-Licks und einen hüpfen-

PLAYLIST

» *Amigo* – klassischer Swahili-Rumba von Les Wanyika, einer bedeutenden kenianischen Band

» *Guitar Paradise of East Africa* – stellt Musikrichtungen des Landes vor, darunter auch den klassischen Hit *Shauri Yako*

» *Journey* – Jabali Afrika bietet mitreißende akustische Klänge samt Schlagzeug, Congas, Shaker und Glocken

» *Kenyan: The First Chapter* – afrikanische Songtexte mit R&B, House, Reggae und Tanzmusik

» *Mama Africa* – akustischer Afropop von Suzanna Owiyo, Kenias Tracy Chapman

» *Nuting but de Stone* – beliebte afrikanische Songtexte mit urbanen amerikanischen Sounds und karibischem *ragga*

» *Rumba is Rumba* – fesselnde kongolesische Soukous mit Swahili-Songtexten

» *Nairobi Beat: Kenyan Pop Music Today* – regionalsprachlicher Sound, darunter Luo, Kikuyu, Kamba, Luhya, Swahili und Kongolesisch

» *Virunga Volcano* – Samba, raffinierte Gitarren-Licks, dynamischer Bass und toller Gesang des Orchestre Virunga

den Bassrhythmus aus. Zu den bekanntesten Interpreten gehören DO Misiani (ein Luo) und seine Band Shirati Jazz, die seit den 1960ern immer wieder die Hitlisten anführen. Toll sind auch Globestyle, Victoria Kings und Ambira Boys.

Die moderne Kikuyu-Musik übernimmt oftmals Benga-Elemente. Zu den Stars zählen Sam Chege, Francis Rugwiti und Daniel „Councillor" Kamau.

Taarab, die Musik der Ostafrikanischen Küste, wurde anfangs nur zu Swahili-Hochzeiten und anderen besonderen Gelegenheiten gespielt, bis der Popsänger Malika von der Küste sie zu neuem Leben erweckte.

Rap, Hip-Hop & mehr

Gangster-Rap und Hip-Hop sind im Kommen. Gruppen wie Necessary Noize, Poxi Presha und Hardstone geben den Ton an. Die Bewunderung für große amerikanische Namen führte zu einer einheimischen Musikindustrie und die Slums von Nairobi erwiesen sich als besonders empfänglich für lokalen Rap. 2004 bildete der niederländische Produzent Nynke Nauta mit Rappern aus den Eastlands-Armenvierteln von Nairobi das Kollektiv Nairobi Yetu. Sein Album *Kilio Cha Haki* (Schrei nach Gerechtigkeit) mit Raps auf Sheng (aus Kiswahili, Englisch und Volkssprachen), eine Mischung aus Ghetto-Angst und der Freude am Musikmachen, kam international gut an.

Kenia war ein Pionier der afrikanischen Version des Reggaeton-Stils (aus Reggae, Hip-Hop und traditioneller Musik). Auch Dancehall spielt eine große Rolle.

Weitere Namen, auf die man achten sollte, sind Prezzo (Kenias Glamour-König), Nonini (ein umstrittener Rapper), Nazizi (weiblicher MC von Necessary Noize) und Mercy Myra (Kenias größte weibliche R&B-Interpretin).

Literatur

Es gibt zahlreiche Romane, Theaterstücke und Biografien zeitgenössischer kenianischer Autoren, aber außerhalb des Landes sind sie nicht leicht zu bekommen. Die Heinemann African Writers Series (www.africanwriters.com) ist eine Sammlung solcher Werke.

Ngũgĩ wa Thiong'o

Ngũgĩ wa Thiong'o ist kompromisslos radikal. Seine erschütternde Kritik an der neokolonialen Politik des kenianischen Establishments brachte ihn für ein Jahr ins Gefängnis (beschrieben in *Kaltgestellt: Gefängnistagebuch*), kostete ihn den Job an der Nairobi University und zwang ihn ins Exil.

Zu seinen Werken zählen *Land der flammenden Blüten, Matigari, Der Fluss dazwischen, Preis der Wahrheit, Der gekreuzigte Teufel* und *Herr der Krähen,* das 2007 in die engere Wahl für den Commonwealth Writers' Prize kam. Sein aktuellster Roman *Träume in Zeiten des Krieges. Eine Kindheit* stammt aus dem Jahr 2010. Mit seinen Büchern gibt wa Thiong'o Einblick in das moderne kenianische Alltagsleben. Er hat auch sehr viel in seiner Muttersprache Gikuyu veröffentlicht.

Kunstmuseen in Nairobi

- Gallery Watatu
- Rahimtulla Museum of Modern Art
- Go-Down Arts Centre

Meja Mwangi

Meja Mwangi widmet sich sozialen Themen und der Abwanderung in die Städte. Scharfer Humor prägt seine Bücher. Die bekanntesten sind *The Return of Shaka, Mr. Rivers letztes Solo, The Cockroach Dance, Die achte Plage* und *Big Chiefs,* das 2006 den Kinderbuchpreis Children's Africana Book Award gewann und von der Freundschaft eines weißen und eines schwarzen kenianischen Jungen in der Zeit des Mau-Mau-Aufstands handelt.

Binyavanga Wainaina

Binyavanga Wainaina, einer der Shootingstars der hiesigen Literaturszene, bekam im Juli 2002 den Caine Prize for African Writing für seine Kurzgeschichte *Discovering Home* über einen jungen Kenianer, der in Kapstadt arbeitet und für ein Jahr ins Dorf seiner Eltern zurückkehrt.

Nach der Wahlkrise von 2008 wirkte Wainaina an der Gründung der Gruppe Concerned Kenyan Writers (CKW) mit, die Kenianer inspirieren und vereinen und ihnen vermitteln möchte, dass sich Frieden sowie nationaler Zusammenhalt lohnen. Ebenso versucht sie, der Berichterstattung der internationalen Medien über den „Dunklen Kontinent" im Zeichen der Gewalt etwas entgegenzusetzen.

Über die Arbeit zeitgenössischer Autoren informiert *Kwani?,* das erste Literaturmagazin des Landes, das Wainaina 2003 gründete. Die Redaktion sitzt in Nairobi, fördert die Produktion und Verbreitung kenianischer Literatur und richtet ein jährliches Literaturfestival aus, das zunehmend internationale Größen anzieht. Die Website (http://kwani.org) bietet Infos zur aktuellen Literaturszene.

MASSAI-MEMOIREN

In *Facing the Lion* schildert Joseph Lekuton seine Erinnerungen daran, wie er als armer Massai-Junge aufwuchs, durch eine Verkettung ungewöhnlicher Ereignisse in die USA kam und ein MBA-Studium begann.

Zeitgenössische Autorinnen

Grace Ogot ist die wichtigste kenianische Autorin und die erste Frau, deren Arbeiten in einem ostafrikanischen Verlag erschienen. Zu ihren Werken zählen *Land Without Thunder, The Strange Bride, The Graduate* und *The Island of Tears.* Die in der Provinz Nyanza geborene Schriftstellerin lässt viele ihrer Geschichten vor der hübschen Kulisse des Lake Victoria spielen und bietet Einblick in die Luo-Kultur im vorkolonialen Kenia.

Interessant ist auch Margaret Atieno Ogola. Sie schrieb den berühmten Roman *The River and the Source* und seine Fortsetzung *I Swear by Apollo* über das Leben kenianischer Frauen aus vier Generationen in einem sich schnell entwickelnden Land.

Weitere bemerkenswerte Bücher sind *The Present Moment* von Marjorie Magoye über eine Gruppe älterer Frauen in einer christlichen Zufluchtsstätte und *Der Man aus Pretoria* der kenianischen Umweltschützerin und Journalistin Hilary Ngweno.

Kino

Kenias unterfinanzierte Filmindustrie kämpfte hart, um sich zu etablieren. Das Zanzibar International Film Festival (ZIFF), eines der bedeutendsten kulturellen Events der Region, trug dazu bei, ostafrikanische Regisseure nach vorne zu bringen, darunter Kibaara Kaugi, dessen Werk *Enough is Enough* (2004), eine mutige Analyse des Mau-Mau-Aufstands, von Kritikern viel Lob bekam.

2005 gründete die Regierung die **Kenya Film Commission** (KFC; www.kenyafilmcommission.com), deren Ziel es ist, die kenianische Filmindustrie zu unterstützen und bekannt zu machen. Zu ihren Erfolgen gehört z. B. *Kibera Kid,* ein Kurzfilm von Nathan Collett, der im Slum von Kibera spielt. Er erzählt die Geschichte des zwölfjährigen Waisen Otieno, der mit einer Diebesbande zusammenlebt und eine Wahl zwischen dem Bandenleben und Erlösung treffen muss. Die mitwirkenden Kinder leben alle in Kibera und der Streifen wurde auf zahlreichen internationalen Filmfestivals gezeigt.

In Kenia gefilmt

- *König Salomons Diamanten* (1950)
- *Schnee am Kilimandscharo* (1952)
- *Mogambo* (1953)
- *Frei geboren – Königin der Wildnis* (1966)
- *Jenseits von Afrika* (1985)
- *Land der schwarzen Sonne* (1990)
- *Nirgendwo in Afrika* (2001)
- *Der ewige Gärtner* (2005)

Malerei

Kenia hat ein reiches künstlerisches Erbe und viele Talente, die sowohl traditionell malen als auch alle Arten von Skulpturen, Drucke, kombinierte Medientechniken und Graffiti kreieren. Einen Überblick über die lokale Kunstszene erhält man in der Gallery Watatu und im Go-Down Arts Centre (s. Kasten S. 68), beide in Nairobi.

Textilien & Schmuck

Frauen in ganz Afrika tragen farbenfroh bedruckte Baumwollstoffe, typischerweise mit Sprichwörtern am Rand auf Swahili, die als *kanga* bekannt sind. Viele dieser Sprüche sind gesellschaftliche Äußerungen, indirekt formulierte Botschaften, Wortspiele oder Doppeldeutigkeiten. Andere werben für ganz unterschiedliche Dinge und zeigen u. a. die Logos politischer Parteien.

An der Küste sieht man auch den *kikoi* aus dickerer Baumwolle, meist mit gestreiften oder karierten Mustern, ein traditionelles Kleidungsstück für Männer. Verbreitet sind Baumwollstoffe mit Batikdrucken zu Szenen des Alltags sowie Tiermotiven oder geometrischen Mustern.

Die Massai und die Turkana sind für ihren besonders schönen Schmuck bekannt, vor allem für Stücke mit Perlen. Er wird bei Festen und im Alltag getragen und gibt oft über das Vermögen sowie den Familienstand Auskunft.

Holzschnitzerei & Bildhauerei

Holzschnitzerei kennt man in Kenia erst seit dem frühen 20. Jh. Mutisya Munge, ein Akamba, gilt als ihr Vater. Er brachte die Tradition von den Makonde aus Tansania nach dem Ersten Weltkrieg in seine Heimat, wo sie sich seither rasant zu einem Industriezweig entwickelte. Allerdings ist der zunehmende Mangel an bestimmten Harthölzern eine große Herausforderung. Im Vergleich zu Produkten aus Zentral- und Westafrika mag es der kenianischen Holzschnitzerei an Perfektion und kultureller Resonanz fehlen, doch ihre Motive sind vielfältig und reichen von der Geister- und Tierwelt bis zu stilisierten menschlichen Figuren.

Schnitzereien aus Speckstein aus dem Dorf Tabaka nahe Kisii im Westlichen Hochland gehören zu den attraktivsten kunsthandwerklichen Produkten des Landes. Sie kommen in zahlreichen Formen vor, aber abstrakte Darstellungen sich umarmender Paare gehören zweifellos zu den Highlights des Genres. Weitere Infos siehe S. 150.

Die kenianische Küche

Kenias Küche zielt darauf ab, die Massen so effektiv wie möglich zu befriedigen, und bietet kaum Raum für Flair oder Innovationen. Fast alle Gerichte bestehen aus Ugali, einer dicken teigartigen Masse aus Mais und/oder Maniokmehl – für viele Ausländer ein vollkommen neuer Geschmack. Neben dieser recht langweiligen, aber sehr sättigenden Kost gibt's jedoch auch ein paar Speisen für Feinschmecker.

Unsere denkwürdigsten kulinarischen Erlebnisse in Kenia waren Abendessen in Open-Air-Safaricamps, umgeben von den Sehenswürdigkeiten und Klängen des afrikanischen Buschs. Leider ist das einzig Afrikanische an diesen Gerichten die Umgebung: Sie weisen nämlich meist internationale Einflüsse auf.

Das Buch *Klassische und moderne Rezepte aus Kenia* von Evert Kornmayer lädt seine Leser anhand von 220 Rezepten zu einer kulinarischen Reise durch Ostafrika ein.

Typisches & Spezialitäten

Kohlehydrate en masse

Leider wartet die kenianische Küche nur mit wenigen kulinarischen Meisterwerken auf. Sie bietet hauptsächlich Gerichte, die auf billigste Weise zu maximaler Sättigung führen. Viele traditionelle Speisen werden aus schweren, stärkehaltigen Lebensmitteln zubereitet.

Neben Ugali ernähren sich die Kenianer von Kartoffeln, Reis, Chapati und *matoke*. Reisgerichte wie Biriani und Pilau stammen aus Persien. Sie sind mit Safran und Sternanis gewürzt und großzügig mit Karotten und Rosinen bestreut. Chapati ist ein Fladenbrot und kommt aus dem Indischen. Bei *matoke* handelt es sich um pürierte grüne Kochbananen, die bei guter Zubereitung wie buttriger, leicht aufgeschlagener Kartoffelbrei

Pilau mit Gewürzen und Brühe ist das wichtigste Gericht bei traditionellen Swahili-Hochzeiten. Der Ausdruck „Pilau essen gehen" bedeutet eine Hochzeit zu besuchen.

DIE KUNST, UGALI ZU ESSEN

Ohne Ugali wäre eine Mahlzeit in Kenia keine Mahlzeit. Der Getreidebrei besteht aus Körnern, die zu einer dicken, festen Masse verkocht und dann auf flachen Platten serviert werden. Er stopft unglaublich und liegt wie ein Ziegel im Magen, trotzdem schwören die meisten Kenianer darauf. Obwohl das Gericht nach einer langen Safari satt macht, ist es wahrlich kein Geschmackserlebnis.

Guter Ugali sollte weder zu trocken noch zu klebrig sein. Mit der rechten Hand nimmt man etwas davon aus dem Gemeinschaftstopf (niemals die linke Hand benutzen – sie wird zum Abwischen verwendet, und damit meinen wir nicht den Mund ...), rollt es mit den Fingern zu einem Bällchen, drückt es mit dem Daumen ein und taucht es in die dazugehörige Soße. Mit den Händen zu essen ist eine Art Kunst, aber nach einigen Versuchen klappt es meistens ganz gut. Das Bällchen nicht zu lange in der Soße lassen, damit es nicht auseinanderfällt, und die Hand – außer beim Essen natürlich – unterhalb des Ellbogens halten, um zu verhindern, dass die Soße den Unterarm heruntertropft.

Traditionelles Swahili-Gericht aus Fisch, Reis, Curry, Bohnen und Gemüse

schmecken. Empfehlenswert ist auch *irio* (oder *kienyeji),* eine Mahlzeit aus püriertem Gemüse, Kartoffeln und gekochtem Mais oder Bohnen, *mukimo,* eine Art Hack aus süßen Kartoffeln, Mais, Bohnen und Kochbananen, und *githeri,* eine Mischung aus Bohnen und Mais.

Nyama Choma

- Kikopey Nyama Choma Centre, Rift Valley
- Hygienic Butchery, Nakuru
- *Nyama-choma*-Stände, Nairobi
- Carnivore, Nairobi
- The Grill, Kisimu
- Rongai Fast Food, Diani Beach

Fleisch & Knochen

Die Kenianer gelten als begeisterte Fleischesser und ihr inoffizielles Nationalgericht *nyama choma* (Grillfleisch) ist eine heißblütige Angelegenheit zum Mitmachen. Fast alle Lokale haben hauseigene Fleischereien und verkaufen diese Spezialität meist nach Gewicht. Pro Person sollte man ein halbes Kilogramm bestellen, denn das Fleisch enthält noch Knochen und Knorpel. Es wird an den Tisch gebracht, in kleine, bissgerechte Stücke geschnitten und mit Gemüsebrei serviert.

Ziegenfleisch erfreut sich der größten Beliebtheit, aber in gehobenen Restaurants bekommt man auch Hühnchen, Rindfleisch und Wild wie Strauß und Krokodil. *Nyama choma* ist kein zartes Fleisch: Seine Zähheit weist auf das lange, erlebnisreiche Leben des Tieres hin, und nach dem Essen braucht man eine gute halbe Stunde, um die Speisereste aus den Zähnen zu entfernen. Tusker-Bier hilft beim Runterschlucken.

Neben *nyama choma* lieben die Kenianer auch Fleischeintöpfe, die ihren kohlehydratreichen Speiseplan genießbarer machen. Am üblichsten sind Eintöpfe mit Ziegen-, Hühnchen- und Lammfleisch – allerdings ist dieses auch nach stundenlangem Kochen nicht sonderlich weich.

Obst & Gemüse

Ugali und die meisten anderen kenianischen Gerichte werden normalerweise mit *sukuma wiki* (geschmortem oder gedünstetem Spinat) serviert. *Sukuma wiki* bedeutet in Kiswahili wörtlich „die Woche verlängern“: Die Beilage kostet nämlich so wenig, dass der Koch sein Budget bis zum nächsten Gehaltsscheck strecken kann. Obwohl weithin verfügbar, ist ein Gericht mit gut zubereitetem *sukuma wiki* aus Tomaten, Brü-

ETIKETTE

Ein gemeinsames Essen aus einem Topf ist für die Kenianer ein Ausdruck von Verbundenheit zwischen Gastgeber und Gast. Hier ein paar Tipps für das richtige Verhalten:

» Wer eingeladen wird und nicht hungrig ist, kann ruhig sagen, dass er gerade gegessen hat, sollte aber trotzdem ein paar Bissen kosten, um seine Verbundenheit zum Gastgeber zu signalisieren.

» Immer etwas auf dem Teller lassen, um dem Gastgeber zu zeigen, dass man zufrieden ist.

» Nicht den letzten Rest aus dem Gemeinschaftstopf nehmen, denn dann könnte der Gastgeber denken, das er nicht genug gekocht hat.

» Niemals mit der linken Hand essen!

» Wenn andere ihre Hand benutzen, sollte man dasselbe tun, auch wenn Besteck vorhanden ist.

» Bei Sitten, die man nicht genau kennt, den Gastgeber beobachten und es ihm nachmachen.

he und Paprikaschoten eine erfrischende Abwechslung zu anderen Speisen, die meist sehr fleischlastig sind.

Je nach Ort und Saison gehören Mangos, Papayas, Ananas, Passionsfrüchte, Guaven, Orangen, Rahmäpfel, Bananen (in vielen Sorten), Tamarillos und Kokosnüsse zum Angebot. Eine gute Nachspeise ist auch ein Stück Zuckerrohr zum Kauen.

PORTUGIESEN

Die portugiesischen Entdecker bescherten Kenia dauerhafte kulinarische Einflüsse. Sie führten Zutaten wie Mais, Maniok, Kartoffeln und Chilischoten aus Südamerika ein, die inzwischen alle auf dem hiesigen Speiseplan stehen.

Kenianische Klassiker

Das Frühstück ist in Kenia eine recht einfache Angelegenheit: Es besteht aus Chai und einem *mandazi* (halbsüßer Krapfen), den man frühmorgens ganz frisch nach der Zubereitung genießen sollte – je länger er herumliegt, umso zäher und unappetitlicher wird er. *Uji* (dünner, süßer Brei aus Bohnen, Hirse oder anderem Mehl), ein weiteres traditionelles Gericht, schmeckt wie Ugali und wird warm sowie mit einer Lage aus Milch und braunem Zucker serviert.

An der Küste geben die Swahili-Gerichte Hinweise auf den historischen Kontakt mit Arabern und anderen Händlern vom Indischen Ozean. Sie enthalten oftmals Produkte aus der Region und schmecken einfach wunderbar. Als Highlight eines guten Menüs gelten gegrillter Fisch oder Tintenfisch; typische Zutaten sind Kokosnüsse und Gewürze wie Nelken und Zimt.

Da in Ostafrika zahlreiche Südasiaten leben, findet man in ganz Kenia jede Menge Spezialitäten aus dieser Gegend. Die meisten Restaurants servieren Currys und indisch inspirierte Gerichte wie *masala chips* (Pommes frites mit Currysoße), während echte indische Lokale an der Küste und anderswo traditionelle Speisen vom Subkontinent auftischen.

Getränke

Tee & Kaffee

Trotz der Tatsache, dass in Kenia exzellenter Tee und Kaffee angebaut werden, kann es schwierig sein, vor Ort gute Sorten zu bekommen. Und zwar aus einem ganz einfachen Grund: Die besten Produkte werden exportiert.

Von Chai sind fast alle Kenianer regelrecht besessen. Er wird in großen Mengen getrunken und schmeckt ganz anders als der Tee, den man aus der eigenen Heimat kennt. Genau wie in Indien werden Tee, Milch und viel Zucker zusammen scheinbar ewig gekocht. Das Resultat ist milchig und sehr, sehr süß – nach einiger Zeit gewöhnt man sich aber daran.

Gewürzter Masala-Chai mit Kardamom und Zimt hat einen angenehmen und erfrischenden Geschmack. Wer das Ganze ohne Milch trinken will, fragt nach *kavu.*

Kaffee schmeckt ebenfalls oft süß und milchig und wird mit etwas Instantpulver zubereitet. In Nairobi und anderen größeren Städten gibt's immer mehr Kaffeehäuser, die mit sehr guten kenianischen Sorten aufwarten, und in großen Hotels bekommt man normalerweise guten Filterkaffee. Da viele italienische Touristen die Küste besuchen, werden jetzt nahezu überall zwischen Diani Beach und Lamu guter Cappuccino und Espresso angeboten.

Fruchtsäfte

Dank der vielen frischen Früchte, die in Kenia erhältlich sind, gibt's hier auch unglaublich gute Säfte. Weil sie mit modernen Mixern zubereitet werden, muss man bei Stromausfällen allerdings auf den Genuss verzichten. Man bekommt Säfte aus allen möglichen Obstsorten, aber die Passionsfrucht ist am beliebtesten. Im Land kennt man sie einfach als *„passion"* (Leidenschaft), wobei es schon etwas seltsam ist, einen Kellner zu fragen, ob er *passion* hat und wie viel das Ganze kostet! Wichtig: Vorsicht vor Säften, die mit Leitungswasser verdünnt sind. Entweder sieht man dabei zu, wie das Getränk zubereitet wird, oder wählt stattdessen lieber einen Flaschensaft.

Bier

Es gibt in Kenia eine florierende lokale Brauereiindustrie, denn hier werden zu jeder Tages- und Nachtzeit beträchtliche Mengen an Bier konsumiert. In der Regel kann man zwischen „warmem" und „kaltem" Bier wählen. Kurioserweise bevorzugen die meisten Kenianer Ersteres, trotz der Tatsache, dass die Raumtemperatur hier viel höher ist als die in westlichen Gefilden.

Zu den lokalen Biersorten gehören Tusker, Pilsner und White Cap. Alle werden in kenianischen Brauereien produziert und in 500-ml-Flaschen verkauft. Tusker kommt in drei Sorten auf den Markt: Tusker Export, Tusker Malt Lager und normales Tusker. Tusker Export ist eine stärkere Version des normalen Tusker, während Tusker Malt einen vollmundigeren Geschmack hat und sich für anspruchsvollere Gaumen eignet. Lokal produzierte ausländische Marken sind Castle (ein südafrikanisches Bier) und Guinness, obwohl die kenianische Version nichts mit dem einzigartigen irischen Bier gemeinsam hat.

Wein

Kenia wartet mit einer aufblühenden Weinindustrie auf, und die Colombard-Erzeugnisse vom Lake Naivasha sind im Allgemeinen ganz gut.

WARNUNG!

Wer Glück hat und mutig ist (Letzteres trifft es aber wohl eher), kann verschiedene Gerichte probieren, die sich vor allem bei den ländlichen Stämmen Kenias großer Beliebtheit erfreuen. Samburu-, Pokot- und Massai-Krieger lieben z. B. Tierblut. Dieses wird direkt aus der Halsader entnommen, was dem Vieh aber keinen dauerhaften Schaden zufügt. Es hat einen sehr gewöhnungsbedürftigen Geschmack. *Mursik* besteht aus Milch, die mit Grasasche fermentiert und in geräucherten Flaschenkürbissen serviert wird. Das Ganze schmeckt und riecht penetrant, enthält jedoch Bestandteile, die den Cholesteringehalt reduzieren, was die Massai dazu befähigt, mit ihrem Speiseplan aus rotem Fleisch, Milch und Blut recht gesund zu leben. Kostproben bieten die Dörfer im Masai Mara National Reserve und unweit des Amboseli National Park.

TOP FIVE: RESTAURANTS IN KENIA

» **Carnivore** (s. Kasten S. 75), Nairobi
» **Ali Barbour's Cave Restaurant** (S. 256), Diani Beach
» **Railway Beach** (S. 144), Kisumu
» **Tamarind Restaurant** (S. 243), Mombasa
» **Haandi Restaurant** (S. 77), Nairobi

Das kann man über den meistgetrunkenen Wein Kenias nicht sagen, der nicht aus Trauben, sondern aus Papayas besteht. Wie man auf die Idee gekommen ist, aus dieser Obstsorte Wein herzustellen, ist ein Mysterium, aber das Ergebnis schmeckt faulig und riecht unerträglich. In gehobenen Restaurants der Großstädte und Touristenzentren bekommt man jedoch auch günstige südafrikanische, europäische und australische Weine.

Cocktails

Einer der beliebtesten kenianischen Cocktails ist *dawa,* was in Kiswahili „Medizin" heißt. Er basiert auf dem brasilianischen Caipirinha und besteht aus Wodka, Limetten und Honig. Am besten genießt man ihn bei Sonnenuntergang in einer Bar mit Meerblick.

Selbst Gebrautes

Obwohl es streng verboten ist, Bier selbst zu brauen oder Höherprozentiges herzustellen, denken sich viele Kenianer nichts dabei. Bei *pombe,* dem lokalen Bier, handelt es sich zumeist um ein fermentiertes Getränk aus Bananen oder Hirse und Zucker, das eigentlich ganz harmlos ist. Von den destillierten Getränken namens *chang'a,* die mit Giftzusätzen gebraut werden, kann man das allerdings nicht behaupten. 2005 starben bei Machakos 48 Menschen, nachdem sie schlechtes *chang'a* getrunken hatten. Weitere 84 kamen ins Krankenhaus und mussten mit Wodka behandelt werden, um den Effekt einer Methylalkoholvergiftung zu reduzieren. Leider sind solche Vorkommnisse nicht ungewöhnlich. Das vielleicht gefährlichste *chang'a* kommt aus Kisii und setzt sich aus Marihuanazweigen, Kaktusbrei, Batterie Alkali Mangan und Formalin zusammen. Finger weg davon!

Wohin zum Essen?

„Hotels" & Restaurants

Die einfachsten Lokale sind als „Hotels" oder *hotelis* bekannt und haben oft nur tagsüber geöffnet. Wer sich auf sie verlässt, muss schon um 17 Uhr zu Abend essen. Selbst in kleineren Städten ist es aber normalerweise möglich, ein Restaurant zu finden, das vielseitigere Gerichte anbietet – allerdings zu höheren Preisen. Meistens gehören diese Plätze zu Mittelklasse- und Luxushotels und öffnen abends ihre Pforten. Auch viele große Nachtclubs servieren bis spät in die Nacht Essen. Speisekarten sind längst nicht überall üblich, vor allem nicht in den billigen Läden, und werden in der Regel nur auf eine Tafel geschrieben. In gehobeneren Restaurants gibt's englischsprachige Speisekarten.

Auf die Schnelle

Fast Food wird immer beliebter, deshalb hat inzwischen fast jede Ortschaft ein Schnellrestaurant, das fettige, aber billige Pommes frites, Burger, Würstchen, Pizzas und frittierte Hühnchen serviert. Tomaten- und

REZEPTE

Infos zu kenianischen Rezepten, darunter der allgegenwärtige Ugali und *sukuma wiki,* bieten die Websites www.kenia-facts.de/kochrezepte und www.blissites.com/kenya/culture/recipes.html.

Chilisoßen helfen beim Runterschlucken. In Nairobi findet man inzwischen einige südafrikanische Ketten, darunter das allgegenwärtige Steers.

Auf den Straßen in Kenia sieht man viele Stände mit gegrillten Maiskolben und frittierten Yam-Wurzeln. Letztere werden heiß gegessen, mit Limonensaft beträufelt und mit Chilipulver bestreut. *Sambusas,* frittierte Teigdreiecke mit einer Füllung aus scharf gewürztem Hackfleisch, eignen sich wunderbar als Snack für unterwegs. Sie sind eine Variation ihrer Vorgänger, die indischen Samosas.

Mkate mayai (wörtlich „Broteier"), Weizenpfannkuchen mit einer Füllung aus Hackfleisch und Eiern, die auf einer Kochplatte gebacken werden, schmecken köstlich, werden aber nur selten angeboten.

An der Küste gibt's überall Straßensnacks, darunter Maniok-Chips, Chapatis und *mishikaki* (mariniertes und gegrilltes Kebab, normalerweise mit Rindfleisch).

Vegetarier & Veganer

Vegetarische Besucher haben es schwer, denn die meisten Speisen enthalten Fleisch, zudem werden viele Gemüsegerichte in Fleischbrühe gekocht. Mit etwas Geduld findet man aber bestimmt etwas. Vermutlich wird man häufig *sukuma wiki* (S. 332) essen, darüber hinaus sind traditionelle Gerichte wie *githeri* herzhafte – wenn auch nicht besonders inspirierende – Optionen. Es gibt auch viele Speisen mit Bohnen und Avocado. In indischen Restaurants gehört sättigendes vegetarisches Thali (ein All-you-can-eat-Menü) zum Angebot. Um sich bei der schwierigen Suche nach fleischlosen Gerichten etwas Erholung zu gönnen, können Vegetarier auf den lokalen Märkten frisches Obst und Gemüse kaufen.

Fast alle Tourveranstalter sind bereit, nach vorheriger Absprache spezielle Speisepläne zusammenzustellen und vegetarische, vegane, koschere bzw. Halal-Kost zu servieren.

Natur & Umwelt

Geografie

Kenia ist Afrika in Miniaturform, so jedenfalls lautet das Klischee – und in Bezug auf die kenianischen Landschaften stimmt das auch. Innerhalb der Landesgrenzen findet man eine beeindruckende Vielfalt aus Wüsten, tropischer Küste, schneebedeckten Bergen, den weiten Grasflächen der Savanne sowie dichten Wäldern. Und mitten durch das Ganze verläuft das Great Rift Valley, der Große Afrikanische Grabenbruch.

Great Rift Valley

Eine der prägendsten Landmassen des Kontinents, das Great Rift Valley, schlägt eine Schneise durch das Herz Kenias. Es entstand vor rund acht Millionen Jahren, als Mutter Erde versuchte, Afrika in zwei Hälften zu zerreißen. Der Kontinent hat sich gekrümmt und gewunden, aber nicht nachgegeben.

Das Great Rift Valley ist Teil des afroarabischen Grabenbruchsystems, das sich mehr als 5500 km von den salzigen Ufern des Toten Meeres über das Rote Meer sowie Äthiopien, Kenia, Tansania und Malawi bis zu den Palmen von Mosambik erstreckt. Ein westlicher Arm bildet eine Kette von Seen im Herzen Afrikas (Lake Albert, Lake Edward, Lake Kivu und Lake Tanganyika) und vereinigt sich an der Spitze des Lake Malawi wieder mit dem Hauptsystem. Der ostafrikanische Teil des Grabenbruchs hat aufgehört, sich zu vergrößern, und nur der Red Sea Rift zwischen Afrika und der Arabischen Halbinsel wächst langsam aber stetig weiter. In Kenia verläuft der Graben durch den Lake Turkana, die Cherangani Hills, den Lake Baringo, Lake Bogoria, Lake Nauru, Lake Elmenteita, Lake Naivasha und Lake Magadi.

Er hat die höchsten Berge Afrikas erschaffen, darunter den Mt. Kenya, den Mt. Eglon, den Kilimanjaro (im benachbarten Tansania) und die Virunga Range (in der Demokratischen Republik Kongo, dem ehemaligen Zaire), die einst fast alle Vulkane waren. Heute sind die meisten erloschen, doch nicht weniger als 30 schlummern noch vor sich hin. Hiesigen Erzählungen zufolge brach der Mt. Longonot in den 1860er-Jahren nochmals aus. Dank dieser kontinuierlichen Aktivität gibt's zahlreiche heiße Quellen und ideale Bedingungen für geothermische Kraftwerke (beispielsweise im Hell's Gate National Park und am Menengai Crater), die für Kenias Energieversorgung eine immer wichtigere Rolle spielen.

Ein fesselndes, schön geschriebenes Porträt zu Afrikas physikalischer, ökologischer und kultureller Beschaffenheit ist Peter Matthiessens Klassiker *Der Baum der Schöpfung: Erlebnis Ostafrika*, eine Schilderung der epischen Reisen des Autors in den 1960er-Jahren.

Die vulkanischen Ablagerungen sorgen nicht nur für fruchtbare Böden, sondern auch für alkalisches Wasser in den meisten Seen des Grabenbruchs. Mehr Informationen dazu siehe S. 339.

Die Savanne

Die Savanne ist eine urafrikanische Landform und bedeckt geschätzte knapp zwei Drittel des Kontinents. Kenias berühmteste Steppenregionen erstrecken sich im Westen (vor allem im Masai Mara National Reserve) sowie im Süden des Landes.

Sonnenuntergang über Akazienbäumen in der Masai Mara (S. 133)

Normalerweise liegt die Savanne in einem breiten Gürtel rund um tropischen Regenwald. In ihren mächtigen Ebenen leben so viele Wildtiere wie nur an wenigen anderen Orten auf dieser Erde. Der Terminus selbst bezieht sich auf ein Graslandökosystem. In der Steppe stehen Bäume, die jedoch, wenn man den Begriff genau definiert, kein geschlossenes Kronendach bilden. Auch Regen- und Trockenzeiten (Letztere oft mit regenerierenden und/oder vernichtenden Wildfeuern) sind typisch für die afrikanischen Savannenregionen.

Die Küste

An der Küste Ostafrikas schaffen warme Strömungen im Indischen Ozean perfekte Lebensbedingungen für das Korallenwachstum, sodass sich vor dem Ufer unter Wasser schöne Riffe erstrecken.

Korallenriffe sind die biologisch vielfältigsten Meeresökosysteme der Welt. Konkurrenz machen ihnen lediglich tropische Regenwälder. Korallen wachsen in geologischen Zeiten, das bedeutet eher über Jahrtausende als innerhalb des Lebenszeitraums von Säugetieren und anderen Arten. Es gibt sie seit rund 200 Millionen Jahren. Die sensible Meereswelt der Riffe lebt vom Zusammenspiel harter und weicher Nesseltiere, von Schwämmen, Fischen, Schildkröten, Delfinen und zahlreichen weiteren Meereslebewesen.

Einen weiteren wichtigen Anteil am Bestand der Riffe haben Mangroven. Die salztoleranten, im Schlick wurzelnden Bäume dienen Vögeln sowie einem Großteil der Meerestiere, die ans Riff wandern, als Lebensraum und Kinderstube. Mangroven speichern und produzieren Nährstoffe, stabilisieren die Küste und filtern Schmutzstoffe vom Festland. Sowohl die Korallenriffe als auch die Mangrovenwälder sind durch die Suche nach Ölvorkommen, Ölgewinnung, Zerstörung der Küstengebiete, Entwaldung und globale Erwärmung bedroht.

Informationen zur Erkundung der Riffe vor Kenia findet man auf der S. 40.

Wälder

Kenias Wälder grenzen an die riesigen Regenwaldsysteme Zentralafrikas. Einst war der Westen des Landes Teil des gewaltigen Waldökosystems zwischen Guinea und dem Kongo. Inzwischen sind nur noch vereinzelte Spuren davon übrig und lediglich noch 6,2 % der Fläche Kenias bewaldet. Die Abholzung begann mit den Kolonialherren. Diese sahen in der Fruchtbarkeit des Landes Potenzial für die riesigen Teeplantagen, die Kenia umstrittene Exporteinnahmen einbringen. Heute schreitet die Entwaldung schnell voran, da die Bevölkerung wächst und der Bedarf an Nutzland steigt. Der Kakamega Forest wurde im letzten Moment zum Schutzgebiet erklärt und ist ein Beispiel dafür, wie der Großteil Westkenias einst vermutlich ausgesehen hat. Weitere wichtige Waldgebiete sind (einschließlich des Kamweti Forest) die Wälder an den Hängen des Mt. Kenia, die sich über eine Fläche von 2000 km² erstrecken, das Arabuko Sokoke Forest Reserve, der größte Küstenwaldtrakt Ostafrikas, der Mt. Elgon National Park und der Aberdare National Park.

Mangroven

- Wasini Island
- Funzi Island
- Gazi Island
- Mida Creek

Wüsten

In großen Teilen Nordkenias herrscht extrem arides Klima mit weniger als 100 mm Niederschlag pro Jahr. Zahlreiche Wüsten reihen sich zwischen dem Ostufer des Lake Turkana sowie der äthiopischen und somalischen Grenze aneinander. Die größte und bekannteste ist die Chalbi Desert rund um North Horr und Kalacha. Vor langer Zeit war sie der Boden eines Sees. Zu den weiteren Wüstengebieten in Nordkenia gehören u. a. die Kaisut Desert zwischen Marsabit und South Horr und die Dida Galgalu Desert in der Nähe der äthiopischen Grenze bei Moyale.

Teile Südkenias gelten dank dem gewaltigen Kilimanjaro, der Regen in andere Regionen leitet, auch als arid oder semiarid. Eines dieser Gebiete ist die Nyiri Desert zwischen dem Lake Magadi und dem Amboseli National Park.

Seen & Sumpfgebiete

Zwischen Uganda, Tansania und Kenia erstreckt sich der Lake Victoria, Afrikas größter Süßwassersee und flächenmäßig der zweitgrößte weltweit hinter dem Lake Superior in den USA. Nur etwa 20 % des über 68 000 km² großen Sees liegen auf kenianischem Gebiet. Je nach Regenfall schwankt der Wasserspiegel stark: Er ist nie tiefer als 80 und häufig flacher als 10 m.

Kenias größten Teil des Lake Victoria bedeckt der Winam Gulf, ein 100 km langer und 50 km breiter Seearm mit einer Küste von knapp 550 km Länge sowie einer durchschnittlichen Tiefe von 6 m. Die schnell wachsende Bevölkerung an der Küste des Golfs hatte massive Umweltprobleme zur Folge, darunter Versandung, Sedimentierung und Verschmutzung durch Giftstoffe (vor allem Pestizide und ungeklärte Abwässer), doch das größte Problem seit Ende der 1980er-Jahre stellt die Verbreitung von Wasserhyazinthen dar. 2005 wurden Millionen von Dollar investiert, um den Golf von den Pflanzen zu befreien. Nachdem diese nahezu beseitigt waren, kehrten sie jedoch nach schweren Regenfällen 2006 zurück, was zeigt, dass der Golf noch immer sehr anfällig dafür ist.

Neben dem Lake Victoria im Westen gibt's in Kenia noch zahlreiche weitere Vulkanseen. Im Norden an der Grenze zu Äthiopien liegt der Jadesee, auch unter dem herkömmlicheren Namen Lake Turkana bekannt. Die wichtigsten alkalischen Seen im Grabenbruch sind der Lake Bogoria, der Lake Nakuru, der Lake Elmenteita, der Lake Magadi und der Lake Oloiden. Diese flachen Sodaseen entstanden dadurch, dass Wasser nicht richtig aus dem Tal abfließen konnte. Bei Hitze verdunsten sie stark, was ihre Alkalinität noch erhöht. Das seifige, seltsam riechende Wasser ist ein

Aus vier Flüssen, dem Sondu-Miriu, dem Kibos, dem Nyando und dem Kisat, fließen pro Sekunde durchschnittlich 231 m³ Wasser in den Winam Gulf am kenianischen Ufer des Lake Victoria.

FLÜSSE

hervorragender Lebensraum für mikroskopisch kleine blau-grüne Algen, von denen sich wiederum kleinere Flamingos sowie winzige Krustentiere (Nahrung für größere Flamingos) und Insektenlarven (die von Fischen verspeist werden, denen Natron nichts ausmacht) ernähren. 2011 wurde die globale Bedeutung des Seensystems des kenianischen Grabenbruchs (vor allem des Lake Nakuru, Lake Elmenteita und Lake Bogoria) anerkannt und in die Unesco-Liste der Welterbestätten aufgenommen.

Nicht alle Seen des Grabenbruchs sind alkalisch. Zu den Süßwasserseen gehören u. a. der Lake Baringo und der Lake Naivasha.

Fünf der Seen des Grabenbruchs – der Lake Baringo, der Lake Bogoria, der Lake Elmenteita, der Lake Naivasha und der Lake Nakuru – stehen außerdem auf der Ramsar-Liste der Feuchtgebiete von internationaler Bedeutung und sind wichtige Winterquartiere für Wasservögel aus dem Norden.

Mehr zu den Risiken für die Ökosysteme der Seen im Grabenbruch siehe Kasten auf S. 130.

UNESCO

Kenia ist fünffach auf der Liste der Unesco-Welterbestätten vertreten: Mit dem Mt. Kenya, den Nationalparks des Lake Turkana, der Altstadt von Lamu, den *kayas* (heiligen Wäldern) der Mijikenda und dem Seensystem des Großen Grabenbruchs.

Flüsse

Einer der wichtigsten Ströme Kenias ist das System der Flüsse Athi und Galana. Der Athi verläuft östlich von Nairobi und vereint sich mit dem Tsavo, der sich durch den Tsavo West National Park windet. Schließlich fließen beide in den Galana River, der den Tsavo East National Park durchschneidet. Nahe Malindi mündet das Flusssystem Athi/Galana dann in den Indischen Ozean. Ein weiterer großer Fluss des Landes ist der Tana River. Er entspringt nordöstlich von Nairobi und fließt zwischen Malindi und Lamu ins Meer.

WANGARI MAATHAI, NOBEL LAUREATE

Am Tag der Erde (Earth Day) 1977 pflanzte Professorin Wangari Maathai sieben Bäume in ihrem Garten und startete damit die Umweltkampagne Green Belt Movement. Seitdem sind in ganz Kenia über 40 Millionen Bäume gesetzt worden und die Bewegung hat sich auf mehr als 30 weitere afrikanische Länder ausgedehnt. Das Hauptziel der Kampagne ist es, Frauen – die rund 70 % der Landwirtschaft in Kenia betreiben – über den Zusammenhang zwischen Bodenerosion, Unterernährung und einen schlechten Gesundheitszustand aufzuklären. Außerdem soll jeder Einzelne angehalten werden, seine unmittelbare Umwelt zu schützen und durch das Pflanzen von „Grüngürteln" aus Bäumen sowie die Gründung von Baumschulen Bodenerosion vorzubeugen.

Jahrzehntelang zahlte Maathai für ihren Einsatz einen hohen Preis. Das Moi-Regime diffamierte sie als „Bedrohung für die Ordnung und Sicherheit des Landes", weil sie freie und faire Wahlen mit Beteiligung mehrerer Parteien forderte, zudem begegnete man ihren öffentlichen Demonstrationen immer wieder mit Gewalttaten. Sie erhielt sogar Morddrohungen. Auch unter den Mächtigen des Landes machte sie sich wenig Freunde, da sie in großem Rahmen versuchte, mithilfe internationaler Organisationen Druck auf die kenianische Regierung auszuüben. Nichtsdestotrotz war Maathai zwischen 2003 und 2005 stellvertretende Umweltministerin und erhielt 2004 als erste afrikanische Frau den Friedensnobelpreis für ihre unermüdlichen Umweltschutzkampagnen.

Darüber hinaus setzte sie sich stark für die Rechte der Frauen ein. (Ihr erster Ehemann ließ sich von ihr scheiden, da sie für eine Frau „zu eigensinnig" sei. Der Richter im Scheidungsfall stimmte ihm zu und schickte Maathai ins Gefängnis, da sie gegen ihn sprach!) 2006 gründete sie zusammen mit anderen die Nobel Women's Initiative, die Frauen zu Gerechtigkeit, Frieden und Gleichberechtigung verhelfen soll.

Maathai starb 2011 im Alter von 71 Jahren in einem Krankenhaus in Nairobi an Krebs, doch das von ihr gegründete Green Belt Movement ist noch immer eine der wichtigsten Naturschutzorganisationen Kenias. Maathais Buch *Afrika, mein Leben: Erinnerungen einer Unbeugsamen* wurde 2006 veröffentlicht.

Umweltprobleme

Kenia ist mit vielen Umweltproblemen konfrontiert, darunter mit Entwaldung, Desertifikation, vom Aussterben bedrohten Arten und den Folgen des Tourismus. Die andauernde Diskussion, ob der Umweltschutz im Land in privater oder öffentlicher Hand liegen sollte, ist ein weiteres heißes Thema.

Entwaldung

Im letzten Jahrhundert ist über die Hälfte der afrikanischen Wälder zerstört worden und in Teilen Kenias wird nach wie vor im großen Stil gerodet, sodass mittlerweile nur noch weniger als 3 % der ursprünglichen Waldfläche existieren. Landraub, Köhlerei, landwirtschaftliche Beanspruchung, der immer höhere Bedarf an Feuerholz und illegales Abholzen haben über die Jahre ihren Tribut gefordert. Millionen Kenianer (und die Mehrheit der Hotels, Lodges und Restaurants) kochen auch heute noch mit Holz und Kohle, deshalb tragen Traveller in Kenia nahezu unweigerlich zur Entwaldung bei.

Dass einige geschützte Wälder ihren Status verloren haben, ist ein weiteres strittiges Thema, das zu massiven Protesten und Schutzkampagnen führt. Auf der anderen Seite werden Einheimische aus Waldgebieten auf einmal obdachlos, wenn die Regierung Schutzanordnungen durchsetzt.

Native Harthölzer wie Ebenholz und Mahagoni finden oftmals für die Fertigung der beliebten hölzernen Figuren Verwendung, die in Kenia verkauft werden. Zwar unterstützt diese Industrie Tausende einheimischer Familien, die sonst vielleicht kein Einkommen hätten, benötigt dafür aber auch jährlich etwa 80 000 Bäume. WWF und Unesco führten eine Kampagne zur Verbreitung häufig vorkommender, schneller wachsender Bäume durch. Viele Handwerkerkooperativen verwenden inzwischen Holz aus den Wäldern, die dem Forest Stewardship Council unterstehen. Wer Schnitzereien kaufen möchte, sollte sich vorher erkundigen, ob das Material aus kontrollierten Wäldern stammt.

Desertifikation

In Nord- und Ostkenia befinden sich einige der abgelegensten Landstriche Ostafrikas. Hirtennomaden haben hier über Jahrhunderte ein abgeschiedenes Dasein geführt, doch durch wiederkehrende Dürren nahm das Land schweren Schaden und wurde zunehmend anfälliger für schleichende Desertifikation sowie Erosion. Die UN schätzt daher die Existenz von rund 3,5 Millionen Hirten als mittel- bis langfristig gefährdet ein.

Wüstenbildung, zumindest im frühen Stadium, kann sehr rasch und an ganz unerwarteten Stellen eintreten. Das fruchtbare Zentrale Hochland zählt zu Afrikas landwirtschaftlich produktivsten Regionen, wobei genau in dieser Tatsache die Gefahr liegt, denn hier sammeln sich rund drei Viertel der Bevölkerung Kenias auf nur 12 % des Landes. Durch die darauf folgende Übernutzung wird schnell Raubbau am Boden betrieben, was wiederum ein erstes Anzeichen von Desertifikation ist.

Bedrohte Arten

Die meisten großen Raubtiere und Pflanzenfresser Kenias sind seit ein paar Jahrzehnten vom Aussterben bedroht. Zu den Gründen dafür zählen Vergiftung, die Zerstörung ihres natürlichen Lebensraums und gnadenlose Wilderer, die Jagd auf Elfenbein, Horn und Wildfleisch machen.

Ein farblich bebildertes Kapitel über die Wildtiere Kenias findet man auf S. 353.

Elefanten

Der Afrikanische Elefant, das größte lebende Landtier der Welt, ist für viele Reisende das charismatischste Säugetier des Kontinents. Die

RECHTE VON TIEREN

Game Changer: Animal Rights & the Fate of Africa's Wildlife von Glen Martin zeichnet ein provokantes Porträt des Wildtierschutzes 2012 in Kenia, Tansania und Namibia.

Dickhäuter sind in weiten Teilen Kenias stark vertreten, doch das war nicht immer so. Ihr Überleben ist einer der andauerndsten Erfolge des Tierschutzes.

In den 1970er- und 1980er-Jahren sank die Zahl der Elefanten aufgrund starker Wilderei von 1,3 Mio. auf rund 500 000 Tiere. In Kenia dezimierte sich die Zahl der Dickhäuter von 45 000 im Jahr 1976 auf nur 5400 im Jahr 1988. Die Tötungen endeten erst 1989, als der Handel mit Elfenbein gemäß dem Washingtoner Artenschutzübereinkommen (CITES) verboten wurde. Als das Handelsverbot ausgesprochen war, fielen weltweit die Preise für Rohelfenbein um 90 % und der Markt für Wilderer sowie Schmuggler verkleinerte sich massiv. Im gleichen Jahr verbrannte der kenianische Präsident Daniel arap Moi symbolisch für Kenias Sieg im Kampf gegen die Wilderer 12 Tonnen Elfenbein im Nairobi National Park.

Dennoch wird weiterhin gewildert, um die Nachfrage aus Asien zu decken, vielleicht sogar mit steigender Tendenz (allerdings deutlich weniger stark als früher). Davon sind leider auch Kenias Nationalparks betroffen. Trotzdem zeigt das Handelsverbot für Elfenbein überwältigende Erfolge, denn in einigen Gegenden sind die Elefantenpopulationen wieder enorm gewachsen: Im Amboseli National Park beispielsweise hat sich ihre Zahl allein in den letzten zehn Jahren verdoppelt. Tatsächlich haben sich die Elefantenbestände in Kenia mittlerweile größtenteils erholt. Bei der jüngsten Erhebung wurden rund 32 000 Dickhäuter im Land gezählt.

Weitere Informationen zum Kampf für die Rettung der Elefanten in Kenia und darüber hinaus liefert **Save the Elephants** (www.savetheelephants.org).

Die besten Stellen, um Elefanten zu sehen, werden auf S. 18 genannt. Wer eins der bedeutendsten Elefantenforschungsprogramme in Kenia besuchen möchte, erfährt Genaueres dazu auf S. 95.

BREITMAUL-NASHÖRNER

Der deutsche Name der imposanten Tiere bezieht sich auf die breit ausgebildete Maul- und Lippenpartie, die diese Rhinozerosart deutlich vom Spitzmaulnashorn absetzt.

Nashörner

Nashörner sind friedfertige Vegetarier und mit beeindruckenden Hörnern ausgestattet, die sie zu einem beliebten Objekt für Jäger und Wilderer machen. Im 20. Jh. sank ihr Bestand fast bis zum Aussterben und ihre Hörner, die in asiatischen Ländern in der traditionellen Medizin Verwendung finden, werden noch immer illegal gehandelt. Zwar hat sich die Lage seit dem Tiefpunkt in den 1980er-Jahren deutlich gebessert, doch die Tierschutzbehörden in Kenia und anderswo kämpfen aktuell wieder gegen eine Welle der Wilderei.

Hotspots für Nashörner

- Lake Nakuru National Park
- Tsavo West National Park
- Nairobi National Park
- Masai Mara National Reserve
- Solio Game Reserve
- Aberdare National Park
- Laikipia-Plateau

Es gibt zwei Nashornarten, das Spitzmaulnashorn und das Breitmaulnashorn. Beide leben vorwiegend in Steppenregionen. Ersteres ist vermutlich Kenias am stärksten vom Aussterben bedrohter Großsäuger. Spitzmaulnashörner wurden in den 1970er-Jahren so massiv gejagt, dass ihr Bestand von ca. 20 000 Tieren zehn Jahre später auf knapp 300 gefallen war. Nach und nach erholen sich die Populationen aber wieder (Nashörner pflanzen sich nur langsam fort). In der Wildnis Kenias leben geschätzte 630 Spitzmaulnashörner, etwa ein Sechstel des Gesamtbestandes in Afrika.

Es gibt in Kenia nur wenige Breitmaulnashörner, doch ihr Überleben ist eine Erfolgsgeschichte des Naturschutzes. Durch die Aufzucht in Gefangenschaft wurden sie in Südafrika vor dem Aussterben gerettet. Heute steht das Breitmaulnashorn nicht mehr auf der Liste der vom Aussterben bedrohten Tiere. Ende 2010 schätzte der Kenya Wildlife Service den Bestand der Breitmaulnashörner in der Wildnis auf 350 Tiere.

Rhino Ark (☎020-2136010; www.rhinoark.org) ist eine Organisation, die Gelder für Nashornschutzgebiete sammelt. Spenden sind immer willkommen. Zu den bereits bestehenden Reservaten gehören das Ngulia

DIE DISKUSSION UM WILDEREI UND KEULUNG

Wilderei ist eines der schwerwiegendsten Umweltprobleme in Kenia und kommt, wenn auch seit den 1980er-Jahren deutlich weniger stark, im ganzen Land vor. Seit sie nachließ, sind jedoch zahlreiche neue Probleme entstanden.

Nach den massiven Tötungen in den 1970er- und 1980er-Jahren haben sich die Elefantenbestände in den meisten Gegenden wieder erholt. Da die menschliche Bevölkerung immer stärker wächst, gibt's nun aber ein ganz anderes Problem: Elefanten verputzen riesige Mengen von Blättern und in der Vergangenheit zogen die Herden nach dem Weiden weiter, sodass sich die Vegetation erholen konnte. Durch die steigende Bevölkerungszahl werden die Dickhäuter allerdings auf immer kleinere Gebiete begrenzt und die Herden müssen alles fressen, was sie finden können.

Immer häufiger haben Parkbehörden nun Probleme mit einer Überpopulation von Elefanten. Als Lösungen wurden u. a. Umsiedlung (Herden sollten dauerhaft in andere Gebiete verlegt werden) und Empfängnisverhütung vorgeschlagen. Die einzige Alternative ist die Keulung teilweise großer Bestände. Im Westen sind die Menschen für Bewahrung und setzen sich dafür ein, dass Elefantenherden zu ihrem eigenen Wohl und aus ästhetischen Gründen geschützt werden sollen. Vor Ort herrscht dagegen bis auf wenige Ausnahmen generell die Meinung vor, Elefanten müssten ihre Existenz durch nachhaltigen wirtschaftlichen Nutzen für die lokale Bevölkerung oder das ganze Land rechtfertigen.

Die Verfechter der Keulung führen die Gesundheit der Parks und der Wildtiere an, darunter die der Elefanten selbst. Organisationen wie der Internationale Tierschutz-Fonds (IFAW) sind entsetzt über eine solche Lösung, die in ihren Augen grausam, unethisch und wissenschaftlich nicht fundiert ist. Der IFAW geht davon aus, dass die Luftstudien zu den Zahlen der Elefanten unpräzise sind, das Wachstum der Population nicht genau geprüft und nicht sorgfältig genug nach Alternativlösungen gesucht wurde.

Darüber hinaus wird heiß darüber debattiert, ob wieder kontrolliert Elfenbein verkauft werden soll. 2010 baten Tansania und Sambia bei der Jahrestagung des Washingtoner Artenschutz-Übereinkommens darum, den Status des Elefanten als vom Aussterben bedrohtes Tier zu lockern, um den Ländern den Verkauf ihrer großen Lagervorräte an Elfenbein zu ermöglichen. Kenia lobbyierte dagegen und das Elfenbein-Handelsverbot blieb bestehen. Manche sehen die Debatte als Vorboten für künftige Versuche, den Elfenbeinhandel zu legalisieren.

Rhino Sanctuary im Tsavo West National Park, das privat geführte Solio Game Reserve und die Ol Pejeta Conservancy. Auch im Lake Nakuru National Park lebt eine große Population von Spitzmaulnashörnern, die so stark gewachsen ist, dass man plant, zehn Tiere in den Tsavo National Park umzusiedeln.

Löwen

Von Kenias Großkatzen sind Löwen am einfachsten ausfindig zu machen. Leoparden bleiben meist im Unterholz und auch Geparden zeigen sich nur selten. Doch man sollte sich nicht vom Augenscheinlichen täuschen lassen, denn der Löwe ist die am meisten gefährdete Art der drei afrikanischen Großkatzen.

Man geht davon aus, dass in Afrika kaum mehr 30 000 dieser majestätischen Tiere leben (es gibt noch eine winzige, hochgradig inzüchtige Population Asiatischer Löwen im Gir-Nationalpark des indischen Staates Gujarat), wobei diese Zahl höchstwahrscheinlich deutlich zu hoch geschätzt wird. In Kenia soll es nur noch weniger als 2000 Löwen geben, doch auch hier muss man davon ausgehen, dass die Zahl zu hoch ist. Obwohl man kleine, verstreute Rudel überall im Land findet, darunter im Lake Nakuru National Park und in Nordkenia, sind die einzigen Löwenpopulationen mit Chancen auf einen nachhaltigen Fortbestand die im

Laikipia National Reserve, Meru National Park und im Massailand, das sich vom Masai Mara National Reserve zum Tsavo East National Park über Südkenia erstreckt.

Die Zahlen sinken dramatisch, möglicherweise sogar um 100 Löwen pro Jahr, vor allem wegen Eingriffen durch den Menschen und des Verlusts von Lebensraum. Zudem werden gefährlich viele Löwen (sowie Aasfresser und andere Raubtiere) vergiftet, weil sie Vieh gerissen oder Farmland betreten haben. Einige Löwenschützer sagen sogar voraus, dass die Tiere in Kenia innerhalb der nächsten 20 Jahre aussterben könnten, wenn sie weiterhin in diesem Tempo umgebracht werden.

Living with Lions (www.livingwithlions.org) ist eine der Organisationen, die für den Schutz von Kenias Löwen kämpfen, und eine wichtige Informationsquelle. Ebenso hilfreich ist **Wildlife Direct** (wildlifedirect.org), das vor allem über die Gefahr des Vergiftens informiert. Einen faszinierenden Einblick in ein innovatives Löwenschutzprogramm in der Amboseli-Region bietet der Kastentext auf S. 96.

Die besten Stellen, um Löwen, Leoparden und Geparden zu sehen, werden auf S. 18 genannt.

Wer Probleme hat, den Dikdik vom Klippspringer zu unterscheiden, kann zum handillustrierten *Kingdon Field Guide to African Mammals* von Jonathon Kingdon greifen. Das Werk gilt als der beste Führer zur Fauna des Kontinents. Es ist auch als Taschenbuch erhältlich.

FÜHRER ZUR FAUNA

Grevyzebras

In Kenia und im benachbarten Äthiopien gibt's die letzten Wildbestände von Grevyzebras. Die Tiere unterscheiden sich von anderen Zebraarten durch schmalere Streifen und helle, ungestreifte Bäuche. Man findet sie im Lewa Wildlife Conservancy, in der Ol Pejeta Conservancy, im Samburu National Reserve, im Buffalo Springs National Reserve und im Shaba National Reserve.

In den 1970er-Jahren lebten rund 15 000 der Zebras in der freien Natur. Heute ist ihre Zahl auf 2500 zurückgegangen. Weniger als 1 % ihres ursprünglichen Lebensraums liegt innerhalb von Schutzgebieten.

Rothschild-Giraffen

Die gefährdetste der neun Giraffen-Unterarten, die Rothschild-Giraffe, ist seit Kurzem nicht mehr vom Aussterben bedroht. Vorreiter im Kampf zum Schutz der Rothschild-Giraffe (die anders als andere Unterarten einzigartige weiße „Strümpfe“ ohne orange-schwarze Maserung unterhalb des Knies hat) war das in Nairobi gelegene Giraffe Centre. Ein Besuch hier bietet faszinierende Einblicke und unterstützt die Rettung der Tiere und ihre Auswilderung. Rothschild-Giraffen erleben eine Renaissance: Kürzlich wurden Populationen im Lake Nakuru National Park ausgewildert.

Invasives Unkraut

Das Ökosystem des Masai Mara National Reserve, eines der Aushängeschilder Kenias, ist vielen bekannten Gefahren wie Wilderei, Überbebauung und einer wachsenden Bevölkerung ausgesetzt. Eine der stärksten Bedrohungen geht jedoch von einer einfachen Pflanze aus, einem ausländischen Unkraut namens *Parthenium hysterophorus*. Das giftige Kraut, das ursprünglich nicht aus Kenia stammt, wurde zuerst rund um Nairobi entdeckt, am Athi River, bei Naivasha und bei Busia. Es wuchs allerdings so schnell in die Masai Mara hinein, dass es von der kenianischen Regierung zu einem schädlichen Unkraut erklärt wurde. Parthenium, das für die Pflanzenfresser der Masai Mara ungenießbar ist, gedeiht in einem alarmierenden Ausmaß an den Ufern des Mara River und entlang einiger Pfade durch das Reservat. In manchen Gegenden wächst es sogar schon anstelle des legendären Graslandes der Mara. Eine einzige Parthenium-Pflanze kann bis zu 25 000 Samen bilden und ihre chemische Zusammensetzung unterbindet das Wachstum anderer Pflanzen. Diese

Tatsache mehrt die Sorge, das Unkraut könne eine langfristige Bedrohung für die Masai Mara werden.

Darüber hinaus gibt's noch ein weiteres, ganz ähnliches Problem, da viele der Lodges in der Masai Mara und anderswo Gärten mit schönen, nicht endemischen Pflanzen haben, die ebenfalls die hiesige Umwelt zerstören können.

Informationen zum Problem der hochgradig invasiven Wasserhyazinthe im Lake Victoria siehe S. 339.

Die East African Wildlife Society (www.eawildlife.org) mit Sitz in Nairobi ist die bekannteste Schutzorganisation der Region und bietet gute Informationen.

WILDLIFE SOCIETY

Staatlicher oder privater Umweltschutz?

Kenya Wildlife Service (KWS)

Seit über 20 Jahren liegt der Naturschutz Kenias in den Händen des staatlich betriebenen **Kenya Wildlife Service** (www.kws.org), der seine Sache zweifellos hervorragend macht. In den dunklen Zeiten der 1970er- und 1980er-Jahre fiel eine gigantische Zahl von Kenias Nashörnern und Elefanten unkontrollierter Wilderei zum Opfer und viele Beamte des KWS arbeiteten Hand in Hand mit den Wilderern. Dies änderte sich, nachdem der berühmte Paläontologe Dr. Richard Leakey die Organisation in den 1980er- und 1990er-Jahren auf den Kopf gestellt hatte. Eines seiner wichtigsten Anliegen war es, die KWS-Ranger mit modernen Waffen und Hochgeschwindigkeitsfahrzeugen auszustatten, sodass sie auf Wilderer schießen konnten, wenn sie welche erwischten. Diese Maßnahme scheint das Problem massiv eingedämmt zu haben.

Dennoch fanden in den letzten zehn Jahren mehrere Angriffe auf Elefanten- und Nashornpopulationen statt und Jahr für Jahr verlieren KWS-Ranger im Kampf gegen Wilderer ihr Leben. Infolgedessen wird nun offen darüber diskutiert, einige der abgelegenen Parks wie die Schutzgebiete nahe der äthiopischen und somalischen Grenze aufzugeben und alle Finanzmittel für die am meisten besuchten sowie Erfolg versprechenden Parks aufzuwenden. In Zeiten sinkender Regierungseinnahmen hängt es auch stark von der Finanzierung ab, wie gut der KWS seine Aufgaben erfüllen kann.

GEMEINDEEIGENE SCHUTZGEBIETE

Während in anderen Ländern ein aussichtsloser Kampf zur Rettung des Wildlebens geführt wird, indem man Tier und Mensch voneinander trennt, wachsen in Gemeinden in Teilen Nordkenias wie bei den Massai in Il Ngwesi, den Laikipia-Massai in Lekurruki und den Samburu in der Matthews Range die Tierbestände sowie der eigene Lebensstandard durch friedliche Koexistenz.

Hier behandelt man Wildtiere wie eine natürliche Ressource und unternimmt viel für ihr Wohlergehen. Wilderei wird durch verschärfte Sicherheitsmaßnahmen bekämpft und die Herdenhaltung so angepasst, dass Konflikte zwischen Tier und Mensch sowie Umweltschäden minimiert werden. Finanzielle und logistische Unterstützung bekommen die Gemeinden von vielen Einrichtungen und Organisationen, darunter die Lewa Wildlife Conservancy (LWC), das Laikipia Wildlife Forum (LWF) und der Northern Ranchlands Trust (NRT). Dank ihnen entstanden in den Dörfern traumhafte Ökolodges, deren Gewinne in dringend benötigte Ausbildung, Gesundheitswesen und humanitäre Projekte fließen.

Doch damit hört die Pionierarbeit noch nicht auf. Das LWF und der NRT verwalten auch Wildschutzgebiete großer privater Ranches sowie kleiner Farmen in Nordkenia und auf dem Laikipia-Plateau in der Hoffnung, weitere nachhaltige Entwicklungsprojekte in Gang zu setzen und den lokalen Lebensstandard zu verbessern. Wenn diese mutigen Projekte weiterhin beweisen, wie Menschen und Wildtiere nicht nur zusammenleben, sondern tatsächlich voneinander profitieren können, wird dies ein einzigartiges Zeichen setzen.

Privater Tierschutz

Trotz der großen Erfolge des KWS wird bemängelt, dass über 75 % von Kenias Wildtieren außerhalb der Nationalparks und Reservate des Landes leben. Es scheinen wenig Zweifel darüber zu bestehen, dass der Umweltschutz in Kenia bald in Privathand liegen wird. Private Schutzgebiete haben oftmals die Ressourcen, bestimmte Probleme beim Tierschutz intensiver zu behandeln, als Parks und Reservate dies können.

Die Lewa Wildlife Conservancy nahe Isiolo ist wohl das bekannteste und erfolgreichste private Tierreservat. Auch die privaten Schutzgebiete des Laikipia-Plateaus warten mit erstaunlichen Ergebnissen auf, denn die Region hat sich ohne einen einzigen Nationalpark oder ein Reservat zu einem der beliebtesten Ziele für Safaris entwickelt und beweist sich als eine besonders wichtige Gegend für überlebensfähige Populationen vom Aussterben bedrohter Spitzmaulnashörner, Grevyzebras, Afrikanischer Wildhunde sowie Löwen. Viele der hier liegenden Ranches sind eingegliedert in den Dachverband **Laikipia Wildlife Forum** (LWF; ✆0726500260; www.laikipia.org) und sehr aktiv im Wildtierschutz. Das LWF ist eine gute Quelle für brandaktuelle Informationen zu Projekten und Unterbringung in diesem Landesteil.

Weitere private Ranches und Schutzgebiete (einige davon sind in diesem Buch aufgeführt) sind im ganzen Land verstreut, vor allem in der Nähe der Tsavo-Nationalparks (East und West, die meisten allerdings in Tsavo West), außerdem beim Amboseli National Park und beim Masai Mara National Reserve. Zu ihnen gehört auch die **Mara Conservancy** (www.maratriangle.org), eine gemeinnützige Organisation, die das Mara Triangle im Masai Mara National Reserve verwaltet. Das Projekt ist das erste seiner Art in der Masai-Mara-Region und gilt als Vorzeigebeispiel dafür, wie lokale Gemeinden mit Umweltschutzgruppen so zusammenarbeiten, dass sowohl die traditionellen Völker als auch die Wildtiere davon profitieren.

RAUBTIERE

Wer ein besonderes Faible für Raubtiere hat, sollte sich Dr. Luke Hunters 2011 erschienenes außergewöhnliches Buch *A Field Guide to the Carnivores of the World* zu Gemüte führen.

Erneuerbare Energien

Bisher hat sich der Gebrauch erneuerbarer Energien in Kenia noch nicht durchgesetzt. Viele Luxuslodges versuchen sich mit umweltfreundlicher Energiegewinnung – immer stärker verbreitet ist die Solarenergie –, allerdings sind sie in der absoluten Minderheit. Gleichzeitig empfehlen viele dieser Unterkünfte die Anreise per Flieger, deshalb stimmt die Ökobilanz trotz der sonnengewärmten Warmwasserduschen nicht.

Ecotourism Kenya (www.ecotourismkenya.org) führt nur 56 Einrichtungen mit einem umweltfreundlichen Status der Kategorien Gold, Silber oder Bronze auf, wobei die Unternehmen selbst um die Bewertung bitten müssen. Tatsächlich haben nur wenige Lodges und Camps Recyclingsysteme oder nutzen alternative Energiequellen und Ähnliches. Mittlerweile besteht der KWS darauf, dass sich jede neue Lodge und jedes Camp umweltfreundlich einrichtet, doch bereits bestehende Unterkünfte müssen noch in die Verantwortung genommen werden.

Derzeit entsteht der Windpark Lake Turkana Power, der voraussichtlich 2013 ans Netz gehen wird. Nach seiner Fertigstellung soll das Kraftwerk ein Viertel der Strommenge produzieren, die man aktuell in Kenia benötigt; weitere Informationen zu diesem Projekt siehe Kastentext auf S. 227. In der Zwischenzeit wird Kenias Wirtschaft weiterhin von fossilen Brennstoffen angetrieben.

Tourismus

Die Tourismusindustrie, die einerseits Kenias Tiere rettet, verursacht andererseits auch schwerwiegende Umweltprobleme. Besonders gravierend sind der hohe Holzverbrauch der Touristenlodges und die Erosion

NATIONALPARKS OHNE VIEHHERDEN?

Nichts scheint Besucher von Kenias Nationalparks mehr zu enttäuschen als der Anblick von Schäfern, die ihre Herden zu Wasserquellen innerhalb eines Parks führen. Um es mit den Worten des ehemaligen Direktors des Kenya Wildlife Service, Dr. Richard Leakey, zu sagen: „Menschen zahlen nicht viel Geld, um Vieh zu sehen."

Leider ist das Thema recht kompliziert, denn das, was Traveller hier zu sehen bekommen, ist alles andere als eine natürliche afrikanische Umgebung. Über Jahrtausende lebten Menschen und ihre Viehherden glücklich und nachhaltig mit den Wildtieren zusammen, wodurch sie die Landschaften Ostafrikas prägten. Seit Beginn der Umweltschutzmaßnahmen und der Einrichtung der Nationalparks wurden viele von Kenias Stammesvölkern, vor allem Hirtennomaden wie die Massai und Samburu, mit ihren Tieren aus ihrem Heimatland verbannt. Oft bekamen sie nur eine kleine oder gar keine Entschädigung oder Einkommensalternative (obwohl heute natürlich manche vom Tourismus und Naturschutz leben). Da sie in Randgebiete vertrieben wurden und in Trockenzeiten nur begrenzten Zugang zu alternativen Wasserquellen hatten, mussten viele ihr traditionelles Leben aufgeben und entschieden sich für die Sesshaftigkeit. Diejenigen, die als Hirten weiterarbeiten, haben kaum eine andere Wahl, als ihr Land zu überweiden. Diese Position wird leidenschaftlich im hervorragenden, wenn auch leicht veralteten Buch *Nomadenland: Der Überlebenskampf der Nomaden Ostafrikas* (1996) von George Monbiot diskutiert.

Gleichzeitig ist der Tourismus eine der (dringend benötigten) Haupteinnahmequellen Kenias und die meisten Besucher möchten die natürliche Wildnis erleben – und zumindest oberflächlich scheinen die Nationalparks, Reservate sowie privaten Schutzgebiete dieses paradiesische Afrika bieten zu können. Obwohl die Parks zu Lasten der Stammesvölker künstlich erschaffen wurden, ist Kenias Bevölkerungszahl so hoch, dass in Frage steht, ob es das übergenutzte Land entlasten würde und traditionellen Kulturen zugute käme, wenn Hirten ihre Herden in den Nationalparks grasen lassen dürfen, oder ob dies letztlich zum Niedergang von Kenias letzten Gebieten relativ unberührter Natur führen würde.

durch Safari-Minibusse, die auf ihren Fahrten durch Parks und Schutzgebiete wie den Amboseli National Park, den Samburu National Park sowie das Masai Mara National Reserve Staubwolken aufwirbeln. Einige Veranstalter wurden in den letzten Jahren wegen Fehlverhaltens wie nicht bezahlte, gemietete Zeltcamps oder Belästigung von Wildtieren aus dem Park verbannt, doch es sieht nicht so aus, als würde diese Sperre wirklich durchgesetzt.

Als Besucher hilft man am besten, diese Probleme zu bekämpfen, indem man den Veranstalter sehr sorgfältig auswählt und deutlich kundtut, welche Standards man erwartet. Je mehr Touristen auf verantwortungsvollem Handeln bestehen, desto mehr Safaribetreibern und Hotels wird dies auffallen. Zahlt man am Schluss auch mehr für umweltbewusstes Reisen, investiert man in eine nachhaltige Tourismusindustrie und den Schutz von Kenias fragilem Ökosystem.

Nationalparks & -reservate

Kenias Nationalparks und -reservate zählen zu den besten und schönsten in ganz Afrika. Etwa 10 % der Landesfläche sind gesetzlich geschützte Zonen – das bedeutet zumindest theoretisch, dass innerhalb der Grenzen keine Menschen leben und die Flächen nicht beweidet oder als Jagdreviere genutzt werden dürfen. Die Parks reichen vom 15,5 km² großen Saiwa Swamp National Park bis zu den massiven, fast 21 000 km² großen Nationalparks Tsavo East und Tsavo West. Zusammen umfassen sie eine große Zahl an Biotopen und Ökosystemen, die außergewöhnliche afrikanische Tiere beherbergen. In den Schutzgebieten erstrecken sich einige der herrlichsten Gegenden des Kontinents.

Geschichte

Die Idee, Schutzgebiete zu schaffen, kam erstmals in der Kolonialzeit auf und führte in zahlreichen Fällen zu einer Zwangsvertreibung der Einheimischen von ihrem Land. Der Ärger der Einwohner wurde von der Tatsache genährt, dass die meisten Parks als Reviere für weiße Jäger

NATIONALPARKS UND -RESERVATE IM VERGLEICH

Wer die Website des **Kenya Wildlife Service** (KWS; www.kws.org) besucht, um nach Informationen zum Masai Mara National Reserve zu suchen, wird enttäuscht. Kenias Schutzgebiete sind nämlich in Parks, die von der Regierung verwaltet werden (dazu gehören sämtliche Nationalparks und einige Nationalreservate), sowie in Reservate eingeteilt, die von lokalen Gemeinden geführt werden (darunter das Masai Mara National Reserve und das Lake Bogoria National Reserve).

Ein Tourist, der eine Safari unternehmen möchte, wird so gut wie keinen Unterschied bemerken, doch aus Perspektive der Einheimischen hat diese Einordnung beträchtliche Auswirkungen, da es um die Verteilung der Einnahmen geht. Alle Eintrittspreise für Parks, die vom KWS verwaltet werden, wandern direkt in die Taschen der Regierung. Nur ein Teil ist – zumindest theoretisch – für die hiesigen Gemeinden bestimmt. Im Fall der lokal geführten Reservate fließen die Einkünfte an den lokalen Landesrat, der einige Gelder an die Regierung weiterleitet und (jedenfalls sollte es so sein) das Geld zum Wohl der lokalen Gemeinden einsetzt.

2005 machte dieses Thema sowohl national als auch international Schlagzeilen, als Präsident Kibaki Pläne bekannt gab, nach denen der Amboseli National Park in ein Reservat unter der Leitung des Massai-dominierten Kajiado County Council umgewandelt werden sollte. Kibakis Motive blieben im Unklaren, allerdings meinten Zyniker, sein Vorstoß könnte eine Taktik gewesen sein, um die Massai-Wähler für eine entscheidende Volksabstimmung zur Verfassungsreform zu gewinnen. 2011 wurde der Vorschlag des Präsidenten vom Hohen Gericht des Landes abgeschmettert.

DIE WICHTIGSTEN PARKS & RESERVATE

PARK/RESERVAT	BIOTOPE	TIER- & PFLANZENWELT	AKTIVITÄTEN	BESUCHSZEIT
Aberdare National Park (S. 173)	beeindruckende Hochlandgebiete, Wasserfälle & Regenwald	Elefanten, Spitzmaulnashörner, Bongoantilopen, schwarze Leoparden, schwarze Servale	Trekking, Angeln, Segelfliegen	ganzjährig
Amboseli National Park (S. 93)	trockene Ebenen & Buschwald	Elefanten, Büffel, Löwen, Antilopen, Vögel	Tierbeobachtungsfahrten	Juni–Okt.
Arabuko Sokoke Forest Reserve (S. 273)	Küstenwald	Sokokoeulen, Webervögel, Vögel, Rüsselspringer, Elefanten	Vogeltrips, Wandern, Radtouren	ganzjährig
Hell's Gate National Park (S. 118)	eindrucksvolle Felsen & Schluchten	Elenantilopen, Giraffen, Löwen, Raubvögel	Radtouren, Wandern	ganzjährig
Kakamega Forest Reserve (S. 154)	unberührter tropischer Regenwald	Brazzameerkatzen, Rotschwanzaffen, Flughörnchen, 330 Vogelarten	Wandern, Vogelbeobachtung	ganzjährig
Lake Bogoria National Reserve (S. 127)	malerischer alkalischer See	Flamingos, Großer Kudu, Leoparden	Vogelbeobachtung, Wandern, heiße Quellen	ganzjährig
Lake Nakuru National Park (S. 124)	hügeliges Grasland & alkalische Seen	Flamingos, Spitz- & Breitmaulnashörner, Löwen, Leoparden, 400 Vogelarten	Tierbeobachtungsfahrten	ganzjährig
Masai Mara National Reserve (S. 133)	Savanne & Grasland	„Big Five", Antilopen, Geparden, Hyänen, Gnuherden auf Wanderschaft	Tierbeobachtungsfahrten, Ballonfahrten	Juli–Okt.
Meru National Park (S. 195)	Regenwald, Sumpfgebiete & Grasland	Breitmaulnashörner, Elefanten, Löwen, Geparden, Kleine Kudus	Tierbeobachtungsfahrten, Angeln	ganzjährig
Mt. Elgon National Park (S. 162)	erloschene Vulkane & Regenwald	Elefanten, Schwarz-weiße Stummelaffen, Brazzameerkatzen, über 240 Vogelarten	Wandern, Wandern, Angeln	Dez.–Feb.
Mt. Kenya National Park (S. 177)	Regenwald, Moore & Gletscherberge	Elefanten, Büffel, Bergflora	Wandern, Klettern	Jan. & Feb., Aug. & Sept.
Nairobi National Park (S. 58)	offene Ebenen vor städtischer Kulisse	Spitzmaulnashörner, Löwen, Leoparden, Geparden, Giraffen, 400 Vogelarten	Tierbeobachtungsfahrten	ganzjährig
Saiwa Swamp National Park (S. 165)	Sumpfland & Flusswald	Sitatunga-Antilopen, Otter, Schwarz-weiße Stummelaffen, 370 Vogelarten	Wandern, Vogelbeobachtung	ganzjährig
Samburu, Buffalo Springs & Shaba National Reserves (S. 208)	semiaride, offene Savanne	Elefanten, Leoparden, Giraffengazellen, Krokodile, Grevyzebras	Tierbeobachtungsfahrten	ganzjährig
Shimba Hills National Reserve (S. 248)	dicht bewaldete Hügel	Elefanten, Schwarzantilopen, Leoparden	Wandern, Waldtouren	ganzjährig
Tsavo West & East National Parks (S. 98 & S. 104)	weite Ebenen & uralte Vulkankegel	„Big Five", Geparden, Giraffen, Nilpferde, Krokodile, rund 500 Vogelarten	Klettern, Tierbeobachtungsfahrten	ganzjährig

vorgesehen waren, die leider alles andere als den Schutz dieser Gebiete im Sinne hatten.

Später wurden jedoch viele der Jäger, die einige Arten fast zum Aussterben brachten, zu Naturschützern. Mitte des 20. Jhs. begann man mit der Gründung der heutigen Nationalparks und Nationalreservate und ernannte den Nairobi National Park 1946 zum ersten Schutzgebiet in Britisch-Ostafrika. Mittlerweile gibt's 22 National- sowie jede Menge Meeresparks und Reservate.

In seinem faszinierenden Buch *Wildlife: Ein Leben für die Elefanten* (2001) beschreibt Dr. Richard Leakey seinen jahrelangen Kampf an der Vorderfront gegen die Elfenbeinwilderei in Kenia.

In den 1970er- und 1980er-Jahren wurden die Schutzzonen geradezu von Wilderern belagert, und Tsavo East sowie Tsavo West waren das Epizentrum des Ganzen: Allein in diesen beiden Parks fielen den Männern jedes Jahr schätzungsweise 5000 Elefanten und Flusspferde zum Opfer. 1989 geriet Präsident Moi in die Schlagzeilen, als er im Nairobi National Park ein Lager mit zwölf Tonnen Elfenbein in Brand setzen ließ und Richard Leakey zum Leiter des Wildlife Conservation and Management Department (WMCD) ernannte, aus dem ein Jahr später der Kenya Wildlife Service (KWS) wurde. Leakey wird die Rettung der kenianischen Tierwelt zugeschrieben, allerdings waren seine Methoden äußerst kontrovers: Er erklärte den Wilderern den Krieg, indem er gut bewaffnete Eliteeinheiten einsetzte, die auf die Männer schießen sollten.

Inzwischen geht's in den Schutzzonen zwar um einiges ruhiger zu, allerdings ist das Problem der Wilderei immer noch nicht vollkommen ausgemerzt.

Nationalparks & -reservate besuchen

Safaris gelten als wichtiger Teil eines Besuchs von Kenia, denn die Landschaft und die Tierwelt sind außergewöhnlich. Selbst in beliebteren Schutzgebieten wie dem Masai Mara National Reserve und dem Amboseli National Park – die in der Hochsaison (Juli bis Oktober und Januar bis Februar, obwohl der KWS auch im März noch hohe Eintrittspreise verlangt) aus sämtlichen Nähten platzen – ist eine Safari nach wie vor eines der denkwürdigsten Erlebnisse, die man in diesem Land haben kann.

In unserem Reiseführer werden die Parks und Reservate detailliert beschrieben. Zu den wichtigsten Schutzgebieten gibt's jeweils einen Infokasten mit allen praktischen Details zu den Tieren, die man vor Ort be-

KATEGORIEN DER NATIONALPARKS & NATIONALRESERVATE

KATEGORIE	PARK
Masai Mara	Masai Mara
Premium	Amboseli, Lake Nakuru
Wildnis	Meru, Tsavo East & Tsavo West
Aberdare National Park	Aberdare
Stadtsafari	Nairobi
Klettern	Tagestrip zum Mt. Kenya
Mt. Kenya National Park (dreitägige Pauschaltour)	Mt. Kenya
Malerische Landschaften & spezielle Interessen 1	Hell's Gate & Mt. Elgon
Malerische Landschaften & spezielle Interessen 2	Chyulu, Marsabit, Arabuko Sokoke, Kakamega, Shimba Hills & alle anderen Parks
Meeresparks	Kisite & Mpunguti
Weitere Meeresparks	Kiunga, Malindi, Mombasa & Watamu

EINTRITTSPREISE FÜR DIE NATIONALPARKS & -RESERVATE

KATEGORIE	NICHTANWOHNER ERW./KIND (US$) HOCHSAISON	NICHTANWOHNER ERW./KIND (US$) NORMALE SAISON	CAMPING FÜR NICHTANWOHNER ERW./KIND (US$)
Masai Mara	70–80	40–45	30–40
Premium	70/40	60/30	25/20
Wildnis	60/30	50/25	15/10
Aberdare National Park	50/25	50/25	15/10
Stadtsafari	40/20	40/20	15/10
Klettern	55/25	55/25	15/10
Mt. Kenya (dreitägige Pauschaltour)	150/70	150/70	15/10
Malerische Landschaften & spezielle Interessen 1	25/15	25/15	15/10
Malerische Landschaften & spezielle Interessen 2	20/10	20/10	15/10
Meeresparks	20/10	20/10	keine Angabe
Weitere Meeresparks	15/10	15/10	Keine Angabe

obachten kann, und den Zugangstoren. Um die Reiseplanung zu erleichtern, listen wir in diesem Kapitel viele Parks und Reservate auf und nennen einige ihrer typischen Merkmale.

Eintritt zu Parks & Reservaten

Inzwischen akzeptiert der KWS auch Euros, allerdings ist es besser, mit kenianischen Schilling oder US-Dollars zu zahlen, da die Wechselkurse schlichtweg unverschämt sind.

SAFARIKARTEN

Die Eintrittspreise zu den Nationalparks werden vom **KWS** (Kenya Wildlife Service; ☎020-6000800; www.kws.org; Nairobi National Park) kontrolliert. Gegenwärtig wandelt die Organisation ihr Preissystem um und hat zu diesem Zweck sogenannte „Safarikarten" eingeführt. Diese enthalten ein Guthaben, das an bestimmten Orten neu aufgeladen werden kann (normalerweise nur an den Parktoren, was manchmal allerdings sehr umständlich ist). Restguthaben werden nicht erstattet.

Bei Redaktionsschluss wurde das Safarikartensystem nur in den Nationalparks Nairobi, Lake Nakuru, Aberdare, Amboseli und Tsavo verwendet, während alle anderen Schutzgebiete noch mit dem Bargeldsystem arbeiteten.

Momentan sind Safarikarten lediglich in den KWS-Hauptverwaltungen in Nairobi und Mombasa, an den Haupttoren der teilnehmenden Parks und im Büro des Malindi Marine National Park erhältlich. Besucher haben zwar noch weiterhin die Möglichkeit, an den Haupttoren der meisten Schutzzonen befristete Eintrittskarten zu bekommen, wir empfehlen allerdings jedem Traveller sich im Voraus eine Safarikarte zu besorgen.

EINTRITTSPREISE

Wie man der Tabelle auf der S. 350 entnehmen kann, teilt der KWS Parks und Reservate in unterschiedliche Kategorien ein. In der Tabelle auf

Seite 351 nennen wir die verschiedenen Eintrittspreise für Nichtanwohner in der Hauptsaison (Januar bis März und Juli bis Oktober) und der „normalen" Saison (April bis Juni, November und Dezember) sowie ganzjährige Campinggebühren für Touristen. Auf der Website findet man die Preise für kenianische Bürger und Einwanderer.

Informationen zu Reservaten, die nicht vom KWS verwaltet werden, darunter die Masai Mara (S. 133), Buffalo Springs (S. 208) und Lake Bogoria (S. 127), gibt's in den entsprechenden Kapiteln.

Obwohl die Pläne bei Redaktionsschluss noch nicht umgesetzt wurden, sollen die Eintrittsgebühren für die Premiumparks unabhängig von der Saison auf 80 US$ pro Erwachsenem erhöht werden.

Zusätzlich muss man noch 300 KSh für Fahrzeuge mit weniger als sechs Sitzen und 1000 KSh für Fahrzeuge mit bis zu zwölf Sitzen einplanen. Details zu Campingplätzen in den Schutzgebieten siehe S. 388.

Es ist wichtig zu wissen, dass der Eintritt in Parks und Reservate auf 24 Stunden begrenzt ist, und für jeden weiteren Tag eine Zusatzgebühr fällig wird, die genauso hoch ausfällt wie der Eintrittspreis – selbst wenn man sich die gesamte Zeit über in der Schutzzone aufhält. Nicht alle Parks gestatten es, ihre Eingrenzungen zu verlassen und mit demselben Ticket wieder zu betreten (darunter z. B. der Lake Nakuru National Park), deshalb sollte man sich immer vorab über die jeweilige Situation informieren und sich darüber im Klaren sein, was man genau will, bevor man ein Mehrtagesticket kauft.

Meeresparks

- Kisite Marine National Park
- Kiunga Marine National Reserve
- Malindi Marine National Park
- Mombasa Marine National Park & Reserve
- Watamu Marine National Park

Kenias Tierwelt

David Lukas

Ostafrika steht sinnbildlich für Safaris und Kenia gilt als ihr Ursprung. Von der einjährigen Safari des US-Präsidenten Theodore Roosevelt 1909 über Joy Adamsons Porträt der einjährigen Löwin Elsa in *Frei Geboren. Eine Löwin in zwei Welten* bis zu Karen Blixens epischer Erzählung *Jenseits von Afrika*: Das Land prägt in besonderem Maße das Bild Afrikas in der westlichen Welt. Und das zu Recht, schließlich gehören die Möglichkeiten, wilde Tiere zu beobachten, zu den besten der Welt. Der Anblick von Zebra- und Gnuherden oder das markerschütternde Löwengebrüll bei Nacht sind unvergessliche Erfahrungen. Darüber hinaus bietet Kenia unbegrenzte Optionen für Individualreisende.

Elefanten im Amboseli National Park (S. 93)

Großkatzen

In ihrem Verhalten unterscheiden sich die sechs in Kenia lebenden Katzenarten kaum von Hauskatzen. Allerdings wiegen die einen halb so viel wie ein Pferd und die anderen sind so schnell wie ein Sportwagen. Ihre exzellenten Augen und Ohren machen sie zu perfekten Jägern. Zu den eindrucksvollsten Szenen in Afrika gehören Raubtiere auf Beutefang, denn die Energie und Grausamkeit dieser Kämpfe um Leben und Tod wird man so schnell nicht vergessen.

Leopard

1 *Gewicht 30–60 kg (Weibchen), 40–90 kg (Männchen); Länge 170–300 cm* Der Leopard ist recht weit verbreitet und ein Experte in Sachen Tarnung. Tagsüber wird man nur seinen hinter einem Baum verschwindenden Schwanz erspähen, das nächtliche schaurige Gebrüll ist hingegen unüberhörbar.

Löwe

2 *Gewicht 120–150 kg (Weibchen), 150–225 kg (Männchen); Länge 210–275 cm (Weibchen), 240–350 cm (Männchen)* Bei den im Schatten faulenzenden Katzen handelt es sich um die meistgefürchteten Raubtiere Afrikas. Dank ihrer Zähne, die mühelos Sehnen und Knochen durchtrennen, können sie es mit Tieren der Größe eines Giraffenbullen aufnehmen. In jedem Rudel sind mehrere Generationen von Weibchen vertreten, die sich um die Jagd kümmern, während die stolzen Männchen untereinander kämpfen und sich von dem ernähren, was die Weibchen mitbringen.

Gepard

3 *Gewicht 40–60 kg; Länge 200–220 cm* Der Gepard ist ein erstklassiger Kurzstreckenläufer. Er erreicht bis zu 112 km/h, doch nach 300 m geht ihm die Puste aus und er muss sich vor der nächsten Jagd 30 Minuten ausruhen. Doch die Geschwindigkeit hat noch einen weiteren Preis: Da der Gepard aufs Laufen spezialisiert ist, fehlt es ihm an Stärke und Zähnen, um sein Fressen oder seine Jungen vor den Angriffen anderer großer Raubtiere zu verteidigen.

IGNACIO PALACIOS/LONELY PLANET IMAGES ©

MITCH REARDON/LONELY PLANET IMAGES ©

1

3

2

IGNACIO PALACIOS/LONELY PLANET IMAGES ©

ARIADNE VAN ZANDBERGEN/LONELY PLANET IMAGES ©

Kleinkatzen

Großkatzen erscheinen vielen Touristen interessanter, doch Kenias Kleinkatzen sind ebenso faszinierend, wenn auch um einiges schwerer zu entdecken. Man kann die Tiere nicht bei der Jagd auf Gazellen oder Gnus beobachten, sondern dabei, wie sie sich an Nagetiere anschleichen oder mit artistischen Sprüngen Vögel aus der Luft fischen.

Wildkatze

1 *Gewicht 3–6,5 kg; Länge 65–100 cm*
Bei den getigerten Wildkatzen, die durch die Ebenen Kenias streifen, handelt es sich um die direkten Vorfahren der domestizierten Hauskatze. Sie sind überall dort zu finden, wo es viele Ratten und Mäuse gibt, beispielsweise am Rand von Dörfern. Zu ihren Erkennungsmerkmalen gehören rotbraune Ohren und längliche Beine.

Karakal

2 *Gewicht 8–19 kg; Länge 80–120 cm*
Die wunderschöne getigerte Katze mit den langen spitzen Ohren ist die afrikanische Version des Luchses und dank ihrer langen Hinterbeine eine Art tierischer Dragster (Rennwagen). Mit ihren eindrucksvollen Hinterläufen gelingt es dem schlaksigen Tier 3 m hohe Sprünge zu vollführen und Vögel beim Flug zu erwischen.

Serval

3 *Gewicht 6–18 kg; Länge 90–130 cm*
Der hübsch gefleckte Serval ist doppelt so groß wie die Hauskatze und hat große Ohren und lange Beine. Er streift in hohem Gras umher und macht mittels gewaltiger Sprünge Jagd auf Nagetiere und Vögel. Zudem ist er tagaktiver als die meisten Katzen und gelegentlich bei der Jagd auf Vögel sowie beim Spiel mit seiner Beute zu beobachten.

Primaten der Savannen

Ostafrika ist die evolutionäre Wiege der Primatenarten. Hier leben über 30 verschiedene Affen, Menschenaffen und Halbaffen, die „primitiven" Vorfahren der modernen Primaten, wobei alle mit geschickten Händen und Füßen ausgestattet sind. Mehrere Spezies haben sich dem Leben am Boden angepasst, was sie zu leichten Opfern von Löwen und Hyänen macht.

Husarenaffe

1 *Gewicht 7–25 kg; Länge 110–160 cm*
Eine einzigartige Unterart des weit verbreiteten westafrikanischen Affen lebt in den Serengeti-Ebenen. Mit seinem rostbraunen Rücken, dem schlanken Körper und den schlaksigen Beinen ist das bemerkenswerte Tier der schnellste Primat der Welt und sprintet mit bis zu 55 km/h zum nächsten Baum. Weil trotzdem recht viele ausgewachsene Affen von Raubtieren erlegt werden, ist ihre Fortpflanzungsrate sehr hoch.

Anubispavian

2 *Gewicht 11–30 kg (Weibchen), 22–50 kg (Männchen); Länge 95–180 cm*
Mit seinen 5 cm langen Fangzähnen kann der eindrucksvolle Anubispavian einen Leoparden töten. Seine besten Verteidigungsmechanismen bestehen jedoch darin, Bäume hinaufzuklettern und Angreifer mit flüssigen Exkrementen zu besprühen. Die intelligenten, opportunistischen Tiere mit dem grünlichem Fell leben in Gruppen in Westkenia, während die gelblichen Steppenpaviane im Osten des Landes beheimatet sind.

Südliche Grünmeerkatze

3 *Gewicht 4–8 kg; Länge 90–140 cm*
Diese Affenart ist in Rudeln unterwegs. Die Weibchen verteidigen von Generation zu Generation weitergegebene Reviere, während die Männchen untereinander um Rangordnungen und Weibchen kämpfen. In der Paarungszeit leuchten ihre Geschlechtsorgane in kräftigem Blau und Rot.

2

ARIADNE VAN ZANDBERGEN/LONELY PLANET IMAGES ©

JOHN EARNSHAW/ALAMY ©

1

3

ARIADNE VAN ZANDBERGEN/LONELY PLANET IMAGES ©

OCEAN/CORBIS ©

Primaten der Wälder

Die facettenreichen Spezies der Waldprimaten leben in Bäumen. Meist bleiben die flinken Tiere mit den langen Extremitäten im oberen Baumkronendach, wo sie nach Blättern und Früchten suchen. Um sie zu entdecken, ist das geübte Auge eines professionellen Guides vonnöten.

Schwarz-weißer Stummelaffe

1 *Gewicht 10–23 kg; Länge 115–165 cm* Aufgrund seines schwarzen Fells und des wallenden weißen Haars zählt der auch als Guereza bekannte Schwarz-weiße Stummelaffe zu den beliebtesten Primaten Kenias. Mit seiner hakenförmigen Hand kann sich das agile Tier mit Leichtigkeit von Baum zu Baum schwingen. Wenn zwei Rudel aufeinandertreffen, wird Zuschauern ein echtes Spektakel geboten.

Senegal-Galago

2 *Gewicht 100–300 g; Länge 40 cm* Senegal-Galagos sind so groß wie ein Eichhörnchen und besitzen ein hundeähnliches Gesicht sowie riesige Augen. Die nachtaktiven Tiere gehören zu einer Gruppe von Halbaffen, die sich in 60 Mio. Jahren kaum verändert hat. Den englischen Namen „Bushbaby" verdanken sie ihrem charakteristischen Brüllen. Normalerweise zeigen sie sich kaum, besuchen allerdings regelmäßig Futterstationen in Safarilodges. Die Affen leben in der Dunkelheit und kommunizieren durch Gerüche und Geräusche miteinander.

Brazzameerkatze

3 *Gewicht 4–8 kg; Länge 90–135 cm* Dieser seltene mehrfarbige Affe ist in flussnahen Wäldern im westlichen Zentralkenia zu finden. Trotz der grellen roten Augenbrauen und des großen buschigen weißen Barts verhält sich die ansonsten grau gefärbte Brazzameerkatze erstaunlich unauffällig und sitzt oft bis zu acht Stunden einfach nur da. Am frühen Morgen und späten Nachmittag klettert sie auf höhere Äste, um sich von Früchten zu ernähren und sich zu sonnen.

Wiederkäuer

Der Kontinent ist für seine erstaunliche Vielfalt an Huftieren bekannt, die von Büffeln bis zu Giraffen reicht. Mit 40 verschiedenen Arten allein in Ostafrika gehört die wiederkäuende Antilope zum größten Mitglied der Familie.

Giraffengazelle

1 *Gewicht 30–50 kg; Länge 160–200 cm*
Die Giraffengazelle ist an das Leben im semiariden Gestrüpp angepasst. Indem sie sich auf die Hinterbeine stellt und den langen Hals reckt, erreicht sie bis zu 2 m hohe Zweige.

Gnu

2 *Gewicht 140–290 kg; Länge 230–340 cm*
Wenige Tiere symbolisieren den Geist der afrikanischen Ebenen so sehr wie das Gnu. Über eine Million Tiere versammeln sich allein in der Masai Mara und schließen sich zu riesigen, beständig wandernden Herden zusammen.

Thomson-Gazelle

3 *Gewicht 15–35 kg; Länge 95–150 cm*
Mit ihren langen Beinen erreicht die Antilope große Geschwindigkeiten. In Südkenia gehen geschätzte 400 000 Tiere neben Zebras und Gnus in großen Herden auf Wanderschaft.

Wasserbock

4 *Gewicht 160–300 kg; Länge 210–275 cm*
Der große, zottelige, auffällig riechende Wasserbock ist die Antilopenart, die man auf Safaris am wahrscheinlichsten zu sehen bekommt. Zwischen trockenen und regenreichen Jahren variiert ihre Anzahl drastisch.

Afrikanischer Büffel

5 *Gewicht 250–850 kg; Länge 220–420 cm*
Obwohl der imposante Afrikanische Büffel wie eine Kuh auf Steroiden wirkt und furchteinflößende geschwungene Hörner besitzt, ist er meist sanfter Natur.

1

4

2
ADRIAN BAILEY/LONELY PLANET IMAGES ©

3
ALEX DISSANAYAKE/LONELY PLANET IMAGES ©

1

ARIADNE VAN ZANDBERGEN/LONELY PLANET IMAGES ©

4

IGNACIO PALACIOS/LONELY PLANET IMAGES ©

2

DAN HERRICK/LONELY PLANET IMAGES ©

3

DUILLC/CORBIS ©

Huftiere

Auf dem Kontinent gibt's eine überraschend große Fülle an Huftieren. Nicht wiederkäuende Spezies sind in facettenreicheren Lebensräumen vertreten als die wiederkäuenden Antilopen und hier bereits seit Millionen von Jahren heimisch. Ohne den Eingriff des Menschen würden Elefanten, Zebras, Flusspferde und Warzenschweine über Afrika herrschen.

Steppenzebra

1 *Gewicht 175–320 kg; Länge 260–300 cm* Steppenzebras verfügen über ein wirklich hübsches Streifenkleid, das bei jedem Tier so einzigartig ist wie ein Fingerabdruck. Forscher sind sich über die Funktion der Musterung immer noch nicht einig. Dienen sie den Tieren als Erkennungsmerkmal?

Afrikanischer Elefant

2 *Gewicht 2200–3500 kg (Weibchen), 4000–6300 kg (Männchen); Größe 2,4–3,4 m (Weibchen), 3–4 m (Männchen)* Poltert ein Elefantenbulle aus dem Gestrüpp, behält wohl niemand die Ruhe. Auch wenn er oft als „König der Tiere" bezeichnet wird, haben mehrere ältere Weibchen das Sagen.

Grevyzebra

3 *Gewicht 350–450 kg; Länge 290–375 cm* Diese große unverwechselbare Zebraart kommt ausschließlich in den semiariden Ebenen Nordkenias vor, wo sie mit dem Steppenzebra zusammenlebt. Ihre schwarzen Streifen sind dünner und reichen nicht bis zum weißen Bauch.

Giraffe

4 *Gewicht 450–120 kg (Weibchen), 1800–2000 kg (Männchen); Größe 3,5–5,2 m* Die 5 m große Giraffe erreicht auch die höchsten Äste, hat jedoch Probleme, einen einfachen Schluck Wasser zu nehmen. Sie streift ruhig umher, ein gesundes Tier sprintet aber jedem Raubtier davon.

Noch mehr Huftiere

Diese Auswahl an verschiedenen Huftieren zeigt die bemerkenswerte Artenvielfalt der in Afrika beheimateten Spezies. Jeder Besucher möchte Elefanten und Giraffen sehen, sollte sich Klippschiefer und Warzenschweine aber ebenfalls nicht entgehen lassen.

Klippschiefer

1 *Gewicht 1,8–5,5 kg; Länge 40–60 cm*
Kaum zu glauben, aber die komischen schwanzlosen, nagetierähnlichen Tiere, die auf Felsen herumsitzen, sind tatsächlich alte Verwandte des Elefanten. Gemeinsamkeiten wird man kaum mehr erkennen, beim Gähnen entblößt der Klippschiefer allerdings seine Stoßzähne.

Spitzmaulnashorn

2 *Gewicht 700–1400 kg; Länge 350–450 cm*
Weil das Horn des Spitzmaulnashorns wertvoller als Gold ist, wurde das einst südlich der Sahara weit verbreitete Tier von Wilderern fast ausgerottet. Leider bringen die Weibchen nur alle fünf Jahre Junge zur Welt.

Flusspferd

3 *Gewicht 510–3200 kg; Länge 320–400 cm*
Das Flusspferd ist ein komisches Wesen. Es ähnelt einem treibenden Sitzsack mit winzigen Beinen, lebt beim oder im Wasser und kaut auf Pflanzen herum. Friedlich kann man die Tiere jedoch keineswegs nennen, denn auf Provokationen reagieren sie mit großer Aggressivität.

Warzenschwein

4 *Gewicht 45–75 kg (Weibchen), 60–150 kg (Männchen); Länge 140–200 cm*
Trotz des unheimlichen Äußeren und der eindrucksvollen Stoßzähne sind nur die großen Männchen vor Löwen, Geparden und Hyänen sicher. Sie schützen sich vor Angreifern, indem sie rückwärts in ihren Bau laufen und die Zähne fletschen.

1

4

MITCH REARDON/LONELY PLANET IMAGES ©

ARIADNE VAN ZANDBERGEN/LONELY PLANET IMAGES ©

ARIADNE VAN ZANDBERGEN/LONELY PLANET IMAGES ©

ARIADNE VAN ZANDBERGEN/LONELY PLANET IMAGES ©

2

PETER MALSBURY/ISTOCK ©

3

ANUP SHAH/CORBIS ©

Fleischfresser

Im facettenreichen Afrika ist eine bemerkenswerte Anzahl von Raubtierarten beheimatet. Besucher erwarten hier überraschende, unvergessliche Erlebnisse.

Tüpfelhyäne

1 *Gewicht 40–90 kg; Länge 125–215 cm* Hyänenrudel werden von Weibchen mit penisähnlichen Geschlechtsorganen angeführt. Mit ihren massiven Kiefern greifen die unerbittlichen Kämpfer verängstigte Beutetiere auf der Flucht an und nehmen es sogar mit Löwen auf.

Goldschakal

2 *Gewicht 6–15 kg; Länge 85–130 cm* Obwohl der Schakal klein und schmächtig ist, geht er furchtlos in der afrikanischen Ebene auf Jagd und behauptet sich gegen hungrige Geier sowie sehr viel stärkere Hyänen.

Zebramanguste

3 *Gewicht 1,5–2 kg; Länge 45–75 cm* Eine auf morgendlicher Futtersuche durch die Savanne hüpfende Mangustenfamilie ist ein wirklich reizender Anblick. Die Tiere sind nicht sonderlich schnell und ernähren sich u. a. von Kröten, Skorpionen und Schnecken.

Afrikanischer Wildhund

4 *Gewicht 20–35 kg; Länge 100–150 cm* Die Wildhunde leben in Rudeln mit komplexen Hierarchien und strengen Verhaltensregeln und sind effiziente Jäger. In Gruppen von 20 bis 60 Tieren erledigen sie z. B. Antilopen.

Kleinfleck-Ginsterkatze

5 *Gewicht 1–2 kg; Länge 80–100 cm* Zwar sind die schlanken, agilen Jäger nachtaktiv, trotzdem kann man sie häufig am Straßenrand oder in den Dachsparren von Safarilodges beobachten. Sie ähneln einer Mischung aus Katze und Waschbär und man erkennt sie leicht an ihrem beigefarbenen Fell mit Leopardenmusterung.

Raubvögel

In Kenia leben fast 100 Falken-, Adler-, Geier- und Eulenarten, die vom singvogelgroßen Zwergfalken bis zum eindrucksvollen Bartgeier reichen. Aufgrund seines unglaublichen Facettenreichtums gehört das Land zu den besten Flecken der Welt, um Raubvögel zu beobachten.

Ohrengeier

1 *Länge 115 cm* Es ist kein schöner Anblick, wenn sich blutverkrustete Geier über einen verwesenden Kadaver hermachen, den andere Raubtiere verschmähen, doch so ist der Lauf der Natur. Das monströse Tier gehört zu den größten seiner Art, deswegen wird ihm von anderen Geiern der Vortritt gelassen.

Sekretär

2 *Länge 100 cm* Der Sekretär hat den Körper eines Adlers und die Beine eines Kranichs. Er ist 1,30 m groß und legt auf der Suche nach Vipern, Kobras sowie anderen Schlangen pro Tag bis zu 20 km zurück.

Schreiseeadler

3 *Länge 75 cm* Wegen seiner lauten, schrillen Schreie ist dieser Vogel als „Stimme Afrikas" bekannt. Der dem Weißkopfadler ähnliche Vogel hat eine Flügelspannweite von über 2 m.

Gaukler

4 *Länge 60 cm* Ihren Namen verdankt diese Adlerart akrobatischen Tiefflugkünsten. Aus der Nähe betrachtet, fallen die starke Farbgebung und das rote Gesicht ins Auge.

Augurbussard

5 *Länge 55 cm* Kenias wohl bekanntester Raubvogel kommt in verschiedenen unberührten und erschlossenen Lebensräumen vor. Eine seiner Jagdstrategien besteht darin, reglos durch die Luft zu gleiten und dann in einem plötzlichen Sturzflug seine ahnungslose Beute zu erlegen.

2

JOHANNES SWANEPOEL/ALAMY ©

3

ADRIAN BAILEY/LONELY PLANET IMAGES ©

1

IGNACIO PALACIOS/LONELY PLANET IMAGES ©

4

DAVE LEWIS/LONELY PLANET IMAGES ©

2 ARIADNE VAN ZANDBERGEN/LONELY PLANET IMAGES ©

3 MITCH REARDON/LONELY PLANET IMAGES ©

Noch mehr Vögel

Vogelbeobachter aus der ganzen Welt kommen nach Kenia, um erstaunliche 1100 verschiedene Arten jeder denkbaren Form und Farbe zu entdecken.

Zwergflamingo

1 *Länge 1 m* Versammeln sich die dunkelrosa gefärbten Zwergflamingos zu Tausenden an schimmernden Salzseen, bieten sie eines der dramatischsten Naturspektakel Afrikas, insbesondere wenn sie im Schwarm fliegen oder ihre synchronen Balztänze vollführen.

Sattelstorch

2 *Größe 150 cm; Flügelspannweite 270 cm* Die Farbgebung des Sattelstorchs gehört zu den bemerkenswertesten unter den Vögeln Kenias: Als wäre seine Flügelspannweite nicht schon eindrucksvoll genug, leuchten Kniebereich und Schnabel in kräftigem Rot.

Gabelracke

3 *Länge 40 cm* Fast jeder Safariteilnehmer wird die kunterbunte Gabelracke sichten. Beim Fliegen vollführt sie Wippbewegungen mit den Flügeln, als wolle sie ihre blau, violett und grün schimmernde Farben zur Schau stellen.

Afrikanischer Strauß

4 *Größe 200–270 cm* Der 270 cm große und über 130 kg schwere flugunfähige Vogel entkommt seinen Jägern, in dem er mit 70 km/h Reißaus nimmt oder sich flach auf den Boden legend einen Erdhaufen nachahmt.

Geierperlhuhn

5 *Länge 71 cm* Man nehme ein leuchtend blaues Huhn, verteile schwarz-weiße Federn auf seinem Körper und schmücke es mit einer eleganten Halskrause – heraus kommt dieser extravagante Vogel, der in Gruppen durch semiaride Gebiete streift.

Lebensräume

Fast alle Tiere Kenias bewohnen spezifische Lebensräume, auf die sich viele Ranger und Traveller beziehen, wenn sie anderen Besuchern erklären, wo Tiere zu finden sind. Wer sich das erste Mal in dem Land aufhält, muss sich zunächst mit diesen Habitaten und dem jeweiligen saisonalen Rhythmus vertraut machen. Das Beobachten der Tiere fällt in jedem Fall sehr viel leichter, wenn man die Lebensräume erkennt und weiß, welche Spezies man wo suchen muss.

Semiaride Wüste

1 In großen Teilen Ost- und Nordkenias fällt so wenig Regen, dass anstelle von Bäumen Buschland und robuste Gräser vorherrschen. Für viele Besucher scheint die Landschaft wenig interessant und kaum als Lebensraum für Tiere geeignet, doch der geduldige Beobachter wird reich belohnt. Wegen der geringen Niederschläge sammeln sich größere Tiere wie Zebras, Gazellen und Antilopen zwar an Wasserstellen, aber wenn es einmal regnet, zeigen sich Flora und Fauna von ihrer schönsten Seite. In der Trockenzeit stoßen viele Pflanzen ihre Blätter ab, um Wasser zu sparen, Weidetiere wiederum ziehen auf der Suche nach Futter und Wasser weiter.

Hochgebirge

2 Kenia wartet mit weitläufigen Lebensräumen im Hochgebirge auf, darunter verschneite Felsen und Gletscher, die direkt am Äquator liegen. Dieses Habitat ist im restlichen Ostafrika sehr selten. Die massiven erloschenen Vulkane des Mt. Elgon und Mt. Kenya dienen als hoch über dem Umland thronende Inseln voller Gebirgswälder, Sümpfe sowie riesiger Heide-und Moorlandschaften. Die wenigen Tiere, die hier überleben, haben sich perfekt an die bizarre Landschaft angepasst.

1

2

Savanne

3 Savannen repräsentieren die typische ostafrikanische Landschaft aus weitem, hügeligem, mit einsamen Akazien gespicktem Grasland. Ihre offenen, schier unendlichen Weiten sind das perfekte Terrain für große Herden von grasenden Zebras und Gnus sowie schnellen Raubtieren wie dem Gepard. Darüber hinaus handelt es sich um das beste Habitat, um Tiere in großer Zahl zu sichten. Es entwickelt sich in Gebieten, wo auf lange Regenperioden lange Trockenzeiten folgen und somit dichtes, nährstoffreiches Grasland gedeiht. Der dynamische Lebensraum wird von Bränden, Weidetieren und sich ständig verändernden angrenzenden Wäldern geformt.

Flüsse & Seen

4 Da die Weiten Kenias zu bestimmten Jahreszeiten sehr trocken sind, ist jede Wasserquelle für die Tiere überlebenswichtig. Ruhige Flüsse, seichte Seen und Schlammlöcher locken Vögel und Säugetiere in großer Zahl an. Eine der besten Strategien, sie zu beobachten, besteht darin, ruhig in der Nähe einer Wasserquelle zu warten. Einige der stark salz- und alkalihaltigen Seen des Rift Valley wie der Lake Nakuru und der Lake Bogoria ziehen Vögel scharenweise an, darunter Schreiseeadler, Watvögel, Enten und über eine Million Tiere umfassende Flamingoschwärme.

1. Gazellen, Samburu National Reserve (S. 208) **2.** Mt. Kenya National Park (S. 177) **3.** Safarifahrzeug, Masai Mara (S. 133) **4.** Flamingo, Lake Nakuru National Park (S. 124)

Giraffen, Hell's Gate National Park (S. 118)

Praktische Informationen

Allgemeine Informationen

Arbeiten in Kenia

Für Ausländer ist es schwierig, aber keineswegs unmöglich, eine Arbeit in Kenia zu finden. Zu den besten Bereichen für die Jobsuche gehören Safariunternehmen, Schulen, Werbeagenturen und die Medien. Anzeigen werden höchstens für Lehrerstellen geschaltet, ansonsten wird man auf offene Stellen meist nur aufmerksam, indem man viel Zeit mit Einwanderern verbringt. Wie in vielen anderen Ländern gilt auch hier, dass man keinen Ausländer einstellt, wenn man einen Einheimischen für den Job finden kann.

Am erfolgversprechendsten – sofern man die relevanten Kenntnisse hat – ist die „Katastrophenindustrie". In Nairobi gibt's viele UN- und andere Hilfsorganisationen, die gegen die Hungersnot in Somalia und Südsudan kämpfen und in den Flüchtlingslagern an den Grenzen zu diesen Ländern tätig sind. Man sollte allerdings wissen, dass die Arbeit hart, oft gefährlich und außerdem meist schlecht bezahlt ist.

Arbeits- und Aufenthaltsgenehmigungen sind nicht einfach zu bekommen. Möglicherweise erledigt der zukünftige Arbeitgeber die nötigen Formalitäten, sonst verliert man viel Zeit und Geld in der **Einwanderungsbehörde** (Karte S. 60 f.; ☎020-222022; Nyayo House, Ecke Kenyatta Ave & Uhuru Hwy, Nairobi) in Nairobi.

Botschaften & Konsulate

Alle nachfolgend genannten Botschaften befinden sich in Nairobi (Ortsvorwahl ☎020).

Äthiopien (Karte S. 56 f.; ☎2732050; abseits der State House Rd)

Deutschland (außerhalb der Karte S. 56 f.; ☎4262100; www.nairobi.diplo.de; 113 Riverside Dr)

Österreich (☎4060022; www.bmeia.gv.at/nairobi; abseits der Limuru Rd)

Schweiz (☎2673282; www.eda.admin.ch/nairobi; 89 General Mathenge Dr, Spring Valley)

Südsudan (Karte S. 56 f.; ☎2356542; 6. OG, Bishops Gate House, 5th Ngong Ave)

Tansania Hochkommissariat (Karte S. 60 f.; ☎2311948; 9. OG, Reinsurance Plaza, Aga Khan Walk)

Uganda Hochkommissariat (außerhalb der Karte S. 56 f.; ☎4445420; Riverside Paddocks); Konsularabteilung (Karte S. 60 f.; ☎2217447; 1. OG, Uganda House, Kenyatta Ave)

Ermäßigungen

Aufenthaltsgenehmigungen Sehr günstige Eintritts- und Hotelpreise im ganzen Land.

Senioren Keine Ermäßigungen.

Studentenausweise Ermäßigungen in Museen und bei einigen anderen Sehenswürdigkeiten; die internationale

PRAKTISCH UND KONKRET

» Zeitungen & Zeitschriften: *Daily Nation, East African Standard, East African, Weekly Review* und *New African.*

» TV: KBC und NTV, früher KTN, sind die wichtigsten nationalen Fernsehsender. Internationale Nachrichtensender sind weithin über Satelliten- oder Kabelanschluss (DSTV) verfügbar.

» Radio: KBC Radio sendet landesweit auf verschiedenen FM-Frequenzen. Auch BBC World Service kann problemlos empfangen werden.

» Maße und Gewichte: metrisches System.

» Rauchen ist in Restaurants, Bars und öffentlichen Bereichen verboten. Wer sich nicht daran hält, muss mit einem hohen Bußgeld rechnen.

ISIC-Karte müsste weithin anerkannt werden.

Essen

Die Reihenfolge der Restaurants folgt in diesem Buch den Vorlieben des jeweiligen Autors. Es gibt folgende Kategorien (Preis pro Hauptgericht):

**$** unter 5 US$
**$$** 5 bis 10 US$
**$$$** über 10 US$

Eine umfassende Einführung in die kenianische Küche findet man ab S. 331.

Feiertage & Ferien

Weitere Infos zu Festivals und anderen Events siehe S. 21.

Nationale Feiertage

1. Januar Neujahr
März/April Karfreitag und Ostermontag
1. Mai Tag der Arbeit
1. Juni Madaraka-Tag
10. Oktober Moi-Tag
20. Oktober Kenyatta-Tag
12. Dezember Unabhängigkeitstag
25. Dezember Erster Weihnachtsfeiertag
26. Dezember Zweiter Weihnachtsfeiertag

Islamische Feiertage

Islamische Feste und Feiertage werden besonders an der Küste begangen. Im muslimischen Fastenmonat Ramadan öffnen viele Speiselokale erst nach Sonnenuntergang. Die islamischen Feiertage sind variabel, denn sie richten sich nach dem Mondkalender.

FEIERTAG	2012	2013	2014
Beginn des Ramadan	20. Juli	9. Juli	29. Juni
Eid al-Fitr (Ende des Ramadan)	19. Aug.	8. Aug.	28. Juli
Tabaski	26. Okt.	15. Okt.	4. Okt.
Maulid (Geburtstag des Propheten Mohammed)	4. Feb.	24. Jan.	13. Jan.
Neujahr	29. Nov. (1433)	18. Nov. (1434)	7. Nov. (1435)
Eid al-Adha (Islamisches Opferfest)	28. Okt.	17. Okt.	6. Okt.

Schulferien

Kenianische Schulen haben Trimester, ähnlich wie britische Bildungseinrichtungen, auf denen sie ursprünglich basieren. Die Sommerferien sind aber meist kürzer. Ferien fallen normalerweise in den April (ein Monat), August (ein Monat) und Dezember (fünf Wochen). Da sich nur wenige einheimische Familien Übernachtungen in Touristenhotels leisten können, haben die Schulferien kaum Auswirkungen auf Traveller. Allerdings sind in diesen Zeiten mehr Menschen auf Reisen und beliebte öffentliche Plätze wie die Küstenstrände etwas voller.

Fotos

Menschen zu fotografieren ist eine sensible Angelegenheit und es empfiehlt sich, vorher um Erlaubnis zu fragen. Manche ethnische Gruppen wie die Massai verlangen Geld für Aufnahmen.

Man sollte seine Kamera nie an Grenzübergängen oder in der Nähe von Regierungs- und Armeegebäuden herausholen. Auch Brücken sind heikle Zonen.

Fotografieren

Da das natürliche Licht in Kenia oft extrem stark ist, macht man am besten morgens und abends Fotos. Ein einfacher UV-Filter nimmt die Härte aus Tageslichtbildern.

Spiegelreflexkameras und Zoomobjektive eignen sich gut zum Knipsen der Tierwelt. Wer lange Objektive verwendet, wird feststellen, dass ein Stativ sehr hilfreich sein kann.

Im Safaribus sollte man den Fahrer bitten, den Motor abzustellen, um beim Fotografieren Vibrationen zu vermeiden.

Frauen unterwegs

Frauen in Machtpositionen sind in der kenianischen Gesellschaft kaum zu finden. Im Alltagsleben verhalten sich die Kenianer jedoch in der Regel respektvoll gegenüber dem anderen Geschlecht, wobei Alleinreisende in Bars die Aufmerksamkeit möglicher Freier wecken. Viele probieren es aber nur einmal und ziehen sich zurück, wenn man sagt, dass kein Interesse besteht.

In den meisten Regionen Kenias und auf Safaris haben Frauen keine Schwierigkeiten. Der einzige problematische Ort sind die Strandresorts an der Küste, wo Frauen von männlichen Prostituierten und aufstrebenden lokalen Romeos belästigt werden. Abseits des Strandes bedeckt man am besten Beine und Schultern, um nicht die Gefühle der Einheimischen zu verletzen.

Aufgrund der steigenden Kriminalität in Nairobi und an der Küste sollten Frauen nachts nicht allein herumlaufen, denn im Gegensatz zu Männern, die wahrscheinlich gewaltlos ausgeraubt werden, riskieren sie eine Vergewaltigung. Einsame Nachtspaziergänge am Strand oder durch ruhige städtische Straßen fordern Überfälle geradezu heraus. Darüber hinaus arbeiten Kriminelle häufig in Banden, deshalb sollte man unbedingt ein Taxi nehmen, selbst wenn man in einer Gruppe unterwegs ist.

Leider werden schwarze Frauen in Begleitung weißer Männer oft für Prostituierte gehalten und von Hotels und Sicherheitsmännern diskriminiert, oder kenianische Gauner bieten ihnen an, den weißen „Kunden" gemeinsam abzuzocken. Das Schlimmste lässt sich vermeiden, indem man zwischen Hotels, Restaurants etc. ein Taxi nutzt.

Freiwilligenarbeit

Es gibt viele Menschen, die sich in Kenia engagieren wollen – ein Grund zur Freude, denn Freiwilligenarbeit ist ein großartiger Weg, die ökologischen Auswirkungen einer Reise nach Afrika zu reduzieren. Sie bietet auch eine wunderbare Gelegenheit zur Selbsterfahrung, besonders wenn man unterwegs interessante Menschen trifft und neue Freundschaften schließt.

Eine gute Vermittlung an eine passende Arbeitsstelle ist Gold wert. Im Allgemeinen gewinnt man bei einem solchen Job so viel, wie man gibt. Die meisten Freiwilligen in Kenia machen tolle Erfahrungen.

Kenianische Organisationen

Action for Children in Conflict (AfCiC; ☎0724509138, www.actionchildren.org, kenyadirector@actionforchildren.org; 2. OG, Imara Plaza) Eine kleine, hocheffektive Nichtregierungsorganisation, die gegen Thikas Kinderarmut vorgeht. AfCiC sucht auf seiner Website nach fähigen Volontären, die länger bleiben, freut sich nach vorheriger Anmeldung aber auch über Helfer für einen Tag (1500–2000 KSh).

Arabuko Sokoke Schools & Ecotourism Scheme (ASSETS; siehe Kasten S. 271) Leitet Programme (darunter das Mida-Öko-camp) in der Nähe des Arabuko Sokoke Forest und des Mida Creek.

A Rocha (S. 271) Betreibt das Mwamba Field Study Centre am Watamu Beach.

Kenya Youth Voluntary Development Projects (Karte S. 56 f.; ☎020-2726011; www.kvcdp.org; Nairobi International Youth Hostel, Ralph Bunche Rd, Nairobi) Eine exzellente lokale Organisation, die drei- bis vierwöchige Projekte durchführt, beispielsweise Straßen- und Krankenhausbau oder Gesundheitsbildung.

Taita Discovery Centre Das Kasigau Conservation Trustlands ist ein Forschungszentrum für Naturschutz. Es umfasst 680 km² der Taita und Rukinga Ranches unweit des Tsavo West National Park und stellt einen wichtigen Migrationskorridor für Elefanten sowie andere Tiere dar, die zwischen Tsavo und dem Kilimanjaro unterwegs sind. Hier werden viele Kurse zu Naturschutzfragen veranstaltet und Naturschutzprojekte zum Mitmachen in lokalen Gemeinden durchgeführt. Das Zentrum kann über **Origin Safaris** (www.originsafaris.info) kontaktiert werden.

Volunteer Kenya (Inter-Community Development Involvement; www.volunteerkenya.org) Längere Gemeindeprojekte zu Gesundheitsfragen wie HIV, zur Landwirtschaft und zum Naturschutz in Westkenia.

Watamu Turtle Watch (S. 271) Engagiert sich für den Schutz der Meeresschildkröten, die nach Watamu kommen, um ihre Eier am Strand abzulegen.

Internationale Organisationen

Coordinating Committee for International Voluntary Service (http://ccivs.org)

Earthwatch (www.earthwatch.org)

Freiwilligenarbeit Kenia (www.freiwilligenarbeit.de)

Frontier Conservation Expeditions (www.frontier.ac.uk)

GLS (www.gls-berlin.com)

Idealist.org (www.idealist.org)

International Volunteer Programs Association (www.volunteerinternational.org)

Multikultur (www.multikultur.info)

Peace Corps (www.peacecorps.gov)

ProjectsAbroad (www.projects-abroad.de)

RealGapExperience (www.realgap.de)

SGA-freiwilligenarbeit.de (www.sga-freiwilligenarbeit.de)

Students Go Abroad (www.studentsgoabroad.com)

Voluntary Service Overseas (VSO; www.vso.org.uk)

Working Abroad (www.workingabroad.com)

Worldwide Experience (www.worldwideexperience.com)

Worldwide Volunteering (www.wwv.org.uk)

Geld

Währungseinheit ist der Kenianische Schilling (KSh), der aus 100 Cent besteht. Im Umlauf sind Geldscheine zu 1000, 500, 200, 100, 50 und 20 KSh sowie Münzen zu 40, 20, 10, 5 und 1 KSh.

Der Schilling ist in Kenia als „Bob" bekannt, nach der alten englischen Bezeichnung für die Ein-Schilling-Münze. Er war in den letzten Jahren relativ stabil und blieb konstant gegenüber dem fallenden US-Dollar. Letzterer kann hier ebenso wie der Euro (der den Dollar in Küstenhotels immer öfter als angegebene Währung ersetzt) problemlos gewechselt werden.

Traveller bringen am besten Bargeld und eine Bank- oder Kreditkarte mit. Mehr über Wechselkurse und Kosten siehe S. 17.

Bargeld

Während in Nairobi und Mombasa die meisten großen Währungen akzeptiert werden, kann man außerhalb der Städte oft nur mit Euros und US-Dollars zahlen.

Geldautomaten

Inzwischen haben fast alle Bankfilialen in Kenia Geldautomaten, die für Reisende allerdings nicht immer hilfreich sind. Die Barclays Bank besitzt die verlässlichsten Maschinen für internationale Abhebungen und ein großes Netzwerk an Automaten in fast allen kenianischen Städten. Sie akzeptiert MasterCard, Visa, Plus und Cirrus.

Visa-Karten werden auch von Automaten der Standard Chartered und Kenya Commercial Bank angenommen, während andere Banken dies nicht tun und Transaktionen wahrscheinlich ablehnen werden. Achtung: Bei jedem Geldinstitut können internationale Datenverbindungen gelegentlich abbrechen, deshalb sollte man sich nicht darauf verlassen, immer an Bargeld zu kommen.

Geldwechsel

Am besten tauscht man Geld in den überall präsenten Wechsel- oder „Forex"-Büros, die normalerweise keine Kommission berechnen. Die Kurse der Hauptbüros in Nairobi werden täglich in der Zeitung *Daily Nation* veröffentlicht. Es gibt unterschiedliche Kurse für kleine (10 US$) und große (100 US$) Banknoten; für größere Scheine winken bessere Raten.

Internationale Überweisungen

Die Postbank, ein Ableger der kenianischen Post, ist ein regionaler Agent für das globale Geldtransferunternehmen Western Union. Wenn das Telefon funktioniert, kann man diesen Service problemlos nutzen, um Geld zu empfangen. Praktischerweise zahlt der Absender alle Gebühren, außerdem gibt's in den meisten Städten eine Postbank, oft direkt im Postamt oder in der Nähe. Geldabsender können ihre nächstgelegene Filiale bei **Western Union** (Deutschland ☎0800-1811797, Österreich ☎0800-296544, Schweiz ☎0800-562103; www.westernunion.com) in Erfahrung bringen.

Kreditkarten

Kreditkarten erfreuen sich immer größerer Beliebtheit, obwohl die Verbindungen regelmäßig versagen. Visa und MasterCard werden in vielen Mittelklasse- und Luxushotels, gehobenen Restaurants und einigen Geschäften akzeptiert.

Reiseschecks

Reiseschecks sind in Kenia so gut wie nutzlos, weil sie wenige Banken und Wechselbüros akzeptieren. Darüber hinaus werden sie nur widerwillig und gegen hohe Gebühren angenommen.

Schwarzmarkt

Seit der Aufhebung einschränkender Bestimmungen ist der Schwarzmarkt fast verschwunden, und bei den wenigen Geldwechslern auf den Straßen, die angeblich „gute Kurse" anbieten, handelt es sich meist um Betrüger. Eine Ausnahme bilden Grenzübergänge, wo Geldwechsler oft die einzige Option darstellen. Viele bieten vernünftige Kurse, trotzdem sollte man darauf achten, nicht übers Ohr gehauen zu werden.

Trinkgeld

Trinkgeld ist in Kenia nicht üblich, aber es schadet nicht, die Rechnung um ein paar Schilling aufzurunden, wenn man mit dem Service zufrieden war.

Hotelportiers In Luxushotels wird Trinkgeld erwartet.

Restaurants Neben 16 % Mehrwertsteuer und 2 % Bewirtungsgebühr wird oft eine Servicegebühr von 10 % auf die Rechnung aufgeschlagen.

Taxifahrer Da man die Preise im Voraus aushandelt, ist kein Trinkgeld nötig, es sei denn, der Fahrer bietet einen außergewöhnlich guten Service.

Tourguides, Safarifahrer und Köche erwarten am Ende der Tour oder Reise einen kleinen Extrabetrag (s. S. 31).

Internetzugang

Einrichtungen mit Internetzugang sind in diesem Buch am Computersymbol @ zu erkennen, während das Symbol 📶 Plätze mit WLAN kennzeichnet.

Internetcafés Üblich in großen und mittelgroßen kenianischen Städten. Die Verbindungsgeschwindigkeiten variieren stark und man zahlt zwischen 1 und 10 KSh pro Minute. Wir haben sogar Cafés entdeckt, die 30 KSh pro Stunde wollten.

Lokale Netzwerke Safari.com und Airtel bieten Dongles/Modems an, die man in seinen Laptop steckt und mit denen man überall ins Internet kann, wo ein Mobilnetz vorhanden ist. Preise starten bei 1999 KSh für einen Dongle. Das Aufladen kostet extra und erfolgt mit Rubbelkarten.

Postämter Fast jede Postfiliale hat Internetzugang. Prepaidkarten mit PIN-Nummern sind in ganz Kenia gültig.

WLAN Zunehmend üblich in Mittelklasse- und Luxushotels und oft in luxuriösen Safarilodges vorhanden, weniger verbreitet in den Unterkünften abgelegener Gebiete.

Karten

Karten von Nationalparks

Die meisten Karten der kenianischen Nationalparks sind nicht bis ins Detail genau und bieten keine topografischen Einzelheiten, zeigen aber die nummerierten Kreuzungen innerhalb der Schutzgebiete.

Macmillan publiziert mehrere recht gute Pläne, die jeweils nur 250 KSh kosten (drei sind in Europa erhältlich: *Amboseli*, *Masai Mara* und *Tsavo East & West*). Tourist Maps veröffentlicht eine Nationalparkreihe zu denselben Preisen. Die Karten des KWS sind ähnlich.

Survey of Kenya hat die detailliertesten und vollständigsten Karten herausgegeben, allerdings ist die Mehrheit veraltet und viele werden nicht mehr gedruckt. Gute Buchläden in Nairobi verkaufen normalerweise Kopien der wichtigsten Karten, darunter *Amboseli National Park* (SK 87), *Masai Mara Game Reserve* (SK 86), *Meru National Park* (SK 65), *Tsavo East National Park* (SK 82) und *Tsavo West National Park* (SK 78). Möglicherweise lohnt sich auch ein Besuch des **Kenya Institute of Surveying & Mapping** (☎020-8561484; Thika Rd, Nairobi); dies kann aber einen ganzen Tag dauern und es gibt keine Garantie, dass es mehr auf Lager hat als die Buchläden.

Landkarten

Detailliert sind die *Tourist Map of Kenya* und die *Kenya Route Map* (beide kosten rund 250 KSh), ebenso wie Kenia 1:950 000 (Reise Know-How Verlag). Auch die *Shell Euro Karte Kenya* (1:1 000 000) von Marco Polo, *Kenya* (1:1 000 000) von Geocenter und die *Carte Touristique: Kenya* (1:1 000 000) von IGN bieten einen hilfreichen Überblick und können europaweit erworben werden. Maßstäbe und Übersichtlichkeit sind sehr gut, die Positionen von weniger bekannten Orten allerdings ungenau.

Wer eine längere Reise durch Süd- und Ostafrika plant, sollte die nützliche *Map 955 – Africa Central and South* (1:4 000 000) kaufen.

Öffnungszeiten

In diesem Reiseführer werden keine Öffnungszeiten aufgelistet, es sei denn, sie weichen stark von folgenden Standards ab.

Banken Mo–Fr 9–15, Sa 9–11 Uhr

Geschäfte Mo–Fr 9–15 , Sa 9–11 Uhr

Postämter Mo–Fr 8.30–17, Sa 9–12 Uhr

Restaurants 11–14 & 17–21 Uhr

Supermärkte Mo–Sa 8.30–20.30, Sa 10–20 Uhr

Post

Die kenianische Post wird von der regierungseigenen **Posta** (www.posta.co.ke) verarbeitet. Briefe aus Kenia gehen selten verloren, sind aber bis zu zwei Wochen nach Europa unterwegs.

Pakete, die mit der normalen Post versandt werden, brauchen drei bis sechs Monate nach Europa, Luftpostpakete hingegen nur eine Woche.

Fast alle Sachen kommen irgendwann an, obwohl es innerhalb des Systems auch ein Problem mit Diebstahl gibt. Kleidung und Textilien kann man seltsamerweise problemlos verschicken, aber wer etwas Wertvolleres auf den Weg bringen möchte, sollte sein Paket an ein Kurierunternehmen geben. Posta hat einen eigenen Kurierservice, EMS, der viel weniger kostet als die großen internationalen Unternehmen. Pakete verschickt man am besten von der Hauptpost in Nairobi.

Rechtsfragen

Alle Drogen außer *miraa* (Blattsprossen, die gekaut werden und anregend wirken) sind in Kenia illegal. Marihuana (meist *bhang* genannt) ist weithin erhältlich, aber verboten; der Besitz wird mit bis zu zehn Jahren Gefängnis bestraft. An den Stränden nördlich und südlich von Mombasa treiben sich viele Dealer herum, die regelmäßig Touristen ansprechen und ihnen nach dem Kauf mit der Drohung, sie bei echten oder falschen Polizisten anzuschwärzen, Geld abpressen.

In afrikanischen Gefängnissen herrschen unglaublich raue Zustände – das sollte man keinesfalls riskieren! *Miraa* ist in Tansania illegal; wer in Kenia eine Vorliebe für das Zeug entwickelt, muss es bei der Weiterreise nach Süden also zurücklassen.

Reisen mit Behinderung

Kenia zu bereisen ist für körperlich eingeschränkte Menschen nicht einfach, aber auch nicht unmöglich. Nur sehr wenige Tourismusunternehmen und -einrichtungen, meist nur teure Hotels und Lodges, haben sich auf Behinderte eingestellt. Die Kenianer sind zwar äußerst entgegenkommend und bieten jede nur mögliche Hilfe an, allerdings werden es blinde oder taube Menschen ohne einen gesunden Begleiter schwer haben.

In Nairobi bieten lediglich die ehemaligen Londoner Taxi-Cabs genug Platz für Rollstühle, doch viele Safariunternehmen sind für Ausflüge mit behinderten Menschen gerüstet.

Kenianische Dienstleistungen

Die Reiseagentur **Travel Scene Services** (☎020-2431699; www.travelsceneafrica.com) hat jede Menge Erfahrung mit behinderten Reisenden.

Viele der luxuriösen Strandresorts an der Küste verfügen über rollstuhlgerechte Einrichtungen, seien es Rampen oder voll ausgestattete Zimmer mit Handleisten und Badewannen.

Unterwegs auf Safari sind die Unterkünfte unterschiedlich gut eingerichtet, aber die Ol Tukai Lodge (S. 95) im Amboseli National Park besitzt zwei behindertenfreundliche Cottages, und im Lake Nakuru National Park bietet die Lake Nakuru Lodge (S. 126) einige gut zugängliche Zimmer.

Infos im Internet

Weitere Infos über behindertengerechte Reisen bekommt man hier:

Access-Able Travel Source (☎303-2322979; www.access-able.com) Hat Listen mit Touranbietern, die Trips für Reisende mit Behinderungen anbieten.

Accept Reisen (☎0241-4008550; www.accept-reisen.de) Rollstuhlreisen nach Kenia.

Association for the Physically Disabled of Kenya (APDK, Karte S. 60 f.; ☎020-2324372; www.apdk.org; APDK House, Lagos Rd, Nairobi) Kenianischer Verband, der behinderten Besuchern weiterhelfen kann.

Behinderten-Gemeinschaft Bonn e.V. (☎0228-96699911; www.bgbonn.de; info@bgbonn.de) Nennt auf Anfrage Anbieter von Behindertenreisen.

Royal Association for Disability & Rehabilitation (RADAR; www.radar.org.uk) Veröffentlicht den hilfreichen Führer *Holidays & Travel Abroad: A Guide for Disabled People;* die letzte Ausgabe erschien im März 2012.

Tourism for All (☎0303-303 0146; www.tourismforall.org.uk) Hinweise und Tipps für behinderte und weniger mobile Senioren.

Schwule & Lesben

Homosexualität wird in Kenia noch größtenteils abgelehnt, und aktuelle Vorkommnisse zeigen, dass Leute, die sich als Schwule und Lesben outen, viel Mut brauchen. 2007 gaben 96 % der Einwohner in einer Umfrage an, dass Homosexuelle aus der Gesellschaft ausgestoßen werden sollten. Anfang 2012 griffen gewaltbereite Kenianer ein Gesundheitszentrum an, in dem sie Schwule vermuteten. Im November 2010 beschrieb Premierminister Raila Odinga Homosexualität als etwas „Widernatürliches" und forderte, alle Schwulen und Lesben ins Gefängnis zu werfen. Als der britische Premierminister David Cameron im November 2011 drohte, den afrikanischen Ländern Hilfsgelder zu untersagen, wenn sie die Rechte für Homosexuelle nicht verbessern würden, gab es in Kenia einen öffentlichen Aufschrei. All dem liegt ein Gesetz zugrunde, nach dem homosexuelle Handlungen (und der Versuch, sich als Homosexueller zu offenbaren) mit bis zu 14 Jahren Gefängnis bestraft werden.

Das Bewusstsein für Homosexualität nimmt zu, aber da viele Kirchen und Moscheen eine traditionelle, konservative Position aufrechterhalten, wird sie weiterhin missbilligt.

Natürlich gibt's Leute, die ihre Homosexualität heimlich ausleben, besonders an der Küste. Nur wenige werden strafrechtlich verfolgt, aber man fährt mit Sicherheit besser, wenn man sich äußerst diskret verhält – einige lokale Trickbetrüger verdienen eine Menge mit Erpressungen, indem sie Ausländer abschleppen und dann damit drohen, sie bei der Polizei anzuzeigen.

Obwohl in Nairobi wahrscheinlich mehr Schwule und Lesben leben, geht's an der Küste toleranter zu, zumindest unter Privatleuten. Es gibt jetzt ein Swahili-Wort für schwul: *msenge*. Lamu galt lange als Paradies für gleichgeschlechtliche Paare, doch inzwischen ist es nicht mehr so tolerant wie früher. Noch wirken die Erinnerungen an 1999 nach, als hier ein Paar, dass eine Schwulenhochzeit geplant hatte, in Schutzhaft genommen wurde, um es vor einem wütenden Mob von Einheimischen zu schützen.

Infos im Internet

Afriboyz (www.afriboyz.com/Homosexuality-in-Africa.html) Links zu Schwulenthemen im afrikanischen Kontext.

David Tours (www.davidtravel.com) Arrangiert alles von Ballonsafaris bis zu luxuriösen Zufluchten an der Küste für Schwule und Lesben.

Gay Kenya (www.gaykenya.com) Organisiert diskrete Veranstaltungen für Homosexuelle.

Global Gayz (www.globalgayz.com) Links zu internationalen Schwulenthemen, darunter auch Kenia.

Purple Roofs (www.purpleroofs.com/africa/kenyata.html) Listet mehrere schwule sowie schwulenfreundliche Touranbieter in Kenia auf, die Homosexuellen dabei helfen, ihre Reise zu organisieren.

Sicherheit

Obwohl Kenia ein vergleichsweise sicheres afrikanisches Land ist, gibt's trotzdem viele Fallstricke für unvorsichtige oder unerfahrene Traveller,

REISEHINWEISE

Auf den folgenden Websites finden Traveller wichtige Hinweise und Informationen:

» **Deutsches Auswärtiges Amt** (www.auswaertiges-amt.de)

» **Außenministerium Österreich** (www.bmeia.gv.at)

» **Schweizerische Eidgenossenschaft** (www.eda.admin.ch)

die von alltäglichen Ärgernissen bis zu ernsthaften Bedrohungen reichen. Mit etwas Verständnis für das Straßenleben kommt man weiter, außerdem sollte man sich während seiner Reise immer über die jeweiligen lokalen Geschehnisse informieren.

Abzocke

Früher oder später wird man in Kenia mit Sicherheit auf Menschen treffen, die die Gefühle und Leichtgläubigkeit von Ausländern ausnutzen. Vor allem in Nairobi bekommt man täglich, wenn nicht sogar stündlich „freundliche" Anfragen (s. S. 82 für Beispiele beliebter Tricks). Viele Leute erzählen sehr überzeugend von ihrem Leben als Flüchtling oder von kranken Verwandten, doch am Ende wollen alle nur Geld. Es ist okay, mit ihnen zu reden, wenn sie sich nicht aufdrängen, aber man sollte jede Bitte um finanzielle Unterstützung ignorieren.

Vorsicht vor Fremden, die behaupten einen wiederzuerkennen, besonders wenn sie nicht genau sagen woher – es ist nicht sehr wahrscheinlich, dass ein normaler Mensch sich dermaßen freut, jemanden zum zweiten Mal zu sehen. Auch Leute, die eine große Show daraus machen, Touristen in ihr gastfreundliches Heim einzuladen, haben vermutlich niedere Motive. Der übliche Trick besteht darin, dem erfreuten Traveller ein Geschenk zu überreichen und ihn damit emotional zu erpressen, eine Gegenleistung zu erbringen.

Touristen mit Auto sind dem Risiko des Fahrzeugdiebstahls ausgesetzt. Man sollte niemals Leuten vertrauen, die wild gestikulieren und behaupten, die Vorderreifen des Wagens würden wackeln; wer anhält, wird wahrscheinlich seiner Wertsachen beraubt. Manche kippen Öl an die Reifen und erzählen dann, die Radlager, das Getriebe oder etwas anderes sei kaputt und lotsen den Fahrer in eine nahe gelegene Garage, wo ihre Freunde das Problem „beheben" – natürlich gegen eine hohe Gebühr.

Banditentum

Der andauernde Konflikt in Somalia hat sich auf die Stabilität und Sicherheit in Nord- und Ostkenia ausgewirkt. Seit vielen Jahren fließen AK-47-Waffen ins Land, und die Zeitungen sind voller Berichte von Raubüberfällen, Schießereien, Viehdiebstahl und anderen illegalen Aktivitäten. Banditen und Wilderer aus Somalia machen besonders den Nordosten des Landes zu einer gefährlichen Region. 2011 wurden unweit der somalischen Grenze Touristen und Entwicklungshelfer entführt, worauf Kenia sofort in das Nachbarland einmarschierte.

An der sudanesischen Grenze im Nordwesten sind die Hauptprobleme Stammeskriege und Viehdiebstahl. Es gibt natürlich auch kenianische *shiftas* (Banditen), aber die größten Schwierigkeiten im Norden des Landes machen grenzüberschreitende Probleme.

Trotz all der Schlagzeilen werden selten Touristen angegriffen, denn die meisten Gewalttätigkeiten und Raubüberfälle finden abseits der Touristenrouten statt. Einst hochgefährliche Regionen wie die Routen Isiolo–Marsabit, Marsabit–Moyale und Malindi–Lamu sind viel sicherer geworden. Trotzdem sollte man sich vor Ort über die aktuelle Situation informieren, bevor man diese Gegenden bereist oder die Routen zwischen Garsen und Garissa bzw. Thika benutzt.

Die Gebiete entlang der sudanesischen und äthiopischen Grenze sind gefährlich, deshalb sollte man sich über den aktuellen Sicherheitszustand informieren, bevor man sie ansteuert.

Geld

Da Straßenkriminalität in Nairobi alltäglich ist, sollte man mit seinem Geld doppelt vorsichtig sein. Am besten lässt man all seine Wertsachen im Hotelsafe und nimmt nur genug Bargeld für den Tag mit. Wer größere Summen bei sich tragen muss, kann einen Geldgürtel unter der Kleidung verwenden, um sich vor Taschendiebstahl zu schützen. Aber Vorsicht: Auch dafür sind Diebe gerüstet.

Weitere Tricks: das Geld in ein elastisches Band schieben und um Arme oder Beine tragen oder Geheimtaschen in die Hosen nähen. Wenn man seine Kreditkarten, Reiseschecks oder Bargeld nicht wirklich braucht,

SICHERHEIT IN HOTELS

Obwohl die Hotels Zimmerschlüssel vergeben, empfehlen wir Rucksäcke und Koffer zusätzlich mit einem Schloss zu sichern. Außerdem sollte man keinen Ärger provozieren und Wertsachen, Bargeld sowie wichtige Dokumente nicht im Zimmer oder in einer ungesicherten Tasche herumliegen lassen. Die besseren Unterkünfte haben Safes, in denen man Geld und Pässe aufbewahren kann. Normalerweise empfiehlt es sich nicht, Wertsachen bei sich zu tragen, aber wenn die Budgetbleibe etwas verlottert ist, zieht man es vielleicht vor, seine Sachen mitzunehmen. Dabei ist allerdings Diskretion angesagt. Diebstähle geschehen meist in großen Städten und zählen zu den häufigsten Beschwerden von Keniareisenden, also kann es nicht schaden, ein paar zusätzliche Vorsichtsmaßnahmen zu treffen.

kann man sie im Hotelsafe einschließen – dort sind sie fast immer geschützt. Außerdem sollte man Geld nicht offen im Hotelzimmer herumliegen lassen. So nett die Angestellten auch sein können, es wird ihnen höchstwahrscheinlich schwerfallen, nicht zuzugreifen, wenn sie eine Familie zu ernähren haben.

Kriminalität

Selbst der glühendste kenianische Patriot wird zugeben, dass Kriminalität das größte Problem seines Landes ist. Sie reicht von einfachem Taschendiebstahl über Straßenraub bis zu gewalttätigen bewaffneten Überfällen, Autodiebstahl sowie natürlich Wirtschaftskriminalität und Korruption. Als Besucher muss man nicht gleich paranoid werden, aber sollte stets seine Sinne beisammenhaben, besonders nachts.

Der vielleicht beste Tipp für Traveller in Städten lautet, nicht alle Wertsachen wie Schmuck, Uhren, Kameras, Bauchtaschen, Rucksäcke und Geld bei sich zu tragen. Fast alle Hotels haben Safes oder sichere Verwahrungsorte für Wertsachen, in Budgetunterkünften muss man jedoch vorsichtig sein.

Taschendiebstahl und Taschenentreißungen sind die häufigsten Verbrechen. In Nairobi und an der Küste kommt es oft auch zu bewaffneten Überfällen. Nachts ruft man also besser immer ein Taxi. Taschendiebstähle passieren dagegen häufig in Menschenmengen. Wer plötzlich das Gefühl hat, zu viele Leute um sich zu haben, oder meint verfolgt zu werden, geht direkt in einen Laden und bittet um Hilfe.

Gepäck ist ein deutliches Zeichen für Kriminelle, dass ein Tourist gerade angereist ist. Wer mit dem Bus ankommt, nimmt am besten ein Taxi vom Busbahnhof zum Hotel. Es ist genug Zeit, auf Entdeckungstour zu gehen, wenn man seine Habseligkeiten sicher untergebracht hat.

STRASSENKINDER

Besonders Nairobi hat riesige Probleme mit Straßenkindern. Viele sind Aids-Waisen, die sich an Traveller hängen und um Essen bitten oder Geld wechseln wollen. Jeder muss selbst wissen, ob er etwas geben will, aber wenn man es tut, spricht es sich herum und man findet keine Ruhe mehr. Es ist fraglich, ob die Spenden den Kindern überhaupt helfen, denn die älteren Jungen arbeiten wie eine Minimafia und erpressen die kleineren Kids. Wer wirklich etwas tun will, lässt sein Geld lieber Wohlfahrtsverbänden wie dem **Consortium for Street Children** (www.streetchildren.org.uk) zukommen, das daran arbeitet, die Situation dieser Kinder zu verbessern.

Auch Reiseführer oder Karten sollten nicht auf der Straße gelesen werden, denn das zieht unerwünschte Aufmerksamkeit auf sich.

Wenn man Opfer eines Verbrechens geworden ist, muss man zur Polizei gehen und sich auf eine lange Prozedur einstellen. Doch wer Geld von seiner Versicherung beanspruchen will, braucht einen Polizeibericht. Im Falle eines Taschendiebstahls sollte man zweimal überlegen, bevor man „Dieb!" ruft, da die umstehenden Leute mit dem Langfinger manchmal kurzen Prozess machen und dabei nicht unbedingt zimperlich vorgehen.

Obwohl Kriminalität eine Tatsache des hiesigen Lebens ist, darf man sich davon nicht die Reise verderben lassen und vor allem nicht den Fehler machen, jedem Kenianer zu misstrauen – man trifft unterwegs viel mehr ehrliche Seelen als Gauner.

Terrorismus

Kenia war bereits zweimal Opfer terroristischer Anschläge: Im August 1998 wurde die US-Botschaft in Nairobi bombardiert und im November 2002 explodierte eine Autobombe am Paradise Hotel nördlich von Mombasa; zur gleichen Zeit wurde ein israelischer Jet von einer Rakete angegriffen. 2001 wurden von Somalia aus mehrere Entführungen begangen, was das kenianische Militär dazu veranlasste, ins Nachbarland einzumarschieren. Das führte Ende 2011 zu kleineren terroristischen Aktionen in Nairobi und 2012 zu Drohungen militanter somalischer Gruppen, in Kenia Terroranschläge auszuüben. Während diese Ereignisse eine kurze Panik in der Touristenindustrie verursachten, scheint es jetzt, als seien sie nur vereinzelte Zwischenfälle gewesen. Westliche Traveller könnten also weiterhin mit einer reibungslosen Zeit in Kenia rechnen. Besucher der vorwiegend muslimischen Küstenregion sollten sich bewusst sein, dass hier eine antiamerikanische Stimmung herrscht, doch Gewaltakte gegen Ausländer sind höchst unwahrscheinlich.

Sprachkurse

Wer einen Sprach- oder einen anderen Kurs belegt, hat Anrecht auf einen „Schülerpass", eine Einreisegenehmigung, mit der man bis zu zwölf Monate im Land bleiben darf. Man muss sich zwar auf einen Kampf mit der Bürokratie und eine monatelange Wartezeit einstellen, doch das könnte sich lohnen, besonders weil man mit dem Ausweis während seines Aufenthaltes in Kenia Einwohnerstatus hat. Weitere Infos siehe S. 389.

Empfehlenswerte Sprachschulen:

ACK Language & Orientation School (Karte S. 56 f.; ☎020-2721893; www.ackenya.org/institutions/language_school.html; Bishops Rd, Upper Hill, Nairobi) Die Anglikanische Kirche führt Vollzeitkurse für verschiedene Levels durch, die 14 Tage und bis zu fünf Stunden täglich dauern. Privatunterricht ist auf flexibler Teilzeitbasis möglich.

Language Center Ltd (Karte S. 64 f; ☎020-3870610; www.language-cntr.com/welcome.shtml; Ndemi Close, unweit der Ngong Rd, Nairobi) Ein weiteres gutes Zentrum, das eine große Auswahl an Studienoptionen anbietet; von Privatstunden bis zu täglichen Gruppenkursen ist alles dabei.

Strom

Telefon

Internationale Telefonate aus Kenia sind relativ teuer, aber mit VOIP-Programmen wie Skype lässt sich viel Geld sparen. Anrufe über Telefonisten kosten den Standardpreis, müssen aber mindestens drei Minuten dauern. Mit einer Telefonkarte kann man immer direkt anrufen. Alle öffentlichen Telefone können eingehende Anrufe empfangen (die Nummer ist normalerweise irgendwo in die Kabine gekritzelt). Wer mit einer lokalen SIM-Karte ins Ausland telefoniert, zahlt meist weniger (nur 3 KSh pro Minute) als von Festnetzanschlüssen.

Anrufe über Hotelanbieter vom Hotelzimmer aus kosten 25 bis 50 % mehr, deshalb sollte man sich vorab unbedingt über die Preise informieren.

R-Gespräche sind möglich, aber nur in Länder, die kostenlose Durchwahlnummern haben, über die man den internationalen Betreiber des gewünschten Landes erreichen kann. Dazu zählt beispielsweise die **Schweiz** (☎0800-220411).

Handys

Über zwei Drittel aller Anrufe in Kenia erfolgen über Handys, und das Mobilnetz ist bis auf entlegene ländliche Regionen sehr gut. Kenia verwendet das GSM-900-System, das mit dem in Europa genutzten System kompatibel ist. Wer ein GSM-Telefon hat, muss sich bei seinem Service-Provider informieren, ob er es in Kenia nutzen kann, und auf die hohen Roamingkosten achten. Wichtig: Man zahlt sowohl eingehende Anrufe aus dem Ausland als auch eigene Anrufe.

Wenn das Telefon nicht an ein Netz gebunden ist, kann man sich bei den kenianischen Mobilfunkanbietern **Safaricom** (www.safaricom.co.ke) oder **Airtel** (www.africa.airtel.com/kenya/) Prepaid-Starterpacks besorgen. Eine SIM-Karte kostet etwa 100 KSh, Guthaben-Rubbelkarten sind in Läden und Verkaufsständen im ganzen Land erhältlich. Für einen internationalen Anruf zahlt man nur 3 KSh pro Minute.

In Kenia bekommt man problemlos Handys, in der Regel entsperrt und mit SIM-Karte. Ein einfaches Modell gibt's ab 2500 KSh.

Telefonkarten

Mit Telefonkarten von Telkom Kenya, die überall im Land verkauft werden, kann jedes Telefon für Prepaid-Anrufe genutzt werden – man muss nur die **Zugangsnummer** (☎0844) wählen und dann die Nummer sowie die PIN von der Karte eingeben. Letztere erhält man im Wert von 200, 500, 1000 und 2000 KSh. Die Gesprächsgebühren sind etwas teurer als über Standardleitungen.

Vorwahlen

Kenias Regionen haben Ortsvorwahlen, die vor der lokalen Telefonnummer eingegeben werden müssen. Sie stehen im Buch unter dem Namen der jeweiligen Städte oder Regionen.

Die internationale Ländervorwahl für Kenia lautet ☎254.

Toiletten

Toiletten variieren von Hockgruben (und das meinen wir wortwörtlich!) bis zu perfekt funktionierenden Luxuseinrichtungen an ganz unerwarteten Orten. Fast alle Hotels haben Sitztoiletten mit Spülung, Klobrillen findet man in billigeren Unterkünften hingegen eher selten – entweder sind sie ein Souvenir für Trophäenjäger oder irgendwo muss sich ein riesiges Lager verloren gegangener Klobrillen verstecken ... Auch öffentliche Sanitäranlagen in Städten sind rar, wobei es in Nairobi einige ekelhafte gebührenpflichtige Toiletten gibt.

Die luxuriöseren Buschcamps verfügen über lange Gruben, über denen sich Sitztoiletten befinden. Beim Zelten in den Nationalparks geht's weniger angenehm zu. Meist hockt man auf bröckelndem Beton. Beim Trekking ist es empfehlenswert, benutztes Toilettenpapier wieder mitzunehmen (Tipp: verschließbare Tüten einpacken!).

Touristeninformation

Lokale Touristeninformationen

Wenn man bedenkt, dass Kenia zum großen Teil vom Tourismus lebt, lässt sich kaum vorstellen, dass es bei unserem Besuch noch immer keine Touristeninformation in Nairobi gab. Im Rest des Landes findet man etwa eine Handvoll Informationsbüros von hilfreichen Privatunternehmen bis zu unterfinanzierten Regierungsämtern. Die meisten halten zumindest einfache Stadtpläne und Broschüren zu lokalen Unternehmen und Sehenswürdigkeiten bereit.

Diani Beach i-point (Karte S. 252; ☎040-3202234; Barclays Centre)

Lamu (Karte S. 286; ☎042-633449; unweit Kenyatta Rd)

Malindi (Karte S. 278; ☎042-20689; Malindi Centre, Lamu Rd)

Mombasa & Coast Tourist Office (Karte S. 236 f.; ☎041-225428; Moi Ave)

Touristeninformationen im Ausland

Das **Tourismusministerium** (www.tourism.go.ke) betreibt ein paar Büros im Ausland – auf der Website des Ministeriums findet man unter „Contact us" die jeweiligen Adressen. Ein Ansprechpartner für den deutschsprachigen Raum ist **TravelMarketing Romberg** (☎02104-286672; www.travelmarketing.de/dt_kenia.html, www.magical kenya.de).

UNTERKUNFT ONLINE BUCHEN

Weitere Hotelbeschreibungen von Lonely Planet Autoren gibt's unter http://hotels.lonelyplanet.com. Dort findet man unabhängige Kritiken und Empfehlungen zu den besten Unterkünften, außerdem kann man sie gleich online buchen.

Unterkunft

Kenia hat eine große Auswahl an Unterkünften, die von einfachen Hotels mit Blick auf die Bushaltestellen der Stadt bis zu luxuriösen Zeltcamps in abgelegenen Ecken der Nationalparks reichen. In den Parks und ländlichen Regionen findet man auch ganz unterschiedlich ausgestattete Campingplätze, billige Zeltlager, *bandas* (strohgedeckte Holz- oder Steinhütten) und Cottages.

Reisezeit

Die Hauptsaison dauert von Juni bis Oktober und Januar bis Anfang März und schließt Ostern sowie Weihnachten mit ein, kann in verschiedenen Regionen aber variieren. Den Rest des Jahres über ist Nachsaison, obwohl einige Lodges und Luxushotels auch Zwischensaisons haben.

An der Küste dauert die Hauptsaison von Juli bis August und Dezember bis März, während das restliche Jahr über oft niedrigere Preise verlangt werden.

In der Nachsaison bieten viele Unternehmen exzellente Preise für Unterkünfte am Meer und in den großen Nationalparks. Sie arbeiten häufig mit Fluglinien zusammen und warten mit Pauschalpaketen für den lokalen und ausländischen Markt auf.

Preise

Die Unterkünfte in diesem Reiseführer sind nach den Vorlieben der Autoren sortiert und jeweils einer der folgenden Preiskategorien zugeordnet (die Preise beziehen sich auf ein Doppelzimmer mit Privatbad in der Hauptsaison und enthalten in der Regel Frühstück):

$	unter 50 US$
$$	50 bis 150 US$
$$$	über 150 US$

Viele Häuser – das gilt besonders für Unterkünfte in Nationalparks und anderen abgelegenen Regionen – bieten nur Vollpension an und scheinen daher teurer als erwartet, aber bei drei Mahlzeiten am Tag sind die Beträge durchaus angemessen.

Kenia hat ein duales Preissystem, besonders bei Mittelklasse- und Luxushotels: Ausländer zahlen wesentlich mehr (oft das Doppelte oder Dreifache) als kenianische oder andere ostafrikanische Bürger. Wenn wenig los ist, bekommt man auf Anfrage vielleicht den Preis für Einheimische, doch man sollte sich nicht darauf verlassen. Die in diesem Reiseführer genannten Preise gelten für Ausländer.

Hotels und andere Unterkünfte in Kenia geben ihre Preise in unterschiedlichen Währungen an, gewöhnlich in US-Dollar oder Kenianischen Schilling (KSh). In diesem Buch nennen wir die von der Unterkunft bevorzugte Währung, aber meist kann man sowohl mit Dollars als auch mit Schillingen und Euros sowie manchmal anderen ausländischen Währungen zahlen.

Unterkunftsarten

Die Website von **Uniglobe Let's Go Travel** (www.uniglobeletsgotravel.com) listet fast alle Hotels und Lodges in Kenia auf, nennt Preise und beschreibt die jeweiligen Unterkünfte.

BANDAS

Bandas sind Hütten und Cottages im kenianischen Stil, normalerweise mit Küche und Bad und einem exzellenten Preis-Leistungs-Verhältnis. In einigen Nationalparks bietet der Kenya Wildlife Service (KWS) teils Holzhütten, teils strohgedeckte Steinhütten, manchmal auch Ziegelbungalows mit Solarstrom. Ausgestattet sind sie mit schlichten Schlafsälen, Hocktoiletten, Küchen und Warmwasser (aus Holzfeueröfen). Proviant, Trinkwasser, Bettwäsche und Feuerholz muss man selbst mitbringen.

Ursprünglich für Budgetreisende gedacht, gibt's immer häufiger auch *bandas* mit Mittelklassepreisen und -standards.

CAMPING

Es gibt in Kenia viele Möglichkeiten, um zu campen. Obwohl man in Nairobi und am Mt. Kenya Ausrüstung ausleihen kann, sollte man überlegen, ein eigenes Zelt mitzubringen. In fast jedem Nationalpark oder Reservat befinden sich KWS-Campingplätze. Sie sind meist sehr einfach, haben einen Toilettenblock mit ein paar Hockklos, einen Wasserhahn, eventuell öffentliche Duschen und sonst meist keine weiteren Einrichtungen. Sie kosten 25/20 US$ pro Erw./Kind in den Nationalparks Amboseli und Lake Nakuru, 30 bis 40 US$ im Masai Mara National Reserve und 15/10 US$ in allen anderen Schutzgebieten.

Neben diesen festen Campingplätzen betreibt der KWS in den meisten Nationalparks auch sogenannte „spezielle Plätze". Diese ziehen jedes Jahr um und verfügen über noch weniger Einrichtungen als die Standardcamps, sind aufgrund ihrer Lage in der Wildnis und der Aufbaukosten aber teurer. Sie kosten 40/20 US$ pro Erw./Kind in den Parks Amboseli und Lake Nakuru sowie 30/15 US$ in anderen Schutzgebieten; zusätzlich wird eine Reservierungsgebühr von 7500 KSh pro Woche verlangt.

Private Campingplätze sind selten, besitzen aber mehr Einrichtungen und verleihen häufig Zelte. In ländlichen Regionen kann man manchmal auf Hotelanlagen zelten und auch Nairobi hat gute private Zeltplätze. Zudem besteht die Möglichkeit, im Busch zu campieren, aber wer das nicht im Rahmen einer organisierten Reise oder mit einem Guide tut, sollte an seine Sicherheit denken – an der Küste ist dieses Unterfangen nämlich ganz und gar nicht empfehlenswert.

Campingpreise in diesem Buch gelten normalerweise pro Person.

HOSTELS

Die einzige Jugendherberge, die zu Hostelling International (HI) gehört, findet man in Nairobi. Sie wartet mit ordentlichen, einfachen Einrichtungen auf und ist ein angenehmer Ort zum Übernachten, wobei es viele billigere und ebenso gute Optionen gibt. Die anderen Unterkünfte, die sich als „Youth Hostels" bezeichnen, sind keine Mitglieder von HI und bieten unterschiedliche Standards.

HOTELS & PENSIONEN

Ganz einfache Hotels (oft mit den Worten „board and lodgings" umschrieben, um sie von den *hotelis* zu unterscheiden, bei denen es sich meist um Restaurants handelt) werden weithin als Bordelle genutzt und sehen häufig sehr heruntergekommen aus. Hier wohnt man nicht sicher, auch wenn sich die besseren Häuser um Innenhöfe reihen und sauber, wenn nicht sogar komfortabel daherkommen.

Richtige Hotels und Pensionen haben unterschiedliche Größen. Neben den luxuriösen westlichen Unternehmen locken in bestimmten Städten und Regionen auch empfehlenswerte kleine kenianische Ketten sowie viele privat geführte Unterkünfte.

An der Küste findet man zahlreiche Gästehäuser für Selbstversorger, oft die einzige Alternative zu den Luxusresorts; leider sind im Rest des Landes solche Plätze rar. Einige schickere Domizile besitzen moderne Küchen, die meisten verfügen allerdings nur über sogenannte Kitchenettes, also Nebenzimmer mit einem kleinen Kühlschrank und einem tragbaren Gasofen.

In Kenia gibt's darüber hinaus „unabhängige" Unterkünfte: Zimmer mit eigenem Bad und All-inclusive-Versorgung (in diesem Buch „Vollpension"), was bedeutet, dass alle Mahlzeiten, bestimmte Getränke und möglicherweise auch einige Unternehmungen eingeschlossen sind. „Halbpension" heißt, dass Frühstück und Abendessen oder Mittagessen inklusive sind.

MIETSHÄUSER

Ein privates Haus zu mieten ist eine tolle Option an der Küste, besonders für Gruppen, die länger bleiben. Viele Auswanderer bieten auch ihre Ferienhäuser an. Auf den nördlichen Inseln gibt's restaurierte Swahili-Häuser, auf dem Festland luxuriöse Kolonialvillen. Sie sind zwar selten günstig, aber eine unvergessliche Erfahrung. Aushänge und Anschlagtafeln in Nairobi und an der Küste sind gute Orte, um Häuser zu finden, doch im Internet und durch Mundpropaganda wird man ebenfalls recht schnell fündig.

SAFARILODGES

Versteckt in den Nationalparks liegen fantastische Lodges. Sie werden im Rahmen organisierter Safaris besucht; wer einfach hinfährt und nach einem Zimmer fragt, zahlt viel mehr. Einige ältere Hotels haben nur noch ihre glorreiche Vergangenheit zu bieten, aber die besten Unterkünfte locken mit Fünf-Sterne-Zimmern, genialen Bars samt *makuti*-Decken aus Stroh oder Palmblättern und Restaurants mit Blick auf Wasserlöcher voller wilder Tiere. Es lohnt sich, in mindestens einer guten Safarilodge zu übernachten. In der Nachsaison muss man dafür weniger tief in die Tasche greifen.

STRANDRESORTS

Ein großer Teil der Küste vom Diani Beach bis nach Malindi ist von luxuriösen Strandresorts belegt. Die meisten haben ganz ähnliche Angebote von Swimmingpools über Wassersport, Bars, Restaurants und Souvenirverkäufer am Strand bis zu „Stammestänzen" am Abend. Nicht alle sind schlecht; einige bieten gute Einrichtungen für Familien mit Kindern, und eine Handvoll wurde mit viel Liebe zum Detail gestaltet. Zahlreiche Häuser schließen im Frühsommer, meist von Mai bis Mitte Juni oder Juli.

TENTED CAMPS

Neben Lodges findet man in zahlreichen Parks auch luxuriöse Zeltcamps. Sie liegen oft in wundervoll entlegenen Gegenden, an Flüssen oder in anderen Naturlandschaften und haben große, komfortable, semipermanente Safarizelte mit Betten, Möbeln, Bädern (normalerweise mit heißem, fließendem Wasser) sowie häufig ein externes Strohdach, das den Regen abhält. Hier schläft man umgeben von den Klängen des afrikanischen Busches. Viele dieser Camps sind erstklassig, die Zelte oft eher Hotelzimmer unter Segeltuch. Die wirklich exklusiven Anlagen erstrecken sich in so isolierter Lage, dass die Gäste mit Charterflugzeugen anreisen müssen.

Versicherung

Zwei Worte: Unbedingt versichern! Eine Reisepolice, die Diebstahl, Verluste und medizinische Probleme abdeckt, ist eine sehr sinnvolle Vorsorge. Weltweite Reiseversicherungen gibt's unter www.lonelyplanet.com/travel_services. Man kann sie jederzeit abschließen, verlängern und Ansprüche geltend machen – selbst wenn man schon unterwegs ist.

Medizinische Versorgung ist das wichtigste Element jeder Police, aber man sollte unbedingt das Kleingedruckte lesen:

» Manche Unternehmen schließen „gefährliche Aktivitäten" aus: Dazu können sogar Motorradtrips, Sporttauchen und Trekking zählen. Wer etwas in der Art plant, braucht eine umfassende Police, die vielleicht teurer ist. Nicht alle Versicherungen erkennen lokal erworbene Motorradführerscheine an.

» Einige Traveller bevorzugen eine Versicherung, die Ärzte oder Krankenhäuser direkt bezahlt, statt selbst eine Vorauszahlung zu leisten und die Rechnung hinterher einzureichen. Wer das Geld später zurückfordert, muss sämtliche Dokumente aufbewahren.

» Manche Versicherungsanbieter fordern einen dazu auf, erst das Kundenzentrum im Heimatland anzurufen, wo das Problem sofort eingeschätzt wird. (R-Gespräche lassen sich von Kenia aus nur in bestimmte Länder führen; siehe S. 386.)

» Unbedingt nachprüfen, ob die Versicherung Krankentransporte und Rückholungen ins Heimatland beinhaltet.

Lokale Agenturen

Wer durch Afrika reist und entlegene Ecken besucht, registriert sich am besten bei einem der folgenden Dienstleister. Man sollte sicherstellen, dass man die Unternehmen bei einem ernsten Notfall direkt kontaktieren kann, ohne vorher die Bestätigung seiner Versicherungsgesellschaft einholen zu müssen.

AAR Health Services (Karte S. 56 f.; ☎020-2895000, Notfall 0725225225; www.aarhealth.com; 2. OG, Williamson House, Fourth Ngong Ave, Nairobi) Umfassendes medizinisches Netzwerk, das ganz Kenia, Tansania und Uganda abdeckt. Es bietet einen Straßenservice und lokale Hilfsleistungen sowie Notfallflüge zu geeigneten medizinischen Einrichtungen in Ostafrika.

Flying Doctors Service (☎020-6993000, Notfall 020-315454, 6992000; www.amref.org) Teil der African Medical and Research Foundation (AMREF). Die Flying Doctors betreiben eine 24-stündige Notambulanz vom Wilson Airport in Nairobi aus.

Visa

Deutsche, österreichische und Schweizer Staatsbürger benötigen für die Einreise einen noch mindestens sechs Monate gültigen Reisepass (Kinder einen Kinderreisepass mit Foto) sowie ein Visum.

Touristenvisa können bei der Einreise am Jomo Kenyatta International Airport in Nairobi sowie an den Landesgrenzen zu Uganda und Tansania erteilt werden. Sie kosten 50 US$ bzw. 40 €, sind ab Einreisedatum drei Monate lang gültig und

SCHÜLERPASS

Wer einen Sprachkurs belegt, der länger als drei Monate dauert, hat das Recht auf eine Visaverlängerung. Die Gebühren für einen Schülerpass variieren. Da auch die Schule eine Gebühr für den Papierkram erhebt, muss man für einen einjährigen Schülerpass mit mindestens 3500 KSh rechnen. Normalerweise wird eine Kaution von 5000 KSh oder ein Garantiebrief von einer anerkannten kenianischen Körperschaft (der Sprachschule) verlangt; außerdem benötigt man zwei Fotos und eine Kopie seines Reisepasses.

lassen sich um weitere drei Monate verlängern. Man erhält sie auch in kenianischen Botschaften im Ausland. Es empfiehlt sich, sie bereits vorab und möglichst frühzeitig im Heimatland zu beantragen, besonders wenn man den Antrag mit der Post schickt. Normalerweise haben Visa *ab Ausstellungsdatum* drei Monate Gültigkeit. In Tansania und Uganda sind die Anträge für kenianische Visa leicht verständlich und man kann in lokaler Währung zahlen.

Aufgrund des ostafrikanischen Partnerschaftssystems verfällt das Visum für Kenia nicht, wenn man Tansania und Uganda bereist und nach Kenia zurückkehrt; wer allerdings weitere Länder bereisen will, sollte sich ein „multiple-entry"-Visum besorgen. Vor der Reise unbedingt bei den Botschaften über die aktuellen Visaanforderungen informieren.

Wenn man auf dem Luftweg anreist, lohnt es sich, etwas schicker aufzutreten; sonst weckt man möglicherweise Vorurteile und muss nachweisen, dass man genügend Geld dabeihat. Wer offensichtlich nicht in Kenia leben und arbeiten will, hat das Wohlwollen eher auf seiner Seite.

Visa für die Weiterreise

Da Nairobi ein beliebtes Drehkreuz für Ostafrika und das Stadtzentrum einfach zu erkunden ist, besorgen sich hier viele Traveller Visa für andere Länder, die sie auf ihrer Reise besuchen wollen. Die äthiopische Botschaft stellte während unseres Besuchs allerdings keine Touristenvisa aus, was eine Lücke in die Pläne vieler Überlandreisender riss. Unbedingt vorher anrufen und nachfragen, ob die Situation sich verändert hat.

Viele Botschaften bestehen darauf, dass man die Visagebühren in US-Dollar zahlt. Die meisten haben von 9 bis 12 Uhr für Anträge geöffnet, um 15 oder 16 Uhr können die Papiere dann abgeholt werden. Am besten kontaktiert man sie vorab (s. S. 378 für Kontaktinfos) und informiert sich über die Öffnungszeiten, da diese in Nairobi regelmäßig geändert werden.

Visaverlängerung

Visa können bei den Einwanderungsbehörden während der normalen Öffnungszeiten erneuert werden, was normalerweise noch am selben Tag möglich ist. Die Angestellten der Ämter sind freundlich und hilfsbereit, aber der Prozess kann eine Weile dauern. Für eine dreimonatige Verlängerung benötigt man zwei Passfotos; die Preise hängen von der jeweiligen Behörde und den Launen der Beamten ab. Wer länger als 90 Tage bleibt, muss ein Formular ausfüllen, um sich als Ausländer zu registrieren. Die Einwanderungsbehörden haben montags bis freitags geöffnet; kleinere Ämter schicken Traveller allerdings manchmal für Visaverlängerungen nach Nairobi oder Mombasa zurück.

Lokale Einwanderungsbehörden:

Kisumu (Karte S. 142; Nyanza Bldg, Ecke Jomo Kenyatta Hwy & Wuor Otiende Rd)

Lamu (Karte S. 286; ☎042-633032; abseits der Kenyatta Rd) Traveller werden manchmal nach Mombasa verwiesen.

Malindi (Karte S. 278; ☎042-20149; Mama Ngina Rd)

Mombasa (Karte S. 234; ☎041-311745; Uhuru ni Kari Bldg., Mama Ngina Dr)

VISA FÜR NACHBARLÄNDER

LAND	VISA ERHÄLTLICH?	VISAGEBÜHR (US$)	PASS-FOTOS	DAUER DER AUSSTELLUNG	ANMERKUNGEN
Äthiopien	nein	–	–	–	–
Somalia	nein	–	–	–	–
Südsudan	ja (3 Monate, einmalige Einreise)	100	2	48 Std.	8.30–22 Uhr Formular abholen; Einladungsschreiben erforderlich; Visagebühr muss in der Bank gezahlt werden
Tansania	ja (3 Monate, einmalige Einreise)	50	1	am selben Tag	–
Uganda	ja (3 Monate, einmalige Einreise)	50	1	am selben Tag	–

SWAHILI-ZEIT

Für die meisten Traveller ist es neu, dass es so etwas wie eine „Swahili-Zeit" gibt, gerade weil an der Küste jeder unendlich Zeit zu haben scheint. Die Swahili-Zeit unterscheidet sich um sechs Stunden von der restlichen Welt. Mittag und Mitternacht sind in Swahili-Zeit 6 Uhr *(saa sita)*, 7 und 19 Uhr sind 1 Uhr *(saa moja)*. Man muss einfach sechs Stunden von der jeweils genannten Zeit abziehen; Swahili verwendet nur Stundenangaben von 0 bis 12 Uhr. Wer kein Swahili spricht, wird nicht oft damit konfrontiert, aber man sollte darauf vorbereitet sein.

Nairobi (Karte S. 60 f.; ☎020-222022; Nyayo House, Ecke Kenyatta Ave & Uhuru Hwy; ⏰Mo–Fr 8.30–12.30 & 14–15.30 Uhr)

Zeit

Zeitzone Kenia ist der Mitteleuropäischen Zeit (MEZ) um zwei Stunden voraus.

Sommerzeit Nein. Während dieser Zeit muss man seine Uhr nur um eine Stunde vorstellen.

Zollbestimmungen

Es gibt strenge Gesetze zur Ausführung von Naturprodukten aus Kenia. Man darf keine Dinge mitnehmen, die aus Teilen von Elefanten, Nashörnern und Meeresschildkröten hergestellt wurden. Es ist auch nicht erlaubt, Korallen zu sammeln. Straußeneier werden ebenfalls konfisziert, wenn man nicht beweisen kann, dass man sie auf einer zertifizierten Straußenfarm gekauft hat. Man sollte sich immer erkundigen, welche Genehmigungen erforderlich sind, besonders beim Export von Pflanzen, Insekten und Muscheln.

Pro Person dürfen bis zu 100 000 KSh aus Kenia ausgeführt werden.

Umgekehrt darf man Waren in folgenden Mengen nach Kenia einführen:

Alkohol 1 L
Parfüm 500 ml
Pfeifentabak 250 g
Zigaretten 200
Zigarren 50

Verkehrsmittel & -wege

AN- & WEITERREISE

Nairobi ist ein bedeutendes Drehkreuz in Afrika; von hier verbinden zahlreiche afrikanische und internationale Airlines Kenia mit dem Rest der Welt. Für hiesige Verhältnisse sind Flüge zwischen Kenia und anderen afrikanischen Nationen oder weiter entfernten Zielen relativ preisgünstig. Mit dem Flugzeug erreicht man das Land auf dem bequemsten Weg.

Kenia ist auch eine beliebte und recht unkomplizierte Zwischenstation für Traveller, die über Land von Südafrika nach Ägypten unterwegs sind. Die Routenplanung gestaltet sich manchmal schwierig, da sich in der Nähe einige Kriegsgebiete befinden – Überlandreisen durch Afrika sollte man generell nicht ohne ernsthafte Planung und sorgfältige Vorbereitung in Angriff nehmen. Sie sind aber durchaus möglich, darüber hinaus treten in Kenia nur sehr selten Probleme auf.

Flüge, geführte Touren und Bahntickets kann man ganz einfach online unter www.lonelyplanet.com/travel_services buchen.

Einreise

Die Einreise nach Kenia ist angenehm leicht, besonders an den internationalen Flughäfen, die sich nicht von ihren Pendants im Westen unterscheiden. Viele Nationalitäten bekommen bei der Ankunft in Mombasa und Nairobi sowie an den Grenzen zu Uganda und Tansania ein einfaches Einreisevisum (Passfotos werden nicht benötigt). Sicherheitshalber sollte man sich vorab bei der nächsten diplomatischen Vertretung Kenias im Heimatland informieren. Mehr zum Thema Visum siehe S. 389.

Gepflegte Kleidung macht bei den Beamten der Einreisebehörden Eindruck und erleichtert den Weg ins Land.

Reisepass

Deutsche, Österreicher und Schweizer brauchen einen Reisepass, der ab der Einreise noch mehr als sechs Monate gültig sein muss.

Flugzeug

Flughäfen

Kenia hat drei internationale Flughäfen (siehe www.kenyaairports.co.ke):

Jomo Kenyatta International Airport (NBO; ☎020-6611000) An diesem Flughafen 15 km südöstlich der Stadt starten und landen die meisten internationalen Maschinen nach/von Nairobi. Vor Ort gibt's zwei internationale Terminals und ein kleineres für Inlandsverbindungen. Die Wege dazwischen kann man bequem zu Fuß gehen.

Moi International Airport (MBA; ☎041-3433211) Kenias zweitgrößter Flughafen liegt 9 km westlich des Zentrums von Mombasa. Von dort starten Flüge nach Sansibar. Er wird vorwiegend von Charterfluggesellschaften und für Inlandsverbindungen genutzt.

Wilson Airport (WIL; ☎020-3603260) 6 km südlich von Nairobis Zentrum an der Langata Road. Flüge zwischen Nairobi und dem Kilimanjaro International Airport sowie nach Mwanza in Tansania und Inlandsflüge.

Fluggesellschaften

Die folgenden Airlines verkehren nach/von Kenia. Kenya Airways ist die größte Fluggesellschaft des Landes und gilt als sicher, zum einzigen Absturz bisher kam es 1977.

African Express Airways (www.africanexpress.co.ke)

Air Berlin (www.airberlin.com)

Air Madagascar (www.airmadagascar.mg)

Air Malawi (www.airmalawi.com)

Airkenya (www.airkenya.com)

Daallo Airlines (www.daallo.com)

Egypt Air (www.egyptair.com.eg)

Ethiopian Airlines (www.ethiopianairlines.com)

Fly 540 (www.fly540.com)

Gulf Air (www.gulfairco.com)

Jetlink Express (www.jetlink.co.ke)

Kenya Airways (www.kenya-airways.com)

KLM (www.klm.com)

KLIMAWANDEL & REISEN

Der Klimawandel stellt eine ernste Bedrohung für unsere Ökosysteme dar. Zu diesem Problem tragen Flugreisen immer stärker bei. Lonely Planet sieht im Reisen grundsätzlich einen Gewinn, ist sich aber der Tatsache bewusst, dass jeder seinen Teil dazu beitragen muss, um die globale Erwärmung zu verhindern.

Fliegen & Klimawandel

Fast jede Art der motorisierten Fortbewegung erzeugt CO_2 (die Hauptursache für die globale Erwärmung), doch Flugzeuge sind mit Abstand die schlimmsten Klimakiller – nicht nur wegen der großen Entfernungen und der entsprechend großen CO_2-Mengen, sondern auch weil sie diese Treibhausgase direkt in hohen Schichten der Atmosphäre freisetzen. Die Zahlen sind erschreckend: Zwei Personen, die von Europa in die USA und wieder zurück fliegen, erhöhen den Treibhauseffekt in demselben Maße wie ein durchschnittlicher Haushalt in einem ganzen Jahr.

Emissionsausgleich

Die englische Website www.climatecare.org und die deutsche Internetseite www.atmosfair.de bieten sogenannte CO_2-Rechner. Damit kann jeder ermitteln, wie viel Treibhausgase seine Reise produziert. Das Programm errechnet den zum Ausgleich erforderlichen Betrag, mit dem der Reisende nachhaltige Projekte zur Reduzierung der globalen Erwärmung unterstützen kann, beispielsweise Projekte in Indien, Honduras, Kasachstan und Uganda.

Lonely Planet unterstützt gemeinsam mit Rough Guides und anderen Partnern aus der Reisebranche das CO_2-Ausgleichs-Programm von climatecare.org. Alle Reisen von Mitarbeitern und Autoren von Lonely Planet werden ausgeglichen.

Weitere Informationen sind unter www.lonelyplanet.com zu finden.

Precision Air (www.precisionairtz.com)

Rwandair (www.rwandair.com)

Safarilink (www.flysafarilink.com)

South African Airways (www.flysaa.com)

Swiss International Air Lines (www.swiss.com)

Flugtickets

Preise und Verfügbarkeit von Flugtickets sind saisonabhängig. Für Europäer ist das praktisch, denn während der Sommerferienzeit von Juni bis September zahlt man am wenigsten.

Billige Charterflüge nach Mombasa können ebenfalls eine gute Option sein, auch wenn sie meist Teil einer Pauschalreise in eine Hotelanlage an der Küste sind. Sie kosten kaum etwas und es besteht keine Verpflichtung, in dem gebuchten Hotel zu übernachten.

Wer ohne Weiter- oder Rückflug nach Nairobi reist, riskiert Ärger mit der Einwanderungsbehörde und muss vielleicht vor Ort ein Ticket kaufen, was zwar selten vorkommt, aber teuer ist.

Auf dem Landweg

Äthiopien

In Folge der anhaltenden Konflikte im Sudan und in Somalia kann man von Norden nur über Äthiopien nach Kenia reisen. Die Sicherheitslage am Hauptgrenzübergang in Moyale variiert – im Prinzip ist die Grenze geöffnet, aber wegen Spannungen kommt es häufig zu Schließungen. Der Diebstahl von Rindern und Ziegen nimmt überhand, was oft zu Stammesfehden im Grenzgebiet führt. Unbedingt die aktuelle Lage prüfen, bevor man zu diesem Übergang aufbricht.

Wer in die andere Richtung unterwegs ist, sollte wissen, dass in Nairobi während unseres Besuches keine Visa für Äthiopien ausgestellt wurden.

AUTO & MOTORRAD

Wenn man mit einem eigenen Fahrzeug nach Kenia kommt, kann man auch in Fort Banya an der nordöstlichen Spitze des Lake Turkana einreisen. Die Straße dorthin gilt allerdings als riskant, zudem sind Tankstellen spärlich gesät. Einen Grenzposten gibt's nicht, deshalb muss man bereits ein Visum für Kenia haben und es bei der Ankunft in Nairobi stempeln lassen. Die Einwanderungsbehörde kennt das Prozedere, doch ohne äthiopischen Ausreisestempel könnte sich die Rückkehr nach Äthiopien schwierig gestalten.

ÖFFENTLICHE VERKEHRSMITTEL

Bei Redaktionsschluss gab es keine Busverbindungen über die Grenze. Wer in Moyale kein eigenes Fahrzeug mietet, lässt sich vom Grenzübergang bis Isiolo für ca. 1500 KSh (bzw. 1000 KSh bis Marsabit) von einem Lieferwagen mitnehmen.

Von der Einwanderungsbehörde im äthiopischen Teil der Stadt sind es 2 km zu den Zollposten von Äthiopien und Kenia, die man zu Fuß zurücklegen kann. Auf beiden Seiten der Grenze in Moyale ist eine Gelbfieberimpfung erforderlich. Falls man nicht an der Grenze geimpft werden möchte, sollte man das Ganze vorher erledigen und die Impfbescheinigung mit dem Reisepass vorzeigen. Auch eine Choleraimpfung kann verlangt werden.

Somalia

Derzeit ist es nicht möglich, auf dem Landweg zwischen Kenia und dem kriegsgebeutelten Somalia zu reisen. Die kenianische Regierung hat die Grenze geschlossen, um den Strom von Wilderern, Banditen und Waffen nach Kenia einzudämmen. Entführungen, bewaffnete Konflikte und Kriminalität sind im Grenzgebiet weit verbreitet.

Südsudan

Seit der Südsudan seine Unabhängigkeit gewonnen hat, tut sich an dieser Grenze einiges. Inzwischen ist die Grenzüberquerung bei Lokichoggio wieder möglich und bald soll auch eine Eisenbahnlinie den Südsudan mit Lamu verbinden (s. Kasten S. 227).

Tansania

Die wichtigsten Grenzübergänge zwischen Kenia und Tansania sind Namanga, Taveta, Isebania und Lunga Lunga, die man alle mit öffentlichen Verkehrsmitteln erreicht. Außerdem gibt's einen Übergang von der Serengeti zur Masai Mara, den nur Selbstfahrer nutzen dürfen, und einen Grenzposten in Loitokitok – dieser ist allerdings für Touristen geschlossen und kann nur manchmal im Rahmen von Touren überquert werden. Die Zugverbindungen zwischen beiden Ländern wurden eingestellt.

Mit Bussen und lokalen Matatus lassen sich alle Straßen bereisen. Die sechs wichtigsten Strecken nach/von Tansania sind:

- » Mombasa–Tanga/Daressalam
- » Mombasa–Arusha/Moshi
- » Nairobi–Arusha/Moshi
- » Nairobi–Daressalam
- » Serengeti–Masai Mara
- » Nairobi–Mwanza

AUTO & MOTORRAD

Alle hier genannten Busstrecken kann man auch gut mit dem eigenen Fahrzeug bewältigen. Theoretisch ist es möglich, die Grenze zwischen dem Serengeti National Park und dem Masai Mara National Reserve zu überqueren, aber man braucht alle nötigen Papiere für seinen Wagen bzw. sein Motorrad inklusive der Versicherung und Einreiseerlaubnis.

BUS

Folgende Busunternehmen bieten Verbindungen nach Tansania an:

Akamba (☎0722203753; www.akambabus.com)

Easy Coach (☎020-3210711)

Riverside Shuttle (☎020-3229618; www.riverside-shuttle.com)

Simba Coaches (Abdel Nasser Rd, Mombasa)

Uganda

Der Hauptgrenzposten für Traveller ist Malaba. Wenn man Kisumu zum Ziel hat, bietet sich Busia als Alternative an. Weitere Infos zur Grenzüberquerung siehe Kasten S. 165.

BUS

Viele Busunternehmen verkehren zwischen Nairobi und Kampala. In Nairobi startet am oberen Ende des Markts täglich jeweils mindestens ein Bus von **Easy Coach** (Karte S. 60 f; ☎2210711; Haile Selassie Ave) und von **Akamba** (☎0722203753; www.akambabus.com). Die Auswahl reicht von einfachen Fahrzeugen für 1200 KSh bis zu Luxusbussen mit Getränkeservice und Filmangebot für 2400 KSh. Alle Busse brauchen zehn bis zwölf Stunden; eine Mahlzeit auf halber Strecke ist im Preis enthalten.

Einfachere preiswertere Fahrzeuge anderer Busgesellschaften findet man in der Nähe der Accra Road in Nairobi.

Wer die Reise in Etappen machen möchte, nimmt morgens oder abends den Akamba-Bus von Nairobi nach Malaba, wo jeden Tag eine Direktverbindung nach

DIE WICHTIGSTEN BUSSTRECKEN

VON	NACH	PREIS (US$)	FAHRTDAUER (STD.)	UNTERNEHMEN
Mombasa	Tanga	9	4	Simba Coaches
Mombasa	Daressalam	12–16	5–8	Simba Coaches
Nairobi	Moshi	35–40	7½	Riverside Shuttle Akamba
Nairobi	Arusha	25–30	5½	Riverside Shuttle Akamba
Nairobi	Daressalam	34	16–18	Akamba
Nairobi	Mwanza	21	13½	Akamba

Kampala besteht. Nach Malaba fahren von der Cross Road auch regelmäßig Matatus.

Die Grenzposten von Uganda und Kenia in Malaba liegen etwa 1 km auseinander. Entweder geht man zu Fuß oder bucht ein *boda-boda* (Fahrradtaxi). Hinter der Grenze verkehren bis zum späten Nachmittag häufig Matatus nach Kampala, Jinja und Tororo.

Von Nairobi oder Kisumu fahren auch Busse und Matatus nach Busia. Dort bestehen regelmäßige Verbindungen nach Kampala und Jinja.

Auf dem Seeweg

Während unserer Reise verkehrten auf dem Lake Victoria keine Fähren, obwohl seit Jahren davon geredet wird, dass der Betrieb wieder aufgenommen werden soll.

Im Gespräch ist auch ein Fährservice zwischen Kenia, Tansania und Uganda. Das Unternehmen **Earthwise Ferries** (www.earthwiseventures.com) hat sogar bereits eine Website. Wenn sie nun noch ein Schiff besäße, könnte sie Kisumu mit Mwanza (Tansania) und Kampala (Uganda) verbinden.

Tansania

Theoretisch kann man mit einer Dau zwischen Mombasa und den tansanischen Inseln Pemba und Sansibar reisen, doch dafür muss man erst einmal einen Kapitän finden, der sie ansteuert, und dann noch hart um einen fairen Preis für die Überfahrt verhandeln. Der beste Ort, um sich zu erkundigen, ist Shimoni (S. 257). Dort gibt's einen kleinen Grenzposten, aber keine Garantie, dass der Pass abgestempelt wird – für einen Ausreisestempel muss man also unter Umständen zurück nach Mombasa.

Auf dem Lake Victoria segeln Dauen zwischen den kleinen Häfen in Kenia und Tansania, doch viele sind in Schmuggel verwickelt (meist Obst), deshalb meidet man sie besser.

Geführte Touren

Die meisten Leute kommen auf einer Safarireise nach Kenia (s. S. 28), doch es ist auch möglich, das Land auf einer Überland-Trucktour von Europa oder anderen afrikanischen Staaten aus zu besuchen. In Nairobi beginnen ebenfalls viele solcher Trips zu anderen Zielen in Afrika. Zahlreiche Anbieter haben ihren Sitz in Großbritannien oder Südafrika.

Acacia Expeditions (www.acacia-africa.com)

Africa Travel Co (www.africatravelco.com)

Dragoman (www.dragoman.co.uk)

Guerba Expeditions (www.guerba.co.uk)

Keystone Journeys (www.keystonejourneys.com)

Kumuka (www.kumuka.co.uk)

Moja Travel (www.moja-travel.net)

Oasis Overland (www.oasisoverland.co.uk)

STA Travel (www.statravel.de; www.statravel.ch; www.statravel.at)

UNTERWEGS VOR ORT

Das Reisen in Kenia ist recht einfach, egal ob man das Land mit einem Bus oder Mietwagen durchquert, mit einem Leichtflugzeug am blauen Himmel schwebt oder mit einer Dau über die Wellen schaukelt.

Fast alle kenianischen Kleinstädte und Städte sind mit lokalen Bussen erreichbar, zu Nationalparks und Lodges muss man allerdings Privatfahrten arrangieren. Erfahrene oder ambitionierte „Straßenkämpfer" können mit einem robusten Mietfahrzeug auch schwer zugängliche Regionen des Landes erobern.

Auto & Motorrad

Viele Traveller auf Überlandtouren bringen ihr eigenes Fahrzeug mit nach Kenia. Abgesehen von den Kosten ist dies eine großartige Möglichkeit, das Land im individuellen Rhythmus zu entdecken. Ansonsten vermieten zahlreiche Mietwagenfirmen Autos vom kleinen Straßenkreuzer bis zum Jeep, allerdings sind die Preise im internationalen Vergleich sehr hoch.

Automobilclubs

Eine hilfreiche Organisation ist die **Automobile Association of Kenya** (Karte S. 77; ☎020-4449676; www.aakenya.co.ke, Sarit Centre, Westlands).

Benzin & Ersatzteile

Benzinpreise steigen überall auf der Welt und Kenia bildet da keine Ausnahme. Außerhalb der Hauptstadt zahlt man weniger, aber in entlegenen Regionen, in denen Tankstellen rar sind, kann Treibstoff erschreckend teuer sein und am Ende kauft man von Händlern am Straßenrand fragwürdigen Sprit aus Fässern. In allen Grenzstädten gibt's Benzin, Ersatzteile und Werkstätten, wer allerdings aus Äthiopien kommt, muss seinen Vorrat sorgfältig vorausplanen, da die wenigen Tankmöglichkeiten auf den holprigen Straßen im Norden weit auseinanderliegen.

Selbst für ältere Modelle ist es schwierig, bei den örtlichen Ersatzteilehändlern genau das Teil zu finden, das man gerade braucht, sodass es sich empfiehlt, möglichst viel dabeizuhaben. Gerissene Keilriemen zählen zu den häufigsten Pannenursachen, also sollte man gleich mehrere mitnehmen. Die Polizei erhebt Bußgelder, wenn man kein Warndreieck und keinen Feuerlöscher im Auto hat.

Bestechung

Obwohl sich die Situation in den vergangenen Jahren deutlich verbessert hat, kommt es immer noch vor,

ENTFERNUNGEN (KM)

	Busia	Embu	Isiolo	Kakamega	Kericho	Kisumu	Kitale	Lodwar	Malindi	Meru	Mombasa	Nairobi	Nakuru	Namanga	Nanyuki	Nyeri
Embu	610															
Isiolo	569	184														
Kakamega	95	525	481													
Kericho	218	395	351	130												
Kisumu	138	475	431	50	80											
Kitale	154	511	467	109	230	158										
Lodwar	440	691	735	395	522	443	285									
Malindi	1087	657	877	999	869	949	985	1141								
Meru	565	154	56	477	347	427	463	729	864							
Mombasa	969	618	759	881	751	831	867	1120	118	746						
Nairobi	482	131	272	394	264	368	380	599	605	259	521					
Nakuru	325	288	244	237	107	211	223	442	762	240	644	157				
Namanga	661	314	524	596	469	548	563	779	430	468	409	180	337			
Nanyuki	487	131	84	399	269	349	385	651	795	78	677	190	175	380		
Nyeri	508	88	140	420	290	370	406	601	752	136	634	150	151	330	58	
Voi	811	460	601	723	593	673	709	960	281	588	160	329	486	249	519	476

dass man von der Polizei angehalten und um eine kleine „Spende" gebeten wird. Wenn man dann eine offizielle Quittung verlangt, wird man weniger ausgenutzt und trägt zur Verringerung von Korruption bei. Außerdem sollte man sich Dienstmarke und Ausweis zeigen lassen, weil viele Betrüger unterwegs sind. Auf die Frage, ob man vor Gericht geht, immer Ja sagen und bluffen, um etwas Geld zu sparen.

Führerschein

Ein internationaler Führerschein ist in Kenia nicht vorgeschrieben, kann aber hilfreich sein.

Gefahren im Straßenverkehr

Das größte Risiko auf Kenias Straßen sind die anderen Vehikel. Eine defensive Fahrweise ist sehr wichtig. Paradoxerweise sind die am besten gewarteten Strecken des Landes auch die gefährlichsten, da man hier schneller fahren kann und es bei Zusammenstößen deshalb zu ernsthaften Unfällen kommt. Auf den schlechten Routen bereiten Schlaglöcher gleich zwei Probleme: Fährt man hinein, kann der Wagen Schaden nehmen oder man verliert die Kontrolle, andererseits stellen andere Fahrzeuge durch plötzliche Ausweichmanöver eine ständige Gefahr dar.

Auf allen Wegen sollte man auf Fußgänger und Fahrradfahrer achten, um die Zahl der Todesopfer auf Kenias Straßen nicht noch zu erhöhen. In ländlichen Gegenden bilden Tiere ein großes Risiko, darunter Affen, Ziegen- oder Rinderherden und lebensmüde einsame Hühner.

In abgelegenen Gebieten können Akaziendornen selbst die härtesten Reifen durchstechen. Schon bei der kleinsten Panne sitzt man eventuell für Stunden im Busch fest, also empfiehlt es sich, immer Trinkwasser, Notproviant und möglichst auch Benzin in Reserve mitzunehmen.

Auf manchen Straßen treiben Banditen ihr Unwesen, insbesondere auf der Strecke Garsen–Garissa–Thika, die für Traveller immer noch absolut tabu ist. Die Sicherheitslage auf den Straßen von Isiolo nach Marsabit und Moyale sowie von Malindi nach Lamu hat sich seit einigen Jahren stark verbessert, doch bevor man sie bereist, sollte man sich unbedingt vor Ort über die aktuelle Lage informieren.

Mietwagen

Kenia oder auch nur die Nationalparks mit einem Mietwagen zu erkunden ist teuer, bietet aber Freiheit und Flexibilität und stellt manchmal die einzige Möglichkeit dar, um in entlegene Gegenden des Landes zu kommen. Teilt man sich das Auto nicht mit einer ausreichend großen Gruppe Mitreisender, kostet der Trip schnell mehr als eine organisierte Campingsafari mit Vollpension.

Wer nicht nur auf den Hauptstraßen zwischen den Städten bleiben will, braucht ein Fahrzeug mit Vierradantrieb. Nur wenige Mietwagenfirmen erlauben Fahrten auf Pisten mit Zweiradantrieb, das gilt auch für die Nationalparks. Wer diese Einschränkung ignoriert und einen Unfall hat, muss persönlich für Schäden am Fahrzeug haften.

Das Mindestalter, um ein Auto zu mieten, liegt zwischen 23 und 25 Jahren. Einige Firmen verlangen, dass man mindestens zwei Jahre Fahrpraxis hat. Zudem muss man sich ausweisen können, z. B. mit dem Reisepass.

Es gilt die Faustregel: Je teurer das Mietfahrzeug, desto besser ist es in Schuss. Größere Unternehmen haben meist mehr Geld, um ihre Flotte zu warten. Doch von wem man das Fahrzeug auch mietet, vor dem Losfahren sollte man immer die Bremsen kontrollieren, ebenso die Reifen (und den Ersatzreifen), die Scheibenwischer an der Windschutzscheibe und das Licht.

Darüber hinaus muss man sich schlaumachen, wie und ob das Unternehmen Hilfe leistet, wenn man eine ernsthafte Panne hat. Größere Anbieter stellen *manchmal* ein Ersatzfahrzeug und organisieren auf eigene Kosten die Bergung des anderen Wagens. Bei fast allen Mietwagenfirmen muss man das Fahrzeug aber selbst reparieren lassen oder wieder zum Laufen bringen und anschließend versuchen, sich die Kosten erstatten zu lassen.

Wenn man mit dem Auto über Grenzen fahren möchte, sollte man prüfen, ob der Verleiher dies erlaubt, denn bei vielen ist das nicht der Fall und manche erheben für dieses Privileg Gebühren.

MIETWAGENFIRMEN

Wir empfehlen die folgenden lokalen und internationalen Anbieter:

Adventure Upgrade Safaris (Karte S. 60 f.; ☎07225 29228; www.adventureupgradesafaris.co.ke) Ein hervorragendes lokales Unternehmen.

Avis (Karte S. 60 f.; ☎020-2533610; www.avis.co.ke)

Budget (Karte S. 60 f.; ☎020-2223581; www.budget.co.ke)

Central Rent-a-Car (Karte S. 60 f.; ☎020-2222888; www.carhirekenya.com) Ebenfalls ein sehr empfehlenswerter lokaler Anbieter.

Uniglobe Let's Go Travel (Karte S. 64 f; ☎020-4447151; www.uniglobeletsgotravel.com)

PREISE

Zuerst klingen die Mietwagenpreise meist ganz vernünftig, aber sobald man die Kilometer und die verschiedenen Versicherungen hinzurechnet, zahlt man mit Glück für ein Auto pro Tag rund 7500 KSh und für einen kleinen Allradwagen 10 000 KSh.

Am besten wählt man einen Vertrag ohne Kilometerbeschränkung. Die Tarife werden ohne Versicherungen kalkuliert; es besteht die Option, sich für 1000 bis 2500 KSh pro Tag gegen Unfallschäden und Diebstahl zu versichern. In Kenia ein Auto ohne diese beiden Policen zu mieten, wäre finanzieller Selbstmord, denn wenn das Fahrzeug beschädigt oder gestohlen wird, muss man es komplett ersetzen.

Selbst wenn man sich gegen Unfallschäden und Diebstahl absichert, beträgt die Selbstbeteiligung (je nach Unternehmen) 2500 bis 150 000 KSh, was man immer prüfen sollte, bevor man den Vertrag unterschreibt. Mit einer Vollkaskoversicherung für weitere 1000 bis 2000 KSh pro Tag lässt sich dies auf Null reduzieren. Verlorene Reifen oder Werkzeugkästen und beschädigte Windschutzscheiben muss grundsätzlich der Mieter ersetzen.

Ein weiterer Pferdefuß sind die 16 % Mehrwertsteuer auf die Gesamtkosten. Und eine letzte Warnung: Fahrzeuge immer mit vollem Tank abgeben, denn sonst berechnet der Autovermieter das Doppelte der aktuellen Kosten für eine Tankfüllung.

Fahrzeug mit Fahrer

Es klingt zwar luxuriös, einen Chauffeur zu engagieren, aber in Kenia kann dieser Service aus Finanz- und Sicherheitsgründen sehr vorteilhaft sein. Die meisten Firmen stellen für ein paar Tausend Schilling pro Tag einen Fahrer zur Verfügung. In dem Fall ist das Fahrzeug über den Anbieter versichert, also muss man die verschiedenen Versicherungen nicht bezahlen und wird bei einem Unfall nicht zur Kasse gebeten (außer bei Schäden an Reifen, Fenstern etc.).

Außerdem ist ein Begleiter, der Swahili spricht, die Straßen kennt und an die kenianische Fahrweise gewöhnt ist, ein unbezahlbarer Vorteil, insbesondere in abgelegenen Gegenden. Die meisten Fahrer passen auch nachts auf das Auto auf, sodass man sich darum keine Sorgen machen muss, und oft sind sie auch in puncto Routenplanung eine große Hilfe. Andererseits ist im Fahrzeug ein Platz weniger frei, was die Zahl der Leute vermindert, mit denen man sich die Kosten teilen kann.

Parken

In kleinen Orten und Dörfern ist das Parken meist kostenlos, aber in Nairobi, Mombasa, Nakuru und anderen großen Städten gibt's ein gebührenpflichtiges Parksystem. Man erwirbt hier für rund 100 KSh Parkgenehmigungen für einen Tag und darf sein Fahrzeug damit überall in der Stadt abstellen. Andernfalls riskiert man, dass die Polizei die Räder blockiert und man ein paar Tausend Schilling Strafe bezahlen muss. Es ist immer empfehlenswert, in einem Hotel mit bewachtem Parkplatz zu übernachten.

Privatfahrzeuge

Traveller, die ihr eigenes Auto oder Motorrad mit ins Land bringen, müssen die Fahrzeugpapiere, den Kfz-Versicherungsschein und den Führerschein mit sich führen. Ein internationaler Führerschein ist nicht vorgeschrieben, aber hilfreich. Manchmal braucht man auch ein *carnet de passage en douane*, eine Art Reisepass für das Fahrzeug, der eine zeitweise Befreiung von der Importsteuer gewährt. Darin sind gegebenenfalls zusätzlich teure Ersatzteile verzeichnet, die man mit sich führen möchte, z. B. ein Getriebe. Ein *carnet* braucht man auch, wenn man mehrere afrikanische Länder bereist und sich Ärger mit dem Fahrzeugimport ersparen will. Detailinformationen über alle erforderlichen Papiere bekommt man von den Automobilclubs am Heimatort.

Wer sein Fahrzeug nach Kenia verschiffen lassen möchte, sollte sich auf gesalzene Hafengebühren gefasst machen. Einen Landrover aus dem Mittleren Osten nach Mombasa zu bringen kostet allein für den Transport vom Schiff aus dem Hafen über 1000 US$, also fast so viel wie der Schiffstransport selbst. Um ein Fahrzeug in Mombasa einzuschiffen, zahlt man weitere 750 US$. In Nairobi und Mombasa bieten zahlreiche Hafenspediteure ihre Dienste an, aber man sollte sich im Voraus über alle Kosten verständigen.

Straßenzustand

Der Zustand der Straßen in Kenia ist sehr unterschiedlich: Es gibt flache ebene Autobahnen, nicht asphaltierte Pisten und steile felsige Wege. Manche Straßenkanten sind stark abgetragen, was die Fahrbahn auf nur eine Spur reduziert. Hier gilt in der Regel das Gesetz des größeren Fahrzeugs. Im Norden und Osten des Landes sind die Routen besonders schlecht. Aufgrund des dichten Verkehrs ist die Hauptstrecke von Mombasa über Nairobi nach Malaba (A104) sehr abgenutzt, wurde aber in den vergangenen Jahren ausgebessert. Der nie endende Lkw-Strom auf dieser Hauptstrecke verlängert die Fahrzeit.

In den Nationalparks bestehen alle Straßen aus *murram* (Erde) und da hier so viele Safarifahrzeuge unterwegs sind, haben sie meist stark holpernde Bodenwellen. Also langsam fahren und, wenn die Rüttelei nachlässt, wieder ein wenig beschleunigen, bis man das passende Tempo findet. Nach Regen ist besondere Vorsicht geboten. Einige Pisten sind zwar mit Autos befahrbar, aber viel sicherer ist ein vierradangetriebener Jeep.

Verkehrsregeln

Autofahren in Kenia erfordert höchste Aufmerksamkeit. Die Einheimischen fahren wie die Henker und mörderisch schnell. Blinker, Licht, Hupen und Handsignale können alles Mögliche bedeuten von „Ich überhole gleich“ über „Hello *mzungu* (Weißer)“ bis zu „Dem werde ich es zeigen“ und sollten nie für bare Münze genommen werden.

Kenianer nutzen die andere Straßenseite, sobald sie ein Schlagloch oder ein Tier sehen oder sich auch nur der Verkehrsfluss verlangsamt – Lichtsignale sollten genügen, das Gefährt, das auf einen zurast, davon zu überzeugen, wieder in seine Spur zurückzukehren. Nachts sollte man nur fahren, wenn es sich absolut nicht vermeiden lässt, denn die wenigsten Fahrzeuge haben ausreichend Licht und auf den Straßen wimmelt es von Fußgängern und Radfahrern. Außerdem sind viele Betrunkene unterwegs.

In Nationalparks und Naturschutzgebieten sind Autos mit ausländischem Nummernschild, die Platz für mehr als sechs Leute bieten, nicht zugelassen. Jeeps sollten keine Probleme bekommen, aber VW-Kombis und Wohnmobile werden oft abgewiesen.

Versicherung

In Kenia sind Versicherungen unverzichtbar. Wer mit dem eigenen Fahrzeug anreist, sollte sich vor der Abreise ausreichend versichern. Haftpflichtversicherungen für Kenia sind nicht immer im Voraus erhältlich; wenn man über Land einreist, kann es sein, dass man an bestimmten Grenzen Policen abschließen muss, um nicht unversichert zu reisen.

Die meisten Autovermietungen in Kenia bieten Versicherungen an.

Bus

Kenia hat ein ausgedehntes Netz langer und kurzer Busstrecken, das um Nairobi, an der Küste und in den westlichen Regionen besonders dicht ist. Je weiter man sich von der Hauptstadt entfernt, desto weniger Verbindungen gibt es. Das gilt vor allem für den Norden, und in vielen Gegenden muss man noch Matatus nutzen.

Busse werden von zahlreichen privaten und staatlichen Unternehmen betrieben und bieten verschiedene Stufen an Komfort und Verkehrssicherheit. Die Verbindungen sind wesentlich billiger als Zugfahrten oder Flüge und in der Regel häufig, schnell und recht komfortabel.

Bei Tageslicht ist dies eine ungefährliche Art des Reisens. Busse bieten auf jeden Fall mehr Sicherheit als Matatus. Die besten Fahrzeuge werden auf langen Strecken und auf internationalen Fahrten eingesetzt und warten mit Filmen, Getränken, Toiletten sowie verstellbaren Rückenlehnen wie im Flugzeug auf. Auf kürzeren Routen kann man schon mal in eine Art ramponierten Schulbus geraten.

Welches Verkehrsmittel man auch nutzt, man sollte sich weder nach hinten setzen (auf den kenianischen Straßen wird man dort wie eine Stoffpuppe herumgeschleudert), noch ganz nach vorne (dort stirbt man bei einem Frontalcrash zuerst). Zudem sieht man vorn die entgegenkommenden Fahrzeuge, was meist Angst macht.

Wer in Kenia den Bus nimmt, muss ein paar Sicherheitsregeln beachten. Auf einigen Straßen, insbesondere der Strecke von Malindi nach Lamu und der von Isiolo nach Marsabit, kam es in der Vergangenheit zu Überfällen durch *shiftas* (Banditen). Vor der Reise sollte man also die aktuelle Situation prüfen. Ein weiteres Risiko stellen Drogen (K.-o.-Tropfen) in Essen und Getränken dar; am besten nimmt man weder Snacks noch Drinks von Fremden an.

Folgende Busunternehmen sind die wichtigsten in Kenia, alle haben Büros in Nairobi und/oder Mombasa.

Akamba (☎0722203753; www.akambabus.com) Rift Valley, Westkenia, Mombasa und Namanga.

Busways (☎020-2227650) Westkenia und Küste.

Coastline Safaris (☎020-217592) West- und Südkenia, Mombasa.

Easy Coach (☎020-3210711) Rift Valley und Westkenia.

Eldoret Express (☎020-6766886) Westkenia und Rift Valley.

Kenya Bus Services (KBS; 020-2341250) Rift Valley, Westkenia und Mombasa.

Mombasa Metropolitan Bus Services (☎041-2496008) Küste.

Preise

Busfahren in Kenia ist preiswert. Die Fahrkarten sind ab 100 KSh für stundenlange Fahrten zwischen zwei Städten zu haben. Am oberen Ende der Skala bezahlt man für Standardfahrten selten mehr als 600 KSh, doch sogenannte Komfortfahrten (*executive services*) über Nacht auf der Strecke Nairobi–Mombasa können bis zu 1800 KSh kosten.

Reservierungen

Die meisten Busgesellschaften betreiben Büros oder Ticketschalter an wichtigen Haltestellen ihrer Route, wo man Plätze reservieren und buchen kann. Für kurze Strecken zwischen zwei Städten sind Reservierungen zumeist nicht nötig, aber für beliebte längere Touren wie Nairobi–Kisumu, Nairobi–Mombasa und Mombasa–Lamu sollte man seine Fahrkarte mindestens einen Tag im Voraus kaufen.

Fahrrad

Viele Kenianer bewegen sich mit dem Fahrrad fort. Das kann zwar hart sein, wenn man nicht an die Straßen und das Klima gewöhnt ist, dennoch strömen jedes Jahr zahlreiche Radtouristen ins Land. Wer in Kenia Rad fährt, sollte es den Einheimischen nachtun und so schnell wie möglich die Fahrbahn verlassen, wenn ein Auto zu hören ist. Und egal wie erfahren man sein mag, es kommt einem Selbstmord gleich, die Straße von Nairobi nach Mombasa oder jene von Nairobi nach Nakuru zu benutzen.

In ländlichen Gegenden ist das Radfahren leichter und man wird in den Dörfern, die man durchquert, herzlich begrüßt. Viele Einheimische betreiben *boda-bodas* und es gibt jede Menge Werkstätten am Straßenrand. Vorsicht auf nicht asphaltierten Straßen, wo oft Dornen von Büschen die Reifen durchstechen.

Kenias Hügel sind nicht besonders steil, aber bergauf kann die Fahrt zäh und anstrengend werden. In den Bergen des Westlichen Hochlandes schafft man am Tag eine Strecke von ca. 80 km, in flacheren Gegenden etwas mehr. Der Hell's Gate National Park bei Naivasha erfreut sich bei Mountainbikern großer Beliebtheit.

Zunehmend mehr Anbieter verleihen Mountainbikes und Straßenräder für 500 bis 700 KSh pro Tag. Sind die Räder besonders neu oder wertvoll, wird ab und zu eine Kaution verlangt.

Flugzeug

Fluggesellschaften in Kenia

Fünf einheimische Airlines, darunter die nationale Kenya Airways, bieten planmäßig Inlandsverbindungen an. Zu den Zielen gehören hauptsächlich Orte an der Küste und nahe den beliebten Nationalparks, da sie die meisten Touristen anziehen.

Trotz der Auswahl an Fluggesellschaften sollte man weit im Voraus buchen, besonders in der Hochsaison. Nicht vergessen, den Rückflug 72 Stunden vor Abflug zu bestätigen, vor allem wenn es mit einem internationalen Flug weitergehen soll. Sonst kann es sein, dass der Platz anderweitig vergeben wird.

Die folgenden Airlines bedienen Inlandstrecken, meist ab Nairobi:

Airkenya (☎020-3916000; www.airkenya.com) Amboseli, Diani, Lamu, Masai Mara, Malindi, Meru, Mombasa, Nanyuki und Samburu.

Fly 540 (www.fly540.com) Eldoret, Kisumu, Kitale, Lamu, Lodwar, Malindi, Masai Mara und Mombasa.

Jetlink Express (☎020-3827531; www.jetlink.co.ke) Mombasa, Kisumu und Eldoret.

Kenya Airways (☎020-6422560; www.kenya-airways.com) Kisumu, Malindi und Mombasa.

Mombasa Air Safari (☎0734400400; www.mombasaairsafari.com) Amboseli, Diani Beach, Lamu, Malindi, Masai Mara, Meru, Mombasa, Samburu und Tsavo West.

Safarilink (☎020-6000777; www.flysafarilink.com) Amboseli, Diani Beach, Kiwayu, Lamu, Lewa Downs, Masai

Mara, Naivasha, Nanyuki, Samburu, Shaba und Tsavo West.

CHARTERFLUGGESELLSCHAFTEN

Ein kleines Flugzeug zu chartern spart Zeit und ist in einigen Gegenden die einzige realistische Anreisemöglichkeit. Allerdings lohnen sich die recht hohen Kosten meist nur dann, wenn man sich als Gruppe zusammenschließt.

Dutzende von Charterfluggesellschaften haben ihren Sitz am Wilson Airport in Nairobi, darunter:

Blue Bird Aviation (☎020-6002338; www.bluebirdaviation.com)

Z-Boskovic Air Charters (☎020-6006364; www.boskovicaircharters.com)

Nahverkehr

Boda-boda

Wo normale Taxis selten sind, trifft man üblicherweise auf *boda-bodas* (Fahrrad- oder Motorradtaxis). Sie steuern auch kleinere Orte und Städte wie Nakuru oder Kisumu an. Besonders zahlreich sind sie an der Küste, wo die Radfahrer in touristischen Gebieten außerdem ihre Dienste als Schlepper, Fremdenführer und Drogenhänder anbieten. Eine kurze Fahrt kostet etwa 50 KSh.

Bus

Nairobi ist die einzige Stadt mit einem effektiven städtischen Busnetz, betrieben von KBS. Die Fahrzeuge bedienen die Vororte und Randgebiete, verkehren bei Tageslicht und kosten nicht mehr als 50 KSh. Ein Metro Shuttle und private City Hopper fahren auch zum Kenyatta Airport und nach Karen. Wegen der Verkehrsdichte kommt es selten zu schweren Unfällen.

Matatu

Lokale Matatus sind das Hauptverkehrsmittel der Einheimischen. In den meisten Orten und Kleinstädten fahren sie zahlreich zu jeder größeren Straße sowie in die Vororte. Tickets gibt's ab 20 KSh, in Nairobi können längere Strecken bis zu 100 KSh kosten. Oft sind die Straßen so voll, dass es wie bei Bussen eher zu leichten Verkehrsunfällen kommt, doch in den ständigen Staus wetteifern die Fahrer wie Jockeys beim Kenya Derby um ihre Position.

Die Fahrzeugpalette reicht von heruntergekommenen Peugeot-504-Pick-ups mit Kabine bis zu Minibussen mit 20 Plätzen. Am häufigsten sieht man weiße Nissan-Kleinbusse (viele Einheimische sagen auch Nissan statt Matatu).

Trotz eines kurzfristig erfolgreichen Versuchs der Regierung, das Matatu-Geschäft zu regulieren, sind die Fahrzeuge nach wie vor für ihren riskanten Fahrstil, Überbelegung und zwielichtige Geschäftspraktiken bekannt. Auf einen Rückgang der Passagiere folgte ein zunehmender Trend zu verantwortlicheren Matatu-Unternehmen, die weniger überfüllte Wagen, sicherere Fahrweise und höhere Sicherheit bieten. Dazu zählt beispielsweise Mololine Prestige Shuttle auf der Strecke von Nairobi nach Kisumu.

Außer in den entlegenen Gebieten des Nordens, wo man auf gelegentliche Busverbindungen angewiesen ist oder sich gegen Geld von Lieferwagen mitnehmen lässt, findet man fast immer Matatus, die in die nächste Stadt oder noch weiter verkehren, solange es noch nicht zu spät am Tag ist. Man erkundigt sich einfach bei den Fahrern am örtlichen Stand. Matatus starten dann, wenn sie voll sind, und haben feste Preise. Von Ausländern wird selten mehr Geld verlangt als von anderen Passagieren.

Die meisten Matatu-Unfälle sind Frontalzusammenstöße, also sollte man sich auf keinen Fall nach vorne neben den Fahrer setzen. Am sichersten sind die Plätze in der Mitte und abseits der Fenster.

Sammeltaxi (Peugeot)

Peugeot-Sammeltaxis gelten als gute Alternative zu Matatus. Meist handelt es sich um Peugeot-505-Kombis, die sieben bis neun Fahrgäste mitnehmen und starten, sobald sie voll sind.

Peugeots brauchen für die Fahrt weniger Zeit als Matatus, weil sie schneller voll sind und ohne Halt zum Ziel fahren. Sie kosten daher etwas mehr. Viele Betreiber haben Büros in der Nähe der Straßen Accra, Cross und River Road in Nairobi. Sie bedienen vor allem Ziele im Norden und Westen des Landes.

Schiff/Fähre

Die einzige regelmäßig verkehrende Verbindung bietet die Likoni-Fähre zwischen dem Festland und Mombasa Island. Sie verkegrt Tag und Nacht und ist für Fußgänger gratis (für Fahrzeuge muss man eine kleine Gebühr entrichten).

Taxi

Selbst im kleinsten Ort Kenias gibt's mindestens ein verbeultes altes Taxi, das Fahrgäste bequem in die Umgebung oder zu noch abgelegeneren Dörfern bringt. In größeren Städten stößt man an fast jeder Ecke auf die Wagen, besonders in Nairobi und Mombasa, wo man nachts unbedingt darauf zurückgreifen sollte. Der Fahrpreis ist immer verhandelbar; kürzere Strecken kosten 250 bis 400 KSh. Viele Leute nehmen Taxis von Straßenständen, aber bei einigen Unternehmen kann man auch telefonisch eines anfordern, zudem bestellen auf Nachfrage viele Hotels ein Fahrzeug. Da in Kenia nur wenige Taxis funktionierende Kilometerzähler haben (oder die Fahrer sie nicht verwenden), ist es ratsam, sich vorab über den Preis zu einigen – das spart Zeit und Nerven.

Tuk-tuk

Jenseits von Südostafrika sind *tuk-tuks* selten, doch in zahlreichen kenianischen Orten und Städten kurven die charakteristischen motorisierten Minitaxis durch die Gegend. Die meisten sieht man in Malindi, aber es gibt sie auch in Nairobi, Mombasa, Nakuru, Machakos und Diani Beach. In Watamu verkehren einige einfachere motorisierte Rikschas. Der Preis ist verhandelbar und sollte mindestens 100 KSh günstiger sein als der entsprechende Taxipreis für eine kurze Strecke (weit möchte ohnehin niemand mit einem *tuk-tuk* fahren).

Schiff/Fähre

Schon seit Jahren kursieren Gerüchte, dass der Fährverkehr auf dem Lake Victoria wieder aufgenommen werden soll, aber in absehbarer Zukunft bieten motorisierte Kanus vom Mbita Point nahe Homa Bay die einzigen regelmäßigen Überfahrten auf die Insel Mfangano. Ab und zu pendeln auch Fähren zwischen Kisumu und Homa Bay.

Dau

Mit einer traditionellen Swahili-Dau die ostafrikanische Küste entlangzusegeln ist eines der unvergesslichsten Erlebnisse in Kenia. Außer auf dem Lake Victoria sind sehr viele der alten Strecken noch in Betrieb. Daus stellen in der Insellandschaft des Lamu-Archipels (S. 284) ein gängiges Verkehrsmittel dar und steuern auch die Mangroveninseln südlich von Mombasa (siehe unter „Funzi Island" auf S. 258) an. Weitere Ziele für Dau-Fahrten siehe S. 19.

Meist werden Dauen eher für Safaris eingesetzt als im öffentlichen Verkehr. Manche Ausflüge sind luxuriös, aber bei den einfacheren Fahrten ab Lamu bettet man sich in der Nacht einfach dort, wo Platz ist. An Bord oder am Strand der nahen Inseln werden frische Meeresfrüchte auf Holzkohle gegrillt.

Die meisten kleineren Boote kommen nur bei Wind voran, und so kann es vorkommen, dass man in eine Flaute gerät und auf die nächste Brise warten muss. Kommerziellere Boote haben Außenbordmotoren und können auch ohne Wind fahren. Alle größeren Dauen sind mit Motoren ausgestattet und manche haben gar kein Segel mehr.

Trampen

Trampen ist in keinem Land vollkommen sicher, deshalb raten wir davon ab. Wer sich dennoch für diese Art zu reisen entscheidet, sollte sich der potenziell großen Gefahr bewusst sein, auch wenn selten etwas passiert. Es ist besser, zu zweit zu trampen und vorher jemanden zu informieren, wohin man unterwegs ist. Vorsicht vor betrunkenen Fahrern.

Trotz des Risikos haben viele Einheimische keine andere Wahl als zu trampen, deshalb wissen die Leute Bescheid, wenn man versucht, ein Auto anzuhalten. Das übliche Daumensignal wird wahrscheinlich verstanden, Einheimische halten Autos jedoch durch einen Wink mit der Handfläche nach unten an. Von Ausländern erwarten viele Kenianer einen Beitrag zum Spritverbrauch oder irgendein Geschenk. Wenn man umsonst mitfahren möchte, sollte man dies von vorneherein klären.

Wer hofft, in die Nationalparks zu trampen, vergisst das am besten gleich wieder. Die Chancen, auf Touristen zu treffen, die noch einen Platz freihaben und auf ihrer teuren Safari einen Fremden gratis mitnehmen wollen, sind sehr gering, und im Grunde ist es unverschämt zu fragen. Weiter kommt man, wenn man sich in Nairobi oder anderen Ausgangspunkten zu den Parks um Reisegefährten bemüht, mit denen man sich die Fahrtkosten teilen kann.

Ausländische Fahrer wiederum werden regelmäßig von Kenianern gefragt, ob sie umsonst mitfahren können. Das Auto voller Massai zu haben ist sicher ein unvergessliches kulturelles Erlebnis.

Zug

Einst war die Uganda-Bahn Ostafrikas wichtigste Handelsroute, heute jedoch besteht das Eisenbahnnetz aus zwei Hauptstrecken: Nairobi–Kisumu (über Nakuru und Naivasha) und Nairobi–Mombasa. Man sollte bedenken, dass eine Zugfahrt in Kenia eher ein Erlebnis ist als eine schnelle und effiziente Art der Fortbewegung: Der Nachtzug von Nairobi nach Mombasa braucht 15 Stunden, viel länger, als ein Flug oder eine Fahrt über die Straße dauern würde.

Eine Tabelle zu Zielen, Preisen und Reisedauer findet man auf S. 86. Weitere Infos über die unvergessliche Reise zwischen Nairobi und Mombasa siehe Kasten S. 247.

Klassen

In kenianischen Zügen gibt's drei Klassen, doch empfehlenswert sind nur die erste und zweite.

» Die erste Klasse bietet Abteile mit zwei Schlafplätzen, einem Waschbecken, einer Garderobe, Trinkwasser und Getränkeservice.

» Die zweite Klasse verfügt über einfachere Vierbettapartments mit einem Waschbecken und Trinkwasser.

» In der dritten Klasse gibt's nur Sitzplätze.

Die Abteile lassen sich von außen nicht abschließen, also sollte man keine Wertsachen liegen lassen, wenn man sie verlässt. Beim Frühstück und Abendessen empfiehlt es sich, den Rucksack oder Gepäckstücke mit einem Schloss zu verschließen. Das Abteil stets von innen absperren, bevor man ins Bett geht. In der dritten Klasse ist die Sicherheit ein Problem und Passagiere werden nach Geschlechtern getrennt.

Fahrgäste der ersten Klasse bekommen im Zug nach Mombasa eine Mahlzeit, meist Eintöpfe, Currys oder gegrilltes Huhn mit Reis und Gemüse. Tee und Kaffee sind im Preis inbegriffen, Limonade, Wasser in Flaschen und alkoholische Getränke nicht. Kaltes Bier bekommt man jederzeit im Speisewagen und es wird auf Wunsch auch ins Abteil gebracht.

Reservierungen

An den Bahnhöfen von Nairobi und Mombasa gibt's mehrere Buchungsschalter. Am besten erscheint man dort persönlich, statt einfach nur anzurufen. Für die erste und zweite Klasse muss man im Voraus buchen, sonst ist wahrscheinlich kein Platz im Schlafwagen frei. Meist reichen zwei bis drei Tage vorher, man sollte aber bedenken, dass die Züge in beide Richtungen nur drei Mal in der Woche fahren. Etwa 30 Minuten vor der Abfahrt werden die Nummern der Abteile und Schlafkojen bekannt gegeben.

Gesundheit

Wer alle nötigen Impfungen hat und ein paar Vorsichtsmaßnahmen ergreift, bleibt in der Regel von den meisten in diesem Kapitel beschriebenen Gesundheitsrisiken verschont. In Afrika besteht die Gefahr sehr vieler tropischer und anderer Krankheiten, doch man wird wahrscheinlich nur Durchfall bekommen (zumindest muss man damit rechnen), sich eine Erkältung zuziehen oder von Mücken gestochen werden. Verletzungen, die ärztliche Behandlung erfordern, entstehen häufig bei Autounfällen.

VOR DER REISE

Vorbereitungen nicht auf die letzte Minute verschieben! Viele Impfungen wirken erst nach zwei Wochen, also geht man am besten vier bis acht Wochen vor der Abreise zum Arzt. Dort sollte man sich einen Internationalen Impfausweis (in manchen Ländern als Gelbes Heft bekannt) geben lassen, der alle erfolgten Impfungen auflistet. Dieser Ausweis ist Pflicht für alle afrikanischen Länder, die bei der Einreise eine Gelbfieberimpfung verlangen, dazu zählen auch Kenia und seine Nachbarstaaten. Am besten nimmt man ihn generell auf Reisen mit.

Versicherung

Man sollte vorher abklären, ob die abgeschlossene Versicherung Arztbesuche direkt zahlt oder Behandlungskosten im Nachhinein erstattet (viele Ärzte erwarten Barzahlung). Die Police muss unbedingt Notfalltransporte in ein städtisches Krankenhaus – oder eine andere medizinische Einrichtung in Afrika – bzw. den Rücktransport ins Heimatland (wenn nötig, mit dem Flugzeug und einem medizinisch geschulten Begleiter) einschließen. Nicht alle Versicherungen decken dies ab, also den Vertrag genau durchlesen. Wenn man medizinische Hilfe braucht, kann die Versicherungsgesellschaft dabei helfen, die nächste Klinik ausfindig zu machen, ansonsten erkundigt man sich im Hotel. Im Notfall sollte die Botschaft oder das Konsulat kontaktiert werden.

Eine Mitgliedschaft in der **African Medical & Research Foundation** (AMREF; www.amref.org) stellt Flüge in Notfallkliniken in Kenia sowie zwischen medizinischen Einrichtungen zur Verfügung. Das Geld, das die Mitglieder für diesen Service zahlen, wird zur Bereitstellung grundlegender medizinischer Mittel für Einheimische verwendet.

Empfohlene Impfungen

Die **Weltgesundheitsorganisation** (www.who.int) empfiehlt allen Travellern, sich unabhängig vom Reiseziel gegen Diphtherie, Tetanus, Masern, Mumps, Röteln, Polio und Hepatitis B impfen zu lassen.

Vom **Centrum für Reisemedizin** (www.travelmed.de) werden folgende Impfungen für Kenia empfohlen: Hepatitis A, Hepatitis B, Meningokokken-Meningitis, Tollwut und Typhus; außerdem Auffrischungen gegen Tetanus, Diphtherie, Polio und Masern. Auch eine Impfung gegen Gelbfieber (s. S. 405) ist ratsam.

Reiseapotheke

Um sich bei leichten Krankheiten oder Verletzungen selbst behandeln zu können, sollte man ein Erste-Hilfe-Set mit folgenden Dingen mitnehmen:

- Acetazolamid (Diamox) für Höhenkrankheit (verschreibungspflichtig)
- Antibakterielle Salbe (z. B. Betaisodona) für Schnitt- und Schürfwunden
- Antibiotika (verschreibungspflichtig), z. B. Ciprofloxacin oder Norfloxacin
- Antihistamine (für Heuschnupfen und allergische Reaktionen)
- Bandagen, Gaze, Mullbinden
- Durchfallmedikamente (Loperamid, z. B. Imodium)
- Entzündungshemmer (z. B. Ibuprofen)
- Hydrocortisoncreme (für allergische Ausschläge)

- » Insektenschutzmittel mit DEET für die Haut
- » Insektenspray mit Permethrin für Kleidung, Zelte und Moskitonetze
- » Jodtabletten (zur Wasserreinigung)
- » Malariatabletten
- » Paracetamol oder Aspirin
- » Pflaster
- » Rehydrationssalz zum Einnehmen
- » Scheren, Sicherheitsnadeln, Pinzetten
- » Sonnenschutzmittel
- » Spritzen, sterile Nadeln und Flüssigkeiten (bei Reisen in entlegene Regionen)
- » Taschenmesser
- » Thermometer

Wer durch malariagefährdete Gebiete reist, speziell Regionen, in denen Malaria tropica vorkommt, sollte einen Schnelltest mitnehmen, mit dem man sich mittels Blutentnahme aus dem Finger selbst auf die Krankheit testen kann.

IN KENIA

Medizinische Versorgung & Kosten

Die medizinische Versorgung in Kenia ist unterschiedlich: Sie kann exzellent sein wie in Nairobi, wo es gut ausgebildete Ärzte und Krankenschwestern gibt, in abgelegenen Regionen – sogar in Mombasa – ist sie hingegen oft lückenhaft. Teilweise müssen Medikamente, sterile Verbände und intravenöse Flüssigkeiten in lokalen Apotheken gekauft werden. Auch die zahnärztliche Versorgung variiert, und es besteht ein erhöhtes Risiko, sich durch schlecht sterilisierte Geräte mit Hepatitis B und HIV zu infizieren.

Im Großen und Ganzen bieten die öffentlichen kenianischen Krankenhäuser den billigsten Service, haben aber die am wenigsten modernen Einrichtungen und Medikamente. Missionshospitäler (wo man in der Regel durch Spenden zahlt) verfügen oft über bessere Gerätschaften; Privatkliniken sind teurer, haben aber modernere Medikamente, eine bessere Ausstattung und besser ausgebildete Ärzte.

Fast alle Medikamente erhält man ohne Rezept im freien Verkauf. Viele davon sind aber nicht unbedingt effektiv, könnten gefälscht oder nicht richtig gelagert worden sein. Am häufigsten werden Malariatabletten und teure Antibiotika wie Ciprofloxacin nachgemacht. Die meisten Medikamente bekommt man in Nairobi, in entlegenen Dörfern dagegen gibt's mit etwas Glück vielleicht Paracetamol. Wir empfehlen, alle Arzneimittel von zu Hause mitzubringen.

Man kann sich auch nicht darauf verlassen, dass überall (zuverlässige) Kondome verkauft werden – also sollte man alle nötigen Verhütungsmittel im Gepäck haben. In Kenia angebotene Kondome weisen nicht immer europäische Qualität auf und wurden möglicherweise falsch gelagert.

Es besteht ein hohes Risiko, sich bei einer Bluttransfusion mit HIV anzustecken. Die **Blood Care Foundation** (www.bloodcare.org.uk) verfügt über sicheres, filtriertes Blut, das innerhalb von 24 Stunden in jeden Teil der Welt transportiert werden kann.

Infektionen

Die Liste der ansteckenden Krankheiten ist lang, aber ein paar Vorsorgemaßnahmen minimieren die Risiken.

Bilharziose (Schistosomiasis)

Diese Krankheit wird durch Saugwürmer übertragen, die sich über Schnecken verbreiten. Beim Schwimmen oder Rudern dringen die Parasiten in die menschliche Haut ein und wandern dann in Blase oder Darm. Den Aufenthalt in suspekten Süßwasserseen oder langsam strömenden Flüssen sollte man daher vermeiden. Nicht immer treten Symptome auf. Manchmal bekommt man vorübergehend Fieber und Ausschlag, im fortgeschrittenen Stadium findet sich Blut im Stuhl oder Urin. Wenn man sich infiziert hat, lassen sich mit einem Bluttest Antikörper nachweisen, dann ist eine Behandlung in einer Spezialklinik für Reise- und ansteckende Krankheiten nötig. Unbehandelt führt die Krankheit zu Nierenversagen oder bleibenden Darmschäden.

Cholera

Cholera ist normalerweise nur bei Natur- oder anderen Katastrophen wie Krieg, Hochwasser oder Erdbeben ein Problem, doch manchmal treten auch zu anderen Zeiten kleine Epidemien auf. Touristen sind selten betroffen. Die Krankheit wird von Bakterien hervorgerufen, die sich über kontaminiertes Trinkwasser verbreiten. Hauptsymptom ist starker, wässriger Durchfall, der bei fehlendem Flüssigkeitsausgleich extrem schwächt. Cholerafälle lassen sich meist verhindern, indem man nur sauberes Wasser trinkt und potenziell verunreinigte Speisen meidet. Die Behandlung erfolgt durch Flüssigkeitszufuhr (oral oder über Infusion), aber gelegentlich werden Antibiotika benötigt. Es ist nicht ratsam, die Krankheit selbst zu behandeln.

Denguefieber (Knochenbrecherfieber)

Diese Krankheit wird durch Mückenstiche übertragen und verursacht Fieber mit Kopf- bzw. Muskelschmerzen wie bei einer schweren, langen Grippe. Manchmal kommt es zu Ausschlag. Mückenstiche sollten möglichst vermieden werden. Denguefieber ist in Kenia sehr verbreitet. Zur Selbstbehandlung werden Paracetamol und Bettruhe empfohlen.

Diphtherie

Diphtherie kommt in ganz Afrika vor. Sie wird durch Tröpfcheninfektion übertragen und führt meist zu Fieber und starken Halsschmerzen. Manchmal bilden sich im Rachen Beläge (Pseudomembranen), Betroffene können oft nur durch einen Luftröhrenschnitt vor dem Ersticken bewahrt werden. Traveller, die in engen Kontakt mit Einheimischen in infizierten Gebieten kommen, sollte sich gegen Diphtherie impfen lassen. Das gilt vor allem für Langzeitaufenthalte. Die Impfung wird als Injektion, teilweise zusammen mit Tetanus, gegeben und hält zehn Jahre.

Gelbfieber

Um Probleme bei der Einreise zu vermeiden, sollten Menschen, die vor Kurzem ein betroffenes Land besucht haben, immer ein Zertifikat bei sich tragen, mit dem sie belegen können, dass sie gegen Gelbfieber geimpft sind. Eine vollständige Liste der Länder, in denen die Krankheit vorkommt, findet man auf der Website der **Weltgesundheitsorganisation** (www.who.int/wer/) oder der **Centers for Disease Control & Prevention** (www.cdc.gov/travel/blusheet.htm). Traveller ohne ein legal erworbenes, aktuelles Zertifikat können am Einreiseflughafen bis zu zehn Tage lang in Quarantäne genommen und vor Ort geimpft oder sogar zurück in ihr Heimatland geschickt werden.

Gelbfieber wird von infizierten Mücken übertragen. Symptome reichen von grippeähnlichen Erkrankungen bis hin zu schwerer Hepatitis (Leberentzündung), Gelbsucht und Tod. Die Impfung muss in einer Spezialklinik gegeben werden und gibt einen Schutz von zehn Jahren. Es handelt sich um einen Lebendimpfstoff, der keinen immungeschwächten oder schwangeren Personen verabreicht werden darf. Für Keniareisende ist die Impfung nicht vorgeschrieben, aber empfehlenswert.

Hepatitis A

Hepatitis A verbreitet sich durch kontaminierte Lebensmittel (besonders Meeresfrüchte) und Wasser. Die Krankheit verursacht Gelbsucht und kann, obwohl sie selten tödlich verläuft, zu dauerhafter Schwäche führen. Wer sich gerade von Hepatitis A erholt, sollte sechs Monate keinen Alkohol trinken, wird aber nach vollständiger Heilung keine Probleme mehr haben. Die ersten Symptome sind dunkler Urin und Gelbfärbung der weißen Haut des Auges. Manchmal kommt es zu Fieber und Bauchschmerzen. Der Impfstoff gegen Hepatitis A (Avaxim, Vaqta, Havrix) wird als Injektion verabreicht: Eine einfache Dosis schützt bis zu einem Jahr, und mit einer Auffrischung nach einem Jahr ist man zehn Jahre geschützt. Die Impfstoffe gegen Hepatitis A und Typhus können auch als einmalige Impfung gegeben werden (mit Hepatyrix oder Viatim).

Hepatitis B

Hepatitis B verbreitet sich durch infiziertes Blut, kontaminierte Nadeln und Geschlechtsverkehr. Infizierte Mütter können die Krankheit bei der Geburt auf ihr Kind übertragen. Hepatitis B schädigt die Leber und führt zu Gelbsucht sowie gelegentlich auch Leberversagen. Die meisten Betroffenen erholen sich vollständig, aber einige tragen den Virus dauerhaft in sich, was schließlich zu Zirrhose oder Leberkrebs führen kann. Traveller, die sich lange in gefährdeten Gebieten aufhalten oder beruflich in Kenia unterwegs sind, sollten sich impfen lassen. Viele Länder impfen heute als Teil der Routinevorsorge im Kindesalter gegen Hepatitis B, entweder einzeln oder zusammen mit Hepatitis A (Hepatyrix).

Die Impfung gibt einen Schutz von fünf Jahren. Sie kann über einen Zeitraum von vier Wochen oder sechs Monaten verabreicht werden.

HIV

Der Humane Immundefizienzvirus (HIV) führt zum erworbenen Immundefizienzsyndrom (engl. *acquired immunodeficiency syndrome*, kurz AIDS) und ist ein enormes Problem in Kenia: Infiziert sind rund 6,3 % der erwachsenen Bevölkerung. Übertragen wird das Virus durch Blut und Blutprodukte sowie durch Geschlechtsverkehr mit einem infizierten Partner; infizierte Mütter können den Virus bei der Geburt oder beim Stillen auf ihr Baby übertragen. HIV verbreitet sich durch Blut-zu-Blut-Kontakt, z. B. durch kontaminierte Instrumente bei medizinischen und zahnärztlichen Behandlungen, Akupunktur und anderen Prozeduren, bei denen es zu Einstichen im Körper kommt (wie z. B. bei Leuten, die sich intravenöse Nadeln teilen). Wer glaubt, sich mit HIV angesteckt zu haben, muss einen Bluttest machen; die Antikörper zeigen sich erst drei Monate nach der Infizierung im Blut.

Malaria

Malaria ist eines der größten Probleme in Kenia. Die Infektionsraten variieren je nach Saison (in der Regenzeit sind sie höher) und Klima; am besten prüft man die Situation vor der Abreise. Auf Höhen über 2000 m gilt die Infektionsgefahr als gering.

Hervorgerufen wird die Krankheit durch einen Parasiten im Blutkreislauf, der sich durch den Biss der weiblichen Anophelesmücke verbreitet. Es gibt verschiedene Malariatypen: Malaria tropica (ausgelöst durch *Plasmodium falciparum*) ist die gefährlichste und häufigste Form in Kenia. Anders

TIPPS ZUR MALARIAVORBEUGUNG

» **Risikobewusstsein** Kein Medikament ist absolut verlässlich, aber die meisten schützen bis zu 95 %.

» **Stiche vermeiden!** In einem abgeschirmten Raum schlafen und Mückenspray oder -ringe verwenden, zudem sollte man ein mit Permethrin imprägniertes Moskitonetz nutzen. Im Bett mit Permethrin behandelte lange Hosen und langärmlige Shirts tragen. Abends Insektenschutz auf alle freiliegenden Hautbereiche auftragen.

» **Chemoprophylaxe** Nötig in malariagefährdeten Gebieten. Das erfordert Beratung durch einen Experten, denn die Resistenzen der Erreger können sich ändern, und ständig werden neue Mittel entwickelt. Nicht alle Medikamente eignen sich für jeden. Die meisten müssen bereits ab einer Woche vor der Anreise und bis zu vier Wochen nach dem Aufenthalt in betroffenen Regionen eingenommen werden.

» **Diagnose** Wer bis zu einem Jahr nach der Reise in ein malariagefährdetes Gebiet Fieber oder eine grippale Krankheit bekommt, könnte Malaria haben und sollte sofort zum Arzt gehen.

als bei vielen anderen Krankheiten, denen Traveller ausgesetzt sind, gibt's (noch) keine Impfung dagegen. Zur Vorbeugung werden verschiedene Mittel eingesetzt, neue sind zurzeit in der Entwicklung. Man sollte sich unbedingt in einer spezialisierten Klinik oder Praxis über den aktuellen Stand der Dinge informieren, denn manche Medikamente eignen sich mehr, manche weniger für die jeweiligen Betroffenen. Die Erreger ändern sich enorm schnell und entwickeln immer neue Resistenzen, daher treffen Hinweise, die vor einigen Jahren gegeben wurden, heute vielleicht nicht mehr zu.

SYMPTOME

Malaria führt zu verschiedenen Symptomen. Im frühen Stadium kommt es zu Kopfschmerzen, Fieber, Gliederschmerzen und Unwohlsein, was oft als Grippe missverstanden wird. Weitere Anzeichen können Bauchschmerzen, Durchfall und Husten sein. Jeder, der in einem Malariagebiet Fieber bekommt, sollte sich in ärztliche Behandlung begeben und einen Bluttest machen, auch wenn Malariamedikamente eingenommen wurden. Wenn die Krankheit unbehandelt bleibt, kann sie nach 24 Stunden in die nächste Phase übergehen, besonders bei dem Malariaerreger Falciparum: Gelbsucht, Bewusstlosigkeit und Koma (cerebrale Malaria), gefolgt von Tod. Man muss sich unbedingt im Krankenhaus behandeln lassen, Patienten im letzten Stadium der Krankheit haben – selbst in den besten Kliniken – ein Sterberisiko von 10 %.

NEBENWIRKUNGEN & RISIKEN

Viele Traveller glauben, Malaria sei eine leichte Krankheit, die sich problemlos und erfolgreich behandeln lässt, und dass die Einnahme vorbeugender Medikamente aufgrund der vielen Nebenwirkungen mehr Unwohlsein hervorruft als die Krankheit selbst. Das stimmt leider nicht. Die Nebenwirkungen hängen vom Medikament ab. Doxycyclin kann Sodbrennen und Verdauungsstörungen hervorrufen; Mefloquin (Lariam) zu Angstanfällen, Schlaflosigkeit, Albträumen und (selten) zu ernsthaften psychischen Störungen führen; Chloroquin verursacht manchmal Übelkeit und Haarausfall; bei Proguanil kann es zu Mundgeschwüren kommen. Diese Nebenwirkungen tauchen nicht immer auf; und wer die Medikamente korrekt – zu den Mahlzeiten – einnimmt, kann sie deutlich minimieren.

Wenn man sich entscheidet, keine Malariamedikamente zu nehmen, muss man sich des Risikos bewusst sein und Mückenstiche um jeden Preis verhindern. Also unbedingt Netze und Insektenschutzmittel benutzen und bei Fieber oder grippeähnlichen Symptomen sofort zum Arzt gehen. Manche Leute schwören auf homöopathische Mittel gegen Malaria wie Demal200, doch bisher gibt's keine wissenschaftlichen Nachweise für deren Wirkung, und viele Homöopathen empfehlen sie nicht. Einige Menschen sollten bestimmte Medikamente nicht einnehmen: Für Epileptiker ist Mefloquin nicht geeignet, schwangere Frauen oder Kinder unter zwölf Jahren sollten Doxycyclin meiden. Malaria während der Schwangerschaft führt zu Fehl- oder Frühgeburten, und die Risiken für Mutter und Fötus sind beträchtlich. Schwangere sollten sich genau überlegen, ob sie nach Kenia reisen wollen.

NOTFALLBEHANDLUNG (STAND-BY-THERAPIE)

Wer in entlegenen Gebieten oder außerhalb von Großstädten unterwegs ist, muss Notfallmedikamente mitnehmen. Selbstbehandlungen sind allerdings nur als Notfalltherapie gedacht, die dazu dient, das Leben des Patienten zu retten; sie sollte nicht als Routinebehandlung angesehen werden. Eine Eigentherapie darf nur dann vorgenommen werden, wenn man sich fernab von medizinischen Einrichtungen befindet, über die Symptome der

Malaria unterwiesen wurde und weiß, wie man die Medikation einsetzt. Man sollte aber schnellstmöglich ärztliche Beratung suchen, um sich zu vergewissern, dass die Behandlung erfolgreich war. Welche Medikamente man einnimmt, hängt davon ab, wie der körperliche Zustand ist, welche Resistenzen vorliegen und welche Mittel vorher eingenommen wurden. Das ist wichtig, um die besonders schwere Form der cerebralen Malaria zu vermeiden, die innerhalb von 24 Stunden tödlich verlaufen kann. Im Westen sind Schnelltests erhältlich, die Malaria mit Hilfe eines Blutstropfens aus dem Finger nachweisen können.

Meningokokken-Meningitis

Meningokokken-Infektionen verbreiten sich durch Tröpfcheninfektion vor allem an überfüllten Orten, beispielsweise in Schlafsälen, Bussen und Clubs. Traveller stecken sich nur selten an. Bei Langzeitaufenthalten und zum Ende der Trockenzeit sind Impfungen besonders wichtig. Zu den Symptomen gehören Fieber, starke Kopfschmerzen, Nackensteifigkeit und roter Ausschlag. Es ist sofort medizinische Behandlung nötig.

Eine ACWY-Impfung empfiehlt sich für alle Traveller, die Subsahara-Afrika bereisen. Diese unterscheidet sich vom C-Impfstoff, der in einigen Ländern Kindern und Jugendlichen gegeben wird; am besten nimmt man beide Impfstoffe ein.

Rift-Valley-Fieber

Diese Krankheit wird gelegentlich durch Mückenstiche übertragen und verläuft nur selten tödlich. Zu den Symptomen zählen Fieber und grippeähnliche Erscheinungen.

Tollwut

Tollwut wird durch Bisse oder das Lecken infizierter Tiere auf nicht intakter Haut übertragen. Sobald die klinischen Symptome auftauchen (das kann mehrere Monate nach einem infizierten Biss sein), verläuft die Krankheit immer tödlich – nach einem Tierbiss sollte man sich also sofort impfen lassen. Die nachträgliche Impfung (unabhängig davon, ob man bereits geimpft war) verhindert, dass das Virus ins zentrale Nervensystem vordringt.

Eine Impfung empfiehlt sich für Leute, die viel Kontakt mit Tieren haben, sowie für Reisende, die in abgelegenen Gebieten unterwegs sind, wo innerhalb von 24 Stunden keine Impfungen verfügbar sind. Um den Krankheitsausbruch zu verhindern, müssen drei Injektionen über einen Monat verteilt verabreicht werden. Wer ohne Impfschutz gebissen wird, braucht fünf Injektionen, die erste davon 24 Stunden oder schnellstmöglich nach der Verletzung. Wenn man bereits geimpft ist, sind weniger nachträgliche Injektionen nötig und man hat mehr Zeit, sich medizinische Hilfe zu suchen.

Typhus

Typhus wird durch Lebensmittel oder Getränke übertragen, die mit Fäkalien infizierter Menschen kontaminiert wurde. Als erste Symptome einer Infektion treten normalerweise Fieber oder rötliche Ausschläge am Unterleib auf. Manchmal kommt es zur Sepsis (Blutvergiftung). Eine Typhus-Impfung (mit Typhim Vi, Typherix) gibt drei Jahre Schutz. In einigen Ländern ist auch der orale Impfstoff Vivotif verfügbar. Die Krankheit wird normalerweise mit Antibiotika behandelt und führt selten zum Tod – es sei denn, der Betroffene bekommt eine Blutvergiftung.

Durchfallerkrankungen

Obwohl man auf seiner Reise durch Kenia nicht unbedingt Durchfall bekommen muss, ist es sehr wahrscheinlich, denn dies ist die üblichste Reisekrankheit. Die Ursachen sind manchmal schlicht und einfach Änderungen im Speiseplan, etwa durch mehr Gewürze oder Öl. Um vorzubeugen, sollte man kein Leitungswasser trinken (s. S. 408), nur geschältes oder gekochtes Obst und Gemüse essen sowie vorsichtig mit Milchprodukten sein, die nicht pasteurisierte Milch enthalten können. Obwohl frisch gekochte Speisen oftmals sicher sind, können Teller oder Serviergeräte verschmutzt sein, deshalb ist bei Straßenhändlern Vorsicht angesagt (unbedingt sicherstellen, dass gekochte Speisen direkt nach der Zubereitung serviert werden und heiß sind).

Wer Durchfall bekommt, sollte genügend Flüssigkeit trinken, am besten eine Rehydrationslösung mit viel Wasser sowie etwas Salz und Zucker. Ein paar Stuhlgänge mit Durchfall müssen nicht behandelt werden, aber wer mehr als vier- oder fünfmal täglich auf Toilette muss, sollte Antibiotika (normalerweise ein Chinolin-Präparat wie Ciprofloxacin oder Norfloxacin) und – wenn nicht immer eine Toilette vorhanden ist – ein Antidiarrhoikum (beispielsweise Imodium) nehmen. Wenn der Durchfall blutig ist, länger als 72 Stunden andauert oder mit Fieber, Schüttelfrost oder Bauchschmerzen einhergeht, muss man ärztliche Hilfe suchen.

Amöbenruhr

Amöbenruhr wird durch kontaminierte Speisen und Getränke übertragen und führt zu Blut und Schleim im Stuhl. Die Krankheit entwickelt sich fortschreitend und muss nicht schwer verlaufen, aber man sollte trotzdem zum Arzt gehen, denn sie kann nur durch eine geeignete Behandlung (mit spezifischen Antibiotika) geheilt werden.

Giardiasis

Diese Krankheit wird wie die Amöbenruhr durch kontaminierte Lebensmittel und Getränke übertragen. Sie bricht normalerweise eine Woche (oder später) nach dem Kontakt mit dem Parasiten aus. Giardiasis ruft meist nur kurzfristigen Durchfall hervor, kann aber zu dauerhafter Diarrhöe führen. Wer glaubt, betroffen zu sein, geht am besten zum Arzt; wenn man sich in abgelegenen Gebieten aufhält, kann man Antibiotika nehmen.

Gesundheitsrisiken

Hitzeschäden

Hitzeschäden tauchen nach starkem Schwitzen und Flüssigkeitsverlust auf, wenn der Betroffene zum Ausgleich nicht genügend Flüssigkeit und Salz zu sich nimmt. Sie sind besonders in Regionen mit heißem Klima üblich, wenn Reisende sich ungewohnt viel bewegen, aber noch nicht ausreichend akklimatisiert sind.

Zu den Symptomen gehören Kopfschmerzen, Schwindelgefühle und Müdigkeit. Eine Dehydrierung beginnt schon, wenn man Durst hat – man sollte darauf achten, genug zu trinken, um hellen, dünnflüssigen Urin zu produzieren. Selbstbehandlung: Flüssigkeitszufuhr durch Wasser und/oder Fruchtsaft sowie Abkühlung mit kaltem Wasser und Ventilatoren. Den Salzverlust mit salzigen Flüssigkeiten (wie Suppe) ausgleichen und sein Essen mehr als üblich würzen.

Hitzschlag

Hitzeschäden sind Vorläufer des viel ernsteren Hitzschlags. In diesem Zustand versagt der Schwitzmechanismus und die Körpertemperatur steigt stark an; es kommt zu irrationalem und hyperaktivem Verhalten und schließlich zu Bewusstlosigkeit und Tod. Behandlung: Den Körper sofort kühlen, mit Wasser besprühen und sich in Räumen mit Ventilator aufhalten. Zudem müssen dem Körper Flüssigkeit und Elektrolyte per Tropfinfusion zugeführt werden.

Insektenbisse & -stiche

Mücken übertragen nicht immer Malaria oder Denguefieber, können aber Hautreizungen und entzündete Stichstellen verursachen. Unbedingt DEET-basierte Insektenschutzmittel benutzen, die auch vor Sandfliegen schützen.

In Gebieten mit trockenem Klima gibt's häufig Skorpione. Ihre Bisse sind schmerzhaft und manchmal lebensbedrohlich. Wer gebissen wurde, muss sofort zum Arzt gehen.

Schlangenbisse

Grundsätzlich vermeiden! Also nicht barfuß laufen oder seine Hände in Löcher und Felsspalten stecken. 50 % aller von giftigen Schlangen gebissenen Patienten werden nicht mit dem Gift infiziert. Wer gebissen wurde, sollte nicht in Panik ausbrechen. Das gebissene Körperteil mit einer Schiene (z. B. einem Stock) ruhigstellen, einen seitlichen Verband anlegen und fest drücken – wie beim Bandagieren einer Verstauchung. Keinen Druckverband anlegen und den Biss nicht herausschneiden oder aussaugen! So schnell wie möglich ärztliche Hilfe suchen, damit falls nötig ein Antivenin gegeben werden kann.

Wasser

Man sollte niemals Leitungswasser trinken, das nicht gekocht, gefiltert oder chemisch desinfiziert wurde (beispielsweise mit Jodtabletten). Nicht aus Bächen, Flüssen und Seen trinken. Am besten verzichtet man auch auf Wasser aus Pumpen und Brunnen, denn Tiere können die Oberflächen verschmutzen.

Sprache

NOCH MEHR SWAHILI?

Wer sich intensiver mit der Sprache beschäftigen möchte, legt sich am besten das praktische *Swahili Phrasebook* von Lonely Planet zu, das man unter **shop.lonelyplanet.com** oder im Apple Store als App fürs iPhone kaufen kann.

Swahili (oder auch Suaheli) ist die Landessprache Kenias und Tansanias sowie die Lingua Franca in weiten Teilen Ostafrikas. Sie ist eine der am meisten gesprochenen afrikanischen Sprachen und wird Schätzungen zufolge von weit über 50 Millionen Menschen beherrscht, davon sind aber gerade mal fünf Millionen Muttersprachler. Für den Rest ist Swahili die Zweit- bzw. Verkehrssprache. Sie zählt zu den Bantusprachen aus der Niger-Kongo-Familie und ihre Anfänge reichen bis ins 1. Jt. n. Chr. zurück. Natürlich sind in einem so immens großen Gebiet wie Ostafrika viele verschiedene Swahili-Dialekte gebräulich, doch wenn man den im Folgenden beschriebenen Küstendialekt verwendet, müsste man in Kenia (und darüber hinaus) verstanden werden.

Die meisten Laute kommen auch im Deutschen vor. Bei der Aussprachehilfe in Farbe wird ey wie in „hey", o lang wie in „hohl", dh wie ein stimmhaftes englisches „th" („there") und th wie ein stimmloses englisches „th" („thing") ausgesprochen. Der Laut ng kann auch am Wortanfang stehen, zudem besteht kaum ein Unterschied zwischen einem r und einem l. Statt eines rollenden „r" sollte man versuchen, ein weiches „d" zu sprechen. Bei fast allen Wörtern liegt die Betonung auf der vorletzten Silbe. In der Aussprachehilfe sind die betonten Silben anhand der Kursivschreibung zu erkennen.

GRUNDLAGEN

Jambo ist ein Pidgin-Ausdruck, mit dem man Touristen grüßt, bei denen man davon ausgeht, dass sie kein Swahili sprechen. Wenn die Einheimischen einem ein paar Brocken ihrer Landessprache zutrauen, werden sie vielleicht diese Begriffe verwenden:

Hallo. (allgemein)	*Habari?*	ha·*ba*·rih
Hallo. (respektvoll)	*Shikamoo.*	schih·ka·*muh*
Tschüs.	*Tutaonana.*	tuh·ta·oh·*na*·na
Guten ...	*Habari za ...?*	ha·*ba*·rih sa ...
Morgen	*asubuhi*	a·ßuh·*buh*·hih
Tag	*mchana*	m·*tscha*·na
Abend	*jioni*	dschih·*oh*·nih
Ja.	*Ndiyo.*	n·*dih*·joh
Nein.	*Hapana.*	ha·*pa*·na
Bitte.	*Tafadhali.*	ta·fa·*dha*·lih
(Vielen) Dank.	*Asante (sana).*	a·*ßan*·tey (*ßa*·na)
Bitte schön.	*Karibu.*	ka·*rih*·buh
Entschuldigung.	*Samahani.*	ßa·ma·*ha*·nih
Tut mir leid.	*Pole.*	*poh*·ley

Wie geht's?
Habari? ha·*ba*·rih

Mir geht's gut.
Nzuri./Salama./Safi. n·*suh*·rih/ßa·*la*·ma/*ßa*·fih

Wenn alles „nur" o.k. ist, hängt man *tu* tuh (nur) an sämtliche der oben genannten Antworten. Wenn es wirklich super läuft, schiebt man ein *sana* *ßa*·na (sehr) oder *kabisa* ka·*bih*·ßa (total) anstelle des *tu* nach.

Wie heißen Sie?
Jina lako nani? dschih·na *la*·koh *na*·nih

Ich heiße ...
Jina langu ni ... dschih·na *lan*·guh nih ...

Sprechen Sie Englisch?
Unasema Kiingereza? — uh·na·*ßey*·ma kih·ihn·gey·*rey*·sa

Ich verstehe nicht.
Sielewi. — ßih·ey·*ley*·uih

ESSEN & TRINKEN

Ich würde gern einen Tisch für ... reservieren.	*Nataka kuhifadhi meza kwa ...*	na·*ta*·ka kuh·hih·*fa*·dhih *mey*·sa kua ...
(zwei) Personen	*watu (wawili)*	*ua*·tuh (ua·*uih*·lih)
(acht) Uhr	*saa (mbili)*	ßa (m·*bih*·lih)

Ich hätte gern die Speisekarte.
Naomba menyu. — na·*ohm*·ba *mey*·njuh

Was empfehlen Sie mir?
Chakula gani ni kizuri? — tscha·*kuh*·la *ga*·nih nih kih·*suh*·rih

Haben Sie vegetarische Speisen?
Mna chakula bila nyama? — *m*·na tscha·*kuh*·la *bih*·la *nja*·ma

Ich nehme das.
Nataka hicho. — na·*ta*·ka *hih*·tschoh

Prost!
Heri! — *hey*·rih

Das war köstlich!
Chakula kitamu sana! — tscha·*kuh*·la kih·*ta*·muh *ßa*·na

Ich esse kein(e) ...	*Sili ...*	*ßih*·lih ...
Butter	*siagi*	ßih·*a*·dschi
Eier	*mayai*	ma·*ja*·ih
rotes Fleisch	*nyama*	*nja*·ma

Schlüsselbegriffe

Abendessen	*chakula cha jioni*	tscha·*kuh*·la tscha dschih·*oh*·nih
Flasche	*chupa*	*tschuh*·pa
Frühstück	*chai ya asubuhi*	*tscha*·ih ja a·ßuh·*buh*·hih
Gabel	*uma*	*uh*·ma
Gericht	*chakula*	tscha·*kuh*·la
Glas	*glesi*	*gley*·ßih
halal	*halali*	ha·*la*·lih
heiß	*joto*	*dschoh*·toh
kalt	*baridi*	ba·*rih*·dih
koscher	*halali*	ha·*la*·lih
Löffel	*kijiko*	kih·*dschih*·koh
Markt	*soko*	*ßoh*·koh
Messer	*kisu*	*kih*·ßuh
mit	*na*	na
Mittagessen	*chakula cha mchana*	tscha·*kuh*·la tscha m·*tscha*·na
ohne	*bila*	*bih*·la
Restaurant	*mgahawa*	m·ga·*ha*·ua
scharf	*chenye viungo*	*tschey*·njey wih·*uhn*·goh
Schüssel	*bakuli*	ba·*kuh*·lih
Snack	*kumbwe*	*kuhm*·buey
Teller	*sahani*	ßa·*ha*·nih

SCHLÜSSELSÄTZE

Mit den folgenden Sätzen sollte man sich gut verständigen können::

Wann fährt (der nächste Bus)?
(Basi ijayo) itaondoka lini? — (ba·ßih ih·*dscha*·joh) i·ta·ohn·*doh*·ka *lih*·nih

Wo ist (der Bahnhof)?
(Stesheni) iko wapi? — (ßtey·*schey*·nih) *ih*·koh *ua*·pih

Wie viel kostet (ein Zimmer)?
(Chumba) ni bei gani? — (tschuhm·ba) nih bey ga·nih

Ich suche nach (einem Hotel).
Natafuta (hoteli). — na·ta·fuh·ta (hoh·tey·lih)

Haben Sie (eine Karte)?
Una (ramani)? — uh·na (ra·ma·nih)

Bringen Sie bitte (die Rechnung).
Lete (bili). — *ley*·tey (*bih*·lih)

Ich hätte gern (die Speisekarte).
Nataka (menyu). — na·*ta*·ka (*mey*·njuh)

Ich habe (reserviert).
Nina (buking). — *nih*·na (*buh*·kihng)

Fisch & Fleisch

Auster	*chaza*	*tscha*·sa
Fisch	*samaki*	ßa·*ma*·kih
Fleisch	*nyama*	*nja*·ma
Hammel	*nyama mbuzi*	*nja*·ma m·*buh*·sih
Hering	*heringi*	hey·*rihn*·gih
Hühnchen	*kuku*	*kuh*·kuh
Kalb	*nyama ya ndama*	*nja*·ma ja n·*da*·ma
Krebs	*kaa*	ka
Lamm	*mwanakondoo*	mua·na·kohn·*doh*
Meeresfrüchte	*chakula kutoka bahari*	tscha·*kuh*·la kuh·*toh*·ka ba·*ha*·rih
Rindfleisch	*nyama ng'ombe*	*nja*·ma ng·*ohm*·bey
Schwein	*nyama nguruwe*	*nja*·ma n·guh·*ruh*·uey
Thunfisch	*jodari*	dschoh·*da*·rih
Tintenfisch	*ngisi*	n·*gih*·ßih

Obst & Gemüse

Ananas	*nanasi*	na·*na*·ßih
Apfel	*tofaa*	toh·*fah*
Aubergine	*biringani*	bih·rihn·*ga*·nih
Banane	*ndizi*	n·*dih*·sih
Erdnuss	*karanga*	ka·*ran*·ga
Gemüse	*mboga*	m·*boh*·ga
Grapefruit	*balungi*	ba·*luhn*·dschih
Guave	*pera*	*pey*·ra
Kartoffel	*kiazi*	kih·*a*·sih
Kohl	*kabichi*	ka·*bih*·tschih
Linsen	*dengu*	*deyn*·guh
Mango	*embe*	*eym*·bey
Möhre	*karoti*	ka·*roh*·tih
Obst	*tunda*	*tuhn*·da
Orange	*chungwa*	*tschuhn*·gua
Spinat	*mchicha*	m·*tschih*·tscha
Tomate	*nyanya*	*nja*·nja
Weintrauben	*zabibu*	sa·*bih*·buh
Zitrone	*limau*	lih·*ma*·uh
Zwiebel	*kitunguu*	kih·tuhn·*guh*

Andere Nahrungsmittel

Brot	*mkate*	m·*ka*·tey
Butter	*siagi*	ßih·*a*·dschie
Ei	*yai*	*ja*·ih
Honig	*asali*	a·*ßa*·lih
Käse	*jibini*	dschih·*bih*·nih
Pasta	*tambi*	*tam*·bih
Pfeffer	*pilipili*	pih·lih·*pih*·lih
Reis (gekocht)	*wali*	*ua*·lih
Salz	*chumvi*	*tschum*·wih
Schinken	*jamu*	*dscha*·muh
Zucker	*sukari*	ßuh·*ka*·rih

Getränke

Bier	*bia*	*bih*·a
Kaffee	*kahawa*	ka·*ha*·ua
Limonade	*soda*	*ßoh*·da
Milch	*maziwa*	ma·*sih*·ua
Mineralwasser	*maji ya madini*	*ma*·dschih ja ma·*dih*·nih
Orangensaft	*maji ya machungwa*	*ma*·dschih ja ma·*tschuhn*·gua
Rotwein	*mvinyo mwekundu*	m·*wih*·njoh muey·*kuhn*·duh
Saft	*jusi*	*dschuh*·ßih
Sekt	*mvinyo yenye mapovu*	m·*wih*·njoh *jey*·njey ma·*poh*·wuh
Tee	*chai*	*tscha*·ih
Wasser	*maji*	*ma*·dschih
Weißwein	*mvinyo mweupe*	m·*wih*·njoh muey·*uh*·pey

NOTFALL

Hilfe!	*Saidia!*	ßa·ih·*dih*·a
Gehen Sie weg!	*Toka!*	*toh*·ka

Ich habe mich verlaufen.
Nimejipotea. — nih·mey·dschih·poh·*tey*·a

Rufen Sie die Polizei.
Waite polisi. — ua·*ih*·tey poh·*lih*·sih

Rufen Sie einen Arzt.
Mwite daktari. — m·*uih*·tey dak·*ta*·rih

Ich bin krank.
Mimi ni mgonjwa. — *mih*·mih nih m·*gohn*·dschua

Hier tut es weh.
Inauma hapa. — ih·na·*uh*·ma *ha*·pa

Ich bin allergisch gegen (Antibiotika).
Nina mzio wa (viuavijasumu). — *nih*·na m·*sih*·oh ua (wih·uh·a·wih·dscha·*ßuh*·muh)

Wo ist die Toilette?
Choo kiko wapi? — tschoh *kih*·koh *ua*·pih

SHOPPEN & SERVICE

Ich würde gern ... kaufen.
Nataka kununua ... — na·*ta*·ka kuh·nuh·*nuh*·a ...

Ich sehe mich nur um.
Naangalia tu. — na·an·ga·*lih*·a tuh

Kann ich mir das ansehen?
Naomba nione. — na·*ohm*·ba nih·*oh*·ney

Das gefällt mir nicht.
Sipendi. — ßih·*peyn*·dih

Wie viel kostet das?
Ni bei gani? — ni bey *ga*·nih

Schilder

Mahali Pa Kuingia	Eingang
Mahali Pa Kutoka	Ausgang
Imefunguliwa	Offen
Imefungwa	Geschlossen
Maelezo	Information
Ni Marufuku	Verboten
Choo/Msalani	Toiletten
Wanaume	Männer
Wanawake	Frauen

Fragewörter

Wann?	*Wakati?*	ua·*ka*·tih
Warum?	*Kwa nini?*	kua *nih*·nih
Was?	*Nini?*	*nih*·nih
Welcher?	*Gani?*	*ga*·nih
Wer?	*Nani?*	*na*·nih
Wie?	*Namna?*	*nam*·na
Wo?	*Wapi?*	*ua*·pih

Das ist zu teuer.
Ni ghali mno. nih *ga*·lih *m*·noh

Bitte gehen Sie mit dem Preis runter.
Punguza bei. puhn·*guh*·sa bey

In der Rechnung ist ein Fehler.
Kuna kosa kwenye bili. kuh·na koh·ßa kueyn·jey bih·lih

Geldautomat	*mashine ya kutolea pesa*	ma·*schie*·ney ja kuh·toh·*ley*·a *pey*·ßa
öffentliches Telefon	*simu ya mtaani*	*ßie*·muh ja m·*ta*·nie
Postamt	*posta*	*poh*·ßta
Touristen-information	*ofisi ya watalii*	o·*fie*·ßie ja ua·ta·*lie*

UHRZEIT & DATUM

Der neue Tag bricht in der Swahili-Zeiteinteilung sechs Stunden später an als nach dem internationalen System, nämlich mit dem Sonnenaufgang. Dieser erfolgt ganzjährig etwa um 6 Uhr. *Saa mbili* sah m·*bih*·li (wörtlich übersetzt: Uhren zwei) bedeutet folglich 2 Uhr nach Swahili-Zeit und 8 Uhr nach dem internationalen System.

Wie spät ist es?
Ni saa ngapi? nih ßa n·*ga*·pih

Es ist (zehn) Uhr.
Ni saa (nne). nih ßa (*n*·ney)

Halb (zehn).
Ni saa (nne) na nusu. nih ßa (*n*·ney) na *nuh*·ßuh

Morgen	*asubuhi*	a·ßuh·*buh*·hih
Nachmittag	*mchana*	m·*tscha*·na
Abend	*jioni*	dschih·*oh*·nih
gestern	*jana*	*dscha*·na
heute	*leo*	*ley*·oh
morgen	*kesho*	*key*·schoh
Montag	*Jumatatu*	dschuh·ma·*ta*·tuh
Dienstag	*Jumanne*	dschuh·ma·*n*·ney
Mittwoch	*Jumatano*	dschuh·ma·*ta*·noh
Donnerstag	*Alhamisi*	al·ha·*mih*·ßih
Freitag	*Ijumaa*	ih·dschuh·*ma*
Samstag	*Jumamosi*	dschuh·ma·*moh*·ßih
Sonntag	*Jumapili*	dschuh·ma·*pih*·lih

UNTERKUNFT

Wo ist ein(e) ...? *... iko wapi?* ... *ih*·koh *ua*·pih

Campingplatz	*Uwanja wa kambi*	uh·*uan*·dscha ua *kam*·bih
Hotel	*Hoteli*	hoh·*tey*·lih
Jugendherberge	*Hosteli ya vijana*	hoh·*ßtey*·lih ja wih·*dscha*·na
Pension	*Gesti*	*gey*·ßtih

Haben Sie ein ...zimmer? *Kuna chumba kwa ...?* *kuh*·na *tschuhm* ba kua ...

Doppel... (ein Bett)	*watu wawili, kitanda kimoja*	*ua*·tuh ua·*uih*·lih kih·*tan*·da kih·*moh*·dscha
Einzel...	*mtu mmoja*	*m*·tuh m·*moh*·dscha
Zweibett... (zwei Betten)	*watu wawili, vitanda viwili*	*ua*·tuh ua·*uih*·lih wih·*tan*·da wih·*uih*·lih

Wie viel kostet es pro ...? *Ni bei gani kwa ...?* nih bey *ga*·ne kua ...

Person	*mtu*	*m*·tuh
Tag	*siku*	*ßih*·kuh

Badezimmer	*bafuni*	ba·*fuh*·nih
Fenster	*dirisha*	dih·*rih*·scha
Klimaanlage	*a/c*	*ey*·ßih
Schlüssel	*ufunguo*	uh·fuhn·*guh*·oh
Toilette	*choo*	*tschoh*

VERKEHRSMITTEL & -WEGE

Autofahren & Radfahren

Ich würde gern ein/en ... mieten. *Nataka kukodi ...* na·*ta*·ka kuh·*koh*·dih ...

Allradwagen	*forbaifor*	*fohr*·ba·ih·fohr
Auto	*gari*	*ga*·rih
Fahrrad	*baisikeli*	ba·ih·ßih·*key*·lih
Motorrad	*pikipiki*	pih·kih·*pih*·kih

Diesel	*dizeli*	dih·*sey*·lih
normal	*kawaida*	ka·ua·*ih*·da
bleifrei	*isiyo na risasi*	ih·*ßih*·joh na rih·*ßa*·ßih

Ist das die Straße nach (Embu)?
Hii ni barabara kwenda (Embu)? hih nih ba·ra·*ba*·ra *kueyn*·da (*eym*·buh)

Wo ist die nächste Tankstelle?
Kituo cha mafuta kiko wapi? — kih·*tuh*·oh tscha ma·*fuh*·ta *kih*·ko ua·pih

(Wie lange) Darf ich hier parken?
Naweza kuegesha hapa (kwa muda gani)? — na·*uey*·sa kuh·ey·*gey*·scha *ha*·pa (kua *muh*·da *ga*·ni)

Ich brauche einen Mechaniker.
Nahitaji fundi. — na·hih·*ta*·dschih *fuhn*·dih

Ich habe eine Reifenpanne.
Nina pancha. — *nih*·na *pan*·tscha

Der Tank ist leer.
Mafuta yamekwisha. — ma·*fuh*·ta ja·mey·*kuih*·scha

Öffentliche Verkehrsmittel

Welche/r ... fährt nach (Mbeya)?	*... ipi huenda (Mbeya)?*	... *ih*·pih huh·*eyn*·da (m·*bey*·a)
Bus	*Basi*	*ba*·ßih
Fähre	*Kivuko*	kih·*wuh*·koh
Minibus	*Matatu*	ma·*ta*·tuh
Zug	*Treni*	*trey*·nih

Wann fährt der ... Bus?	*Basi ... itaondoka lini?*	*ba*·ßih ... ih·ta·ohn·*doh*·ka *lih*·nih
erste	*ya kwanza*	ja *kuan*·za
letzte	*ya mwisho*	ja *muih*·schoh
nächste	*ijayo*	ih·*dscha*·joh

Ein ... Ticket nach (Iringa).	*Tiketi moja ya ... kwenda (Iringa).*	tih·*key*·tih *moh*·dscha ja ... *kueyn*·da (ih·*rihn*·ga)
1.-Klasse-	*daraja la kwanza*	da·*ra*·dscha la *kuan*·sa
2.-Klasse-	*daraja la pili*	da·*ra*·dscha la *pih*·lih
einfaches	*kwenda tu*	*kueyn*·da tuh
Hin- und Rückfahrt-	*kwenda na kurudi*	*kueyn*·da na kuh·*ruh*·dih

Wie lange braucht man nach (Kisuma)?
Itafika (Kisumu) saa ngapi? — ih·ta·*fih*·ka (kih·*ßuh*·muh) ßa n·*ga*·pih

Hält er/sie/es in (Tanga)?
Linasimama (Tanga)? — lih·na·ßih·*ma*·ma (*tan*·ga)

Ich würde gern in (Bagamoyo) aussteigen.
Nataka kushusha (Bagamoyo). — na·*ta*·ka kuh·*schuh*·scha (ba·ga·*moh*·joh)

WEGWEISER

Wo ist der/die/das ...?
... Iko wapi? — ... *ih* koh *ua*·pih

Wie ist die Adresse?
Anwani ni nini? — an·*ua*·nih nih *nih*·nih

Zahlen

1	*moja*	*moh*·dscha
2	*mbili*	m·*bih*·lih
3	*tatu*	*ta*·tuh
4	*nne*	n·ney
5	*tano*	*ta*·noh
6	*sita*	*ßih*·ta
7	*saba*	*ßa*·ba
8	*nane*	*na*·ney
9	*tisa*	*tih*·ßa
10	*kumi*	*kuh*·mih
20	*ishirini*	ih·schih·*rih*·nih
30	*thelathini*	they·la·*thih*·nih
40	*arobaini*	a·roh·ba·*ih*·nih
50	*hamsini*	ham·*ßih*·nih
60	*sitini*	ßih·*tih*·nih
70	*sabini*	ßa·*bih*·nih
80	*themanini*	they·ma·*nih*·nih
90	*tisini*	tih·*ßih*·nih
100	*mia moja*	*mih*·a *moh*·dscha
1000	*elfu*	*eyl*·fuh

Wie komme ich dorthin?
Nifikaje? — nih·fih·*ka*·dschey

Wie weit ist es?
Ni umbali gani? — nih uhm·*ba*·lih *ga*·nih

Können Sie es mir (auf der Karte) zeigen?
Unaweza kunionyesha (katika ramani)? — uh·na·*uey*·sa kuh·nih·oh·*njey*·scha (ka·*tih*·ka ra·*ma*·nih)

Es ist ...	*Iko ...*	*ih*·koh ...
an der Ecke	*pembeni*	peym·*bey*·nih
gegenüber ...	*ng'ambo ya ...*	ng·*am*·boh ja ...
geradeaus	*moja kwa moja*	*moh*·dscha kua *moh*·dscha
hinter ...	*nyuma ya ...*	*njuh*·ma ja ...
nahe ...	*karibu na ...*	ka·*rih*·buh na ...
neben ...	*jirani ya ...*	dschih·*ra*·nih ja ...
vor ...	*mbele ya ...*	m·*hey*·ley ja ...

Biegen Sie ... ab.	*Geuza*	gey·*uh*·sa ...
an der Ampel	*kwenye taa za barabarani*	*kuey*·njey tah sa ba·ra·ba·*ra*·nih
an der Ecke	*kwenye kona*	*kuey*·njey *koh*·na
links	*kushoto*	kuh·*schoh*·toh
rechts	*kulia*	kuh·*lih*·a

GLOSSAR

Im Folgenden werden ein paar Ausdrücke aufgelistet, die einem vielleicht während der Reise unterkommen:

abanyamorigo – Medizinmann

askari – Sicherheitsbediensteter, Wachmann

banda – strohgedeckte Hütte mit Wänden aus Holz oder Lehm oder einfache Behausung aus Holz und Stein

bao – traditionelles afrikanisches Brettspiel

Beach Boys – selbst ernannte Guides, Schlepper, Gauner und Dealer an der Küste

bhang – Marihuana

boda-boda – Fahrradtaxi

boma – Dorf

bui-bui – schwarzes Gewand mit Kopftuch und Schleier, das von islamischen Frauen außerhalb der eigenen Wohnung getragen wird

cardphone – Telefon, das mit Telefonkarten benutzt werden kann

chai – Tee, aber auch Schmiergeld

chang'a – gefährliches, selbst gemachtes Getränk mit Methylalkohol

choo – Toilette; wird *tschoh* ausgesprochen

Dau – traditionelles arabisches Segelboot

duka – kleiner Laden oder Kiosk, der die Grundausstattung für den Haushalt vorrätig hat

fundi – Mann oder Frau, der bzw. die Kleidung ausbessern oder Autos reparieren kann oder im Baugewerbe arbeitet; auch Bezeichnung für einen Experten

gof – Vulkankrater

hakuna matata – kein Problem; Vorsicht: Das heißt häufig, dass es sehr wohl ein Problem gibt!

harambee – Konzept der Gemeindeselbsthilfe; freiwillige Finanzmittelbeschaffung; eine der Säulen der Ideologie Kenyattas

hatari – Gefahr

hoteli – einfacher Imbiss, wird manchmal auch kurz „hotel" genannt

ito – Augen, die auf eine Holzdau gemalt werden, um Hindernisse im Wasser „sehen" zu können

jinga! – Verrückt!; wird auch als Adjektiv gebraucht

jua kali – heißt wörtlich „böse/unerbittliche Sonne"; steht für eine Autowerkstatt oder einen Markt unter freiem Himmel

kali – böse, grimmig oder grausam; z. B. *hatari mbwa kali* – „Gefahr böser Hund"

kanga – bedrucktes Wickeltuch mit einem Swahili-Sprichwort; wird von vielen Frauen sowohl zu Hause als auch auf der Straße getragen

KANU – Kenya African National Union

kikoi – gestreifter Baumwoll-Sarong, der traditionell von Männern getragen wird

kiondo – handgewebter Korb

kitu kidogo – „ein kleines Etwas"; Schmiergeld

kofia – muslimische Männer tragen diese Kappen

KWS – Kenya Wildlife Service

lugga – ausgetrocknetes Flussbett, hauptsächlich in Nordkenia

makonde – bestimmter Holzschnitzereistil, stammt ursprünglich aus Südtansania

makuti – Dach aus Palmblättern, hauptsächlich an der Küste

malaya – Prostituierte

mandazi – süßlicher, flacher Krapfen

manyatta – eine Siedlung der Massai oder Samburu, häufig von Dornbüschen umringt

mataha – Gericht aus pürierten Bohnen, Kartoffeln, Mais und grünem Gemüse

Matatu – öffentliche Minibusse, werden im ganzen Land eingesetzt

matoke – Kochbananenpüree

mboga – Gemüse

miraa – Kathstrauch; die Blätter werden gekaut; sie wirken anregend und unterdrücken den Appetit.

mkate mayai – gebratener Weizenpfannkuchen mit einer Füllung aus Hackfleisch und rohem Ei; wörtlich übersetzt „Broteier"

moran – Massai- oder Samburu-Krieger (Plural *morani*)

murram – unbefestigte oder teilweise unbefestigte Straße

mursik – Milchgetränk, vergoren mit Kuhurin und Asche

mwizi – Dieb

mzee – alter Mann, geachteter älterer Mann

mzungu – Weißer (Plural *wazungu*)

NARC – National Alliance Rainbow Coalition (Parteienbündnis)

Ng'oroko – Turkana-Banditen

Nissan – siehe *Matatu*

nyama choma – gegrilltes Fleisch, häufig von der Ziege

Nyayo – eine Säule der politischen Ideologie Mois. Die Übersetzung lautet „Fußstapfen" – gemeint ist, dass man in Jomo Kenyattas Fußstapfen treten soll

panga – Machete, die auf dem Land von fast allen Leuten und in den Städten häufig von Dieben getragen wird

parking boys – arbeitslose Jugendliche oder junge Männer, die beim Einparken helfen und auf den Wagen aufpassen, während man unterwegs ist

pesa – Geld

Peugeot – Gemeinschaftstaxi

pombe – kenianisches Bier, gewöhnlich mit Hirse und Zucker

rafiki – Freund im Sinne von „Hey mein Freund, willst du eine Safari buchen?"

rondavel – runde Hütte, gewöhnlich mit konisch geformtem Strohdach

safari – „Reise" auf Swahili

sambusa – frittierte, dreieckige Gebäcktaschen mit würziger Hackfleischfüllung (ein bisschen wie indische Samosas)

shamba – kleine Farm oder kleines Grundstück

shifta – Bandit

shilingi – Geld

shuka – Massai-Decke

sigana – traditionelle afrikanische Darbietungsform, die Erzählungen, Gesang, Musik, Tanz, Sprechchöre, Rituale, Masken, Bewegung, Scherze und Gedichte umfasst

sis – weißer Kenianer-Slangausdruck für „eklig"

siwa – aufwendig geschnitztes Blasinstrument aus Elfenbein, typisch für die Küstenregion; kommt oft bei Hochzeiten zum Einsatz

Tusker – kenianische Biermarke

ugali – Grundnahrungsmittel aus Mais- oder Cassavamehl oder auch aus beidem

uhuru – Freiheit oder Unabhängigkeit

wa benzi – ein Mercedes-Benz-Fahrer, wobei der Begriff impliziert, dass der Wagen mit Korruptionsgeldern gekauft wurde

wananchi – Arbeiter oder „die Leute, das Volk" (Singular *mwananchi*)

wazungu – Weiße (Singular *mzungu*)

Hinter den Kulissen

WIR FREUEN UNS ÜBER IHR FEEDBACK

Post von Travellern zu bekommen ist für uns ungemein hilfreich – Kritik und Anregungen halten uns auf dem Laufenden und helfen, unsere Bücher zu verbessern. Unser reiseerfahrenes Team liest alle Zuschriften genau durch, um zu erfahren, was an unseren Reiseführern gut und was schlecht ist. Wir können solche Post zwar nicht individuell beantworten, aber jedes Feedback wird garantiert schnurstracks an die jeweiligen Autoren weitergeleitet, rechtzeitig vor der nächsten Nachauflage.

Wer uns schreiben will, erreicht uns über **www.lonelyplanet.de/kontakt**.

Hinweis: Da wir Beiträge möglicherweise in Lonely Planet Produkten (Reiseführer, Websites, digitale Medien) veröffentlichen, ggf. auch in gekürzter Form, bitten wir um Mitteilung, falls ein Kommentar nicht veröffentlicht oder ein Name nicht genannt werden soll. Wer Näheres über unsere Datenschutzpolitik wissen will, erfährt das unter www.lonelyplanet.com/privacy.

UNSERE LESER

Vielen Dank an folgende Traveller, die uns nach der letzten Auflage hilfreiche Tipps, Ratschläge und spannende Anekdoten geschickt haben:

Carmen, Cavillot, Tineke, Vimal Abraham, Jakub Alchimowicz, Markus Ulrik Bank Lentz, France Barral, Fabio Bergamin, Vanessa Blommaert, Gretchen Boisseau, Lyn Brayshaw, Chris Burkhart, Elizabeth Caiger, Lois Cameron, Marco Coduti, Gary Cymbaluk, Christian Daul, Marjolijn De Keijzer, Remco Dijkstra, Avital Dobo, Stacey Falls, Nadine Flores Martin, Renee Ford, Minna Friborg Hansen, Jochen Fuchs, Jean Gallagher, Bianca Gideback, Gisela Glietenberg, George Gordon, Stephanie Green, Jessica Greenhalgh, Allan H. Adams, Dorothea Hampel, Alexandra Hannah, Sarah Harrison, Karni Hazan, Deniz Hircin-Kistner, David Hirst, Chris Howles, Sakshi Kapahi, Sarah Katz, Ronan Kelly, Erin Kline, Lynda Kuhn, Ben Leed, Benoit Leleux, Martijn Leusink, Sam Lovell, Jacqueline Lycklama à Nijeholt, Miguel Manzano, Dr. Marc-David Munk, Tony Maslin, Angel McClarey, Alan McCullough, Nancy McLennan, Hazel Meares, Anze Mihelic, Daffney Obare, Jane Orr, Shari Ostrow Scher, Owen Ozier, Simone Pilgram, Stig Poulsen, Michael Provenza, John Quinterno, Rosanne Roobeek, Mikkel Ryhl Faber, Rik Schuiling, Carl Slaughter, Douglas Snadden, Graham Stone, Jonathan Stonehouse, John Stonestreet, Charlotte Street, Theo Ten Velde, Jim Van Den Hoorn, Nathalie Verstraeten, Jeffrey und Lindsay Wicharuk, Frank Willberg, Bec Willner, Tim Woods

DANK DER AUTOREN

Anthony Ham

Mein besonderer Dank gilt Drango, meinen Fahrer und Guide, der mir schnell zu einem guten Freund wurde und mir so viel über Kenia beigebracht hat. Danke auch an George Muriuki (Nairobi), Dea und Lisa Shupbach (Lake Naivasha), Manja Seifert (Tsavo West) und viele andere. Ich bin verrückt nach meinen drei wundervollen Mädchen – Marina, Carlota und Valentina –, die meine Abwesenheit geduldig überstehen und mich mit unbändiger Freude wieder zu Hause begrüßen. Eines Tages werde ich euch hierher mitnehmen.

Stuart Butler

Vielen Dank an George Muriuki und den allzeit geduldigen Peter Kiega, der mich nach Norden gefahren hat. Dank gebührt auch Charlotte und Esther, Patrick und Meriem Simkin, Issy, Murray und Riccardo Orizio, mit denen ich eine tolle Zeit hatte. Außerdem danke ich William T. Kipsoi, der mir ein ausgezeichneter Führer durch Lewa war. Vielen Dank an Jeannette Goddar, die gesehen hat, was ich nicht sehen konnte. Ich bedanke mich für die Fahrkünste von Ramtu,

Hassan und Abdulah an der Küste. In Malindi gilt mein Dank Mick, Tony, Ken Haji, David und Georgina sowie Aidan Hartley, die mit mir gesurft sind. Darüber hinaus danke ich Rachael in Manda. Nochmals vielen Dank an Toby Adamson, der mir ein wundervoller Reisepartner war. Last, but not least gebührt auch Heather und Jake großer Dank.

Dean Starnes

Es wäre falsch, die Verfasser der früheren Ausgaben sowie die Hilfe der außergewöhnlichen Autoren Anthony Ham und Stuart Butler nicht zu würdigen. Meine Herren, es war der helle Wahnsinn mit euch!

Ich danke dem Team von Lonely Planet, das mir mit all meinen lästigen Fragen geholfen hat, allen voran Sam Trafford, David Carroll und Brigitte Ellemor.

Auch die Ratschläge von Elanor Harrison, Toby Jones, Eugene Nijssen, John Wambua und Ibrahim O. Nandi haben mir die Arbeit sehr erleichtert.

QUELLENNACHWEISE

Klimakartendaten von Peel, M. C., Finlayson, B. L. & McMahon, T. A. (2007), „Updated World Map of the Köppen-Geiger Climate Classification", *Hydrology and Earth System Sciences*, 11, 1633-44.

Umschlagfoto: Massai-Stamm, Kenia, Tom Brakefield/Photolibrary.

Viele Fotos in diesem Reiseführer können bei Lonely Planet Images unter www.lonelyplanetimages.com lizenziert werden.

Über dieses Buch

Dies ist die 1. Auflage von Kenia, basierend auf der 8. englischen Auflage von *Kenya*. Sie wurde von Anthony Ham (Hauptautor), Stuart Butler und Dean Starnes verfasst. Das Kapitel „Kenias Tierwelt" stammt aus der Feder von David Lukas. Anthony Ham aktualisierte das Kapitel „Gesundheit". Die vorige Ausgabe wurde von Matthew Firestone, Stuart Butler, Paula Hardy und Adam Karlin bearbeitet und enthielt einen Beitrag von David Lukas über die Tierwelt und Biotope des Landes. Dieser Reiseführer entstand im Auftrag der Lonely Planet Redaktion Melbourne und wurde von den folgenden Personen betreut:

Verantwortliche Redakteure David Carroll, Will Gourlay, Sam Trafford

Leitende Redakteurin Sonya Mithen

Leitende Kartografin Valentina Kremenchutskaya

Leitende Layoutdesignerin Lauren Egan

Redaktion Brigitte Ellemor

Kartografie Adrian Persoglia, Amanda Sierp

Layoutdesign Chris Girdler

Redaktionsassistenz Kim Hutchins, Helen Koehne, Dianne Schallmeiner, Kate Whitfield

Kartografieassistenz Hunor Csutoros, Mark Milinkovic, Diana Von Holdt

Layoutdesignassistenz Kerrianne Southway

Umschlagrecherche Naomi Parker

Interne Bildrecherche Liz Abbott, Rebecca Skinner

Redaktion Sprachführer Annelies Mertens, Branislava Vladisavljevic

Dank an Lucy Birchley, Yvonne Bischofberger, Ryan Evans, Jane Hart, Yvonne Kirk, Trent Paton, Gerard Walker

Register

000 Verweise auf Karten
000 Verweise auf Fotos

000 Verweise auf Karten
000 Verweise auf Fotos

N

T

000 Verweise auf Karten
000 Verweise auf Fotos

Auf einen Blick

Folgende Symbole helfen sich im Verzeichnis zurechtzufinden:

- Sehenswertes
- Strände
- Aktivitäten
- Kurse
- Touren
- Festivals & Events
- Schlafen
- Essen
- Ausgehen
- Unterhaltung
- Shoppen
- Praktisches/Transport

Weitere hilfreiche Symbole:

- Telefonnummer
- Öffnungszeiten
- Parkmöglichkeiten
- Nichtraucher
- Klimaanlage
- Internetzugang
- WLAN
- Swimmingpool
- Vegetarisches Angebot
- Englische Speisekarte
- Familienfreundlich
- Tiere willkommen
- Bus
- Fähre
- Metro
- U-Bahn
- Straßenbahn
- Zug

Die Einträge unter „Schlafen", „Essen" usw. sind nach den Vorlieben der Autoren geordnet.

Empfehlungen von Lonely Planet:

- LP TIPP – Das empfiehlt unser Autor
- GRATIS – Hier bezahlt man nichts
- Nachhaltig und umweltverträglich

Für die Sehenswürdigkeiten, Unterkünfte, Organisationen und Restaurants mit diesen Symbolen ist Verantwortungsbewusstsein nicht nur eine Marketingfloskel, deshalb wurden sie von den Lonely Planet Autoren ausgewählt. Sie unterstützen z. B. lokale Erzeuger, haben vor allem regionale Produkte auf ihrer Speisekarte oder setzen sich für die Erhaltung der Umwelt ein.

Kartenlegende

Sehenswertes
- Strand
- Buddhistisch
- Burg/Festung
- Christlich
- Hinduistisch
- Islamisch
- Jüdisch
- Denkmal
- Museum/Galerie
- Ruine
- Weingut/Weinberg
- Zoo
- Noch mehr Sehenswertes

Aktivitäten, Kurse & Touren
- Tauchen/Schnorcheln
- Kanu-/Kajakfahren
- Skifahren
- Surfen
- Schwimmen/Pool
- Wandern
- Windsurfen
- Noch mehr Aktivitäten/Kurse/Touren

Schlafen
- Hotel/Pension
- Camping

Essen
- Restaurant

Ausgehen
- Bar/Kneipe
- Café

Unterhaltung
- Theater/Museum

Shoppen
- Geschäft

Praktisches
- Bank
- Botschaft/Konsulat
- Krankenhaus
- Internet
- Polizei
- Post
- Telefon
- Toilette
- Touristeninformation
- Noch mehr Praktisches

Transport
- Flughafen
- Grenzübergang
- Bus
- Seilbahn
- Fahrradweg
- Fähre
- Metro
- Eisenbahn eingleisig
- Parkplatz
- Tankstelle
- Taxi
- Eisenbahn
- Straßenbahn
- Anderes Verkehrsmittel

Verkehrswege
- Mautstraße
- Autobahn
- Hauptstraße
- Landstraße
- Verbindungsstraße
- Sonstige Straße
- Unbefestigte Straße
- Platz/Fußgängerzone
- Stufen
- Tunnel
- Fußgängerbrücke
- Wanderung
- Wanderung mit Abstecher
- Pfad

Landschaften
- Hütte
- Leuchtturm
- Aussichtspunkt
- Berg/Vulkan
- Oase
- Park
- Pass
- Raststelle
- Wasserfall

Städte
- Hauptstadt
- Landeshauptstadt
- Großstadt
- Ort/Dorf

Grenzen
- Internationale Grenze
- Bundesstaatengrenze/Provinzgrenze
- Umstrittene Grenze
- Regionale Grenze/Vorortgrenze
- Meerespark
- Klippen
- Mauer

Gewässer
- Fluss/Bach
- Periodischer Fluss
- Sumpf/Mangrove
- Riff
- Kanal
- Wasser
- Trocken-/Salz-/Periodischer See
- Gletscher

Gebietsformen
- Strand/Wüste
- Christlicher Friedhof
- Weiterer Friedhof
- Park/Wald
- Sportanlage
- Sehenswerte Bebauung
- Highlights (Bebauung)

UNSERE AUTOREN

Anthony Ham

Hauptautor, Nairobi, Südkenia, Rift Valley Anthony konnte für *Kenia* mehr als ein Jahrzehnt Reiseerfahrung in Afrika einbringen. Seine Liebe zu diesem Kontinent begann in Nord- und Westafrika, wo er die letzten zehn Jahre damit verbrachte, die Sahara mit Tuareg-Nomaden zu erkunden und gefährdeten Elefantenherden aus der malischen Sahelzone bis in die entlegensten Winkel des südlichen Tschad zu folgen. Neben seinen Recherchen für die Lonely Planet Bände *West Africa*, *Africa* und *Libya* schreibt und fotografiert Anthony für zahlreiche Zeitschriften und Zeitungen in der ganzen Welt. In seinen Artikeln setzt er sich vor allem mit Naturschutzfragen, nomadischen und indigenen Völkern sowie Krisenregionen auseinander. Wenn er sich nicht gerade in Afrika herumtreibt, lebt er mit seiner Frau Marina und den gemeinsamen Töchtern Carlota und Valentina in Madrid.

Mehr zu Anthony unter:
www.lonelyplanet.com/members/anthonyham

Stuart Butler

Nordkenia, Mombasa & die Südküste, Die Nordküste Stuart wuchs mit den Erzählungen seines Vaters über dessen Kindheit in Kenia und den Geschichten seiner Großeltern von der Arbeit an den ersten englischsprachigen Ausgaben der *Daily Nation* auf. Als er endlich selbst nach Afrika reiste, war Kenia seine erste Anlaufstelle und zog ihn gleich in seinen Bann. Mittlerweile hat Stuart in Südfrankreich seinen Lebensmittelpunkt. Von dort aus erkundete er für Lonely Planet und verschiedene Surfzeitschriften nicht nur viele Länder Afrikas, sondern auch die Küstenwüsten Pakistans und den Dschungel Kolumbiens.

Mehr zu Stuart unter:
www.lonelyplanet.com/members/stuartbutler

Dean Starnes

Westkenia, Zentrales Hochland 2004 schnappte sich Dean seinen Rucksack, um durch Ostafrika zu reisen, und kam bei seiner abenteuerlichen Tour auch durch Kenia. Nach einem Kamelrennen in Maralal (trotz eines verpatzten Starts in die verkehrte Richtung machte er noch einen respektablen 14. Platz) und einigen Dau-Fahrten nahe Lamu verliebte er sich in die Vielfalt, die Kultur und den Humor der Kenianer und schwor sich, wieder hierher zurückzukehren. Seitdem hat Dean an den Lonely Planet Bänden *Ethiopia* (4. engl. Auflage) und *East Africa* (9. engl. Auflage) mitgearbeitet. Er wohnt gemeinsam mit seiner Frau sowie deren Katze in Neuseeland und arbeitet zusätzlich zu seiner Tätigkeit als Reisebuchautor als freier Grafikdesigner. Darüber hinaus denkt er sich immer wieder neue Wege aus, um sich vor unangenehmen Pflichten zu drücken.

Beitrag von ...

David Lukas verfasste das Kapitel über Kenias Tierwelt. Der freie Naturforscher lebt neben dem Yosemite National Park in Kalifornien und schreibt über Tiere sowie deren Lebensräume überall auf der Welt. Er hat bisher für acht Lonely Planet Bände Texte zur Fauna Afrikas beigesteuert, darunter *Ethiopia* und *Südafrika*. Außerdem stammt aus seiner Feder das Buch *A Year of Watching Wildlife*, in dem er die besten Plätze der Welt zur Wildtierbeobachtung auflistet.

DIE LONELY PLANET STORY

Ein uraltes Auto, ein paar Dollar in den Hosentaschen und Abenteuerlust, mehr brauchten Tony und Maureen Wheeler nicht, als sie 1972 zu der Reise ihres Lebens aufbrachen. Diese führte sie quer durch Europa und Asien bis nach Australien. Nach mehreren Monaten kehrten sie zurück – pleite, aber glücklich –, setzten sich an ihren Küchentisch und verfassten ihren ersten Reiseführer *Across Asia on the Cheap.* Binnen einer Woche verkauften sie 1500 Bücher und Lonely Planet war geboren. Seit 2011 ist BBC Worldwide der alleinige Inhaber von Lonely Planet. Der Verlag unterhält Büros in Melbourne (Australien), London und Oakland (USA) mit über 600 Mitarbeitern und Autoren. Sie alle teilen Tonys Überzeugung, dass ein guter Reiseführer drei Dinge tun sollte: informieren, bilden und unterhalten.

Lonely Planet Publications,
Locked Bag 1, Footscray, Melbourne, Victoria 3011, Australia

Verlag der deutschen Ausgabe: MAIRDUMONT,
Marco-Polo-Straße 1, 73760 Ostfildern, www.mairdumont.com,
lonelyplanet@mairdumont.com

Chefredakteurin deutsche Ausgabe: Birgit Borowski
Übersetzung: Julie Bacher, Anne Cappel, Britt Maaß, Claudia Riefert, Petra Sparrer, Katja Weber
Redaktion: Meike Etmann, Isabelle Oster
(Verlagsbüro Wais & Partner, Stuttgart)
Mitarbeit: Charlotte Stiefel
Technischer Support: Primustype, Notzingen

Kenia

1. deutsche Auflage Dezember 2012, übersetzt von *Kenya 8th edition*, Juni 2012, Lonely Planet Publications Pty

Printed in China